精神分析の技法と実践

The
TECHNIQUE
and
PRACTICE
of
PSYCHOANALYSIS
VOLUME 1, 1ST EDITION
RALPH R. GREENSON

精神分析の技法と実践

ラルフ・R・グリーンソン

松木邦裕 監修　清野百合 監訳　石野 泉 訳者代表

金剛出版

The Technique and Practice of Psychoanalysis: Volume 1 1st edition
by
Ralph R. Greenson

Copyright 2016 © The Estate of Ralph R. Greenson
All Rights Reserved.
Authorised translation from the English language edition published by Routledge, a member of
the Taylor & Francis Group

Japanese translation rights arranged with Taylor & Francis Group, Abingdon, OX 14 4RN
through Tuttle-Mori Agency, Inc., Tokyo

監訳者まえがき

　フロイト，S.は，1890年代にブロイアーとともにヒステリーの治療に携わって以降，催眠療法から離れて自由連想法という独自の手法を考案し，精神分析という治療法を確立していきました。人間の心の深淵を勇気をもって見つめ続けるこのアプローチは，単なる一治療法にとどまらず，人間の心そのもの，その総体である社会集団，そしてその表現である芸術など，さまざまな領域を横断する精神分析学という一つの学問形態へと発展していきました。けれどもその原点はやはり，病み苦しむ人々を援助するという一貫した姿勢にあることは誰しも認めることでしょう。フロイトは，経済論，力動論，局所論および性理論などの理論的支柱を次々と立ち上げていきますが，それらはいずれも彼の豊富な臨床経験が土台となっています。そして彼は，その臨床の基礎をなす治療技法や治療者の心的態度，治療設定等に関する一連の技法論文を，1910年代に『精神分析中央誌』に寄稿しました。その最初の論文「精神分析における夢解釈の取り扱い」(1911) の冒頭で彼は，「すでに知られていることの明確な概要を後進に示すことや，分析実践の初心者に適切な指示を提供する」という教育的目的を掲げています。そしてその言葉通り，その後の一連の論文の中で，カウチの設定や料金についてなどの外的枠組みや，「平等に漂う注意」を維持する治療者のあり方，そして転移の扱い方などを丁寧に語っていきます。幾分「噛んで含める」ように響くときすらあるフロイトの語り口には，精神分析が雑に実践されることや誤って広まること，そして転移状況に治療者がいわば呑み込まれてしまうこと等々に対する深刻な懸念が見え隠れしているように思われます。そしてこれらの懸念はフロイトの死後も，治療法として，および学問としての精神分析が普及するにつれて，専門家の間で深まっていったことでしょう。

　そうした中で，本書『精神分析の技法と実践』(1967) は誕生しました。著者であるラルフ・R・グリーンソンはロシア系ユダヤ人を両親に持つ米国生まれの精神分析家で，フェニケルの分析を受けました。臨床家として長年にわたり精神分析を実践し（マリリン・モンローの分析家でもありました），またUCLAの臨床教授も務めるなど，臨床家，理論家，そして教育者として活躍しました。彼は

本書において，技法についてただ理論的，抽象的に語るのではなく，分析家が日々どのように精神分析を実践しているのかを豊富な臨床例とともに具体的に示すことに心を砕いており，これは臨床家であり教育者である彼にしかなしえないことだったでしょう。また，「はじめに」の中で彼が指摘しているように，精神分析の技法は，小さなクローズドのグループ内でまるで奥義のように伝授される傾向にあります。結果として極端な伝統主義か派閥主義に陥りやすく，技法の改革を志すグループも保守的なグループも，互いに建設的に影響し合うことが困難となり，その結果，健全な学問的発展が阻害されてしまいます。こうした状況を改善するためにも，オーソドックスな精神分析実践を解説する教科書を書く必要性を彼は感じたようでした。彼はこう述べています。「(伝統的な精神分析治療実践を描写する書物は)精神分析技法についての十分な，オープンで持続的な議論を促進する。このような方法で，変法，刷新，修正，逸脱が明確にされ，検討され，そうして精神分析に対する科学的価値を確立し，精神分析技法の発展に推進力を与えるのである」(p.4)。本書において彼は，ときにクラインやアレキサンダーの技法に辛辣な意見を述べています。それでもなお，彼の見解は手厳しいとしても，あくまで議論を戦わせ，精神分析の発展のためにベストを尽くそうとする彼の真摯な態度に主に由来するように見受けられます。

　本書の原題はThe Technique and Practice of Psychoanalysis volume 1です。つまり「第一巻」であり，グリーンソンは続けて第二巻を出版する予定でした。本書のなかにも第二巻への言及が何度もあります。しかしその出版は叶わず，彼の死後，彼の弟子と，同じく精神分析家となった彼の息子とが第二巻を完成させて1992年に出版しています。

　本書において，グリーンソンは精神分析が複雑で重層的な営みであることを何度となく強調します。例えば，理論と実践は切っても切れない関係であり，臨床実践には理論的基盤が不可欠であって，分析過程全体を理論的視点から知的に振り返り検討することなくして，そのときどきで転移解釈のみを行い続けるだけでは不十分だと主張します。そしてまた彼は，転移神経症の成立のために分析家が匿名性を保ち鏡の役割を果たすことと，作業同盟を確立し維持するために分析家が人間としての基本的に温かな思いやりと関心を患者に向けることの両方の意義を強調しました。いずれかの立場のみを取ることなく，相反する二つの立場を行き来する必要を繰り返し説いています。理論と実践，匿名性と温かな共感，あるいは，冷静さと熱意。どちらかに偏ることなくバランスを取

り続けることが，分析家には求められます。

　そうした分析家としての在り方を示しつつ，グリーンソンは本書の根幹となる第II部と第III部で，抵抗と転移および転移抵抗が臨床上どのような現象であり，それに分析家はどのように向き合い，そして乗り切っていくかということについて，豊富な臨床例をもとにさまざまな角度から余すところなく解説を重ねます。ここでの特徴は何といっても読みごたえのある臨床例と，それらに関するグリーンソンの緻密な解説にあるでしょう。先に挙げた匿名性と共感を彼がどのように実践しているかを，読者の方々に是非体感していただきたいと思います。

　そして第IV部において彼は，患者，分析家，設定についていま一度検討します。ただそこで重点的に語られているのは，理論や技法の解説を超えて，人間としての分析家に何が求められるのか，分析家にはどのような心のありようが根本的に必要であるのか，ということです。そこには，苦悩する患者を支えようとする臨床家グリーンソンの情熱が滲み出ているように，私には思われます。

　原著は出版からすでに50年以上経っていますが，その内容は，私たちが精神分析的臨床を営む際の不可欠な礎（いしずえ）として，今なお色褪せてはいません。それどころか，今日では忘れられがちな重要な点（技法上，そして治療者の態度という観点からも）を，私たちに思い出させてくれます。ただそれでも，例えば精神病者に対する分析的アプローチに関してなど，今では本書の見解よりも臨床に基づく理解が進み，本書の記述では物足りないと思われる箇所も見受けられます。それでもやはり，この1960年代の時点でどのような見解が一般的であったか，なぜそう考えられていたのかということを，グリーンソンの明確で詳細な解説から私たちは知ることができます。そしてそれこそが，すなわち後進が本書を何度も読み返し，建設的に批判しつつ本書と対話を重ねることを通して精神分析臨床の発展に貢献することこそが，彼の望むところだったのではないでしょうか。

＊

　最後に，本書の訳出について触れておきたいと思います。大阪府立大学（現大阪公立大学）の故船岡三郎先生がご自身のゼミで本書を長年使用しておられたそうで，船岡先生の門下生である石野泉氏が中心となり，本書の翻訳を4人で成し遂げられました。石野氏は本書を京都女子大学大学院の講義等でも使用さ

れていたためすでに下訳はある程度存在していたようですが，翻訳書の出版が正式に決まると，改めてはじめから皆で訳し直されました。分担せず4人ですべてを見直すというのは全員にとって大変な作業量であり，あとがきにもある通り，私的な時間を相当犠牲にされたことと思います。4人の訳者の方々の熱意に敬意を表します。そして出来上がった原稿をその都度私が預かり，訳の確認や用語の統一を図りました。特に専門用語に関して，精神分析事典の訳語を原則的に採用しましたが，「ワークスルー」など，より現在受け入れられている訳語を採用したものもあります。訳出に関する責任は監訳者である私にあり，誤訳や改善点など，今後のためにも是非ご指摘いただきたく思います。

監修をお引き受けいただきました松木邦裕先生には，お忙しいなか原稿に目を通していただき，的確なご助言を何度もいただきました。心より感謝申し上げます。

そして，金剛出版の立石哲郎さんには今回も大変お世話になりました。丁寧で正確な作業に何度も助けられました。深くお礼を申し上げます。

豊富な臨床経験と熱意に基づいた，血肉の通った教科書として本書が繰り返し読み返され，読み継がれることを願います。

2024年晩夏
清野百合

[文献]

Freud, S. (1911), 'The Handling of Dream-Interpretation in Psychoanalysis'. S. E. 12., pp.91–96.（山崎孝明（訳）（2014）精神分析における夢解釈の取り扱い　藤山直樹（編・監訳）フロイト技法論集　岩崎学術出版社）

西園昌久（2002）グリーンソン，ラルフ・R.　小此木啓吾他（編）精神分析事典　岩崎学術出版社

謝　辞

　本書に貢献いただいた全ての方に，それぞれ個人的に感謝を申し上げるのは不可能なことです。私の職業上の先生方の中の，参考文献に取り上げた全ての著者への感謝を述べたいと思っているのですが，ここではより個人的に，私の感謝の気持ちを表すことしかできません。

　私の父，Joel O. Greenschpoon 医学博士は家庭医ですが，患者に対する気づかいと献身，そして医師という職業を責任をもって私に伝えました。オットー・フェニケルは私の訓練分析家でしたが，精神分析の教育への揺るぎのない専心と変わることのない率直さによって，私を奮い立たせてくれました。

　守秘義務のために匿名のままにせざるを得ず，公表できない人たちがいますが，彼らに対しておそらく何よりも最も大きな恩義を，私は感じています。私の患者たちです。私が彼らの治療を試みる間，技法について非常に多くのことを私に教えてくれました。また，ロサンジェルス精神分析インスティテュートの多くの訓練中の候補生たちからも，多くのことを学びました。私は彼らに，20年以上にわたり，精神分析技法について教えてきました。カリフォルニア，ロサンジェルスのUCLA医学センターの精神医学研修医たちもまた，精神分析を教え学ぶことに対して，私を励ましてくれました。

　私が個人的に感謝する人たちがいます。次の方々です——ハナ・フェニケル，ミルトン・ウェクスラー，ローレンス・フリードマン，ルドルフ・エクスタイン，アルフレッド・ゴールドバーグ各先生方です。この先生方とは，何年もの間，技法に関して多くの充実した議論をしてきました。特に，ロサンジェルスの多くの同僚たちとの意見の交換は，私にとって有益なものでした。彼らは，1959年秋から1960年夏にかけての1年半，大学院修了者のために設けられた，分析技法の問題に関する特別セミナーに参加した人たちです——リチャード・エヴァンス，ジェラルド・アーロンソン，アーサー・ウリエフ，ウィリアム・ホロヴィッツ，ジャック・ヴァッツ，サミュエル・ファターマン，マーヴィン・ベレンソン，ニール・ピーターソン，ノーマン・アトキンス，シーモア・バード各先生たちです。私はまた，Richard Newman博士にこの本の草稿を全て読

んでいただき，感謝しています。

　Nathan Leitesは，定義のいくつかを公式化したり，多くの臨床事例の重要性を強調したりする際に，とても助けてくれました。Bernard Brodieが，文法上の間違いを正し，文体を洗練させ明確にするという骨の折れる仕事を引き受けてくれたことに，恩義を感じています。Bess Kaufmanもまた，この作業を援助してくれました。20年来の私の秘書であるSusan Alexanderは，職業上の義務を越えて，1953年の草稿に始まるこの本へ，長きにわたる時間をささげてくれました。Lottie M. Newmanは，さまざまな誘惑で横道に逸れそうになったとき，私がこの本の執筆を続けるように励ましてくれました。彼女はまた，本書の膨大な草稿の頼りになる編集者であり，経験を積んだガイドとして助けてくれました。最後に，何よりもまず私は，妻Hildi，娘Joan，息子Daniel Greenson博士に対して，いろいろな，そして果てしなく改訂される草稿案に耳を傾け，目を通し，かつ校正してくれたことに，感謝しなくてはなりません。

目 次

監訳者まえがき　v
謝辞　ix

はじめに　1

第Ⅰ部　基本的概念の要約　7

第1章　精神分析療法の歴史的発展　9
第2章　技法に不可欠な理論的概念　18
第3章　古典的精神分析技法の構成要素　35
第4章　精神分析療法の適応と禁忌　予備的見解　55
追加の文献リスト　61

第Ⅱ部　抵抗　63

第1章　実用的定義　65
第2章　抵抗の臨床的外観　66
第3章　歴史的概観　78
第4章　抵抗に関する理論　84
第5章　抵抗の分類　94
第6章　抵抗分析の技法　107
第7章　抵抗に関する技法の規則　152
追加の文献リスト　168

第Ⅲ部　転移　169

第1章　実用的定義　171
第2章　臨床像　一般的特性　175
第3章　歴史的概観　183

第4章　理論的考察　191
第5章　作業同盟　211
第6章　患者と分析家の現実の関係　239
第7章　転移反応の臨床的分類　248
第8章　転移抵抗　273
第9章　転移分析の技法　297
第10章　転移反応を分析する際の特別な問題　360
追加の文献リスト　393

第Ⅳ部　精神分析状況　395

第1章　精神分析が患者に要求するもの　397
第2章　精神分析が精神分析家に要求するもの　403
第3章　精神分析が分析設定に要求するもの　449
追加の文献リスト　452

文献　453
訳者あとがき　472
索引　476

凡例

- 原著者による注記（原注）に対応する箇所──◆1，◆2，◆3……
- 訳者による注記（訳注）に対応する箇所──◇1，◇2，◇3……

はじめに

　多くの困難があるにもかかわらず，精神分析技法の教科書を作るときが来たと私は考えている。訓練分析家やスーパーヴァイザーから訓練中の分析家に，分析家の仲間同士の間で，精神分析技法について，口頭で伝えられるために，曖昧さや逸脱が紛れ込んでしまう危険性がある，という印象を私は持っている。
　フロイト，グラヴァー（1965），シャープ（1930），フェニケル（1941）が上梓した精神分析技法の基本についての著作は素晴らしいものだが，概観を述べたものに過ぎない。それらの著作は，分析家が患者を分析するとき，実際にどうしているのかを詳しく述べたものではない。結果として，例えば，ある抵抗を分析することの意味は，分析家ごとに驚くほど異なっており，しかも，それぞれの分析家は伝統的精神分析の原則に従って，抵抗を分析していると信じている。
　「伝統的精神分析技法におけるヴァリエーション」についての委員会が，1957年にパリで開かれた国際精神分析学会第20回大会で開催され，さまざまな見解が提示された（Greenson et al., 1958を参照）。1938年，イギリス精神分析協会のメンバーに対してグラヴァーは，実践的技法の共通性についての質問紙を配布した。その結果，メンバーの中に自分の分析技法を明確に伝えることについての躊躇や臆病さ，優柔不断さが，かなり高い比率で示されたことはもとより，それによってメンバー間に予想を上回る不一致があることが明らかになった（Glover, 1955, p.348）。Helen Tartakoff（1956）の精神分析技法の近著に関する素晴らしい評論は，新刊本のタイトルにある"精神分析"という用語が，著者の個人的で特殊な理論的前提に基づいて用いられているために，非常に異なる治療法に対して曖昧に使用されているという事実を強調していた。
　この混乱と不確かさは，アメリカ精神分析学会の精神分析的治療の評価についての委員会が，精神分析的治療の許容可能な定義を見出すべく6年半にもわたる実りのない議論を重ね，その果てに1953年に解散したという驚くべき事実によって生まれたものである（Reagell, 1954）。力動的精神医学と精神分析の意味について大きく異なる見解を持つ例として，フロム＝ライヒマン（1954）とアイスラー（1956）を参照のこと。精神分析技法の教科書は，技法的問題に関す

る見解の相違や論争を排除するものではなく，ある分析家が，患者の中のある心的現象を分析しているのだと主張する際に，どのように作業するのかを，詳細かつ系統的に明らかにすることによって，その教科書は一つの共通する参照点として有効に役立つことであろう。

　公にはほとんど話されることはないが，小さなクローズドのグループ内における分析家たちの間では，技法の詳細について私的な話し合いが多くなされている。その結果，数多くの別個の派閥が存在し，奥義に達した超然とした態度を生んでしまい，科学的な前進を遅らせることになっている（Glover, 1955, p.261）。

　技法の改革や修正を提案しようとする人たちは大抵の場合，彼らの視点から見て，より伝統的な人々と話し合おうとはしない。彼らは派閥を作る傾向にあり，秘密裏に働くか，少なくとも分析的思想の主要な潮流から離れていく。結果的にその改革者たちは，新しいアイデアを評価し，明確化し，改良するのを助ける精神分析家集団との接触を失うことになる。隔絶された改革者たちは"乱暴な分析家"になりがちである一方で，保守的な人々はその島国根性のために，正統的で堅苦しくなりがちである。建設的に互いに影響し合う代わりに，敵対して互いに別々の道を進み，オープンで持続的な議論から得られたかもしれないあらゆる利益から，目を背けてしまうのである。

　精神分析技法の公開講座を維持する唯一の最も重要な理由は，まじめな研修生に自らの個人分析家やスーパーヴァイザーの技法のほか，異なる分析家の技法に触れさせる必要があるからである。ほんの一握りの供給源から技法を学ぶことがもたらす大きな不利益は，訓練中の分析家候補生たちが，彼らの先生に対して確実に神経症的転移感情や態度を維持していて，自らのパーソナリティや理論的オリエンテーションに最も適した技法を見出す機会を阻むだろう。若い分析家の中には，青年期に見られるような独創性のない物真似と同じぐらい，自らの個人分析家の紛れもない特徴を身につけていることが稀ではない。他方，訓練分析家に表立って反抗する訓練を終えて間もない分析家もまた，未解決の転移神経症に巻き込まれている。グラヴァー（1955, p.262）は，上記のような反応を"訓練転移Training transferences"と呼び，経験の浅い分析家を台無しにするような影響を与えることを強調した。

　フロイトが約50年前に5つの短い論文で定めた精神分析技法の基本原理が今なお精神分析実践の基礎として役立っているということは，大変印象深い事実である（Freud, 1912a, 1912b, 1913b, 1914c, 1915a）。標準的な精神分析技法において，

いかなる主要な変化も進歩も認められてはいない。

　部分的には，これは精神分析的療法において何が本質であるのかを早くから明確に認識していた，フロイトの天分への賛辞である。しかし，進歩の欠落にはほかの理由もある。ひとつの決定的な要因は，精神分析を学ぶ研修生と教師の間の情緒的に複雑な関係，つまり精神分析を教えるために用いられる方法の，避けがたい結果である（Kairys, 1964; Greenacre, 1966a）。

　専門訓練プログラムの一環として行われる訓練分析では，精神分析分野での研修生の成長を制限し歪曲する，かなりの未解決の転移反応が，通常残されたままになっている。分析家が，訓練の目的で精神分析的治療を実施しようとするとき，不注意にもその研修生の専門的前進に対する責任を引き受け，そのために自らの患者との関係を複雑にしてしまう。避けがたいことだが，分析家は，通常の匿名性のいくらかを失い，患者の動機を分裂させ，そして訓練生の依存・同一化・従属性そして偽りの正常な振る舞いへの傾向を高める。加えて，分析家自身，上述した訓練生の試みに加担するようになるのだが，訓練生と精神分析訓練機関と訓練分析家の三者間で，気がつかないうちに，あるいは不本意ながら，行われている。

　転移－逆転移問題が未解決なために二次的に生じる結果の内の一つは，分析家たちが実際にどのように作業しているかを互いに率直に示したがらないということである。このような事態は，フロイト自身に影響を及ぼし，ジョーンズ（1955, pp.230-231）によれば，フロイトは精神分析技法の体系的な説明を著そうという意図をしばしば話していたけれども，決して実現しなかった。ストレイチー（1958）は，フロイトの著作には逆転移について十分な議論がないことが，上述の仮説を裏づけるとの考えを示した。

　精神分析家が自らの実践の手法を公表することに気が進まないということは，部分的には別の，しかし関連する原因に由来する。精神分析家の作業は，分析家自身の内部の本質的で個人的な多くの心的過程に依拠する（Greenson, 1966）。結果として，どのように私たちが分析するのかを明らかにすることには，暴露や傷つきの感情が存在する。患者の素材の多くが非常に衝動的で挑発的であるので，そして，患者に対する分析家の理解は患者との特別な共感的親密さに依拠するので，この状況への暴露が要求されると，恥・敵意・あるいは恐れの反応が生じる。結果として，精神分析家たちに種々の舞台恐怖，自己顕示性，あるいはその両者の組み合わせが認められるのは，稀なことではない。多くの分

析家が，自らの実践で何をしているかをオープンにすることを禁止されているという事実によって，とりわけ精神分析家は，二つの極端な立場——伝統主義あるいは派閥主義——のいずれかへと陥りやすくなる。

　精神分析は孤独な仕事であって，私たちは集団に所属することになぐさめを感じるが，このことが，同調を促すために，科学的進展を阻み遅らせる。精神分析実践の孤独には職業的な危険が付け加えられる。すなわち，原則として，分析状況が進むにつれ，その状況を観察する，分析的に訓練されたもう一人の人物がいなくなるのである。

　自ら行っていることについての分析家自身の見解は信頼できず，理想的な方向へと歪曲されてしまいがちである。観察者や傍聴者がいることが好ましいと示唆しているわけではない。なぜならたとえ見えなくても観察者らの存在が分析状況を歪めてしまうと思っているからである（私以外の著者では，とくにMerton M. Gillは，異なった見解を述べている）。私が提唱したいことは，精神分析家は，患者のみと作業し，同僚に詳しく調べられることがないので，自分自身の技法に対して偏った批判力のない態度に陥りやすいということである。

　精神分析作業において何をしているのかを詳しく述べるときに私たちが明らかにするのは，患者との親密な深い関わりについての多くのことのみならず，私たちの個人的な生活全般についての多くのことである。精神分析家の独特で最も重要な作業上の道具は，自身の前意識的そして無意識的な心の作業なのである。分析において，分析家がいかにそしてなぜある状況に接近するのかを説明しようとするなら，彼は自らの空想生活，考え，性格傾向などの多くを明らかにするよう強いられるであろう。通常の謙虚さや自己防衛によって，私的な自己の不当な露出を彼は避けるだろう。

　伝統的な精神分析治療実践を描写する書物は，おそらく精神分析技法についての十分な，オープンで持続的な議論を促進する。このような方法で，変法，刷新，修正，逸脱が明確にされ，検討され，そうして精神分析に対する科学的価値を確立し，精神分析技法の発展に推進力を与えるのである。

　私は，技法上の問題が精神分析治療の経過の中で生じる順に，それらへアプローチすることによっていくつかの巻を書くつもりであった。「初回面接」から始め，「寝椅子への移行」，「分析の最初の数時間」などの形で書き始める予定だった。私がすぐに気がついたのは，転移と抵抗について十分理解することなく，技法上の問題について詳しく深く分かりやすく述べるのは不可能だ，というこ

とだった。また，予備的なオリエンテーションとして役立つために，研修生が精神分析理論と技法に関するいくつかの基本概念の簡潔な概説から利益を得るだろうと私は実感した。それゆえ本書は，入門的な概説の後，第Ⅰ巻は抵抗と転移についての章から始まる。抵抗と転移は，精神分析技法の基盤である。第Ⅰ巻の最後の章は，「精神分析状況」に当てられる。その章が含まれたのは，患者と精神分析家にさまざまな手続きやプロセスの間の，複雑な関係の全体図を提供するからである（詳しくは目次を参照）。第Ⅱ巻はより時間軸に沿って構成される。

　それぞれの技法に関する章が，簡潔な臨床事例によって解説される，予備的定義で始まるように，本書は構成されている。これに続いて文献と理論について簡略に概観し，さらに実践と技法の考察へと移る。本書全体を通して，議論される主題について，主要な著作の参考文献表を載せている。取り上げられた話題について多くの参考文献があるときには常に，「追加の文献リスト」という但し書きで，それぞれの章の最後に記している。私がこのようにしたのは，長い文献リストが引き起こす，内容の流れを妨げてしまう事態を避けるためである。本書の最後には，包括的な参考文献が掲載されている。

第I部

基本的概念の要約

第1章

精神分析療法の歴史的発展

　精神分析療法にとってなくてはならないものを確定する一つの方法は，歴史的な発展について鳥瞰する視点を持つこと，そして技法的手続きおよび治療過程における主な変化に注目することである。それに続くのは，これらの事柄についてのフロイトの著作の最重要点を選び，要約することである。フロイト以外の著者の貢献を含む，各々の主題に関するより詳細な研究は，続くテキストの中の適切な箇所で見られるだろう。

　用語を明確にしておこう。**技法的手続き** *technical procedure* は，治療過程を推し進める意図を持って治療者あるいは患者によりなされる処置や手段，一連の行為，方法に対して用いる。催眠，暗示，自由連想，そして解釈が，技法的手続きの例である。**治療過程** *therapeutic process* は，患者の内側において互いに関わり合う一連の心的事象，治療目標あるいは治療効果を持つ連続した心的な力や行為を指す。これらは通常，技法的手続きによって推進される。除反応，記憶の再生，洞察が治療過程である（同様の，しかしより包括的な方法論的アプローチについてはE. Bibring［1954］を参照）。

　精神分析技法は，突然発見されたものでも発明されたものでもなかった。フロイトが自身の神経症患者を効果的に助ける方法を見つけようと苦闘するなかで，徐々に導き出されたものである。彼はのちに治療への熱狂を放棄したけれども，精神分析の発見を導いたのは，治療に対する彼の決意であった。

　フロイトは辣腕の臨床家であり，自身が用いたさまざまな技法的手続きに続いて生じた複雑な一連の臨床的事象の中で，何が有意義なのかを見分けることができた。彼はまた，理論的思索と想像的思索の天分を持ち合わせており，技

法を臨床的知見や治療過程と関連させつつ仮説を構成するために，彼はそうした思索を混ぜ合わせた。幸いにもフロイトは，彼を心の征服者，「冒険者」，そして注意深い科学的探究者たらしめる気質と性格傾向の複雑な組み合わせの持ち主であった (Jones, 1953, p.348; 1955, Chapt. 16)。彼は，新たな思考領域を精力的かつ創造的に探索するための大胆さと発想力を持っていた。間違いが判明したときには自身の技法と理論を変える謙虚さも，彼には備わっていた。

フロイトの技法論文と臨床論文を注意深く読むと，技法上の変化は突然でも完全でもなかったことが明らかになる。所与の手続きや治療過程に対する重要度の順番が変化したり強調点が移ったりすることに，私たちは気づくだろう。それでもなお，技法的手続きの発展において，そして治療過程の理論において，異なる段階を描写することは可能である。フロイト自身，三つの段階について手短に述べているが，それは彼が構造論的観点に至る以前のことであった (1914c)。

I 技法的手続きにおける変遷

フロイトは1882年にブロイアーからアンナ・Oのケースを聴き，そして1885年10月から1886年2月までシャルコーのもとで催眠を学んでいたが，最初に開業したとき，当時の伝統的な治療法を用いるにとどまっていた。およそ20カ月の間，彼は電気刺激療法，水治療法，マッサージなどを用いていた (Jones, 1953, Chapt. 12)。その結果に満足できず，彼は1887年の12月に催眠を使い始めたのだが，それは明らかに患者の症状を押さえこもうとしてのことだった。

1889年に治療したエミー・フォン・Nのケースは重要な意味を持っている。というのもここで初めて，フロイトはカタルシスを目的に催眠を使ったのだった。彼の治療的アプローチは，患者に催眠をかけ，そして彼女に症状それぞれの起源について話すように命じるものであった。何が彼女を怖がらせ，嘔吐させ，あるいは狼狽させたのか，その出来事が起こったのはいつか，などを彼は尋ねた。患者は，しばしば強い情動を伴いながら，一連の記憶を生み出すことで応じた。いくつかのセッションの最後にフロイトは，生じてきた悩ましい記憶を患者が忘れるよう暗示したものだった。

1892年までにはフロイトは，患者に催眠をかける自身の能力がかなり制限されていることを実感し，カタルシス療法を放棄するか，それとも夢遊状態に至らないままそれを試みるかの選択に，直面しなくてはならなかった (Breuer and

Freud, 1893-95, p.108)。このアプローチを正当なものとするために彼が思い出したのは、ベルネームが覚醒暗示によって、忘れていた出来事を患者に思い出させるのを実演していたことだった (p.109)。それゆえフロイトは、病因である重要なこと全てを患者は知っており、彼らにそれを伝えるよう課すだけの問題である、という想定に行きついた。彼は患者に、横たわり、目を閉じ、集中するよう命じた。あるときには彼は患者の額を圧迫し、記憶が現れるのだと主張した (p.270)。

エリザベート・フォン・R (1892) は、フロイトが完全に覚醒暗示で治療した最初の患者であった。1896年までに、彼は催眠を完全に断念していた[◆1]。彼が暗示を主要な治療手段として用いることをいつ諦めたのかは、あまりはっきりしていない。ただし、1896年までにフロイトは『夢解釈』の主要な著述をすでに終えていた――それが出版されたのは1900年になってからであったが。夢の構造や意味を理解する能力によって、彼の解釈の技術が増していったと仮定することは妥当だと思われる。結果的に、フロイトは患者が自発的に素材を生み出すことをますます信頼できるようになった。彼は抑圧された記憶に至るために、解釈と構成を用いることができたのだった。

自由連想という手続きの発見がいつであったかは、正確には分からない。それはどうやら1892年から1896年の間に、はじめはそれに伴っていた催眠、暗示、前額法と質問から着実に洗練されていき、徐々に発展した (Jones, 1953, pp.242-244)。そのヒントは、1889年、エミー・フォン・Nのケースですでに言及されている (Breuer and Freud, 1893-95, p.56)。フロイトが、エリザベート・フォン・R[◇1]を急き立てて質問し、彼女が思考の流れを遮ったと彼を非難した歴史的な出来事を、ジョーンズが記述している。フロイトは謙虚にこの提案を受け入れ、自由連想法は大きな一歩を進めたのだった。

催眠と暗示をあきらめることで、意識の拡張――それが、病因である記憶や空想を分析家に提供していたのだが――は、今や失われるのだとフロイトは説明した。自由連想は、意思に関わらない患者の思考が治療状況に入り込むことを可能にしたという点で、実に満足のいく代替方法であった。この手法について、フロイトは次のように記している。「他のいかなる種類の影響力も発揮することなく、ソファーに心地よい姿勢で横たわるよう分析家は彼らに勧める。一方彼自身は、彼らの視界に入らない背後の椅子に腰かける。彼は、目を閉じることさえ頼まないし、どのような形であれ、患者に触れることも避ける。催眠

を思わせる他のあらゆる手続きも同様である。こうしてセッションは，平等に覚醒している二人の人物間の会話のように進むのだが，しかしそのうちの一人は，自分自身の精神活動から注意を逸らすであろう，あらゆる筋肉の緊張や気が散るような感覚印象を免れている……こうした観念や連想を確実にするために，分析家は患者に，「脈絡なくランダムに，取り留めなく話している会話におけるように」，彼が話すことの中に「自らを解き放つ」よう，依頼する」（1904, pp.250-251）。自由連想という手続きは，精神分析の基本規則あるいは基礎的な規則として知られるようになったのである（Freud, 1912a, p.107）。

　自由連想は，精神分析的治療における，患者にとって根本的で独特のコミュニケーション手段であり続けてきた。解釈は依然として精神分析家の，決定的で究極の道具である。これら二つの技法的手続きが，精神分析療法にその特有の刻印を与える。その他のコミュニケーション手段も精神分析療法の過程で生じるが，それらは付属的，予備的あるいは二次的であり，精神分析の典型ではない。この点は，第Ⅰ部第3章のⅣで論じられる。

Ⅱ　治療過程に関する理論の変遷

　『ヒステリー研究』（1893-95）は，精神分析の始まりと見なされている。これを読むと，フロイトが，ヒステリーの治療に当たり，その治療過程で，何が不可欠であるかを発見するためどのように苦闘したかを，識別することができる。当時フロイトが述べた現象のいくつかが，セラピーに関する精神分析理論の基礎となったことを知ると，感銘を覚える。フロイトの特徴は，治療的アプローチに対する何らかの障害を克服する苦闘から始まり，こうした障害が患者の神経症や治療過程を理解するために重要だと後になって認識することである。精神分析の発見をもたらしたさまざまな障害にフロイトが成功裏に対処できたのは，彼の忍耐力と柔軟さのおかげである。

　暫定報告［1893］の中で，ブロイアーとフロイト（1893-95）は次のように考えた。「それぞれの個人のヒステリー症状が即座に永久に消失したのは，それを引き起こした出来事の記憶に明白に光を当てることやそれに伴う情動を喚起することに成功したとき，そして患者が最大限可能な限り詳細にその出来事について述べ，情動を込めて言葉を発したときである」（p.6）。除反応によってのみ，患者は完全な"カタルシス"効果に到達することができ，したがってヒステリ

一症状から開放されうる，と彼らは信じていた。彼らの主張では，こうした体験は，通常の状態の下では患者の記憶から抜け落ちており，催眠によってのみ至ることができた。

　病因である諸観念は非常に生々しく，情動的に強いままで持続していた。というのもそれらは，通常の忘れ去る過程を阻まれていたのだから。したがって，彼らは"窒息"状態にある情動を扱っていたのだ（p.17）。窒息させられていた情動の放出は，病因である記憶からその力を奪い，症状は消失するだろう。

　精神分析の歴史上この時点において，治療過程は除反応と想起することであると考えられており，除反応に強調が置かれていた。分析家は患者を催眠状態にし，外傷的な出来事を思い出してもらうよう努めたのだが，それは患者に治療的なカタルシス体験をさせるためであった。ブロイアーが1882年に治療したアンナ・Oは，自ずから催眠トランス状態になり，そこで自発的に外傷的な過去の出来事を追体験した。その夢遊病的状態から回復すると，彼女は楽になったと感じたのだった。こうして，アンナ・Oをめぐる諸経験が，カタルシス療法の手法への道を切り拓いた。彼女自身はこの療法を，"談話療法talking cure"あるいは"煙突掃除chimney-sweeping"と呼んだ（p.30）。

　フロイトは，治療に反抗する患者の内にある力に次第に気づき始めた。それは，エリザベート・フォン・Rの事例で明確になった。フロイトは彼女に催眠をかけることができず，彼が強く求めたにもかかわらず，彼女は自身のある思考について伝えることを拒否したのだった（p.154）。フロイトは，治療に対する抵抗となったこの力が，病因である観念が意識に上らないようにしている力と同じものだとの結論に至った（p.268）。その目的は，防衛なのである。「ヒステリー患者の「知らない」は，実際は「知りたくない」だった」（p.269-270）。治療者の仕事はこの抵抗を克服することだとフロイトは信じており，彼は，"強要し"，圧力をかけ，額を圧迫し，質問することなどによって，それを行っていたのだった。

　フロイトは，医師の個人的影響力が大きな価値を持ちうることを認識しており，治療者は解明者，教師，そして告解を聞く神父として振る舞うよう提案した（p.282）。しかし彼はまた，ある状況下で，医師に対する患者の関係は「障害」されうること，つまり患者－医師関係を「私たちが遭遇しうる最も悪い障害」へと変えてしまう要因となりうることに，気づくようになった（p.301）。こうしたことは，患者が無視されていると感じるなら，患者が性的に依存するよ

うになるなら，あるいは患者が分析内容から発生する苦痛な観念を医師という人物の上へと転移するなら，起こるだろう (p.302)。その苦痛な観念を意識化させ，それが生じた瞬間にまで分析の中で遡ることによって，分析家はこれに対処しようとする。そしてそのような感情があるにもかかわらずそれを伝えるよう，患者を説得しようとするのである (p.304)。

このようにフロイトは，抵抗および転移という現象を発見したが，それらは根本的に作業に対する障害だと考えられていた。主たる目的は，情動の除反応を達成すること，そして外傷的な記憶を取り戻すことであった。転移反応と抵抗は，回避されるか克服されるべきものであった。

『ヒステリー研究』においてフロイトは，患者の個々の症状へ治療的努力に焦点を当てようとした。この治療形式は対症療法的なものであって，根治療法ではないことを，彼は認識していた (p.262)。ドラの事例——1905年に出版されたが，執筆されたのは1901年だった——の中で，フロイトは精神分析技法が完全に革新されたと述べた (1905a, p.12)。彼は，もはや個々の症状を次々と片づけようとはしなかった。この方法は神経症の複雑な構造に対処するにはまったく不十分であることを，彼は理解したのである。彼は今や，その時間の主題となる問題を患者が選ぶに任せ，患者が目下提示した無意識の表面にあるものに，それが何であれ，取り組み始めたのだった。

神経症の症状には多様な原因があるので，一つの操作に治療過程は影響され得ないのだと，フロイトはどうやら実感した。彼はすでに『ヒステリー研究』(pp.173-174)で多重決定の原則を認識していたが，1904年に出版された「フロイトの精神分析の方法」に関する論文の中で初めて，彼はこの点を明らかにした。その小論文で彼は，催眠と暗示から自由連想への技法上の変化が新しい発見をもたらし，そして「最終的に，矛盾しないが異なる治療過程の概念を持つ必要が生じた」(p.250) と述べている。催眠と暗示は抵抗を隠蔽し，心的な力についての医師の視界を遮るのである。抵抗を避けることによっては，不完全な情報と一時的な治療の成果しか得られない。治療課題は，抵抗を克服すること，抑圧をなくすことである——そうすると，記憶の断絶は埋められるだろう。

情動の除反応の重視から健忘の克服へと，治療過程の理論がシフトするのを，ここで私たちは目の当たりにしているのだと私は思っている。このことは，除反応が治療的効果を持つ事実と矛盾しない。情緒的緊張の解放を許容することで，患者は通常一時的な安堵の感覚を体験する。さらに，カタルシスに価値が

あるのは，情緒の開放が情動の量を減少させ，そしてより少ない情動量であるほどより対処しやすくなるからである。より重要なのは，情緒や衝動の開放を伴う言語化によって，情緒や衝動についてより明確に学ぶことが可能になるという事実である。しかし，カタルシスはもはや治療の最終目的ではない。このことは，フロイトが上記の発言，「矛盾しないが異なる」で暗に言及したことだと私は思う。

新たに強調されたのは，今や，無意識を意識化すること，健忘の除去，抑圧された記憶の回復であった。抵抗は精神分析理論の礎石となり，抑圧をもたらしていた力と繋がったのである。分析家は，抵抗を克服するために解釈という術を用いた。

ドラの事例（1905a）で，フロイトは初めて転移の重要な役割を強調した。「転移は，精神分析にとって最も大きな障害だと定められているようだが，その都度その存在を看破し，患者に説明することができるなら，最も力強い同盟者となる」（p.117）。事例のあとがきに，治療状況に干渉した多様な転移の要素を分析することに失敗したためにどのように患者が治療を中断したかについて，フロイトは記した。

論文「転移の力動」（1912a）で，彼は転移と抵抗の関係，陽性転移と陰性転移，転移のアンビヴァレンスについて述べた。ある段落の一部は，フロイトの新たな治療上の方向性が非常に明瞭に述べられているので，引用に値する。「医師と患者の間，知的生活と本能生活の間，理解することと行動しようとすることの間の格闘は，もっぱらほぼ転移現象の中で演じられる。勝利が勝ち取られなければならないのは，そうした場においてなのである。その勝利の表明が，神経症の永久的な治癒なのである。転移現象をコントロールすることが精神分析家に最大の困難を引き起こすことは，論争するまでもない。しかし，患者の隠され忘却された性的衝動を，切迫した明白なものにするという計り知れないほどの尽力を私たちに行ってくれるのは，まぎれもなく転移現象なのだということを，忘れてはならない。なぜなら全てをやり尽くしたとしても，存在しない誰か，あるいは彫像になった誰かを破壊するのは，不可能なのだから」（p.108）。

1912年から，転移と抵抗の一貫した分析が，治療過程の中心的要素となった。同じ年の後半，フロイトは転移の充足に対して警告し，精神分析家は不透明で患者にとっての鏡であるべきで，匿名性を維持するべきだと提案した（1912b, p.118）。論文「想起すること，反復すること，ワークスルーすること」（1914c）で，

フロイトは転移と抵抗の関連で行動化に関する特別な問題について述べ，それを反復する強迫行為と結びつけた．彼はまた「転移神経症 transference neuroses」という用語を，精神分析中に，患者が自身の通常の神経症を分析家との関わり合いに置き換えることを表すために用いた．こうしたことは，『精神分析入門』の第28章に詳しく述べられている（1916-17, pp.454-455）．

その章の中で，転移の分析により自我の変容が可能になるとフロイトが述べたとき（p.455），治療過程の議論に新たなものが加えられた．彼が述べたのは，解釈の仕事は，無意識的であるものを意識的なものへと変形するのだが，それは無意識を犠牲にして自我を拡大する，ということだった．『自我とエス』(1923b)で，上記についてフロイトは大変簡潔に表現した．「精神分析は，自我がイドを徐々に征服することを可能にする手段である」(p.56)．1933年にはフロイトは次のように記した．精神分析の治療努力が意図するのは，「自我を強化すること，超自我から自我をより独立させること，自我の知覚領域を広げてその構造を拡張することであり，そうすることで自我がイドの真新しい部分を我がものにできるようにするのである．つまり，イドあるところに自我あらしめよ」と (p.80)．さらにまた「終わりある分析と終わりなき分析」(1937a)では，「分析の仕事は，自我機能にとってありうる最善の心理状態を確保することである．それをもって，分析はその任務を果たしたのである」とフロイトは述べた (p.250)．

私たちが，精神分析治療の主な手続きと過程の歴史的発展を振り返るなら，催眠は断念されたがそれ以外の要素は，治療的ヒエラルキーにおいては非常に異なる役割を担いつつも，保持されていることを目の当たりにするだろう (Loewald, 1955)．暗示は記憶を獲得するためには使われず，精神分析においてもはや主要な治療手段ではない．一時的な支持的方法として用いられるかもしれないが，その方法を必要としたことが，最終的には分析されなければならない（このことは，第I部第3章のIVで議論する）．

除反応はもはや治療目標ではなくなったが，別の意味で価値がある．分析家はいまだに意識の障壁を越えようとしているが，彼はいまや自由連想，夢分析そして解釈を用いる．分析作業の主要な場は，抵抗と転移の領域になる．無意識を意識化し，回避されている記憶を回復し，幼児性健忘を克服することを，私たちは望んでいる．しかし，これらのことさえ，もはや最終目標として概念化されてはいない．精神分析の究極の目的は，超自我・イド・外界との関係において，自我の強度を相対的に増大させることなのである．

[原注]
◆1　ストレイチーの注釈を参照，スタンダードエディション，2:111。
[訳注]
◇1　エミー・フォン・Nの誤りだと思われる。

第2章

技法に不可欠な理論的概念

I 理論と実践の関係

　治療手続きと治療過程について，より徹底的で体系的な検討を進める前に，精神分析的視点に関する基本的な理論概念について手短に振り返ってみるのが良いだろう。理論と実践には，互恵関係がある。臨床的発見は新たな理論的定式化に至り，次にそのような定式化が私たちの知覚と技法を鋭くし，そのため新たな臨床的洞察が得られる。その逆も同様である。欠陥のある技法は臨床上の発見の歪曲に至るかもしれず，その結果，今度は欠陥のある理論的概念が生まれることになるだろう。理論と技法の統合が欠如しているときはいつでも，両方の側面が損害を被りがちである（Hartmann, 1951, p.143）。例えば，私たちが抵抗の多様な機能や，ある特定の事例における目的はもちろん，一般的な防衛と抵抗の関係に気づいているなら，私たちはより効果的に抵抗に対処することができるかもしれない。

　分析家の中には，理論的知識から実践的知識を分けて扱う傾向のある者もいる。ある分析家は，患者と共に漂うことによってそうする。患者の素材の断片が理解可能となり，そうして選択されずに患者に伝えられるまで，そうするのである。彼らは，セラピーにとって最も重要なツールは分析家の無意識的な心と共感であるという見解を誤って用いており，彼らが得たであろう患者のデータを知的に作業する必要性を無視している。結果的に，そこには患者に対する包括的な視点は無く，患者の人生のより広い部分を再構成することなく，あるのはただ洞察の寄せ集めに過ぎない。別の方向における誤りも，同様に深刻で

ある。すなわち，不十分な臨床データを元に，あまりにも早急に理論を定式化する分析家がいる。彼らにとって分析という体験は，思考のコンテスト，もしくは知的な練習課題になっている。こうした分析家は，患者と本能的あるいは情緒的に関わることを避け，直観と共感を差し控え，データの収集家もしくは解釈を与えるだけの人物になってしまっている。

精神分析療法は，分析家に奮闘を要する矛盾した要求をする。彼は患者の素材に耳を傾けながら，あるがままに自身の連想的空想や記憶が自由に展開するに任せなくてはならない。しかし彼はまた，そうして得られた洞察を患者に安全に伝える前に，吟味し，知的な能力に触れさせなくてはならない（Ferenczi, 1919a, p.189）。自由に自らを連想させる能力は，成功裏に分析された分析家の経験から得られる。実践で効果的に理論的知識を使うためには，そうした知識は知的に習得されていなくてはならない。また，知識は，私たちの臨床スキルを凌駕することなく，必要なときには利用することができなければならない。精神分析家の仕事が，科学的な分野にとどまるものであるなら，一方での共感や直観の使用と，他方での理論的な知識との間を行き来する能力を，分析家が維持することが絶対に必要である（Fenichel, 1941, pp.1-5; Kohut, 1959）。

精神分析の初期には，ほとんどの進展は臨床的な発見からもたらされた。しかし近年では，技法的な面で遅れが見られるように思われる。フロイトが患者の抵抗を体系的に分析することの決定的な重要性を発見した時期は，この手続きに関する自我の関与を発見するよりも，20年ほど前のことだった。今日私たちは，自我機能について，技法の中で直接使うことができる以上に多くのことを知っているように思われる（Hartmann, 1951）。しかし，技法の発展に対する最も大きな希望は，臨床的，技法的，そして理論的知識をよりよく統合することにあると，私は確信している。

II 神経症に関する精神分析理論

精神分析の理論と技法は，本質的に神経症の研究から得られた臨床データに基づいている。近年，精神分析的探求の範囲は，通常の心理学，精神病，社会学的問題や歴史的問題を含むまでに拡大する傾向があるが，こうした領域に関する私たちの知識は，精神神経症に関する私たちの理解ほどには進んでいない（A. Freud, 1954a; Stone, 1954b）。神経症の臨床的発見は今なお私たちに，精神分析

理論を定式化するための最も信頼できる源となる素材を提供する。精神分析技法の理論を把握するために，読者は神経症に関する精神分析理論の実用的な知識を身につける必要がある。フロイトの『精神分析入門』(1916-17)とナンバーグ (1932)，フェニケル (1945a)，ウェルダー (1960) らのテキストは，簡略化された優れた原典である。ここでは，技法を理解するために必要である最も重要な理論的概念だと私が思うものを，概説することしかできない。

精神分析は，精神神経症が神経症的葛藤に基づくと主張する。その葛藤は本能欲動の放出において障害となり，欲動がせき止められた状態に陥る。自我は，高まる緊張に次第に対処できなくなり，最終的には圧倒されてしまう。その不本意ながらの放出は，臨床上，精神神経症の症状として現れる。「神経症的葛藤」という用語は単数で用いられるが，常に複数の重要な葛藤が存在している。慣習的および便宜的に，葛藤を単数で表す (Colby, 1951, p.6)。

神経症的葛藤は，放出しようとするイド衝動と，衝動の直接的な放出や意識へのアクセスを避けようとする自我防衛との間の，**無意識的**葛藤である。ときには臨床素材から二つの本能欲求の間の葛藤が明らかになるだろう。例えば，異性愛的活動が同性愛的欲望を避けるために用いられるかもしれない。分析で明らかになるのは，そうした場合，異性愛的活動は罪や恥の苦痛な感情を回避する防衛の目的で使われているということであろう。この例において，異性愛は自我の要求を満たし，より禁止されている本能衝動である同性愛に対抗している。それゆえ，神経症的葛藤がイドと自我の間の葛藤であるという定式化は，依然として妥当である。

外界もまた，神経症の形成に重要な役割を果たす。しかしここでもまた葛藤は，神経症的葛藤を引き起こす，自我とイドの間の内的葛藤として体験されるに違いない。外界が本能を誘惑し動員するのだが，そうした状況は，ある種の罰をもたらす危険があるために，回避されなくてはならないだろう。本能の誘惑あるいは危険が意識から遮断されなければならないなら，そのとき私たちは，神経症的葛藤に対処しているのだろう。外的現実との葛藤が，イドと自我の間の葛藤になったのである。

超自我は，神経症的葛藤においてより複雑な役割を果たす。それは，自我の側あるいはイドの側で，もしくは両方で，葛藤に参加するかもしれない。超自我には，本能衝動が禁止されていると自我に思わせる働きがある。自我が象徴的で歪曲した放出についてさえ罪悪感を抱くのは超自我のためであり，その結

果そうした放出は，意識的には本質的に苦痛なものとして感じられる。超自我はまた，退行して再本能化されるreinstinctualizedようになることによって神経症的葛藤に参加するかもしれないが，その結果自己非難は，欲動に似た性質を持つようになる。すると罪悪感に満ちた患者は，繰り返し苦痛に陥る状況へと駆り立てられるであろう。心的装置のあらゆる部分が，神経症的症状形成に参画するのである（Fenichel, 1941, Chapt. 2; 1945a, Chapt. 7, 8; Waelder, 1960, pp.35-47および追加の文献リストを参照）。

　イドは放出を求めることを決して止めず，その衝動はいくつかの派生的かつ退行的な出口を用いることで，何らかの部分的満足を得ようとするだろう。超自我からの要求を鎮めるために，自我は，本能派生物が――本能だとほとんど認識されないように――偽装された形態で現れるよう，それらをも歪曲しなければならない。それにもかかわらず，超自我は自我に罪悪感を引き起こし，その歪曲された本能活動はいろいろな方法で苦痛を引き起こす。それは罰として感じられるのであって，満足ではない。

　神経症的葛藤という病因的転帰を理解するに当たっての鍵となる因子は，危険な欲動を意識へのアクセスや運動から遠ざけておこうとすることにエネルギーを絶えず費やそうとする，自我のニードである。これによって最終的には，自我が相対的に不足した状態に陥り，元々の神経症的葛藤からの派生物は，その弱体化した自我を圧倒し，意識や行為に入り込むことになる。この観点から，精神神経症は相対的な外傷神経症として理解されうる（Fenichel, 1945a; Chapt. VIII）。相対的に無害な刺激であってもイド衝動をかき立て，それが堰き止められていた本能の貯蔵庫へと繋がるかもしれない。疲弊した自我はその防衛作業を続けることができなくなり，洪水状態となって，本能――偽装や歪曲すらなされているのだけれども――の放出を許さなければならなくなる。こうした偽装され歪曲された不本意ながらの放出は，臨床上，精神神経症の症状として現れてくる。

　上記したことを，比較的簡単な臨床例を挙げて説明しよう。数年前，A夫人という若い女性が夫に付き添われて治療にやって来た。彼女は，一人で家から出られず夫と一緒にいるときだけ安心を感じる，と訴えた。加えて，気絶する恐れ，目眩の恐れ，自制心を失う恐れを訴えた。A夫人の症状は，6カ月ほど前，美容院にいたときに，まったく突然に始まった。

数年間にわたる分析が明らかにしたのは，男性美容師に髪を梳いてもらった出来事が，患者の恐怖症発症の実際のきっかけだということだった。私たちは最終的に，子どもの頃に父親に髪を梳いてもらったことをその瞬間に彼女が思い出したのだという事実を，明らかにすることができた。その日美容院に行ったのは，結婚後初めて，父親がその若い夫婦に会いに来るという喜ばしい予定のためだった。父親は娘夫婦の家に滞在する予定で，彼女は意識的には非常に大きな喜びでいっぱいだった。しかしながら無意識的には彼女は，父親を愛していることに対する，そして夫への主として無意識的な敵意に対する罪悪感で，いっぱいだった。

　髪を梳いてもらうという一見無害な出来事が，昔の近親姦願望や敵意，罪悪感や不安を呼び起こした。簡単に言えば，A夫人は彼女の死の願望によって夫が殺されてはいないのだと確信するために，夫に付き添われなくてはならなかった。また彼の存在によって，性的な行動化から彼女は守られた。気絶や目眩，自制心を失う恐怖は，彼女の倫理的バランスや自己コントロールを失うこと，彼女の良い性質を汚すこと，自分自身を辱めること，高い位置から落ちることを象徴的に表していた。その若い女性の症状は，幼児的な処罰空想はもちろん，子ども時代の快楽的な身体感覚とも結びついていた。

　この出来事は以下のように定式化できると私は思っている。髪を梳くことが抑圧されたイド衝動を呼び起こし，それが自我と超自我の葛藤を彼女にもたらした。恐怖症発症の前には明らかな神経症症状はなかったものの，彼女の自我はすでに相対的に消耗し，イドは十分な発散の可能性を欠いていたことを示す徴候があった。A夫人は，数年にわたる睡眠困難，悪夢，性生活の制止があった。結果として，髪を梳かれることで動員された空想が，幼児的な自我の防衛を圧倒する点にまでイドの緊張を増大させ，そして否応なく放出が生じ，結果的に急激な症状形成に至ったのだった。

　さらなる説明はこの時点では先送りにされなければならないとしても，二つの追加点については特筆すべきである。自我は，自由に使えるさまざまな防衛機能に頼ることで，禁止されたイド衝動もしくは危険なイド衝動に，対処しようとする。そうした諸防衛が本能的な緊張の周期的な放出を提供するなら，それらは成功するであろう。さまざまな種類のリビドー衝動と攻撃衝動が，パーソナリティ全体の残りの部分との接触から遮断されるとき，防衛は病原的になるのである（A. Freud, 1965, Chapt. V）。最終的には，抑圧されたものは症状とい

う形で戻ってくる。

　大人の神経症は常に，幼児期からの核を中心に形成される。A夫人の事例が示しているのは，彼女の性的感情が依然として子ども時代の父親イメージに固着しており，そして性愛は彼女の子ども時代とまったく同様に禁じられていた，ということである。彼女は子ども時代の神経症を十分に克服していたので，生活の多くの領域においては有効に機能することができていたが，性器的性愛に関するあらゆる事柄に関しては神経症的に退行したままであった。子ども時代の恐怖症と身体的不安は，彼女の大人の神経症に伴って，回帰したのだった（子ども時代の基盤を持たない唯一の神経症は，純粋な外傷性神経症である。それらは極めて稀であり，純粋な形であることは滅多にない。それらは，しばしば精神神経症と結びつくようになる［Fenichel, 1945a, Chapt. VII］）。

III｜精神分析のメタ心理学

　精神分析のメタ心理学とは，精神分析の理論体系が基づいている最小限の仮定を指している（Rapaport and Gill, 1959）。フロイトのメタ心理学に関する著作は完全でも体系的でもなく，彼の著作の中に散在している。『夢解釈』の7章（1900），「メタ心理学諸篇」（Freud, 1915b, 1915c, 1915d, 1917b），「制止，症状，不安」（1926a）への補足が，主要な参考文献である。実のところフロイトは三つしか，メタ心理学的な観点を明確には定式化しなかった――局所論的，力動的，そして経済論的観点である。発生論的な観点については，彼は当然なことと考えているようだった。彼は構造論的観点を定義しなかったが，それは局所論的観点に置き換わるものだということを，確かに示唆していた（1923b, p.17）（この点に関して，Rapaport and Gill［1959］そして，Arlow and Brenner［1964］を参照）。適応的観点もまた，精神分析的な思考にとって，暗黙かつ本質的なものである（Hartmann, 1939）。

　メタ心理学の臨床的含意から分かるのは，心的事象を完全に理解するためには，六つの異なった観点から分析する必要がある，ということである――局所論的，力動的，経済論的，発生論的，構造論的，適応的観点である。臨床的実践では，私たちは，患者が生み出すものを部分的かつ断片的に，与えられた時間内でしか，分析することができない。それにもかかわらず，経験が私たちに教えるのは，私たちが最初の洞察をワークスルーしようとするときに，これら

全ての観点を私たちは確かに使うのだということである。これらの概念の概略を説明してみよう。より包括的な要約については，読者はフェニケル（1945a, Chapt. II），ラパポートとギル（1959），アーローとブレナー（1964）を参照されたい。

フロイトが仮定した最初期の観点は，**局所論的観点**であった。『夢解釈』（1900）の第7章で彼は，意識と無意識の現象を支配する機能の，異なる様式を叙述した。「一次過程」は無意識的素材を支配しており，「二次過程」は意識的現象を管理する。無意識的な素材には，ただ一つの目的しかない――放出である。そこには時間の感覚や秩序，論理はなく，相矛盾したものが，互いに打ち消されないままに共存するであろう。圧縮と置き換えは，一次過程のもう一つの特徴である。心的現象を意識／無意識であると指定することは，単に質的な違いを示すこと以上の意味を含んでいる。太古的で原始的な機能様式が，無意識的現象の特徴である。

例を挙げてみよう。ある男性の患者が私に次のような夢を話す。「私は家の前部分を増築している。息子の泣き声で，突然中断される。私は恐ろしい予想でいっぱいになり，息子を探す。そして遠くにいる彼を見つけるが，彼は私から走って逃げ続ける。私は腹が立ってくるが，とうとう彼に追いつく。逃げたことについて彼を叱り始めたとき，彼の口の端に三角形の切り傷があることに気づく。その切り傷が大きくなるので，息子に喋らないよう伝える。皮膚の下のピンク色の肉が見えていて，私は胃がムカムカする。そのとき，それが息子ではまったくなくて，兄であることに私は気づく。彼は，私をばかにしたかのように見下して笑う。私は彼から顔をそむけるが，恥ずかしく思う。というのも，今や私は汗をかき，暑く，変な臭いがすることに兄が気づくかもしれない，と思うからである」

患者の連想は次のように要約されるであろう。私の兄は，幼い頃には私をよくいじめていたが，彼が神経衰弱に陥ってからは私のほうが強くなった。兄はあらゆることで私を真似ている。私がステーションワゴンを買ったとき，彼も買った。「私の妻と私が妊娠したとき，彼は妊娠した」。私の兄は男らしさの点で，問題を抱えているように思われる。彼の息子は4歳になってもまだ，髪をカールし，話さない。男の子にカールさせるのは間違っている，と私は兄に話そうとした。

私はこの時点で介入して，患者が「私の妻と私が妊娠したとき，彼は妊娠した」と言ったことを指摘した。患者は防衛的に，単に言い方の問題に過ぎないと答え

た。それから患者は笑って，子どもの頃，もしかしたら自分が赤ん坊を産むことができると考えていたのかも，と言った。母親は，患者が男の子に生まれたのを残念がっており，彼の髪をカールさせ，ドレスを着せていた。実際，彼は6歳になるまで，人形で遊んでいたことを覚えている。三角形の傷から彼は，子どもの頃遊び仲間に見た深い切り傷を思い出す。その傷は彼に，女性器を連想させる。彼の妻はかつて女性器を手術しており，そのことを考えると，彼は吐き気がするのだった。

　私は再び介入し，患者にこう指摘する。その夢の含意は，もしあなたが深い傷を隠したいなら黙っているほうがいいということ，つまり，あなたが話すならあなたの深い傷はさらに露わになるということだ，と。患者は考え込み，それから，男らしさに関する自分の悩みの幾許かが露わになることを恐れているのだと思う，と言う。私たちが以前仮定したように，おそらく兄との間で同性愛的性質を持った何らかの活動が生じたのだろう。

　夢と連想は，一次過程と二次過程のいくつかの特徴を明白に表している。「私は家の前部分を増築している」というのは，私の男性患者の無意識における妊娠空想を象徴するように思われる。これはまたのちに，「私の妻と私が妊娠し，私の兄は妊娠した」と言った際の患者の連想の中にも現れる。三角形の深い傷は患者の膣の捉え方を象徴する。そのことはまた，夢の中で胃がムカムカすることや，連想で生じた話題になった膣の手術について考えると吐き気がすることによって示されるように，患者の去勢不安を仄めかしている。息子が兄に変化するのだが，論理と時間は少しも重要ではないので，このことは夢では何も驚きをもたらさない。しかしながらこの変化は，患者が表面上は指揮を執る立場に居ると思えるかもしれないが，過去や分析状況では患者が受身的，肛門期的で女性的な態度と空想を持っていた，かつ依然として持っているということを，圧縮した形で表している。三角形の深い傷は，圧縮と同様に下から上への置き換えである。逃げる幼い少年は，息子——彼に対して患者は同性愛的欲望と不安を持っている——と兄，そして患者自身の圧縮でもある。分析は，増築される建物，恐ろしい予測，逃げること，そして静かにすることへの忠告などにおいて，表象される。分析家は，幼い少年を追いかける，彼が逃げていることに怒る，馬鹿にして笑う，そして嫌な臭いに気がついて困惑する人として，表象される。

　この夢とその連想が，それらが臨床作業の断片において現れるにつれ，一次過程および二次過程の多くの性質を実証するのだと私は思っている。

力動的観点は，精神的な現象がさまざまな力の相互作用の結果であると仮定する。フロイト（1916-17, p.67）は，力動を示すために錯誤の分析を用いた。「私たちがこれらの現象を扱ってきた方法を，モデルとして心にとどめるようあなた方に私は求めたい。この例から，あなた方は私たちの心理学の目的を知ることになる。私たちは単に現象を記述し分類しようとするのではなく，心の中のさまざまな力の相互作用のサインとして，同時にあるいは互いに対立して働いている，目的を持った意図の表れとして，これらを理解しようとするのである。私たちは精神現象の**力動的観点**に関心を持っているのだ」。この想定は，本能欲動，防衛，自我の関心，葛藤などに関するあらゆる仮説にとっての基礎となる。症状形成，アンビヴァレンス，重複決定が，力動についての例となる。

　早漏で悩んでいた患者は，女性器に対する無意識的な恐れと憎悪を持っていた。それは彼にとって，彼をむさぼり食う，恐ろしくて巨大な空洞を表していた。それは汚く，ぬめぬめして，病気をまき散らす下水溝だった。同時に，女性器は甘美で瑞々しい，ミルクを与えてくれる乳房――彼が口に含むことを熱望していたもの――であった。性交の間，彼は，巨大な女性器が彼を飲み込むという空想と，彼の勃起したペニスがそのデリケートでもろい膣壁を出血するまで引き裂き切り裂くかもしれないという空想の間で揺れていた。彼の早漏は，その憎むべき器官を傷つけてダメにしたいという衝動を表す手段であり，また，危険でもろい性器から逃げようとする衝動を表す手段でもあった。早漏は，女性器の持ち主に対する象徴的な懇願でもあった。「私は女性器におしっこをするだけの，ほんの小さな男の子に過ぎません。優しくしてください」と。早漏は，さまざまな破壊的な官能性と口唇的な嘆願との間の妥協物であった。彼の分析が進み，彼の妻が性交中に変わらず彼の妻のままでいるにつれて，彼は攻撃的な官能性を力強い男根的な活動において，そして彼の口唇性を前戯において示すことができたのだった。

　経済論的観点は，心的エネルギーの分配，変形，消費に関わる。拘束，中性化，性愛化，攻撃化aggressivization，そして昇華といった概念は，この仮説に基づいている。

　経済論の例は，第Ⅰ部第2章のⅡで私が記述したA夫人のケースに見ることができる。この患者の恐怖症が発症する以前，彼女は本能の緊張を塞き止められた状

態にあったが，彼女の自我機能は十分に防衛機能を果たすことができており，Ａ夫人は明白な症状を出さずに機能できていた。彼女は夫との性的関係を避けることで，精神的な均衡を維持することができた。そしてもしも関係を持たなければならない場合には，性的に興奮することはできないのだった。このことは，彼女の自我防衛のエネルギーを多大に要したが，髪を櫛で梳かされる出来事までは，彼女は事態をコントロール下に抑えることができていた。その時点で，父の来訪と髪を櫛で梳いてもらう出来事が，過去の性的でロマンチックな記憶を呼び覚ましたのだった。加えて，それは夫に対する彼女の敵意を高めた。Ａ夫人の自我は，放出を求めるイドの必死の努力がこうして新たに流入することに，対処できなかった。本能衝動は，失神，目眩，自制心の喪失にまつわる感情の中に突破してきたのだった。これにより，夫の同伴なしに外出することの恐怖症を彼女は発症した。Ａ夫人の防衛能力の破綻を充分に理解するためには，彼女の心的エネルギーの配分の変化という観点からアプローチされなくてはならない。

発生論的観点は，心的現象の起源と発達に関わる。それは，過去が現在にどのように内包されているかだけでなく，ある葛藤において，なぜ特定の解決策が採用されたのかということも扱う。この観点は，経験的なもの同様，生物学的－生来的な要素にも焦点を当てる。

例：私の患者であるＮ氏は，自分が母親と父親両方のお気に入りの子どもであると主張した。その証拠として，彼は，子どもの頃にはサマーキャンプに，のちには大学に行くことを自身がどのように認められたかを挙げた。二人の弟たちはこのような恩恵のいずれも受けなかった。彼は幸福な結婚生活を送っているとも主張したが，妻とは滅多に性関係を持たず，しばしば妻に対して不誠実だった。彼は自身が基本的には幸福な人間だと感じていたが，周期的な抑うつそして衝動的なギャンブル発作に苦しんだ。

この患者の主な防衛策の一つが隠蔽記憶を集めることだった。彼が思い出した記憶は本物だったが，その記憶は不幸な体験の記憶を締め出すために保持されていた。ときには彼は実際にお気に入りの子どもとして扱われていたが，それは珍しいことで，典型的なことではなかった。彼の両親は一貫性を欠き偽善的であったのだが，それが彼に固有の症状全体を形成する決定的な要因だった。両親はしばしば彼を拒絶し，剥奪的で，彼が不満を漏らすと，過去のどこかで，彼に与え

ていた何らかの特別な喜びを指摘するのだった。彼の両親が意識的にしたことを，私の患者は隠蔽記憶を用いることで無意識的に行った。彼は過去と現在の不幸を，それとは反対のことを宣言する隠蔽形成によって，否定したのである。抑うつの期間は，根底にある悲しみを露わにしていた。ギャンブルは，自分が幸運であること，「幸運の女神」のお気に入りの子どもであることを証明する試みであった。

　構造論的観点が想定するのは，心的装置がいくつかの持続的な機能のユニットに分けられうるということである。これは，フロイトの最後の主要な理論的貢献であった（1923b）。自我，イド，超自我から成る心的装置という概念は，構造論的仮説に由来する。それは，症状形成のような構造間葛藤，あるいは自我の統合機能のような構造内過程について私たちが話すときはいつでも暗に含まれている。

　臨床例は，先に説明した早漏の患者である。彼が治療を始めたとき，性的な状況において，識別に関する自我機能を失ったものだった。あらゆる女性は彼の母親になり，あらゆる女性器は口唇——サディズムと肛門——サディズムの空想を帯びていた。進展するにつれて，彼は性的な状況においてその方向へと退行することがなくなった。彼の自我は母親と妻を区別することができた。すなわちその後，彼のイドの奮闘は口唇および肛門期から男根期へと進展できたのだった。

　最後に，今日，私たちは**適応的観点**についても定式化するが，フロイトは単にこれを仄めかしたに過ぎなかった。「**適応性**という概念は，例えば欲動と対象の間の調整に関するフロイトの主張において，そして発展的に続く，平均的に期待できる環境に対する生まれながらの準備性に関するハルトマンとエリクソンの主張において，暗に示されている」（Rapaport and Gill, 1959, pp.159-160）。

　環境との関係，愛と憎しみの諸対象，社会との関係などについてのあらゆる主張は，この仮説に基づいている。これまで述べた全ての臨床例が，適応への試みの例でもある。

Ⅳ　精神分析技法に関する理論

　精神分析療法は原因療法である。すなわちそれは，神経症の原因を無効にす

る試みである。その目的は，成人の神経症の核として働く幼児神経症を含む，患者の神経症的葛藤を解決することである。神経症的葛藤の解決とは，パーソナリティ全体の健康な部分の成熟した過程から除外されてきたイド，超自我，無意識的自我の部分を，意識的自我に再統合することを意味する。

　精神分析家は無意識的要素に，その派生物を通して接近する。イドや自我から締め出されたあらゆる要素は派生物——「雑種 half-breeds」——を生み出す。これらは意識的ではないが，それでもなお二次過程に従って高度に組織化され，意識的自我にとって接近可能である（Freud, 1915b, pp.190-192; Fenichel, 1941, p.18）。

　派生物の伝達を促進するために患者に用いるよう精神分析が求める手続きは，自由連想，精神分析の基本的方法，いわゆる「基本規則」である（Freud, 1913b, pp.134-136; 1915b, pp.149-150）。こうした派生物は，患者の自由連想，夢，症状，言い間違い，行動化の中に，現れる。

　患者はできる限り，物事を思い浮かぶままにして，論理や秩序に関係なくそれらを言うように求められる。それらがたとえ些細なこと，恥ずかしいこと，あるいは無作法なことなどに思われても，患者は報告すべきである。物事が心に浮かんでくる**ままにする**ことによって自我のための退行が生じると，無意識的自我，イド，超自我の派生物が表面に浮かび上がりやすくなる。患者は厳格な二次過程思考から，一次過程思考のほうへと移動する。こうした派生物を患者のために分析するのが，分析家の仕事である（「分析する」という用語の意味やその他の技法的，臨床的用語については，第Ⅰ部第3章において論じる）。

　神経症を患っている患者は，変わりたいという意識的な動機を持って精神分析治療にやって来るのだが，変化に抗い神経症と**現状**を守る無意識的な力が彼の中に存在する。こうした力は，治療手続き，治療過程に抗い，**抵抗**と呼ばれる。抵抗が生じるのは，神経症的葛藤の一部を形成する自我の，同じく防衛的な力からである。治療の経過の中で，患者は，過去の人生で用いたあらゆる異なった形態と種類の防衛手法を繰り返す。抵抗の分析は，精神分析技法の礎石の一つである。抵抗は自我の防衛的で歪曲する機能の現れなので，精神分析技法が最初に分析を試みるのは，抵抗なのである。洞察が効果的になりうるのは，患者が理性的自我を確立し維持できるときだけである。抵抗は理性的自我を妨害するので，その他の分析作業が成功裏になされ得る前に，抵抗は分析されなくてはならない。

例えば，ある若い男性が，彼の妻について何か侮蔑的なことを私に話すのをためらっているように見える。彼女の欠点を見つけるといつでも，彼は即座に彼女を弁護したり彼女の欠点を正当化したりする。私が彼にこの防衛的な態度を指摘すると，患者は最初はそれを否定するが，その後，涙ながらに私が正しいと認める。いかに妻が不十分であるかを私が「本当に」知るなら，私はもちろん彼が離婚することを期待するだろうから，妻の欠点を隠そうとするのだ，と彼は認める。私がこの離婚に関する点を追及すると，子どもの頃，父親が母親の欠点を見つけたときにはいつも離婚するぞと言って父が母を繰り返し脅していたことを，患者は思い出す。こうして，患者のためらいは，私が彼の父親と同じように行動するのではないか，と彼が恐れていることを表していることが明らかなようだった。彼は，父親から母親を守りたかったように，私から妻を守ろうとした。

この抵抗の源を患者が認識して初めて，彼の妻に対する「父親的な」強い怒りを抱いていたのは，私ではなく，彼自身であったとの実感へと進むことができた。彼は，母親を父親から守りたいと思っていたが，その一方で，母親に対するとてつもない怒りを彼自身が持っていたことに気がつくのに，さらに非常に多くの分析が必要だった。無意識的には，彼がかつて父親に母親と離婚してほしいと望んだように，彼が妻と離婚するよう私に促してほしかったのだ。

この臨床事例では，患者がその状況の現実を直視できるようになるためには，抵抗のそれぞれの側面を段階的に分析する必要があった。まず，私が妻と離婚してほしがっているのではないかと自身が恐れていること，そしてその結果，彼女に関するいくつかのことを私に隠していることを，彼は認めなければならなかった。次に彼は，私を父親と，そして妻を母親と混同していたことを認識しなくてはならなかった。最後に患者は，母親に対する自身の保護的な感情の根底に，強い敵意もあることを発見することができた。抵抗の分析の各段階が示唆しているのは，患者の理性的自我が，それ自体の活動の，ある非合理で歪曲された側面に向き合うことができなければならないということである。

この臨床事例から，精神分析の技法論の，もうひとつの基本的な概念がもたらされる。神経症患者は**転移反応**を起こしやすい。転移は，分析素材の最も価値ある源泉の一つ，最も重要な動機づけの一つ，そして成功に対する最大の障害でもある。神経症者の本能的欲求不満は，彼のリビドー衝動と攻撃衝動を置き換える対象を，彼に無意識的に求めさせる傾向がある。患者は経験していな

かった満足を得るために，あるいは遅ればせながらに不安や罪悪感を克服するために，人間関係の点で自分の過去を繰り返す傾向がある。転移とは過去を再び生きることであり，過去の視点から現在を誤って理解することである。技法論における転移反応の主な重要性が生じるのは，次の事実である。すなわち，転移反応が適切に扱われるなら，治療状況において，そして精神分析家に関して，患者は自身が意識的には接近することができない過去のあらゆる重要な人間関係を体験するだろう，という事実である（Freud, 1912a）。

　精神分析状況は，転移反応の最大限の発展を促進するように構造化されている。精神分析家の剥奪的な態度や相対的な匿名性は，転移感情や空想を最大限に引き出すのに役立つ。ただし，さまざまな種類や強度の転移に患者が耐えることを可能にするのは，分析状況の内外を問わず，転移を一貫して分析することである。

　転移は，分析の間，最も大きな抵抗の源でもある。患者は分析の初期においては，分析家の好意を得るために熱心に作業をするかもしれない。患者は皆，過去の人生で拒絶された経験があり，そして分析家の態度は本質的に充足させないものであるので，患者が何らかの形で拒絶を感じることは避けられない。抑圧された過去の敵意感情あるいは子ども時代や青年期の禁止された性的渇望は，分析作業に対して無意識的に反抗する強い傾向を患者の内に引き起こすだろう。「転移抵抗」の質と量は，患者の過去の生活史によって決定される。こうした反応がどのくらいの期間持続するかは，精神分析家が抵抗をひき起こした転移の問題を，いかに効果的に分析するかということにも影響されるだろう。

　分析家に対する患者の，比較的神経症的ではない，合理的で現実的な態度，すなわち**作業同盟**について，ここで一言付け加えておかなくてはならない（Greenson, 1965a）。神経症的転移反応にもかかわらず，患者が分析家の視点に同一化して分析家と共に作業をすることを可能にするのは，患者−分析家関係のこの部分なのである。

　自我のみが直接的にイド，超自我，そして外界にアクセスすることができるので，精神分析技法は直接，自我に向けられる。私たちの目的は，自我に病理的な防衛を放棄させる，もしくはより適切な防衛を見つけさせることである（A. Freud, 1936, pp.45-70）。古い防衛戦術は不適切であることが明らかになった。新たな，異なる手段あるいは防衛しないことによって，罪悪感も不安もなく本能を排出させることが可能となるかもしれない。イドの放出は，本能の圧力を減

らし，そうして自我は，相対的により強い立場になるのである。

　精神分析家は，患者の自我の比較的成熟した諸側面に，あまりにも危険であるとしてかつて意識から追い出したものと闘うよう導こうとする。作業同盟と非性的な陽性転移の保護のもとで，かつてあまりにも恐ろしいとみなしたものを患者が新たに眺め，状況を再評価でき，そして最終的にはその古い危険に対処する新たな方法を試みてみるということこそが，分析家の期待するものである。子ども時代の本能衝動——子どもの持てる自我にとってはあまりにも圧倒的であり，そして子どもの超自我によって歪曲されていた——が，大人の生活では違った風に見ることができるのだと，患者は徐々に認識するだろう。

　洞察が与えられた後に生じ，振る舞いや態度に安定的な変化をもたらす心理的作業は，**ワーキングスルー**と呼ばれる（Greenson, 1965b）。それは，洞察を利用し吸収させたり，再び方向を定めるといったプロセスから成る（E. Bibring, 1954）。これについては次の章で論じる。

　精神分析はこのように，神経症や症状形成の過程を遡り，巻き戻そうとする（Wealder, 1960, p.46）。唯一の信頼できる解決は，自我の構造的変化を成し遂げることである。それによって自我はその防衛を放棄したり，あるいは適切な本能放出を可能にするような防衛を見つけることができるようになるだろう（Fenichel, 1941, p.16）。

　臨床例を用いて一連の典型的事象を説明しよう。27歳の女性，K夫人は，さまざまな理由から分析を求める。何年にもわたり，彼女には，場違いな感覚を覚え，麻痺し，「滅入って」「ゾンビのようになる」というエピソードがあった。加えて，彼女には抑うつの時期があり，性的関係においてオーガズムを得られず，そして最近では，黒人と性的関係を持つという強迫観念がある。この最後の症状が彼女にとって最も悩ましいもので，彼女は治療を求めて来ざるを得なかった。精神分析技法の目的と目標について私が述べてきた理論的記述を説明するために，この症状だけに焦点を当てて用いることにする（この主題に関するAltman [1964] のパネルリポート，とりわけRossの貢献を参照のこと）。

　あらゆる心理療法は患者を症状から解放しようとするが，精神分析のみが，症状の根底にある神経症的葛藤を解決することによって，これを行おうとする。他の治療法は患者の防衛を強化することによって，あるいは，黒人男性に対する彼女の性的衝動を緩和したり置き換えるために転移や暗示を用いることによって，患

者を助けようとする。あるいはそれらは，何らかの本能のはけ口——そのはけ口は，治療者に対する超自我様の転移の保護のもとに，可能となる——を示唆することで，防衛−本能の葛藤を助けようとするかもしれない。リビドー欲動を鎮静化するために薬物を用い，そうすることで患者の悩める自我を救い出そうとする治療者もいる。アルコールやフェノバルビタールのような薬物を勧める治療者もいる。それらは患者の超自我の要求を一時的には鈍らせるかもしれない。こうした方法は全て，役立つかもしれないが一時的なものにすぎない。なぜなら，原因となっている無意識的葛藤に関わる心的構造に，永続的な変化をもたらさないからである。

　精神分析療法は，彼女の症状の中に圧縮して表現されるさまざまな無意識的衝動，空想，欲望，恐怖，罪悪感そして罰を全て，患者に気づかせるようにする。私が例に挙げている患者は，黒人は，強くて性的魅力に溢れ，恐るべき赤毛の，思春期来の彼女の継父の偽装である，という事実に向けた洞察を，徐々に与えられた。黒人たちと性的関係をもつという衝動的な強迫観念は，継父に対する偽装された近親姦願望に部分的に由来することが示された。それはまた，サドマゾキスティックな衝動を覆い隠すものであったし，性の「トイレット化」を隠していた。黒人は，3歳で生じた肛門−男根的な男性の圧縮を表象してもいた。この症状の苦痛な性質は，禁じられた衝動への罪悪感から生じた自己処罰であることが明らかにされた。

　患者が徐々にこれらの洞察に向き合えるようになるにつれ，彼女の自我は，もはや禁止された衝動や空想を抑圧しようとすることにエネルギーの多くを費やす必要がなくなった。近親姦的空想は行為と同じではなく，私たちの社会で成長するときの一部なのだという考えを，彼女の理性的自我は今や受け入れることができた。彼女の超自我があまりに厳しくサディスティックであったのだ，とＫ夫人は今や認識することができた。マゾキスティックで性的な空想に似たやり方で自分自身を残酷に非難してきたことを，彼女は実感した。叩かれることと叩くこと，汚すことは，性的満足の代理を得るための，退行的試みであることが明らかとなった。

　これまで無意識であったこうした現象全てが意識的になることを患者が許容するにつれ，三つの心的構造において変化が際立ってきた。自我は，明らかにされた衝動に対して，抑圧や反動形成，隔離を用いる必要がなくなった。これが可能になったのは，彼女の厳格な超自我が，自我に対して以前ほどサディスティック

でなくなってきたからである。肛門期的でサドマゾキスティックな衝動をひとたび意識にさらすことができると，それらは強度を失い，彼女のイド衝動は，性器的に快楽を求めることへと方向を変えたのである。本能的衝迫の変化によって，K夫人は夫との間で性的満足を経験することが可能となり，そして彼女は黒人男性に関する衝動的な強迫を失った。

　転移反応と抵抗の分析は，これらの展開全てにおいて重要な役割を果たした。例えば，K夫人が継父に対して抱いた性的感情が明るみに出たのは，「あなたは私の父親ほどの年齢であるとしても」私が性的に魅力的だと彼女が感じていることに，彼女が気づいたときだった。叩かれることに関する彼女の空想は，分析中，私が彼女を叩くことへの恐れ，そして次にはその願望として，現れた。K夫人は，彼女の性的空想のいくらかについて話すことに，非常に大きな抵抗があったのだが，それは，まるで私が彼女のトイレを覗いているように感じたからだった。これにより，彼女の性愛の「トイレット化」が私たちに明らかになった。

　K夫人は分析で熱心に作業し，およそ6カ月後には，私との間で比較的信頼できる作業同盟を発展させた。苦痛な転移反応と抵抗にもかかわらず，彼女は最終的には私の分析的観点に同一化でき，自身の神経症的反応を理解しようとすることができたのだった。

　一時的で部分的な改善が，治療において患者をさらに前進させた。今や，彼女は分析状況においてより深く退行することができ，彼女の神経症的葛藤のさらに早期の形態を自ら体験することができた。黒人男性への性的欲望は，女性に対する強い同性愛衝動に対抗する，重要な防衛機能の役割を担っていた。次にこれらが，母親に対する深く抑圧された口唇的吸引衝動に由来することが示されたのだが，それを患者は，彼女自身の分離したアイデンティティに対する脅威だと感じていた。この葛藤と並行して，母親に対するとてつもなく大きな原始的憤怒が存在し，それが母親の存在に対して危険であると認識され，そしてまた，K夫人自身の存在に対しても脅威であると感じられた。さまざまな水準の神経症的な本能－防衛葛藤についての洞察によって，患者の自我，イド，超自我の構造に段階的な変化がもたらされた。いくつかの古い防衛は不必要なものとして放棄され，罪悪感のない本能的満足を可能にする，新たな防衛が見出された。心的構造間の全体的関係が変化し，それに伴って，外界に対する新しい，さらに充足をもたらす効果的な関係が現れたのだった。

第3章

古典的精神分析技法の構成要素

　ここまで歴史的な発展と理論的枠組みから精神分析療法を外観してきたので，この章では，現在実践されている技法の全般的あらましを紹介する。これは，古典的精神分析で用いられる実際の定義，あるいは治療手続きと治療過程に関する記述から成る。その目的は，専門用語と概念の用語集を提供すること，そしてそれらのいくつかが，精神分析療法と比較して，部分的で希釈された分析的セラピーではどのように使用されるかを，明らかにすることである（E, Bibling, 1954; Greenacre, 1954; Gill, 1954; および追加の文献リストを参照）。

I 素材の産出

I-1　自由連想

　古典的精神分析において臨床素材を伝える主な手段は，患者が自由連想を試みることである。通常これは，予備面接が終わってから始められる。予備面接で分析家は，精神分析状況において作業する患者の能力を査定してきている。評価の一部を構成するのは，自由連想に必要とされるより退行した自我機能と，分析的介入を理解し，直接的な質問に答え，時間の終わりに日常生活に戻るのに必要とされる，より発達した自我機能との間を行き来する，自我機能のレジリエンスを患者が持っているかどうかを決定することであった。

　患者は通常，ほとんどの時間を自由に連想するが，彼は夢や日常生活の出来事，あるいは過去の生活史をも報告するだろう。患者が夢やそれ以外の体験を

詳しく話しながらそこに自身の連想を含むように求められることは，精神分析に特徴的である。**自由連想は，分析状況で素材を生み出す他のあらゆる方法に，優先される。**

しかし自由連想は，抵抗のために，間違って用いられることがある。そこで，自由連想の適切な使用を再確立するために，こうした抵抗を分析することが分析家の仕事となる。自我機能の崩壊のために，患者が自由連想をやめられない事態が生じることもある。これは，分析の経過の中に生じる，緊急事態の例である。そのときの分析家の仕事は，自我の論理的な二次過程思考を再確立しようと試みることであろう。そうするために，分析家は暗示や直接的な指示を行う必要があるかもしれない。これは非分析的な戦術だが，上記の例では私たちは初期の精神病反応を扱っているかもしれないので，こうすることが必要となる。

自由連想は，精神分析において素材を生み出す主要な方法である。いくらか覆いを取ること，いわゆる「精神分析的に方向づけられた心理療法」を試みるような心理療法においては，自由連想は選択的に用いられる。反-分析的療法，覆いをかける治療や支持的療法では，用いられない。

精神分析が患者に要求することを扱う章（第IV部第1章のII）で，自由連想についてさらに論じる。カウチへの移行と関係する自由連想の導入は，第II巻で述べる。

I-2　転移反応

ドラを治療して以来，患者の転移反応と抵抗が分析作業に不可欠な素材を生み出すことをフロイトは認識した（1905a, pp.112-122）。それ以来，分析状況は，患者の転移反応の最大限の展開を促進するよう整えられた。抵抗の目的は，転移の展開を妨げることや，転移の分析を遮ることである。抵抗と転移の両方が，患者の過去や抑圧された生活史に関する決定的な情報を伝える。この巻の第II部と第III部は，これらの主題に関する体系的で徹底的な検討に充てられている。ここでは，予備的な方向づけだけを試みる。

転移は，現在の人物に対する感情，欲動，態度，空想，防衛——その人物に対しては不適切であり，早期幼児期の重要人物に起源をもつ反応の反復，置き換えである——を経験することである。転移反応に対する患者の敏感さは，本

能の不満足状態およびその結果生じる放出機会へのニードに由来する（Freud, 1912a）。

　患者には，想起する**代わり**に反復する傾向があるという事実に注目することは重要である。つまり，反復は常に，記憶の機能に関する抵抗である。しかし，過去を反復する，再演することによって，まさに患者は，過去が治療状況に入ることを可能にするのである。転移の反復は，そうでなければ接近不可能な分析素材をもたらす。適切に対処されるなら，転移の分析は，記憶，再構成，洞察そして最終的には反復の停止へと，導くであろう。

　転移反応のさまざまな臨床形態を分類する多くの方法がある。最も一般に用いられる名称は，**陽性転移**と**陰性転移**である。陽性転移は，分析家に対する好意，愛情，尊敬はもちろん，性的渇望のさまざまな形態を指す。陰性転移に含まれるのは，分析家に対する怒り，反感，憎しみ，あるいは不満といった形でのさまざまな攻撃性である。あらゆる転移反応は本質的にアンビヴァレンスであることに留意しなくてはならない。臨床上現れているのは，表面的なものにすぎない。

　分析状況で転移反応が生じるためには，患者は，自我機能と対象関係の点で一時的に退行するリスクを，いとわず取ることができなければならない。患者は，一時的に転移反応へと退行することができる自我を持たなくてはならないが，しかし患者が分析的に治療されることができ，それでもなお現実世界で生活できるためには，この退行は一時的で可逆的でなくてはならない。思い切って現実から退行しない人や現実に容易に戻れない人は，精神分析にはリスクが高い。フロイトは，比較的まとまりのある一連の転移反応を展開し維持することができ，そしてなお分析においても外界においても機能できるかどうかに基づいて，神経症患者を2群に分けた。「転移神経症」の患者はこれを行うことができたが，一方「自己愛神経症」を患っている患者は，できなかったのである（Freud, 1916-17, pp.341, 414-415, 420-423）。

　フロイトは，分析家ならびに分析が患者の情緒生活および患者の神経症的葛藤の中心となるような転移反応の布置が，分析状況に再現されることを記述するためにも，**転移神経症**という用語を用いた（Freud, 1914c, p.154）。患者の病気の重要な特徴の全てが，分析状況の中で再現されたり再演されたりするのである（Freud, 1905a, pp.118-119; 1914c, pp.150-154; 1916-17, Chapt. XXVII）。

　精神分析技法は，転移神経症が確実に最大限に展開するように，調整される。

分析家の相対的匿名性，非侵入性，いわゆる「禁欲規則」や分析家の「鏡のような」振る舞いは全て，転移神経症の発芽に対して，比較的汚染されてない場を保つという目的をもつ (Fenichel, 1941, p.72; Greenacre, 1954; Gill, 1954)。転移神経症は分析状況の人工物なのであって，分析作業によってのみ解消されうる。それは，病気から健康への移行という役割を担うのである。

一方で転移神経症は精神分析の成功のための最も重要な手立てであるが，他方，治療の失敗を最も多く引き起こす原因でもある (Freud, 1912a, 1914c; Glover, 1955, Chapt. VII, VIII)。転移神経症は分析によってのみ解決が可能である。その他の手続きは，転移神経症の形を変えるかもしれないが，ただ継続させるだけであろう (Gill, 1954)。

精神分析は，転移反応を，体系的かつ徹底的に分析することによって解決しようするただ一つの心理療法である。より短期間の，あるいは希釈されたバージョンの精神分析においては，私たちは部分的かつ選択的にのみ，それを行う。そのため私たちは陰性転移のみを——それが治療を中断する恐れがある場合に——分析するかもしれないし，あるいは治療状況で患者が作業することができるのに必要とされる深さだけを，分析するのである。こうした場合には，治療が終結した後，未解決の転移反応の残渣が常に存在する。これが意味するのは，何らかの分析されていない神経症が未変化のまま残されている，ということである。

反-分析的な形式の心理療法では，転移反応は分析されるのではなく充足され，そして操作される。治療者は，ある過去の人物の役割を，現実であれ空想であれ担い，患者の幼児的願望を充足する。治療者は，愛情深いもしくは励ます親のように行動したり，罰を与える道徳主義者のように行動するであろうし，そして患者は若干の一時的な改善を感じたり，「治癒した」とさえ感じるかもしれない。しかし，こうした「転移性治癒」は束の間であって，治療者に対する理想化転移が触れられない限りにおいてのみ，持続する (Fenichel, 1954a, pp.559–561; Nunberg, 1932, pp.335–340)。

I-3 抵抗

抵抗は，精神分析作業の手続きや過程を妨害する，患者の内なる力の全てを指す。多かれ少なかれ，それは治療の最初から最後まで存在する (Freud, 1912a)。

抵抗は患者の神経症の**現状維持**を擁護する。抵抗は分析家，分析作業，そして患者の理性的自我に対立する。抵抗は操作的な概念であり，分析によって新しく作られたものではない。分析状況は，抵抗が自らを現す舞台になる。

抵抗は，患者が過去の生活において用いてきたあらゆる防衛操作の反復である。あらゆる種類の心的現象が抵抗の目的のために用いられるかもしれないが，その起源が何であれ，抵抗は患者の自我を通して作用する。抵抗のいくつかの側面は意識的であるかもしれないが，本質的な部分は無意識的自我によって実行される。

精神分析療法は，徹底的で体系的な抵抗の分析によって特徴づけられる。患者がどのように抵抗するか，何を抵抗しているか，なぜそうするのかを明らかにすることが，精神分析家の仕事である。抵抗を引き起こす直接的原因は常に，不安，罪悪感あるいは恥のような，何らかの苦痛な情動を回避することである。この動機の背後に見出されるのは，苦痛な情動の契機となってきた本能衝動である。最終的に私たちが見出すのは，抵抗が避けようとしているのは外傷的状態に対する恐怖なのだ，ということである (A. Freud, 1936, pp.45-70; Fenichel, 1945a, pp.128-167)。

抵抗を分類するには多くの方法がある。最も重要な実践的区分けは，**自我親和的な抵抗**を**自我異和的な**抵抗から区別することである。患者が抵抗を自我異和的に感じるなら，彼は分析的にそれに取り組む準備ができている。もし自我親和的であるならば，彼はその存在を否定するかもしれないし，その重要性を過小評価したり合理化することで抵抗を追いやろうとしたりするかもしれない。抵抗を分析する際の重要な初期の諸段階の一つは，患者にとってそれを自我異和的な抵抗へと変えることである。これがひとたび成し遂げられるなら，患者は分析家との作業同盟を形成する。彼は，進んで抵抗に分析的に取り組むなかで，一時的そして部分的に，自らを分析家に同一化する。

他の形式の心理療法は，暗示によって，あるいは薬を使うことや転移関係を悪用することによって，抵抗を回避したり克服したりしようとする。覆いをかける，あるいは支持的なセラピーにおいては，治療者は抵抗を強化しようとする。これは，精神病状態に陥っている患者においてはかなり十分に必要なことであろう。抵抗の原因，目的，様式，そして歴史を治療者が明らかにしようするのは，精神分析においてのみである（Knight, 1952）。

II 患者の素材を分析すること

　古典的な精神分析では，非常に多くの治療手続きがさまざまな程度で用いられる。自分自身についての患者の洞察を増すという直接的な目的を持つことが，分析的だと考えられる全ての技法の特徴である。いくつかの手続きは，洞察そのものを増すのではなく，理解を得るために必要とされる自我機能を強めるのである。例えば，除反応は本能の緊張の十分な放出を可能にするので，窮地にあった自我は，もはや切迫した危険にさらされていると感じることはない。するとより安全な自我が，観察し，考え，想起し，判断すること――切迫した不安状態で失っていた諸機能――ができるようになる。今や洞察が可能になるのである。除反応は，精神分析的な治療においてはしばしば用いられる**非分析的な**手続きの一つである。それは多くの場合，洞察のために必要不可欠である。

　反-分析的な手続きは，洞察や理解する能力を遮断したり弱めたりするものである。観察し，考え，想起し，判断する自我機能を減少させるいかなる方法や一連の行動であれ，それらを用いることはこのカテゴリーに属する。いくつか分かりやすい例として，特定の薬や化学物質の投与，迅速で安易な励まし，特定の種類の転移充足，気分転換などがある。

　最も重要な分析的手続きは**解釈**である。それ以外は全て，理論的にも実践的にも解釈の下位に位置する。あらゆる分析的手続きは，解釈を導くか，解釈を効果的にするかの，いずれかのステップである（E. Bibring, 1954; Gill, 1954; Menninger, 1958）。

　「分析する」という用語は，洞察を促進する諸技法を指す，簡単表現である。それは通常，次の四つに明確に分けられる手続きを含んでいる。**直面化，明確化，解釈**，そして**ワーキングスルー**である。続く部でこれらに関しては詳しく議論し，また，これらの手続きのそれぞれがどのように用いられるかについて，臨床例を挙げたいと思う。ここでは実用的な定義と簡単な説明に限定する。

　心的現象を分析する最初の段階は**直面化**である。問題の現象は明らかにされなければならないし，患者の意識的自我にとって明確にされなければならない。例えば，患者がセッション中に特定の主題を避けている理由を解釈できるようになる前に，私はまず，彼が何かを避けていると，彼に直面させなくてはならない。ときには患者自身がこの事実に気づき，私がそうする必要がないこともある。しかしながら，何らかのさらなる分析的段階に着手する前に，私たちが

分析しようとしている心的現象を患者が自身の内にはっきり認めているということが，確実でなくてはならない。

　直面化は次の段階，**明確化**を導く。通常この二つの手続きは互いに混ざり合うが，それぞれが明白に異なる問題を引き起こす事例があるので，私はそれらを分けることに価値があると思っている。明確化は，分析されている心的現象にはっきりと焦点を合わせることを目的とする活動を指す。重要な細部が掘り出され，無関係のものから注意深く区別されなくてはならない。問題となっている現象の特定の種類やパターンが，判別され，分離されなければならない。

　一つ簡単な例をあげよう。患者のN氏に，抵抗しているという事実を私が直面化すると，彼は確かにその通りで，何かから逃げているようだと認める。そこで患者のさらなる連想は，なぜ抵抗しているのか，あるいは何に抵抗しているのかを明らかにする方向へと進むだろう。前者の例を取り上げることにしよう。抵抗している患者の連想によって，過去の週末のさまざまな出来事を彼は話し始める。N氏は娘の学校のPTA会合に行き，大勢の裕福に見える親たちの存在に羞恥を感じた。このことから彼は，子ども時代のこと，父親が金持ちの顧客たちに取り入ろうとするのを見ることがどれほど嫌だったかを思い出す。彼の父親は，従業員たちに対する際には暴君だったし，金持ちに対しては「ゴマすり ass-kisser」だったのである。彼は大学に入学して家を離れるまで，父親を恐れていた。その後，彼は父親への軽蔑を抱くようになった。彼は依然として父親に対する軽蔑の気持ちを抱いているが，それを表すことはない。結局それは何の役にも立たず，父親は変わるには歳をとり過ぎている。彼の父親は60歳近くになっているに違いなく，「たとえ残っているとしても」髪はほとんど真っ白である。患者は沈黙する。

　私の印象では，N氏の連想は，彼が私について抱いていた特定の感情を指し示しており，そしてそのセッションのはじめに彼に抵抗を引き起こしたのは，こうした感情であった。これはおそらく軽蔑と関係し，より正確に言えば，私に対する軽蔑を直接的に表現することへの患者の恐れと関係する，とも私は感じた。患者が沈黙したとき，私はこう伝えた。もう一人の白髪の男性に対して，軽蔑の感情をいくらか感じないのだろうか，と。患者の顔が赤くなり，次のように話すことでまずは応じた。「私があなたのことを話していたとあなたは思っているのですね。うーん，それは事実ではありませんよ。私はあなたにいかなる軽蔑も感じていません——なぜ，そう感じるはずだと？　あなたは私にとても良くしてくれる

——大抵は。あなたが家族や友達をどのように扱うのか，私は知りません。でも，それは私には関係ありません。ひょっとしたら，あなたは重要でない人を踏みつけて「お偉方」には取り入る，そういう男の一人かもしれないですけれどね。私はそんなことは知らないし，気にもかけませんよ」

その時点で，私はその点を追究した。私はこう答えた。「私がセッションの外で実際にどのように振る舞っているかを知らないことであなたはホッとしているように私は感じます。もし知っているならあなたは軽蔑を感じるかもしれず，そしてそれを私に直接言い表すことを恐れるのでしょう」と。N氏は数秒間沈黙し，次のように答えた。もし何か軽蔑すべきことを私がしているのを想像するなら，その情報をどうしたらいいのか分からなくなってしまうだろう，と。このことから彼は，数週間前の出来事を思い出した。彼はレストランにいて，ある男性の怒鳴り声がウェイターをやりこめているのが聞こえた。束の間，その声が私の声のように聞こえ，その男性の後頭部は私に似ていた。すぐ後で，そうではないと知って彼は安堵したのだった。

私に対する軽蔑を感じることを避けようとしている，と患者に指摘することが今や可能になった。なぜなら，もし彼がそう感じるならば，ちょうど父親に対してそうだったように，軽蔑を表現することに恐怖を感じるだろうからである。さらなる抵抗の分析を続けることができるようになる前に，明確化のために選別しなくてはならなかったのは，この特定の複雑な情緒反応様式であった。

分析の第三の段階は，**解釈**である。これは精神分析を他のあらゆる心理療法から区別する手続きである。なぜなら精神分析においては解釈が究極的で決定的な道具だからである。他の手続きはどれも，解釈を準備したり増強したりするのであり，そしてまた，それ自体が解釈されなければならないかもしれない。解釈することは，無意識の現象を意識化することを意味する。より正確には，それは，所与の心的出来事の無意識的な意味，起源，歴史，様式，原因を，意識化することを意味する。通常これは，二つ以上の介入を必要とする。分析家は解釈に辿り着くために，理論的な知識はもちろん，自分自身の無意識や共感，直観を用いる。解釈することによって，容易に観察できることのさらに先へと私たちは進むのであり，そして心理的現象に意味と因果関係を与えるのである。解釈の妥当性を決定するためには，患者の反応が必要である（E. Bibring, 1954; Fenichel, 1945a：および追加の文献リスト）。

明確化と解釈の手続きは密接に織り合わされている。非常に頻繁に，明確化が解釈を導き，解釈がさらなる明確化を再び導く（Kris, 1951）。上述の臨床例はこのことを示している。同じ患者から，解釈とその検証の例を説明しよう。

　先に報告したセッションの約2週間後のある時間に，N氏は夢の断片を報告する。彼が思い出すことができるのはただ，赤信号が変わるのを待っているときに誰かが後ろから衝突してきたと感じる，ということである。彼は怒って外に飛び出すと，自転車に乗った少年にすぎなかったことが分かってホッとする。彼の車に傷はついていなかった。連想は，車，特にスポーツカーに対するN氏の愛へと至った。彼は，特にずんぐりした古い高価な車の傍を風を切って走り去る感覚が大好きだった。そうした高価な車はとても頑丈にみえるが，二，三年でばらばらになってしまう代物である。彼の小さなスポーツカーは，キャデラック，リンカーン，ロールスロイスよりもさらに速く走り，よりよく登り，より長持ちするのである。これは大げさな言い方だと彼には分かっているが，そう考えるのが好きなのである。そうした考えに彼はくすぐられる。これは，彼がスポーツ選手の時代から持ち越されたものに違いない。当時彼は，人気者を打ち負かす負け犬であることを好んでいた。彼の父親はスポーツファンで，いつも患者の成績をけなしていた。彼の父親はいつも，自分が偉大なスポーツ選手であったことを仄めかしたが，決してそれを証明しなかった。父親は顕示欲が強い人だったが，N氏は父親が本当に良いパフォーマンスをしていたのかどうか，疑っていた。父親はカフェのウェイトレスといちゃつくか，そばを通る女性について卑猥な話をしたものだったが，彼はそれを見せびらかしているように見えた。もし父親が本当に性的能力のある人なら，そんなことはしないだろう。

　患者の素材が，性的能力について父親と自身を比べることに関係しているのは明らかである。それはまた，そうでないのにそうであるふりをする人たちに関わっている。彼の連想の中で最も強い情動は，彼が大きな車を次々と打ち負かす空想に「くすぐられる」と言った瞬間であった。彼はこれが歪曲だと分かってはいたが，それを想像するのを好んだ。夢の中で，「自転車に乗った少年にすぎない子」に追突されたのだと分かると，彼の激怒は安堵に変わる。これら二つの情動を帯びた要素が，夢と分析セッションの意味に至る鍵を含んでいるに違いないと私には思われた。

　自転車に乗った少年はマスターベーションする少年を意味している，と私は自

分自身に解釈した。「赤線地区」とは売春婦たちが集まる場所の共通用語であるから，赤信号はおそらく売春を指している。患者は妻を愛していると主張するが，彼が売春婦との性行為を好んでいると私は知っていた。分析のこの時点まで，患者は両親の性生活についての記憶を持っていなかった。しかしながら，彼は父親のウェイトレスとのいちゃつきにしばしば言及し，それを私は，隠蔽記憶だと捉えた。それゆえ私は，「大人である彼の優越的態度」対「父親の性生活に関する子ども時代の関心」という方向に，私の解釈を向けようと思った（私は，衝突，背後，怒りなどに関わることは全て，当分の間，意図的に無視した）。

そのセッションが終わる頃，私はN氏にこう伝えた。「あなたは，父親の性生活についての感情と闘っているように私は感じます。父親は性的にあまり有能な男性ではないとあなたは言っているようでしたが，あなたは常にそう考えていたのでしょうか」と。患者はかなり素早く，実際，あまりにも素早く，反応した。実のところ彼は，父親は自分に対しいつも横柄で自慢したがり，偉そうに思われる，と慌てて認めた。父親と母親の性生活がどのようなものか，彼には分からなかったが，それがあまり満足のいくものではなかったということを，かなり確信している。彼の母親は病気がちで，不幸だった。母親は彼に，父親に関する不平を言って人生の大半を過ごした。証明はできないけれども，母親はセックスが嫌いだと，N氏はかなり確信していた。

私はこの時点で介入し，彼の母親が父親とのセックスを拒んだという考えは彼をくすぐるのだと思う，と言った。そのことでくすぐられはしないと患者は言ったが，しかしそれが彼に満足感──「元気な老人 old boy」に勝ち誇る感覚──を与えることを，彼は認めなければならなかった。実際，今や彼は，数冊の「ガーリーマガジン」（女性のヌード写真が載っている雑誌）が父親の寝室に隠されているのを見つけたことを想起する。また彼は，かつて思春期の頃に父親の枕の下にコンドームひと箱を見つけ，「父親は売春婦のところに行っているに違いない」と思ったことを，想起する。

そこで私は介入し，こう指摘した。父親の枕の下のコンドームは，同じベッドに寝ていた母親とともに父親がコンドームを使ったことを，より明白に示すように思われる，と。けれどもN氏は，自身の願望充足的空想──母親は父親とセックスしたがらず，父親はあまり性的能力がない──を信じ**たかった**。患者は沈黙し，その時間は終わった。

翌日彼は，私のオフィスを出たとき，私に大変腹が立っていたと私に伝えるこ

とから始めた。彼は車を運転して帰るとき，高速道路であらゆる車，特に高級車を追い抜こうとして，荒っぽい運転をした。そのとき，もし一台でも見つけられたらロールスロイスと競争したいという衝動が突然湧き上がった。ある考えが彼の心をよぎった。ロールスロイスのフロントにはR. R. というイニシャルがある。これはグリーンソン博士のイニシャルだと彼は突然気づいた。それで彼は笑い始めた。車の中で，一人きりで。「あの元気な老人は，多分正しいんだろうな」と彼は思った。「母親は私のほうを好きだし私は父親を負かすことができたんだ，と想像すると，くすぐったくなる。その後で，これって私自身の滅茶苦茶な妻との性生活と関係があるのかな，と思ったんです」

　私の考えでは，この臨床例は，単純な解釈を行うときでさえ必要となる複雑な諸段階を，また，それが正しい方向なのかどうかを決定するために私たちが患者の臨床的反応をいかに待たなくてはならないかということを，示している。私の最初の介入に対する患者の情動反応，つまり彼の素早い反応は，私が何かまったく生々しいものに触れていたことを表した。「ガーリーマガジン」やコンドームという新たな記憶によって，私が基本的に正しいことが確かめられた。このセッション後の彼の諸反応，すなわち怒り，ロールスロイスへの連想，笑い，そしてそれを自身の性生活に結びつけたことは，解釈の量とタイミングが適切であることを示すようだった（解釈については第Ⅱ巻でさらに述べる）。

　「分析すること」の第四段階は，**ワーキングスルー**である。ワーキングスルーとは，洞察がなされた後に生じる，一連の複雑な手続きと過程を指す。洞察が変化へと至ることを可能にする分析作業が，ワーキングスルーの作業なのである（Greenson, 1965b）。それは主として，洞察が変化へと至ることを妨げる抵抗を，繰り返し，漸進的かつ精緻に探索することを指す。抵抗をより広く深く分析することに加え，再構成もとりわけ重要である。さまざまな循環的過程がワーキングスルーによって動き始め，そこでは洞察，記憶，行動上の変化は，互いに影響する（Kris, 1956a, 1956b）。

　ワーキングスルーという概念を例証するために，N氏の事例に戻ろう。最初のセッションで，母親はセックスを好まず父親を性的に拒絶し，かつ父親は性的に不能であったという彼の願望に満ちた空想を，私がどのように解釈したかということを，私は報告した。彼はこの解釈を気に入らなかったが，その日の後でそれ

が正しいようだと実感した。次のセッションに来るまでに彼はこの洞察を強めて，それを彼自身の妻との性生活が妨げられている事実と結びつけた。彼にとって最も困難だったのは，性的関係を持った翌日に妻を見ることだった。官能的に振る舞ったことで，彼女は彼をひどく嫌悪するに違いないと彼は感じた。これについて私が尋ねると，彼は自身の反応を，マスターベーションのことで彼を辱める母親についての子ども時代の記憶と結びつけた。

けれども続く数週間のうちにＮ氏が徐々に気づくようになったのは，妻が官能的に彼と楽しんでいてほしいという自身の願いと同時に，妻が性的に興奮すると**彼が彼女に対して軽蔑を感じる**という事実であった。性交の後に彼女が彼をひどく嫌悪するとの感覚は，彼自身の感覚の投影だった。ほどなくしてＮ氏は，母親と父親が路上で2匹の犬が交尾をしているのを見た際に，母親が父親に思わせぶりにウィンクをしたという記憶を思い出した。最初は，この記憶につながる情動はほとんどなかった。けれども患者はこのときに，妻に対して奇妙な振る舞いをした。彼は彼女がまったく魅力的でないと感じ，彼女を性的に完全に避けて売春婦を求めたのである。彼は，父親がしていたと彼が想像したように行動しているようだ，と私は彼に解釈した。

患者はそれに対して，母親を性的に避けたことで父親を非難しない，と応じた。母親は魅力的な女性だったが，母親がベッドにいて「あまりセクシーではなかった」ときのいくつかの記憶を，彼は思い出した。彼女の顔は赤らみ汗ばんで，髪はもつれていた。そして，嫌なにおいがした。これらの記憶は，病気や生理と結びついていた。私は，生理は発情した雌犬bitchと関係していると解釈した。その後，赤らんで汗ばんだ顔の母親という像と嫌なにおいは，父親と性交中の母親を見ることと繋がっている可能性を，私はＮ氏に再構成した。また私は，次のような可能性を示唆した。すなわち，彼の母親は性交を好んでいないという考えと，父親が他の女性たちといちゃつくという多くの記憶は，母親が父親によって性的に興奮するのを見た記憶を無意識的に否定する試みだったのかもしれない，と。2匹の犬が交尾しているのを見て父親にウィンクする母親の記憶もまた，この種の隠蔽記憶だと私は指摘した。

Ｎ氏は私の再構成はもっともに思われると同意したが，「それでも彼は冷静なままだった」。続くセッションで私は彼に次のように伝えた。妻を性的に無視して売春婦を求めることは，よい女性，結婚した女性，子どもの母親である女性はセックスを好まず，そのような女性の夫は彼女たちとセックスをしないのだと「証明

する」さらなる試みである，と。この解釈に続く週末，妻とこれまでで最も満足する性的な体験をした，と患者は報告した。この後には，わずかな反逆者や一匹狼を除くあらゆる大人は偽善者で嘘つきだとの考えに基づいた，分析や性交に対する抵抗が数週間続いた。

　再びＮ氏は，両親の性生活に関する子ども時代の葛藤と格闘していた。彼らの性愛の存在を否認することを諦めなくてはならないのなら，彼は両親を憎み，そして偽善ゆえに両親を軽蔑するのだった。母親が父親にウィンクしたことが，これを端的に表していた。彼の妻もまた「偽物」で，私と私の妻もまたそうだった。唯一正直な人々は，社交やしきたりを避けた人々だった。性に対して現金を払うことは，高価な家，服，毛皮，車などで性を買うことに比べればずっと正直なことだった。こうしたことは，母親のウィンクに関わる彼の憤怒や羨望のために，母親と父親，そして他の既婚者たちの価値を下げようとする試みのように思われる，と私は彼に解釈した。彼の軽蔑の根底には羨望があった。もし母親が父親でなく彼にウィンクしていたなら，彼はまったく違う反応をしただろう。

　Ｎ氏はこの解釈およびさらなる再構成に対して，不機嫌な怒りと抵抗で反応した。その後徐々に，数週間にわたって，彼は軽蔑と羨望の関係をじっくりと考え始めた。私の定式化には何らかの価値があるかもしれない，と彼は理解した。彼は私が正しく，母親が父親とのセックスを望まず，セックス自体をまったく好まなかったという考えを諦めることを自身が嫌がっていることを，しぶしぶ認めた。彼女がセックスしたとしても，従順にしたのだった。それから彼は空想の中で，父親を性的不能にした。父親によって性的に興奮する母親の像に，彼はひどく立腹もしくは憤慨した。彼は小さな少年か，あるいは優位に立つ大人のように，感じていた。おそらく彼らの性生活のことは彼らに任せるべきで，自身は己の寝室に集中すべきなのだろう。

　この臨床素材は，ワーキングスルーで進められる作業のいくらかを例証していると思う。私が描写したものは，およそ６カ月間に及んでいる。スポーツカーに乗っている患者が赤信号で自転車に乗った少年に追突されるという夢から，それは始まる。その後断続的に，両親の性生活に対する彼の情緒的反応の問題や，それがどのように彼自身の性的な困難さを決定しているのかということに，私たちは取り組んだ。表面にあったのは，父親に対する優越感と母親に対する同情だった。父親は性的不能の自慢家で，母親は嫌々処女を奪われた人だった。

その後，激しい抵抗に遭いながらも，私たちは母親と父親に対する怒りの閃光を見出した。それから母親は不快なものとなり，彼は両方の親を軽蔑した。この期間の終わり頃，両親の性生活に対する羨望を，私たちは明らかにした。最終的にN氏は，おそらく両親には寝室のプライバシーを与えられる資格があり，彼はそうすべきなのだ，という気づきを得たのだった。

　これがN氏の性的な問題の終わりというわけではなかったが，それは，重要な価値ある洞察がなされたことを実証している。多くの前進と後退があったが，進展は続いた。例えば，同性愛のテーマはこの間には追究されず，後になって取り上げられた。その他の問題が侵入することや，短期であれ長期であれ性的な問題が背景に退いたり，攻撃性と混ざり合うことで複雑化したりすることがあった。退行した局面もあり，その際にはリビドーが他の水準に入り込んだ。けれども私の目的は，ワーキングスルーが精神分析の中で生じる際の一例を提供することだった。

　留意すべきは，ワーキングスルーの作業の一部が患者自身によって分析時間外で行われることである。ワーキングスルーは，精神分析療法において最も時間のかかる要素である。洞察が直ちに振る舞いの変化に至ることは稀である。そしてそれは通常，一時的もしくは孤立しており未統合のままである。通常，変化に抵抗する強力な力に打ち勝ち，持続的な構造的変化を確立するにはかなりの時間が必要である。喪の作業とワーキングスルーの興味深い関係，反復強迫と死の本能の重要性は，第II巻で議論する（Freud, 1914c, 1926a, 1937a; Fenichel, 1941, Chapt. VI; Greenacre, 1956; Kris, 1956a, 1956b; Greenson, 1965b）。

　私が概略してきた四段階は，心的出来事を分析するという概念の含意について図式化したものである。これらの段階は全て必要である。しかしその一部は患者によって自発的になされ，とりわけ，直面化，あるいは明確化の一部分はそうである。これらの段階は，ここで述べられた通りの順序に従うわけではない。というのも各々の手続きは新たな抵抗を生み出す可能性があり，そうした抵抗は最初に取り上げられなくてはならないからである。あるいは解釈が明確化に先立ち，所与の現象の明確化を促進することもある。

　付加的な変数として，日常生活の中の評価不能であるものが患者の生活に侵入し，分析で進行中の他の全てのことに，心理経済的な理由のために優先することがある，という事実がある。そうであっても，直面化，明確化，解釈，ワーキングスルーは，分析家が分析を行うときに実行する，四つの基本的手続き

である。

III 作業同盟

　精神分析の患者が分析を受けるのは，自身の神経症的苦痛が，この困難な治療的行程に乗り出すよう彼を駆り立てるからである。彼の問題は，この長期にわたる，苦痛で費用のかかるプログラムに取りかかる気にさせるほどに，十分に深刻なのである。彼の自我機能や対象関係◆2の能力は，神経症にもかかわらず，精神分析療法の厳しさに耐えるに十分なほど健康だと考えられる。相対的に健康な神経症者だけが，大幅な修正や逸脱をせずに精神分析を受けることができる。

　精神分析の患者は，治療のための素材を自由連想，転移反応，抵抗を通して生み出す。分析家は，直面化，明確化，解釈，ワーキングスルーという手続きを用いる。しかしこれだけでは，セラピーの経過において起こることあるいは起こり損なうことを，十分には説明しない。精神分析的治療の成功や失敗に極めて重要である，治療上の主要な成分がもうひとつある。私は「作業同盟」のことを言っている。それは正確には技法手続きや治療過程ではないが，その両者にとって必要である（Greenson, 1965a）。ここで私は，この主題の概略のみ提示しよう。作業同盟に関する詳細な議論については，第III部の第5章を参照されたい。

　作業同盟とは，患者と分析家の比較的神経症的でない理性的な関係であり，これが，患者が分析状況の中で目的をもって作業をすることを可能にする。フロイト（1913b, p.139）は「効果的な転移」，ラポールについて記した。それは，解釈が患者に与えられる前に確立されなければならない。フェニケル（1941, p.27）は「理性的な」転移，ストーン（1961, p.104）は「成熟した」転移，ゼッツェル（1956）は「治療同盟」，そしてナハト（1958a）は分析家の「存在」と述べており，これらは全て，同様の概念を指している。

　この作業同盟が臨床場面で顕在化するのは，精神分析のさまざまな手続きを実行する患者の意欲において，そして生じてくる退行的で苦痛な洞察とともに分析的に作業する患者の能力においてである。その同盟は，患者の理性的自我と分析家の分析を行う自我との間に形成される（Sterba, 1934）。重要なのは，定期的な分析セッションの中で患者がじかに体験する分析家の態度や作業方法に

第3章　古典的精神分析技法の構成要素　　49

対する，患者の一時的かつ部分的な同一化が生じることである。

　患者，分析家，そして分析設定が，作業同盟の形成に寄与する。神経症的苦痛と分析家からの助力の可能性に気づくことで，患者は分析状況を求め，その中で作業にとりかかるようになる。分析家との，比較的理性的，非性愛的で非攻撃的な関係を形成する患者の能力は，過去の生活でそうした中性化された関係を築いてきた彼の能力に由来する。患者の自我機能は決定的な役割を果たす。というのも分析家と多様な関係性を築く能力は，レジリエントな自我とともにあるときにのみ，可能だからである。

　分析家は，理解と洞察を一貫して強調することによって，抵抗の持続的な分析によって，そして思いやりがあり共感的で率直な，判断を下さない態度によって，作業同盟に貢献する (Freud, 1912a, p.105; 1913b, p.123; Fenichel, 1941, p.85; Sterba, 1929, pp.371-372)。分析設定は，頻回に会うこと，長期にわたる治療，カウチの使用，沈黙などによって，作業同盟の発展を促進する。これによって，退行や神経症的な転移反応のみならず，作業同盟も促進されるのである (Greenacre, 1954)。

　分析家の作業の仕方，治療スタイル，そして分析設定は「分析的雰囲気」を生み出し，それが，それまで忌避されていたものを患者に試しに受け入れてみるようにさせる，重要な手段になる。この雰囲気が作業同盟を促進し，患者が一時的，部分的に分析家の分析視点に同一化するよう促すのである。分析的雰囲気は，それが見せかけや「現実味のない生活」のオーラを分析作業に投じるときには，抵抗にもなり得る。

　作業同盟は分析家との関係の一部であり，患者が分析セッションの中で協力することを可能にする。この良性の影響の下，患者は分析家の教示や洞察を理解しようとし，解釈や再構成を振り返り熟考するのであり，それが洞察の統合と同化を助ける。神経症的苦痛と共にある作業同盟は，分析作業を行うための刺激を与える。すなわち生(なま)の素材の大半は，患者の神経症的転移反応によって与えられるのである。

　転移神経症を成功裏に分析するためには，患者が分析家と信頼できる作業同盟を発展させる必要がある。転移神経症は，患者に締め出されたアクセス不可能な素材を，分析状況にもたらすことを可能にする媒体である。作業同盟と神経症的転移反応との間を行き来できる患者の能力は，精神分析作業を行うための必要条件である。この能力は，理性的で観察し分析する自我と，体験／経験

する主観的で非合理的な自我の間での患者の自我の分裂と，並存する。

　この分裂は自由連想において見られうる。患者が苦痛な記憶や空想に没頭するとき，前面にあるのは経験自我であり，そのときには情緒の意味や適切さについての気づきはない。もしこの時点で分析家が介入をするなら，患者の理性的自我が前面に戻り，患者は今や，問題の情動が過去に由来しているのだと認めることができるだろう。不安はより少なくなり，おそらく最終的には，より歪曲の少ない派生物が現れるだろう。自我機能のこの分裂は，転移抵抗を分析する際に，最も明確に観察され得る (Sterba, 1929, p.379)。自我機能を分裂させる能力はまた，患者が作業同盟を神経症的転移から分離することを可能にする。要約する。作業同盟は日々の動機づけ，ならびに分析作業を行うその能力を提供する。極めて重要な，締め出されてアクセス不可能な生の素材は，神経症的転移反応，主には**転移神経症**によって，提供される。

IV　非分析的な治療的手続きおよび治療過程

　古典的精神分析では他のさまざまな種類の治療手続きや治療過程がある程度利用されるが，それらは，洞察を準備したりそれを効果的にしたりする目的に対して，役立つのである。非分析的な方法は全て，最終的にはそれ自体が分析の主題にならなくてはならない (E. Bibring, 1954)。この短い議論では，三つの主要な非分析的な治療的作用に限定して論じる。

　除反応あるいはカタルシスは，締め出された情緒や衝動を放出することを指す。ブロイアーとフロイト（1893-95）は，かつてそれを治癒のための治療方法だとみなした。今日では除反応は，患者に無意識的過程の現実性について，確信感を与える際に，価値があると考えられる。情緒の強烈さは，さもなければ曖昧で非現実的なままであろう経験の細部に，生気を与えるだろう。情動や衝動を表現することで一時的な主観的な安堵感がもたらされるかもしれないが，これはそれ自体が目的ではなく，実のところ抵抗の起源となるかもしれない。

　例えば，罪悪感を引き起こしたある出来事を，患者は分析家に打ち明けるかもしれない。そうして気持ちが落ち着くと，彼はその原因，歴史，意味などを分析する代わりに，その主題を避けるかもしれない。しかしながら，さもなければ見過ごされたかもしれない重要な細部を捉えるために，外傷体験の情緒を患者が再体験するのを助けることは，重要である。

外傷的あるいはそれに匹敵する重大事の体験を扱う際には，患者が耐えられる程度の強度を再体験するよう促されるべきである。その主たる目的は，患者がその思い出させるものをよりよく扱うことができるよう，十分な量の緊張を彼が放出できるようにすることである。例えば慢性的な抑うつ状態の患者は，効果的に分析的作業ができるためには，急性の悲哀を十分に体験することが許されるべきである。そうした問題を抱える私のある患者の分析において，患者は自身の抑うつについて分析的に作業をすることができるようになる前に，数カ月間にわたり，毎セッションの一定時間を統制できないほどに泣きじゃくって過ごすことが必要であった。同様の原則が，不安状態についても当てはまる。

　除反応それ自体は，直接的に洞察をもたらすわけではないので，非分析的である。本書全体の臨床ケースの素材の中に，厳密な精神分析療法において除反応がどのように用いられるのかについての多くの実例が，存在する。

　暗示とは，患者の現実的思考からは独立して，あるいはそれを排除して，患者の中に観念や情緒，衝動を引き起こすことを指す (E. Bibring, 1954)。それはあらゆる形態の心理療法に存在する。なぜならそれは親－子関係に由来し，苦痛の中にいる人は，治療者－親に対する子どもという情緒的な立場を容易にとるからである。

　暗示は，患者が分析状況に入り作業するのを助ける限りで，精神分析において価値がある。精神分析家は彼の治療から大きな成果を得られることを保証はしないけれども，精神分析家の態度から発する暗示的影響のために，患者は分析家に非現実的なほどの信頼と信用を寄せるだろう。私の患者は，私の発言や意識的な見解にもかかわらず，私の中に潜在的な楽観的感情を感じている。

　分析の経過中，患者に苦痛もしくは欲求不満に耐えるように励ますことが賢明な場合がある。この態度の理由が説明されるなら，そのほうが良いだろう。「あなたがそれに向き合うなら，気分が楽になるかもしれませんよ」というようなことしか言えないこともある。通常はこうした暗示や元気づけは成功する。あるいは次のようなことを言うこともある。「もはや怖がらないなら，あなたは夢を思い出すでしょう」と。すると患者は，夢を想起し始めるだろう。

　暗示の使用については主な危険が二つある。一つはそれを不必要に用いて患者をこの退行的な支持的手段に慣れさせてしまうことである。もう一つの危険は，それを気づかないままに使うことである。すると，分析家の暗示による影響は分析されず，患者は，実際，分析家による未分析の暗示から，新たな神経

症症状を手に入れるだろう。このことは解釈がドグマとして与えられるときに起こる。患者はそのとき，強迫観念に対するように，解釈にしがみつくだろう。不正確な解釈と暗示についてのグラヴァーの論文（1931）は，この主題に関する優れた著作である（1955, pp.353-366）。

問題の要点は，暗示や元気づけが最終的には隠し立てせずに認識され，分析状況の中に持ち込まれ，その影響が分析されなければならないということである。

操作とは，患者に知られることなく治療者が行う，誘発的な活動を指す。この用語が精神分析サークルにおいて不穏当な含みを持つのは，いわゆる「乱暴な分析家たち」によって誤って用いられてきたからである。しかしながら，操作は，暗示や除反応と同程度に，分析療法の一部分なのである。それは，古典的な治療分析の間に生じるさまざまな過程を前に進めるために，しばしば用いられる（この点に関する古典的な見解についてはGill［1954］の文献を参照。また，それと対立する見解についてはAlexander［1954a, 1954b］の文献を参照）。

情動がより明白になるようその強さを増大させるために，セッションにおいて黙ったままでいることは，操作である。転移を特定の強度に到達させるために，あるいは転移を退行させるために，転移を分析しないことは，操作である。間近に迫った分析家の出発について患者が言及しないときにそれを持ち出すことは，操作である。しかしながら，こうした操作は全て，ある間接的な分析的目的，すなわち，洞察を促進する目的を持っている。それらは，取り上げられてそれに対する反応が分析されるならば，認識されることになる。その他の操作は，もっと微妙である。例えば，声のトーンや抑揚は，さまざまな反応や記憶を分析にもたらし，それによって分析過程を前進させるという誘発的な効果を持つ。決定的に重要なのは，操作に気づいていること，あるいは少なくとも操作をそれと知らずに用いた可能性に気づいていることである。最終的にはそれは分析的場面へと入れられなくてはならず，現実であれ想像上であれ，分析家による他のいかなる介入とも同じくらい徹底的に分析されるべきである（Gill, 1954）。

故意にそして意識的に役割あるいは態度をとることは，それによって分析不可能な状況が作り出されるので，反治療的である。そこには騙しや策略の要素があり，それは最終的には治療者に対する現実的な不信感に終わる。特定の心理療法の状況においてはそれが必要なのかもしれないという事実には，私は異

を唱えないが，しかしそれは分析を不可能にする。この問題に関するアイスラーの貢献は，徹底的かつ系統的である（1950b）（異なる見解については，Alexander, French et al., 1946，そして追加の文献リストを参照）。

　精神分析技法の紹介にあたり，最後に一言述べておこう。転移に「対処するhandling」，転移を「管理するmanagement」などの用語は，精神分析療法の枠組みの中で用いられる分析的手続きに非分析的方法を加えることを指す。本書全体における臨床例は，この点を例示する。精神分析的技法の「技art」は，古典的精神分析で用いられているように，分析的手続きを非分析的手続きとブレンドすることに基づいている。教えるのは難しい。精神分析的技法の原則は，より容易に教えることができる。本書において私は，いわゆる古典的精神分析的技法の基本的構成要素に，第一に焦点を当てるつもりである。

［原注］

◆2　私は「対象関係」という用語，そして「愛情対象」とか，「喪失対象」などの類似する用語を，不十分に思っている。それらは，強烈な個人的意味を帯びている概念に，人間的でなく超然とした性質を与えているように見える。それにもかかわらず私は，これらの用語をずっと使い続けてきた。なぜならそれらは，精神分析のサークルにおいては広く受け入れられており，これらの用語に含まれるあらゆる要件にかなう，よりよい代替用語を，私は見つけていないからである。「対象」という用語は，イドがその欲動を満足させるために対象を必要とするという考えに遡る。この意味で，元々の欲求を満足させる対象は，欲求を満足させるということ以外に，個別性や独自性はほとんどなかった。

第4章

精神分析療法の適応と禁忌
予備的見解

　精神分析治療の適応と禁忌を決定するという問題は，二つの別々の，しかし関連する論点にかかっている。私たちが応えなければならない第一の最も重要な問いは，「患者は分析可能なのか？」である。第二の，そして随伴する問いは，「精神分析治療はその患者のニードに**最も**役立つのだろうか？」である。この後者の論点を，臨床例によって詳しく述べたいと思う。

　あなたには心理療法を望む患者がいて，彼は分析設定において十分に効果的に作業することができるとあなたが確信していると仮定しよう。彼はまもなく軍隊に召集されそうだとあなたが気づくなら，彼に精神分析を受けるよう勧めるだろうか？　精神分析は長期に及ぶ治療であり，通常3年ないし5年の時間を要する。この形態の心理療法を勧めるかどうかを査定する際には，生活状況全体が考慮されなければならない。

　分析可能性に関する問題は複雑である。なぜならそれは，患者の健康と病理の両面での，異なる多くの性質と特性に左右されるからである。さらに，精神分析過程と手続きが患者にもたらす，数多くの厳しい要求に十分に慣れる必要もある。これまで述べてきた理論と技法の簡潔な要約からは，予備的な見解しか私たちは提示できない。私たちは，より決定的な議論を，のちの章まで保留しなければならない。

　フロイト（1905a）は非常に早い段階で，単一の基準だけでは——たとえどれほど重要あるいは明快だとしても——患者の分析可能性を正確に予想することはできない，と認識した。私たちはパーソナリティ全体を査定しようとしなければならず，そしてわずか二，三回の予備面接ののちに評価するため，極めて

難しい（Knight, 1952）。それでもなお，治療者が治療の選択に関する助言をしなくてはならないのは，まさにそのときなのである。予備面接を延長することと心理テストが，特定の患者には役立つかもしれない。しかしながら，私たちの知識の現状では，アプローチのこの組み合わせでさえ，多くの事例において，信頼できる予測を提供することはない。加えて長引く予備面接の延長は，心理テストと同様，気がかりな副作用を生じうる。

　治療形態を決める伝統的，医学的なアプローチは，第一に診断にいたることである。フロイト（1916-17, p.428）が転移神経症と自己愛神経症を区別した際，これが念頭にあるようだった。精神病者は本質的に自己愛的であるため，転移神経症を展開することができないので彼らは精神分析によって治療できないのだ，とフロイトは信じていた。この区別は本質的に妥当であるが，今日では，神経症と精神病の両方の特徴を持つためにそのように正確に分類されえない多くの患者が，治療を求めてくる。さらに最近では，精神病の事例に古典的分析を行うことは可能であり，そして良い治療成果を成し遂げることが可能であると確信する分析家もいる（Rosenfeld, 1952）。しかしながら大部分の精神分析家は，自己愛的に固着している患者は標準的な精神分析手続きから外れた手続きを必要とする，との意見である（Frank, 1956; M. Wexler, 1960）。ナップKnappと共同研究者ら（1960）は，精神分析治療を申し込んだ百人を再調査し，スキゾイド，ボーダーライン，精神病であると考えられた人々を審査者が断っていたことを発見した。これは，自己愛神経症と比較した転移神経症の治療可能性に関するフロイトの見解に一致する。大抵の分析家はこの見解に今なお同意するだろうと，私は思っている（Fenichel, 1945a; Glover, 1958; Waldhorn, 1960）。

　この考えに沿うと，精神分析療法は，不安ヒステリー，転換ヒステリー，強迫神経症，精神神経症的うつ病，多くの性格神経症，そしていわゆる「心身症的な」疾患に対して適応となる。さまざまな形態の統合失調症と躁うつ病に対しては，禁忌である。衝動神経症impulse neuroses，倒錯，嗜癖，非行，ボーダーラインケースのような，その他の性格障害は，分析可能性が疑わしいであろうし，個々のケースの特徴によって決められなければならないだろう（Fenichel, 1945a; Glover, 1955, 1958）。

　臨床的診断が，患者の分析への適合性を決定する上で価値を持ちうることは疑う余地がないが，残念ながら最終的な診断に至るのにはしばしば多くの時間がかかる。ときには，現れている精神病理は，隠れて潜在しているより悪性の

病理に対する表面的な遮蔽物にすぎない。ヒステリー症状の存在は，その患者が本質的にヒステリーであることを意味するわけではない。また，その逆も同様である。奇妙な症状全体が，ヒステリー構造をやはり持っているかもしれない。症状は，私たちがかつて確信していたほどには，特定の診断的症候群と結びついてはいない（Greenson, 1959a; Rangell, 1959; Aarons, 1962）。ときには長い分析の終わりにのみ，私たちは信頼できる診断に辿り着くことができるのである。

　恐怖症の存在は不安ヒステリーを示すと以前は想定されたものだったが，今日では，恐怖症はヒステリー，強迫，抑うつそしてスキゾイド患者に存在するかもしれないことを，私たちは知っている。同じことが転換症状，心身症状，性的制止などに対してもあてはまる。特定の症状の存在は，患者の病理のいくつかの側面について何某かを明らかにするが，この病理形態が中核的なのか周辺的なのか，患者のパーソナリティ構造において優勢な因子か些細な因子かを，私たちに伝えるわけではない。

　診断は病理について非常に多くのことを私たちに伝えるが，それは当該の患者の健康的な資質については比較的わずかしか示さないだろう（Knight, 1952; Waldhorn, 1960）。強迫症の事例の中には優れた患者になる人もいれば分析できない事例もある。疑問の余地のある患者分類，例えば倒錯やボーダーラインケースでは，健康な資源の程度はさまざまである。けれども，おそらく決定的な要因であるのは，病理よりも，それらの資質の供給量である。臨床的診断や病理よりむしろ，その患者全体のアセスメントが焦点の中心でなくてはならない。ナイト（1952）は過去にこの点を強調しており，アンナ・フロイト（1965）の新たな著書では，子どもに関してはこれが重要な主題だとしている（A. Freud et al., 1965 も参照）。

　分析可能性の問題へのアプローチに関する価値ある手法は，精神分析療法の特定の要求に関して，患者の資質を探索することである。先に述べたように，精神分析治療は時間がかかる，長期に及ぶ高額の治療であり，まさにその性質によって，しばしば苦痛となる。それゆえ，強く動機づけられている患者だけが，分析状況で誠心誠意作業する。患者の症状あるいは不調和な性格特性によって，治療の厳しさに彼を耐えさせるほどの十分な苦痛が，彼に引き起こされなくてはならない。神経症的みじめさは患者の生活の重要な側面を妨げなければならないし，患者が動機づけられたままであるなら，自身の窮状に対する気づきもまた，維持されなければならない。些細な問題，そして近親者，恋人，雇用者

が望んでいるということは，精神分析的治療を引き受ける正当な理由とならない。科学的好奇心あるいは専門家として前進したいとの望みは，十分な治療的ニードとも組み合わされていない限りは，アナリザンドを動機づけて深い分析的体験を耐えようという気にはさせないだろう。早急な結果を求める，あるいは病から多くの二次利得を得る患者もまた，必要な動機づけを持たないだろう。神経症的苦痛を必要とするマゾキストは分析を開始し，その後，治療の痛みに愛着を抱くようになるかもしれない。彼らは，回復のための動機づけという観点から，査定に対する難しい問題を提示する。子どもは，成人に比べかなり異なって動機づけられており，異なる観点から査定される必要もある（A. Freud, 1965, Chapt. 6）。

　精神分析は，多かれ少なかれ一貫して繰り返し，互いに矛盾する自我機能を実行する能力を持つことを患者に要求する。例えば，自由連想を最大限にするために，患者は思考において退行し，受動的に物事が浮かび上がるままにし，自身の思考や感情のコントロールをやめ，現実検討能力を部分的に放棄することができなければならない。それにもかかわらず私たちはまた，患者に，私たちが彼にコミュニケートするときに私たちを理解すること，自分自身でいくらかの分析作業を行うこと，セッションの後の行動や感情をコントロールすること，そして現実と接触していることを，期待するのである。自身の神経症にもかかわらず，分析可能な患者は，回復力のある柔軟な自我機能を持つことを期待される（Knight, 1952; Loewenstein, 1963）。

　私たちはまた，患者に，精神分析家との関係の中で退行し，そしてそこから回復する能力を持つことを求める。彼はさまざまな退行的な転移反応を発達させ，それらを維持し，かつ分析家の協働作業者としてそれらに取り組むことをも期待される（Stone, 1961; Greenson, 1965a）。自己愛的志向があったり精神病的であるような患者は，一般的には精神分析に適さない（Freud, 1916-17; Knapp et al., 1960）。共感する能力はサイコロジカルマインドにとって本質的であり，一時的で部分的な他者への同一化能力に左右される（Greenson, 1960）。それは，患者と分析家間の効果的なコミュニケーションのために必要であり，両者に存在しなければならない。引きこもり，情緒的に関われない人々は，精神分析療法の対象としてはふさわしくない。

　自由連想は，最終的に，私たちの個人生活についての苦痛で私的な細部の暴露をもたらす。それゆえ，それに適した患者は，高度な正直さと誠実さのある

性格を持っていなくてはならないということになる。また、さまざまな情緒の微妙な組み合わせについて、分かりやすく伝える能力も必要とされる。重度の思考の問題や言語障害を伴う人々もまた、予後不良である (Fenichel, 1945a; Knapp et al., 1960)。衝動的な性格、つまり待つことや欲求不満、あるいは苦痛な情動に耐えられない人々もまた、精神分析にとって不向きな候補者である。

考慮されなくてはならない他の一連の要因は、患者の外的生活状況である。重度の身体疾患あるいは能力の欠如は、患者の意欲をそぐ、あるいは心理的作業のためのエネルギーを低下させるであろう。ときには神経症は、壊滅的な病やみじめな生活状況に比べると、まだましなのかもしれない。ワクワクするような恋愛の只中にいる患者は、通常は分析で作業することはできない。怒りに満ちた好戦的で侵襲的な夫、妻、あるいは親の存在のために、精神分析が一時的に実行できなくなるかもしれない。私たちは戦場で分析作業することはできない。分析時間を離れて熟考し内省するための、いくらかの機会がなければならない。それから、時間とお金という実際的な要素があり、そのいずれもが通常は不可欠である。精神分析的クリニックは財政的圧迫を軽減できるかもしれないが、これまで知られている何ものも、精神分析的治療に要する長い時間に代わることができない。利用できる精神分析家の不足は現実的問題であり、地理的な位置によっては、決定的問題になる。

上述の考察は全て、ある特定の患者にとって精神分析が適応となるか禁忌であるかを決定する上で役に立つ。しかしながら、長年にわたる臨床作業から私たちが教わってきたのは、一定期間の分析の実際の体験だけが、患者が精神分析にふさわしいかどうかを安全に決定しうる、ということである。どうやら他の方法では、信頼できる予測を立てるにはあまりに多くの変数と未知数がある。フロイト (1913b) はこの問題に気づいていたと思われ、数週間の「審査分析」のみが状況の正確な「調査」を提供しうると述べた。フェニケル (1945a) はこの見解に同意したが、グラヴァーは、英国の分析家の3分の2は同意しないと考えた (1955, pp.261-350)。

その意見の相違は、実態より戦術により基づいていると私は思っている (Ekstein, 1950)。それは、猶予期間として一定の時間間隔を告げることが分析状況を複雑にするという臨床的知見から生じる。それゆえ、大部分の分析家は、審査分析に特定の時間制限を設定することによってではなく、さまざまな方法で暫定的な要素を仄めかす$^{◇2}$ことによって、このジレンマを解決する。私は、大

まかに以下のような方法に沿って患者に私の見解を伝えることが有効だと分かった。すなわち，最初に患者に，あなたにとって精神分析が最もよい治療法だと思うと伝え，患者の反応を聴き，そして彼の決定を待つ。ひとたび彼が精神分析を受けることに同意すると，私は自由連想の役割を説明し，それを試みるよう彼に提案する——しばらく共に作業をした後に，精神分析を選択するかどうかに関して，私たち二人ともがそのうちより明確になるだろう，と示唆するのである。

　確信するまでにかかるであろう期間の長さについて私は意図的に曖昧にするのだが，それは経験から言って，これには非常にばらつきがあるからである。ひとたび患者が分析を始めると，はっきりとした決断に至るまでに数カ月あるいは数年かかることも私にはあり，そして私の実践が長くなればなるほど，その期間が長くなっている。良い治療結果を確信するより，精神分析に向かない人々，そしてとりわけ私と作業することに向かない人々を除外するほうが，良い治療結果を確信するよりもはるかに簡単である。これらの問題は，第Ⅱ巻において，分析の最初の数時間と終結に関するセクションで，より詳細に論じられる。

────────

［訳注］
◇2　原書は，intimate the provisional element であるが，intimating the provisional element と判断した。

追加の文献リスト

精神分析療法の歴史的発展
Freud(1914b, 1925a), A. Freud(1950b), Kubie(1950), Loewald(1955), Menninger (1958, Chapt. 1).

神経症の精神分析理論
Arlow (1963), Brenner (1955, Chapt. VIII), Fenichel (1945a), Freud (1894, 1896, 1898), Glover (1939, Section II), Hendrick (1934), Lampl-de Groot (1963), Nagera (1966), Nunberg (1932, Chapt. V, VIII, IX), Waelder (1960).

精神分析のメタサイコロジー
Hartmann (1939, 1964), Hartmann and Kris (1945), Hartmann, Kris, and Loewenstein (1946), Zetzel (1963).

精神分析技法の理論
Altman (1964), E. Bibring (1954), Gill (1954), Hartmann (1951), Kris (1956a, 1956b), Loewald (1960), Loewenstein (1954), Menninger (1958), Sharpe (1930, 1947).

精神分析技法のヴァリエーション
Alexander (1954a, 1954b), E. Bibring (1954), Bouvet (1958), Eissler (1958), Fromm-Reichmann (1954), Gill (1954), Greenacre (1954), Greenson (1958b), Loewenstein (1958a, 1958b), Nacht (1958a), Rangell (1954), A. Reich (1958), Rosenfeld (1958).

自由連想
Kanzer (1961), Kris (1952), Loewenstein (1956).

転移反応

Glover (1955, Chapt. VII, VIII), Greenacre (1954, 1959, 1966b), Hoffer (1956), Orr (1954), Sharpe (1930), Spitz (1956b), Waelder (1956), Winnicott (1956a), Zetzel (1956).

抵抗

Fenichel (1941, Chapt. I, II), Glover (1955, Chapt. IV, V, VI), Kohut (1957), Kris (1950), Menninger (1958, Chapt. V), W. Reich (1928, 1929), Sharpe (1930).

解釈

Fenichel (1941, Chapt. IV, V), Kris (1951), Loewenstein (1951).

ワークスルー

Loewald (1960), Novey (1962), Stewart (1963).

作業同盟

Frank (1956), Spitz (1956a), Stone (1961), Tarachow (1963, Chapt. 2), Zetzel (1956).

非分析的手続きの使用

E. Bibring (1954), Gill (1954), Gitelson (1951), Knight (1952, 1953b), Stone (1951).

精神分析療法の適応と禁忌

Guttman (1960; see particularly Karush), Nunberg (1932, Chapt. XII), Waelder (1960, Chapt. XI).

第II部

抵　抗

　本書の技法に関する最初の章で，私が抵抗という主題を選んだのは，精神分析と精神分析技法の始まりを告げたのが，抵抗を**分析すること**が重要であるというフロイトの発見だったからである（Breuer and Freud, 1893-95, pp.268-270; Freud, 1914c, p.147; Jones, 1953, p.284）。抵抗を扱うことは，精神分析技法の二つの重要な基盤のうちの一つであり続けている。

　精神分析は，抵抗を取り扱うそのやり方において，他の全ての形式の心理療法から区別されうる。ある種の治療方法は抵抗を強めることを目的とする。それらは「覆いをつける」，あるいは「支持的な」セラピーと呼ばれる（Knight, 1952）。他の種類の心理療法は，抵抗を打ち負かしたりさまざまな方法で抵抗を避けたりすることを試みるだろう。例えば，暗示あるいは勧告によって，あるいは転移関係を利用することによって，あるいは薬物を使用することによって。抵抗を分析することによって，それらの原因，目的，様式，そして生活史を明らかにし，解釈することによって私たちが抵抗を克服するよう試みるのは，精神分析療法においてのみである。

第1章

実用的定義

　抵抗とは，妨害を意味する。患者の中のあらゆる力が分析の手続きや過程を妨害する，すなわち患者の自由連想を邪魔し，想起したり洞察を得て同化したりしようとする患者の試みに干渉し，患者の合理的な自我と変わりたいという願望に対抗して働く。これらの力は全て抵抗とみなされるべきである（Freud, 1900, p.517）。抵抗は意識的，前意識的，無意識的のいずれかであり，情緒，態度，観念，衝動，思考，空想，あるいは行動によって表現されるだろう。抵抗は本質的に，患者の中の反対勢力で，分析への進展，分析家，そして分析手続きや分析過程に対して働いている。フロイトは1912年に次のように述べたとき，すでに抵抗の重要性を認識していた。「抵抗は一歩ずつ，治療についてくる。治療中の人の一つひとつの連想，一つひとつの行為は，抵抗を伴っていると考えなければならず，回復へと努力する力と，それを妨害する力の妥協を表している」（Freud, 1912a, p.103）

　患者の神経症の観点からすると，抵抗は防衛機能を果たしている。抵抗は分析手続きの有効性を妨害し，患者の**現状** *status quo* を防衛する。抵抗は神経症を防衛し，患者の合理的自我と分析状況を妨害する。精神生活の全ての側面は防衛機能を果たし得るので，それら全てが抵抗の目的に役立ち得るのである。

第2章

抵抗の臨床的外観

　私たちは抵抗を分析できるようになる前に，抵抗を認識できなければならない。それゆえ，私がこの時点で手短に述べるつもりであるのは，分析の経過の中で現れる最も典型的な抵抗の表現の中のいくつかである。私が取り上げる例は簡単で理解しやすいが，それは，初心者を教えるにあたり，明白に有益であることが目的だからである。銘記すべきことは，抵抗はさまざまに微妙で複雑な方法で起こり，組み合された形や混合された形で起こるのであって，ただ一つの単独の例というものは，標準的ではないということである。あらゆる種類の振る舞いが，抵抗機能に役立ち得るということもまた，強調されるべきである。患者の素材が，無意識の内容，本能衝動，抑圧された記憶を明らかにさらけ出すかもしれないという事実は，重要な抵抗が同時に働いている可能性を排除するものではない。例えば患者は，性的な誘惑に直面していたことを明らかにするかもしれない経験を詳述することを避けるために，ある攻撃的な活動を分析時間に生々しく話すかもしれない。抵抗のために悪用されない活動はない。さらに，あらゆる行動は，衝動と防衛の両側面を持つ（Fenichel, 1941, p.57）。しかしながら，以下にあげる臨床例は，単純で，典型的で，最も分かりやすい抵抗を表したものに限定する。

I ｜ 患者が沈黙する

　これは精神分析的な実践において，最も分かりやすく，頻繁に出会う抵抗の形態である。一般的にそれは，患者が意識的あるいは無意識的に，自分の考え

や感情を分析家に伝えることに気が進まないことを意味する。患者は自分の気の進まなさに気づいているかもしれないし，あるいは心に何も浮かばないようだとしか知覚していないかもしれない。どちらの場合でも，私たちの作業は沈黙の理由を分析することである。私たちは自由連想という分析の手続きを妨害する動機を明らかにしたいので，例えば次のように言うだろう。「何がこの時間に，分析からあなたを逃避させているのでしょう？」。あるいは「心に何もない」という感情を追及するだろう。「何があなたの心の中に何もなさnothingを引き起こしているのでしょう？」，あるいは「あなたは何かを何もなさへと変えてしまったようです。それは，何でしょう？」。心の中の空白は最も深い睡眠においてのみ起こる，さもなければ，「何もなさ」は抵抗によって引き起こされる，という仮定に，私たちのアプローチは基づいている（Freud, 1913b, pp.137-138; Ferenczi, 1916-17c）。

　ときに，沈黙しているにもかかわらず，患者は気づかないうちに，姿勢，動作，顔の表情で，沈黙の動機や内容さえ明らかにするかもしれない。視界から顔をそむけたり，手で目を覆ったり，カウチで身をよじったり，赤面したりすることは，困惑していることを示すかもしれない。もし同時に患者がぼんやりと自分の指から結婚指輪をはずし，それからそれを小指にはめ替える，そしてそれを繰り返すのなら，彼女は沈黙しているにもかかわらず，性的な考え，もしくは不倫の考えで恥ずかしく思っていることを私に明かしているように思われるだろう。彼女の沈黙は，そうした衝動をまだ彼女が意識していないこと，そして，感情の覆いをとって明らかにしたい衝動と，反対に自分の感情を葬り去りたい衝動との間での苦闘が続いていることを示している。

　しかしながら，沈黙は別の意味を持つこともあり得る。例えば沈黙は，沈黙が重要な役割を果たしていた過去の出来事の繰り返しであるかもしれない（Greenson, 1961; Khan, 1963b）。患者の沈黙は，原光景に対する彼の反応を表しているかもしれない。そのような状況において，沈黙は単に抵抗であるだけではなく，ある再体験の内容でもある。複雑な沈黙の問題が多くあり，それらは第II部第2章のI-7，第III部第9章のIV-1の（1），そして，第II巻で論じられる。概して，ほぼ実践的な目的では，沈黙は分析に対する抵抗であり，そのように扱われなくてはならない。

II 患者が「話す気にならない」

　これは，先にあげた状況の一つの変形である。この場合，患者は文字通り黙っているのではなく，話をしたくない，もしくは，彼は何も話すことがないことに気づいている。非常に頻繁に，この発言のあとには沈黙が続くだろう。私たちがやるべきことは同じだ。すなわち，なぜ，あるいは何について患者は話したくないのかを探索することである。「話す気にならない」という状態には，一つ，あるいはいくつかの原因があり，私たちの仕事は，患者にその原因に取り組ませることである。それは本質的には，沈黙する患者の心の中に意識的な「何もない」を引き起こしている，無意識的な「何か」を探索するのと同じ仕事である。

III 抵抗を示す情動

　患者の情緒という視点から観察される最も典型的な抵抗の指標は，患者は言葉で話してはいるが，情動が**欠如**しているときである。彼の話は退屈で，平坦で，単調で，そして感情がない。私たちは患者が，自身が報告していることに関与しておらず，超然としているという印象を持つ。これが特に重要であるのは，情動の欠如が，情緒の高まるべき出来事に関係しているときである。一般的に，情動の**不適切さ**は抵抗の顕著な徴候である。観念化と情緒が一致しないときには，患者の話し方にはどこか奇妙な性質がある。

　最近，ある患者が次のように話して分析を始めた。前日の夜，彼は「非常にわくわくするような性的経験――実際に，人生の中で最も素晴らしい，新妻との性的な喜び」を経験した。彼はその経験を描写し続けたが，ゆっくりとためらいがちに話し，しばしばため息をつくことに私は驚き，当惑した。言葉で伝える内容は明らかに重要であるにもかかわらず，私が感じたのは，その言葉と感情が合っていないことだった。何らかの抵抗が働いていた。私はとうとう患者の話を中断し，尋ねた。「とってもわくわくする経験だったのですね。でも，あなたは寂しくもあったのですね」。最初，彼はそのことを否定した。しかしそれから，連想を漂わせ，その素晴らしい性的な経験が何らかの終わりを示している，と私に話した。それは，ある種の別れだった。徐々に明らかになったのは，彼は気づかないよう

にしていたのだが，妻との素晴らしい性生活が，彼の野性的で幼児的な性的空想との別れを意味していたということだった。そうした空想は，無意識的な心の中で，変わらずに満たされないまま存在していたのだった（Schafer, 1964参照）。

Ⅳ 患者の姿勢

　非常に頻繁に，患者たちはカウチの上でとる姿勢によって，抵抗の存在を明らかにするだろう。硬さ，こわばり感，あるいは守るように身体を丸めることは，防衛的であることを示しうる。とりわけ，変化しない姿勢はどのようなものであれ，それがその時間中，そして何時間もずっと維持されていることは，常に抵抗の徴候である。もし人が比較的抵抗から自由なら，その姿勢は時間中に幾分変化する。過度の動きもまた，言葉の代わりに動きの中で何かが放出されていることを示す。姿勢と話す内容の不一致もまた，抵抗の徴候である。ある出来事について穏やかに話すが，身もだえして体をくねらせる患者は，ある話の断片だけしか話していない。彼の動きは，その語りの別の部分を物語っているように思われる。手をぎゅっとにぎる，胸のところできっちりと腕を組む，足首をしっかりひっつけているのは何かを隠していることの表れである。さらに，分析時間中，上体を起こしたまま，あるいはカウチから片方の足を離しているのは，分析状況から逃れたい気持ちの表れである。分析時間中にあくびをすることは抵抗の表れである。分析オフィスへの患者の入り方，分析家の目を避けている，あるいはカウチの上では続けられない何らかの雑談をする，あるいは分析時間の終わりに分析家を見ないで出ていく――これら全ては抵抗の表れである（F. Deutsch, 1952）。

Ⅴ 時間の固定

　通常，患者が比較的自由に話をしている際，彼が言語的に生み出すものには，現在と過去の間の揺れがあるだろう。患者が現在について何ら織り交ぜることなく，過去について一貫して変わることなく話すとき，あるいは逆に，患者が過去へとたまに戻ることなく現在のことを絶え間なく話すなら，何らかの抵抗が働いている。ある一定の期間に執着することは回避であり，情緒的な調子や姿勢などにおける硬さや変わらなさと同じなのである。

VI　些細なこと，あるいは外的な出来事

　患者が，表面的で，あまり重要でない，比較的意味がない出来事を長期間話すとき，彼は何か主観的に意味のあることを避けている。拡がりも情動もないままに，あるいは洞察を深めることもなく内容が反復されるとき，私たちは抵抗が働いているはずだと仮定しなければならない。もし些細な話が，患者自身には奇妙だと思われないなら，私たちは何らかの逃避活動を扱っている。内省と思慮深さが欠けていることは抵抗の表れである（Kohut, 1959）。一般的に，豊富であるかもしれないが新しい記憶や新しい洞察に導かない，あるいはより大きな情緒的な気づきに繋がらない言語化は，防衛の表れである（Martin, 1964）。

　同じことは，外的な出来事を話すことに当てはまる――政治的に重大な出来事でさえ。外的状況が個人的，内的な状況に結びつかないとすれば，抵抗が働いている（患者が政治的な出来事を話すことがいかに稀であるかは，印象的である。私の患者の誰一人として，ガンジーの暗殺が起きたときに，それについて話さないのが印象深かったことを思い出す。ちなみに，全ての患者が，ケネディー大統領の死について話したのだった（Wolfenstein and Kliman［1965］を参照）。

VII　話題を回避すること

　非常に典型的なのは，患者が苦痛な領域の話を避けることである。このことは意識的にも無意識的にもなされるだろう。これは，性愛，攻撃性，そして転移に関する特定の側面について，特にそうである。かなり豊富に話すことができるものの，依然として彼らの性的あるいは攻撃的な衝動の特定の側面や分析家に対する自身の感情のある側面を持ち込むことを，いかに多くの患者が綿密に避けているかということは，印象的だ。性愛に関する限り，最も苦痛な側面は，身体感覚や身体領域に関するものだろう。患者たちは性的欲望や興奮について一般的な話し方をするが，それらを引き起こした特定の種類の身体感覚，あるいは衝動については話したがらない。患者たちは性的な出来事を語るかもしれないが，身体のどの部分――一カ所であれ複数個所であれ――が関係したのかを単純に直接的に話すことには，気が進まない。例えば次のような言い回しは，この種の抵抗の典型的な例である。「私たちは，昨夜，口で愛し合いましたWe made oral love last night」，あるいは「夫が私に性的にキスしました」。

似たような傾向として，彼らが激怒して誰かを殺したいと感じたことを実際には意味するようなとき，患者たちは，イライラしたとか腹が立ったというような一般的な感情の言葉で話すだろう。

　分析家という人物に関する性的あるいは敵対的な空想はまた，分析の初期に最も入念に回避される話題の一つでもある。患者たちは自身の分析家に対して大いなる興味を示すだろうが，最も標準的な言葉で彼について話すだろうし，自身の性的または攻撃的な感情に直面することに気が進まない。「あなたは結婚しているのでしょうか」，あるいは「今日は顔色が悪く，疲れているように見えます」は，そのような空想の隠された表現である。分析の時間にたまにしか出てこない，いかなる重要な話題も抵抗のサインであり，そのようなものとして追究されるべきである。

VIII｜硬さ

　分析時間に変わることなく患者が行う，繰り返されるルーティンは全て，抵抗とみなされなくてはならない。抵抗から自由な行動には，常にいくらかの変動がある。私たちが皆習慣の生き物であるのは本当だが，もしこうした習慣が重要な防衛的目的を果たさないなら，それらは，ある程度の変化を受けやすい。

　いくつかの典型的な事例を次に示す。夢を詳しく話す，あるいは夢を見なかったと表明することで毎時間を始める。症状や不満を報告することで，あるいは前日の出来事を話すことで毎時間を始める。毎回型にはまったやり方で始めるというまさにその事実が，抵抗を表す。分析時間の準備のために「興味深い」情報を集める患者たちがいる。彼らが「材料」を探すのは，その時間を満たすため，あるいは沈黙を避けるため，あるいは「良き」患者でいるためで，それら全てが抵抗の表れである。一般的に，一貫して遅れてくる，あるいは一貫して時間通りに来るならば，硬さというまさにその事実が，他の何かが抑えられている，何かが避けられていることを示している。硬さの特定の形式はまた，何が防衛されているのかを示しているかもしれない。例えば，習慣的に時間より早く来ることは，間に合わない恐怖，肛門括約筋のコントロールを喪失する恐怖に関わる典型的な「トイレ」不安を示すだろう。

IX 回避の言葉

　決まり文句，専門用語，あるいは不毛な言葉の使用は，最もよく起こる抵抗の表れの一つである。それは大抵，その人の個人的な言葉が持つ生き生きした刺激的な心象が，回避されていることを示している。その目的は，個人的に自分を明らかにするコミュニケーションを差し控えることである（この問題についてより包括的な研究は，Stein [1958] を参照）。実際にはペニスを意味するときに「性的な器官」と言う患者は，そのペニスという言葉で心に浮かんでくるであろう心象を避けている。「私は激怒した」を意味して「私は敵意を持った」と言う患者もまた，「敵意」という言葉の不毛さに比べて激怒という言葉の持つ心象や感覚を，避けている。分析家が彼の患者たちと話すとき，パーソナルで生き生きとした言語を使うことが重要であることは，ここで注目されるべきである。

　数年間私と分析を行っているある医師は，ある分析時間の最中に，医学的ジャーゴンで話し始める。彼の妻が「疼痛を伴う突出性痔核」になったのは，彼らが計画していた山岳旅行のまさに直前だったと，堅苦しい調子で彼は報告する。その知らせは，彼に「純粋な不快」を引き起こしていると言い，その痔核が，「外科的に切除」できるかどうか，あるいは彼らは休日を先延ばしにしなければならないかどうかを考えた。私は，彼が抑えている潜在的な怒りを感じることができ，そして次のように言わずにおれなかった。「私は思うのですが，あなたが本当に言いたいのは，奥さんの痔核が，あなたをうっとうしくさせている giving you a pain in the ass のでしょう」。彼は，腹を立てながら答えた。「そうだよ，こん畜生，やつらがあいつからそれを取り除いてくれたらいいのに。私は我慢できないんだ，私の楽しみを邪魔するような女たちや腫物にね」この最後の部分は，ちなみに，5歳のときに彼を幼児神経症に陥れた，彼の母親の妊娠に関連していたのだった。

　決まり文句の使用は，情動を隔離し，情緒的に巻き込まれることを回避する。例えば次のようなフレーズ，「絶対に間違いなく」や「そんな気がする」，そして「そうでしょ」，「などなど」の頻繁な使用は，常に回避の指標である（Feldman, 1959参照）。こうした状況にいる患者との臨床経験から私に分かったことは「絶対に間違いなく」，そして「率直には」という言葉は，通常，患者がアンビヴァレンスを感じていること，自分の感情の中にある相反するものに気づいている

ことを意味するということだった。彼は自分が言っていることが真実の全てであったら，と**願う**のである。「私は本当にそう思う」は，本当にそうだったらいいのに，を意味している。「本当に申し訳ない」は，私は本当に申し訳ないと思いたいが，同様に反対の感情にも気がついていることを意味している。「私は怒っていたと思う」は，私は確かに怒っていたが，それを認めたくない，を意味している。「どこから始めたらいいのか分からない」は，始めるべきところは分かっているが，そこから始めることに気が進まない，を意味している。患者が分析家に対し繰り返し言う「ほら，あなた私の姉のティリーを覚えているでしょ」は，あなたのようなまぬけが，覚えているかどうか，私はまったく確信が持てない，それで私はあなたにこんな風に確認している，を通常意味する。これら全てはむしろ目立たないが，通常，抵抗の反復的な指標で，そのように認識されなければならない。最も繰り返される決まり文句は性格抵抗の徴候であり，分析がかなり進行するまでは，扱うことができない。一回限りの言い回しは，分析の早い時期に対処することができる。

X 時間に遅れる，時間を間違う，支払いを忘れる

　明らかに，患者が遅刻したり時間を勘違いしたり，支払いを忘れたりするというのは，分析時間に来ることや支払うことに気が進まないことを示す。加えて，このことは意識されるかもしれず，ゆえに比較的容易に理解されるかもしれないし，あるいは患者がその出来事を合理化できるという意味で，無意識にとどまることもあるだろう。後者の場合，患者は積極的ではあるものの問題を避けるために無意識的に何かをしている可能性について，患者に直面化するのに十分な根拠となる証拠が集まるまでは，それについては分析できない。この点が達成されたときのみ，私たちは抵抗の根底にある源に近づくことができる。支払いを「忘れる」患者は，お金を手放すことが嫌なだけではなくて，分析家との関係が単なる職業的関係「だけ」であることを，無意識のうちに否定しようとしてもいる。

XI 夢の欠如

　夢を見ていると分かっていてその夢を忘れる患者たちは，明らかにその夢を

思い出すことに抵抗している。夢を報告するが，その夢が——違うオフィスを見つける，あるいは違う分析家のところに来るなどのように——分析から逃げていることを示唆している患者たちは，明らかに，分析状況を何らかの形で回避しようと奮闘している。夢を見たことすらまったく覚えていない患者たちは，私が信じるところ，最も強力な抵抗を持っている。なぜならここで，その抵抗は，夢の内容だけでなく夢をみたという記憶さえも攻撃することに成功しているからである。

　夢は，患者の無意識，抑圧されたもの，本能生活に接近できる唯一最も重要な手段である。夢を忘れることは，患者の無意識，特に本能生活を分析家に露わにすることに対する患者の苦闘を示している（Freud, 1900, pp.517-521）。もしある分析時間の中である人が抵抗を克服することに成功したなら，その患者は，今まで忘れていたある夢を突然思い出せることで反応するかもしれないし，あるいはある夢の新たな断片が，心に浮かんでくるかもしれない。分析時間を多くの夢の話で溢れさせるのは別の様式の抵抗で，分析家のいる前で眠りを継続したいという患者の無意識的願望を示しているのかもしれない（Lewin, 1953）。

XII 患者が退屈する

　患者の退屈は，彼が自分の本能的衝動や空想に気づくようになるのを避けていることを示す。もしその患者が退屈なら，それが意味するのは，彼は自身の衝動に意識的に気づくことを何とか避けたのだが，その代わりに退屈という奇妙な空っぽの緊張感をもっていることである（Fenichel, 1934; Greenson, 1953）。分析中の患者が分析家との作業を十分に進めているとき，彼は熱心に空想を探す。退屈が他の何を意味するとしても，空想に対する防衛である。ちなみに，次のことは述べておくべきであろう。分析家における退屈は，その分析家が，患者についての自身の空想，逆転移反応を遮断しているということを示しているかもしれない。そのことはまた，患者が抵抗していて，分析家はまだそのことに意識的には気づいていないが，それについて無意識的に知覚しているために，彼は不満足で落ち着かず，退屈になっていることをも意味しているだろう。

XIII 患者が秘密をもっている

　明らかに，意識的な秘密をもつ患者は，避けている何かがあるということを語っている。これは抵抗のある特別な形で，その取り扱いには特定の技法的な配慮が必要である。その秘密は，その患者が黙っていたい出来事であるかもしれないし，あるいは，彼が言えない，つまり言いたくないただ一語でさえあるかもしれない。この時点で言えることは，それがある抵抗の形であるということだ。それはそう呼ばれるべきだが，尊重されるべきものであって，制圧したり強要したり，あるいは患者に懇願するものではない。より詳しくは，第Ⅱ部第6章のⅥ-3で論じられる。

XIV 行動化

　行動化は精神分析の間，非常に頻繁で重要な出来事である。それが他に何を意味しようとも，行動化は常に抵抗の機能を果たしている。言葉，記憶，感情の代わりに行動で繰り返されている限り，行動化は抵抗である。さらに，行動化には常に何らかの歪みが伴う。行動化は多様な機能を果たすが，その抵抗機能は最終的に分析されなければならない，なぜならそれをしないと分析全体を危険に晒す可能性があるからである。

　分析過程の初期に頻繁に起こる単純な類の行動化は，患者が分析セッションの素材について，分析時間外に分析家以外の人に話すことである。これは明らかに一種の回避で，それにおいて患者は，転移感情のある側面を避けて薄めるために，他の誰かに転移反応を置き換えているのである。それは抵抗だと指摘され，その動機は探索されなければならない。この実践は，転移反応の行動化を記述するとき（第Ⅲ部第8章のⅣ），そしてまた第Ⅱ巻で，より詳細に議論される。

XV 度重なる楽しい時間

　概して，分析作業は深刻である。それは，常に恐ろしい，あるいはみじめなものではないだろうし，毎時間が憂うつあるいは苦痛なものとは限らないが，通常，控えめに言って，大変な作業である。患者は達成という意味では何らかの

満足を得るだろうし，たまには勝利感さえ持つかもしれない。ときには正確な解釈が，患者と分析家に自然な笑みをもたらす。しかし，楽しい時間が度重なり，大いに熱中し，高揚感が長引くことは，何かが避けられていることを示している——通常何か反対の性質のもの，ある種の抑うつである（Lewin, 1950; Greenson, 1962）。健康への逃避，洞察の伴わない時期尚早の症状消失は，同種の抵抗のサインで，そのようなものとして扱われなければならない。

XVI 患者が変化しない

　時々，私たちは明らかにうまく成功裏に患者と作業しているのだが，それにもかかわらず患者の総体的な症状あるいは振る舞いに，明白な変化のないことがある。これが長期間持続し，明らかな抵抗がなければ，私たちは何らかの隠された，微かな抵抗を探さなければならない。もしその分析が衝撃を与えており，したがって患者に影響を及ぼしているなら，私たちは患者の振る舞いもしくは全体的な症状に，変化を期待できる。もし抵抗の他の徴候がないなら，私たちはおそらく，微妙な形の行動化と転移抵抗を扱っている（Glover, 1955, Chapt. IV；第II巻も参照のこと）。

XVII 語られない抵抗

　ここで私が微妙な抵抗と言うのは，突き止めるのが難しく，私たちが分析状況から離れて患者について考えているとき，しばしば心に浮かぶものである。分析家がこのような種類の抵抗に気づくのは，彼がその患者について他の人に自発的に述べているときであることが多い。こうした抵抗は単一のセッションにおいて——あるいは多数のセッションにおいてでさえ——ではなく，分析からある程度の距離を置いたときにのみ，発見されうる。私たちがここで扱っているのは患者の微妙な性格抵抗であり，分析家がそれに取り組むこと，さらに言えば認識することは，困難である。

　患者側の性格抵抗と同様に，分析家における逆転移の要素も明らかに存在する（Glover, 1955, pp.54, 185-186; Fenichel, 1941, pp.67-69）。

　例を挙げよう。私は何年もある患者と作業しており，私の注意深い判断におい

ては，事態はゆっくりだがうまく進んでいる。私はその患者が好きで，私たちの作業に満足している，と言えただろう。しかしある日，私は患者を紹介した分析家と会い，彼女がどうしているかについての彼の質問へ応答する中で，次のように言っている自分に気づいた。「ねえ，彼女は**文句言い**（*Qvetsch*）なんだ」（*Qvetsch* はイディッシュの言葉で，いつも「ブツブツ言う人」，あるいは文句ばっかり言う人を意味する）。私は，自分の言葉に驚くのだが，後に次のことに気づくのである。つまり（a）それは正しかった，（b）それ以前には私は，そのことに意識的には気づいていなかった，（c）私は無意識的に，私の患者への不満から患者を守っていた，ということである。この会話の後，私はこの問題について患者と一緒に，そして私自身の中でも，取り組み始めた。

　上に述べたリストはかなり不完全なものである。この抵抗のリストから省略されている最も重要なものは，もちろん転移による抵抗である。しかしこの省略は意図的であって，私は第Ⅲ部で，転移状況に起因する転移と抵抗を議論するつもりである。この概略に付け加えても良かったであろうその他の多くの典型的な抵抗があるが，それらは，これまで議論してきた他のものと類似している。一例として，自分でさまざまなことを発見し，そうすることで心の準備ができていない素材に出くわすという脅威を避けようとして，精神分析についての著作や論文を読む患者を取りあげよう。これは，何もない空間（blank space）あるいは沈黙を避けるために，そのセッションに備えて素材を集める抵抗と類似している。他には，自分の分析家に対する個人的な反応を薄めるための手段として，他の分析家たちと社交的に親しくなろうとする患者もいる。これは，分析時間外に分析作業について話すことに似ている。セッション中にタバコを吸うことは，感情や衝動を言葉にすることに代わる，他のさまざまな行為と類似する，などなどである。

第3章

歴史的概観

　抵抗理論の議論に入る前に，この主題に関する精神分析的観点の歴史的な発展を短く概説しよう。読者はこれらの論文を入手可能なので，それぞれの論文について系統的な要約を述べるよりもむしろ，私は重要な変化を示す貢献に関する側面に限定するつもりである。

　フロイトがブロイアーと共に書いたヒステリー研究（1893-95）は，注目すべき文献である。というのは，フロイトがどのようにして抵抗や転移のような記念すべき発見に至ったかを，私たちは観察できるからである。フロイトの天賦の才の特徴なのだが，進む途上で障害物に遭うとき，彼はそれを回避する，あるいは単にそれを乗り越えることで満足したのではなく，それを利点に変える幸運な才能が彼にはあった。これは，抵抗と転移の彼の仕事に特に当てはまる。1892年にフロイトが治療したエリザベス・フォン・Rの事例を描写する際に彼は抵抗という用語に初めて言及し，予備的定式化を行った。患者は互いに相容れないいくつかの考えを「かわし」，そしてその抵抗の強さは，そうした考えを彼女の連想から締め出すのに使われてきたエネルギー量に相当するのだと，フロイトは確信した。この章で彼は，その考えは，彼女の観念生活の残りの部分や自由連想から，異物のように切り離されている，という仮説を立てた（p.157）。フロイトは，その問題を論じるにあたり，防衛，防衛の動機，および防衛のメカニズムという用語もまた導入した（p.166）。

　同著の「ヒステリーの精神療法」の章で，フロイトは，患者が催眠にかかることができないのは，実際には，催眠にかかりたくないことを意味していると主張した（p.268）。私たちは，病原である考えが意識的になることを妨害する，

患者の中にある心的な力に打ち勝たなければならなかった。この力は，ヒステリー症状を引き起こすのにある役割を果たしていたに違いない。その考えが苦痛であったので，患者の自我は防衛のために，反発する力を引き起こしその力は病原である考えを意識の外に追いやり，それが記憶に戻ることを妨害したのである。患者の「分からない」とは，本当は分かり**たくない**ということなのである（pp.268-270）。

　分析家の仕事はこの抵抗に打ち勝つことである。フロイトによると，彼がこれを行うのは，「主張する」こと，すなわち，額に手を押しつけることによって，想起が起こるだろうと主張することによって，そして別の方法によってである。患者は，たとえ些細なこと，あるいは困惑することだとしても，全て話すよう命じられる。この方法が機能するのは，患者の意志を記憶の探求から分離することによってである。現れてくるものは，中間にあるつながりで，必ずしも記憶ではない（pp.270-271）（これは自由連想という概念にとって，非常に大きな貢献である）。

　抵抗は，頑固で，繰り返し戻ってくる。それらは多くの形態を取るが，フロイトは，抵抗についての患者の合理化，あるいは，抵抗への抵抗という概念について論じた（p.279）。

　抵抗を扱う技法について，フロイトを直接引用しよう。「この持続的な抵抗に打ち勝つために，私たちが使える手段は何であろうか。それはわずかであるが，それらは，一人の人が通常，他者に心的影響を及ぼすことができる，ほとんど全てのものを含んでいる。第一に，心的抵抗，特に長期間にわたり影響力を持つものは，ゆっくりと，徐々にしか解決できないことを私たちは思い起こすべきで，私たちは辛抱強く待たなければならない。次に，しばらくの間作業した後，患者が感じ始める知的な興味を私たちは当てにするだろう。……しかしながら，最後に，――そしてこれが最も強力な方法であるが――私たちは，患者の防衛のための動機を見つけた後，その価値をそれらから奪う，あるいはより強い動機によってそれらを置き換えることに努めなければならない……私たちは私たちの力の及ぶ限り，（無知が恐怖を生み出すところでは）解明者として，教師として，この世界についてより自由な，あるいは優れた見解を持つ代表者として，いわば許しを与える司祭として，告白がなされた後に共感と尊敬を持ち続けることによって，働くのである」（p.282）

　フロイトは次に，次のような疑問を投げかけた。私たちは，催眠を使うべき

なのではないか，そして催眠を使用すれば作業が軽減されるのではないか？　彼はその両方の疑問に否定的に答えた。エミー・フォン・Rは，簡単に催眠にかかり，性的な問題が持ち出されるまでは，ほとんど抵抗を示さなかった。しかしそれから，彼女は催眠にかかることができなくなり，次に思い出すことができなくなった。全てのヒステリーにおいて，防衛がその問題の根底にある。抵抗を取り去れ，そうすれば素材はそこで適切な順番に並ぶ。私たちがヒステリーの中核に近くなればなるほど，抵抗の程度は強くなる（pp.284-289）。

　この時点でフロイトは，彼の以前の考えの一つを変えて，抑圧されたものは，異物ではなくもっと浸潤物のようなものだと述べた。もし，私たちが抵抗を取り除き，これまでのところ隔離されているこの領域に流れを取り戻すことができるなら，それは，再び統合されたものになり得る。直ちにその核心に至ろうとするのを望むことはできず，私たちは周辺から始めなくてはならない（pp.290-292）（ここで私たちは，解釈は表面から始めるべきだという技法的原則に関わる一つの示唆を得た）。

　『夢解釈』（1900）の中で，フロイトは抵抗の概念について多くの言及をした。さまざまな場所で，彼は抵抗の結果としての検閲，あるいは抵抗によって強要された検閲について話した（pp.308, 321, 530, 563）。抵抗と検閲という概念がお互い密接に関連しているのは明らかである。検閲と夢の関係は，抵抗と自由連想の関係と同じである（p.520）。患者にある夢の忘れられた断片を思い出してもらう試みにおいて，分析家は最大の抵抗にあうという臨床的発見に彼は注目した。私たちが抵抗を克服することができるなら，私たちは頻繁に，それまで忘れていた夢を思い出すことができるだろう。「分析作業の進展を妨げるものは，どのようなものであれ抵抗である」（p.517）とフロイトが発言したのは，夢の忘却についての彼の考察の中であった。

　「フロイトの精神分析の方法」には，抵抗という因子が彼の理論の基盤の一つとなった，というフロイトの最も初期の明白な見解が含まれている（1904, p.251）。自由連想および抵抗と転移の分析が選ばれることで，催眠，暗示，除反応は完全に放棄されたのである（p.252）。

　ドラのケース（1905a）で，フロイトは，いかに転移関係が最も重要な抵抗の源になるか，そしてまた患者によって，この転移抵抗がいかに行動化されているかを描写した。最終的にはこのことが分析を中断へと導いた。なぜなら，彼がその患者を1900年に治療していたとき，フロイトは転移の重要性に十分に気

がついていなかったからである（pp.116-120）。

「転移の力動性について」（1912a）という論文の中で，フロイトは，転移が最も強力な抵抗を引き起こし，最も頻繁に抵抗の原因となると述べるに留まらなかった。彼は，リビドーを退行させ，抵抗という形で分析作業に刃向かう力動的な力を探索した（p.102）。フロイトは，抵抗がいかに心理療法に一歩ずつついてくるかを描写した。治療中の患者のいかなる連想も，いかなる行動も，抵抗を考慮に入れなければならない（p.103）。

患者の連想はまた，抵抗の力と回復を求める力との妥協の産物である。そして，転移もまたそうである。ここでフロイトは，転移抵抗の領域における戦いが，分析における最も激しい葛藤にしばしば選ばれるという，一つの重要な脚注を書いている。彼はその状況を次のような戦いと比較している。「戦争の経過の中で，ある小さな教会もしくは個人の農家の占有をめぐり，特に激しい戦闘が行われているとする。だからといって，その教会が国にとって大切な宗教的建物である，あるいは家屋に軍の金庫が保管されていると考える必要はない。その物の価値は，純粋に戦略的なものであり，そのような戦いの中でしかおそらく価値を持たないだろう」（p.104）

論文「想起すること，反復すること，ワークスルーすること」（1914c）において，フロイトは初めて反復強迫，抵抗の特別な側面，すなわち，想起する代わりに行動で過去の体験を反復しようとする患者の傾向について言及する。これらの抵抗は特に執拗なものであり，ワークスルーを必要とする（pp.150-151）。さらに彼はこの論文で，抵抗を克服するために，その現象を抵抗だと名づける以上のことをする必要があると述べている。患者は，抵抗についてよりよく知るようになり，そしてそれに力を与える，抑圧された本能衝動を見つけるための時間を要する（p.155）（これは，私たちがいかに抵抗を分析しようとするかについてフロイトが示している数少ない技法的見解の一つである）。

『精神分析入門』（1916-17）の中でフロイトは，「リビドーの粘着性」という，抵抗についてのある特別な種類の用語を導入した（p.348）。ここでまた彼は，自己愛神経症者たちは，精神分析技法では接近できない，克服できない障壁を提示すると主張している（p.423）。

論文，「制止，症状，不安」（1926a）では，フロイトはそれらの源という観点から抵抗を論じている。彼は，抵抗の五つの異なるタイプと，三つの源を描写する。彼は，自我から生じる三種の抵抗と，加えて超自我とイドに源を持つ抵

抗に区別している（p.160）（この主題は第II部第5章で続けて論じられる）。

論文「終わりある分析と終わりなき分析」（1937a）は，抵抗の性質へのいくつかの新しい理論的な貢献を含んでいる。フロイトは，私たちの治療努力が成功するための重大な要素が三つあると示唆している。それは，トラウマの影響，体質的な本能の強さ，そして自我の変容である（p.224）。こうした変容は，防衛過程の影響によって患者の中にすでに存在している。フロイトはまた，分析過程が特定の患者においてなぜ非常に遅いのかについて，彼の推測を詳しく述べている。彼はリビドーの流動性の欠如した患者たちを描写し，そしてそれがリビドーの粘着性と心的な慣性の性質のためであると考えている。それについて彼は「おそらくあまり正確ではないだろうが」「イドからの抵抗」と名づける（p.242）。そのような患者は，死の本能に由来する無意識的罪悪感のため「陰性治療反応」の苦しみの中にいる（p.243）。

フロイトはまた，この論文の中で，抵抗は分析家の誤りによってももたらされるだろう，そしてそのいくつかは職業上の甚大な情緒的負担から生じる，と述べている（pp.247-249）。彼は，男性と女性における最大の抵抗についての，いくつかの臨床的な見解でこの小論を閉じる。女性における最大の抵抗の源は，彼らのペニス羨望と関連しているように思える一方で，男性における最大の抵抗は，他の男性との関係の中での受動的な女性的願望にかかわる彼らの恐怖から引き起こされるのである（pp.250-253）。

抵抗に関するフロイトの考えについてのこの歴史的概観において，私たちは，いかにして彼が，抵抗を本質的には治療作業への障害物として見なすことから始めたか，そしてのちに，それがどのようにそれ以上のものになったかを見ることができる。彼の最初の技法は除反応と記憶の獲得に焦点化されていたが，のちには抵抗そのものが，患者の個人史，特に症状全体について非常に重要な知識の源となっている。こうした考え方が進展し，その集大成が論文「終わりなき分析と終わりある分析」である。そこでは，抵抗という概念はまた，イドと超自我を含むことになる。

私たちはまた，フロイト以外の貢献についても，少し言い添えなければならない。唯一の最も重要な進歩は，アンナ・フロイトの著作，『自我と防衛機制』（1936）であった。これは，さまざまな防衛機制に関する私たちの理解を体系化し，それらを精神分析の治療過程での抵抗の問題に関連づける，最初の試みだった。この本で，彼女は，抵抗が単に治療における障害物であるばかりでなく，

自我機能全般に関する情報の重要な源であることを明らかにした。治療の間に抵抗として現れる防衛は，治療外での生活においても同様に，患者にとって重要な機能を果たす。その防衛はまた，転移反応においても繰り返される（pp.30-44）。

　性格形成と性格分析についてのウィルヘルム・ライヒの二つの論文（1928, 1929）もまた，抵抗の精神分析的理解に重要なものとして追加された。神経症的性格は，一般的に自我-親和的で，外からの刺激や内からの本能的な反乱に対する防具として奉仕している患者の習慣的な態度や行動様式を指す（1928, pp.132-135）。これらの性格傾向は分析の主題とされなければならないが，どのように，そしていつそうするのかは，論争の的となる問題である（A. Freud, 1936, p.35; Fenichel, 1941, pp.67-68）。

　ハルトマン（1964）の適応，相対的自律性，葛藤外領域，組織内的葛藤（intra-systemic conflicts），中性化についての概念は，技法の問題にとって重要な意味を含んでいる。自我の支配下での，あるいは自我の働きの下での，エルンスト・クリスの退行の概念は，もう一つの際立った貢献である（1950, p.312）。これらの概念は，そのときまで精神分析の「術」という見出しの下にひとまとめにされていたものを，解明し，仕分けた。最後に，神経症と精神病における防衛，抵抗，そして退行の相違点に対するより新しい考えのいくつかもまた，私には将来性があるように思える（Winnicott, 1955; Freeman, 1959; Wexler, 1960）。

第4章

抵抗に関する理論

I 抵抗と防衛

　抵抗という概念は精神分析技法にとって根本的に重要で，その中心的な位置づけのため，その影響は全ての重要な技法の問題に及ぶ。適切に理解されるためには，抵抗は多様な観点からアプローチされなければならない。ここでの理論的な議論は，臨床的および技法的問題を理解するのに一般的に重要な，二，三の基本的な考察に触れるだけになるだろう。より特定の理論的な問題は，個別の問題と関連して扱われるだろう。より包括的なメタ心理学的アプローチについて，読者は，古典的な精神分析の文献を参照されたい（Freud, 1912a, 1914c, 1926a, 1937a; A. Freud, 1936; Fenichel, 1945a, Chapt. VIII, IX; Gill, 1963, Chapt. 5, 6）。

　抵抗は，分析の手続き，分析家そして患者の理性的自我に対立する。抵抗は，神経症，古いもの，親しみのあるもの，そして幼児的なものを，露わになったり変化したりすることから守る。それは適応的であるのかもしれない。抵抗という用語は，それらが分析状況で引き起こされるので，心的装置の行うあらゆる**防衛操作**に関連する。

　防衛は危険と苦痛から守る過程に関連しており，そして快感と放出を求める本能活動とは対比されることとなる。精神分析状況において，防衛は抵抗として姿を現す。フロイトはそれらの用語を，ほとんどの著作の中で同義的に使った。あらゆる種類の心的現象は防衛の目的のために使われるかもしれないが，防衛の機能は，元々はそして基本的には，自我の機能である。このことは，アンナ・フロイトが，夢作業の中で起こる多くの奇妙な表象様式は，自我の要請に

けしかけられているものの自我によって完全に遂行されるわけではない,と述べたときに彼女が提議した問題に触れる。同様に,さまざまな防衛の方法は,完全には自我の仕事ではない。すなわち,本能の特性もまた,利用されているかもしれないのである（A. Freud, 1936, p.192）。この考えは,防衛の前段階という観念,そして,神経症患者と比較して精神病患者における特別な防衛の問題に関連すると思われる（Freeman, 1959, pp.208, 211）。

　その源が何であろうとも,心的現象は防衛の目的に使われ,それは自我を通して働くに違いないと述べるのが安全だと思う。これが,抵抗の分析は自我から始めるべきであるという技法原則の理論的な根拠である。抵抗は,操作的な概念である。それは,分析によって作られる新しいものではない。分析状況は,このような抵抗の力が姿を表す舞台となるにすぎないのである。

　分析の経過中,抵抗の力は,患者の外的生活において自我が使ってきた全ての防衛のメカニズム,様式,方策,方法,布置を利用するだろうことを,忘れてはならない。それらは,無意識的な自我がその統合機能を維持するために使う,抑圧,投影,取り入れ,隔離などのメカニズムのような初歩的な精神力動から成る場合もあれば,抵抗が,より最近の複雑な獲得物,例えば,防衛のために使われる,合理化あるいは知性化から成る場合もある（Sperling, 1958, pp.36-37）。

　抵抗は患者の内部で,本質的には無意識的自我の中で作用しているが,抵抗のある側面は,患者の観察し判断する自我にとってアクセス可能であるだろう。私たちは患者が抵抗している**という**事実,彼は**どのように**そうしているか,彼が**何を**避けているか,彼は**なぜ**そうするのか,を区別しなければならない（Fenichel, 1941, p.18; Gill, 1963, p.96）。防衛のメカニズム自体は,定義としては常に無意識だが,患者は防衛的過程のあれやこれやの二次的な顕在化に気づいているかもしれない。分析される手続きや過程に対立するという形で,抵抗は分析の過程で明るみに出る。分析初期に患者は,これを自分の心の内的現象というよりは,分析家の要求あるいは介入に関する何らかの反対として,感じることが多いだろう。作業同盟が発展し,患者が分析家の作業態度に同一化するにつれて,抵抗は患者の経験自我の中で,自我違和的な防衛作用として知覚されるだろう。このことは,作業同盟の揺らぎに一致して,分析過程の間で移り変わる。しかしながら,分析過程を通して,あらゆる段階で,抵抗との何らかの闘争が起こるだろうことは強調されるべきである。それは,精神内的なものとして感じられ

る場合と，分析家との関係という観点から感じられる場合とがあるだろう。意識的だったり，前意識的，あるいは無意識的であったりするだろう。効果において，取るに足らない場合もあれば極めて重要な場合もあるだろうが，抵抗はどこにでも存在する。

　防衛の概念は二つの構成要素から成る。危険と，保護する働きagencyである。抵抗の概念は三つの働きから成り立っている。危険と，（不合理な）自我を守るよう駆り立てる力と，リスクを取る方向へと急き立てる力，つまり前適応的な自我である。

　防衛と抵抗の関係におけるもう一つの類似は，私たちが防衛の階層を仮定するのと同じように，抵抗の階層の存在を認識することである。防衛の概念は自我のさまざまな無意識の活動を指すが，私たちは，深く，無意識的で自動的な防衛機制と，意識的な自我により近い防衛機制を区別することができる。このヒエラルキーにおいて，ある特定の防衛が占める場所が原始的であればあるほど，それが抑圧された内容により密接に結びつけられているほど，それは意識的になりにくい。階層のより上位にある防衛は，より二次過程に従って作用し，より中性化された放出を調整する（Gero, 1951, p.578; Gill, 1963, p.115）。この論法は，私たちの抵抗の理解にも引き継がれ得る。抵抗もまた，それらが機能する際に一次過程あるいは二次過程を利用するかどうかという観点，そしてまた，それらが本能的な放出や中性化された放出を調整しようとしているかどうかという観点の両方において，幅広い範囲の過程を含んでいる。ある患者の中で起きていたことを記述することで，私はこの点を示すことができると思う。その患者は，飲み込まれ，破壊され，死んでしまうだろうから「私を自分の中に入れる」ことを恐れている，と言った。この抵抗は，私が言うかもしれないことの衝撃を和らげるために，私が話し始めるときにはいつも静かに鼻歌を歌っているのだと私に明かした患者の抵抗とは，どれほど違うことだろう。

　防衛と抵抗はどちらも相対的な用語である。すなわち防衛と防衛されているものは，一つのユニットを形成している。防衛的な振る舞いは，防衛されているもののためにいくらかの放出を提供するだろう。あらゆる振る舞いは，衝動の側面と防衛の側面を持っている（Fenichel, 1941, p.57）。強迫の人の残酷な自己非難は，根底にある，彼が締め出そうとしているサディスティックな衝動を明らかに示している。全ての防衛は「相対的な防衛」なのである（p.62）。ある断片的な振る舞いは，それ自体よりもさらに原始的な欲動に関する防衛かもしれな

いし，この同じ振る舞いが，それ自体よりも進んだ防衛に関連する欲動として反応されているのかもしれない（Gill, 1963, p.122）。

　私は，このことを，それらが分析の過程で現れたものとして，抵抗－衝動ユニットの観点から例示できる。ある中年男性の精神科医が私にこう言う，「彼女の湿って臭いのする膣でさえ」妻とのセックスを徹底的に楽しんでいるのだ，と。それから彼は，「おかしなことに」セックスの後，彼は大抵深い眠りから目覚め，自身の性器を浴室で洗っていることに気づくと付け加える。ここまで述べてきたことに照らし合わせ，彼の抵抗の活動を私は次のように説明しよう。その患者が私にセックスを徹底的に楽しんでいると言っているのは，明らかに本能的な内容である。しかし一方で，それは私を喜ばせ，いかに彼自身が健康であるかを示し，そして，彼の性的能力に対して私が持つかもしれない疑いを弱めようとする試みである。私たちはこの中に，衝動の明らかな表出と，それから抵抗を容易に観察することができる。しかしこれら全ては，次のフレーズ，「彼女の湿って臭いのする膣でさえ」に対する防衛である。防衛的側面は，「でさえ」という言葉によって暴露される。しかし，この言い方もまた，衝動-満足的で，露出的な要素を明らかに含んでいる。それはまた，次の振る舞い，浴室で洗うこと，の意味に直面することへの抵抗でもある。この最後の活動は，彼女の膣をいかに楽しんだかという前の発言の観点から，そしてまた洗うことを奇妙に感じているという事実によって，自我異和的な抵抗のように反応されていた。しかしこれもまた，彼の目を覚まさせ，洗うことで克服したい気持ちに駆り立てられた，汚いという感情に対する防衛行為だった。

　この短い分析は，抵抗あるいは防衛の関連性という概念を，例証し，確証すると私は思っている。「抵抗に対する抵抗」そして「防衛に対する防衛」という概念は，このテーマに対する類似したアプローチである。（Freud, 1937a, p.239; Fenichel, 1941, p.61）。

　抵抗と衝動のヒエラルキーと層化によって，精神分析を受けている人々の心の中にこのような要素の順序立った階層化を見出せるとの期待が私たちにもたらされるわけではない。このことは，ウィルヘルム・ライヒ（1928, 1929）により，極限まで突き詰められた。彼は，時代を遡り抵抗－衝動単位を分析していくべきだと提唱した。フェニケル（1941, pp.47-48）とハルトマン（1951, p.147）

は，この歴史的な階層化をおそらくは崩壊させ，「間違い（あるいは断層）faulting」やその他のより混沌とした状態を引き起こす多くの因子を強調した。

　抵抗と防衛に関する理論的な議論のこの部分を，マートン・ギル (1963, p.123) の一節を引用することで要約したい。「私たちはさまざまなレベルの防衛に確固たる線を引くことはできない。防衛が層構造に存在するなら，より低いレベルは，無意識的で自動的に違いなく，そして病的であるかもしれない。階層の上位にある防衛は，意識的で，自発的であるにちがいなく，そして適応的であるだろう。そしてもちろん，特定の防衛的な振る舞いは，両方の特徴をもっているだろう。分析の後に防衛が消え得るという考えは，防衛について非常に限定的な見方を維持した人によってしか保持されえない。なぜならヒエラルキーという概念において，防衛はパーソナリティ機能の横糸であり，欲動と欲動派生物は縦糸であるのだから」

　ここで防衛の動機とメカニズムを，抵抗の動機とメカニズムへと関連づける問題に戻ろう（A. Freud, 1936, pp.45-70; Fenichel, 1945a, pp.128-167）。防衛の動機と言うとき，私たちは，防衛が行為になることを**引き起こした**ものを意味している。直接の原因は常に，不安，罪悪感，あるいは羞恥心のような何らかの苦痛な情動の回避である。より遠くにある原因は，不安，罪悪感，あるいは羞恥心を掻き立てた，根底にある本能衝動である。究極的原因は外傷的な状況で，統制し，支配し，拘束することができない不安で溢れかえっているために自我が圧倒されて無力な状態――パニック状態である。危険のあらゆる徴候に基づいて防衛を始動させることで患者が避けようとしているのが，この状態なのである（不安における自我についてのコンパクトで分かりやすい議論はシュールSchur (1953) を参照）。

　一つの簡単な臨床例で解説しよう。通常は温厚なある男性患者が，ある分析の時間に曖昧に話し始め，彼は前の晩にコンサート会場で私を見かけたと述べる。彼が恥ずかしがり，不安になっているのは明らかである。患者がその点を認めた後，私たちは根底にある理由を探索し，そして私が若い男性と楽しそうにしているように見えたことで，彼が嫉妬と憤りを感じていることを見出す。その後の数時間，このライバル状況が，彼の中で恐ろしいほどの怒りを爆発させる傾向を発動させたという事実を私たちは明らかにする。彼は子どもの頃，弟が自分より好かれているように見えたとき，恐ろしいほど短気な癇癪に苦しんでいた。彼ののちの神

経症的な性格の歪みの一部は，不合理なまでに硬い温厚さであった。この例は，抵抗の直接的で遠くに存在する，究極的な諸原因を証明していると思う。恥ずかしさは直接の動機だった。嫉妬による憤りは，抵抗の遠くにある原因だった。抵抗の究極の根拠は，暴力的な怒りへの恐怖だったのである。

　危険な状況は，外傷的な状態を引き起こすかもしれないが，一連の発達を経て成熟のさまざまな段階とともに変化する（Freud, 1926a, pp.134-143）。それらは，見捨てられる恐怖，身体が消滅する恐怖，愛されていない感覚，去勢不安，そして自尊感情の喪失への恐怖として，おおむね特徴づけることができる。分析過程の中で，苦痛な情緒を掻き立てるあらゆる思考，感情，あるいは空想は，自由連想や夢からであろうと，分析家の介入からであろうと，ある程度の抵抗を呼び起こすだろう。苦痛な情動の背後にあるものを調べるなら，私たちは何らかの危険な本能衝動を，そして最終的には患者の生活史上の比較的外傷的な出来事との何らかの関連を見出すだろう。

　ワークスルーの問題は，抵抗の理論と特に関連する。なぜならフロイトが「反復強迫」「リビドーの粘着性」そして「心的慣性psychical inertia」という用語を導入したのは，このことに関する彼の議論においてだったからである（1914c, p.150; 1937a, pp.241-242）。これらの現象は，「おそらくあまり正確ではないが」「イドからの抵抗」，死の本能の表れとフロイトが名づけたものと結びつけられていた（1937a, p.242）。そうした概念を一概に否定するつもりはないが，イドから生じる抵抗という概念は，不正確，あるいは矛盾しているようだと言わざるを得ない。抵抗についての私たちの実用的定義によれば，危険や様式の起源がどこにあったとしても，全ての抵抗は自我を通して作用する。リビドーの粘着性や心的慣性という用語が示すように，古い満足にしがみつくことは，何らかの特別な本能的根拠があるかもしれないが，このような場合，古い満足を扱えないままにしているのは，新しいあるいは成熟した満足に対する根底にある恐怖であることを，私の臨床経験は示している。

　私の意見では，抵抗に関する死の本能の役割は複雑すぎ，そしてかけ離れすぎているように思うので，技法に関する著書の中では，徹底的な議論を保証できない。私が言っているのは，死の本能の概念は，攻撃的本能欲動の概念とは異なるということである。死の本能の観点から臨床素材を患者に解釈することは，無闇に容易で機械的なものになりがちである。

技法的な観点から，反復する強迫行動は，古い外傷的な状況を遅れて制御しようとする試みだと認識することで，治療的に最もよく対処できる。あるいは反復は，過去の欲求不満に対するより幸福な結末への希望を表しているかもしれない。マゾキズム，自己破壊性，そして苦しみへの要求は，自己に向けられた攻撃性の表れとすることで，臨床的に最もよくアプローチすることができる。私の経験では，死の本能の表現として抵抗を解釈することは，知性化や受動性，そして諦めにしか至らない。最終的な分析において，同様の基本的動機が防衛と同様に抵抗にも当てはまるということ――抵抗と防衛の主たる動機は苦痛を避けることだということ――を私たちが見出すことが，臨床的に有効だと私には思われた。

II 抵抗と退行

　退行は記述的な概念であり，精神活動のより早期の，より原始的な形へと戻ることを意味する（Freud, 1916-17, p.342）。私たちは，より早期の固着点であった，そうした停止位置へと戻る傾向がある。固着と退行は相補的なセットを成す（1916-17, p.362; Fenichel, 1945a, p.65）。敵の領土を通って進軍を試みる軍隊のアナロジーを使うことで，私たちはこの関係を最もよく理解できる。軍隊は，最も困難であるところ，もしくは一番安全で満足するところに，最大数の占領部隊を残すだろう。しかしながら，そうすることで進軍する軍隊が弱体化し，その進路で難しい状況に遭遇するなら，最も強力な占領部隊を残したその場所に戻るだろう。

　固着は，生得的気質，体質的要因そして相補的なセットを形成する体験によって引き起こされる。私たちは遺伝的な生来の要因についてほとんど知らないが，発達のある時点での過剰な満足が固着に寄与するということを知っている。大きな満足を諦めるのは気が進まないことである，特にそれらが安心感と結びついている場合には。肛門活動への母親の過度な関心によって，肛門性愛的な刺激を大量に受ける子どもは，非常に多くの官能的な満足を得ているばかりでなく，母親の承認を得ているという安心感を持つ。フェニケルは，過剰な欲求不満もまた固着を引き起こすかもしれないという考えを持っていた（1945a, p.65）。彼は，以下の理由で固着が生じると主張した。（a）私たちは最終的に望んだ満足を得るだろうという手放しにくい希望があるから，そして（b）その欲求不

満が関連する欲動を抑圧し，それらの欲動を発展させないようにしているからである。過剰な満足と過剰な不満足の組み合わせ，そして特に一方から他方への突然の変化が生じると，固着に至るだろう。

　退行と固着はお互いに依存している (A. Freud, 1965, p.96)。にもかかわらず，固着は発達的概念で，退行は防衛の過程であることを，心に留めておかなければならない。私自身の臨床的経験は，固着と退行の原因についてのフェニケルの理論とは一致しない。私は，固着は主に過剰な充足から生じ，退行は過剰な痛みや，危険によって始動すると気づいた。私たちは，いくらかの満足の欠如に，その満足に結びつく過剰な快楽の記憶がない限りは，しがみつくことはない。これは，相対的な意味においてのみ真実であるだろう。より進んだ段階での充足は危険すぎるし，より退行したものはあまりにも報われない。このように，固着点は最も高い満足を与えてくれる。それは，充足と安心の最適な組み合わせを与えるのである。

　苦痛と危険から逃避することで，退行は動機づけられる。これは，私たちが病理的な退行を扱っているときはいつでも正しいように思う。適切な例としては，エディパルな愛と競争，自身のマスターベーション，そして自身の男根的で自己顕示的なプライドを放棄し，そして再び，しがみつきながらも反抗的で，意地悪く従属的で，トイレに志向性があって強迫的になるような患者である。充足が退行においてある役割を果たすなら，そうなるのは充足が外傷的な不安を生じさせた場合のみである。もし充足が外傷的にならないのであれば，退行ではなく，エディプス水準での固着を引き起こすだろう。

　退行は，対象関係の点から，そして性的組織化をめぐって，生じるだろう (Freud, 1916-17, p.341)。それはまた，二次過程から一次過程への変化のように，局所論的に理解されるかもしれない。ギル (1963, p.93) の確信するところでは，このことはまた，思考を視覚イメージへと変形する際に現れる構造的な退行，自我の知覚機能における退行という意味を含んでいる。ウィニコット (1955, pp.283-286) は，退行の最も重要な側面は，自我機能および対象関係の，特に一次ナルシシズムの方向へと向かう退行だと主張している。

　アンナ・フロイトの退行に関する議論 (1965, pp.93-107) は，最も徹底的で体系的である。彼女は，退行が次の三つ全ての心的構造において生じうると述べている。すなわちそれは機能だけでなく心的内容についても生じる。そして本能の目的や対象表象，そして空想内容に影響するかもしれない（私ならそのリス

トに性感帯部位と自己-像を加える)。イドの退行はより頑固で粘着的で，一方自我機能の観点からは，退行はより一時的であることが多い。自我機能における一時的な退行は，子どもの正常な発達の一部分である。成熟の過程において，退行と前進は交互に生じ，相互に影響し合う。

　退行は諸防衛の中で特別な位置を占め，そしてまた，退行が本当にそこに属するのかということに対する疑いも存在するようである（A. Freud, 1936; Fenichel, 1945a; Gill, 1963）。しかしながら，防衛と抵抗の目的で自我がさまざまな形態で退行を用いるということに疑いはない。自我の役割は，退行に関しては幾分異なっている。一般的に，自我はそれ以外の防衛操作におけるよりも，より受動的なようである。多くの場合，退行は本能的欲求不満により発動されるのだが，それによって欲動は，逆方向に出口を求めざるを得なくなる（Fenichel, 1945a, p.160）。しかし，ある種の条件下で，自我は――睡眠時，冗談を言うとき，ある種の創造的な活動において行うように――退行を制御する能力を確かに持っている（Kris, 1950, pp.312–313）。実際，精神的健康，とりわけサイコロジカルマインドにとって，原始的な機能は，より高度に分化した機能を補足するために必要とされる（Hartmann, 1947; Khan, 1960; Greenson, 1960）。全ての防衛と同じように，比較的より病的な退行と適応的な退行を区別することが重要である。

　退行は全体的な，全てを含む現象ではないことを心に留めておくこともまた重要である。通常，私たちが目にするのは選択的な退行である。患者は，ある一定の自我機能において退行するが，他の機能ではそうではないだろう。あるいは，本能的な目的に関して多くの退行があり，対象関係に関しては比較的退行は少ないかもしれない。この退行の「不均衡」は，臨床実践において非常に重要な概念である（A. Freud, 1965）。

　この議論は，治療過程の観点から重要な意味をもっている。精神分析的治療にとって退行は必要である――実際のところ私たちの設定や態度がこの発達を促進する（本書の第IV部，またMenninger, 1958, p.52を参照）。しかしながら，ほとんどの分析家は退行の最適な量を念頭に置いている。私たちは大抵，一時的，部分的にだけ退行できる患者を選ぶ。それでもなお，この問題については意見の違いがある。例えば，ウェクスラー（1960, pp.41–42）は自由連想のような手法を用いることに対して警告を与えている――というのもそれによってある種のボーダーラインの患者は対象に無関心になるobject detachmentだろうから――が，一方ウィニコット（1955, p.287）は，精神病の患者においてさえ，充分な退

行を促すことが分析家の仕事であると感じている。

第5章

抵抗の分類

I 抵抗の源に基づく

　防衛と抵抗の問題について多くの著作を生み出す過程において，フロイトは，さまざまな時点で異なるタイプの抵抗を区別しようとした。「制止，症状，不安」では，彼は5種類の抵抗を区別し，それらをその源泉に基づいて分類した（1926a, p.160）。（1）抑圧による抵抗。それによって彼が意味したのは，自我防衛に関する抵抗であった。（2）転移による抵抗。転移は記憶の代替物であり過去の対象から現在の対象への置き換えに基づいているので，フロイトはこの抵抗もまた，自我に由来するものとして分類した。（3）疾病利得，あるいは二次利得についてもまた，彼は自我の抵抗に位置づけた。（4）第四の様態として彼が考えたのは，ワークスルーを要するもの，つまり反復強迫とリビドーの粘着性であり，彼はこれらをイドから来る抵抗であると考えた。（5）フロイトが指摘した最後の抵抗は，無意識的罪悪感と懲罰欲求から生じるものであった。彼はこれらの抵抗は超自我に由来すると信じた。

　グラヴァー（1955）は技法に関する彼の著作の中の防衛抵抗について書かれた二つの章において，多くの異なる方法で抵抗を分類しているが，彼は，抵抗の源泉に沿ったフロイトの分類に従っている。フェニケル（1941）は，この分類方法は非体系的だと考え，フロイト自身が同じ感想を持っていたと指摘した（pp.33-34）。

　抵抗の源泉に関する議論を進める前に，次のような真理を述べておくことが賢明だと私は思っている。すなわち，あらゆる心的構造は，程度の差こそあれ，

あらゆる心的事象に関与している，という真理である。このことを心に留めておけば，私たちの定式化を過度に単純化したり一般化したりする傾向はより少なくなるだろう。抵抗と防衛に関する私たちの議論と同じように，防衛の機能，苦痛を避ける活動は，それらを喚起する刺激がどんなものであれ，自我によって開始されると私は思っている。自我は，かわし回避する諸機能を動員する，その心的構造である。自我は，抑圧，投影，取り入れなどの無意識的な一次的防衛機制を用いて，それを行うかもしれない。しかしながら，それ以外のあらゆる意識的・無意識的心的機能を用いることによっても，そうするかもしれない。例えば，異性愛の活動が防衛として，また分析の中では，同性愛衝動に直面することに対する抵抗として，用いられるかもしれない。前性器的性的快感は，単に幼児的なイドの構成要素を表現しているだけではなく，それらが抵抗の源泉となるなら，それらはまた，エディプス状況に対する防衛的な抵抗機能として働いているとも言えるであろう（Friedman, 1953）。フロイト，グラヴァー，そしてアンナ・フロイトは，イド抵抗はワークスルーを必要とし，反復強迫やリビドーの粘着性から生じていることを描き出した。私の意見では，これらの抵抗もまた自我を介して作用する。ある特定の本能的活動は繰り返され，そして，その活動が自我の防衛機能の助けを借りた場合にのみ，洞察は手に負えないままとなる。ワークスルーは直接的にイドに作用するのではなく，自我にのみ作用する。ワークスルーが成功するためには，自我はその病理的な防衛機能を放棄するように導かれなければならない。こうして，イドは抵抗の戦術に参加するかもしれないが，それはイド自身が防衛のために自我によって利用されることを許す場合にのみだと私には思われる。この定式化は，転移神経症に当てはまるものであることは強調されなくてはならない。精神病においては，問題は違ったものであるだろう（Winnicott, 1955; Freeman, 1959; Wexler, 1960）。

　同様の状況が超自我に関しても存在している。罪悪感情は自我に防衛のさまざまな機制を実施するよう駆り立てるだろう。しかし，私たちは罪悪感が満足を要求し，罰を求め，イドのような性質を持つ状況もまた，見ることができる。これに対して自我は，超道徳的な性質を持つさまざまな反動形成を利用することによって，自分自身を防衛するだろう。私たちは，これを例えば強迫神経症に極めて典型的に見る。しかしながら，深刻なマゾキスティック性格者の中には，苦痛への欲求が快楽であるような状況を見ることができ，そしてそこでは患者は，憚ることなく彼に苦痛をもたらす振る舞いに耽りながら，超自我の要

求にはけ口を与えるのである。このことが起こるとき，私たちは分析の中で抵抗を経験する。なぜなら，この探し求められている苦痛は比較的快楽的であると同時に，他の不安をかわしているからである（Fenichel, 1945a, p.166）。それは，充足させることと，防衛的で抵抗的な機能の両方を果たしている。私たちの治療課題は，患者の理性的自我に抵抗機能を認識させ，そして，より大きな，根底にある苦痛に満ちた不安に直面するよう——それを分析できるように——あえて患者の理性的自我を説得することであるだろう。

このように，活動の根元的な源が何であれ，その抵抗機能は常に自我から生じているという印象を私は持っている。その他の心的構造は自我を通して作用していると理解されるべきである。防衛と抵抗の動機は常に苦痛を避けることである。抵抗の様式あるいは手段は，防衛機制から本能活動まで，あらゆるタイプの心的活動であり得る。抵抗戦術を始動させる喚起的刺激は，心的構造——自我，イド，あるいは超自我——のいずれかに**起因する**かもしれない。しかし，危険を**知覚**するのは，自我の機能である。

信号不安に関するフロイトの考えは，上記に述べた複雑な相互関係にアプローチする上で，根本的に重要である。私は，極めて重要ないくつかの問題を例証するために，不安における自我の役割を用いたい。「制止，症状，不安」の中で，彼は（a）不安の在りかとしての自我，（b）自我の反応としての不安，そして（c）不安を**作り出す**自我の役割と防衛と症状形成の中でのその役割を描き出した（1926a, pp.132-142, 157-168）。これらの問題は，マックス・シュール（1953）によって，「不安における自我」に関する彼の論文において正確に再考察され，明確にされた。彼は，危険を知らせ，防衛を誘導するために自我が不安を作り出すというフロイトの概念を修正し，代わりに以下のように定式化する。「……自我は危険を評定して，ほんのわずかな不安を経験する。評定と体験の両方が，防衛をもたらすための信号として作用する。危険の予測だけでなく，まさにその存在において，たとえその状況が外傷的状況の要素を持つとしても，そしてたとえ自我の不安反応が退行的なものであって身体化を伴うとしても，この体験は，自我の残りの部分が必要な方策をとるための準備の信号として，依然として奉仕するだろう。この定式化は，適応，防衛，そして症状形成の刺激としての不安の機能という概念を，何ら変更するものではない。……自我は**危険を作り出す**ことができるのであって，不安を，ではない。それは，状況を操作したり，空想に没頭することによってそうすることができるのである。……

イドに由来する（例えば性的欲求不満）「自動性automatic」不安という概念は，イドの中の何らかの変化を危険だと評価し，不安でもって反応する自我という概念によって代替される。この定式化は，不安が常に自我の反応であるという事実を強調する」（pp.92-93）

II　固着点に基づく

　抵抗を分類するあらゆる試みは，必然的に重複するであろう。それにもかかわらず，精神分析家にとって，さまざまな種類の分類に精通しておくことは，有益である。なぜなら，彼が扱っているだろう典型的なイドの素材や自我機能，対象関係，あるいは超自我の反応に自身の注意を向けさせることができるからである。肛門的抵抗をめぐる次の事例を取り上げよう。その抵抗は分析3年目を迎えた若い男性Z氏に生じたもので，彼は基本的には口唇-抑うつ的で神経症的性格だった。ある特別な抵抗が持つ肛門的性質を認識することは，根底にある無意識的内容を引き出し，理解することに役立った。

　患者はカウチに横たわり，緊張して硬くなっている。彼の拳は固く握りしめられ，顎は固く閉じられ，彼の頬の筋肉が緊張しているのを見ることができ，足首がきつく交差して，顔は幾分赤くなっており，目は真っ直ぐに前をにらみつけ，彼は黙っている。しばらくして彼は言う。「私は落ち込んでいます。前よりもっと。自分が憎い。昨夜，容赦なく自分のことを叩きました……［間］……けれどもそれは正当なことです。私はただ，生み出さない……［間］……私はどこにも辿りついていない……［間］……行き詰まっている。私は作業したくない。私はこんな風になるとき，作業を拒否する……［沈黙］。話したくないんです……［長い沈黙］」
　その言葉は，短く，切り取られたフレーズと音節で語られる。それらは吐き出される。私はその声のトーンや態度，姿勢から彼が怒っていることを感じることができるが，しかしそれ以上である。つまり，彼は悪意に満ち，反抗的に怒っている。たとえ彼がただ，自分が憎いとしか語らなくても，私に対して怒っていて反抗的であるのを私は感じる。さらに，私は次のような類のことを彼が話すのに，注意を喚起される。すなわち，「私は生み出すことができない。行き詰まっている」である。この全て，その内容も態度も，ある種の肛門的悪意の反応の証である。私は黙って，そしてかなりの沈黙の後，彼にこう言う。「あなたは自分自身を

憎んでいるだけでなく，私に対して怒っていて，悪意を抱いているようですね」。患者は次のように答える。「私は私に怒っているのです。私は 12 時 15 分に起きて，それから眠れなかった。寝たり起きたりしてまどろんだだけだった［沈黙］。私は作業したくないんです。こんな作業をするよりも，分析をむしろ辞めたいんです。そしてあなたは，私がそんな風に思っていることを分かっているでしょう。奇妙なことを言うようですが，私はそうしそうなんです。今すぐにでもここを去って，こうやって残りの人生を続けられる。そんなことを理解したくないんです。作業したくないんです」

私は再び待って，それからしばらくして，次のように言う。「ただ，この種の怒りは私たちに何かを語ってくれていますね。それは，ただあなたが自分自身を憎んでいるということ以上のことです」と。患者はこう答えた。「私は怒りを晴らしたいとは思っていない。怒っていると感じることはできるが，それを取り去りたいとは思わないし，持ち続けたいんです。私は一日中続ける，こんな風に一日中。この憎しみと怒りの全てを。私は自分自身を嫌悪している。この嫌悪がトイレと結びついているとあなたが言おうとしているのは分かっている，ただ，嫌悪しているのではなくて，自分自身を憎んでいるんです。けれども私は嫌悪しているわけではありません，つまり私は自分自身を憎んでいる，嫌悪という言葉を使ったけれども。私が考え続けているのは，殺人のこと，首を吊られること，あるいは絞首台の上で首を吊られることだし，私自身が落とし戸の上で首の周りにロープを巻きつけているのが見えるんです。それで，絞首台の落とし戸が開いて私は落ちる，落とし戸が開くのを待ち，そして私の首が折れるのを待つんです。私は感じて，想像できるんです，私自身が死んでいくのを。他に私が想像するのは，銃撃隊によって撃たれることです。何らかの権威や国家，何らかの機関によって常に処刑されるんです。私は首吊りや首を吊られることに対して病的な好奇心を持っているようで，常に落とし戸に囚われているんです。銃撃されることよりも，首を吊ることのほうにはるかに囚われている。首を吊ることには，はるかに多くのバリエーションがあって，ずっと頻繁で，そして，こうしたことで，私は自分自身が憎いんです」

再びしばらく沈黙が続き，それから私は「それは単に憎しみではないし，単に自分自身ではありませんね」と言う。これに対して患者は次のように答える。「私はそれに屈しませんよ。あなたに屈するつもりはありません。あなたは何か私に圧力をかけようとしている。私はその中に何か快楽があると認識したくないので

す。私の快楽という考えをあなたが憎んでいるとの感じが，私にはしていますし，そして私はそのことを憎んでいるのです。これら全体のことについて，ただ腹が立つ。私がどんな種類の快楽でも持っていることを，あなたは本当に憎んでいると私は思います。あなたは私を責めている，あなたは悪意がある，悪い人だ，あなたは私を攻撃している。私は自分自身を維持しなければならない，あなたと戦わなければならない。あなたは私の汚い心に注意を向けているように見えるし，私はそれを否定しないといけなくて，それはそこにはないと言わないといけない。もしそれがそこにあるなら，恐ろしいことだということに，私は同意しなければならないんです」

　この時点で私は，「そうですね。そして私に何も言わせないために，あなたは自分を殴るようですね」と言う。これに対して患者は次のように答える。「そうです。そして，なぜ首吊りなのか，なぜこの落とし戸なのか，落とし戸に何があるのか，トイレの水を流すのに何があるのかと私は思いめぐらすのです。私はただ，あなたにそれを言ってほしくないんです。私はまだあなたに憤慨しているし，自己処罰は守りであると感じる……［間］……ねえ，面白いことに，今，私が感じているのは，私は私の分析をまさに始めている，私は根本的に分析されているっていうことです。その分析にはどれぐらい時間がかかるのでしょうね——でも，それは問題ではないですね」

　私はこの事例を，患者が怒る方法や抵抗の様式，悪意のある，肛門的怒りが，分析の非常に重要な部分にとっての出発点となったかを例証するために用いる。私たちはその悪意のある怒りから絞首刑の空想にまで向かったが，それから，それはトイレ空想へと至り，私に対する肛門的敵意の投影へと戻った。それに続く数カ月の分析は，多くの重要な生活史的な決定因を明らかにした。しかしながら，その全ての鍵は，彼の抵抗の肛門的性質であり，あの特定の時間に彼が怒っていたそのやり方だった。悪意や反抗がリビドー発達の肛門期の典型であると認識すること，閉塞感，何も生み出したくないこと，顎を噛みしめること，サディスティックでマゾキスティックな叩く空想，そして，恥もまた，全て肛門期の要素として理解できるものである。このことはあの特定のセッションの抵抗に取り組む上で決定的であった。

　上記の抵抗が肛門期に属するものとして分類できたように，口唇期，男根期，潜在期，そして思春期の抵抗も同様に描写できる。その手がかりは，抵抗の本

能的な性質，対象関係，あるいは前景に現れる性格特性の中に，もしくは特定の形態の不安や態度によって，あるいは特定の症状の侵入によって与えられるかもしれない。このように，先の事例では，悪意，反抗，頑固さ，恥，サドマゾキズム，保持することと差し控えること，目立ったアンビヴァレンス，強迫的な非難を，私たちはリストとしてあげることができ，それら全ては肛門期の特徴である。この記述は，「一様でないuneven」あるいは異質な抵抗の存在を否定することを意図しているのではない。

分析過程中に患者の中で抵抗の形態や種類が変化することは，強調されるべきである。退行と前進が生じているので，あらゆる患者は過度の抵抗を表す。例えば，先ほどのケースでは，男根的欲動と不安のワークスルーに非常に長い期間が費やされ，そこでは，マスターベーションへの罪悪感，近親相姦の空想，去勢不安が，前景に来ていた。受動性，取り入れと同一化，自殺の空想，束の間の依存，拒食と過食，涙もろさ，救済される空想などによって顕される，抑うつと口唇的抵抗の長い期間があった。

III │ 防衛のタイプに基づく

抵抗へのもう一つの有益なアプローチは，抵抗が用いる防衛のタイプを特定することである。例えば，アンナ・フロイト（1936）が描き出した九つの防衛機制のタイプを私たちは区別し，そして分析的手続きを妨害する際に，抵抗がどのように防衛機制を用いるのかに言及しようと思う。**抑圧**が分析状況の中に入り込むのは，患者が夢，あるいは分析時間を「忘れる」，あるいは重要な体験に関して心が真っ白になる，過去の鍵となる人物について忘れてしまうときなどである。

隔離という抵抗が臨床場面に現れるのは，患者が体験によってかき立てられる情動を観念的内容から切り離すときである。彼らは，ある出来事を言葉で詳細に描き出すかもしれないが，どんな情緒も話したり，示したりしない傾向がある。そのような患者は，しばしば分析作業を生活の他の部分から切り離す。分析で得られた洞察が，彼らの日常生活に持ち越されることはない。分析への抵抗に隔離の機制を用いる患者は，しばしば外傷的な出来事の記憶を保持するが，情緒的な繋がりは失われているか，あるいは置き換えられる。分析において，彼らは自身の情緒を避けるために思考過程を悪用するだろう。

私たちは続けて，本能衝動と情動に対するさまざまな防衛機制の全てを列挙し，そしてどのように抵抗の力が，一つあるいは別のものを差し押さえそして分析手続きに対立して防衛機制を使っているかということを描き出すことができるだろう。読者はこの問題に関する基本的な著書を参照されたい（A. Freud, 1936, pp.45-58; Fenichel, 1945a, Chapt. IX）。私たちの現在の目的には，あらゆる自我の防衛機制が，抵抗の目的のために使われ得る，と指摘することで十分である。

　しかし，単純で基本的な防衛が抵抗として利用されるのを私たちは見るだけでなく，より複雑な現象もまた，抵抗の力によって利用されることをも見る。分析の中で出会うはるかに重要な種類の抵抗が，**転移抵抗**である。転移抵抗は，非常に複雑な現象であり，次章で詳細に扱う。ここで私が唯一指摘したいのは，転移抵抗には以下の2組の異なる抵抗があるということである。すなわち，（1）転移反応を持つがゆえに患者によって発展されたもの，（2）転移反応を避けるために患者によって発展されたもの。転移の概念全体が抵抗と関わっているとはいうものの，転移反応は抵抗としてのみ理解されるべきではない。したがって，私は転移の性質についての理解が明確になるまで，転移抵抗の議論を延期したい。

　行動化は個別の考察に値するもう一つの特別な抵抗の戦略である。ここで再び私たちが扱っているのは，分析において常に抵抗の機能に奉仕し，その意味において非常に複雑な現象である。行動化には，自我機能と同様，重要なイドと超自我の要素が含まれている。私たちは行動化を，現在における過去の出来事のエナクトメントenactmentと定義している。それは過去の少し歪められたバージョンであるが，患者には，まとまりのある，理性的で自我親和的なものに見える。全ての患者は分析中に，何らかの行動化に携わり，そして，抑制的な患者の場合には，これが望ましい兆しであることもある。しかしながら，一部の患者は，行動化を繰り返しがちで長引かせる傾向があり，それは分析を，不可能ではないにせよ，難しくさせる。分析が可能かどうかは，患者が自分の衝動を言葉や感情で表現できるように，その刺激を十分に拘束する自我の能力に，部分的には依存している。自分の神経症的な衝動を行動で放出しがちな患者は，分析にとって特別な問題を提起する。行動化の認識と対処の問題については，第III部第8章のIVと第II巻で再び論じられるだろう。読者は，いくつかの基本となる著作を参照することによって，その主題に習熟するだろう（Freud, 1905c,

1914c; Fenichel, 1945b; Greenacre, 1950)。

　性格抵抗は，特筆に値するもう一つの複雑で極めて重要なタイプの防衛である（W. Reich, 1928, 1929）。性格によって意味されるものは何かという問いは，簡単には答えられない。私たちの現在の目的のために，私はその答えを単純にして，性格とは，内的世界と外的世界を取り扱う，有機体の習慣的な様式のことを指す，と述べよう。それは，自我に課せられた要求に関する，自我の一貫して組織化され統合された態勢と態度である。性格は，本質的に，習慣と態度から構成される。主に防衛的なものもあれば，本質的に本能的なものもある。あるものは折衷物である。きれい好きな性格特性は，汚す快感に対する防衛，反動形成としておそらく理解されるだろう。しかし，私たちはまた，だらしなさを，反動形成ではなく，汚す快感を表現する性格特性であると見ることもできる。

　性格抵抗は性格防衛から派生するものである。それらは，習慣的で硬く固定され，そして通常は大抵自我親和的であるため，分析技法において特別な問題を提起する。グラヴァー（1955）は，それらを静かな抵抗 silent resistance と呼ぶ。往々にして患者は，平穏であり，自身の性格防衛を是認しさえする。なぜならそれらは，従来の社会ではしばしば美徳とみえるからである。性格抵抗が必要とするこの特別な技法手段はのちに第III部第8章で詳述しようと思う。W. ライヒ（1928, 1929），A. フロイト（1936），そしてフェニケル（1941）は性格と性格抵抗の性質について，より完璧な議論のために参照されるべきである。

　隠蔽防衛 screen defenses もまた，患者によって抵抗の目的のために使うことができるものだと述べられてきた。ある患者たちは，根底にあるより苦痛な記憶，情動，あるいは同一化を締め出すために，隠蔽記憶や隠蔽情動，そして隠蔽同一化を広く利用する傾向がある。この防衛形成もまた，複雑な心的事象であり，防衛とともに重要な充足を含んでいる（Greenson, 1958a）。

IV 診断カテゴリーに基づく

　臨床経験が私たちに教えてきたのは，ある一定の診断実体 certain diagnostic entities は，特別なタイプの防衛を用いること，それゆえ，その特定の抵抗が分析過程の中で優勢になるだろうということである。しかしながら，多くの異なった形の抵抗が，あらゆる分析において，明らかになる。私たちが描き出す臨

床実体clinical entitiesは，純粋な形では滅多に見られない。ほとんどの患者は，私たちがそれらに与える主たる診断と共に，異なる病理の混合物を持っている。さらに，分析の過程において私たちは，臨床像と抵抗のタイプを複雑にする，一時的な退行と前進を目にする。

これに関する例はZ氏であり，私が以前提示した，肛門的抵抗の例である（第II部第5章のII）。その患者は，口唇-抑うつ的で神経症的な性格障害を持っていた。しかしながら，彼は子ども時代にいくつかの肛門的外傷を体験したことがあり，それゆえ，彼は私が述べたある特定の分析段階で，肛門的敵意と憎しみ，悪意の期間を再体験していた。その期間の少し前までは，彼の憎しみは用心深く隔離されており，そして彼の外的生活における特別な女性の愛情対象へと限定されていた。その肛門的敵意が頂点にある間には，彼は自身の怒りと憎しみを私に置き換え，投影した。

もし私たちが，分析的に治療する典型的な転移神経症を簡潔に概観するとすれば，次のような抵抗が優勢であることを見出すだろうと私は確信する。

ヒステリー：抑圧と隔離された反動形成。男根的性格への退行。情緒性emotionality，身体化，転換，性器化。失った愛情対象や，罪悪感を生む対象との同一化。

強迫神経症：隔離，打ち消し，投影，そして大規模な反動形成。性格特性の反動形成を伴う肛門性への退行，すなわち秩序，清潔，そして吝嗇が重要な抵抗となる。感情に対する抵抗としての知性化，魔術的思考，思考の万能性，そして反芻。敵意とサディスティックな超自我反応の内在化。

神経症的抑うつ：取り入れ，同一化，行動化，衝動性，そして隠蔽防衛。退行的に歪められた口唇的そして男根的な本能性instinctuality。情動性，対抗恐怖的な振る舞いと態度，嗜癖性とマゾキズム。

性格神経症：基本的にヒステリー的，強迫的，抑うつ的性格のいずれであるかに応じて，何が一般的に厳格で自我親和的で「沈黙の」習慣，特性，態度として述べられるのか分かるはずである（Freud, 1908; Abraham, 1924; W, Reich, 1928, 1929; A. Freud, 1936, Chapt. VIII; Fenichel, 1945a, Chapt. XX）。

V 実践上の分類

　上記に描き出した全ての分類は，利点と限界がある。しかしながら，臨床経験からの要求に沿って，私は，本質的に実践的であるさらにもう一つのアプローチに言及する。私は自我親和的な抵抗から自我異和的なものを区別することが都合が良いと気づいた。自我異和的な抵抗は，患者の理性的自我にとって相容れず，異質で，奇妙に思われる。結果として，そうした抵抗は認識し作業することが，比較的容易である。分析家がその特定の抵抗を分析する試みにおいて，患者は分析家と作業同盟を進んで形成するだろう。

　以下は典型例である。ある女性の患者は話すのが速く，ほとんど息を継がなかった。そして私は彼女の声が震えていることに気づいた。彼女は，分析時間のあらゆる瞬間を埋めようと，必死になっているようだった。そこにはちょっと話を止めるとか，振り返る瞬間はなく，ただ切り離された記憶の断片の放出だけであった。予備面接において，この若い女性は本質的に神経症的な抑うつの患者だと私はかなり確信していた。そこには，精神病的あるいはボーダーライン的状態を示す証拠はなかった。私はまた，他の街の，評判のいい分析家が彼女を分析可能な患者だと考え，彼女が「分析を受けていた」ことも知っていた。

　私は患者を遮って，彼女に，怖がっているように見えること，あたかもほんの一瞬でも黙るのを怖がっているように，分析時間のあらゆる瞬間を埋めようとしているように思えることを伝えた。その患者は，もしじっとしていたら，抵抗していると言って私が彼女を批判するだろうと恐れている，とおどおどしながら応じた。私は戸惑い，次のように答えた。「抵抗していると，あなたを批判するんですか」。するとその若い女性はそれに応じて，以前の分析家は，抵抗があることはまるで彼女の失敗であるかのように振る舞うと自分は感じた，と私に言った。その分析家は非常に厳しく，非難がましく見えて，彼女を基本的に精神分析する価値がないと考えていると彼女は感じた。このことは，気性が激しく，子どもの頃「まったくお前はだめなやつだ」と，しばしば彼女に向かって怒鳴っていた父親のことを彼女に思い出させた。

　上記の事例は，自我異和的な抵抗を表すと私は思っている。それはまた，抵抗を分析する際に患者と作業同盟を築く容易さをも表している。

この事態と自我親和的な抵抗を比較することにしよう。それらは，馴染みがあり，合理的で，目的のあるものと感じられるという特徴を持つ。患者は，その活動が精査を要する抵抗機能だとは感じていない。それゆえ，こうした抵抗は分析家と患者にとって認識することがより困難で，それらに関して作業同盟を築くことはより難しい。こうした抵抗は通常，よく構築された患者の習慣的行動パターン，性格特性であり，ときには社会的価値がある。反動形成，行動化，性格抵抗 characterological resistances，対抗恐怖的態度，そして隠蔽防衛がこのカテゴリーに属する。

　以下は一つの簡単な例である。ある男性の患者は，2年以上にわたって，2分から5分早く分析に来ている。さまざまなときに，この硬さに対して，私は彼の注意を向けようとしたが，彼はそのことが問題であるとも，あるいは，分析するに値するとも決して感じたことはない。彼は，時間を守っているのは認めるが，それは美徳であって自己修練の証拠であり，性格でもあると考えている。私はその彼の傾向に関してさらに追及するのではなく，より扱いやすいと思えた，彼の神経症傾向の別の側面について取り組んできた。
　ある分析時間の終わり頃，私は患者に，大学から向かう予定なので次の分析時間に10分ほど遅れるだろう，と伝えた。患者は何も言わない。私が報告したいそのセッションでは，その患者はひどく動揺しているように見える。彼は，私が次回遅れるとあらかじめ告げていたのは知っているが，遅れたことにものすごく腹が立ったと言う。彼がどれほど遅れることが嫌いか（彼はこのことを以前，認めたことはなかった）を私が知っているはずなので，故意に彼をいじめたと言って私を責める。彼自身は遅れてきたかったのだが，「いつもの」3分前に来るという抗うことができない力によって追い立てられると感じた。待合室で，彼は静かに座っていられなかった。オフィスを出たくなったが，もしホールで私に「ばったり会ったら」彼がトイレに行っていたと私が思うかもしれない，という考えにとらわれた。それは耐えがたい考えだった。彼はともかくトイレに行くつもりはまったくなかった。たとえトイレに行きたいという切迫した思いが彼に生じたとしても，それに屈服するつもりはないだろう。なぜなら，トイレで私に「差し向かいで」会うという可能性を，彼が恐れたからだ。実際，早めにオフィスに来るのは，私と「出くわす」というリスクなしにトイレを使うためだ，という思いが，今になって彼に浮かぶ。彼は，「パンツを下したところをとらえられる」よりは，むしろ死ん

だほうがましなのだろう。

　患者は，上記のことをぶちまけた後で，静かになる。私は何も言わない。彼は，寂しげな口調で次のように再び話し始める。「突然，私には新しい恐怖症があるということに気がついたんです。トイレであなたに会うという恐怖です」。私は穏やかにこう付け加える，その発見は新たなもので，その恐怖は，あなたの時間厳守に隠されつついつもそこにあったのだ，と。

　この短い臨床描写が，自我親和的抵抗を分析する際の特別な問題を示していると私は思う。それらは，自我異和的抵抗と比べて，追加の作業を要する。実際，それらは，効果的な分析を成し遂げ得る前に，患者にとって自我異和的にされなければならない。言い換えれば，私たちの仕事は，まず，その特定の抵抗に関して患者が理性的自我を確立するのを助けることだろう。これが達成される場合に限り，その抵抗は自我異和的な抵抗として現れるだろう。すると，その特定の抵抗の歴史を私たちは手に入れ，それを分析することを望めるのだろう。患者はその抵抗防衛の源についての歴史的理由を理解できると，その防衛に対する過去の必要性と，その防衛の現在の不適切さを，区別することができるようになるだろう。

　通常分析のはじめには，私たちは自我異和的抵抗に取り組む。患者が信頼できる作業同盟を形成することができるようになった後のみ，自我親和的な抵抗を探して作業することが可能となる。これら後者の抵抗は最初から存在しているが，患者はその重要性を否定したり，その分析に対して口先だけの同意をするだけなので，それらを攻めることに効果はない。自我親和的な抵抗を効果的に分析できる前に，私たちは，先に自我異和的抵抗の作業を終えておかなければならないし，**かつ**また，信頼できる作業同盟も形成しておかなければならない。

　この主題は，第II部第6章で再度取り上げられる。読者には，この問題についてW. ライヒ（1928, 1929），A. フロイト（1936），フェニケル（1941），そしてステルバ（1951）の各著作を比較検討することを勧める。

第6章

抵抗分析の技法

I 予備的考察

　技法の問題に関して詳しい議論を始める前に，いくつかの基本的な点を振り返るのが良いだろう。技法としての精神分析は，抵抗が，他の手段によって回避されたり圧倒されたりせずに分析されたときにのみ，存在するようになった。私たちは，一貫した徹底的な抵抗の分析という概念を抜きにして，精神分析技法を定義することはできない。抵抗，防衛，自我機能，そして対象関係間の緊密な関係について私たちが再び思い出すことは重要である。

　抵抗は，最も直接的で明らかな臨床の顕在化であるけれども，分析過程を妨害するものとして理解されるばかりではない。患者の抵抗に関する研究は，対象関係における問題についてと同様に，多くの基本的な自我機能について明らかにするだろう。例えば，抵抗の欠如は，私たちが精神病のプロセスを扱っていることを示すであろう。それまで清廉潔白だった主婦が突然に猥褻で乱暴な言葉や振る舞いを発するのは，そうした現れであるかもしれない。さらに抵抗分析は，さまざまな自我機能が，イドや超自我そして外的世界に，構造内でどのように影響されるのかを明らかにする。加えて，治療手続きに対する抵抗は，異なる心的構造間の神経症的葛藤を繰り返す。結果として，分析状況は分析家に，分析のカウチの上で，症状形成に類似している妥協形成を直接観察する機会を与える。一方の抵抗の力と，他方の伝えようとする衝動との絶え間なく変化する関係は，患者の自由連想の試みの中で，最も明確に見られるだろう。これが，自由連想が精神分析手続におけるコミュニケーションの根本的な手法で

あると考えられる理由の一つである。

「分析する」という用語は，多くの技法的手続き——その全てが患者の洞察を促進する——にとって，凝縮された表現である（第I部第3章のIIを参照）。少なくとも四つの異なる手続きが，「分析する」という用語に含まれる，あるいは組み込まれる。それらは，**直面化**，**明確化**，**解釈**そして**ワークスルー**である。

解釈は，精神分析技法の唯一最も重要な手法である。それ以外の全ての各分析手続きは，解釈の準備をし，解釈を拡充させ，あるいは解釈を効果的にする。解釈することは，無意識的，あるいは前意識的な心的出来事を意識的にすることを意味する。それは忘れていた何かを，理性的で意識的な自我に気づかせることを意味する。私たちは心理的現象に対して，意味と因果関係を与える。解釈によって，私たちは患者に，ある心的出来事の歴史，源，様式，因果あるいは意味を意識させる。このことは通常一度の介入以上のものを必要とする。分析家は解釈へ到達する際に，自身の知性，理論的知識を用いるだけでなく，自身の意識的な心，共感，直観，空想生活をも使う。解釈することによって，私たちは通常の意識的で論理的な思考によって容易に理解でき，観察できる範囲を超えていく。患者の反応は，その解釈が有効であるか否かを決定するために必要である（E. Bibring, 1954; Fenichel, 1941; Kris, 1951）。

この心理的作業において患者の自我を効果的に働かせるために，解釈されるべきことがまず示され明確化されることが，必須である。例えば，抵抗を分析するためには，患者はまず，抵抗が働いていることを認識しなければならない。抵抗は明示されなければならないし，患者はそれに直面化されなければならない。次に，その抵抗の特定の種類や，正確な細部が，鋭く焦点づけられなければならない。**直面化**と**明確化**は解釈に必要な補助手段であり，自我機能についての私たちの知識が増して以来，そのように認識されてきた（E. Bibring, 1954, p.763）。ときには，患者が自分でできるために，分析家による直面化，明確化や解釈を必要としない。またときには，これら三つの手続きはほとんど同時に生じるか，洞察のひらめきが直面化や明確化に先立つかもしれない。

ワークスルーとは，本質的に，ある特定の現象に対する最初の洞察から，反応や振る舞いにおける持続的な変化へと患者を導く，解釈の繰り返しと精緻化を指している。(Greenson, 1965b)。

ワークスルーは解釈を効果的にする。このように，直面化と明確化は解釈の準備をし，そして，ワークスルーは分析的な仕事を完成させる。しかし，精神

分析における中心的で主要な治療手法は，解釈なのである。

I-1　治療状況の力動

　治療状況は，患者の中で葛藤する傾向を動員する。患者の抵抗を分析しようとする前に，患者の中にある諸力の一団を概略することが役に立つだろう（Freud, 1913b, pp.142-144を参照）。**分析家側の諸力**，精神分析過程と手続きを列挙することから始めることにしよう。

　（1）患者の神経症的みじめさが，どれほど苦痛であろうと分析での作業へと患者を駆り立てる。（2）患者の意識的で理性的自我は，長期の目標を視野に入れセラピーの理論的根拠を理解する。（3）イド，抑圧されているもの，その派生物。患者の内にあるこれら全ての力は放出を求めており，そして，患者の生み出すものの中に現れる傾向がある。（4）作業同盟は，対立する転移感情が同時に存在するにもかかわらず，患者に分析家と協働することを可能にする。（5）脱本能化deinstinctualizedされた陽性転移は，患者に分析家の能力を過剰に評価させる。ほとんど証拠もなく，患者は分析家を専門家として受け入れるだろう。本能的な陽性転移はまた患者に一時的には作業させることもあるが，それははるかに信頼できないものであって，その反対のものに変わる傾向がある。（6）理性的超自我，それは患者に責任と義務を果たすように促す。メニンガーの「契約」，ギテルソンの「協定」は同様の考え方を表す（Menninger, 1958, p.14）。（7）好奇心や自己認識への欲求が，患者に自分自身を探索し明らかにする動機になる。（8）職業的向上への願望と他のさまざまな野望。（9）不合理な要因，例えば，他の患者に対する競争的な感情，支払った料金分を手に入れること，贖罪や懺悔の必要性。これら全ては，精神分析家にとって，一時的で信頼できない味方である。

　上に挙げた全ての力が，分析状況で作業する患者に影響を与える。それらは価値や効果において違いがあり，治療経過の中で変化する。このことは，続く章の中でさまざまな臨床的な問題を議論するにつれ，より明確になるだろう。

　患者の中の**分析過程や手続きに対立する力**は，次のように分類されるであろう。

　（1）無意識的自我の防衛戦術。それらは抵抗が作用するためのモデルを提供する。（2）変化への恐れと安心感の追求。それらは幼児的な自我に，慣れ親し

んだ神経症的なパターンに固執するよう駆り立てる。（3）不合理な超自我。それは無意識的な罪悪感を償うために苦痛を要求する。（4）敵対的な転移。患者に分析家を打ち負かそうと動機づける。（5）性的でロマンティックな転移。それは嫉妬や欲求不満，そして最終的には敵対的な転移へと至る。（6）マゾキスティックでサディスティックな衝動。患者にさまざまな苦痛に満ちた喜びを引き起こす。（7）衝動性と行動化の傾向。性急な満足の方向へ，そして，洞察に反するような方向へと患者を駆り立てる。（8）神経症的な病いからの二次利得。これは患者を神経症にしがみつかせる。

　これらは，分析状況が患者の中に動員する諸力である。私たちが患者の話を聴くときには，このようなかなり単純化された諸力の区別を，頭の片隅に置いておくことが役に立つ。上に取り上げた項目の多くは，本書ののちのセクションで，より詳しく説明される。

I-2　分析家の聴き方

　分析家がどのように聴くべきかを書きとめることは，不必要に学者ぶることに思えるかもしれない。けれども，臨床経験が私たちに教えているのは，精神分析家の聴く方法は，自由連想をすることが患者にとってそうであるように，まさに特有で，複雑な手続きであるということである。この問題は，次の第IV部の各セクション第2章I-1，I-2，II-1そしてII-2でさらに深く探求されることになる。ここでは予備的な説明として，その概略を述べるにとどめる。

　分析家は，三つの目的を念頭において傾聴する。（1）患者が生み出すものを，彼らの無意識的な以前の出来事antecedentsに翻訳すること。患者の思考，空想，感情，振る舞い，衝動は，患者の無意識的先行物predecessorsを遡って調べられなくてはならない。（2）無意識の要素は，意味のある洞察へと統合されなくてはならない。過去と現在の歴史の断片，意識と無意識は，患者の人生の観点から連続性と一貫性の感覚をもたらすように，繋げられなくてはならない。（3）そうして得られた洞察は，患者に伝達可能でなくてはならない。話を聴く際，明らかになったどの素材が患者によって建設的に利用可能であるのかを，確認しなくてはならない。

　臨床経験が，これらの多様な目的を達成するために基本的なガイドラインをいくつか提案してきた（Freud, 1912b, pp.111-117）。（1）平等に漂い，平等に浮

遊し，自由に浮かぶ注意とともに，私たちは聴く。意識的に思い出させようとはしない。もし分析家が注意を払い，そして患者が分析家自身の転移反応をかき立てていないならば，分析家は重要なデータを想起するだろう。何も選ばず，何も方向づけられない注意は，私たち自身の特別な先入観を排除する傾向があり，患者の導きに分析家が従うことを可能にするだろう。平等に漂い自由に浮かぶ位置から，分析家は揺れ動くことができ，そして彼自身の自由連想，共感，直観，内省，問題解決思考，理論的知識などの混成物を作り出すことができる（Ferenczi, 1928b; Sharpe, 1930, Chapt. II）。

　上記に述べた，揺れ動く能力を妨げるあらゆる活動は，避けられるべきである。分析家はもしそうすることが自分の自由に漂って聴くのを妨げるならば，メモをとるべきではない。メモを取るため一字一句書き留めることは明らかに禁忌である。なぜなら，そんなことをしたら，主たる目的を歪めるだろうからである。分析家は第一に理解者であり洞察を伝える人である。基本的に記録者ではないし，研究データの収集家でもない（Berezin, 1957）。効果的に聴くために，私たち自身の情緒的反応にも注意を払わなければならない。なぜなら，これらの反応は，しばしば重要な鍵に至るからである。とりわけ，分析家は自身の転移と，抵抗反応に対して用心深くならなければならない。なぜなら，それらが患者の生み出すものに対する分析家の理解を遅らせることも，助けることもあり得るからである。

　分析的な状況は本質的に治療的なものである。分析家は治療的な目的のために洞察と理解を行うべきである。彼は洞察を得るために聴き，自由に漂う注意の位置から抑制された情緒的反応，思いやり，忍耐をもって，患者の話を聴く。それ以外のあらゆる科学的追究は，その複雑な課題を効果的に行うつもりならば，脇によけられなくてはならない。

II 抵抗の認識

　分析家の最初の仕事は，抵抗が存在していることを認識することである。このことは，第II部第2章で引用した臨床例の中にあるように，抵抗が明らかなときには容易であるかもしれない。抵抗が微妙で，複雑で，曖昧で，あるいは患者にとって自我親和的なときにはより困難である。後者の場合，患者が何かから逃げているという事実を隠そうとする試みによって，彼は私たちの仕事を

複雑にするかもしれない。あるいは，患者の素材には，抵抗はもちろんのこと，何らかの意味ある無意識的イド内容の混合物を含んでいるため，その状況は確かめることが困難となるだろう。患者を知的に観察することは，こうした微妙な抵抗を見つけるために，分析家の共感によって補足されなければならないかもしれない。経験豊富な分析家のスーパーヴィジョンのもとで臨床を経験し精神分析の作業を行うことが，これらの抵抗の複雑な徴候を認めるための最良の学習方法である。にもかかわらず，私はいくつかの技法上の要点を捉えるため，抵抗を見つける際の問題を臨床例で示したいと思う。

　半年ほど分析している32歳の専門家の男性が，疲れている，頭が痛い，なんとなくイライラしている，でも原因が分からない，と話して月曜日のセッションを始める。週末は，退屈で，少し気の滅入るものでさえあった。彼の娘は数カ月ぶりにおねしょをし，そして息子は耳の感染症を再発させた。患者もまた，少年時代におねしょをしていたことがあり，そのことでいかに母親に辱められたかを思い出す。娘は，彼が苦しまなければならなかったことを経験しないだろう。妻は，彼の母親がそうであったよりもずっと優しく育てている。もちろんこのような責務はうんざりすることであり，妻が疲れていることで彼は責めることはできない。にもかかわらず，彼女はセックスをまったく厭わないし，さらに彼の好むことをわざわざした。彼女は彼のペニスを吸うと自ら言い，そしてしたが，あまり上手ではない。おそらく彼がペニスを吸われることを好むのは，同性愛の徴候の一つである。そのことが金曜日の分析の時間に起こっていた，と彼は確信する。そう，私たちは，彼が他の男性とペニスの大きさを比べることに関心があることについて話していた。この考えは，彼が他の女性とデートをしたときに，彼を苦しめた。女性たちは，彼よりも大きなペニスを持った男性を好きだったのか？　彼の息子は「巨根」の持ち主のようなので，患者が耐えなければならなかった性的な問題を抱えはしないだろう。誰かがかつて「解剖学的形態は運命だよ」と言った。しかし，彼は決してそういった格言の信奉者であったことはなかったし，常に宗教を軽蔑していた。
　上に述べたことは，その時間のおよそ40分間の主要な点の抜粋である。私は話を聴きながら，彼の抑うつ的で怒りに満ちた低い声を耳にし，素材はこの雰囲気と一致するように思えた。その週末は退屈で，娘はおねしょをして，息子が病気になり，妻だけがまずまず性的に楽しげで，他の男性はより大きなペニスを持ち，

運命は彼に対してずっと不親切だった。私は連想する彼に付き合いながら，そのセッションの別の時点でいくつかの根底にある怒りや抑うつ的な衝動が突破することを期待し，介入しなかった。しかしこれは具体化しなかった。私には，その患者がいくつかの潜在的な強い情緒と闘っているように思えたが，彼の素材は，あまりにも多くの異なる意味の可能性を示しているように思えた。

　彼は母親に，運命に，妻に，怒っていたのか，それともこの全てが私に関連していたのか。彼は苦しんでいる，あるいは落ち込んでいる以上に怒りを感じたのか。私は，放出を求めている最も重要な，根底にある内容は何か，それはいずれおのずと現われるのか，あるいは抵抗が続くかどうかについて，確信が持てなかった。それゆえ私は，彼が話を続けるのを許し，そのセッションのほぼ終わりの時間となった。私はこの時点で介入すると決めた。なぜなら，いくつかの無意識的な派生物の存在にもかかわらず，そこにはかなりの量の抵抗がありそうで，しかもなお，彼の理性的な自我は，解釈に接近することができるように思えたからである。

　「あなたは，あなたのお母さんや奥さん，子どもたち，そして運命に虐げられてきたと感じるのですね。あなたは，少し抑うつ的で怒っているように聞こえますが，それでも自分の感情を抑えているようですね」と私は彼に言った。患者は私が話し終えるのを待つことができず，こう口走った。「そうです，まだあるんです。あなたが話している間，私は，あなたの甘ったるい口調に嫌悪と怒りを感じました。そのとき思い出しました。金曜日のセッションの前に，私はしばらく待たされたことで腹が立っていたんです。あなたはその間，可愛い女性の患者に私の時間を与えていたでしょう。私はその時間にはそのことを言わなかったと思いますが，分析を終えて出た後，そのことを考えたんですよね。車を運転して家に帰る途中，間違ってターンし，他の車にぶつかりそうになったんです。その夜，眠りについたとき，私は手に奇妙な感覚があり，痺れを感じました。治りたいなら，私は誰かを殺さなくてはならないかもしれない，という考えを抱きました。おそらく私は，あなたの目の前でものすごい癲癇を起こさなければならないでしょう。時々，私は善良で親切なあなた方全ての人の首をどうしても絞めたいという気持ちになるのです。あなたは，私よりももっと偽善的です。少なくとも私は，症状があるので正直なんです」

　患者の反応は，私が抵抗の存在を認識してそれを指摘することが正しかった

ことを示していると思っている。私はその時間のより早い時点に介入してもよかったし，彼が示したいずれかのテーマについて追究しようとしてもよかったかもしれない。例えば，私は，彼の母親がどのように彼を辱めたかや，または金曜日のセッションですでに現れていた彼の同性愛への恐れ，あるいは，運命に翻弄されてきたという恨みを彼に探索させようとできたはずである。しかし，突破しようと苦闘していた情緒や衝動の上を彼が漂っている，と私は感じていた。それゆえ私はその苦闘に焦点を当てることに決めた。すなわち，放出を求めている無意識的な衝動と，それらと対立する抵抗との間にある闘いに，である。この苦闘は，彼の自由連想の中で，最もはっきりと表面に出てきたものである。第Ⅱ部第2章の臨床例のように，あるいは派生物が徐々に歪みを無くしていく際のいわゆる「良い時間」にそうであるように，ある一つもしくはもう一つのものが明らかに優勢であるとき，私たちの仕事はより容易なものとなる。患者の話を聴くときに，私たちの最初の務めは，無意識的な派生物，すなわち「内容」が優勢なのかそれとも抵抗の力なのか，あるいは膠着状態を扱っているかどうかを決定することである。

　これは次の疑問に至る。すなわち，その素材がはっきりしないとき，いかにして私たちは抵抗を認識するのか，である。その答えは，自由連想に対する私たちの理解と，分析の中で自由連想が患者に与える機会に基づく。患者に物事を心に浮かばせるよう，そして通常の社会的な検閲をせずに報告するよう求めることで，私たちは意識的抵抗を排除しようとする。その結果明らかになるのは，より無意識的な抵抗と，放出を得ようとする無意識的なイドの派生物との間の苦闘である。フェニケル（1941, p.34）は，羅針盤の針を解放して針が行ったり来たりして揺れるのを観察するという類例を用いた。障害の可能性に関して，二つの徴候がある。すなわち，針が止まらずに揺れ続ける場合と，あるいは，あまりにも急にあまりにも直ちに止まる場合である。たえず一貫して針が揺れ続ける最初の例で患者が語っているのは，表出を求めているある無意識的衝動もしくはある共通点に限局されない，異成分から成る素材についてである。もし重要な抵抗が働いていないなら，限局化が起こるだろう。針があまりにも正確に直ちに止まる場合，そのとき私たちは，患者は意識的な構想programを持ち，連想が比較的自由になされるなら生じるはずの，思考の脱線を省いている，と仮定することができる。

　私は，患者の話を聴きながら，自問することが役立つと気づいた。患者は無

意識的に何か意味あるものに向かっているのか，あるいはそこから離れているのか？　その素材は深まっているのか，あるいは平板になっているのか。患者は何か重要なことを付け加えているのか，あるいはただ時間を埋めているのか。もし彼が何かへ向かっているようなら，その何かがはっきりするまで，私は黙っている。もし患者が何かから離れているようにみえるならば，私はそれが十分に明確になるまで待ち，それから私はこれを抵抗と認識し，それについての作業を進める。時々，私は不確かなままである。このような時間の終わりには大抵，私は何が起こっているのかはっきりとは分からないと，患者に話す。

III｜直面化――抵抗の明示

　抵抗を分析する際の一般的手続きの最初のステップは，分析家が患者と抵抗に取り組むことが可能になる前に，彼が自身で行うべきことについての説明に充てられた。続く要点は，分析家が彼の患者と一緒に実行しようとするあらゆる段階である。簡単に述べると，私たちの仕事は，患者が抵抗している**ということ**を，**なぜ**抵抗しているかを，**何に**抵抗しているかを，そして**どのように**抵抗しているかを，患者に理解させることである。

　抵抗の明示は，その抵抗が患者にとって明らかであれば，比較的簡単かもしれないし，あるいは，不必要なステップでさえあるかもしれない。そうでない場合，患者が抵抗に気づいていない場合には，これ以上何かを試みる前に，抵抗が存在している事実を患者に直面化することが不可欠である。抵抗を認識する患者の能力は，次の二つのことに依拠する。患者の理性的自我の状態と抵抗の鮮明さである。高度に理性的な自我は，ほんのわずかな抵抗に気づくだろうし，ほとんど理性的でない自我は，圧倒的な抵抗の証拠を必要とするだろう。私たちの仕事は，患者が抵抗を抵抗として認識するために抵抗の証拠がどれほど明白でなくてはならないかを決定するために，患者の理性的自我の状態を，観察と共感を通して査定することである。患者への直面化は，その直面化が彼にとって意味があるとの見込みがあるとき，そして彼がその価値を否定や過小評価しようとしても成功しないときにだけ，行われるべきである。時期尚早の抵抗の明示は，時間の無駄であるだけでなく，のちのどこかの時点で効果的なものになるかもしれない素材を消し去ることにもなってしまう。いかに抵抗の形跡が明らかであろうとも，決定的な要因はこれ――この直面化が患者にとって

意味があるだろうか？——である。簡単な事例で説明しよう。

　分析の初期，ある患者は，少し遅れてやってきて，駐車するところを見つけるのが難しかったと息せき切って説明する。これを，すぐにそこで抵抗だと患者に指摘するのは，間違いだろう。何よりも，あなたが間違っているかもしれないし，あなたの介入がなされたら，彼女が伝えようとしていた本当の内容から患者の気を逸らしたことになるだろう。しかもさらに，患者がうまく否定できるような疑わしい例を用いることで，潜在的に貴重な機会を，あなたは無駄にしただろう。もしあなたが黙って待っていたら，そしてもしあなたの考えが正しいなら，この小さな抵抗が他の抵抗に繋がるだろう。私が説明しているこの患者は，そのセッションの中のいろいろなところで沈黙した。彼女はそれから，前夜に見た夢を忘れてしまったと報告した。再度，沈黙。私の沈黙は，彼女の抵抗を大きくさせて，その抵抗は彼女がのちの私の直面化を否定できなくなる可能性を高めた。

　抵抗の実証性を高めるためには，抵抗を発展させることが望ましい。このためには，あなたの沈黙が最良の接近方法である。しかしときには，私たちは抵抗と実証性を高めるために別の方法を使うことができる。ここでもまた，臨床例で説明するのが一番分かりやすいだろう。

　分析の初期に，ある若い男性Ｓ氏は面接時間に来て，こう言って始める。「えっと，私，昨日の夜，妻と夫婦生活でかなりいい体験をしたんです。それは，双方にとって非常に満足するものでした」。それから彼は，どのように彼が妻と「愛し合う」ことを楽しむかについて，非常に抑制された仕方で話し続け，次にはむしろ無難なことを話し続ける。私はこの時点で介入して，次のように言う。「先ほど，昨晩は「夫婦生活」を楽しんだとおっしゃいましたが，あなたの「夫婦生活」とはどういうことかを説明していただけないでしょうか」。患者はためらい，顔を赤くして，それからたどたどしく説明し始め，止まり，そして次のように言う。「あなたは私にもっと具体的に言ってほしいんでしょう……」。そしてもう一度間を置く。そこで私は答える。「性的な問題を話すとなると，あなたは恥ずかしがっているように見えます」。患者はそれから残りの時間，性的なことを語る際の自身の困難さについて語って過ごす。今や，彼は抵抗に取り組み始めたのである。

患者は彼の「夫婦生活」について話すことにかなり気が進まず，それでもたわいのない話を続けることで彼がそれをやりすごそうと試みていることは，私には明らかだった。私は，彼の素材のまさにその部分について説明を求めることで，彼の気の進まなさを強調した。そうすると，抵抗の存在は避けられないものとなった。私たちは，性について語ることに関する彼の抵抗に取り掛かり始めた。それがそのセッションの極めて重要な主題であった。

　二つの事例は，抵抗を高めることによって抵抗の証明を促す二つの方法を例示している。つまり，分析家の沈黙と，抵抗点についての詳述を求めることである。これらの方法は，抵抗を生き生きとさせ，患者の消極的な理性的自我がそれを認識できるようにするのである。性的な問題に関して話すのを嫌がっているようだと気づくよう患者に問いかけ，実際には次のように述べることで分析家は，患者の葛藤状況を変化させている。すなわち「性について話すのではなく，性について話すことの困難さについて教えてください」と。私たちは，彼の性的な問題を効果的に分析できるようになる前に，性的な問題について語ることへの彼の抵抗をまず分析しなければならない。さらに，彼がこの主題に関して効果的に伝えることができるようになるまで，彼は自分の性的な問題についての明確な全体像を提示することはできないだろう。

　患者が抵抗の力の存在を認識するのを助けるもう一つの技法は，全ての臨床的な証拠を指摘することである。駐車場が見つけられず，セッションの時間に数分間遅れてきた女性の事例において，私は少なくとも他に二つの抵抗の徴候が現れるまで待った。それから私は次のように言って介入した。「あなたは何かを避けているように見える。あなたは少し遅れ，それからあなたは沈黙し，そして今あなたは夢を忘れたと言う」。ここで，患者は自身が逃げていることに納得したのである。もし，私が最初のちょっとした抵抗のサインで介入したなら，彼女は合理化して，それを却下したかもしれない。注意すべきことは，彼女は抵抗しているとの結論を私にもたらしたものを，私は単に指摘するに過ぎないということである。彼女が抵抗しているとは，私は主張しなかった。私は，彼女にその可能性を示唆したのである。もし彼女がこれを否定するなら，臨床的な証拠に基づいて彼女を説得しようとは，私は思わないだろう。沈黙し，彼女が抵抗を隠そうとするか，あるいは，抵抗がさらに顕著に割り込んでくるかどうかを観察するだろう。私たちはただ，理性的自我に対して何かを証明することができるのみである。理性的自我が現れるまで，あるいは証拠が非常に圧倒

的になり，最も弱々しい理性的自我でさえそれを認めなければならなくなるまで，私たちは待たなければならないだろう。

Ⅳ 抵抗の明確化

　抵抗を分析するための手続きを続けよう。私たちは，患者が抵抗していることを彼に気づかせてきた。次に私たちがすることは何か？　これから私たちは次の三つの可能性を追究できる。（1）患者はなぜ避けているのか。（2）患者は何を避けているのか。（3）患者はどのように避けているのか。最初の二つの疑問，患者はなぜ，何を避けているのかは，抵抗に対する動機として，一緒に考えることができる。患者はどのように避けているのか，という問いは，抵抗の様式あるいは手段のことを指している。私たちが，抵抗の動機，もしくは様式，二つのうちどちらを追究するのかは問題ではない。いずれにおいても，精査中の問題を**明確化すること**によって，分析は前進するだろう。私たちは，分析しようとしている心的過程への焦点づけを鋭くしようと試みる。私たちは，探索しようとしている抵抗の特定の動機や様式を注意深く選び出し，分離させるだろう。意味のある細部が掘り出され，無関係なものから注意深く切り離されなければならないだろう。

　私は，抵抗の動機の明確化から始めよう。なぜなら全てのことが同等であるなら，抵抗の動機がより生産的であるため，それが抵抗の様式よりも優先されるからである。抵抗の手段が印象的，あるいは異常だと私たちが感じるときにのみ，まず，その問題を追究するだろう。あるいは，もし患者がなぜ，何から逃げているのかをすでにその素材から推測しているなら，私たちは患者が用いている方法を探索するだろう。

　「患者はなぜ抵抗しているのか」という疑問は，患者が避けようとしている痛ましい情動は何かということにまとめられうる。この疑問に対する答えは「どんな本能衝動あるいは外傷的な記憶がその苦痛な情動を生み出すのか」という疑問に対する答えよりも通常，意識により近いところにある。すでに述べたように，防衛や抵抗の直接的な動機は，苦痛，つまり苦痛な情動を避けることである。抵抗する患者は，不安，罪悪感，恥，あるいは抑うつ，あるいはそれらのいくつかの組み合わせのようなある苦痛な情緒を締め出そうとしている。ときには，抵抗にもかかわらず，痛みを伴う情動は，その患者が特定の情動に特

徴的な方法で振る舞うために，明らかである。例えば，ためらいがちに話したり，決まり文句を言ったり，些細なことを取り留めなく話している患者は，顔を赤くしたり，手で顔を覆ったり，顔の一部が見えないように顔を背けたり，手で性器の辺りを隠したり，突然太ももをきつく交差させるなどして，恥の感覚をうっかり漏らすかもれない。隠す振る舞いは，恥を示している。震え，発汗，舌や口の渇き，筋肉の緊張，震えや硬直は，恐怖の徴候であろう。ゆっくりと，悲しげな口調で話し続けている患者の場合，顎の食いしばり，ため息，沈黙，苦痛に満ちて唾液を飲み込む，握りしめた拳が示すのは，涙と抑うつに対する苦闘であろう。

　これら全ての例で，私は，そのとき生じている非言語的，身体的反応を見つけようとしている。それらは，患者が苦闘している特に苦痛な情動が何であるかに関する鍵を，私たちに提供するであろう。私がその特定の情動に気づくことができると思うなら，私は患者に次のように直面化する。「あなたは恥ずかしがっているようですね。あるいは，恐れていたり，悲しかったり，泣くのを怖がっているようですね」。私は，「あなたは……のようですね」と言い，「あなたは……です」とは言わない。なぜか。それは，第一に私は間違っているかもしれないし，そして第二に，患者が逃げる必要があるならその機会を与えたいからである。あとになって，自らの正しさをさらに確信するなら，あるいは患者が抵抗を作業することから逃げることが議論の主題になるべきであるなら，私はより強く主張するようになるであろう。

　もし私が特定の痛みを伴う感情を感知できない場合は，単に「あなたはどんな感情を押し殺そうとしているのでしょうね」，あるいは，「昨夜の性的経験について私に話そうとしていたとき，あなたはどのようにお感じでしたか」，あるいは，「そこに黙って横になっているとき，何を感じているのでしょうか」と訊ねるだろう。

　ここで，いくつかの技法的に重要なポイントを述べておかなければならない。私の言葉は，シンプルで，明確で，具体的で，そして直接的である。私は誤解され得ない，曖昧でない，回りくどくない言葉を使う。患者が苦闘している特定の情動を私が明確にしようとしているとき，私はできるだけ具体的で正確であろうとする。私は，患者の中で起こっていることを描写するような言葉，患者のそのときの状況を反映するような言葉を選ぶ。例えばもし患者が，まるで子どものように情動を経験しているようなら，患者がまるで子どものように不

安であるようなら,「怯えている scared ようだね」と言うだろう。なぜなら，それが子どもの使う言葉だからである。私は決して,「あなたは懸念している apprehensive ようですね」とは言わないだろう。なぜなら，それはふさわしくないだろうし，それは大人の言葉だからである。さらに「怯えている」は，感情を喚起し，映像と連想を掻き立てるが，一方「懸念」は単調である。私は，患者が過去からの恥の感情に苦闘しているようなら，恥ずかしがりや bashful, 内気 shy, 恥じている ashamed という言葉を使うだろう。私は，屈辱 humiliation や，品位の失墜 abasement, 従順 meekness とは言わないだろう。

　さらに，私はまた，できるだけ正確に情動の強さを評価しようともする。もし，患者が非常に怒っているなら,「あなたはイライラしている annoyed ようだ」とは言わないで,「あなたは激怒している furious ようだ」と言うだろう。私は，生じていると思われる情動の量や質を表すのに，一般的で鮮明な言葉を使う。私は，さまざまな種類の敵意を表すのに，苛立っている irritable ようだ，あるいはとげとげしい edgy, 不機嫌な grouchy, すねた sulky, いかめしい grim, 喧嘩早い quarrelsome, 激怒した，のように言うだろう。「敵対的 hostile」に比べ,「不機嫌 grouchy」の連想はどれほど異なることか。痛ましい情動や特定の情動にまつわる記憶を明らかにし，明確にしようとするときに，私たちが使う言葉は時間的に，質，量，声のトーンにおいて，正しくあるべきである。このことについては，第Ⅲ部第9章Ⅳ-3と第Ⅱ巻で転移解釈と機転 tact について述べるときに，さらに詳しく議論することにする。

　抵抗を引き起こす情動を明らかにしようとするのと同じように，私たちはその情動を引き起こす衝動を——分析の中でそれが現れたら——明らかにしようともするだろう。

　例を挙げてみよう。3年以上分析を受けていて，普段は性的な事柄について話すことがあまり困難ではない患者が，その日の早朝に起こった妻との性行為を述べるときに突然，言いよどんだように聞こえる。彼は明らかに，何か起きたことを恥じている。私は彼に，このことを自分で明らかにする機会を与えることにする。ついに彼は言う。「今朝，私たちがアナルプレイをしたことを，あなたに話すのが難しいと思うんです」。間を置き，沈黙。私は彼と概してよい作業同盟を持っていたので，その点を直接追究した。そこで私は単に「アナルプレイ？」と繰り返し，しかし疑問符を付け足す。患者は息を飲んで，そしてため息をついて答え

る。「そうです。私，なんとなく彼女の肛門，つまり，お尻の穴のことですけど，そこに指を突っ込みたかったんだと思う。妻が嫌がっているように見えたので，それを分かっているなら，とんでもないのでしょうけどね。けど私はそうしたんです。私は彼女の意志に反して何かを彼女へ押し入れたかった，私は彼女の中へと暴れ込んで，何らかの方法で彼女を引き裂きたかった。おそらく私は，自分でも知らないうちに彼女に腹を立てていたのかもしれない，あるいは，それはまったく妻ではなかったのかもしれない。私に分かるのはただ，彼女のあそこを傷つけたかったことなんです」

　これは本能的な衝動を部分的に明らかにする例で，特にその本能的な目的を明らかにしている。この事例の中でその目的は，女性の「陰部down there」に侵入して，引き裂く痛みを与えることだった。その日の残りの時間と次の時間に，私たちはこのことをさらに明確にすることができた。彼が空想の中で傷つけていたその女性は，彼の母親であって，彼は彼女の「総排泄腔cloaca」○[1]を引き裂こうとしていた。そこは，彼が3歳のときに赤ん坊の弟が生まれてきたと想像した場所だった。この活動の別の意味は，特に私，彼の「分析家anal-ist」に関連したものであり，あまりにも私たちを遠くへ導くのだった。

　抵抗に動機を与える苦痛な情動あるいは禁止された衝動を私たちが明確化したように，抵抗の様式——**どのように**患者が抵抗しているか——を明確化することが，必要になるかもしれない。患者が抵抗するために用いる手段の無意識的な由来を探索できるようになる前に，まず確かであるべきなのは，議論されている問題が患者にはっきりと定義され，そして無関係もしくは多義的な素材が詳細に吟味される，ということである。

　例えば，私の患者の一人であるX教授は極めて知的で理路整然とした生物学者だが，彼の夢の報告の仕方は奇妙である。彼は，昨晩面白い夢を見たが，「そこにあなたがいて，何か性的なことが続いていたんです」と言って，セッションを始める。そして少し沈黙し考え込んで，こう言う。「昨晩だったかよく分からないんです。今朝だったかもしれません。私は大きな教室に入ったのですが，そこには私の席はありませんでした。私は約束に遅れると今もそうなることがよくあるように，恥ずかしく感じました。最近これが起きたとき，私は近くの小さなオフィスに行き，小さな椅子を引っぱり出さなくてはならず，私はとても馬鹿らしいと

感じました。そんな風に感じていたのは，父が，サマースクールで教えていた授業のひとつに私が訪れたときのことでした。彼は，大人数の授業をいくつか担当していて，学生たちは私よりかなり年長でした。彼は優秀な教師でしたが，彼自身が学生たちに畏怖の念を抱いていたと思います。あるいは私が投影していたのかもしれません。今思うのですが，父にもまた同性愛傾向があって，それが彼を不安にさせたのかもしれません。あるいは，それもまた私の投影の一つなのでしょうか。とにかく，私がいた広い教室が映画館に変わりました。フィルムの具合が悪くなり，私は映写技師に激怒しました。技師を叱りに行くと，彼が涙を浮かべているのが見えました。彼はギリシャ人のような，柔らかい大きな目をして，そこにあなたが入ってくるんです。少なくともそれが，今朝起きたときに，私に起こったことです。その涙の溢れた大きく垂れ下がった瞼はあなたを思い出させ，そして男性が泣いていると思うと，私は穏やかで愛おしい気持ちになり，それが同性愛と父を結びつけるのだと思います。私の父が泣いていることは思い出せないのですが。父はいつも仕事か趣味に没頭していて，彼が示した唯一の情緒は，妹や兄に対してでした。私の妹はその夢の中，私が映画館にいたところに居ました。映画が暗くなりスクリーンに何も見えなくなったとき，妹は私に，私たちは来るべきじゃなかったと言いました。それが，私があなたに怒ったところです。妹はある時期，女優になりたかったんです。実際，私たちはよく一緒にお芝居をして，妹が男の子の役で，私が女の子の役を演じたものでした。今思って見ると，その教室には男の子ばかりで，映画ではほとんどが女の子ばかりでした，等々」

　これは，患者が夢を報告したり，現在あるいは過去の人生の出来事を伝えたりするときに，彼が明らかに示した特定の抵抗様式の実例である。彼は，起きた出来事を決して正確に伝えず，しばしば，途中から始め，最初へと飛び，次に終わりの部分へ行き，彼の報告の所々に連想といくつかの解釈をちりばめ，それからはじめの部分，中間の部分，終わりの部分の言わなかったところを詳しく述べて埋めた。彼の湧き出る連想の邪魔をしたくなかったので，私は介入する気になれなかった。けれども，彼が報告していたことの明白な内容と彼の連想が何であるか，私はまったく確信が持てなかった。彼が語っていた夢や出来事を完全に聴いていたかどうかも不確かだったし，私が質問したとしても，それに対する彼の反応もまた，事実，空想，連想の混合を含んでいた。

　最終的に私は，自身の人生の夢や出来事をはじめから終わりまで，そのまま単純に話すことができず途中から始めるという事実に，彼が気づいているかどうか

を訊ねた。そして，私は彼がどんな風に伝えているか詳しく述べた。最初彼は，心に浮かんだままを言うものだと思ったと弱々しく抗議したが，少しすると，微笑んでため息をつき，自分には課題や職務を「ごちゃ混ぜにする」傾向があることを分かっていると言った。そうして彼がおのずと報告したのは，自身が本を決して最初からは読まず，いつも中ほどから読み始め，終わりに向かってばらばらに読み，それからはじめのほうを読むということだった。在学中，彼は何年間も大学院の研究をして，そこでは優秀だったのだが，課題を決して最初の部分から始めはせず，中ほどあるいは最後から始めた。彼はそれ以外の領域でも同じようにした。小学生の頃高度な数学の本を書き始め，職業的には初心者だったが，彼よりずっと年長の人たちに教え始めたのだった。

　私は，この様式の抵抗の無意識的決定要因や意味については，抵抗の様式に対する解釈に関する第II部第6章V-2で述べることにする。ここでは，その問題の核は，彼の父親が著名な教育者で知識人であったこと，家族全員が研究熱心でよく知られていた事実に関係していたと述べておく。この時点で私が強調したい点は，抵抗の様式を明確化することが，無意識的要因に対する多くの重要な洞察の出発点であったという点である。

V 抵抗の解釈

V-1　抵抗の動機を解釈すること

　ここで私が差し挟まなければならないのは，分析家は抵抗を必ずしも明示し明確化する必要はない，なぜなら患者が自分で自発的にこれを行うから，ということである。このような段階は，両方のことが多かれ少なかれ同時に生じるであろうから，記述された順序で必ずしも進むとは限らない。抵抗が明示され明らかになった後，私たちは無意識的決定因を解釈しようとする準備ができている。それが意味するのは，私たちが試みるのは抵抗の原因となる隠された本能衝動，空想，あるいは記憶を露わにすることだ，ということである（ある心的出来事を決定する，抑圧された，あるいは締め出されている無意識的衝動，空想，あるいは記憶を「内容content」と呼ぶことは，精神分析についての議論において慣習となっている）。抵抗の動機を分析する際，私たちは抵抗をもたらした苦痛な情動を引き起こす

内容を探索しようとするだろう。

　第Ⅱ部第6章のⅢで取り上げた，S氏の事例に戻ろう。彼は，「夫婦生活」について話そうとするとき，恥ずかしくなった。彼の恥ずかしさを理解するためにここで私たちが明らかにしようとするのは，どのような衝動や空想，あるいは成育史上の出来事が，性的問題についての彼の話に関わっているかということである。内容の探索は，彼がその時間に話していたときに生じた感情，衝動，空想に，転移反応に，あるいは彼の過去の歴史に，あるいは一方から他方へと，私たちを導くであろう。通常私たちは，どの筋道をたどるかを患者に決めさせ，オープンエンドの質問をする。「性について話すのを想像すると，あなたには何が起こりますか」というように。

　「夫婦生活」について，内気なS氏は私の質問に応じ，性は家庭の中で汚い，禁止されたものだと考えられていたこと，赤ちゃんがどうやって生まれるのかを尋ねて叱られたこと，そのようなことは礼儀正しい少年にはふさわしくないことだと教えられたことなどを，詳しく話し始めた。彼はその後，学校の仲間とこの内気さを克服したが，見知らぬ人あるいは権威者に性的なことを思いつくと，彼は依然として恥ずかしさで反応する。次にこのことは，見知らぬ権威者としての私についての感情へと続いた。彼は知的には，私があらゆる種類の性的体験に親しんでいるに違いないと分かっていたが，にもかかわらず，まるで私が性的に非常に潔癖で彼を叱責するかのように彼自身が反応していることに彼は気づいた。彼が性に触れた瞬間に，私は父親的人物になり彼は小さな男の子になる，と私は解釈した。もし患者が，自発的に自身の考えを私へと漂わせずにただ家庭での恥ずかしさを語るだけだったら，そのセッションの終わる前に，私は彼にこう言っただろう。「そして今，まるで私があなたの親であるかのように反応して，あなたは恥ずかしくなっているのですね」。抵抗の分析は，常に転移抵抗の分析を含めなければならないが，その主題は第Ⅲ部で解明される。

　性について話すS氏の恥ずかしさに関するさらなる分析は，数年の期間にわたって行われた。ワークスルーの過程で私たちが見出したのは，過剰に性的だと思われるのを彼は恐れたために，性的興味を隠さなければならないと感じていたということであった。このことは，子ども時代の妹との性的なゲームの記憶や，母親に関する性的空想と結びつけられた。彼のマスターベーションについての空想は，性交する「大人」を見ること，それから大人が叩かれるのを見ることに関わ

っていた。彼はまた，女性の役割に同一化する傾向はもちろん，叩かれたいというマゾキスティックな願望を，深く抑圧してもいた。S氏は男性との関係に大きな不安を抱えていたが，それはなお，敵対的と性的両方の本能衝動に満ちていたからだった。彼はまた，性同一性，男性であるという感覚について，確信が持てなかった。以上が，性について話すことに対する抵抗の動機を分析した，要約された報告である。

　さて，抵抗の動機の分析に戻ることにしよう。患者が回避するのは，彼が何らかの苦痛な感情から逃れたいからである。しかし，**どのような**内容が，どのような素材が，苦痛な情動を引き起こしているのだろうか？「夫婦生活」を持つその男性は，臆病であるにもかかわらず，性について話そうとすることでその内容を明らかにした。この事例では，性的素材が恥ずかしさと抵抗の直接の原因であることは明らかだった。しかし，患者がなぜ，あるいは何を抵抗しているかのいずれもはっきりしない場合がある。ある患者はセッションの1時間ほぼ全て沈黙を続け，身体的な反応あるいは表情から何が起こっているかについて何ら手掛かりを示さないかもしれない。私の経験では，これは稀な出来事である。完全な沈黙や身体表現や表情の欠如は，死や昏睡状態あるいは深い睡眠に関する空想への手がかりのようである。私の実践でそれが生じた2回の場合では，その意味は，殺人的な怒りと自殺の混合であった（Greenson, 1961）。
　最初に抵抗の理由について私たちが作業していて，特定の苦痛な情動を確かめたが，いまだ，何がそれを引き起こしたかに関する手掛かりがない，と仮定しよう。

　再度事例を挙げる。若い女性患者，K夫人である。彼女には先ほど触れていた（第I部第2章のIV），分析3年目で，最近，非常に生産的に作業をし，続いて，かなりの抵抗を示すセッションがやってくる。その時間，彼女は，セッションに来たくはなかったと，話し始める。何も心に浮かばない，なぜ，何を話すべきかについて私はヒントをくれないのか，自分の人生は極めて順調である，自分の赤ちゃんは素晴らしい，新しい住まいは快適で，多分，現状のままにしておくべきで，良くなってきているし，本当に分析を続ける必要があるのか，興味のある画廊に行った，何も買わなかった，「知識人egghead」とデートした，自分が会う男性は「のろま」か，「知識人」かのどちらかである——延々と，短い沈黙をはさみな

がら話す。彼女の声のトーンが，怒りっぽくイライラしていることに，私は気づいた。10分間ほど経った後で，私は介入して「あなたはイライラしているようですね」と言う。彼女はこう答える，「そうだろうと思います。でも，何についてイライラしているか分かりません」。私は「何かがあなたをイライラさせている。それを見つけましょう。「何かが私をイライラさせている」との考えとともに，あなたの思考をただ漂わせてください」と言う。

　患者はしばらく黙って，突然こう言う，「そうだわ。言うのを忘れていました。私の母がニューヨークから昨夜電話してきたんです」。患者はそれから，電話での会話とその会話に対する自身の反応を，鉄のような冷たいトーンで，大げさにつっかえがちに話し続ける。母親は，患者が手紙を書き送らないことを責めており，患者は非常に腹を立てたものの自身をコントロールして，ただよそよそしく軽蔑して振る舞った。彼女は苦々しく，定期的な小切手は母親に送るけれども手紙を書くなんてとんでもない，と話す。間があり，沈黙。「私は，二度と母親と関わるつもりはない……たとえあなたが私にそうしてほしいと分かっていても……そうすることが私の分析に役立つとあなたは言うし，多分あなたは正しいんです。だけどできないし，しないでしょう，それに私はあなたとも，関わりたくないんです」

　私は黙っている。前のセッションで，芸術家の若い男性とデートしたと，彼女が話したことを私は思い出す。彼女は，彼が面白く，さらに魅力的と感じたが，彼には何か彼女を不快にさせたものがあった。そのセッションでは，私たちは不快感が何によるのか分からなかった。続いて患者は，2歳の娘について，彼女と遊ぶことがどんなに好きで，赤ちゃんの体がどれほど美しく，大人の女性の体のように醜くないか，そして彼女をお風呂に入れるのがどれほど好きか，話し続ける。彼女は話を止め，急に夢を思い出す。彼女はカエル女の一員だった——彼女はモスクワの港に入って水中で見たものを記憶することになっていた。その水は冷たくて暗かったが，ゴムのウェットスーツで彼女は守られていた。何かが爆発する危険性があったので，彼女は急いで水から出なければならなかった。彼女は，4時までに終えなければならないという考えがあった。

　患者の連想は，睡眠中に死ぬ人は午前4時に死ぬと聞いた話に行き着く。もしかすると彼女は，私が死ぬかもしれないと恐れているのだろう。私に心臓疾患があることを，彼女は聞いていた。彼女が目を覚ましたとき，口の上部が痛く，睡眠中に舌で口の上部をこすっていたにちがいない。それは，私たちが，決して真相にたどり着いたことのない問題である。彼女の胃は痛む。気分が悪い。彼女は，

このことに取り組まなければならないが，疲れて落ち込んでいると感じる。沈黙。ここで私はこう伝える，「あなたは，水中，あなたの無意識の心の中に，あなたが見つけようとしているものを恐れていますね。あなたは怖いので，ゴム製のウェットスーツを着る。だからあなたは物事を感じないだろうし，深く関わりもしない──何に？」

患者は少し考えて，「私は逃げたくなるんです。分析前の，退屈して空虚な状態に，戻りたくなっている。闘って探究することに，うんざりしているんです。リラックスして気楽になりたい。あなたは私に作業を押しつけるし，私はあなたに作業してほしい。昨日，私に空想が浮かんだんですけれど，それは私が喉の癌になって喋ることができず，そうしてあなたがあらゆる作業をしなくてはならない，というものでした」と言う。間。

私はそれに応じる。「私があなたに食べ物を与えようとしないから，私にイライラしているんですね。私はあなたの良いママmommyにならないでしょう」。患者は，文字通り私に怒鳴る。「その言葉を言わないで。我慢できない。私はその言葉と，それからあなたも大嫌い。そう，あなたに助けてほしいのよ。私のために作業するだけじゃなくて，私に温かく親切にしてほしい。あなたがすることは作業，作業，作業，そればっかり。……［間］……あなたは正しいんでしょう。私はあなたに私の世話をしてほしい，私が赤ちゃんの世話をするように。昨日ね，私が彼女を風呂に入れていたとき，彼女の性器の外陰部を見たの。それはとっても美しく見えたんです。花のようで，おいしい果物，杏子みたいな。キスすることもできたけど，ただそれは，彼女のために良くないだろうと分かっています」。私は，「彼女のために？」とだけ言う。患者は続けてこう言う。「ええ，彼女のためだけじゃなくて，私のためにも，だと思います。それで思い出すのは，二，三日前にデートした，ほらあの若い芸術家のこと。私たちはビーチに行って，そして気づいたのは，彼の太ももはとても肉づきがよく，お尻も女性のようだということ。ひょっとしたら，それが嫌悪を感じさせたのかも」。私はこう応じる。「そしてまた，魅力的でもあったんですね。それが，あなたが水中で見つけるのを怖がっている危険な港なんですね。それこそがあなたが逃げているものなのでしょう」。患者はこう返した。「私は，娘にビキニの水着を買った。彼女は水着を着たらとっても可愛い──明るい真っ赤な水着──ビキニを着た彼女を食べられたら──つまり文字通り──丸ごと食べるってこと」

これは，かなりの抵抗を伴って始まった珍しく生産的なセッションである。ただ患者は，分析に熱心に取り組んでおり，良い作業同盟を作り上げていた。防衛の動機は何なのかという問いをどのように私が追究することを好むのかに関して，これは明確な例だと思う。私たちがそのセッションを振り返るなら，患者は抵抗に気づいていて，分析に来たくなく，関わりたくなかったことが，私たちに分かる。その時間の最初の素材は決定的な手掛かりを与えず，ただ男性に対する敵意だけはいくらかあったが，続けるには十分でなかった。それから私は，彼女の抵抗を彼女に直面化し，イライラ感じることについて連想するように求めた。これによって彼女は，母親との怒りに満ちた冷たいやり取り，私への怒りを思い出したのだった。それから夢を思い出したのだが，これは抵抗の解釈が正しい軌道にあるという証拠だった。不安夢の顕在内容は，ある無意識的衝動を見つけることに対する彼女の恐れを見事に表している。港は水と同じように母親を象徴する。カエル女という考えは，同性愛をほのめかす。そしてまた，赤ちゃんをお風呂に入れたことを話しているときに，彼女はその夢を思い出したのだった。彼女の最初の連想は，私の死に対する彼女の恐れと願望につながった。彼女は，私を必要とし，そして私を恐れている。彼女は，口の上部をこすったが，それは，幼児の吸乳衝動の繰り返しである。それから，さらなる抵抗と作業をしたくないこと，そして，私に彼女の「ママ」になってほしいという私の解釈に対する激怒。

　こうしてその抵抗に，私たちは抑圧された衝動の回帰を見る――母親に対する彼女の幼児的な希求に対する恐れである。それから，彼女の赤ちゃんへの連想と，率直な口唇的-体内化願望，そして赤ちゃんの外陰部に対する性的願望。再び，彼女の不安を赤ちゃんに置き換える試み，また再び，彼女自身の恐れから自身が逃れていると，彼女に分かってもらうこと。それから，彼女の芸術家の友人の太ももとお尻への連想による確証。そして最終的な確証は，彼女の赤ちゃんの赤い水着（赤＝モスクワ）と食べつくしたい衝迫への回帰。

　その患者が避けているのは何か，何が私や分析に対して彼女を怒らせる苦痛な感情を引き起こしているのか，その疑問に対する答えは，次のようになる。彼女が避けようとしていたのは，母親，自身の子ども，そして私に対する，口唇期の能動的および受動的な，同性愛的でサディスティックな格闘だった。これらが，彼女の抵抗の動機であった。

　先述したように，抵抗の動機を分析しようとするとき，私たちは，苦痛な情

動を明るみに出そうとすることから始める。というのも，苦痛な情動はそれを引き起こしている内容よりも，意識的自我にとって通常はより近づきやすいからである。いつもそうとは限らず，ときには，情動についてはっきり分かる前に，内容のほうが分析時間中に現れるかもしれない。その際の私たちの仕事は，うまくいけば情動を照らし出すであろう抵抗の内容を追究することである。私たちは手近な素材で始め，それから，失われているものを探求するよう進む――分かっていることから分かっていないものへと進むのである。次の事例が示すのは，情動より先に，抵抗の内容がどのように知られるようになったか，である。

　私が1週間町を離れていた後に，ある男性患者が分析にやって来る。彼は，私がいない間，素晴らしい休暇を過ごしたと報告する。どのように田舎へ小旅行に行ったか，どれほど休息でき，妻と子どもたちと仲良くやったか，身体の運動や読書をいかに多くすることができたか，彼は熱意を込めて話す。そしてそれから，私の休暇中に彼がどれほど自ら楽しんだかを描写した5分間ののち，突然話すことがなくなり，沈黙する。私は黙っている。彼は，私が休暇に行く前，何を話していたのだろうと思う。間。私が休暇に行く前，彼が話していたことを**私が**覚えていたかどうか，と彼は思う。分析家は患者が話すことを覚えているものなのか。もう一度，間がある。私がどこに行ったのか，何をしていたかと彼は思う。私は一人だったのか，それとも妻と一緒だったのだろうか。私が不在になる前の最後のセッションで，私が幾分やつれて，青ざめているようだと彼は思った。私の健康が少し気がかりだったのを，ここで彼は思い出す。私が死ぬんじゃないかという考えを思い出しさえする。万が一私が病気になるか死んでしまったら，彼が次に行くことになる人の名前を，私が残しただろうか，と思う。

　この全てを，彼はひどくためらいながら，切れ切れに言う。彼が抵抗していることは明らかである。また非常に明白なことは，彼が避けているのは，私の不在に対する彼の反応をより詳細に，より感情を伴って話すことである。それゆえ私は，彼にこう直面化する。「私が出かけたとき，あなたを置いて行ったときにあなたが私に抱いたさまざまな感情について，本当に話すことを，あなたはためらっているようですね」。これに対して彼は，置いて行かれたことにいかに憤慨したか，こうしたことは過去に何度起こったことか，と即座に返す。彼の父親は，母親と彼を家に放ってしばしば一人で休暇に行った。それから，父親を家に残して彼と

母親だけで出かけたときの別の記憶へと進み，続いて父親に対するあらゆる種類の死の願望に至った。その時間の最後には，彼が避けようとしていた苦痛な感情は，彼を置き去りにしたことに対する私への怒りに満ちた死の願望と失望だったことが明らかとなる。

　私がこの事例を提示するのは，いかに抵抗の動機となる出来事が，抵抗があるにもかかわらず明らかになり，そうして抵抗分析の出発点になるのか，その一例としてである。これによって次には，情動，衝動，空想，記憶へと至るのである。
　再度強調すべきことは，抵抗のきっかけとなった特定の出来事，もしくは情動を明らかにすることによって，この事例では出来事であるが，私たちは，抵抗から患者の人生の特定の出来事や情動や空想の由来へと進むのである。情動から始めよう，出来事から始めよう，空想から始めよう，私たちは，最終的にその情動，出来事，空想の由来に辿り着く。これに成功すると，そこで分析家は分析中の現在の抵抗に戻ることができ，患者に指摘することができる。すなわち，「そうですね……私がいなくなることは，あなたの中に同じ反応をかき立てたようで，そのことを私に話すことが怖いのですね」。もう一度，患者は，分析中に生じている抵抗，それは患者の人生で，以前生じた出来事の反復だと気づくようになる。繰り返すと，抵抗は分析によって作られるのではない，新たな創造物ではなく，過去の出来事の反復であり，新版なのある。
　この時点で繰り返されるべき重要な臨床上の注意点は，抵抗を最もよく引き起こす源が転移状況だということである。私が引用してきた全ての臨床例は，常にその点を強調しているわけではないとしても，それを裏づけている。その他の点が全て互角であったり，はっきりしなかったり未知であるなら，私たちは，抵抗の源として転移反応を探求すべきである。このことについては，第Ⅲ部で詳しく述べることにする。

V-2　抵抗の様式を解釈すること

　ときとして，抵抗を分析する試みにおいて最も有望な探索への道が，情動，衝動，あるいはきっかけとなった出来事ではない場合がある。おそらく，抵抗の様式，抵抗の方法あるいは手段が，探求のための最も実りある道筋を提供する。

これは，抵抗の様式が頻繁に繰り返される場合に起こりやすく，その場合，私たちはおそらく性格傾向を扱っている。様式の分析が抵抗を分析する際の最初のアプローチであることは少ないかもしれないが，典型的で習慣的な抵抗の手法は，最終的に分析の主題にならなければならない。というのは，こうした手続きはいわゆる性格防衛を分析する入り口だからである。もし抵抗の様式が患者にとって奇妙で「自分らしくない」なら，それは通常，症状行為であり，そして通常，患者の理性的自我にとってさらに容易にアクセスしやすい。

　抵抗の様式を分析する際の段階は，抵抗の他の側面について概観されたものと同じである。最初に私たちは，患者に，ある所定の振る舞いが抵抗であることを認めさせなくてはならない。これは，その活動が自我親和的なのか自我異和的なのかによって，容易である場合とかなり難しい場合とがある。抵抗の振る舞いが自我親和的な性格傾向であるなら，そのとき問題は，その振る舞いを自我異和的にすることがいかに難しいかということである。言い換えれば，私たちは患者の理性的自我の助けを得て，その自我に分析家に加わってもらい，この活動を抵抗だと見なすことができるのか，ということである（Fenichel, 1941, pp.66-68）。私たちは，患者の経験自我から理性的自我を分離し，そして患者に問題の活動を探索させることができるのだろうか？

　患者に明示できるかどうかは，以下の二つの要因によるだろう。まず，自我とその活動との関係による。すなわち，その活動がどれくらい自我親和的であるかである。そして二つ目は，作業同盟による。つまり，その患者がどの程度いとわず分析的態度をとるかということである。患者にとって，ある活動が一貫して適応的で成功していると思えるほど，その活動は抵抗であると患者に説得するのは，より難しくなる。例えば私たちの社会では，女性の患者に，自由連想や分析外の生活で習慣的にきちんとしていることを何か分析されるべきものだと見なさせることは容易ではない。きちんとしていることはアメリカ社会における美徳であり，私たちは，家庭の中で，この特性のために賞賛され高く評価される。広告業界の絶え間ない宣伝によって，多くの人は，晩年になってさえ，きちんとすることを自我理想にしている。

　これは，より自我異和的な活動を分析する試みとどれほどに異なっていることか。例えば非常に強い敵対的転移の状態にある患者が，セッションの間，瞬間的に睡眠に陥る。私に対する攻撃的態度にもかかわらず，その時間に寝入ることを患者は抵抗だと認識することができた。

状況がもっと難しくなるのは，現実的要因が患者の無意識的抵抗と混ざり合うときである。

　例えばある患者が，核爆弾による攻撃の危険性と，より安全だと思われる中西部への引っ越しの適否について話すことに彼女の時間のかなりの部分を費やす。おそらく彼女は，私や精神分析と離れるほうがより安全だと思っていると私が示唆すると，彼女は明らかに腹を立て黙りこんだ。それから彼女は辛辣になって，人々が核シェルターを作っていることを，私に思い出させる。間を置いて，私は，核攻撃の若干の可能性があることを認めはするが，彼女の反応が不適切なほど強いと確信する。ほとんどの専門家の意見では，核シェルターは十分に保護するものではなく，引っ越しもまた，彼女の安全を保障しないだろうということである。それから患者は話し始める。彼女は，恐怖が不相応かもしれないと認めるが，核爆発をほんの少し考えるだけでも彼女は怖くなるのである。私は彼女にこう伝える，理性的な人は誰でも核戦争を恐れるけれど，彼女の中に何か他のものがあるはずで，その何かは彼女の恐怖を非常に強くするので，彼女は生活をすっかり変えようと考えるほどなのだろう，と。ゆっくりと患者は連想し始め，彼女の考えが辿り着くのは，不幸な結婚，長年の欲求不満と制止，そして「憂さ」を晴らしたい get it out of her system◇[2]，新たな生活を始めたいという願望である。いまや私は，爆発する恐れがあるのは，彼女の心の内の蓄積された怒りであると示すことができる。それが，核爆発を非常に差し迫ったように思わせるものである。こうした理由で，彼女の恐れが恐怖にまで強められている。患者は理解したようで，次の数セッション，私たちはこの問題について生産的に作業する。

　ここで，私は些細だけれど重要な技法的ポイントを強調するために少し立ち止まりたいと思う。現実的な要因が抵抗に混ざるときはいつでも，その現実的要因は，十分に認識されなくてはならない（Marmor, 1958）。もし私たちがそうしないなら，患者は抵抗の現実要素にさらに声高に固執し，彼が議論している論理について，分析家に確信させようと時間を費やすだろう。患者が中西部に逃げ出すのを分析からの逃避だと私が解釈しようとしたとき，彼女は核シェルターをどのように引き合いに出したかに注目してほしい。私が，彼女の恐れには幾分現実性があると認めて初めて，彼女は私と共に作業を始め，作業同盟を形成することができた。それまで，核爆弾に関する彼女の不安は，自我親和的

だった。現実要因について私が認めることが作業同盟の構築を促し，そうして核爆発の恐れは，少なくともその強さにおいて，自我異和的になった。彼女はこれについて内的な問題として作業でき，そして最終的に，中西部への逃避を転移抵抗として認識したのだった。

　ひとたび患者が自分の振る舞いの抵抗の側面に気づくと，私たちの次の仕事は**明確化**である。ここから私たちは，分析外の患者の振る舞いのパターンを探し，それからその活動の歴史と目的を追究する。患者の人生で何が起こり，こうした抵抗のやり方を彼が採用する原因になったのか？ 「ごちゃ混ぜの」やり方で夢を報告した，X教授の事例に戻ることにしよう（第II部第6章のIVを参照）。

　X教授は，どのように「ごちゃ混ぜの」方法で本を読み，この方法で宿題をしたかを詳しく話した。彼は机に座って勉強することはできず，寝転んで，あるいは歩きながらでしか勉強することができなかった。このことが理解できるようになったのは，私が，彼の父親は著名な教員であり，自分の志を継ぐよう息子に教え込んでいたことに気づいたときだった。父親に対する深く根差した敵意，嫉妬，競争心を持っていたために，その少年は反抗したかった。そして，彼の作業の仕方は悪意と反抗の表現だった。しかし父親への深い愛情もあり，その愛は，強い前性器的な肛門と口唇の色合いを帯びていた。彼は父親と近づきすぎるのを恐れていた。というのも，近づくことは，肛門的そして口唇的挿入と飲み込みを意味するからである。彼の生活史から明らかになったのは，患者が病気のときに，父親は医者の役割を引き受けるのが大好きだったということだった。父親によって直腸温を測られる，浣腸をする，綿棒で喉を拭くなど，多くのことをされた。「ごちゃ混ぜの」振る舞いは，彼の父親への同一化に反抗する闘いの表現でもあった。なぜなら同一化は，飲み込まれて消滅させられることに等しかったからである。それは，父親と融合し自我境界を失うという抑圧された願望への回帰を表していた（Greenson, 1954, 1958a; Khan, 1960 を参照）。

　別の科学者の患者は，自分の体験全てを非常に事務的な調子と専門用語で描写するのだった。彼は，親密で性的な出来事を非常に詳しく述べることさえあったが，情緒を表すことは決してなかった。彼は躊躇することもなければ熱心になることもなかったが，報告する際，機械的で徹底的であった。専門用語を使うことによって，まるで無機的な実験を報告しているかのように出来事を描

写することによって，あらゆる情緒反応を彼が省いていることを，私は彼に分からせようとした。彼は，自身の治療者に私的な体験を詳しく話す患者ではなく，仲間の科学者に冷静に超然と報告する観察者であった。

長い間患者は，事実が重要なのであって情緒ではないと述べることで，自身を正当化していた。その後私は彼に，情緒もまた「事実」なのだが彼は自身についてそれらの「事実」を認めるのに嫌悪感を持っているのだということを示すことができた。すると患者は，大人の科学者が感情を持つことを恥ずかしいと感じるため私に報告する際に情緒を省くのだ，と気づいた。さらに彼はまた，同じように他人にも，性的関わりを持つ妻にさえ，情緒を隠していることを認めた。それから彼はこの振る舞いを子ども時代まで遡ったのだが，その頃技師の父親は，情緒的な人たちを軽蔑し，弱くて信頼できないと考えていた。最終的に患者は，情緒を示すことを，失禁し制御できなくなることと同じだと考えているのだ，と認めた。彼は冷静さを清潔さと，そして情緒的な温かさを汚さや制御の喪失と，同等に見ていた。

このような事例での抵抗様式の分析は，患者が問題になっている方法の使用をもはや正当化できなくなったときにのみ，可能になった。この古い習慣的な行動様式の分析を患者が進んで追究する前に，それは自我異和的になる必要があった。上述の患者が超然とした話し方の態度を変えるのに，1年以上かかった。私たちがこの振る舞いの様式をトイレットトレーニングと肛門-サディズム的な衝動に関わる子ども時代の葛藤にまで遡ることができたときでさえ，彼は信頼できる作業同盟を維持することができなかった。根底にある彼の不安は最終的にパラノイアの性質を帯び，分析を継続する真の動機を奪うことになった。彼がいとわず分析を受け入れたのは，本質的に変化せず情緒的に動かされないままでいられる場合だけであった。私たちは，最終的に分析をやめることで同意した。

V-3　要約

抵抗の分析における一般的な手続きをここで要約するならば，次のように概説できる。

（1）抵抗を認識すること

（２）患者に抵抗を明示すること
　　（ａ）いくつかの例が現れるのを待つことによって，抵抗が明示可能になるようにする。
　　（ｂ）抵抗を増すような方法で介入する。そうして，抵抗が明白になるのを助ける。
　（３）抵抗の動機と様式を明確にすること
　　（ａ）どのような特定の苦痛な情動がこの患者に抵抗させているのか？
　　（ｂ）どのような特定の本能衝動が，その時点での苦痛な情動を生じさせているのか？
　　（ｃ）抵抗を表すために患者はどのような精密な様式と方法を用いるのか？
　（４）抵抗を解釈すること
　　（ａ）どのような空想あるいは記憶が，抵抗の背後にある情動や衝動を引き起こしているのか？
　　（ｂ）分析の内外そして過去におけるこうした情動，衝動あるいは出来事の歴史と無意識的目的を追究する。
　（５）抵抗の様式を解釈すること
　　（ａ）分析の内外での抵抗の様式そして類似の活動様式を追究する。
　　（ｂ）患者の現在および過去における，この活動の歴史と無意識的目的を辿る。
　（６）ワーキングスルー
　　（４）の（ａ），（ｂ）と（５）の（ａ），（ｂ）の段階を繰り返し綿密に行う。

　重要なことは，作業のほんのわずかな部分しか所定の時間では達成できないことを理解することである。多くのセッションはある抵抗が働いていることをぼんやりと気づくだけで終わり，そのようなセッションの終わりが近づいて私たちができることは，何かを避けているようだと患者に指摘することだけである。ときには情動だけしか明確化できず，そしてそれさえ不完全である。ときには個人史的に先立つ事情だけしか，ときには様式だけしか，明確化できない。可能なときにはいつでも，そしてできるだけ，私たちは患者と共に回避しているものを探索しようとし，その所定の時間で，患者がどれだけこの徹底的な調

査を有意義に有効にできるか査定しているのである。無意識の現象を探索し明らかにすることに対する分析家自身の情熱は，患者がどれだけ耐えて利用できるかに対する二次的な役割を果たさなければならない。患者は外傷を負わされるべきではないし，何かふざけたゲームのように抵抗の探索に入ることを許されてもならない。

　時期尚早に抵抗を解釈しないことは大切である。なぜなら，そうすることが患者を合理化あるいは知性化に導くにすぎないか，あるいは抵抗の解釈について知的な論争を生じさせるからである。いずれの場合もそれは，体験から情緒的な衝撃を奪う。そうするとそれは，抵抗を少なくする代わりに，抵抗に加わることになる。患者は抵抗を感じ，その強さと執拗さに気づく機会を与えられなくてはならない。分析作業の中で，いつ受動的になるか，いつ積極的になるかを知ることは大切である。あまりに忍耐強いと，患者が効果的に作業しているかもしれない価値ある時間を無駄にする可能性がある。あまりに積極的でありすぎると，患者が積極的になる能力を妨げて彼の受動的な願望を満足させるかもしれない。あるいは患者が準備できていない出来事を再び動員し，それによって外傷的状況をかき立てるかもしれない。何よりも，あまりに積極的でありすぎることは，情緒的衝撃を回避し抵抗の分析を謎解きゲームに変えるのに，一役買うことになるであろう（Freud, 1914c, p.155; Fenichel, 1941, pp.36-43を参照）。

　さらに大切なのは，患者が使う抵抗と同種の抵抗を用いることで彼の抵抗と共謀しない，ということである。彼が黙るなら，あなたの沈黙が対抗抵抗counterresistanceにならないように用心すべきである。あるいは彼が大げさで卑猥な言葉や決まり文句を使うなら，あなたはこのような抵抗に同調したり反対のことをしたりするのを避けなくてはならない。重要なのは，粗雑であったりふざけたり挑発的であったり咎めたりすることなく，率直で的確であることである。

　諸段階，そしてさまざまな段階の順序は，セッションごとに，患者ごとに異なる。私たちは所定の時間に，最も有望な探索の道筋であると思われるものしか追究できない。私たちは，オープンで機敏な心であり続け，そして正しいと思われるならいとわずアプローチを変える，あるいはいとわずそのアプローチをやり通さなければならない。

　この作業において分析家に絶対的に必要な盟友は，患者の理性的自我である。それは存在しなければならず，あるいは分析家の介入によって触発されなくてはならない。さもなければ，私たちは情緒の嵐が静まり理性的自我が戻ってく

るのを待たなくてはならない。これは，分析家との関係という観点から表現されるだろう。私たちが抵抗の深い分析に取り組む前に，作業同盟が存在するか，あるいは，喚起されなくてはならない。それは解釈の必須条件である（Greenson, 1965a）。この点は，第III部で詳述される。

　最後に，どれほど巧みに正確に抵抗を作業しようとも抵抗は戻ってくるのだと認識しておくことが重要である。抵抗は分析のあらゆる段階に，あらゆる側面に，あらゆる時間に，分析が終結するまで存在するだろうというフロイトの指摘を私たちは覚えておくべきである。ワーキングスルーは，ある抵抗がその病理性を失うまで必要である。抵抗の分析は分析の回り道ではなく，あらゆる分析の，必要で不可欠な部分なのである。

VI　抵抗分析における特別な問題

VI-1　面接初期の抵抗

　分析の初期，最初の数セッションにおいて，抵抗が分析家によって認識され患者に明示された際には，抵抗の動機あるいは様式の探索に進む前に，次に述べる段階を組み入れることを私たちは検討すべきである。

> 1. 抵抗は患者の活動であると，患者に伝えられるべきである。抵抗は，無意識的，前意識的あるいは意識的に，彼がもたらしている行為である（Fenichel, 1941, p.35）。それは患者に――そのように感じられるとしても――何か受動的に起こっていることではない。このことが重要であるのは，多くの患者が抵抗はただ彼らに起こる，降ってくると感じるからであり，そして，彼らはどうしようもないと感じる，あるいは諦めてしまう傾向がある。この点について，私は彼らに教えることが有益だと気づいた。
>
>   　例えば，ある患者は私に，心には何もないと言う。適切に長い時間待った後，私たちが何かを避けようとしているときにだけ心は空っぽのように思われる，と私は患者たちに伝えることが有効だと気づいた。それから私は患者たちに，「私は何かを避けている」という考えと共に思考を漂わせ，そして生じてくるものを報告するように求める。必ず

や，いくつかの連想が浮かんで焦点を結ぶだろう。自宅のカウチで邪魔されず横になっているなら，あるいは車を運転中に考えをさまよわせているだけなら，心は空っぽにはならないことを彼らに思い出させて，私はこの点を強調するかもしれない。ここでもそうに違いないのだ，何かが邪魔していない限り，そして何かが物事を心の中で生じさせない，もしくは生じていることを心に見抜かせないようにするのでない限りは。

2. 抵抗に気づくことそして抵抗を分析することは，精神分析の重要で価値のある，尊重される部分であると患者に適切なときに伝えられるべきである。抵抗は患者の間違い，欠点，あるいは弱さではない。彼は，抵抗することに対して批判あるいは拒否されると感じる必要はない。もちろんここで非常に重要なのは，患者に抵抗を明示する際の，声のトーンに気づいていることである。分析家は言葉では，抵抗を抱くことはまったく構わないと患者に伝えるかもしれない。しかしその声のトーンが非難に満ちているなら，その言葉は意味を失ってしまう。患者が気づかされるべきことは，抵抗の分析は，精神分析的手続きが必要とする，不可避かつ生産的な部分であるということである。

分析の初期に抵抗のある側面を分析することに成功した後，私は，抵抗の分析は実り多く価値があるのだという点の妥当性を明らかにするよう努める。

分析状況における特定の雰囲気を醸成することに役立つので，こうした介入が分析の初期に重要だと私は思っている。私が患者に感じてほしいのは，患者が分析状況において私の共同作業者であると感じるために，分析で何が起こっているかについて知る権利があるということである。私は，作業同盟の発達を促進したい。私は彼に，自分が子どもであり，暗闇に閉じこめられていると感じてほしくないし，あるいは私が彼をはるかに超えた専門家であると感じてほしくない。私は，権威主義的な雰囲気，神秘的な雰囲気，あるいは親のような雰囲気を作りたくない。私はこれが，二人の勤勉で真剣な大人，一方が支援を求めもう一方が専門家であるが，ともに行う作業に対して両者が等しく真剣で責任を持つような状況であることを望んでいる。そして私は，彼が分析的患者になることに役に立つために，そして彼が分析的患者

になるのを助ける──すなわち，彼が分析において作業するのを助ける──ために，彼が必要とするどんな教育的方法でも提供したいと思う。私は彼を分析家にしたいわけではなく，分析される過程の特定の諸側面を体験した後で，それらに親しんでほしい。そうすれば患者は，彼の意識的な能力の及ぶ限り，私と協働することができる。この点については，本書の第III部第5章，そして第II巻でより詳しく説明する。

　ある患者が，抵抗しているということだけでなくなぜ抵抗しているのか，あるいは何を抵抗しているのかを自ら見つけるとき，そのとき，彼は分析において重要な一歩を踏み出したと私は感じる。私たちはしばしば，患者が「分析に居る／中である in analysis」という表現を聞く。私は，これが上記の状況を指していると思う。つまり患者の自我の一部，観察する理性的自我は，今や自力で，ときには自我の体験している部分を眺める能力，そして分析家の同盟者として作業する──つまり一時的に分析家の作業の仕方に同一化しつつ作業する──能力を，持つのである。作業同盟は，一時的部分的に打ち建てられていく。このことは決して彼が自身の抵抗を完全に分析できるということではないが，少なくとも彼は抵抗を避けたり隠したり覆いをかけようとするのでなく，抵抗を分析する重要性に気づき，抵抗に対して分析的態度を持つのである。

　分析のごく初期には，抵抗という用語を使わないで，次のような言い方──あなたは避けている，あなたは逃げている，あなたはかわしているようだ，表面をなぞっているようだ，隠しているようだ，などの文句──を使うよう私は注意している。抵抗 resistance という言葉は普通の英語の言葉であるが，同時にまた専門用語であり，私は使わないようにしている。

3．最初の数回の間に，患者がセッション中にある出来事を描写している間にどのように感じたかを，私は彼に必ず訊ねる。私がそうするのは，患者の情緒と身体反応を彼の連想に持ち込むことに，患者を慣らすためである。同様に私は，ある活動が続いている間に何を想像していたか，患者に訊ねる。それは，空想生活の重要性を彼に気づかせるためである。

上記に述べた三つの手続きに共通するのは，患者の理性的自我と分析家の分析する自我の間の作業同盟の発展を促進するという目的である。このことについては，第III部と第IV部と第II巻で，より詳細に，そして異なる視点から述べられる。

VI-2　抵抗に対する抵抗

　臨床実践で私たちが頻繁に見出すのは，「その」抵抗は，ある内容を妨害する唯一の力だけから成るわけではないということである。実際には抵抗は二つ以上の妨害する力で構成され，異なった層に配列されているだろう。さらに，ある場合に抵抗となるものは，別の場合には締め出されているものかもしれない，というのも抵抗は，相対的な概念だからである（第II部第4章のIを参照）。例えば，ある患者は沈黙して何も言うことがないと明かすことを恥じているため，些細なことを話している。そのようなとき，私たちには二つの回避が作用している。すなわち患者は，自身を沈黙させる何ものかから逃げている，そして些細なことを話すことで沈黙になることを隠している。この例で彼は沈黙を，まるで禁止されている衝動であるかのように扱っている。こうした状況を，私たちは抵抗に対する抵抗と呼ぶ（Breuer and Freud, 1893–95, p.279; Fenichel, 1941, p.62）。

　患者が些細なことを使うのは，より表面的な抵抗であり，最初に対処されなくてはならない。その後の私たちの最初の仕事は，なぜ患者が沈黙することを恥ずかしく思うのかを確かめることだろう。その後になって初めて，私たちは根底にある沈黙の理由を分析することへと進むことができる。この種の抵抗に対する抵抗の典型的な原因の一つは，「良い」患者，つまりお気に入りになりたいという患者の願望である。患者は，「良い」患者は抵抗しないという誤った印象を持っている。それゆえ彼がずっと守っていた沈黙は，ある本能的連想を持っていたのである。これは分析の初期に，頻繁に生じる。別の患者は，怒るのを恥じ，あるいは怒るのではないか，性的になるのではないかなどと恐れ，そして根底にある情緒を指し示すであろう沈黙を，覆い隠そうとするのである。

　頻繁に生じる，抵抗に対する抵抗のもう一つの原因は，苦痛に満ちた新たな洞察に対する反応である。解釈がさらに進められるのを黙らせるために，患者は確かに解釈の通りだという証拠を熱心に見出すことで，新たな発見にまつわる怒りや不安を覆い隠そうとするかもしれない。

例えば，分析の初期に私は，職場の同僚に関する患者の競争的な，同胞葛藤的な感情を初めて指摘した。患者は直ちに私に同意することで反応し，毎日の生活や過去のさらなる例をいくつか即座に見出した。しかし，その次のセッションで，前回に引き続き確証を与えるような情報を素早くどっと話した後，患者は沈黙に陥った。彼は沈黙に動揺しているようで，その動揺を探索するうちに，私の解釈に激怒し恐れたという事実を隠すために彼がより多くの素材を必死に見つけようとしていることに，私は気づいた。彼が私の解釈に激怒したのは，私がこれを知ることで，私のお気に入りの患者であるという自身の空想を失うことになると彼が感じたからであった。彼は，私のお気に入りでありたいとの願望を隠そうとして，あたかも私の反応を気にしないかのように，苦痛な素材へと即座に突き進んだのだった。

　患者の抵抗状況について振り返ると，それは次のように構成されている。新たな洞察が私に対する苦痛，激怒，不安を生じさせる。患者は，私に怒りをさらけ出すことで，私のお気に入りというポジションを失うであろうと恐れる。彼は，敵意を脇に押しのけようとし，反動的，対抗恐怖的なやり方で素材を探求する。それはまるで「あなたが私について発見することは気にしません——よい作業だけが重要なのだから」と言っているようである。けれども新たな素材は尽きていく。というのもその隠された激怒は放出を求めており，聞いてもらうことを求めるからである。患者は，私を欺こうとすることで罪悪感をも抱いており，その沈黙は，自罰の一形態でもある。

　概して，私は，患者が主に二つの理由で抵抗を隠すことに気づいた。（1）彼らは，抵抗の状態を露わにすることを恥じるか，恐れている。抵抗は欠陥を意味し，愛を失うか罰を受けることに至るだろう。（2）彼らは，抵抗を生み出す状況をさらけ出すことを恐れている——通常は，敵対的な転移反応に至るかもしれないと彼らが感じる素材を避けるためである。このような患者は，腹を立てることを恐れている。彼らは反対になる——愛想良く従属的になることで，怒りを覆い隠そうとすることが多い。分析家候補生がその良い例で，彼らは私が何か間違ったことを言った会合について言及することを避けたり，あるいは彼らが私に同意することに触れるだけで，それ以外は言おうとしないだろう。

　抵抗に対する抵抗やさまざまな内容に対する抵抗について，さらにもっと複雑な布置がありうる。次に，ある分析セッションから臨床例を取り上げてみよう。

あるセッションで，患者はかなり軽い調子で始め，3歳の娘が病気になったこと，しかし彼は抑うつ的になりたくないのでそのことについては話したくないことを，繰り返し話す。それから彼は，些細な日常的な出来事に触れ，お喋りを続ける。彼が子どもの病気に話を戻す気配を見せないので，私は次のように言って介入する。「なぜあなたは，幼いお嬢さんの病気のことを避けなければならないのですか」。彼は怒って，「どうして放っといてくれないのですか——どうして，私をせかし続けるのですか」などと答える。私は黙っている。徐々に彼は，娘の病気について，娘に手術が必要かもしれないと言った顧問医に，彼らがどのように電話したか，その可能性を自身がどれほど恐れたか，娘が死ぬのではないかとどれほど心配しているか，話し始める。彼は，痛みを感じているかのようにカウチの上で身もだえする。幾筋もの涙が彼の頬を静かにつたい，彼はそれを拭うことさえしない。私は黙っている。患者はほんのちょっと動きを止めると，叫び始める。「死ねたらいいのに。むしろ自分を殺せたらいいのにと思う」沈黙。このときになって私は介入し，次のように話す。「お子さんに対するあなたの心配は理解できます。けれどもなぜあなたは，それほどにご自分を憎むのですか」。すると患者は，幼い娘に対していかに罪悪感を感じるか，話し始める。彼の娘は母親のほうがずっと好きなので彼にはそれが不満である，男の子でないことによって娘は彼を失望させる，彼は彼女を無視する，こうしたあらゆることを彼はしたのだった。彼は死に値する……間……。「とにかく，誰も私を罵倒してはくれないんです」

　このセッションを振り返るなら，その抵抗がいかに複雑であるかが理解できる。つまり，気の滅入る話題を軽率さで避けること，彼を急き立てる私に対する怒り，彼の子どもに関する恐れはその子に対する罪悪感を隠し，その子に対する憤りを隠し，その望まれない子どもとの彼の同一化を隠し，それらは私への非難で終わったのである。このセッションが説明しているのは，いかにさまざまな抵抗が異なる内容に対して用いられるか，そしていかに一つの内容がさらにより深い根底にある内容を締め出すために用いられる可能性があるか，ということである。ワークスルーという概念は，異なる状況やその他の時間や場所での同じ抵抗を明らかにすることに関わるだけでなく，ある衝動や記憶や体験などを締め出すために用いられる，多様な種類の抵抗を明らかにすることにも関わっている。これは，しかしながら，第II巻でさらに詳しく取り上げられる。

VI-3　秘密

　分析における私たちの通常の仕事は，患者の無意識的秘密を明らかにすることである。患者は隠し続けてきた記憶に気づいていない。それらは患者の意識的自我にも隠されている。彼は私たちの探索に対して，無意識的および前意識的抵抗を抱くかもしれないが，通常，少なくとも意識的には分析作業の側にいる。しかし，時折起こることであるが，患者は特定の素材を意識的に分析家に知らせずにおこうとする。ほとんどの事例では，この意識的で意図的な保留は一時的であって，通常は患者自身によって乗り越えられる——続いて患者は秘密を告白するのである。非常によくあるのは，ただ一回の分析時間の中でそれが起こることである。しかしある患者たちは，長い間秘密を持ち続け，そして私たちの助けがなければこの意識的抵抗に打ち勝つことができない。秘密の分析が必要とする特別な問題のいくつかを検討する価値はある。なぜなら，もしその秘密が分析に屈しないなら，あるいはもしそれが正しく取り扱われないなら，分析全体を危険にさらすかもしれないからである。この問題についてのアルフレッド・グロス（1951）の論文は，研修生には必読である。

　秘密を取り扱う分析的方法に関して，特に強調されなければならない二，三の基本原則がある。何よりもまず，私たちには，患者のうちに生じている重要な心的事象の全てを分析する決心があるという態度に関して，いかなる譲歩もありえない。秘密であるというまさにその性質によって，その秘密は重要な心的事象であり，分析されなければならない。この点について妥協はありえない。フロイト（1913b, pp.135-136）は，もしも分析家がいかなる種類のいかなる秘密であれ許すとしたら，タブーであるあらゆる記憶，思考，衝動はこの逃げ場に隠れ，分析を回避するだろうと説明したとき，この見解を非常に明確に表現した。彼はそれを，警察が，ある場所が彼らの力を行使しない避難所になることを許す場合に，村に起こるであろうことにたとえた。その村のろくでなし全員が最終的にそこに集まり，そして捜査を逃れるだろう。フロイトは，ある政府高官を分析しようとした個人的体験を語ったのだが，その際，特定の国家機密を分析から除外することを許容した。このような状況で分析を完了することは不可能だった。多くの患者は秘密のままにする口実を見つけようとする。例えば彼らは，分別のあることではない，無関係な人を巻き込むのは良くないなどの理由で，名前を言えないと主張するだろう。秘密に対するわずかな譲歩は，ど

んな理由であれ，分析状況とは相容れない。一つの秘密を許容することは，効果的な分析の終わりを意味する。

　第二次世界大戦中のいくつかの経験によって，私は，フロイトの発見と結論を確信している。私は，空軍病院の戦争神経症病棟に従事していた。そこでの私の業務は，とりわけ敵の捕虜施設から逃れてきた将校や男性のグループの治療だった。けれどもこうした人たちは，いかにして地下組織が，彼らが逃げるのを助けたかについて，誰にも話さないようにワシントン政府から指示されていた。これは，そのかけがえのない仕事を続けていた地下組織のメンバーを守るためだった。このような逃亡者たちは，さまざまな不安状態や外傷神経症に苦しんでおり，セラピーを絶望的に求めていた。にもかかわらず，彼らが特定のデータを秘密にする義務があると感じている限り，彼らと効果的な心理療法を行うことは不可能だった。地下組織の名前は，その人たちの個人史に何ら重要性を持っていなかった。にもかかわらず，彼らがこの情報を秘めておくことが正当であると感じているという事実が，治療の価値を下げた。幸いなことに，私は，精神分析家であり精神科の科長であったジョン・マレー大佐に助けを求めた。大佐はワシントン政府に手配し，あらゆるポストの特定の精神科医が極秘の素材について作業することを許可してもらった。患者たちは，それを知らされて，そのときになって初めて，効果的な心理療法を行うことができるようになった。

　私たちの基本的な態度は，秘密については譲歩があるべくもなく，それらは分析されなくてはならないということである。しかしながら，患者に秘密を話してもらうために強制したり，脅したり，嘆願することは間違いであると理解することもまた，重要である。患者に秘密を持つことを諦めるように強制することは，秘密を許容することと同じく，正しいことではない。他のあらゆる形態の抵抗を分析するのと同様に秘密の分析を試みることが，分析的な態度である。私たちはまさに決然とし，そしてまさに忍耐強い。私たちは患者が意識的な秘密を持っていることに気づくかもしれないが，患者が秘密を明らかにできるようになる前に分析されなければならないのは無意識的要因であることを，私たちは知っている。患者は秘密の内容を知っているが，秘密の維持を必要とする重要な理由は無意識にある。私たちの接近法は，秘密にする動機を攻撃することである。

　これを具体的な言葉にしよう。ある患者が私に，話すことができないし話さ

ないつもりのことがあると言う。私の反応は，実際こうである。「貴方の秘密が**何で**あるか，私に言わないでいいです。けれど，**なぜ**それについて私に言えないのかを話して下さい」。言い換えれば，私は秘密の内容ではなく動機を追究している。その方法は，抵抗の動機の分析を追究するために概略した技法と似ている。私は患者に，もし私に話すとしたらどんな気持ちになるかを訊ねるだろう。もし彼が私に話したと想像できるなら，どんな風に彼は感じることだろう。私は続けて彼に尋ねるだろう。「もしあなたが私に話したら，どんな風に私が反応するだろうと想像しますか？」。言い換えれば，私が追究するのは秘密の素材が患者に引き起こす苦痛な情動と空想であり，そこには苦痛な転移空想が含まれる。それから私は，彼の過去の生活におけるこの苦痛な転移状況の歴史，例えば，以前，いつこのことがあなたに起こったかを追究するだろう。

　上記の点について，簡単な臨床例をあげたいと思う。分析のはじめの6カ月の間，ある女性患者が，自分では口にできない言葉がある，と私に言う。この患者はいつも協力的であり，私は，彼女がその言葉を言おうと苦闘しているのが私には分かる。私はしばらく黙り，その後，彼女が伝えようとしてくじけそうに見えると，私は彼女に尋ねる，「もしその言葉を言ったとしたら，あなたはどのようにお感じになるのでしょうか？」と。彼女はこう答える，打ちのめされて押しつぶされると感じるだろう，岩の下を這うように感じ，汚い小さくて醜い虫のように感じるだろう，と。私は，彼女の転移空想について質問して追究する必要はない。なぜなら彼女は自発的にそれに取り組んでいるからである。「あなたは私に愛想をつかすでしょう，あなたは私を嫌うでしょう，あなたはびっくりして追い払い，私に出て行くよう求めるでしょう」。私は黙ったままでいる。患者は続ける。「これって馬鹿げている。あなたはそんなことなんか，まったくしないでしょうに……だけど，そういう風に私は感じるんです。私は，その言葉があなたを狼狽させているかのように反応しているんです」。私は何も言わない。患者は，家でその言葉を初めて言ったと記憶しているときのことについて，私に話し続ける。彼女は母親と昼食をとっていて，その言葉を面白がってからかうように言った。母親はショックを受け，不快感を表した。母親はその9歳の少女に，テーブルから離れて石けんで口を洗うべきだと命じた。患者はその言葉が「汚い」とは感じていたが，母親の反応にびっくりした。この時点で患者は，その秘密の言葉を私に言うことができた。その言葉は，卑猥な言葉「ファック（fuck）」である。

患者はこの時点から，分析の中でその言葉「ファック」を使えるようになったが，上記の臨床記述は彼女の秘密の分析の終わりではなかった。この言葉が面白がってからかうように母親に対して言われたという事実もまた，重要な意味を持っていた。「ファック」という言葉は，多くの他の口唇および肛門性愛的でサディスティックな空想にも関連していた（Stone, 1954a）。しかし，これ以後「ファック」という言葉は意識的な秘密ではなくなった。私たちは，その言葉がそれほどに嫌悪されてきた無意識的要因を探し求めた。

　この一連の出来事はかなり典型的である。私たちが，転移空想や苦痛な情動を含む秘密の動機を分析するとき，患者は大抵その秘密を告白することができる。しかしこれは，秘密を分析する際の技法的問題の終わりではない。その秘密は，明るみにされたとき，たとえ取るに足らないようにみえても，患者にとって何か親密で重要なものである。その患者にとって分析家に秘密を話すことは，何か非常に個人的で価値のあることを明らかにすることなのである。伝えられたことは敬意と細やかな思いやりをもって扱われるべきだが，しかし私たちは，それの分析を続行しなければならない。

　秘密が明かされると，その後，辿るべき可能性のある道が二つある。どちらの道を進むのかは，患者の反応による。私たちは，その秘密を打ち明けたことへの患者の反応を探索することもできるし，あるいはその秘密の内容を調査することもできる。非常によくあることだが，この二つの道は交差している。

　「ファック」という言葉を言えなかった女性に戻ろう。先述したように，恥ずかしさの気持ちについていくらか作業をした後で，最終的に彼女は私にこの言葉を述べることができた。その言葉を言った後，彼女は沈黙した。そこで私は彼女の沈黙を取り上げ，それについて訊ねた。彼女は今や，その「汚い」言葉を言ってしまったことに反応していた。自身はまるで私の面前でトイレに行き，私が排泄行為中の彼女を見ていたかのように，彼女は感じた。つまりこの秘密を告白することは，私の前で排泄することを意味していた。

　彼女にとって，その秘密との苦闘は彼女の排泄活動を隠すための苦闘と同じだった。彼女は，性的な活動を話し合うことにお堅いわけではなかったが，トイレについて，特に肛門の行為goingsonについて語るときには，非常に恥ずかしがった。彼女の母親はトイレットトレーニングには大変に厳しく，幼い頃彼女は，全

ての排泄機能は醜くて秘密にしなければならないものだ——そうしなければ人はうんざりして嫌悪感を覚える——という印象をもっていた。これは特にトイレの音に関してあてはまり，それは彼女にとって最も嫌なものだった。彼女にとって私に秘密を話すことは，私の前で大きな音を立てておならをすることであり，患者にとって最も苦痛な状況だった。

彼女の秘密についてのさらなる分析は数日後に生じ，実際にはその後，数年にわたって幾度も言及された。ここでは私は，その内容の分析——この場合には彼女にとって「ファック」という言葉が何を意味していたかの分析——に触れる。「ファック」は，彼女の幼児的な性の概念であり，エディパルな性，肛門的な性そして口唇的な性であった。それは，両親の性交，両親の排泄活動の音と臭いであり，子どもが母親の乳房を官能的に吸うことであった。それはまた，あらゆるこうした水準における，原始的な攻撃的構成要素を含んでいた (Stone, 1954a; Ferenczi, 1911を参照)。

秘密の分析は，分析にとって困難な主題であるとしても，非常に価値がある。一般的に，秘密は分泌物と関連する。それらは常にいくらか肛門的あるいは尿道的な意味合いをもち，恥ずかしさや忌まわしさ，あるいはその逆，つまり，非常に価値があり蓄えられ守られるべきものだ，と考えられている。秘密はまた，両親の秘密の性的活動と関連しており，今や患者はそれを同一化を通して繰り返し，そして転移状況で腹いせに繰り返している。この全てに加えて，秘密でいることと告白することには常に，露出症，窃視症そしてからかいの問題が含まれている。秘密は，特別な形態の抵抗として，必然的に転移状況に関与する。

特別な抵抗に関する本セクションは，いくつかの理由で，ここで中断されなければならない。技法に関するいくつかの特別問題は，本書のこの早い段階では複雑すぎて，有益に論じることができないため，あとから取り扱うつもりである。ここで私が言及するのは，行動化，性格抵抗，話さない患者 silent patient，そしてまた，ある重要なイド満足を含む活動によって複雑になる抵抗——すなわちある種のマゾキスティックな抵抗，遮蔽抵抗，そしていわゆる「リビドーの粘着性」による抵抗——である。

それ以外の特別な形態の抵抗は，転移抵抗に関する第Ⅲ部第8章で論じるつもりである。というのも，転移の要素が決定的に重要だからである。解釈との関連で私が述べようとするのは，解釈の量やタイミングあるいは機転の誤りに

続いて生じる抵抗，ならびに分析家の休暇の前や後に生じる抵抗，分析家と患者の社会的な接触の後に生じる抵抗などである（第II巻参照）。

VII 技法の偏向

　抵抗を分析する技法において，一般的な手続きとともにいくつかの特別な問題を議論してきたので，ここで示された観点を，逸脱した二つの接近法と対比させることは役立つと思われる。メラニー・クラインとフランツ・アレキサンダーは精神分析の二つの異なる学派のリーダーであり，理論的にも技法的にも古典的な立場とはいくつかの点で極めてはっきりと異なっている。この本はいわゆる古典的な精神分析技法の解説に第一の目的を置いているが，これら二つの，分岐したけれども重要な接近法について簡単に述べておくことは，私が記述してきた本質的な点のいくつかを強調するのに役立つはずである。両学派は，精神分析にとっていくつかの価値ある貢献に責任を負ってきたが，同時に，大きな論争の原因ともなってきた。こうした理由のため，研修生は彼らの基本的な著書に精通しておくべきだろう（Klein, 1932; Klein et al., 1952, 1955; Alexander et al., 1946）。ここでは私は，抵抗分析に関する彼らの見解について，非常に凝縮された見解のみ提供する。

　まず印象的なことは，「抵抗」という用語は，上に挙げたクラインの最初の2冊の著書の索引にはまったく存在せず，3番目の著書に2回見られるだけである。けれどももしさまざまな臨床例を読むなら，クラインや彼女の学派の人たちが，彼らの患者が時折，分析手続きに対立していることを確かに認めている，と私たちは演繹できる。しかしこの臨床所見は，私がこれまでのページで説明してきたようには取り組まれていない。抵抗の動機，様式あるいは歴史を患者に認識させ理解させるために，彼の理性的自我と作業同盟あるいは治療同盟を形成するためのいかなる試みもなされない（Zetzel, 1956）。あらゆる抵抗は根底にある本能衝動の観点から**即座**に解釈され，たとえそうした衝動が前言語期に関わるとしても，分析家はそれらを特定の詳細な空想に翻訳する。彼らが分析的に解釈するための臨床上の証拠は，私の見るところ，驚くほどわずかである。彼らは詳細な臨床素材を滅多に示さない。そして，解釈はどの患者においても驚くほど類似している。患者の個人的な生活史はパーソナリティの発達や神経症にはほとんど影響していない，という印象を私たちは持っている。

クライン派が最近編集した著書の中のトーナー Thorner（1957, pp.286-287）による論文から，ある臨床素材を例として引用しよう。彼が描き出すのは検査不安 examination anxiety と他の症状がある患者であり，彼は一つの夢を報告する——赤い蜘蛛が患者の肛門を出たり入ったりしているが，彼を診察した examined 医者は悪いところは何も見られないと患者に言い，それに対して患者は「先生，あなたには何も見えないかもしれないけれど，それでもやはり蜘蛛たちはそこにいるんだ」と応じた，という夢だった。そのクライン派の分析家は，悪い内的対象によって迫害されていると患者は感じる，と解釈することでこの夢を扱う。次に分析家は，この患者が大きな安堵をもってこの解釈を受け入れ，それに続いて「助けてくれる良い対象」を表す「新たな幼児期の記憶」を分析家に与えた，と報告する。

　知らない患者の素材を解釈するのは危険なことであるが，夢にはある明白な抵抗要素が明らかに存在するように思われる。つまり，患者に何ら悪いところを見ることができなかった医者がいて，患者はそれに不満を抱いている。夢のこの側面は無視されている。おそらく，この抵抗は深部へと突き進むことによって避けられていると言うほうが，もっと正確だろう。分析家は，クライン派の常套句，「悪い内的対象」による「迫害」と解釈することで，その状況を扱うのである。そこには，患者の分析家との現在の関係，あるいは肛門検査，無能な医者，赤い蜘蛛などにまつわる彼の個人的，歴史的体験にたどり着こうとする試みはない。その患者の個人的な経験は無視されている。さらに分析家は，本能の内容に向き合う準備が患者にできているかを査定することに関心を持っていないようである。すなわち，解釈の量やタイミングの問題について譲歩することはないようである。最も原始的な幼児的本能の構成要素あるいは取り入れに関する解釈が，分析の最初期からなされる。クライン派は無意識を意識化するという技法的原則をカリカチュアするようなやり方で，患者と作業しているように思われる。彼らは，患者の理性的自我の有無という問題に関心がないようである。彼らは内容の解釈を次々と行い，そうした解釈は，ステレオタイプのイドを持つコンピューターのような知性に，向けられているようにみえる。

　1962年12月，アメリカ精神分析学会の冬季大会の一部として，エリザベス・ゼッツェル実行委員長の下，メラニー・クラインの貢献についてのワークショップに私は参加した。そこには，異なる背景，関心，経験を持つ，アメリカ合衆国全土から集まった20名ほどの分析家がいた。メラニー・クラインと彼女の

学派の人たちが，早期対象関係，最早期の憎しみと攻撃性の多様性，そして原始的敵意の特別な変遷に関する私たちの理解に価値ある貢献をしてきたことに，皆が同意した。そしてまた，クライン派が抵抗を抵抗として作業するのを無視し，作業同盟を軽視し，患者の個人史を過小評価し，前言語的時期の詳細で複雑な空想を普遍化したことについても，おおむね同意した。

　アレキサンダーと彼の学派の人たちは，その対極を行くように思われる。クライン派が分析のはじめから抵抗の背後に存在する乳幼児最早期の本能的奮闘を解釈するのに対して，アレキサンダー学派は，さまざまな操作によって抵抗を取り扱おうとする。彼らの目的は，患者が抵抗，とりわけ退行を**避ける**のを支援することのようで，彼らは退行を，本質的に無駄なことだと考えている。アレキサンダーは，面接の頻度を操作して患者があまりに退行して依存的になるのを防ぐことを推奨する。彼は，面接の頻度を週2回あるいは1回にさえ減らそうとする。「安全で快適な転移神経症へと自ら浸ろうとする」患者の傾向を阻まなければならないのである（Alexander et al., 1946, p.33）。患者が以前に何度も話したことのある素材を繰り返すときに治療を中断するのは良い考えであり，そうすることで，患者は「以前の困難のうち，どれを自身がいまだ保持しているのかを学ぶ……」と彼は示唆する（p.36）。さらにアレキサンダーは，分析家は，「患者が過去に避けたことをするように，以前に失敗していた活動で試してみるように，患者を励ます（あるいは，要求さえする）べきである」と確信している（p.41）。

　アレキサンダーの共同研究者であるフレンチは，洞察にあまりに信頼を置くことに警告することによって，抵抗を扱うことに関する彼の見解を明確に示している。敵対的衝動を扱うことについてのある一節を，私はここで引用する。「したがって，敵対的衝動を引き起こした問題に対するそうした衝動の背後を掘り下げることによって，どんなときも患者の注意を直接的に敵対的衝動に焦点づけることなく，根底にある問題への解決を患者が見出すのをただ支援することによって，敵対的衝動を除去することは，しばしば可能である」（Alexander et al., 1946, p.131）。

　明白なのは，アレキサンダーとその学派によって推奨されている抵抗の取り扱い方は，精神分析的だとは考えられないということである。彼らは本質的に操作的であり，反-分析的である。患者は，自身の抵抗を認識し理解することを学ばず，抵抗を克服する手段としての洞察を重んじることもなく，自我構造を変化させようと試みることもない。万能的治療者が，患者がどの抵抗に対処で

き，どの抵抗を永遠に避けるべきかを決めるのである。これは，効果的な対症療法的心理療法であるかもしれないが，もちろん精神分析ではない。

［訳注］
◇1　直腸，排尿口，生殖口の機能を兼ねる器官を指す。
◇2　「憂さを晴らす」という意味の get it out of one's system と，患者の従来の体制を打ち破るという意味がかけられている。

第7章

抵抗に関する技法の規則

　この時点で，私たちの技法的手続きを決定する際のガイダンスに関するいくつかの一般的原則を書き留めることができると思う。これら規則は命令や法則ではなく，むしろ全般的な方向を表す道しるべを意味する。あらゆる規則は柔軟に用いられなくてはならない。すなわちそれらは，患者，分析家，そしてその状況に適していなくてはならない。臨床的問題，患者の能力，そして達成しようとする目的を私たちが理解する場合にのみ，技法的手段は役に立つのである。私たちは脇道や回り道を行くことで同じ目標に至ることができるが，長い旅において，地形，地勢，障害物などを示す道路地図を心に留め置くことが，実践的重要性をもつのである。これから記述する規則は，そのようなガイドラインである。私たちが道に迷ったり不確かに感じたりするときに，それらがとりわけ役に立つ。フロイトは自身が記した規則を「勧め recommendations」と呼び，それらに対して決して無条件な賛同を要求しなかった。彼が感じたのは，心的布置は非常に多様であり決定因も非常に豊富であるので，ときとして技法のいかなる機械化も効果を持たないと判明するだろう，ということだった。それにもかかわらず彼は，いくつかの手続きは標準的な状況に対して有効だと確信していた。（Freud, 1913b, p.123）。

I ｜ 内容の前に抵抗を，イドの前に自我を分析し，表層から始めよ

　精神分析の初期には，その技法は抑圧された記憶を獲得しようとすることに

焦点づけられ，その仕事は単に無意識を意識化することであった。患者の自由連想から解釈を行うことによって抵抗はかわされる可能性があった。避けられ得たのである。まもなくフロイトは，その強調は間違っており，治療的に効果的であるのは忘れられた記憶を手に入れることではなく，抵抗に打ち勝つことだと理解した。抵抗が無傷のまま得られた記憶は，変化をもたらすには無力である。というのもそれらは，古いやり方では，抵抗の力に打ち負かされてしまうからである（1913b, p.141）。1914年にフロイトは，患者の抵抗を分析し解釈することが分析家の仕事だ，と明言した。私たちがこれに成功するなら，患者は忘れていた記憶をしばしば見出し，正しくつなげるであろう（1914c, p.147）。

　抵抗の力の中心的な役割を認識していくにつれ，無意識を意識化する古い局所的定式化は，力動的定式化に置き換えられた。すなわち，私たちは内容より先に抵抗を分析するのである（Fenichel, 1941, p.45）。この定式化は古い定式化と矛盾せず，ただそれを修正する。無意識を意識化することは，そうすることが神経症的葛藤の力動を変える場合にのみ役立つのである。抑圧されたものを明らかにすることは，そもそもそれが抑圧される原因となった同じ防衛的な力に出会うのであれば，意味がない。変化はまず，抵抗しているその機関agencyにおいて，なされなければならない。抵抗を分析するためのさまざまな手続き（第II部第6章を参照）は，抵抗する力に好ましい変更を生み出すことを目的とするのである。

　この時点で，構造論的観点を持ち込むことが役に立つ。なぜなら，そうすることで私たちの治療的仕事がさらによりはっきりと明確になるからである。私たちの究極の目的は，自我が，イド，超自我，外界によりよく対処できることである（Freud, 1923b, pp.56-57）。分析の過程で，患者の自我は二つの異なった側面と機能を持つとみなされるだろう。無意識的で非理性的な自我は病理的防衛の開始者であり，治療の間，経験自我と見なされる。意識的で理性的な自我は分析家の同盟者であり，臨床的には分析中に患者の観察自我として現れる（Sterba, 1934）。私たちが内容より先に抵抗を分析すべきだとする技法上の規則は，構造論的には次のように表現され得る。すなわち，私たちはイドより先に自我を分析すべきなのである（Freud, 1933, p.80; Fenichel, 1941, p.56）。さらに正確に言えば，分析家の介入は，患者の理性的自我が古い危険な状況によりよく対処できるようにすることを目的とするべきである。

　過去において患者はこうした古い危険をあまりにも恐ろしく感じて，その非

理性的自我が，神経症的症状に帰着する病理的防衛を設けたのである。分析状況において，作業同盟と適切な一連の解釈の助力によって，患者の理性的自我が，過去に比べて現在にいかに働くことができるか，かつてはどのように危険を査定し，そして今ではその危険をどのように査定しなおすかなどにより精通するにつれて，私たちはその理性的自我が拡大することを期待する。患者の観察自我とともに作業して経験自我の働きの非理性-性を明らかにすることが，理性的自我の支配力の及ぶ範囲を拡大することを可能にするのである。私たちは，内容より先に抵抗を，あるいはイドより先に自我を分析し，そうして患者に締め出されていた内容を患者に解釈するとき，彼はそれにより適切に扱い，過去の神経症的パターンを単に繰り返すことがなくなるだろう。

　これらの定式化の背景にある論拠を明らかにするために，一つの臨床例をあげよう。

　およそ1年半分析をしている若い男性のZ氏は，次のような夢を話してそのセッションを開始する◆1。「私は，巨大なベッドに寝ている夢を見ました。私は完全に裸でした。大きな女性が入ってきて，私をお風呂に入れなければならないと言い，そして，続いて私の性器を洗いました。私はひどく腹が立ってはずかしくなりました，なぜかというと私の性器が勃起しなかったからでした」

　私が黙っていると患者は話し始める。ここで彼の連想の要点を述べる。「夢の中の女性は，家族ぐるみの友人の一人に似ていました。実のところ，彼女は私の良い友人であるジョンの母親に似ていました。彼女もまた私の家族，特に私の母親の友人ですが，でも私の母には似ていません。彼女は甘やかされていません。彼女は，私の母親のように甘やかされた子どもではありません。私はこの女性を好きでした。彼女のような女性が母親ならいいのに，と私はよく思っていました……［間］……私は週末にデートをして，私たちは性的な遊びにふけっていました……［間］……彼女は既婚者です。それに彼女はとても乗り気でした。実際彼女のほうが仕掛けてきました。こんな風にする女性たちは，売春婦みたいです。そういう女性たちは，愛について何も感情を持たないで，ただセックスに興味があるだけです。彼女たちは，尽くされたいんです。私は，こういうこと全てを話すことが，居心地悪いです……［間］……」

　この時点で明らかだと私が思うのは，まず第一に，私たちが扱っている状況において，Z氏は，ある幼児期の性的願望と恐れを表明し，そして隠そうともがい

ているということである。私たちが夢の顕在内容やその連想に注目するなら，次のことを認識するのはそれほど難しくない。すなわちこの素材は，患者が小さな少年であること，大きなベッドに寝ていること，母親にペニスを優しくなでてほしいという子どもっぽい願望を持っていることに関連する，ということである。しかし，そこにはまた怒りや恥も存在している。なぜなら，彼のペニスは父親のペニスほど素晴らしくはないからである。彼は，大きなペニスを好む女性たちに憤慨するが，女性たちに彼のペニスで遊んでほしいとも思う。今やこの内容は全てかなり明らかだが，このどれについても患者に解釈を始めるのは間違っているだろう。というのも，また明らかなことに，Ｚ氏にはこれら全てのことから逃げ，それを秘密にし，全てを隠蔽する強い傾向があるからである。その言葉が，いかに大げさで回避的で不毛であるかに注目しよう。「私は完全に裸でした」。次にある女性が「私の性器を」洗い始める。「私の性器は勃起しませんでした」「私たちは「性的な遊び」にふけっていました」。それから，素直に認めて，「私は，こういうこと全てを話すことが，居心地悪いです」。

このような状況で，ある抑圧された内容が前面に出てはいるもののかなりの抵抗も存在するとき，まず患者の抵抗のいくらかを分析し部分的にワークスルーするまでは，締め出されている内容に進むことは意味がないと私は感じている。もし私がきまり悪がっているＺ氏に，彼が母親のような人物にペニスを優しくなでてもらいたいようだと指摘したなら，彼は怒って淫らな年寄りだと私を責めるだろうし，あるいは沈黙して完全に凍りつくだろう。私は今述べたことについてはかなり自信がある。なぜなら，別の場面で私が彼の抵抗の作業を試みた後でさえ，彼はこうした反応をしたからである。

それゆえ，私ははじめに抵抗の作業をすると決め，抵抗にいくらかの変化の徴候を見て初めて，その内容を彼に直面化しようとする。彼が沈黙すると，私は彼に次のように言う。「あなたは今日，性的体験について私に話そうとするとき，きまり悪そうですね。あなたの言葉さえ，大げさだと思います」（私は「今日」と言う，なぜなら彼が性的問題についてより直接的になることができたときがあったからであり，そしてこの言い方で，彼にそのことを思い出させている）。これに対してＺ氏は，次のように答える。「ええまあ，粗野になっても無駄なことで……［間］……ここでどんな言葉を使ったらいいのか，分かりません。私は，あなたが私の下品な言葉にどう反応するのだろう，とよく思います。もし私の心に最初に浮かんだ言葉を口にしたら，あなたはどんな風に反応するだろう。今そのことを話してすぐ分かったことで

すけど，おそらくそれを言うことが，あなたのまさに求めていることで……［間］……そう，認めないのはあなたではなく，私です。私はその種の下品な言葉を良いとは思わない……［間］……。その夢はとても鮮明で，夢の中での感情はとても強くて……私はすごく子どもっぽく感じました」

　この時点で私は，さしあたり患者が転移抵抗のある側面をなんとかうまく作業したと感じる。彼が感じている非難を私に投影し，そしてそれら非難の感情が不適切だったと，彼は理解する。私たちはこの抵抗についてさらに追究することもできただろうが，この時点で，彼には夢の内容を追究する用意があるように見える。なぜなら彼は自ずから夢の中での感情に戻るからである。それゆえ私は次のように介入する。「あなたは腹を立て恥ずかしくなったのですが，あなたは，夢の中でその女性があなたのペニスを優しくなで始めたとき，どのように感じたのでしょうか？」

　ここで私が患者の一歩先を行こうとしていることに，私たちは気づくはずである。私は彼の大げさな言葉ではなく日常的な言葉を使い，そして率直な調子で話す。私が話すのは，彼のペニスを優しくなでる女性についてであり，それを洗っている女性ではない。患者は，最初沈黙で応じる。それから次のように言う。「ええ，はじめはそれが好きでした……［間］……」。それから続けて，彼がデートをしたとき，相手の女性が「これ」をして……彼女は彼のペニスで遊んだ，と言う。しかし彼は，彼女の方が仕掛けたのであって彼でないのだと，私を納得させたく思う。けれども彼は，それが好きだったと認めねばならない。実際，彼はそれがすごく好きだった。実のところ，彼がそれを認めなければならないとするなら，彼はそれ以外のどんなことより，その種の性的快楽が好きだった。しかしどういうわけか，彼はそれが間違っていると感じるのだ……［間］……その女性は既婚者だった。彼女の夫は大物だった。彼は，彼女の夫を欺くことを楽しんでいたが，実際にそれほどの欺きにはならなかった。というのもその夫婦は離婚したのだから。「それは本物の勝利ではなくて，単にむなしい勝利でした。仕事のときのようです。私は懸命に働いているように見えますが，それは本物の仕事ではなくて，本当に一生懸命に仕事をしているのではありません。他のことも全部そうです。私は一切何もしたくなくて，何かを与えられたいのです。私はいつも，積極的で働き者のふりをします。けれど，本当のところ，私は誰かに何かを与えてもらいたいんです」

　患者は十分に作業しているように思われ，さしあたり，彼の抵抗はなくなって

いる。そのためこの時点で，私は，もう一つ別の解釈をする。私はこう言う，彼は大きな女性に性的快楽を与えられるという感覚を楽しみ，そして彼はそれを楽しんだにもかかわらず，小さい男の子のように感じたためにそのことを恥じてもいたように私には思える，と。これに対して患者はそうだと答え，夢の中でベッドはとても大きくて巨大だった，それと比較すると自分はとても小さかったに違いない，と言う。それから彼は少し間を置き，こう言う。「これは私の母親に関係していると，あなたは考えるにちがいありません。チェッ。その通り。私がデートした女の子は，まあ，同じようながっしりした太ももでしたよ，私がすごく嫌悪感を抱いていた，私の母のとね」

　この臨床事例は，抵抗から始めることによって，この患者とともにある本物の分析作業を完遂できたことを表している。もし私が抵抗を避けすぐに内容に進んでいたなら，怒りに満ちた否認か，あるいは他に，本物の情緒や洞察を伴わない知的な議論や服従になっていただろうと，私は思っている。ここに示されたような臨床事例の断片を用いて，技法上の規則――すなわち，内容の前に抵抗を分析すること――の裏づけとなる理論的根拠を，再検討しよう。

　解釈や直面化が効果的であるためには，患者が直面化や解釈を知覚でき，理解でき，把握できるのだと，私たちは確信していなくてはならない。そのために，私たちは，患者に理性的自我が利用できると確信していなくてはならない。私たちははじめに抵抗を分析するが，それは抵抗が理性的自我の成立を妨げるからである。さらに正確に言えば，当惑している患者の理性的自我 reasonable ego は，制限されている。もし私が当惑させる内容について患者に直面化するなら，彼はその限られた分別 reasonableness さえ失うだろう。彼がその限られた理性的自我を使用できる範囲で，私は作業しなくてはならない。患者が当惑を感じているということを，私は指摘する。それは明らかであり，彼の理性的自我にとって接近可能で，彼を逃れさせないだろうし，彼はそれに向き合うことに耐えられる。私は彼と一緒に，今日，何が彼を当惑させたかと思い巡らし，彼がいつも当惑しているとは限らないことを間接的に気づかせる。最初は，彼は不合理に自身を防衛し，粗野になっても無駄だと言い，それについて私がどう反応するのだろうかと思う。彼の理性的自我は，隔離され孤立していると感じていないので，大きな前進をしてその分別を拡大し，認めていないのは私ではなく自分なのだ，と恐れず認識するのである。それから彼は，自分の反応が不

適切だと実感し，この振る舞いを分析的に眺め，彼の抵抗に関して一時的部分的に私に同一化し，作業同盟を形成した。彼の振る舞いについて私が指摘してきたことを，彼は辿り理解することができた。彼が私とこの同盟を形成するにつれ，彼の理性的自我はより強くなり，彼は体験してきたことを，今や恐れず分析的に眺めたのである。私は，彼の自我にある分裂をもたらすことに成功し，自我は今や体験する機能と観察する機能を持ったのだった。その後，彼は理性的な観察自我を増やすことができた。この主題に関するステルバの素晴らしい論文（1934）は，必読である。

　もし私が，心を掻き乱すような患者の夢と連想の内容から始めていたとしたら，当惑している彼は怒り出すかよそよそしくなって，私と作業しなかっただろう。私は彼の意識的自我に接近しやすいもの，彼自身の感情としてよりいとわず認められるものから始めた。もう一つ局所的定式化を引用すると，私は表層から始めたのである（Freud, 1905a, p.12; Fenichel, 1941, p.44）。私が彼の理性に訴えると，彼は，当惑していたのだと認めることに関して理性的になることができた。私との作業同盟はそうして成し遂げられ，それからは彼自身が私に対する彼の不適切な転移反応を分析することができた。もし彼がそうしていなかったら，私は彼にそのことを解釈しただろう。その後，私たちはともに作業する一つの強い理性的自我を手に入れ，そして私は今や，締め出されている苦痛な素材に恐れず接近することができたのである。

　私は，大きな女性に性器を優しくなでられることへの彼の**願望**に対して作業しようと決めた。というのも彼のマスターベーションの空想は彼にとって未だ強い罪悪感の源であり，そして以前このことに対する作業の試みを何度か彼が中断していたからである。もし彼の性的願望の幼児的な性質を彼に認めてもらうことができるなら，彼は罪悪感やインポテンツや恥をよりよく理解することができると，私は感じた。女性が彼のペニスを優しくなで始めるとき彼がどのように感じるのかについて，私は彼に尋ねた。なぜなら彼の夢の物語では，彼はあきらかにその点に触れず，そして彼の女友達がそれをしたときの彼の性的反応を明らかにしなかったからである。その介入は実に生産的なものとなった。というのも彼は再び抵抗にもがき，そして最終的には，他のあらゆることよりもこうした受身的な性的快楽を好んでいるのだ，と実感したのだった。

　私はその後，これが幼児的で，言い換えれば近親姦的だという事実を直面化される準備が，彼にはできているかもしれないと感じた——それで私は次のよ

うに指摘することによって，彼をこの方向に向けさせた。すなわち，こうした活動のために彼は恥ずかしく感じている。というのも，それによって彼は，大きな女性によってある性的快感を与えられる小さな少年のように感じたからである。彼はこのことに取り組み，苦しんだ。夫たちをだますのが好きなのだと彼は認め，そんなことは空しい勝利だと実感し，そしてそれは自分の母親だったかもしれないと恐れず考えた。最初は「あなたはこう考えるに違いないと思います……」と言い，その後最終的にはそれを受け入れ，確信した。分析時間が進むにつれ，彼のわずかだった理性的自我はどれほど広がり，あらゆる抵抗に対して成功裏に奮闘することができたことか！　その時間中，私たちは彼の抵抗との闘いを観察することができた。もし抵抗が力を増して理性的自我を妨げていたなら，抵抗に対するさらなる作業が必要で，内容の作業は差し控えなければならなかっただろう。

　こうした技法規則は，基本的なものである。つまり，内容より先に抵抗を，イドより先に自我を分析する，そして表層から始めるのである。内容の作業は，より興味深くより楽しいかもしれない。一方抵抗の作業は，より退屈なものである。しかし自我の抵抗が分析されない限り，分析作業は行き詰まるだろう。患者は止めてしまうだろうし，破壊的に退行するであろうし，あるいは分析が知的なゲームもしくは隠れた転移の充足になるであろう。

　内容より先に抵抗を分析するという規則の意味合いは，抵抗のみを分析する，あるいははじめに抵抗にアプローチし，抵抗が解決されるまでは内容を完全に避けることだ，と理解されてはならない。実際，抵抗と内容の間が常に明確に二分されているわけではない。種々の例において，いかにして抵抗が内容になり，続いてある内容が抵抗として利用されるようになるかについて，多くの例を私は挙げてきた。さらにあらゆる抵抗の分析はその歴史に辿り着くが，それは内容なのである。最後に，抵抗を露わにするのを助けるために，私たちは内容のいくつかを用いなければならないかもしれない。この基本的技法規則が意味するのは，重要な抵抗が充分に分析されるまで内容の解釈は効果を現さない，ということである。先に示した当惑する患者の事例は，そのことをはっきりと示している。かなりの範囲で転移抵抗に打ち勝つまで，彼は素材に取り組むことができなかった。ここで，抵抗を分析するのを助けるために内容を使うという一例を取り上げることにしよう。

女性患者，分析4年目のK夫人は，あるセッションで次のような夢の話を私に語ることから始める[◆2]。（1）「私は，裸で写真を撮られていて，さまざまな姿勢で，仰向けになって横たわっています。足を閉じたり開いたりして」。（2）「私は，手に曲がった物差しを持っている男性を見ます。その物差しに，エロティックであると思われることが書かれていました。背中が棘だらけの1匹の赤い小さな化け物が，その男に小さな鋭い歯で嚙みついていました。その男は助けを求めてベルを鳴らしていましたが，私以外の誰もその音を聞いてはおらず，私は気にしていないようでした」

　この患者は自身の同性愛衝動への恐れに関する問題について，最近数回のセッションで作業していたということを，ここで付言しておこう。彼女はその衝動を，膣の性愛に対立するものとしてのクリトリスの性愛と結びつけた。今や彼女は膣でオーガズムを体験することができるようになったので，こうした領域を探索することにより大胆であった。さらに彼女は決して実際にペニス羨望を感じたことがなく，最近になってようやく，彼女の態度――女の子であることが嬉しく，男としては失敗していただろう――は，男性のペニスへの，深く根差し未だ触れられていない敵意に対する防衛なのだ，ということを実感した。もしこうしたこと全てを私たちが知るなら，その夢の顕在内容がこうしたテーマに繋がっていることは明らかである。裸で写真を撮られることは，ペニスがないことを露わにする問題を表している。彼女が無視する物差しを持った男性は，明らかに彼女の分析家を表している。その男性が闘っている赤い化け物は，男性性器に対して彼女が感じているものの投影，あるいはそれに対する復讐を表しているのだろう。

　患者は，幾分悲しげに，虚ろな口調で語り始める。彼女は，2歳半の子どものためのパーティーを開く予定について詳しく話す。子どもが楽しんでくれるように，自身が子どものときのようなひどいパーティーにならないようにと彼女は願っている。彼女は婚約者と外出していて，そして彼に嚙みつき，彼の退廃的な過去，女たらしで浪費家だったことを非難している自分に気づいた。間。生理が1日遅れ，妊娠していると思うが，彼女はそのことを気にしているようには見えない。間。内側に何か良くないものがある，何かひどく不快なものがあると彼女は感じ，それは彼女に**不道徳家** *The Immoralist*[◇3]の男性の気持ちを思い起こさせる。彼は，妻の結核に不快感を覚えたのだった。間。「私は退屈なパーティーに行って，それが嫌でした［沈黙］。あなたが私に何か言ってくれたら良いのに。空しく感じます。私，赤ん坊に頭に来てしまって，彼女をたたいて，そうしたら赤ん坊がす

ごくかわいくなった［沈黙］。私はよそよそしく，遠く離れているように感じるんです」

　ここで私は介入し，次のように言う。「あなたがよそよそしくて空しいと感じるのは，あなたの内側にある，憎しみに満ちた化け物を見るのを怖がっているからのようですね」。患者はそれに応えて，「その化け物は赤，実際には暗い赤褐色で，くすんだ月経の血液に似ていました。それは中世の鬼で，ヒエロニムス・ボス Hieronymus Bosch°4 の描いた絵画の中にあるようなものでした。私はそれみたいです。もし私が絵画なら，その絵が私でしょう。性，排泄，同性愛，憎しみのあらゆる種類の悪魔で満ちているんです。私は，自分のため，ビルのため，赤ん坊のため，そしてあなたのために，自分の憎しみに向き合いたくないんだと思います。私は本当には変わっていない，かなり前進したと思っていたのですけれどね［沈黙］」

　私はこう介入する。「私たちは最近になって新たな化け物を発見しましたね。男性のペニスに対するあなたの怒りとあなたの膣に対する嫌悪です。そして，あなたは空しさへと逃れようとすることによって，そこから逃げ出していますね」。患者はこう応じた。「あなたはご自分にとても自信があるようですね，まるでそうしたこと全てを解決してもらったみたい。たぶん私は逃げているのでしょう。私はある男性についての本を読んだのですが，その男性は，もっと良い性行為の相手になるように，コニャックを与えて妻を酔わせ，そして妻は本当の感情を出すことができるように酔ったふりをしたんです。私，たぶんそれに似ています。私が性的にできることを，あなた方男性に本当に見せたいんです。私が外見で見せている従順な奴隷-少女の下には誇大的な性質がある，と私は時々感じています。もし私にペニスがあるなら，あなたたち哀れな「クソ馬鹿野郎 fuckers」に，どんな風に実際にペニスを使うかを見せるのに。そう，先日の夜にビルが，びっくりですけど，私を満足させようとしていたとき，彼を見て心に閃いたことがあって，それは，今，誰が「奴隷」なの，ということでした。そしてあの物差し，私，あなたに一度訊ねたのを思い出しているのですけれど，あなたは，神経症を判断するためにどんな物差しを使うのですか。私は，馬鹿だと感じるのが嫌いですけれど，時々あなたやこの分析で私はそう感じます。もし恐れずそうするなら，私はあなたと同じくらいに頭が切れるのかもね。けれどもそうしたら，私はあなたを失うか，あなたは私に嫌悪感を抱いて見捨てるだろう，と怖くなるんです。私は，あなたに対する信頼感をもっと育まないといけないと思います。こういうこと全て

を手に入れるためにビルに期待することはできない——でも,あなたはそれができるはず……」

　私がセッションのこの部分を提示するのは,私に役立つ内容を持ち込むことで,どのようにして私が患者の抵抗に取り組んだかを示すためである。ペニス羨望,憎しみに満ちた内的ペニスと男性への同一化という化け物を避けるために,彼女が空しさに逃げ込んでいる,と私は彼女に解釈した。この定式化は,いかにして彼女がこの憎しみに満ちた取り入れを,否認しようとし,次には私や婚約者へと投影しようとしたかを,彼女が受け入れるのに役立った。彼女はその抵抗が生み出している影響に目を向け,自身の内部にある抵抗を探索し始めることができた。内容の明確化が,自身の敵対的で抑うつ的な転移抵抗に彼女が取り組むのを助けたのだった。

II セッションの主題は患者が決める

　この技法上の規則は,以前の規則,つまり全ての解釈を表層から始めるとする規則の延長上にある。私たちはこの局所的定式化を改定し,それが構造的に読めるよう表現した。すなわち,私たちは患者の意識的,理性的自我にアクセス可能なものから解釈を始める。内容の前に抵抗を分析するという規則は,この規則の応用である。抵抗は自我機能の産物なので,理性的自我にとってイド素材よりもより接近しやすい。こうした論拠は,併存する定式化——抑圧されているものの前に防衛を分析する,イドの前に自我を分析する——にも妥当である。

　フロイト(1905, p.12)はドラのケースの中で,この技法上の勧告を行った。すなわち,患者にその時間の主題を選ばせるのである。当時彼はそのことを,患者の心の表層から分析作業を始めるという助言と関連づけた。私たちは,患者に対して私たち自身の興味や理論的関心事を押しつけない。自由連想法は,患者にそのセッションの主題を選択させたいという私たちの願望に基づいている。患者の連想によって,彼にとってその瞬間の生きた心的現実であるものに,私たちは近づく。彼の連想が私たちに明らかにするのは,彼が何を気にかけ,何が意識に現れようとしているのか,彼にとって何が重要なのか,である。連想や連想の欠如が,彼が何を避けようとしているのかを,私たちに示す。私がこ

の規則を抵抗に関する技法の諸規則のもとに含めているのは，この理由のためである。患者は非常にしばしば，何について沈黙するかによって，何を避けるかによって，どのように避けるかなどによって，その時間の主題を決めるのである。

　これは，**私たちが何について話すつもりなのか**を，患者が恣意的に決めることができるという意味ではない。例えば，ある患者はセッションを始め，次のように言う。「私は，妻についてあなたに話したい」。彼はそれから，セッションのほとんどの時間を使って，彼に対する妻の謎めいた反応について話を進める。私は黙っている。というのも何か彼にとって情緒的に意味のあることについて彼が語っているように私には思われ，彼の生み出すものには回避的なものが何も見つからないからである。けれども彼はあるところでちょっとした言い間違いをする。「私の母は，性的にとても多くを要求する……いや，妻のことです」。この時点で，母親が妻にどのように匹敵するのかを教えてほしいと彼に伝えることで，私は彼の話の焦点を変える。実のところ，私がその主題を変えるのではない。彼が無意識的に主題を変えていた。私はただ，彼に従っただけである。

　患者にその時間の主題を「選ぶ」ようにさせることが意味するのは，（1）毎時間，患者に関わる明白な素材で**始め**させ，（2）あなたの関心を彼に押しつけない。昨日のセッションの素材があなたにとって非常に重要だと思われたとしても，あなたの関心をやり過ごし，患者が生産的に作業している限り，彼に従わなくてはならない。分析家訓練生は，自身が受けたスーパーヴィジョンでの素材を，実際にはあまり関係がないのに患者との作業の中へと押し入れることがよくある。分析家の中には，夢がセッションの最も意味ある部分ではないのに，自分には夢の作業が楽しいからという理由で夢の解釈を続ける人がいる。（3）患者ははじめにその時間の素材を選ぶのだが，私たちは，彼の実際の関心だと私たちが確信するもの，あるいは関心であるはずのものを，彼の素材から選び出すのである。例えば，患者は私たちに自身の性的快楽について話すが，私たちは彼が性について話すときの彼の**当惑ぶり**を選ぶ。たとえ患者が意識的にそれに気づいていなくても，彼が本当に関心を持っていると私たちが感じるものを選び出す。私たちは夢にたとえて説明することができる。いわば患者は顕在内容を選び，そして私たちは意味ある潜在内容を取り上げるのである。

III 規則の例外

III-1 目立たない抵抗

　精神分析技法は，抵抗を分析するという事実によって他のあらゆる方法から区別されるが，私たちはそれぞれ全ての抵抗を分析するというわけではない。些細で一時的な抵抗は，静けさを維持し患者に自らの抵抗を克服させることだけで，対処されうる。あるいは他にも，私たちはいくつかの促進的な発言をすることができる。例えば，患者が沈黙するかためらっていて，あなたが「それで？」とか「何？」と言うと，その後患者は話し始める。私たちは必ずしもあらゆる抵抗の意味，目的あるいは内容を遡り分析する必要はない。これは患者が自身で抵抗を克服するように思われ，意味のある伝達を行うことができる限り当てはまる。けれども，もしその抵抗が持続するか大きくなるなら，そのとき私たちはそれを分析しなければならない。換言すると，一般的な規則としては，些細で一時的な抵抗は分析される必要はなく，それらは単に克服されうる。

　些細な抵抗を追究することは不必要であるばかりでなく，重要な素材から離れる方向に至ることにもなりうる。さらに，患者は抵抗に打ち勝つ際に積極的な役割を果たすことを許されるべきである。最後に，あらゆる些細な抵抗を追究することは，分析家を口やかましい人にし，分析をハラスメントにしてしまう。分析作業をするうえでの機転の一部は，分析を必要とする抵抗と分析を必要としない抵抗を区別する方法を知ることである。

III-2 自我機能の喪失

　分析では，自我機能の喪失のために抵抗が喪失する状況が，ときに生じる。その際の私たちの仕事は，ある程度の抵抗が現れるのを許容し，促しさえすることである。これは，精神病者あるいはボーダーラインの事例における分析作業中に生じることだが，幼児神経症を再び生きるその只中にいる神経症患者にも起こりうる。こうした状況において必要な介入が非分析的であるのももっともで，その状況は洞察を求めはしない。必要なのは，緊急処置である。そうした出来事は確かに分析の経過中に生じるので，その技法的な問題を論じるのにいくらか時間を使うことは価値があるだろう。

情緒の嵐は，幼児神経症の核心に入り込むことに成功するあらゆる分析に生じる。ほとばしる情緒の最中に多かれ少なかれ自我機能の喪失があり，それは放出される情動の強さと性質に依拠する。こうした事態がセッションのかなり早めに生じるなら，私たちの治療的仕事は単純なものであろう。忍耐と支持的な沈黙が，患者にうっ積した情緒を放出する大きな機会を十分に提供する。パニック，激怒あるいは抑うつが減少するにつれ，いくらかの理性的自我の回帰を見つけることができ，私たちは再び分析的に作業しようとすることができる。しかしその情緒の嵐が収まらないなら，あるいはセッションの終わり頃に生じるなら，介入が必要になる。理想的には私たちは，患者に感情を十分に放出してほしいが，便宜上それに干渉する必要がある。情緒の嵐の頂点で理性的自我機能のないまま患者を帰らせることは危険であろう。そうすると，私たちの仕事は再び目を覚まさせることであり，そしてやはり分析不可能な合併症を引き起こさないということである。

　私の経験では，以下のような諸段階が，合併症を最小限にする効果があると思われる。患者が強い悲哀反応の最中にいて，激しく嗚咽してその時間が終わると仮定しよう。私は，ほぼ最後の瞬間まで待ってから遮る。そして次のように言う。「あなたがそれほどみじめな感情になっているときに言葉を差し挟むのは心苦しいのですが，残念ながら終わる時間です」。患者がこれに応答するなら──大抵彼らはそうするが──その後，私はこう言う。「あなたがより落ち着くまで，二，三分時間を延長しましょう」。もし患者が望むなら，私はそこで彼に何かを言う機会を与えるが，いずれにせよ，私が不安でなく狼狽もせず，イライラしてもいないことを目にする機会を彼に与える。私の物腰が示しているのは，患者の苦境に私は同情しているが，現実は直面されるべきなのだということである。その時間が終わるのだという現実を彼にもたらすことで，私はいくらかのコントロールを引き起こす手助けをするが，私が示しているのは，患者の情緒のほとばしりを邪魔することを申し訳なく思っている──それが私である──ということである。最後に，重要なのは，分析家が患者の感情の噴出を恐れていないことを示し，患者が同一化するためのモデルとして自らを差し出すことである。このようなセッションの最後に，私は大抵次のようなことを言う。「こうして情緒がほとばしり出たことはあなたにとって苦痛ですが，私たちの作業にとって重要です。私たちはそれを理解し，分析し，それに打ち勝たなくてはならないのです」

患者が何らかのあるいは多くの自我機能を失う，もしくは失っていることを恐れるような状況は，分析中，他にも生じる。例えば患者は，言葉のサラダのように理解できないことを話し始めたり，赤ん坊のように意味のない片言を話し始めたりするかもしれない。ここでもまた私たちは，忍耐強く，恐れずしっかりとしていなければならない。私たちは最終的には遮って，こう患者に言わなければならない。「さあ，何が起こっているのかを見ましょう——あなたは小さな子どものように話していました」。このように介入することで，分析家は患者にとって，一時的に失った理性的自我のためのリマインダーおよびモデルとして役立つのである。しっかりした口調によって分析家は恐れていないことが示され，それが患者を安心させるのである。

　患者は非常に強いパニック状態に陥り，そしてカウチの上で怯えて無力になるかもしれない。私のある患者は，自分から言葉が滑り落ちていると訴え，カウチをお漏らしでぬらすのではないかと恐れた。彼女が耐えられると私に思えた程度まで彼女に耐えさせて，それからこう言った。「いいですね，分析に戻りましょう。さあ，この全てを一緒に見ていきましょう。さあはじめに戻って，このことを検討しましょう」

　ある状況において患者たちの中には，あらゆるコントロールを失うのではないかと恐れるようになり，自身が乱暴に攻撃的になる，もしくは性的になるのではないかと怯える者もいる。この恐れは本物だと私が感じた場合，そして彼らの恐れが正当だとする理由があった場合，私は，「心配しないで。私はあなたに，ご自分や私を傷つけさせたりしませんから」ということを意味することを伝えたり，そう振る舞ったりしてきた。
　前に述べたように，このような介入は分析的ではないのだが，ただ思うのだが，こうした瞬間は，分析的ではないnonanalytic状況なのである。私は非分析的なunanalytic手続きを用いるが，反-分析的なanti-analytic手続き，すなわち，のちの分析を妨害するであろう行為は避けようとする。急激な危機が通り過ぎた後にだけ，私たちは分析を再開することができる。しかしながら私の経験では，治療的意図を伴ってなされ，あとから十分に分析される介入は，分析状況に対して取り返しのつかないダメージを引き起こすことはない。他方，厳密に受動的で沈黙する分析的役割は，患者を外傷的水準にまで退行させることによ

って，より大きな危険となりうる。分析家の沈黙と受動性は，分析家における関心の欠如，不安，混乱の徴候として，患者に正確に知覚されるだろう。これは，はるかにずっと有害になりうる。このような事態が生じるとき，分析家は，逆転移的振る舞いに関して何らかの自己‐分析を行う必要がある。

　抵抗を分析する際の技法に関するこの章を終えるにあたり，いま一度繰り返さずにおれないと感じるのだが，最も重要な抵抗は転移抵抗である。上にあげた臨床例の中で私がこれを強調してこなかったのは，全般的な抵抗の概念をまず論じたかったからである。

―――――――

［原注］
◆1　Z氏は，第II部第5章のIIとIVで言及されている。
◆2　K夫人は，第I部第2章のIVと第II部第6章のV-1で言及されている。
［訳注］
◇3　André Gideの小説のタイトル。
◇4　ルネサンス期のオランダの画家。

追加の文献リスト

患者の沈黙
Arlow (1961), Glover (1955), Leowenstein (1961), Loomie (1961), Van der Heide (1961), Zeligs (1961).

抵抗と防衛
Freeman (1959), Freud (1916–17, Chapt. XIX; 1923b, Chapt. V; 1926a; 1933), Gero (1951), Hartmann (1951), Hoffer (1954), Kohut (1957), Lampl-de Groot (1957), Loewenstein (1954), Sperling (1958), Winnicott (1955).

行動化と抵抗
Altman (1957), Bird (1957), Exstein and Friedman (1957), Kanzer (1957), Spiegel (1954), Zeligs (1957).

性格障害と抵抗
Gillespie (1958), Gitelson (1958), Glover (1958), Katan (1958), Nacht (1958b), Wealder (1958).

自我違和的／自我親和的な抵抗
Glover (1955), Menninger (1958), Sharpe (1930).

第 III 部

転移

　精神分析技法の発展は，転移の性質に関する私たちの知識の進展によって本質的に決定されてきた。精神分析技法における最大の進歩は，転移の持つ二重の力に関するフロイト（1905c）の主要な発見から得られた。すなわち，それはかけがえのない道具であり，そして最大の危険の源だ，ということである。転移反応は，分析家に，近づきがたい過去や無意識を探索する計り知れない機会を提供する（Freud, 1912a, p.108）。転移はまた，私たちの作業に最も深刻な障害となる抵抗を引き起こす（p.101）。精神分析技法の全ての定義は転移の**分析**を中心要素として含まなくてはならない。精神分析の分派はいずれも，転移状況が扱われる方法における何らかの逸脱によって説明されるだろう。転移反応は，心理療法を受けているあらゆる患者に起こる。精神分析が他のあらゆる治療と区別されるのは，それが転移反応の発展を促進する方法と，そしてそれがどのように転移現象を体系的に分析しようとするか，によってである。

第1章

実用的定義

　転移という用語によって私たちが言及しているのはある人物に対するある特別な種類の関係である。つまりそれは，ある特有の対象関係である。その主な特徴は，ある人物に対する感情体験であり，その体験はその人に対しては不適切で，実際には別の人物に当てはまるものである。本質的に，現前のその人は，あたかも過去のある人物であるかのように反応される。転移は反復であり，古い対象関係の新版である（Freud, 1905c, p.116）。それは時代錯誤的で，時間が間違っている。置き換えが行われている。すなわち，過去のある人物に属する衝動，感情，防衛が，現在のある人物に移し変えられている。それは主に無意識的現象で，転移感情で反応している人は，概してその歪みに気づいていない。

　転移は，ある対象関係の諸構成要素のいずれかで構成されているだろう。すなわちそれは，感情，欲動，願望，恐れ，空想，態度，そしてそれらに対する観念あるいは防衛として体験されるだろう。転移反応の起源である人々は，幼少期の意味ある重要な人々である（Freud, 1912a, p.104; A. Freud, 1936, p.18）。転移は分析の内外において，神経症者，精神病者，そして健康な人にも生じる。あらゆる人間関係は，現実的反応と転移反応の混合である（Fenichel, 1941, p.72）。

　私たちは今概略した諸構成要素の詳述に進む前に，用語を明確にする必要がある。この部の見出しは「転移」で，それはフロイトが導入しほとんどの分析家が使い続けている，古くて馴染みのある用語である。近年，「転移」という用語は誤解を招くかもしれないと感じられたために，修正する動きがある。「転移 transference」は単数で，転移現象は複数，多重で多様である。すなわち「諸転移 transferences」という用語のほうが，文法的にはより正確である。残念なが

ら，「諸転移」は，私には人工的で奇異に聞こえるので，正確であることと馴染みあることの間で妥協せざるを得なかった。私は「転移反応 transference reactions」という用語を，転移現象の全体を指し示すものとして使うことを好んでいる。私が「転移」という用語を使うときには，それを集合名詞，転移反応の略記として使うことにする。

　転移反応は常に不適切である。反応の質，量，持続時間においてそうであろう。私たちは転移対象に対して過大反応あるいは過少反応するだろうし，もしくは奇妙な反応をするだろう。転移反応はその現在の文脈では不適切である。しかし，それは過去の状況に対し，かつては適切な反応だった。転移反応が現在のある人物にうまく合わないのと同じくらいに，それらは過去の誰かにはぴったり合っていたのである。

　例えば，ある若い女性患者は，私が二，三分待たせたままにしたことに対し，涙を流して怒り，私のお気に入りの女性患者に余分な時間を与えたに違いないと空想して反応する。これは35歳の知的で教養ある女性にとって不適切な反応だが，彼女の連想がたどり着くのは，この一連の感情や空想がふさわしかった過去の状況である。彼女は，父親がお休みのキスをしに部屋へ来るのを待っていた，5歳のときの反応を思い出す。父親はまず妹のところにお休みのキスをしに行くのが習わしだったので，彼女はいつも二，三分待たなければならなかった。そのとき彼女は涙と怒り，そして嫉妬に満ちた空想で反応した——まさに今，彼女が私と体験しているものである。彼女の反応は5歳の少女としては適切だが，35歳の女性としては明らかにふさわしくない。この振る舞いを理解する鍵は，それが過去の反復であること，すなわち転移反応だと認識することである。

　転移反応は，本質的に過去の対象関係の反復である。その反復は，さまざまな方法で理解されてきており，明らかに多様な機能を果たしている。本能的欲求不満や制止は，神経症者に，遅ればせながらの満足の機会を探し求めさせる（Freud, 1912a, p.100; Ferenczi, 1909）。しかしその反復は，繰り返すことへの強迫の現れであると同様に，記憶を避ける手段，記憶に対する防衛としても理解されてきた（Freud, 1912a, 1914c; A. Freud, 1936; Fenichel, 1945b）。

　ある振る舞いが現在には不適切であるようにさせるのは，その振る舞いが何か過去におけることを繰り返すのだという，その事実である。その反復は，お

そらく過去の正確な複製，複写，再現であり，あるいはまた過去の新版，修正版，歪められた過去の表象であるだろう。もし過去の修正が転移の振る舞いにおいて起こるなら，そのとき，それは大抵願望充足の方向においてである。非常に頻繁に，子ども時代の空想は実際に起きたこととして体験される（Freud, 1914b, pp.17-18; Jones, 1953, pp.265-267）。患者は分析家に対して，父親による性的誘惑と理解され得る感情を体験するだろう。それは，元々は子ども時代の空想として生じた願望の繰り返しであることが，のちに明らかになる。行動化される転移感情は，通常，願望充足のこうした試みであることが分かる（Freud, 1914c; Fenichel, 1945b; Greenacre, 1950; Bird, 1957）。この考えの延長が，満たされなかった課題を行動化で満たそうとする患者において見られるだろう（Lagache, 1953）。

転移反応の元々の起源であった諸対象は，幼年時代の重要な人たちである。彼らは通常，両親やその他の養育者，愛情や快適さや罰を与える人，兄弟そしてその他のライバルである。ただし転移反応はのちの人物や現在の人物にさえ由来するのだが，こうしたのちの諸対象は二次的で，彼ら自身が一次的な，幼少期の人物から進展したことを，分析は明らかにするだろう。最後に，自己の一部が他者へと置き換えられる，つまり投影が起こるだろうということが，付け加えられるべきである。これらはまた転移反応のように見えるだろうが，私はこのタイプの反応が転移反応の範疇に正確に属するかどうかを疑う。これは，第III部第4章のIでより詳しく論じられる。

転移反応は，元々両親によってなされたある特別な機能を，のちの人生で果たす人々に対して，より起こりやすい。例えば，恋人，指導者，権威者，医師，教師，役者，著名人には，特に転移反応を引き起こしやすい。さらに，転移反応は，動物，生命のない対象，組織に対しても生じうるが，ここでもまた，分析が明らかにするのは，それが早期幼少期の重要な人々から引き出されるということである（Reider, 1953a）。

対象関係におけるあらゆる要素が転移反応には含まれるだろう。すなわち，あらゆる情緒，欲動，願望，態度，空想，およびそれらに対する防衛である。例えば，分析家に怒りを感じることのできない患者は，怒りの表現に対する子ども時代の防衛から生じているだろう。少年の頃に彼が学んだのは，激怒しやすい父親との恐ろしい対立を避ける最もよい方法は，自らの中の怒りを意識しないままでいることだということだった。分析において彼は，穏やかであり続け

ることの背後にある怒りに気づかなかった。

　同一化が分析の間に生じ，それは転移反応かもしれない。私の患者の一人は分析の間，時々，私の性格特性のあれこれを持つようになる。これは，彼がより成功した競争相手に取り残されたと感じた際に起こりがちであった。彼が愛の対象として私を所有できないときに，まるで私のようにならなければならないかのようだった。彼の生活史が示していたのは，父親の愛情をめぐって兄と争ったときにこのメカニズムを用いるということだった。

　転移反応は，その反応のいくつかの側面は意識されているかもしれないけれども，本質的には無意識である。転移反応を体験している人は，自分が過剰にあるいは奇妙に反応していることを意識しているかもしれないが，その反応の真の意味を知らない。彼はその反応の起源に知的に気づいてさえいるかもしれないが，ある重要な情緒的あるいは本能的な要素もしくは目的については，無意識のままである。

　あらゆる人々が転移反応を抱いている。分析状況のみがその展開を促し，解釈と再構成のためにそれらを利用する（Freud, 1905c, 1912a）。神経症者は特に，欲求不満で不幸な一般の人と同じように，転移反応を起こしやすい。分析家は転移反応の第一の標的であるが，ある人の人生におけるあらゆる重要な人たちも同様である。

　要約——転移は現在のある人物に対する感情，欲動，態度，空想や防衛を体験することであり，その人を利するものではなく幼児期早期の重要な人々との関係に由来する反応の反復であり，無意識的に現在の人物へと置き換えられている。転移反応には二つの際立った特性がある。すなわち，反復と不適切さである（この定義を敷衍するには，第III部第4章のIを参照）。

第2章

臨床像
一般的特性

　このセクションでは，分析経過中に生じやすい最も典型的な転移現象のいくつかを，読者に習熟してほしく思う。私の考えでは，これが最も首尾よくなされるのは，転移反応の可能性を示す，分析家に対する患者の反応の諸特性に焦点をあてることによって，である。私が強調している諸特性の存在は転移の絶対的な証拠ではないということは，心に留めておかなくてはならない。詳細に観察すればその特性もまた，反復と不適切さであるに違いない。

I　不適切さ

　転移反応の臨床像を解説しようとすると，基本的な問題が即座に持ち上がる――分析家に対するあらゆる反応を転移として分類することはできないのではないか？　私たちの定義によれば，答えは「その通り」である。簡単な例を取り上げよう。患者が分析家に怒るとする。この事実だけで，私たちが転移反応を扱っているかどうかを決めることはできない。分析家の振る舞いに対するその怒りが正当であるかどうかを，私たちはまず確かめなければならない。もし，分析家が電話に出ることで患者の連想が中断したために患者が苛立つなら，そのとき私は患者の苛立ちを転移反応とは見なさないだろう。患者の反応は状況に合致して現実的であると思われ，成熟した機能水準にふさわしいと思われる。これが示唆するのは患者の反応が無視されるべきだということではなく，こうした出来事を転移現象とは異なる風に取り扱う，ということである。私たちはその怒りの反応に関して患者の生活史や空想を探索するかもしれないが，何を

見つけようとも，私たちは，欲求不満に対する患者の明白な反応は現実的であったと患者と私たち自身に思い出させるだろう。もし患者がただ苛立つというのではなく怒り狂ったなら，あるいはもしまったく無関心のままでいたなら，不適切な反応の強さは，おそらく幼少期からの反復あるいは反応を私たちが取り扱っていることを示している。患者の苛立ちが何時間も続くなら，あるいはその中断に対し笑いで応えるなら，同様のことが当てはまるだろう。

　不適切な反応の典型例をあげる。分析時間中に電話のベルが繰り返し鳴り，私はそれが緊急のものであると思い電話に出る。がっかりしたことに，それは間違い電話であることが分かり，そして迂闊にも「ちぇっ」と小声でつぶやいて苛立ちを示す。それから私は黙っている。患者は自身が中断したところから話を再開する。数分後に私は彼の話をさえぎり，電話がかかってきたことをどのように感じたか尋ねる。患者は「私はどのように感じるべきなのですか。あなたの落ち度ではなかったですよね」と応える。沈黙。患者はもとの話題にもどろうとするが，その話し方は，緊張して不自然に見える。そこで私は，彼がこうある「べき」であると想像することで，情緒的反応のいくらかを彼がどのように隠そうとしているようであるかを指摘する。これによって患者は，私が電話に出るのが聞こえた際に一瞬怒りがよぎったことを思い出す。この後に，私が彼に怒って怒鳴っているイメージが続いた。それから患者は，彼がどのように振る舞う「べき」かについての父親の考えにいかに従わざるを得なかったかに関する多くの記憶を思い出す。あたかも私が父親であるかのように，彼がどのように私に対して反応していたかを私は解釈した。

　現在の状況に対する反応の不適切さは転移の主要な徴候であり，その反応の引き金になる人物は，決定的なものでも真の対象でもない。このことが示すのは，その反応はおそらく過去の対象に属し，その対象にはふさわしいということである。

II 強度

　全般的に，分析家に対する**強い情緒的反応**は，転移を示している。これは，憎しみと恐れはもちろんのこと，さまざまな形の愛にも当てはまる。通常の抑制

的，非侵入的で一貫した分析家の振る舞いと態度は，現実的には強い反応を引き起こすことはない。ここで再び，適切さということに注目しなければならない。もし分析家の振る舞いや分析状況が，患者がとても強く反応することに値するなら，患者がそうすることは正当であろうと認めることは重要である。例えば，患者の話を聞いている間に分析家が眠ってしまう。患者がそのことに気づいて，分析家に声をかけることで，最終的に何とか目を覚まさせる。そのとき，分析家が自分の過ちを認めず，代わりに患者が分析家を退屈させて無意識的に眠らせたかったのだと解釈するなら，その患者は激怒する。

　こうした状況においては，患者の怒りを転移反応ではなく本質的に正当で適切である，と私なら考える。事実，どんなものであれ他の反応のほうが，過去からの移し替えの徴候でありそうだっただろう。患者の反応は分析される必要がないという意味ではなく，私たちが現実的な反応よりもむしろ転移反応を扱っているなら，最終的な分析の目的が異なるということである。さらに，あらゆる強い反応には，たとえそれらが正当に見えても，現実的な上部構造に加えて転移の核が存在する可能性が常にある。ただ，一般的な分析経過においては，分析家に対する激しい反応は転移反応の信頼できる指標である。

　分析家に対する強い反応の逆，つまり反応の欠落は，まず間違いなく転移の徴候である。患者は反応しているかもしれないが，きまりが悪いとか恐怖のため，そうした反応を差し控えている。これは明らかに，転移抵抗の表れである。患者が最も穏やかで最も無害な感情以外の何も意識的に気づかないとき，その状況は一層複雑である。その患者には強い感情があるが，その感情は抑圧され，隔離され，置き換えられているだろう。ときには，患者が分析家に対して恐れず自発的に反応できるまで，分析家に対して情緒的に反応することに対する恐れを持続的に分析する必要がある。このような転移に対する抵抗については，第II部で述べた。ここで，よくある臨床体験に簡単に触れておきたい。私の患者が私の独自性 idiosyncrasy にはまったく理性的に反応するが，別の分析家の独特さ peculiarity の徴候にひどく取り乱しがちになる，というものである。これは転移反応の置き換えについての明らかな例で，患者自身の分析家への転移感情に対する防衛であると認識されなければならない。同様の抵抗は，セッション中は穏やかに反応し，その時間の後に，見知らぬ人に説明できない強い情緒的な反応を起こす患者にも明らかである。

　分析とは別に患者の生活に重大な出来事が起こっているために，患者が短期

間，分析家にとりわけ関心を持たなくなることはある。しかしながら，長期にわたり分析家にまつわる感情，思考，空想が欠如しているのは，転移現象であり転移抵抗である。分析家はアナリザンドの生活にとってあまりにも重要な人であるので，かなりの期間，彼の思考や感情からいなくなることはできない。もし分析家が本当に重要でないなら，そのときその患者は，「分析を受けて／分析の中に in analysis」いない。この場合，患者は他の誰かを喜ばせるために型通りに分析を受けている，あるいは治療以外の目的のために来ているのかもしれない。

　患者の生活において他の人物が患者の強い情緒を奪うかもしれず，分析家に対する強い感情の欠如が主として転移抵抗のためではないかもしれない，ということもあるだろう。例えば，ある患者は分析の前半で自身が情緒的に巻き込まれる恐れから自由になり，分析の後期には，恋に落ちる。この恋愛は十中八九その患者の過去からの重要な要素を含んでいるだろうが，分析状況からの寄与は決定的に重要であるかもしれないし，そうでないかもしれない。何らかの信頼できる結論に達する前に，私たちは，そのような状況を極めて注意深く，繰り返し探索しなくてはならない。患者はあなたを喜ばせるために恋に落ちているのか？　あなたが十分な愛を与えないので，彼はあなたを困らせるために恋に落ちているのか？　彼はあなたとの同一化から恋に落ちているのか？　患者は分析家と似ている人と恋に落ちたのか？　その恋愛は成熟の徴候なのか？　継続的で幸せな関係のための現実的な希望がありそうか？

　これらの問題に答えることは容易ではない。明確な答えは存在しないし，ただ長期にわたる探索と時間だけが，合理的に信頼できる解答を与えるだろう。これが，フロイトが提案した実践的な規則――分析期間中に患者は自身の生活状況でいかなる重要な変更もしないと約束をするよう，分析家は患者に求めるべきである――の根拠である（1914c, p.153）。こうした忠告は転移による歪みのために患者に誤解される可能性もあり，適切な時期に適切な話題に沿って与えられなければならない（Fenichel, 1941, p.29）。近年分析の治療期間が延びてきたという事実は，この規則のさらなる修正を促している。思うのだが，今日では私たちは患者にこう告げるだろう――生活状況における重大な変更は，その変更が十分に分析されるまでは行わないほうがよりよいだろう，と。この問題は第II巻でさらに詳しく取り上げる。

III アンビヴァレンス

　あらゆる転移反応には，アンビヴァレンス，つまり対立する感情の共存という特徴がある。精神分析では，アンビヴァレンスとは，感情のある側面が無意識的であることを意味すると仮定するのが通例である。どこかに憎しみの隠されていない分析家への愛情はないし，何らかの秘かな嫌悪のない分析家への性的な願望は存在しない，などである。アンビヴァレンスは，関わっている感情が気まぐれで予期せず変化するとき，容易に見出すことができるだろう。あるいは，アンビヴァレンスのある側面は長期間意識に執拗にとどまり，一方その反対のものは頑固に防衛されるかもしれない。アンビヴァレンスは患者によって，その一方の要素を他の人物，しばしば別の分析家に置き換えて扱われることも起こりうる。これは，訓練中の候補生の分析の中でしばしば見られる。彼らは自身の分析家とは好意的な関係を維持し，スーパーバイザーや，セミナーの指導者へ，自分たちの無意識的敵意を置き換える——逆もある。

　転移では，前アンビヴァレント反応が生じることも忘れてはならない。分析家という人物が善と悪の対象に分裂し，それぞれが患者の心の中で分離した存在となる。このように反応する患者——そして彼らは常に，より退行した患者である——が同一の全体対象にアンビヴァレンスを感じることができるようになると，それはかなりの達成を意味する。

　臨床例を引用しよう。私のボーダーラインの患者は数年間にわたり，不安を感じたときはいつも私の介入に奇妙な反応をするのだった。私は徐々に，次のような説明にまとめ上げることができた。私に怒りや憎しみを感じたとき，彼は私の言葉を毒矢のように感じたため，恐くなり，それゆえ私の言葉を決して聞かなかった。そして彼の防衛は私の言葉に影響されなくなった。そのようなとき，彼は私の声の調子だけに集中し，その速さやリズムの変化に細心の注意を払っていた。低い語調や規則正しいリズムは，彼が母親と二人きりで食事をしていた際に母親が作って出してくれたように，良い食べ物を私が彼に与えているように感じさせた。高い語調や不規則なリズムが意味するのは，父親がそこにいて母親をいらいらさせ，食べ物を台なしにしたために，母親が悪い食べ物を彼に出した，ということだった。私が一人の人間 a whole person となることを，そして彼が私を愛し，憎しみ，恐れたとしても私がその一人の人間のままでいることを，彼が許容する

までには，何年もの分析を要した。

Ⅳ 移り気

　転移反応のもう一つの顕著な特性は移り気であるということである。転移感情はしばしば一貫性がなく，むら気で気まぐれである。これは特に，分析の初期に当てはまる。グラヴァー（1955）はこうした反応を，非常に適切に「漂えるfloating」転移反応と名づけた。

　転移状況で生じうる突然の予期しない変化の典型例は，治療の2カ月目のヒステリー性抑うつ症の若い女性患者の分析において，1週間の間に起こった次のような一連の出来事である。彼女は自身がやり甲斐のない平凡な人間だと私が気づくだろうとの恐れにもかかわらず，十分に作業をしていた。私に対する彼女の感情は畏怖と称賛であり，私が彼女を好むだろうという望みが根底にあった。

　かなり苦労した末，あるセッション中に突然彼女は私に恋していると認める。この感情の始まりは，私のズボンにしわが寄りネクタイがゆがんでいることに彼女が気づいた前回の時間の終わりだ，と彼女は考える。彼女の確信では，これが意味するのは私が唯物主義者や欲深い資本主義者ではなく，夢想家で，理想主義者で，芸術家でさえある，ということだった。こうして彼女は，昼夜を問わず私のことを空想した。感情は強さを増し，彼女はこの恋愛状態を楽しんだ。私たちがこの反応を分析し始めて過去へと戻ってそれを解明するときでさえ，彼女の感情は持続している。

　翌日，彼女は罪悪感に圧倒される。彼女の子どもが一晩中耳痛を訴え，彼女はそれが自身の怠慢の結果だと感じる。すなわち，彼女は子どもをケアする代わりに新しい恋愛にまつわる白昼夢にふけってあまりにも多くの時間を費やしたのだった。彼女の確信では，このような軽薄な女は私が軽蔑したに違いないのだった。私がこの反応の歴史を追究しようとすると，彼女は私が彼女を罰している——自分は十分それに値するのだから——と感じるのだった。

　次の日，3日目には，彼女は私のあいさつが冷淡で，ほぼ薄ら笑いだと感じ，そして私の沈黙は軽蔑だと感じる。私は外見を構わない理想主義者や夢想家ではなく，横柄で「あわれな金持ちの神経症者」である患者たちを馬鹿にしている，と今や彼女は感じる。金持ちに寄生しながら彼らを軽蔑する悪魔的な精神分析家の

一人であるとして私を攻撃することで，彼女は自身や自身の属するグループを守る。彼女は私の葉巻の臭いに嫌悪感を覚え，吐き気すら催す。

　続くセッションで，彼女は自身の敵対的感情を分析する私の試みを，無器用ではあるけれどもかわいいと感じる。私はおそらく善意や温かい気持ちをもっているが，少々気分屋なだけなのだろう。彼女が批判したために私は葉巻の種類を変え，より高価なものを買ったのに違いなく，彼女は私の配慮に感謝した。彼女は私が優秀だと聞いていたので，私がそのうち自分の指導者やメンターになることを望む。私が沈黙しているとき，彼女は，私が「堅苦しく」て型通りで興覚めな人だと感じる。私はおそらく自分の仕事だけしか愛さない，くそ真面目で馬車馬のような人間なのである。私はよい分析家であるかもしれないが私と結婚した人は誰であれ気の毒だと感じながら，彼女はそのセッションを終える。

　これはどちらかといえば，移り気の極端な例だが，ヒステリー的で神経症的な抑うつ患者の分析初期における転移反応の，むら気で気まぐれな特性がはっきりと示されている。

V　執拗さ

　転移反応の顕著な特徴は，それが矛盾した性質を持っているということである。私は，転移がどれほど移り気ではないかについて今述べたが，ここでは，転移現象ではしばしば執拗さが際立つことを付け加えなければならない。分析の初期には，散発的な反応が最も起こりやすいが，後期には長期にわたる硬直した反応が現れやすいようである――これについての絶対的な法則があるわけではないが。

　患者は，容易に解釈に屈しない，分析家に対する慢性的な一連の感情や態度を持つようになる。こうした執拗な反応は長期にわたる分析，ときには何年もの分析を必要とする。期間の長さは分析作業が停滞していることを意味するわけではない。というのも，その期間に患者の他の行動特性は変化し，新たな洞察や記憶が現れるだろうから。関係する感情は多重決定されており重要な本能的および防衛的要求に役立つため，患者はこの固定した位置にしがみつかざるを得ないのである。このような執拗な反応は，比較的強い場合も微かである場合もある。

私の患者，K夫人は，3年近く性的でエロティックな陽性転移反応を私に対して持ち続けた。こうした感情は残り続け，その感情の抵抗的な働きに対する私の粘り強い解釈，私の長時間の沈黙，私がときに犯す誤りや手違いによっても，目に見える形での影響は受けなかった。彼女が十分に改善され，部分的な性器的オーガズムを感じることができ，それが彼女の同性愛恐怖をやわらげるのに役立った後になって初めて，この長期にわたる陽性転移は変化した。そのとき初めて，彼女は私や男性一般に対する憎しみや反発を意識的に感じることを，自らに許せるようになったのである◆1。

　自発性の欠如と執拗さは転移反応の徴候である。最も十分に行われている分析においてさえ，もし防衛的な陽性転移が作動しないなら，分析家の人間的な弱点がときに敵意を引き起こすだろう。分析作業はしばしば苦痛なものであり，また，恨みを買うものでもある。とりわけ，転移反応は患者の回避された過去から生じ，しかも放出を求めている非常に多くの無意識的攻撃性を必ず含んでいる。逆に，分析的態度の思いやりのある中立性のために，患者の長期にわたる敵意が呼び起こされない場合もある。転移反応の執拗さと硬直性は，無意識的防衛と本能的満足の組み合わせによるのである。

　以上に述べてきた五つの特性は，転移反応を示す最も典型的な特徴である。顕著な特徴——それは他の全てに優先し，かつ他の全てに含まれる——は，不適切さである。転移が働いていることを示すのは，感情の強度，アンビヴァレント，移り気，執拗さにおける，不適切さである。このことは，そうした反応が分析家に関して生じるときだけでなく他の人に関して起こるときにも当てはまる。その人らしくない，あるいはその場面にふさわしくない反応は，転移現象なのである。

[原注]
◆1　K夫人は以前に第Ⅰ部第2章のⅣと第Ⅱ部第6章のV-1で言及した。患者の変化についての，より詳細な臨床的説明は第Ⅱ部第7章のⅠを参照のこと。

第3章

歴史的概観

　転移に関する理論的および技法的な問題の理解に対してフロイトやその他の著者らがなした主要な貢献の概略を，簡潔に述べたい。1895年から1960年までを，年代順にとりあげる。重要な進展だと思われる点のみを強調し，多くの価値ある論文を――本質的には，まとめや繰り返しとなるので――除くことにする。研修生には，原著論文を読むことを推奨する。

　どれが意義深い内容であるかに関する私の選択は，非常に凝縮されているだけでなく主観的でもある。このことはすでに第Ⅰ部第1章で触れている。

　転移の役割に関するフロイトの最初の記述と議論は，『ヒステリー研究』（1893-95）の精神療法に関する第4章に見出される。はじめ彼は，患者が医師との個人的な関係を，過度に前面に押し出すことを――人間的な影響だけがある種の抵抗を取り除きうることを認識してはいたが――不都合なことだと考えた（p.301）。無視されたと感じやすい患者もいれば，依存的になる，性的にすら依存的になることを恐れる患者もいた。のちに彼は，分析の内容から生じた苦痛な考えを，医師という人物へと転移する傾向のある患者を描写した。こうした患者は，分析家に対する「誤った繋がり」を作っていた，とフロイトは述べた（pp.302-303）。いくつかの事例の中で，こうしたことが規則的に生じるようだった。そこで彼は，この状況を取り扱う技法について記述し続けた。（1）それは意識化されるべきである。（2）私たちは，それがどのように障害であるのかを明らかにするべきである。（3）私たちはセッション時間内に，その起源をたどろうとするべきである。最初フロイトは，作業中にこうしたことが増加することに「非常に困惑」したが，すぐにその価値に気づいたのだった（p.304）。

ドラのケースは，精神分析技法におけるランドマークである（Freud, 1905a）。ここでフロイトは，自身の患者の一人において転移を認識し取り扱うことを自身が失敗したことによって，転移の決定的な重要性について自らがどのように学んだかを，まったく謙虚にそして非常に明確に述べた。この失敗が，早すぎる治療の中断と治療の失敗を招いたのだった。この論文の中でフロイトは，分析の間，患者が彼個人に関してどのようにさまざまな感情——それらはもともとは過去の重要人物に属していた感情の，新版，複写，再版そして改訂版である——を体験するかを記述した（p.116）。こうした感情は新たな産物のように見えるが，実際には古い情緒反応の再生なのである。フロイトは，この現象を転移と呼び，精神分析療法の必要な一部だと明言した。転移は最も大きな障害を生み出すが，治療における最も重要な味方でもある。自身に対する患者の転移感情が変化しており，彼女が過去の断片を彼に行動化していたのだと彼が理解したときにはもう遅かった。彼女は，恋人にはあえてそうしなかったのだが，フロイトとは急に関係を断った（pp.118-119）。そうしてフロイトは，治療が成功するためには，敵対的転移の分析が必要だと認識したのだった（p.120）。

　1909年のフェレンツィによる論文「取り入れと転移」は，前進的な次なる一歩である。ここでフェレンツィは転移に関するいくつかの新たな考えに触れたのだが，その中には，今日私たちが依然として格闘しているものもある。転移反応は神経症者において分析状況の中だけでなく至るところで生じる，と彼は指摘した。彼の考えでは，転移反応は置き換えの特別な形態であり，分析家だけでなく医師は特に転移反応の対象とされがちだった。しかしながらこの性質は患者のうちに存在するのであって，分析家は触媒にすぎない，と彼は確信した。通常こうした反応は，陽性の形態でも陰性の形態でも生じる。さらにフェレンツィは，あらゆる神経症患者は転移を渇望していると考えていた。こうした欲求不満の人々は取り入れの傾向を持ち，同一化を渇望している（pp.47-49）。彼らは分析家という人物を，彼らの私的な世界に取り入れる傾向にある。彼はこれをパラノイアや他の精神病者——彼らは，分析家を取り入れないだけでなく，分析家との間に距離を置く傾向がある——と対比した。分析家に対する患者のこの渇望は，刺激への渇望から生じると彼は考えた（p.51）。さらに彼は，転移反応の起源は幼年期の投影へと立ち戻ることを理論化した。分析家は「代役」であり，患者の幼児期の過去における重要な対象のためのスクリーンなのである（p.62）。転移反応は，治癒に向かう試みである。

フェレンツィはさらに続けて，催眠や暗示においてもまた，性的な基盤を持ち，両方の両親像に起源を持つ転移反応を私たちがどのように扱っているのかを論じた。患者の，催眠を行う人物に対する転移の向けやすさは，親への愛と親への恐れのいずれかから生じる（pp.62-63, 67）。そうして患者は，盲目的に信じ，従属するようになる。同様の反応は，精神分析療法では催眠を用いずに生じる。私たちは，催眠における父親と母親への転移の違いを見分けることができ，そして変化，つまり母親反応である愛の反応と父親への反応である恐れの反応の間の患者の揺れを，見ることができるのである。

　フロイトの論文「転移の力動性について」（1912a）は，転移にさらに価値ある洞察を加える。患者における転移反応の生じやすさは，不満足に由来する（p.100）。不満足が神経症の患者で非常に強いのは彼らの神経症のせいであって，分析的手続きから生じるわけではない（p.101）。転移反応は，リビドーにおける退行の徴候である。転移と抵抗はともに妥協形成である（pp.102-103）。患者のあらゆる葛藤は，転移状況の中で徹底的に闘われなくてはならない（p.104）。これが分析において決定的に重要であるのは，それが過去の重要な対象関係に関わる未解決の葛藤に，現在において患者が取り組むことを可能にするからである。私たちは，**不在**の in absentia あるいは彫像の in effigy 敵を退治することはできない（p.108）。分析の間に生じる進行中の転移状況の中でこうした問題に取り組む必要があるのである。

　この論文でフロイトが論じたのは，転移と抵抗の関係のいくつかについて，とりわけ陽性（すなわち性的でエロティックな）転移と陰性転移の差異，そしてそれらがどのように抵抗の形成に影響するか，ということだった（pp.105-106）。彼は，一方の性的でエロティックな転移および陰性転移と，他方の「ラポール」，つまり非性的な陽性転移反応とを識別した。フロイトの見解では，あらゆる転移反応は本質的にアンビヴァレントである（p.106）。患者が分析家や医師に対してのみならず組織に対しても転移反応を抱くことに注目するのは興味深いことだ，とフロイトは言った（p.106）。

　「精神分析を実践する医師への勧め」（1912b）が注目すべき論文であるのは，その中で初めてフロイトが，逆転移と「精神分析的純化 psychoanalytic purification」を分析家が必要としていることを記述したからである。ここでフロイトは初めて，有名な「鏡」のたとえを述べる。転移を解決するためには，分析家が匿名性を維持する必要がある。「医師は患者たちに対して不透明であるべきで，

鏡のように，自らに見せられたものだけを彼らに見せるべきである。」(p.118)。

小論「治療の開始について」(1913b)には，明らかな抵抗の徴候がない限り，転移のテーマは触れられるべきではない，というフロイトからの勧めが書かれている。彼はまた，分析家と患者の間にラポールが発展するまでは患者に解釈をしないよう提案した。私たちが患者に対して真剣な関心を示し，彼の抵抗に取り組み，そして共感的理解の態度を示すなら，ラポールは生じるだろう(pp.139-140)（これは作業同盟についての最初の記述である，と言いたくなる）。

論文「想起すること，反復すること，ワークスルーすること」(1914c)でフロイトは，転移状況において患者が行動化する傾向を，幾分詳細に論じた。彼はまた，転移反応を説明する中で新たな仮説，つまり反復強迫という概念を紹介したが，それはまだ死の本能と結びつけられてはいない。さらに，この論文において，転移神経症という概念が初めて言及されている(p.154)。転移神経症は治療の人工物artifactであり，患者の通常の神経症に取って代わる。それは分析作業によって治癒可能である。

「転移性恋愛についての観察」(1915a)は，二つの重要な理由で注目に値する。その中で初めてフロイトは，「禁欲規則」に言及した。患者のニードや切望が彼を分析作業に駆り立てるよう，それらが持続するのを許容されることが，根本的な原則なのだ，とフロイトは述べた(p.165)。それはまた，分析家に対する患者のロマンティックな愛情に適切に対処するという問題を，フロイトが繊細で私的に，そして文学的に表現していることから，傑出した論文でもある。

『精神分析入門』(1916-1917)の「転移」と「分析治療」の章は，本質的に，それまでの転移に関するフロイトの基本的な見解に関する，かなり体系的で包括的なレビューである。さらにまた，精神病者における転移の問題に関する簡潔な議論はもちろん，自己愛神経症に対比される神経症のカテゴリーとして，転移神経症という用語に関する議論がなされている(pp.423-430, 445)。

転移現象の性質に関するフロイトの理論的見解の主要な変化が，『快原理の彼岸』(1920)において提示された。ある子ども時代の反応が転移で繰り返されるのは，快楽への期待があるからではなく，快原理よりもさらに原始的でありそれを無効化する，反復する強迫行動があるからなのである(pp.20-23)。その反復強迫は，死の本能の顕在化である(p.36)。初めて，転移反応はリビディナルな本能と死の本能の双方の顕在化だと見なされたのである。

これらの論文の後，1928年に発表されたグラヴァーの一連の技法論文まで，

重要な新しい進展はなかった。それらの論文は，転移神経症と転移抵抗の発達と解決における典型的な問題のいくつかに関する，最初の系統立った臨床的記述であった。グラヴァーは転移の発達のさまざまに異なる段階を区別し，さまざまな転移反応を扱う際の典型的な問題を識別した。

エラ・フリーマン・シャープの技法論文（1930）は，分析家についての患者の空想を分析する重要性を明らかにした。その学識のある繊細な表現の中で彼女が強調したのは，超自我，自我，イドの表象が，分析家についての空想の中でどのように演じられているかということであった。転移反応は，置き換えであるだけでなく投影でもあるかもしれない。クライン派の見解を維持しつつ，エラ・シャープは，転移を分析することは別々の仕事ではなく分析の最初から最後までの仕事であり，そして転移状況は絶えず探し出されなければならない，という意見を持っていた。とりわけ臨床的な価値があるのは，従順で従属的な患者に見られる，微妙な転移抵抗の複雑ないくつかの問題に関する彼女の記述である。

フロイトの「終わりある分析と終わりなき分析」（1937a）は注目に値する論文である。なぜならその中でフロイトは，転移と転移抵抗に関する，論争の的になる仮説を議論し続けたからである。彼は長引く陰性転移と行動化についての問題を強調し，それを反復強迫，つまり死の本能の顕在化のせいだと考えた。彼は，生理学的，生物学的因子に注目した（pp.224-226）。フロイトはまた，精神分析療法の予後の悪さと限界について，そしていわゆる陰性治療反応を示す患者に内在する特別な問題について論じた（pp.241-243）。この論文で彼は，分析家が患者の潜在的な問題を呼び起こすことが正しいか否かという問題に触れた。分析家は転移を操作すべきではない，とフロイトは断固主張した。すなわち分析家の仕事は分析することであって，操作することではないのである（pp.232-234）。

リチャード・ステルバの転移に関する2本の論文（1929, 1934）は，治療過程に関する私たちの理解に重要な貢献をなしている。彼は，患者が分析家の観察する機能に部分的に同一化できるときに生じる，患者の自我の分裂について記述した。この方法で患者は，分析への積極的な参与者になることができる。彼は素材を生み出すだけでなく，同一化に基づいてその素材を用いて分析的に作業することができる。この考えは，のちに「治療同盟」または「作業同盟」として知られるようになったものにおける，中心的要素である。

フェニケル（1941）の技法に関する小論文は，本質的に，精神分析技法の理

論的な基礎に関する高度に凝縮された，体系的で包括的なレビューである。それはまた，技法に関する典型的な問題にアプローチする際に考慮される，技法の諸段階の概略を提供している。

マカルパインMacalpineの論文「転移の発展」（1950）における最も優れた貢献は，分析状況自体が患者の転移への向かいやすさreadinessを転移反応へとどのように変換するかに関する，彼女の注意深く詳細な検討である。彼女は，精神分析を受けている患者の内に必要な退行を誘発する役割を果たす，15ばかりの異なる因子を特定した。

フィリス・グリーネーカーの「転移の役割」（1954）は，転移の起源，転移反応の「基盤matrix」に対するいくつかの重要な洞察を加えた。彼女はまた，転移を保護する重要性，「汚染contamination」を避けることを注意深く説明した。分析状況での「傾斜した」関係性——患者と分析家の間の不均衡——についての彼女の記述は，もう一つの役立つ考えである（p.674）。グリーネーカーは転移関係が法外に複雑なものであると認識し，転移関係の分裂に対してもっと注意を払うべきだと示唆している（Greenacre, 1959）。

「転移の問題に関する討論」（1955年の第19回国際精神分析大会で行われた）は，現在の精神分析的見解の優れた要約である（Waelder et al., 1956を参照）。エリザベス・ゼッツェル（1956）の「治療同盟」の重要性に関する分析は，傑出した貢献である。その論文で彼女が強調するのは，古典的な分析家とメラニー・クラインの後継者たちでは，それがどれほど異なって考えられているか，ということである。私の見解では，この差が理論と技法におけるいくつかの重要な違いの根本を成している。スピッツ（1956b）の論文は，分析設定が母子関係の最早期の局面をどのように再現するかに関する，私たちの理解を深める。ウィニコット（1956a）の評論が強調するのは，生後数カ月の間に適切な母からの養育を経験しなかった患者に必要とされる，技法上の修正である。患者が転移神経症を発展させることができるときだけ，私たちは解釈作業に本質的に頼ることができるのだというのが，彼の意見である。

「精神分析の治療行為」に関する非常に繊細で透徹した研究において，レーワルド（1960）は，転移関係における一定の非言語的な要素に注目する。彼は，母親の非言語的で成長促進的な子どもとの交流に似た，ある種の相互性を描写する。これは部分的には，子どもが自我構造を形成するのを助ける，母親の選択的で媒介し組織化する機能次第で決まる。子どもの可能性に関して母親の描く

像が，子どもの自己イメージの一部になる。同様の過程が，精神分析療法において，気づかれないままに生じるのである。

　レオ・ストーンの著書『分析状況』(1961) は，私の見解では，転移現象に関する問題のいくつかを明確にする上で，重要な前進である。必要な充足という概念，分析家の治療的な意図，そして分析家と患者の間の，同時に存在するさまざまな関係についての彼の強調は，私たちの理論と技法における重要な進展を表している。作業同盟を定式化するよう私を導いたのは，治療同盟に関するゼッツェルの論文と，精神分析状況に関するストーンの著書だったと私は思っている (Greenson, 1965a)。より神経症的な転移反応から分析家に対する相対的に非神経症的な関係を分離することには，重要な理論的かつ技法的な含意がある。分析可能であるためには，患者は両方のタイプの関係性を発展させることができなくてはならない。

　いくらかの論争の的になる新事実に関する短い記述を含まずに，こうした基本的な話題の歴史的概観を締めくくることはできない。私が選んだのは，精神分析家たちの間において現行する，二つの最も重要な偏向であると私には思われるもの，メラニー・クライン学派とフランツ・アレキサンダー学派である。

　クライン学派の人々は，転移現象の無意識的意味の解釈を治療過程の核心だと考えている。しかしながら彼らは，分析家に対する患者の関係が，ほとんどもっぱら無意識的空想のみだと確信しているのである (Isaacs, 1948, p.79)。転移現象は基本的に，最乳児期の良い対象と悪い対象の投影および取り入れだと見なされる。こうした早期の取り入れは前言語的な時期に生じるけれども，クライニアンは分析の最初から，患者がこうした原始的な行為の意味を理解することを期待する (Klein, 1961; Segal, 1964)。彼らは抵抗を抵抗として分析せずに，代わりに分析家に関する患者の複雑な，敵対的かつ理想化された投影や取り入れについて解釈する。それはまるで，進行中であると彼らが感じるものを解釈することによって，患者の自我における内的な良い対象と悪い対象に影響を及ぼすことを，彼らが期待しているかのようである。彼らは，凝集性のある統合された自我とコミュニケイトしない。すなわち彼らは作業同盟を確立しようとはせずに，代わりにさまざまな取り入れ物との直接の接触を確立するようである (Heimann, 1956)。

　クライニアンは，転移解釈**だけ**が効果的だとの見解を持っている。それ以外のいかなる解釈も，重要だとは考えない。彼らのアプローチは，子ども，精神

病者，神経症者との作業で――彼らの主張では――等しく有効である（Rosenfeld, 1952, 1958）。私たちは，非常に少ない記述によってこうした見解を正当に評価することはできない。すなわち，学派全体の思考に親しむ必要がある。研修生は，メラニー・クラインと彼女の後継者によって最近出版された3冊の著作を読むべきである（1952, 1955; Segal, 1964）。この問題に関する分かりやすく節度ある議論のため，学習者はブリアリーBrierley（1951）によるメラニー・クラインの仕事に関する章を参照されたい。

私たちはクライン派のアプローチに多くの見解の相違を見るかもしれないが，それにもかかわらず，彼らが転移を**解釈**する限り，クライン派は精神分析的アプローチを用いている。アレキサンダーとその学派の人々（1946）は，転移を分析し解釈するというこの根本的姿勢に挑戦する。それどころか彼らは，転移は調整され，制御され，操作されるべきだと主張する。転移は，患者の神経症的欲求に一致して開花することを許されるべきではない。患者が深い退行に入ることを私たちは許すべきではない。というのもこうした退行は，依存的な転移反応――これらは本質的に抵抗であり非生産的である――に導くからである。患者の不信や反感は避けることがベストである。すなわち，敵対的で攻撃的な転移は不必要な合併症なのである。分析家は幼児的葛藤に関するあらゆる言及を避け，そしてそれゆえ，依存的な転移反応を避けるだろう。ほどほどの強さの転移神経症は許容されるが，強烈な転移神経症は避けられるべきである。私たちは過去よりも現在にもっと重点を置くべきである。

以上はただ，アレキサンダーとフレンチが彼らの著書『精神分析的治療』（Alexander, F. French, T.M. et al., 1946）の中で表している見解の，わずかなサンプルにすぎない。この著作はアメリカの精神分析サークル内でかなりの物議を醸した（ヨーロッパでは無視されたようである）のだが，それは，寄稿者の多くが著名な精神分析家であり，表明された見解が，受け入れられてきた多くの精神分析理論および分析技法の基本原則と矛盾したからである。精神分析を変えようとしたこの試みの残響によって，私の見解では，結果としてアメリカ精神分析学会で一定の訓練基準を設定することになったのだった。アレキサンダーと彼の学派の人々によって提唱された方法に沿って訓練を受けた候補生は深い精神分析的体験をなさなかっただろう，と信じられていた。

本章の最初に述べたように，精神分析におけるあらゆる逸脱は，転移現象において認められる，その偏り方に表されるだろう。

第4章

理論的考察

I　転移反応の起源と性質

　転移現象に関するいくつかの理論的問題を探索する前に，この用語の意味をより正確に把握することが必要である。転移反応が何で構成されているかについてはさまざまな説があるが，私の印象では，相違点のいくつかは十分に詳細な用語の定義ができていないことに起因する。ここで，第III部第1章で用いた転移の定義を繰り返そう。**転移とは現在のある人物に対する感情，欲動，態度，空想や防衛を体験することであり，その人を利するものではなく幼児期早期の重要な人々との関係に由来する反応の反復であり，無意識的に現在の人物へと置き換えられている。**

　この定義は，四つの基本命題に基づいている。（1）転移は対象関係の一種である。（2）転移現象はある対象との過去の関係を繰り返す。（3）置き換えのメカニズムが転移反応の本質的なプロセスである。（4）転移は退行的な現象である。心的現象が転移と見なされるためには，これら四つの要素が全て揃う必要がある。四つの要素のそれぞれに，重要な理論的臨床的な含意がある。

　精神分析的治療が転移反応を作り出すわけではない。その展開を促すことによって転移反応を明るみに出すだけである。神経症者の転移現象は，特殊な部類の他者との関係である。それらは病気と現実生活の間に位置する，一種の中間領域を表す（Freud, 1914c）。分析家に関連する他の諸様式は，精神分析的治療の間に生じる。作業同盟と現実的な関係もまた生じ，神経症患者の精神分析的治療において重要な役割を果たす。これらは転移現象とは異なるので，分けて

考えたいと思う。

　分析家と関わるもっと原始的なあり方もまた，生じうる。妄想的あるいは精神病的な特性の反応が起こるが，それらを転移反応と呼ぶことが正しいかどうかは定かではない (Freud, 1915b)。曖昧さを避けるため，本書で転移や転移反応という用語をさらに詳述することなく使う場合は，神経症的な転移現象を指すものとする。著しく退行したさまざまな患者では，治療者に対する一過性の精神病的反応が見られるかもしれない。これらの徴候は，神経症的な転移反応とはまったく異なる。主な違いは，精神病者が対象表象を失い，その結果もはや自己と対象世界の区別ができなくなるという事実に由来する (Freud, 1915 b; M. Wexler, 1960; Jacobson, 1964)。ただし忘れてはならないのは，精神病患者は神経症的で健康な要素を持ち合わせているかもしれず，その逆も同様であるということである (M. Katan, 1954)。私たちはまさに，神経症的な転移反応と精神病的な転移反応の両方を示す患者を見るのである。

　精神分析中の分析家との多様な関わり方は，臨床的，理論的，技術的に重要な違いを意味するため，互いに区別されなければならない。これらを単に転移現象として一括りにしてしまうと，人間関係の複雑さや，精神分析的治療に含まれる治療過程の複雑さを，正当に取り扱わないことになる。

I-1　転移と対象関係

　神経症者の転移反応は，主体，過去の対象，現在の対象という3人全てを巻き込む関係である (Searles, 1965)。分析的状況においてそれは通常，患者，過去の重要な人物，そして分析家で構成される。かつて父親を恐れたのと同じように分析家を恐れるようになる患者は，転移反応にとらわれている限り，過去の観点から現在を誤解している (Fenichel, 1945a)。しかしながら，神経症患者は，分析家が自らの分析家であり，父親ではないことを知っており，患者である自分が分析家でも父親でもないこともまた，知っている。言い換えれば，神経症者は一時的，部分的に**あたかも**分析家が父親と同一であるように反応するだろうが，知的には分析家を父親や自分自身から明確に区別できる。臨床的観点から，神経症患者は，自身の経験自我を観察自我から分けることができる。彼はこれを自発的に行うかもしれないし，分析家の解釈の助けを必要とするかもしれない。

神経症の転移現象は以下の二つの達成に基づく。（1）自己と対象世界を区別する個人の能力。（2）過去の対象表象から現在の対象へと反応を置き換える能力（Jacobson, 1964; Hartmann, 1950）。つまり，神経症者は組織化され分化した自己，環境から分離した別個の実体を持ち，それは変化の最中にあっても変わらない能力を持っているということである（Jacobson, 1964; Lichtenstein, 1961; Mahler, 1957［Rubinfine, 1958参照］; and Greenacre, 1958）。
　非常に幼い子どもたちは，母親からの分離，個体化が，まだ達成されていない。より年長の子どもたちは，新しい対象を渇望している。治療状況において，彼らは単に過去を繰り返すのではなく，新しい関わり方を試みる（A. Freud, 1965）。精神病者は内的対象表象を失っており，新しい対象を創造することによって，恐ろしい空虚感を埋めようと必死になる（Freud, 1915b）。彼らは，自己と対象表象の残骸を融合させ，混乱させる傾向がある。さらに，失われた対象関係を構築，あるいは再構築しようとして彼らが取り入れ投影する部分対象で，彼らの世界は溢れている（M. Wexler, 1960; Searles, 1963）。

　私の統合失調症の患者の一人は，自分が石けんでできていると何年も信じ込んでいて，そのことで私を責めた。そのような考えは「沈黙は金なり」「清潔は信心深さに次ぐ美徳」という公理を文字通り，具体的に受け取ったことに部分的に基づいていた。彼女は，私が話をさせようとすることで，彼女の「純粋な」沈黙の状態が失われると感じた。私が「汚い言葉」を使い，そのことが**彼女を**石けんにしてしまったのである（自己と分析家の混同に注目のこと）。ただ基本的な問題は彼女の空虚感，つまり対象の世界を失ったという気づきであった。石けんでできているという感覚は，回復の試みはもとより，このことの承認でもあった。

　このような分析家との関係は，神経症的な転移反応とは大変異なっている。精神病者における転移現象に関するさらなる臨床的，理論的素材は，フロイト（1915b, 1911a），サールズ（1963），リトル（1958），ローゼンフェルド（1952, 1954）の著作を読者は参照するとよい。
　前述の議論は，子ども，大人の神経症者，精神病者に対する治療的アプローチの違いの背後にあるいくつかの問題をほのめかしたにすぎない（A. Freud, 1965）。フロイト（1916-17）が，転移神経症を自己愛神経症から分けたのは，同様の根拠に基づいていると思われる。本質的に自己愛的な人は，一貫して分析可能な

転移関係を維持することはできないだろう。彼らの治療者との関係は，自己と対象のイメージの融合したものや同一化の原始的な先駆体で一杯になるだろう（Jacobson, 1964）。ウィニコット（1953）が移行対象の概念で示したように，自己愛的関係と対象関係の間には移行がある。深く学びたい方には，自己と対象の表象の始まりに関するより詳細な見解について，ジェイコブソン（1964），フェニケル（1945a），スピッツ（1957, 1965），マーラー（1965）を読むことを勧める。私は，転移関係の基盤は初期の母－乳児結合 mother-infant union であるというグリーネーカー（1954）の定式化に同意する。人間はかなりの期間，孤独にうまく耐えることができない。分析状況は二つの相反する反応を引き起こす。カウチ上での患者の感覚的な孤立は，孤独感，欲求不満，対象関係への飢餓をかき立てる。他方，高頻度な来談，長期にわたる治療，患者のニードへの没頭は，母子間の初期の親密さの記憶をかき立てる。

I-2　転移と自我機能

　転移反応は，神経症患者の自我機能の強さと弱さを明らかにする。先に述べたように，神経症的な転移現象が示すのは，患者が安定した自己表象を持ち，それが対象表象と明確に区別されているということである。これは，彼の早期の自我の発達が基本的に成功していて，「ほどよい」母の世話を受けていて，全体としての人々と関係を持つことができることを意味している（Winnicott, 1955, 1956b）。彼が「自分の過去の観点から現在を誤解する」とき，その誤解は部分的で一時的なものに過ぎない。自我機能の退行は限局されており，転移を向ける人物との関係のある一定の側面に限定される。さらに，それは元に戻ることができる。

　例えば，私の患者は，激しく敵対的な転移反応の渦中にいる。彼は，私が無能で不謹慎で冷酷だと声高に訴えて数セッションの大部分を過ごす。それでもなお，彼は約束の時間を守り，私の介入を熱心に聞き，外的生活では十分に機能している。たとえ分析をやめることを考えたとしても，そうした動きを本気で熟慮しているわけではない。

　そのような心の状態の患者は，自分の感情や空想にとらわれたままでいられ

る。彼は，対象関係や自我機能において，自身を退行させている。自身の現実検討機能のいくらかを，彼は部分的，一時的に放棄する（これは，役割を演じているとか，見せかけているのとは区別される必要がある）。先に挙げたケースでは，私が彼の質問の一つに答えなかったとき，転移反応が動員された。私のこの行動は，私が無能で不謹慎で冷淡だという彼の告発に矛盾する私の資質全てを，瞬間的に覆した。治療のこの段階では，患者の識別するという自我機能は損なわれていた。黙ったままでいたときに，私は彼の厳しい懲罰的な父親になった。彼の観察自我と作業同盟が再構築されたとき，患者はこの反応に取り組むことができ，それを理解し始めた。

　転移反応では，自我機能の退行を示す他のメカニズムは生じるが，それは置き換えのメカニズムを**補完**するものである。投影や取り入れは**起こる**が，神経症転移の基本的なプロセスではない。それらは，置き換えに加えて作用することはある。私がこの点を強調したいのは，それが投影と取り入れに基づいてあらゆる転移現象を解釈するクライン学派の見解と対立するからである（Klein, 1952; Racker, 1954; Segal, 1964）。彼らは過去の対象関係からの置き換えを無視し，それゆえ患者の成育史上の体験を相対的に無視している。思うにこれは，投影や取り入れという用語の使い方が不正確なためと同様に，投影や取り入れを置き換えから区別することに幾分彼らが失敗しているためである。

　学者ぶって見えるのは承知の上で，これらの用語を，古典的な精神分析の文献で使われている通りに簡単に定義しよう。置き換えとは感情や空想などを，過去の**対象**あるいは**対象表象**から現在の対象あるいは対象表象へ移し変えることである。ある人が投影するとき，**自己表象**の中から何かを，他の人の中に，上に，放出している。取り入れとは，外的対象から**自己表象**へと，何かを体内化することである。分析中に投影や取り入れが生じることはあるが，それらは**置き換えに加えて**発生する。それらは，個人史的に重要な過去の対象に関してかつて生じた投影と取り入れのメカニズムの**反復**なのである（Jacobson, 1964）。

　神経症的な転移反応としての投影の一例を挙げよう。あがり症で苦しんでいるX教授[◆2]は，分析中，私が解釈をするたびに自分を馬鹿にしている，陰で笑っている，嘲笑していると感じる，と頻繁に訴えた。患者の個人史の中に，この反応に関する多くの決定要因があった。彼の父親は特に人前で患者をサディスティッ

クに辱めることに喜びを感じる，からかうのが好きな人として知られていた。患者は非常に厳格な超自我を身につけ，自分が恥ずかしいと思ったさまざまな活動に対して，自分で自分を厳しくむち打っていた。分析の過程で，彼の羞恥心は，彼が何をしたのかを私が知れば，私は彼を辱めるだろう，という気持ちに変わった。患者は自分の超自我の一部を私に投影していたのである。私に屈辱を与えられるという彼の空想は苦痛であっただけではなく，マゾキスティックで露出的な喜びを含んでいた。これは，子ども時代の父親との関係から引き継がれたもので，性的で攻撃的な空想に満ちていた。しかしながら，彼の屈辱的な空想に関するある重要な側面は，投影に基づいていた。

週末に酔っぱらって，「気味の悪いグリーンソン（Gruesome Greenson），偉大な精神分析家」の真似をして友人の一団を楽しませました，と彼はある面接時間に恥ずかしそうに報告した。かなり長い時間分析家のことで観客を笑わせ続けることができたことに，彼は驚いていた。私を知っている人がいたときにはいつでも，私の一定の表情やジェスチャーを真似して，時折自宅でこれをやっていたことに，その分析セッション中に彼は気づいた。この話をすると患者はかなり心配になり，「屋根が落ちてくる」と確かに感じた。この言い回しから彼は，父親の話し方を面白おかしく真似しているところを父親に見つけられるという，それまで忘れていた記憶を思い出した。父親は彼を容赦なく殴り，その後，彼が泣くまで苦しめた。このエピソードは，父親の真似をする患者の試みに終止符を打ち，最終的にあがり症をもたらしたのだった。

屈辱を与える側になるという衝動を患者が部分的に私に投影していたのは明らかに思われた。これは他のことと同様に彼の敵意に対する防衛であり，不安を回避するための手段であった。しかしこの投影は，彼の屈辱感の基本的な決定要因——自分を辱め，その報復として彼が辱めたいと切望した父親に関わる個人史——を補完するものであった。

転移反応の行動化やエナクトメントは，転移における自我機能のその他の退行的特徴を示している。転移と記憶の関係は，次の反復と退行に関するセクションで詳しく説明する。

I-3　転移と反復

　転移反応の際立った特徴の一つは，その反復性，変化への抵抗と執拗さである。この現象には役割を担っている多くの要因があり，さまざまな理論的説明がなされている。ここでは，主要な問題のいくつかについてのみ簡単に触れる。

　転移は，抑圧された過去，――より正確には，回避された warded-off 過去を再び生きることである。より現実的な対象関係とは対照的に，転移反応の反復性と硬直性は，転移的振る舞いの中で放出を求めるイド衝動が，あれこれの無意識的な自我の対抗勢力により妨害されるという事実に起因する。転移での満足が完全に成されることは決してない，なぜならそれらは本物の満足の単なる代わりにすぎず，退行的な派生物，妥協形成にすぎないからである（Fenichel, 1941）。それらは絶え間ない逆備給の産物である。逆備給，つまり防衛が解消される場合にのみ，十分な放出が起こりうる。

　本能的な欲求不満と充足への探求が，転移現象への基本的動機である。満足している人々とアパシー apathy 状態にある人々では，転移反応ははるかに少なくなる。満足している人々は外的世界の機会と要求に従って，彼らの振る舞いを調整することができる。アパシーの人々は，より自己愛的な方向へ引きこもってしまう。さまざまな未解決の神経症的葛藤に苦しむ神経症者は，絶えず本能的に不満足な状態にあり，その結果，転移の準備が整った状態にある（Freud, 1912a）。そのような状態の人は，新たな人物に会う際には誰であれ，意識的・無意識的にリビドー的，攻撃的な先入観を抱きつつ，会うだろう。これらは患者が分析家に出会う前からすでに存在しており，そして神経症者の個人史は，治療のために訪れるずっと以前から転移的振る舞いで溢れている（Frosch, 1959）。

　直接的な放出を妨げられ避けられている回避された衝動は，意識と運動へのアクセスを得ようとする試みの中で，退行的で歪曲された経路を模索する。転移的振る舞いは，抑圧されたものが戻ってくる一例である。分析家という人物は，堰き止められた衝動の主要な標的となる。なぜなら患者は，元の対象に向き合う代わりに，短絡的に衝動を表す機会として分析家を利用するからである（Fenichel, 1941）。転移はその意味では抵抗だが，洞察と記憶へ至る必要な迂回路である。分析家の非侵入的で満足を与えない振る舞いは，患者の転移反応を明白にする。フロイト（1915a）のいわゆる「鏡」と禁欲規則は，この基礎の上に築かれている。精神分析家が患者の神経症的な本能願望を充足させないなら，こ

れらの衝動は転移的歪曲として明白になり，価値ある洞察の手段となるだろう。これらの問題については，第III部第9章のII，第IV部第2章のI-3，II-3で詳述する。

心的出来事の繰り返しは，それを遅ればせながら征服するための手段でもあるだろう（Freud, 1920; Fenichel, 1945a）。外傷的体験の積極的な反復がその一例である。元々のパニックの感覚をもたらした状況を積極的に繰り返すことで，幼児的自我は無力感を克服することを学ぶ。苦痛な出来事に関するゲームや夢，思考は，自我を溢れさせた過剰な興奮のいくらかを放出することを可能にする。元々の外傷的状況では受動的であった自我が，自我が選択したときに，自我に都合の良い状況で，その出来事を積極的に再生し，そうして徐々にそれへの対処法を学ぶのである。

状況の反復は，対処や征服から快感へと導くかもしれない。部分的には，これはかつて恐れた出来事への勝利の感覚によるであろう。対抗恐怖counterphobicの要素が未だ働かない限り，これは通常一過性のものである（Fenichel, 1939）。つまり，その出来事は恐れられている**がゆえに**反復され，その反復は不安が依然として続いていることを否定する試みなのである。例えば，過剰な性的活動は，当該の人物が不安を否定しようと試みていることを意味するだろう。彼の行動は，もはや恐ろしくないと自分を説得しようとしていることを示す。彼の対抗恐怖的セクシャリティはまた，これを確かにする証人を得る試みでもある。過度の反復性は神経症的葛藤が含まれていることを示す。無意識的自我は本能の十分な放出を妨げ，その活動は繰り返し何度も行われなくてはならない。

転移反応は，上記に述べた視点から十分にアプローチできる。過去の人物との恐ろしい関係は，元の経験に含まれていた不安を遅ればせながら征服する試みとして反復される。例えば，ある女性は厳しい残酷な男性を愛の対象として求める。転移において，彼女はあたかも分析家が残酷で懲罰的であるかのように繰り返し反応する。他の意味に加えて，このタイプの反応は元の不安を征服する遅れた試みとして理解することが有益である。子どもの頃，彼女は厳しい父親の前で無力だった。患者となって，不安をコントロールする手段として，精神分析家の攻撃的な要素に反応することを，彼女は無意識に選ぶ。彼女は，元の体験を思い出す**代わりに**苦痛な状況を再演する。行為の反復は，記憶のための前奏曲であり，準備なのである（Freud, 1914c; Ekstein and Friedman, 1957）。

ラガーシュ（1953）は，転移現象の反復的行動化に関する私たちの理解に貴

重な指摘をつけ加えた。彼は行動化が，達成されていない課題を完了する試みかもしれないと明示した。これは，子どもにおける転移問題が，新しい体験への渇望のためであるというアンナ・フロイト（1965）の考え方に関連する。これらの点のいくらかについては，転移反応の行動化のセクション第III部第8章IVで詳しく説明する。

　転移現象を反復する意味に関するこの議論は，フロイト（1920, 1923b, 1937a）の反復強迫の概念につながる。フロイトは，反復しようとする強迫行為は究極的には一次的な死の本能に由来すると推測した。生物には自己-破壊欲動があり，それが元の無生物の状態であるニルヴァーナへ戻るよう駆り立てる，と彼は信じていた。この理論的問題は精神分析サークルで熱心に議論されているが，この本で扱う範囲を超えている。読者にはキュビー（1939, 1941），E. ビブリング（1943），フェニケル（1945a）や，ギフォード（1964）とシュール（1966）が報告した，この主題に関する最近の優れたパネル報告を読むことを勧める。私がここで言えることは，私の経験では，反復する強迫行動を死の本能の顕在化として理解，あるいは解釈する必要をこれまで感じたことはなかった，ということである。臨床的に，快－苦痛原則の範囲内で反復性を説明することは，常に可能であるように思われた（Schur, 1960, 1966）。

　転移反応の反復性によって提起されるその他の理論的問題は，征服しようとする本能の問題である（Hendrick, 1942; Stern, 1957）。人間がこの方向に駆り立てられることに疑いの余地はない。しかしながら，征服への衝迫は一般的な傾向，一般的な原理であり，特定の本能には限定されないようである（Fenichel, 1945a）。適応や固着という概念もまた関連のある問題であるが，ここではかけ離れすぎるだろう。ハルトマン（1939, 1951），ウェルダー（1936, 1956），E. ビブリング（1937, 1943）は特に理解の助けになる。

I-4　転移と退行

　分析状況は神経症患者に，対象関係の過去のあらゆる段階を，退行という手段によって，繰り返す機会を提供する。転移現象が非常に価値があるのは，それらが対象関係に加えてさまざまな心的構造の発達段階を目立たせるからである。転移的振る舞いや空想の中に，自我，イドそして超自我機能の初期形態を観察することができる。転移における退行に関して心に留めるべき一般的なポ

イントが二つある。治療状況にある神経症患者には，一時的な退行と同時に前進も見られる。分析可能な患者は退行し，そしてそこから元に戻ることができる。退行現象は通常は限局されており，一般化されない。例えば私たちは，権威的な人物たちに対する肛門的-サディスティックな衝動により表現される，イドにおける退行を目にするかもしれない。同時に，愛情対象に対する本能衝動はより高いレベルで作動しており，一定の自我機能はかなり進んでいるだろう。これが第二の一般化をもたらす。退行現象は一様でなく，それゆえ転移的振る舞いの臨床的断片は，それぞれ慎重に検討されなければならない。アンナ・フロイト（1965）の退行に関する議論は，多くの問題点を浮き彫りにし，明らかにする（Menninger, 1958; Altmanのパネルレポート［1964］も参照のこと）。

　対象関係の観点からは，転移状況は患者に，愛と憎しみ，エディパルと前エディパルのあらゆる種類や混合物を再-体験する re-experience 機会を与える。対象へのアンビヴァレント，そして前アンビヴァレントな感情は表面化する。共生的な親密さへの渇望を伴う絶望的な無力さと，頑なな反抗的態度の間での移り変わりを，私たちは見ることができる。依存が，悪意や反抗と交互に現れることがある。自己-充足のように見えることが，根底にある依存性を明らかにすることへの抵抗だと分かることがある。愛されたいという願望は表面的な治療効果には至るかもしれないが，根深い対象喪失の恐れを覆い隠す可能性がある。一般的に，転移関係の退行的性質は，不適切さ，アンビヴァレンス，攻撃的奮闘が相対的に優勢になることとして現れる。

　転移反応で起こる自我機能の退行は，さまざまな方法で明らかにできる。転移の定義はまさに，このことを示している。過去の置き換えは，現在の対象が過去の対象と部分的に混同されていることを示している。自我の現実検討，識別機能は一時的に失われる。投影，取り入れ，スプリッティング，否認などの原始的な心的メカニズムが起こる。対象関係に関する時間感覚の喪失は，夢を見ているときに私たちが観察する退行的な特徴に似てもいる（Lewin, 1955）。転移反応を行動化する傾向は，衝動-制御のバランスの喪失を示している。転移の徴候として身体化反応への傾向が増加することもまた，自我機能の退行を表している。(Schur, 1955)。自己の諸部分，すなわち自我，イド，超自我の外在化は，退行のもう一つの徴候である。

　イドはまた，多くの点で退行に関与する。過去のリビドーの目標や身体部位は，精神分析家という人物に関連するようになり，転移の光景を色づけるだろ

う．転移が退行すればするほど，敵対的で攻撃的な奮闘がますます優勢になるだろう．メラニー・クライン（1952）はこの臨床的な要点を最初に強調した一人である．エディス・ジェイコブソン（1964, p.16）はエネルギーの退行に基づいてこれを説明し，未分化で根源的な欲動エネルギーを伴う中間段階について推測している．

　転移の退行的特徴は，超自我にも影響を与える．最も共通して見られるのは，精神分析家へと置き換えられる患者の超自我反応において，厳しさが増大することである．初期には，通常，恥の反応が優勢である．超自我機能が外的に実行されていた時期への退行も見られる．患者はもはや罪悪感を感じておらず，その代わり，見つかることだけを恐れる．患者が退行すればするほど，分析家は患者に対して敵対的でサディスティックで批判的な態度を持つと感じられるだろう．これは，患者自身の敵意を精神分析家へと投影することによって補われる，過去の対象からの置き換えのためである．

　退行についてのこの短い議論から離れる前に再度指摘しておかねばならないことは，分析設定と手続きは，転移現象の退行的特徴の出現を最大限にするときに重要な役割を果たすということである．これについては，第IV部で詳しく論じる．

I-5　転移と抵抗

　転移と抵抗はいろいろな意味で互いに関連している．「転移抵抗」という言い回しは，転移現象と抵抗機能の間の，密接で複雑な関係を簡略に表すものとして，精神分析の文献で一般に使われている．しかしながら，転移抵抗はさまざまなことを意味しうるし，臨床素材へ進む前にこの用語を明確にすることが賢明だろうと私は思う．

　転移現象は精神分析療法の最も強力な手段であると同時に最大の抵抗の源である，というフロイト（1905c, 1912a, 1914c）の基本的定式化を，私はすでに論じてきた．転移反応は過去の反復で，記憶のない再体験relivingである．この意味で，あらゆる転移現象は抵抗の価値を持っている．一方で，分析家への反応は，患者がアクセスできない過去への最も重要な橋渡しとなる．転移は記憶と洞察への迂回路であるが，その道以外の経路はほとんど存在しない．転移は回避されているものへの手掛かりを提供するだけでなく，分析における作業に対し動

機や刺激を提供することもある。これは，信頼できない味方である。というのはそれは気まぐれで，人の目を迷わす表面的な「転移による改善」を生み出しもするからである（Fenichel, 1945a; Nunberg, 1951）。

　ある種の転移反応は，それらが苦痛で恐ろしいリビドー的，そして攻撃的な衝動を含んでいるために，抵抗を**引き起こす**。性的で敵対的な転移反応は，特に重要な抵抗の源になる傾向がある。非常に頻繁に，性愛的で攻撃的な要素は連れ立って出現する。例えばある患者は分析家に性的な感情を持つようになり，その後，相互性の欠如に激怒するようになり，それを彼女は拒絶だと認識する。あるいはその患者は，幼児的または原始的な空想をさらけ出す際に恥をかくという恐れのために，分析状況で作業することが不可能となる。

　転移反応そのものが，患者に分析作業をできなくさせることが生じるかもしれない。例えば患者は，対象関係の非常に受動的で依存的な段階へと退行することがある。患者はそのことを意識せずに，分析セッション中にそれを行動化するだろう。それは，偽りの愚かさ，あるいは幸福に満ちた惰性として現れるかもしれない。患者は，母－子関係の初期のある側面を再-体験しているのであろう。このような状態では，分析家が理性的自我と作業同盟を再-構築することに成功しない限り，患者は分析作業を行うことができない。

　別のタイプの転移感情を隠すためにある特定の転移反応が執拗に固守されるとき，状況はさらに複雑になる。不合理な空想を隠す目的で，分析家との見せかけの現実的協力を頑なに維持する患者がいる。ときに患者は，分析家へのアンビヴァレンスに気づかないままでいるために，特定の感情をスプリットして他の人に置き換えるだろう。しばしば起こるのは，私の患者が他の精神分析家に対して強い敵意を示す一方で，私に対して絶賛を明言するということである。分析は，両方の一連の諸感情が，実際には私に関係していることを明らかにするだろう。

　克服するのが最も困難な抵抗は，いわゆる「性格転移」反応である。この状況において，防衛的な機能を持つ一般的な性格特性や態度が，日常生活で関わる人たちに対するのと同様に分析家に対しても示される。これらは非常に深く患者の性格構造に根差していて十分に合理化されているので，分析の主題になりにくい。これらの問題は第Ⅲ部第8章のⅡとⅢでさらに詳細に論じる。

　要約——転移と抵抗は，いろいろな意味で互いに関連している。転移抵抗と

いう用語は，この臨床的事実を凝縮する。一般に転移現象は，記憶に対する抵抗である——転移現象は間接的にはその方向へとつながっていくという事実にもかかわらず。転移反応は，その反応の特質のために，患者が分析的に作業できなくなる原因となるかもしれない。いくつかの転移反応は，別の転移反応を明らかにすることに対する抵抗として使用されるかもしれない。転移抵抗の分析は「日々の糧」であり，精神分析的治療の通常業務である。転移抵抗の分析には，治療作業の他のどの側面よりも多くの時間が費やされる。

II 転移神経症

　フロイトは転移神経症という用語を二つの異なる意味で使用した。一方では，ある神経症グループを指す用語として使った。つまり，比較的まとまりのある，多様で接近可能な一連の転移反応を形成し維持する能力がある患者のグループである（Freud, 1916–17）。こうしてヒステリー，恐怖症，強迫症は，自己愛神経症，精神病から区別された。後者のグループでは，患者が断片的で散発的な転移反応しか発展させられず，そのため，古典的精神分析では治療できなかった。フロイトはまた，精神分析治療を受けている患者の転移反応において普通に生じることを記述するためにも，転移神経症という用語を使った（Freud, 1905c, 1914c, 1916–17, Chapt. XXVII）。

　分析の過程の中で，患者の興味が分析家という人物へとますます焦点づけられていくことが観察され得る。フロイト（1914c, p.154）は，神経症患者の反復しようとする強迫行動がいかに無害であるだけでなく——「ほぼ完全な自由をもって展開することが許され，患者の心に隠れていた病因的本能の道筋の中で全てを私たちに提示することが期待される遊び場としての，転移の中に」その強迫行動を認めることによって——有益になるかを，指摘した。その転移状況が適切に取り扱われるなら，「その病気のあらゆる症状に新しい転移的意味を与え，患者の通常の神経症を治療作業によって治癒可能な「転移–神経症」に置き換えることに，私たちは必ず成功する」。転移神経症は，患者の病気のあらゆる特徴を引き継ぐが，それは人工的な病気であり，私たちの介入にとってあらゆる点でアクセス可能である。それは古い病気の新版なのである。

　精神分析的治療の初期の段階で，私たちは通常，散発的で一過性の反応，グラヴァー（1955, p.37）が，「漂う floating」転移反応と呼んだものを目にする。こ

うした初期の転移反応が適切に取り扱われるなら，患者はより長く続く転移反応を発展させるだろう。臨床的には転移神経症の発展は，分析家という人物と分析プロセスや手続きに患者が没頭する，その強さと期間の増大によって示される。分析家と分析は，患者の生活における中心的な関心事となる。患者の症状や本能的要求は分析家を中心に廻るだけでなく，あらゆる古い神経症的葛藤が再動員され，分析状況に集中する。患者はこの関心を，愛と憎しみの情緒に対する防衛であるとともに，それらが多様で混ざり合ったものとして感じるだろう。防衛が優勢であれば，何らかの形の不安，あるいは罪悪感が前面に出るだろう。このような反応は強烈であったり，激情的であったり，微かであったり，あるいは慢性的であったりするだろう。いずれにせよ転移神経症がひとたび現れるやいなや，このような感情の布置はいたるところに存在するようになる。

　転移神経症において，患者は分析家と過去の**神経症**を反復する。適切な取り扱いと解釈によって，患者が幼児神経症を再体験し，最終的には想起あるいは再構成することを助けることが私たちの希望である。転移神経症という概念は幼児神経症以上のものを含んでいる。なぜなら患者は，子ども時代の神経症がのちに編集されたものや変化したものを同様に再体験するからである。このことを臨床例で示そう。

　K夫人♦³の事例を使おう。この若い女性は，黒人と性的に淫らになるという強迫的な観念や衝動に最近悩んでいたので，精神分析治療に来た。これは「ゾンビ」になる感覚と交互に起こり，さもなければ，空っぽ，退屈さ，価値のなさ，抑うつを感じた。彼女は，そのコミュニティの中でも傑出した20歳年上の男性と，最近結婚していた。彼のことを彼女は結婚前には愛していたが，今では恨みと恐怖を感じた。彼女の過去の個人史において際立った特徴は，思いやりはあるが気まぐれでアルコール依存の母親に育てられたという事実であった。母親は，彼女を賛美したり溺愛したり，甘やかしたり，そして時々見捨てたりした。父親は患者が1歳半のときに家族を見捨て，母親のその後の3度の結婚はそれぞれおおよそ1年程度だった。3歳下と2歳下の二人の弟がいたが，母親は彼らを無視していたので，患者が世話をした。彼らは彼女の仲間で，彼女は彼らに対して責任があり，そして彼らはライバルだった。大変な貧困で，家の場所はたびたび変わり，教育はほとんど受けなかった。少女が15歳のとき，母親は彼女が自活できると主張した。

恥ずかしがりで怖がりで訓練を受けていなかったけれども，患者はファッションモデルとして成功したキャリアを築いた。20歳のとき，K夫人は，彼女に生活上の細やかな振る舞いを教え，5年後に結婚をする将来の夫と出会い，恋に落ちた。彼女が分析に来たとき，結婚してから2年ほど経っていた。私はここで，およそ4年半の間で成功した分析の，主な転移の進展の概略を述べよう。

　初期の転移反応は，コミュニティの「トップ」の分析家で，それゆえ分析の成功を保障する人だと彼女が空想していた私に，患者として受け入れられたいという切迫感から成っていた。同時に，彼女を退屈で価値がない，魅力がない，あるいは治療不可能だと私が思うのではと恐れた。一方で彼女は，良い患者でありたい，全ての弱さを明らかにしたい欲望に，他方で私に愛され，性的そして精神的に魅力的であると認められたい，ゆえに彼女の欠陥を隠したいという願望に，引き裂かれていた。彼女を私のお気に入りの患者にして，他の患者にはしないことを彼女のためにすることで，私は彼女の父親の欠如を補償することになった。私は彼女が誇りに思う，理想的で清廉潔白な父親であり，また，彼女の近親姦願望を満足させる犯罪的な父親でもあった。最初期の頃に，K夫人の乱交衝動に関する症状は，エディプス的人物としての私に移行した。これは，厳しく咎めるような，そして清教徒的な理想化された父親としての私のイメージと交互に現れた。

　そうしている間，分析は，患者のマスターベーションに関する多大な恥ずかしさを理解する試みに向けられた。それを彼女は21歳のときにやっと「発見し」，そして空想を伴わず，ほとんどオーガズムもなく起こるようだった。彼女の恥ずかしさの分析によって，私は清教徒的な父親であるだけでなく，トイレットトレーニングの日々の，狂信的に綺麗好きな母親でもあるのだと私たちは認めるに至った。K夫人の退屈さや空虚感は，性的空想に対する防衛であることが明らかにされ，分析の中で抵抗となった。彼女は空想にふけることを恐れた。なぜなら空想にふけることは興奮することを意味し，興奮することはコントロールを失い，濡れることを意味したからだ。このことは彼女が，感情的になったり興奮したりしたときに話を続けたがらないことで，分析の中で示された。彼女が泣くのを，あるいは上気しているのを私が見ることになったなら，私は彼女があまり魅力的でないと思うだろう。彼女は「汚れた」ティッシュを私に見られたくなかったので，セッションが終わるといつも，それを枕から取り除いた。彼女が汚く，排泄を行っていると私が知ったなら，どうやって私が彼女を愛することなどできようか。私は，彼女の汚い母親を捨てた，理想化され，非性化され，非トイレ化された父親

であるか，あるいは汚い子どもが大嫌いな強迫的に綺麗好きな母親かの，どちらかだった。それから彼女は，飲んだくれの母親が裸でいるのを見，そして彼女の醜い性器によって不快感を抱かせられるという多くの記憶を思い出した。今や彼女は母親のようになることを，あるいは汚れた母親を自分の内部に持つことを恐れ，そして父親が母親を見捨てたように，彼女を私が見捨てることを怖れた。彼女は汚い母親で満たされるより，むしろ空虚でいたいのだろう。けれども空虚さは分析での沈黙や抵抗を意味し，それは悪い患者になることに等しかった。ここでは作業同盟と彼女の父親-分析家に愛されたい切望が勝利して，彼女は空虚さの後ろに隠されていたものに取り組むことができた。

　空虚さの背後には，禁じられた男性との能動的，受動的の両方で行われる非常に多様な，口唇的，吸いつく，覗き見的な行為に関する性的空想が溢れてきた。その男性は，分析家か，黒人，あるいはアラブ人であり，サディスティックでもマゾキスティックでもあった。彼女とパートナーは役割を行き来した。この時点で私は，彼女の性的な冒険の共犯者であるだけでなく彼女が母親を憎むことを許可してもいて，それを彼女は心から楽しんでやっていた。この分析期間中，彼女は分析セッションを毎回待ち望み，週末を，そしてそれぞれの時間の終わりでさえ，恐れた。というのは，私が彼女の空想の主な内容になっていたからで，私に会わないでいることは，空虚や退屈を意味した。彼女は私に「繋がれている」と感じ，私がいるところで感情が満たされ，そしてそのセッションから離れると，単調で平坦に感じた。

　徐々に，私が彼女を分析すると決意しており，彼女の衝動に恐れることもそれらに巻き込まれることもないと実感するにつれ，K夫人は徐々に，より退行的な衝動が生じるのを思い切って許すようになった。彼女の父親で保護者としての私と，女性的な男性，そして最終的には女性に対する，口唇吸引的でサディスティックな衝動に関する時折の夢や空想を，彼女は恐れず思い出した。彼女は私への信頼を増していたので，私に対するある原初的な憎しみや怒りもまた，恐れずに感じた。それよりも前に，彼女は批判的な父親あるいは非難する母親としての私へのマイルドな敵意を感じることができていた。のちには，自身の内部にあり自らに安心を与えてくれると感じられていた強み，秘密，価値ある物を盗む人として，彼女は私を憎むことができた。彼女はまた，よい投資，将来への安心，空虚感に対する保証，自身に中身を与えた男性として，私を愛することもできた。この時点では，彼女が所有しているペニスある男性であることによって，私は，ペ

ニス羨望に対する彼女の防衛でもあった。

　分析のこの段階で，K夫人は性交中，初めてオーガズムを体験することができた。このことは，赤ん坊である彼女の娘への強い同性愛的感情に気づく勇気を彼女に与え，そして彼女はこれが，自身の母親に対する子ども時代の衝動の役割を逆転させて反復しているのだと認識できた。彼女がそう望むのであれば，異性愛的なオーガズムを得る能力を損なうことなくこうした衝動が経験され得るという事実によって，最終的に彼女は，ペニス羨望の暴力的段階を通過することできた。彼女は私を，「汚い物を突き刺す穴をただ欲するだけ」の，女性のことはどうでもいい，女性を妊娠させ捨てたペニスの所有者として，怒り狂って憎むことができた。患者がこのような感情を表現でき，私が破壊されることも反感を抱くこともないと理解できたとき，私は永続的で無条件に彼女を愛し，受け入れている——私が彼女に同意しなかったときでさえ——と彼女は感じ始めた。私は彼女の内部で，信頼でき永続的である住人——愛すべき両親的内的対象——になっていた。今や彼女は，自分自身が一人前の母親で妻になることを許すことができ，母親への憎しみと愛の感情に圧倒されることなくそうした感情を解決することができた。K夫人のケースは，第Ⅱ巻でより詳しく述べる。

　この短い描写は，複雑に読めるかもしれないが，患者の全ての転移反応を決して十全には表していない。どのようにして患者の症状，葛藤，衝動，防衛が分析家や分析手続きへと焦点化されるようになったか，そしてそれらが相当に元の神経症に置き換えられるようになったかを，この短い描写が示していることを望む。転移神経症のおかげで，私は，生きている現在において患者の葛藤を観察してそれに取り組むことができた。転移体験は生々しく，活き活きとし，現実であり，精神分析作業において並ぶもののない確信の感覚をもたらすのである。

　転移神経症に関する記述の中でフロイト（1914c）は，患者の通常の神経症は転移神経症によって「置き換えられる」ことを示した。アンナ・フロイト（1928）はこれに賛成し，この種の構造のみが転移神経症と呼ぶにふさわしいと主張している。

　上に引用した臨床素材において，さまざまな間隔を置く中でどのようにしてK夫人の私への関わりが元々の神経症にとって変わったのかを，私たちは観察でき

る。ある期間，患者の乱交衝動は私へ焦点化され，他では見られなかった。コントロールを失うことに関する彼女の葛藤は，分析セッション中に強まり，汚い素材を外へ出すことへの恐怖，そしてその「汚れた」クリネックス・ティッシュを隠すことに関係していた。この期間，分析外での彼女の肛門不安は消えることはなく，しかしそれらは背景に退いていた。私の経験では，転移状況で活発で鮮明になる患者の神経症のその特定の側面は，患者の外的生活では減少するだろう。しかしながら，しばしばそれは単に重要ではなくなり，転移神経症と比べて比較的とるに足らないものになるが，また別の布置が転移像を占有するときには，患者の外的生活で再び現れるようになる。例えば，ある期間K夫人の乱交空想はもっぱら私へ移った。けれども分析が彼女のトイレ不安と恥へと焦点化されたときには，濃い肌色の男性たちに関わる彼女の強迫−衝動観念が戻ってきた。

　転移神経症が患者の神経症に全面的に置き換わる程度に関して，別の問題が提起されるべきである。患者の神経症のいくつかの側面が患者の外的生活の中のある人物に置き換えられ，そのときその人は，補完的な転移的人物として機能しているように見えるような経験が，私にはある。例えば，私の多くの男性患者は，分析経過の中で女性にロマンティックな恋をする。これは転移の顕在化ではあるが，分析外で起こる。このことは，第III部第8章のIVで論じる。

　患者の通常の神経症を置き換える転移神経症というこの問題は，幼い子どもの分析において何が起きるのかという問題に関連する。アンナ・フロイト (1928)，フライバーグ (1951)，そしてクート Kut (1953) は，幼い子どもはさまざまに個々別々の転移反応を示すものの，転移神経症を発展させることはない，とかつて主張していた。エディプス・コンプレックスが解決した後にのみ，つまり潜在期にのみ，子どもの分析治療において転移神経症が発展することの証拠を，私たちは目にするのだ，と。アンナ・フロイト (1965) とフライバーグ (1966) は，このことに関する彼らの見解を最近修正した。年長の子どもは，大人の転移神経症に似た，分析家に対し強力で長期間続く歪曲した反応を発展させる。こうした反応は，大人の分析におけるほどには古い神経症に取って代わるものではない (Nagera, 1966を参照)。クライン派の子どもの分析家は転移反応と転移神経症を区別せず，幼い子どもの転移現象は大人のそれと同じであると主張する (Isaacs, 1948)。

　グラヴァー (1955)，ナハト Nacht (1957)，そしてハーク Haak (1957) は，あ

る形態の転移神経症が，どのように幼児神経症を明らかにするための障害物になりうるか，そして膠着状況へ至らせうるかを記述した。このことの，最も頻発する原因の一つは，分析家の逆転移であり，それは患者の転移反応の十分な広がりを，故意にではないが妨げる。例えば分析家の過度な温かさは，敵対的な転移が十分に発展するのを妨げうる。何より，転移反応の諸側面を不完全にしか解釈しないことで，長期化した膠着状況が生み出されるだろう。この主題は，続く数セクションでより十分に議論される。

　以下の疑問が提起されるかもしれない。「転移神経症が確実に生じるためには私たちは何をするのか？」。答えは次のようになる。「分析的な雰囲気が本質的に同情や受容のそれであるなら，そして分析家が一貫して洞察を模索し患者の抵抗を解釈するなら，転移神経症は発展するだろう」。これは，第Ⅲ部第7章と第9章で，さらに十分に扱われ，明らかにされる。

　転移神経症に対する古典的な精神分析的態度は，それが最大限に発展するよう促進することである。転移神経症は，回避された病因となる過去の諸体験に接近するための，最も重要な助けを患者に提供するということが認められている。分析家とともに分析状況において，抑圧された過去を再体験することは，神経症的な防衛や抵抗を克服するための最も効果的な機会である。このように，精神分析家は苦労して，転移状況を守り，そしてその十分な開花を奪うかもしれないどんな汚染も防ごうとする（Greenacre, 1954）。分析家の個人的な性格や価値が侵入することは全て，患者の転移神経症の範囲を限定する要素として認識されるだろう。解釈は，その全過程を進むのを可能にする転移を取り扱う唯一の方法である。効果的な作業同盟との組み合わせで，転移は最終的に，その解決へと至るだろう（Gill, 1954; Greeson, 1965a）。

　精神分析から逸脱した学派は，転移神経症に対して異なる手法を取る。アレキサンダー，フレンチら（1946）は，退行的要素の危険性を過度に強調し，それゆえ転移神経症を避けたり縮小したりしようとして，転移状況をさまざまに操作することを提唱する。クライン派は反対の極へと進み，他のあらゆるものを除外し，ほぼひたすら転移解釈に信頼を置いている（Klein, 1932; Klein, et al., 1952; Strachey, 1934; Isaacs, 1948）。さらに彼らは分析の非常に初期の段階から，転移の中で起こる最も幼児的で原始的な衝動を見て，それらを直ちに解釈する（Klein, 1961）。最後に，転移の発達はあらゆる患者において似ているように見えるので，患者の個別の生活史はさほど重要ではないようである。

転移の理論的議論を離れる前に触れておくべきことだが，分析状況と分析家のパーソナリティは患者の転移反応に寄与する。これについては，第IV部で詳述する。

[原注]
◆2　第II部第6章のIV，V-2を参照。
◆3　第I部第2章のIV，第II部第6章のV-1，第7章のI，第III部第2章のVを参照。

第5章

作業同盟

　転移現象についての私たちの議論のこの時点において，主題から離れて述べる必要がある。神経症患者の精神分析治療にとって転移反応が極めて重要であると，私たちは強調してきた。精神分析家はさまざまな転移反応の展開を最大化する分析状況を提供するために非常に苦労すると述べることによって，私は，精神分析的な観点を要約することができる。このことは，別の方法では接近しがたい病的な素材に近づくための，私たちの主要な方法である。しかしながら，個人史のデータを収集することは治療過程の一部にすぎない。もう一つの重要な要素は，解釈によって洞察を与えることである。

　これらの二つの因子は同じくらい重要であるが，それらは患者に永続的な変化をもたらすには十分ではない。神経症患者が分析状況に入っていき，その中で効果的に作業を行うためには，転移反応に加え分析家とのまた別種の関係を築き維持することが必須である。私はここで，作業同盟に言及している。作業同盟は患者−治療者関係において，転移神経症の十分で対等なパートナーと見なされるに値する，というのが私の主張である（Greenson, 1965a）。

　作業同盟に関する私自身の臨床経験は，エリザベス・ゼッツェルの「転移の今日的概念」(1956) という論文によって，強化され明確にされた。彼女はその小論の中で「治療同盟 therapeutic alliance」という用語を導入し，転移のこの側面を扱うか無視するかによって古典的な精神分析家といわゆる「英国学派」とを区別できると示すことによって，それがいかに重要であると彼女自身が考えているかを示した。レオ・ストーンの著書『分析状況』(1961) は，患者と治療者との間の作業同盟の問題を明確にし，定式化するための新たな刺激を私に与

えてくれた。

　このセクションの土台となっている臨床素材は，精神分析療法の過程において予期せぬ困難を発展させた多くの患者から得られている。これらの患者の中には，他の分析家と1回あるいはそれ以上の分析を受けていた者もいるし，さらなる分析のために戻った私の患者もいた。このグループには，いくつかの点で分析の予備段階を超えることができなかった患者がいた。数年の分析の後でさえ，彼らは本当には「分析の中に／分析を受けて」いなかった。終わることができないように思える人たちもいた。つまり彼らには，豊富な洞察と変化のなさの間の著しい矛盾があった。これらの症例が明らかにした臨床的症候は，診断カテゴリー，自我機能，精神力動の観点からは質の異なるものであった。治療の手詰まりはもちろん本質的な病理をも理解するための鍵は，分析家との信頼できる協働関係を患者が発展させることの失敗の中に見出されることとなった。私が説明するそれぞれのケースにおいて，患者は分析家との息の長い作業同盟を確立または維持することができないのだが，分析家はこの事実を無視し，代わりに他の転移現象の分析を追究していた。幅広く臨床経験を持つ精神分析家らの技法に，私はこの誤りを見つけ，そして私が以前治療していた患者と分析を再開したときに，私自身の中にこの同じ欠点があることを認識したのだった。

　私が分析家に対する患者の諸反応を二つの異なるカテゴリー——転移神経症と作業同盟——に分類する重要性を痛感したのは，こうした一見分析不可能な，あるいは終結できない患者との作業においてだった。実のところ，この分類は完全でも正確でもない。この点はのちに明らかにする。しかしながらこの区別は，精神分析家に対する本質的に異なる2種類の反応に，等しい吟味と注意が与えられるようになるのを助けてくれる。

I　実用的定義

　作業同盟という概念は，精神医学と精神分析の両方の文献において古くからある。作業同盟はさまざまに異なる名称で記述されてきたが，ゼッツェルとストーンを除き，二次的にしか重要でないと捉えられるか，他の転移反応から明確に区別されてこなかった。

　作業同盟という用語は，患者が分析家と築く比較的非神経症的で理性的なラ

ポールを指す際に，他の人が使ってきたさまざまな用語よりも優先的に使用されるだろう。**作業同盟**に役立つのは，患者が分析家に対して抱く諸感情の中の，この理性的で目的のある側面である。作業同盟という名称が選ばれたのは，この用語がその際立った機能を強調するからである。すなわちそれは，分析状況の中で作業する患者の能力を中心に据える。ゼッツェル (1956) の「治療同盟」，フェニケル (1941) の「理性的転移」，ストーン (1961) の「成熟した転移」などの用語は，同様の概念を指す。しかしながら作業同盟という名称には，重要な要素を強調する利点がある。つまり，治療状況において目的を持って作業する患者の能力である。患者が激しい転移神経症の最中にいて，それでも分析家との効果的な協働関係を依然として維持できるときに，それは最も明確に見ることができる。

作業同盟の信頼できる核が形成されるのは，自身の病気や寄る辺なさを克服したいという患者の意欲，協力しようとする意識的かつ理性的な意志，および分析家の指示や洞察に従う患者の能力によって形成される。実際の同盟は，本質的には，患者の理性的自我と分析家の分析する自我との間に形成される (Sterba, 1934)。これが可能となるよう仲介するのは，分析家が患者の振る舞いを理解しようとする際の分析家の分析的アプローチに，患者が部分的に同一化することである (Sterba, 1929)。

患者の理性的自我や観察し分析する自我が経験自我から分離されるのと同様の仕方で，作業同盟は分析状況において前面に出てくる。分析家の介入は，彼の介入が非合理的自我から理性的自我を分離するのと同様に，神経症的転移現象から作業する姿勢を切り離す。これら2組の現象は互いに平行し，評価基準は異なるものの類似する心的事象を表している。理性的な観察自我を分離させられない患者は作業関係を維持することができないだろうし，逆もまた同じである。

しかしながら，転移反応と作業同盟の区別は絶対的なものではない。なぜなら作業同盟は，最終的に分析を必要とする幼児神経症の要素を含んでいるであろうからである。例えば，患者は分析家の愛を得るために一時的によく作業するかもしれないのだが，これは最終的には強い抵抗に至るだろう。あるいは，分析家の性格や能力についての過大評価は，分析の最初は作業同盟にうまく役立つ可能性もあるが，結局はあとから強力な抵抗の源になる。転移神経症が作業同盟を妨害する可能性があるだけでなく，作業同盟そのものが，より退行的な

転移現象を回避するために防衛的に誤用される可能性がある。

　この点の臨床描写であるが，私や分析状況に対して執拗に分別的であり続けた患者において起きたことがある。彼女は精神分析についてほとんど知らなかったが，そのフラストレーションや制限を穏やかに受け入れ，意識的な不快感や怒りの痕跡はなかった。しかしながら彼女が思い出すことのできた時折の夢は，激怒と憤怒の紛れもない証拠に満ちていた。このことが患者に指摘されたとき，彼女はそれが「ただの」夢にすぎず，自分は夢に対して「責任」がないかのように反応した。彼女は分析の時間を忘れたときでさえ，それを「当たり前」の間違いと見なし，そして根底にある敵意に対する恐れについての私の解釈を変わり者の耽りだと捉え，それを快く大目に見た。表層的な連想や合理化が次第に消えて沈黙が続いた後になって初めて，より退行的な敵意と性的な衝動が紛れもなく彼女に明らかになった。それから彼女は，自分がいかに防衛的な見せかけとしての作業同盟にしがみついていたかを認識したのだった。

　混合物であるにもかかわらず，分析家に対する患者の反応を神経症的転移と作業同盟という二つのグループに分けることは，臨床的および技法的価値があると思われる。さらなる事例に進む前に，この主題に関する精神分析の文献をいくつか簡単に概説したいと思う。

II｜文献の概観

　フロイト（1912a, p.105）は，意識に受け入れられ「精神分析を成功させる媒体……」である，転移の友好的で愛情深い側面について語った。彼はラポールのことを次のように書いた。「彼［患者］を治療や医師という人物に愛着させることが治療の最初の目的であることに変わりはない。これを確実にするためには，患者に時間を与える以外何もする必要はない。患者に対して真摯に関心を示し，最初に生じる抵抗を注意深く取り除き，ある種の間違いをしないようにするなら，患者自ら，そうした愛着を形成していくだろう……もしはじめから共感的な理解以外の立場をとるなら，この最初の成功を失う可能性が確かにある」（Freud, 1913b, pp.139-140）。

　ステルバ（1929）は，彼らがともに成し遂げなければならない作業へと患者

の関心を導く，患者の分析家への同一化について記述した——だが彼は，転移のこの側面に特別な名称は付けなかった。フェニケル（1941, p.27）は，「理性的な転移」を分析に必要な目的-制止的陽性転移 an aim-inhibited positive transference と述べた。エリザベス・ゼッツェルが「治療同盟」の重要性を強調したことは先に論じられた。精神分析の治療行動に関するレーワルド（1960）の論文は，精神分析の間に患者が分析家に対して発展させるさまざまな種類の関係についての，透徹した感性豊かな研究である。彼の考えのいくつかは，私が作業同盟と呼ぶものと直接的に関係している。レオ・ストーンの著書は，もっぱら分析家と患者との関係の複雑さに捧げられている。その中で彼は「成熟した転移」——彼はそのように確信していたのだが——について，以下のように言及した。それは（a）「原初的な転移」反応に対立し，（b）成功する分析にとって必須のものである（p.106）。

国際精神分析学会第22回大会の前に開催された「精神分析における治癒因子」に関するシンポジウム（Gitelson et al., 1962参照）では，治療同盟を促進する特別な転移反応に関する多くの言及があり，また，「良い」分析状況への分析家の貢献に関していくつか議論がなされた。ギテルソンは，分析の初期に私たちが頼りとし，最終的には転移となる**ラポール**について語った。彼は，分析家は自分自身を良い対象として，そして補助自我として提示する必要があると強調した。マイヤーソン（Gitelson, p.202 n.を参照），ナハト，スィーガル，カイパー，ガーマ，キング，ハイマンは，ギテルソンのアプローチのさまざまな側面について彼と意見が対立した。その意見の相違は，幾分は，作業同盟とより退行的な転移現象とを明確に区別できないことによると思われる。

この短く不完全な概論が明らかにするのは，フロイトを含む多くの分析家が，精神分析治療において，より退行的な転移反応の他にも分析家に対する別種の関係が必要であると認識したことである。

III 作業同盟の発展

III-1　作業同盟における逸脱

作業同盟の進展の過程が通常の精神分析患者のそれから著しく逸脱した，いくつかの臨床例を描写することから始めよう。このように始める理由は，古典

的な分析患者では，作業同盟はほとんど気づかれずに，比較的静かに，そして一見，私の側のいかなる特別な活動とも無関係に進展するという事実のためである。普通とは異なっているケースが，通常の分析患者ではほとんど目に見えない形で生じるさまざまな過程や手続きを浮き彫りにする。

　二，三年前に，別の都市の分析家から，かつて 6 年以上分析を受けていた知的な中年男性が私に紹介された。患者の生活においては，全般的状態は改善していた。しかし最初の分析家は，彼がまだ結婚することができず非常に孤独だったので，さらなる追加の分析が必要だと感じていた。セラピーのごく初期から，彼が自分の抵抗を認識し作業することについて，完全に受け身であるという事実に私は印象づけられた。彼の前の分析家はその分析の間抵抗を指摘し続けていたので，彼は私からも同じように指摘されると予期しているのだと判明した。
　次に印象深かったのは，私が何らかの介入をした瞬間，彼は即座に反応する——その介入はたびたび理解できないものであったのだが——という事実だった。少しの間でも沈黙したり，私が言ったことをゆっくりと考えたりすることは抵抗の徴候であり，したがって悪いことだと彼は信じていたために，私のあらゆる介入に即座に反応することが自身の義務だと感じていることが，私に明らかとなった。どうやら以前の分析家は，沈黙することに対する彼の恐れを，抵抗と認識してこなかったようだ。自由連想において，患者は話すことを積極的に探し，彼に複数のことが思い浮かんだ場合には，心に浮かんだ複数の選択肢に言及せずに，私が求めていると彼が考える話題だと思われるものを，彼は選んだ。私が彼にいくつかの情報を要請すると，彼はしばしば自由連想法によって答えたので，その回答はしばしば奇妙なものになった。例えば，私が彼のミドルネームは何かと尋ねると，彼は，自身に浮かんだ最初の名前である「ラスコリニコフ」と答えた。私が平静を取り戻してこのことを尋ねると，彼は自由に連想することになっていると思っていた，と言って自己弁護した。
　私はすぐに，この患者が彼の最初の分析家と本当には作業関係を確立してこなかったという明確な印象を持った。彼は分析状況で何をすることになっているかを知らなかったのである。彼は何年もの間分析家の前に横たわっていたが，前の分析家が要求したと想像したこと，すなわち，常に瞬時に自由連想することに，従順に服従してきた。患者と分析家は，精神分析のパロディにふけっていたのだった。確かに患者はいくつかの退行的な転移反応を発展させ，その中のいくつかは

解釈されたが，一定の作業同盟の欠如のために，全体の手続きは無秩序で混乱し，効果がないままとなった。

　私は，患者の問題の大きさは単に最初の分析家の技術的な欠点だけによるわけではない，あるいはそれが主なものでさえないはずだと認識したけれども，患者が分析状況で作業することができるかどうかを確かめるための適正な機会を，彼に与えるべきだと私は感じた。加えてこうした明確化は，患者の病状をより生々しく明らかにもするのだった。したがって，私たちが作業を始めた最初の数カ月間，私は患者に対して，適切と思われたときはいつでも，精神分析療法が患者に求めているさまざまな仕事について丁寧に説明した。患者はこの情報について，あたかも新しいものであるかのように反応し，私が説明した方法で彼はしきりに作業したがっているようだった。しかし，彼は自分の心に浮かんだことをそのまま言うことができず，私が探しているものを見つけなければならないと感じていることが，すぐに明らかになった。彼は私が話したことに対して黙っていることやじっくり考えることができなかった。彼は空白を恐れ，その空白は恐ろしい危険を意味していた。もし彼が沈黙するなら彼は考えるかもしれないし，そしてもし考えるなら，彼は私に同意しないかもしれず，そして同意しないことは私を殺すことに等しかった。彼の極端な受動性と従属性は，彼の内的な空虚さや貪欲な幼児的飢餓，そして激しい憤怒を覆い隠す，迎合行為の一形態として明らかにされた。6カ月の間に，この男性が古典的精神分析の剥奪に耐えることができないスキゾイド的「アズイフ as if」性格（H. Deutsch, 1942; Weiss, 1966）であることが，十分に明らかになった。したがって私は彼に，女性治療者との支持療法を受けるよう援助した。

　私が4年程度分析していた女性が，6年ぶりに私との分析を再開した。私たち双方が，彼女が中断したときに多くの未解決な部分があることを知っていたが，私たちが同意したのは，分析の中断の間に次のことが明白になったということだった。それは，彼女の私に対する極度にアンビヴァレントで不満がましく，しがみついてサドマゾキスティックな転移をよりよく解決しようとするときに遭遇する，異常なほどの難解さや困難さであった。私は彼女に別の分析家に行くことを提案した。というのも私は一般的に，分析家を変えることは，元の分析家に戻るよりもより生産的であることに気づいたからだった。これは通常，古い転移反応に新たな洞察を与えるし，新たな転移の可能性をも追加する。しかし，外的な理由の

ためにこれは実現不可能であり，私はいくつかの予約があったにもかかわらず，彼女の分析を再開した。

　カウチを使った彼女の初期の数セッションで，私は患者が分析で作業するその奇妙な仕方に衝撃を受けた。それから私はすぐに，過去の分析でよく生じていたことを思い出したが，今になってより強く印象づけられたのは，私はもはやそれに慣れていなかったからだった。それは，ほとんど奇怪に思われた。面接の中である時間が経つと，患者はほぼ絶え間なく話した。それは，支離滅裂な文章，最近の出来事の詳細な説明の一部，奇妙さに触れられないままの時折のわいせつなフレーズ，あるいは強迫思考であった。そしてその後，再び過去の出来事の詳細な説明に戻るのだった。患者は自分の話し方の奇妙さにまったく気づいていないようで，このことに自発的に触れることはなかった。私がこの問題について直面化したとき，彼女は最初分からなかったようで，その後，攻撃されたと感じた。

　以前の分析でも，患者が非常に不安で，不安の分析はもとより不安に気づくことを避けようとしていたときにはいつでも，そのようなセッションが——セッションの一部の時間だったとしても——たくさんあったことに気づいた。さらに，私たちがそのような振る舞いの意味と個人史上の決定要因のいくつかを明らかにしてきたことさえ，私は思い出した。例えば，彼女の母親はとてもおしゃべりで，彼女が理解できないうちから，大人に対するように話をしていた。私に対する彼女の理解不可能な話し方は，母親との同一化であり，分析状況における行動化だった。さらに母親は，夫——彼は本質的にもの静かな男性であった——に不安と敵意の両方を表現するために，流れるように話し続けた。患者は母親からこのパターンを引き継ぎ，分析時間にそれを私と再演した——彼女が不安や敵意を感じるときにはいつでも，そしてまた，私を傷つけることと私にしがみつくこととの間で彼女が引き裂かれたときに。

　加えて，この行動様式は，二次過程から一次過程への自我機能の退行であり，私とともにある種の「寝言 sleep-talking」，つまり，両親とともに眠っていることの再演を意味すると理解するようになった。この奇妙な話し方は，最初の分析中にも何度も繰り返され，さまざまな決定要因が分析されてきたが，分析が中断されるときになってもある程度続いていた。分析手続きの一つを誤って使用することについて患者に直面化しようとするといつでも，直面化に対する彼女の反応によって，あるいは浮上してくる若干の新しい素材によって，脇道に逸れるのだった。彼女は関連性があると思われたある過去の個人史上の出来事を思い出したり，

次の数セッションでいくつかの夢や新しい記憶が現れたりしたが，いかに彼女が精神分析作業のある側面を行うことができないかという問題に，私たちが本当には戻ることはなかった。
　彼女の2度目の分析では，私は先延ばしにするつもりはなかった。同じような支離滅裂な話し方のほんのわずかな痕跡でも現れたとき，またはそれと関連していると思われたときにはいつでも，彼女をこの特定の問題に直面させ，少なくともこの問題が議論されていることを彼女が認めるまで，彼女をこの主題に留めておいた。患者は，彼女の抵抗についての私の直面化に対して，過去のあらゆる防衛手段を駆使しようと試みた。私は少しの間だけ彼女の抗議と回避に耳を傾け，そしてその抵抗的な働きを繰り返し指摘した。患者が私と良好な作業同盟にいると確信しない限り，私はいかなる新しい素材についても作業しなかった。
　ゆっくりとではあったが，患者は基本的なルールを自身が誤用していることに直面し始めた。彼女自身が，ときには意識的に，ときには前意識的に，そしてさらにときには無意識的に，自由連想の本来の目的を自身がいかに曖昧にしているかに彼女は気づくようになった。患者が私との関係で不安を感じたとき，彼女は自分自身をこの退行的な「寝言」的な話し方に陥らせてきたことが，明らかになった。それはある種の「悪意のある服従」だった。それが真の自由連想の回避であると彼女は知っている限りで，それは悪意に満ちていた。彼女がこの退行的な——すなわち失禁のような——話し方に従う限り，それは服従だった。これは私に対するある種の敵意を感じるたびに起こった。私に毒を注ぎ込みたい衝迫として，彼女はこれを感じた。このことによって彼女は，私が彼女に破壊され，彼女には失われてしまうと感じ，そして彼女は孤独を感じて怯えた。そして彼女はすぐに寝言に陥った。それは，私にこう言っているようなものだった。「私は，部分的に眠っていて，私から出てくるものに対して責任を負わない小さな子どもです。私を一人にしないで。一緒に眠らせて。私から出てくるのは無害な尿だけだから」（他の決定要因については，この問題から私たちを遠ざけてしまうため，議論しない）
　この分析が以前の分析からどのように異なって生じたかを理解するのは，興味深い体験であった。この患者が，自我機能において退行する能力を誤用する傾向が完全になくなったことを意味する，と私は言うつもりはない。しかし，欠陥のある作業同盟の分析を私が精力的に追究したこと，良き作業関係の維持に対する不断の注目，患者の転移神経症の他の諸側面を分析することへと誤って導かれることを私が拒否したことは，効果的だった。2度目の分析には，まったく異なる

味わいと雰囲気があった．最初の分析では，私が会っていたのは興味深く風変わりな患者だった．彼女が気まぐれに横道に逸れることで私がしばしば迷子になったために，その患者は非常に欲求不満に陥っていた．2度目の分析では，依然として気まぐれな患者であったが，協力者でもあって，私が迷子になったときに助けてくれただけでなく，私がそうと気づく前に私が道を踏み外していると指摘してくれたのだった．

　若い男性，Ｚ氏◆4は，別の街の分析家とほぼ手つかずのままだった分析を2年半過ごした後，私のところにやって来た．彼はある一定の洞察を得ていたが，分析家というものは幼児性欲を軽蔑しないことになっていると分かってはいても，前の分析家が幼児性欲について本当には認めていなかったという明確な印象を彼は持っていた．予備面接でその若い男性は，マスターベーションについて話すのが最も困難であるし，前の分析家にはこの情報をしばしば意識的に黙っていたと私に話した．彼は多くの意識的な秘密の存在について先の分析家に告げていたが，それにもかかわらずそれらを打ち明けることを頑なに拒否した．彼は心から自由連想に身を投じることは決してなく，彼と分析家の両方が無言のままである長い沈黙のセッションが多くあった．ただし，彼は最初の分析家とは作業同盟を形成できなかったという事実にもかかわらず，私との関係の取り方，個人史，そして一般的な臨床的印象から，彼は分析可能であると私は確信した．

　私はＺ氏の分析を引き受け，前の分析家に対する彼の陰性反応について多くのことを知った——その反応のいくつかは，その分析家の分析を行う方法から生じるものだった．例えば，カウチでの初期のあるセッションの中で，患者はタバコを取り出して火をつけた．私は，彼がタバコに火をつけることに決めたとき，何を感じていたかを尋ねた．彼が不機嫌そうに答えるには，前の分析ではタバコを吸わないことになっていると分かっていたし，私もこのことを禁じるだろうと彼は思ったのだった．私はＺ氏に，彼がタバコに火をつけることを決心した瞬間に，彼にどんな感情，考え，感覚が起こっていたのかを知りたいと言った．すると彼は，セッション中に幾分恐ろしくなってきた，そしてこの不安を私の視界から隠すため，タバコに火をつけることに決めたと明かした．

　そのような気持ちや考えは行動にしないで言葉で表現するほうがいい，なぜならそうすると，彼の中で何が起きているのかをより正確に私が理解できるからだ，と私は答えた．そうして彼は，私がタバコを吸うことを禁じているのではなく，言

葉や感情で自分自身を表現すれば，分析されるというプロセスにもっと役立つと指摘しているだけだ，と実感した。彼はこのことを，彼がカウチに行く前に，カウチの上ではタバコを吸わないのが通例だと言った最初の分析家と対比させた。この説明はなく，患者は最初の分析家が恣意的だと感じた。

　後になって，Z氏は私に結婚しているかどうかを尋ねた。私は彼にそれについて何を想像したか尋ねることで対応した。彼は躊躇しつつ，二つの空想の間で引き裂かれていることを明らかにした。一つは私が仕事を愛し，患者たちのためだけに生きている独身者だということ，もう一つの空想は，私が多くの子どもを持つ幸せな既婚者だというものだった。それから彼は自発的に続けて，私が幸せに結婚していることを望んでいる，なぜならそうであれば，私は性的な問題で彼を助けるよりよい立場にいるだろうから，と言った。それからZ氏は言い直して，私が妻と性的関係を持っていると考えるのはつらいことだ，なぜならそれは狼狽させることで，彼の知ったことではないからだ，と言った。それから私は彼に，質問に答えないことによって，そして代わりに答えについて空想を話すように求めることによって，彼の興味が何についてであるかを，彼がどのように私たちに明らかにしたかを指摘した。私が沈黙を守り自身の質問について彼に連想させることでより多くのことが得られるはずだと感じたときには，私は質問に答えないだろう，と私は彼に言った。

　この時点で，Z氏は幾分涙ぐみ，少し間を置いたのち，以前の分析の初期に彼は多くの質問をしたのだと話した。彼の以前の分析家は決して答えず，なぜ黙っているかを一度も説明しなかった。彼は分析家の沈黙を侮蔑や侮辱と感じ，そして，彼自身のその後の沈黙が，この不当な仕打ちと思われたものに対する報復であることに，今になって気がついた。やや後になって，彼は最初の分析家の軽蔑と思われるものと同一化していたことを理解した。Z氏は，分析家のとりすました感じを軽蔑し，同時に，彼自身の性的行為に対する厳しい自己非難でいっぱいで，そのため彼はそれをその分析家に投影し返したのだった。

　恐怖と敵意に基づく前の分析家との同一化が，効果的な作業同盟の代わりに協働関係の歪みへとどのようにして至るのかを知ることは，私にとって非常に有益だった。最初の分析の全体的雰囲気は，敵対的で不信に満ちた報復的な感情や態度で汚染されていた。これは，父親に対する患者の振る舞いの反復であることが判明し，最初の分析家が認識し解釈していた点であった。しかしこの転移抵抗の分析は，部分的には，前の分析家が患者の幼児神経症的な振る舞いを絶えず正当

化するような方法で扱ったという事実のために効果がなく，そのため，転移神経症によって作業同盟が侵害されることを強めたのだった。

　私はZ氏とともに約4年間作業し，ほぼ最初から比較的効果的な作業同盟が確立された。しかしながら，私の分析方法——それは，彼の幸福に対する心から人間的な関心と患者としての彼の立場への尊重を示しているように，彼には思われたのだが——はまた，分析の後半には重要な転移抵抗を動員した。私との分析の3年目に，良好な作業同盟と強い転移神経症であると思われたものにもかかわらず，患者の分析外の生活に，分析作業に見合う変化が見られない多くの領域があることを私は認識し始めた。最終的に，私は患者が分析時間外に分析的な作業を行う際に，微かだがある特定の制止を発展させていたことを発見することができた。Z氏が分析時間外で狼狽したとき，自分が何に狼狽したのかを彼は自問した。通常彼は問題のその状況をうまく思い出した。ときには，私が以前のある時点で彼に与えたその出来事の意味を思い出しさえしたかもしれない。しかしこの洞察は，彼にとって比較的無意味なものだった。すなわちそれは異質で人工的で，丸暗記されていた。それは彼の洞察ではなく，私のものだった。それゆえ彼にとって生きた意味はなかった。したがって，彼を狼狽させた出来事の意味について，彼にはどちらかといえば白紙状態だった。

　どうやら彼は，分析状況の中では私との作業同盟を確立してきたようであったが，これは分析時間外では残っていなかった。分析によって明らかとなったのは，患者は，分析時間外に私のものに似た態度，アプローチ，または視点を自分自身のものとして引き受けることを許さないということだった。彼は，自分にそうすることを許すなら，私が彼の中に入っていったことを認めることに等しいだろうと感じた。Z氏はこれを同性愛的暴行であり，いくつもの幼少期および青年期の外傷体験の反復であると感じたので，これは耐えがたいものだった。徐々に，私たちは患者が取り入れのプロセスをどのように性愛化し，攻撃的なものとしてきたかを明らかにすることができた。

　この新しい洞察は，患者がさまざまな種類の「取り入れ」を区別することを学び始めるための出発点だった。徐々に患者は，分析的な観点を採用するという点において，同性愛が含まれていない同一化を私と再確立することができるようになった。こうして，転移神経症によって侵されていた作業関係は，再び，幼児神経症的側面から比較的自由になった。効果がないままだった以前の洞察は，最終的には重要で永続的な変化をもたらした。Z氏の事例は第Ⅱ巻でさらに詳しく説

明するつもりである。

　最後に，転移神経症の退行的な性質を恐れるあまり作業同盟に執拗にしがみついている患者たちに話を戻したい。こうした患者は分析家と理性的な関係を発展させ，性的であれ攻撃的であれ，あるいはその両方であれ，何か不合理なことを自分自身が感じることを許さない。分析における長期の合理性は偽りの合理性であり，患者は，さまざまな無意識的な神経症的動機に対して，合理的であることに無意識的にしがみついている。例証しよう。

　約2年間，精神分析の知的な知識を持った若い専門家の男性が，彼の分析家である私に対して肯定的で分別のある態度を維持していた。彼の夢が敵意や同性愛を示していれば彼はそれを認めたものの，分析家にそのようなことを感じることになっていると分かっているが，「本当は」そうではないと主張した。彼が遅れて来たり料金を支払うのを忘れたりすると，彼は来たくはなかった，あるいは料金を支払いたくなかったかもしれないと再度認めはしたが，しかし「実際には」そうではないのだった。彼は，自身が知っていた他の精神科医に対して激しい怒りの反応を示したが，彼らはそれに値するが私は違う，と主張した。彼はしばらくの間別の男性分析家に夢中になり，その男性分析家は私のことを彼に思い起こさせるにちがいないと「思った」のだが，そのことはふざけて言われたのだった。

　患者に，彼のより深い感情や衝動を回避または軽視する手段として執拗な合理性が使われていることを認識させる，私のあらゆる試みは失敗に終わった。この行動様式の個人史上の起源をたどる私の試みでさえ，不毛なものだった。彼は高校時代に「変わり者odd ball」，ピエロ，害のない異端児といった役割を演じており，分析においてもそれを繰り返していた。私はこの素材について，さらにあるいは一貫してその患者に取り組ませることができなかったので，最終的に，私たちは行き詰まっているという事実に立ち向かわなければならないし，私と精神分析を続ける以外の他の選択肢を考える必要がある，と患者に伝えた。彼はしばらく沈黙し，「率直に言って」がっかりしていると言った。彼はため息をついた後，自由連想のような発言を続けた。私は彼を止めて，一体，何をしているのか尋ねた。彼は私が少しイライラしているように聞こえると「思うguessed」と答えた。私は彼に，それは推測guessではないと保証した。すると彼はゆっくりと私を見て，起き上がってもいいかどうか尋ねた。私はうなずき，そして彼は起き上がっ

た。彼はかなり動揺し，真剣で，青ざめ，そして明らかに苦しんでいた。

　しばらく沈黙したのち，彼は私を見ることができれば，多分もっとうまく作業することができるだろうと言った。彼は私が笑ったり，怒ったり，性的に興奮していないことを確認しなければならなかった。最後の点がとても気になったので，私は彼にそれについて尋ねた。彼は，ひょっとしたら私が彼の話の素材に性的に興奮しているのではないか，そして，それを彼に隠しているのではないかと空想することがよくある，と言った。これは彼が決してこれまで持ち込んだことがないもので，ほんの束の間の考えだった。けれどもこの「束の間の考え」はたちまち，父親が繰り返し不必要に彼の肛門体温を測ることに関する多くの記憶につながった。その後，これは同性愛的でサドマゾキスティックな性質の多くの空想につながった。執拗な合理性はこれらに対する防衛であること同時に，私をからかって彼と行動化させる悪ふざけに対する防衛でもあった。上で述べた時間の私の振る舞いは，十分に制御されてはいなかったが，患者の作業同盟が転移神経症を避けるために使われていたという認識をもたらした。

　作業同盟が，転移神経症のうわべを取り繕うものとなっていた。それは，彼の根底にある神経症を表すと同様に隠している，彼の神経症的な性格構造であった。患者の行動化が遮られ，転移対象を失いかけていることに気づいたときにようやく，彼の硬直した理性的な振る舞いは自我異和的になり，治療にアクセスすることが可能となった。私の姿を見て私の反応が信頼できるかどうかを試すことができるまでに，彼は数週間を要した。それから彼は本物の分別と，人をからかうような意地悪な，彼の性格神経症である分別とを区別することができるようになり，分析は動き始めたのだった。

III-2　古典的分析患者における作業同盟

　これに関連して，古典的という用語は，大きな修正なしに，古典的精神分析技法によって分析可能な患者たちから成る異種混合グループを指す。彼らは何らかの形の転移神経症，症状または性格神経症に苦しんでおり，自我機能に何らはっきりとした欠陥はない。そのような精神分析患者では，作業同盟はほとんど気づかないうちに，比較的静かに，そして分析家側の特別な活動や介入とは一見独立して，発展する。通常私は，分析の約3〜6カ月で作業同盟の最初の

徴候を見ることができる。ほとんどの場合，この発展の最初の指標は次の通りである。患者は沈黙し，私が介入するのを待つ代わりに，彼自身が自分は何かを避けているようだという意見を勇気をもって言う。あるいは彼は，何らかの出来事に関するかなり取り留めのない報告を中断し，自分は何かから逃げているに違いない，とコメントする。私が黙ったままであれば，彼は自発的に，自分をそれほどまでに回避させているのは何でありうるかを自問し，自身の考えを，声に出して語る自由連想へと漂わせるだろう。

　明らかに，患者は部分的かつ一時的に私と同一化し，今や，私が日々彼の抵抗に取り組んできたのと同じやり方で，彼自身で作業している。私がその状況を振り返るなら，通常，作業同盟が発展する前に，一時的に強い抵抗を引き起こした散発的な性的あるいは敵対的な転移反応を患者が体験したであろうことが分かる。辛抱強くそして巧みに，私はこの抵抗を明示しなくてはならず，それから，それがどのように作用したか，その目的は何だったかを明確にし，最終的には解釈し，そして可能性ある個人史上の源を再構成しなくてはならない。転移-抵抗のいくつかが効果的に分析された後にのみ，患者は部分的な作業同盟を発展させることができると思われる。しかし，その発展をより詳細に把握するためには，分析のごく初期に戻る必要がある。

　患者が予備面接に入る方法には，非常に多様性がある。これは，病気であることや助けを必要とし求めることなどに対する彼の反応によってだけでなく，精神分析家，医師，権威者，そして見知らぬ人に関する彼の過去の個人史によっても，部分的には決定される（Gill, Newman，およびRedlich, 1954）。さらに，精神分析の手続きに関する彼の知識あるいは知識の欠如，そして精神分析家の評判もまた，彼の最初の反応に影響を及ぼすだろう。したがって患者は，前もって形成された私との関係とともに初回面接にやって来るのだが，その関係は，彼が未知のものを自身の不適切な過去でどのくらい埋めるか次第で，部分的には転移であり，部分的には現実的である。

　予備面接は，分析家に対する患者の反応に強く影響を及ぼす。これは主に，私のアプローチの方法や私のパーソナリティに対する患者の反応によってはもちろんのこと，自らを曝け出すことに関する彼の感情によっても決定される。ここでも，転移と現実的反応が混在していると私は思っている。自己を曝け出すことは，過去に，親や医師などの前で衣服を脱いだことの残響をかき立てる傾向があり，したがって転移反応を起こしやすい。面接を行う私の技法もまた，患

者にとってより奇妙で苦痛で，または理解できないと見えれば見えるほど，同様だろう。患者に理解できると思われるアプローチ方法だけが，患者の中で現実的な反応をもたらすのかもしれない。最初の面接で表されるような私の「分析家」パーソナリティもまた，転移と現実的な反応の両方をかき立てるだろう。私の印象では，奇妙であり，あるいは脅威となる，または非専門的に見えるこれらの性質は，不安とともに強い転移反応を引き起こす。患者が確信するこれらの特性は，治療の真意や共感を示し，専門性は陽性転移反応と同様に現実的な反応を生み出すだろう。Ｚ氏の事例からの臨床素材が示しているのは，両方の分析の開始時の分析家のやり方，態度，技法が，どのように分析状況を決定的に色づけたか，ということである。

　精神分析が選択すべき治療法だと私が決めるまでに，当のその患者が転移神経症とともに私と作業同盟を築く潜在的能力があるようだとの印象を，私は持っているだろう。精神分析が彼にとって最良の治療であるとなぜ私が確信するかについての患者との話し合い，来談の頻度，期間，料金などの説明，そしてこれらの要件を満たす患者の能力に関する彼自身の評価は，作業同盟を形成する患者の能力を明らかにする上でさらなる価値があるだろう。

　患者がカウチに横たわり自由連想を試みるのに適切な，分析の最初の数カ月間は，試しと告白の組み合わせであると表現するのが最もふさわしいだろう。患者は自由連想を行う能力や，罪悪感や不安を生み出す体験を曝け出す能力を，実際に試している。同時に患者は，こうして生み出したものに対する分析家の反応を探っている（Freud, 1915a; Gitelson, 1962）。そこにあるのは，多くの個人史の語りや日常的な出来事の報告である。私の介入は，かなり明白な抵抗や不適切な情動を指摘し，探索することを目的とする。その素材がかなり明確な場合，私は過去と現在の振る舞いのパターンを結びつけようとする。その結果，患者は大抵，私がおそらく自分を理解してくれると感じ始めるだろう。そうして患者は恐れず退行し，私という人間に関して，転移の中で，彼の神経症のある一時的な側面を自らに体験させるのである。私がこれを効果的に分析することに成功するとき，私は経験自我と転移神経症とともに，理性的自我と作業同盟とを確立することに，少なくとも一時的に成功したことになる。ひとたび患者がある領域に関する転移神経症と作業同盟の間の行き来を体験すると，転移神経症の同じ領域で将来的に退行するリスクをいとわず負うようになる。ただし転移神経症のあらゆる新たな側面が，作業同盟の障害や一時的な喪失を引き起こす

かもしれない。

　ある中年の素朴な主婦が，分析の2年目に入っていた。1年目，彼女は，時々私に対して恋愛感情や性的感情を抱いていると認めることに――彼女の振る舞いやあからさまな夢の中には，このことに関する明白な証拠があるにもかかわらず――大変な困難を体験していた。彼女は自分が幸せに結婚していると考えていたのだが，分析家に対するエロティックな空想は自身が結婚生活に不満を持っていることを示すだろうと感じた。このことに彼女は怯えた。というのも彼女は夫に非常に依存し，無意識的には夫に敵意を抱いており，そして彼を失うことを恐れていたからである。患者を自らの性的転移とそれに対する恐怖に直面させようとする私の試みは，普段は気さくで協力的なこの女性を，頑固で意地悪な不平不満を口にする人に変えたのだった。そのような状態になると，彼女は私の介入に対して次のように言うことで反応した。「誰でも，誰だって，こんな風に反応するんじゃないの？　当然じゃないの？　あなたが私の立場なら，こんな風にするんじゃないの？」

　私が伝えようとしていた洞察に彼女を抵抗させた恐れのいくつかを私たちが解決したので，患者は次第に私への肯定的な感情と向き合うことができるようになり，「誰でもそうでしょ」や「あなたもそうでしょ」という防衛に頼る必要がなくなった。それと同時に，患者はこれが彼女の安全の終わりを告げると感じることなく，自分の結婚生活に欠点があることを自らと私に認めることができた。彼女は分析家に対して感じていた性的な感情の起源のいくつかに関する私の解釈を，理解し受け入れ始めた。私に対する感情の一部は子ども時代の父親や兄に対する性的愛情から生じているとの考えを，患者は扱うことができた。その患者は異性愛の問題に関して，私とかなり安定した作業同盟を発達させていた。

　しかし，攻撃性が分析セッションにはっきりと入り込み始めたとき，状況は分析の初期へと戻った。例えば，私に拒絶されているとの感覚は月末に料金を払い忘れることと関係があるのではないかと私が解釈したとき，患者はいつになく無口になった。彼女は激しい下痢を伴う重度の胃腸疝痛を起こし，自分が癌で命に係わる病気であると恐れるようになった。これは抑圧された私への怒りの表現だと私が指摘すると，最初彼女は否定した。私が彼女を充足させたり安心させたりするのではなく解釈しようとするために，私に対する彼女の依存心が揺るがされる，と私が彼女に伝えたとき，彼女は「誰でも，誰だって，こんな風に反応する

んじゃないの？　当然じゃないの？　あなたが私の立場なら，こんな風にするんじゃないの？」と答えた。そして，「メイヨークリニックに行って診てもらうほうがいいと思うんです」と付け加えた。異性愛の問題に関して確立していた作業同盟は，敵意というテーマが臨床像に現れたときに消滅してしまった。利用可能な作業同盟を再び確立するには，数週間に及ぶ我慢強く骨の折れる抵抗解釈を要した。同性愛の問題が分析状況に入ってきたとき，同じような一連の出来事が生じたのだった。

IV　作業同盟の起源

IV-1　患者の寄与

　作業同盟が生起するためには，患者は特別な種類の対象関係を形成する能力を持っていなければならない。本質的に自己愛的である人々は，そうすることができないだろう。作業同盟は，比較的理性があり，非性愛化され，敵対的でない転移現象である。患者は外的生活において，そのような昇華された，目的-制止的な関係を形成することができていなくてはならない。分析過程では，一次過程の影響下にある，より原始的で不合理な転移反応へと退行できることが，患者には期待される。しかし，作業同盟を獲得するためには，患者は二次過程を再確立することができ，分析家に対する相対的に理性的な対象関係を，より退行的な転移反応から切り離すことができなくてはならない。自我機能の著しい欠如や障害に苦しむ人々は，退行的な転移反応を体験することはできても，作業同盟を維持することには困難があるだろう。一方，一時的で部分的にであれ，現実検討を放棄する勇気がない人々や，固定した形の対象関係に固執しなければならない人々も，精神分析の対象になりにくい。このことは，精神病者，ボーダーライン，衝動的な性格の持ち主，幼い子どもたちは，通常，精神分析技法の修正を必要とするという臨床的知見によって裏づけられる（Glover, 1955; Gill, 1954, Garma［Gitelson et al., 1962参照］）。容易に分析可能な転移神経症とそうではない自己愛神経症とを区別したときに，フロイトはこのことを念頭に置いていた。

　先に述べたように，患者の転移反応の起こしやすさは，本能的不満足の状態と，結果として生じる放出の機会へのニードに由来する（Ferenczi, 1909）。また，

神経症的な苦しみを自覚することは，分析家との関係を築くよう患者に強いる。意識的かつ理性的な水準では，治療者は神経症のみじめさを緩和するための現実的な希望を提供する。しかし，患者の苦しみに対する無力感は，万能な親に対する早期の願望を動員する。作業同盟には，合理的要素と不合理な要素の両方がある。以上から示されるのだが，分析可能な患者は，転移反応へのニードを持たなくてはならず，退行して神経症的な転移反応が生じるのを許容する能力がなくてはならず，その上で，自我の強さ，あるいは理性的で目的的な作業同盟を再構築するために退行を中断できるような類の自我の回復力を持っていなければならない（Loewald, 1960）。

　患者の自我機能は，対象関係における役割に加え，作業同盟が働く際に重要な役割を果たす。分析作業を行うためには，患者はさまざまな方法で，すなわち言葉を用い，感情を伴い，それでも自分の行動を抑制しながら，コミュニケーションをとることができなくてはならない。彼は秩序と論理をもって分かりやすく言葉で自らを表現し，指示されたときには情報を与え，また，部分的に退行してある程度の自由連想ができなくてはならない。彼は，分析家の話を聞き，理解し，回想し，熟考し，内省することができなくてはならない。彼はまた，ある程度想起し，自身を観察し，空想し，そしてこれを報告することができなくてはならない。これは，作業同盟を確立し維持する患者の能力において役割を果たす自我機能の，リストの一部に過ぎない。つまり，私たちは，患者が同時に転移神経症を発展させることも期待している。このように，作業同盟に対する患者の寄与は，二つの相反する性質に依拠している。つまり，彼が分析状況の現実との接触を維持できることと，空想の世界へと退行する危険を冒すのを厭わないこと，である。分析作業に不可欠なのは，これら二つの立場の間を行き来することなのである。

Ⅳ-2　分析状況の寄与

　グリーネーカー（1954），マカルピンMacalpine（1950），スピッツ（1956b）は，分析設定や手続きに関するさまざまな諸要素が，どのように退行や転移神経症を促進するのかを指摘してきた。こうした同様の諸要素のいくつかもまた，作業同盟の形成を助ける。頻繁に訪れることや治療期間が長いことは，退行を促すだけでなく，長期的な目標と詳細で親密なコミュニケーションの重要性を示

している。カウチや沈黙は，空想を生み出すことと同様に，内省し回想する機会を与える。患者が悩んでいて分かっておらず，そして相対的に悩みの少ない専門的な誰かに見守られているという事実は，患者の中に，学び見習いたいという気持ちをかき立てる。とりわけ，患者の中で起きている全てを理解しようとする試みに対する分析家の絶えざる強調，そして，些細であり過ぎたり，曖昧すぎたり，醜すぎたり，美しすぎたりするあまり理解しようとする分析家の探究を逃れるものなど何もない，という事実──これら全てが，患者の中に知りたい，答えを見つけたい，原因を見つけたいという願望を呼び起こす傾向を持つ。これは，分析家の探究心が抵抗をかき立てることを否定するわけではなく，ただ，患者の好奇心や因果関係の探求心をかき立てもするのだ，と主張しているのである。

さらに，患者と分析家がどのようにともに作業しているかを常に精査すること，作業同盟にお互いに関心を持つことは，それ自体，作業同盟を強化する因子であることを付け加えておく。それは，自己精査と分析家への信頼を促すものである。

IV-3　分析家の寄与

分析家のパーソナリティや理論的方向性が作業同盟に寄与することはすでに示唆してきた。ある分析家たちがどのようにして自身の顕在的なパーソナリティと明らかに一致している理論的立場をとるか，そして他の分析家たちがどのようにして自身の性格的特性と矛盾するように見える理論に賛同するかを観察することは，興味深い。自身のパーソナリティを投影するために技法を使う人もいれば，それを守るために技法を使う人もいる。この発見はどちらのグループをも批判するものではない。というのは，私はどちらにおいても，幸せな結合と不幸な結合を見てきたからである。私が出会ってきた厳格な分析家たちは，「禁欲規則」の厳守を提唱すると同時に，最も粗野な類の，操作的で充足を与える「修正感情体験」型の心理療法を実践しようとする。一見気楽でのんびりしている多くの分析家が，厳格な「禁欲規則」に基づいた治療を実践するのを私は見てきたし，同じような性格の分析家たちが患者を挑発して行動化を起こさせたり，ある種の相互-満足のセラピーに患者を溺れさせるのを見たこともある。分析家の中には，自分のパーソナリティに合う分析をする人もいれば，自らの

抑圧された欲望を放出するために患者を使う人もいる。いずれにせよ，こうした考察は，作業同盟の確立に内在する問題に関連している。しかしながらここでは，その問題の簡潔な概説のみを試みる。基本的な問題は，以下の問いを中心に展開される。すなわち，分析家のどのような理論的方向性と，私たちの分析的パーソナリティのどのような特徴が，本格的な転移神経症の発展はもとより，作業同盟の発展を保証するのだろうか？

　私はすでに，分析状況のある一定の諸側面が転移神経症の発生をどのように促進するかを簡単に示した。これは，以下のように要約することができる。剥奪，睡眠に似た状態，恒常性の混合物から成る状況を提供することによって，私たち患者が退行して転移神経症を発展させるように導く。分析状況が，適切な期間にわたってあらかじめ予測された方法で，相当な量の剥奪を提供する限り，さまざまに異なる分析家との作業において患者が転移神経症を発展させるのを，私は見てきた。しかし，良好な治療結果を得るためには，私たちは良い作業関係をも成し遂げなくてはならない。

　今や問いはこうである。分析家のどのような態度が，良好な作業同盟を作り出す可能性が最も高いのだろうか？　Z氏のケースは，攻撃者への同一化に基づいて，敵対的な基盤で，患者が以前の分析家にどのように同一化するかを示した（第Ⅲ部第5章のⅢ-1参照）。この同一化は治療同盟を生み出さなかった。それは憎しみと反抗の組み合わせを生み出し，そして精神分析作業を妨害した。その理由は，最初の分析家のパーソナリティが冷たくよそよそしかったようで，その特徴が患者の父親に似ていたためであり，Z氏は前の分析家を，退行的な転移感情から区別できなかったのである。最初の頃，彼は私にどれほど異なる反応を示したことだろう。明らかに彼は，私と自身の親を区別することができており，それゆえ一時的かつ部分的に私と同一化することができ，そうして分析作業を行うことができたのである。

　精神分析家が良好な作業関係に対して行う最も重要な寄与は，患者との日々の作業から生まれる。患者のあらゆる素材や振る舞いを扱う際に分析家が一貫して揺るぎなく洞察を追究することは，重要な因子となる。規則的で順序立った作業のルーティーンは，精神分析の手続きや過程がもつ，いくらかの奇妙さに患者を適応させるのに役立つ（Gill, 1954; Stone, 1961）。これは，分析家が日々のさまざまな分析課題を，強迫的な正確さや単調な儀式性をもって行うべきだということではない。そのような硬直性は予測可能性には役立っても，人間に

対する信頼感には役立たない。他の一貫性のなさは患者に苦痛をもたらすかもしれないが，作業同盟の確立を大きく妨げるものではない。分析家がそれぞれのセッション時間を重視し滅多に休まないことで，時間の連続性と同様に個々の時間の意義が強調され，そうして真剣に協力する必要があるのだと患者に印象づけるのを助ける。分析家が患者の幸福のために何年も作業をいとわず捧げることも，同じように役立つ。上記のような作業の特徴全てが，根本的に重要なものである。それらが欠けているなら，治療的な精神分析を行うことができないと私は確信している。しかし，効果的な作業同盟にはさらに必要なことがある。

　分析家の中には，一貫して真面目に仕事をしているにもかかわらず，患者が作業同盟を発展させるよう促すことが難しい人がいる。彼らの患者は，同盟や参加という感覚の代わりに，従属し追従する態度を発展させる。分析の雰囲気は，分析家と作業関係についての，微かだが絶えず底流する不安と畏怖の念に満ちている。このような状態は，明白で自我異和的な空想や行動よりむしろ微妙なニュアンスで表現されるので，患者はほんの一瞬，散発的にしか，その状態に気づかないかもしれない。このような追従的な態度は，分析家にとっても自我親和的であるかもしれず，したがってしばしば分析家は，それを認めて分析的な精査のために取り上げることに失敗する。

　私は，ある患者の2番目あるいは3番目の分析家であるときに，こうした例を臨床的に見る機会を得ることが多くあった。

　例えば，大学教授である中年の男性患者は，以前分析を5年間受けたが，分析時間中，あえて時計を見ないようにしていた。彼はあるセッションの早い段階で，いつもより5分早く出なければならない，と私に言った。そのセッションの間，彼が目の端で自分の時計を見ようとしているのが私には分かった。彼はそのとき，こっそりと見ながら，額を撫でさえしていた。私が，その明らかな回避性を指摘したとき，患者は驚いた。一方ではこの直面化に彼は怯えた。他方では，彼自身，自分の臆病さに狼狽した。そうして彼は，この不安は以前の分析では見つけられず，分析されないままだったことに気づいたのだった。

　上記の例が分析家の逆転移反応を示していることは間違いないが，フロイトによりなされた二つの技法的な示唆を，分析家があまりに文字通りに受け入れ

ることによって，これは複雑になるだろう。私がここで言及しているのは，鏡としての分析家という概念といわゆる禁欲規則であり，これらについては第III部第9章のII-1および第9章のII-2で詳しく説明する（Freud, 1912b, 1915a, 1919a）。このフロイトの二つの経験則によって，多くの分析家が患者に対して厳格でよそよそしく，権威的な態度さえとるようになった。私が思うにこれは，よく言ったとしてもフロイトの意図を誤解したものであり，効果的な作業同盟の形成にはそぐわない態度である。

　鏡と禁欲規則への言及は，分析家が転移を過度の汚染から守るのを助けるために提案されたものであり，グリーネーカー（1954）はこの点を詳述した。「鏡」が指すのは，分析家は患者に対して「不明瞭」であるべきで，自分の価値観や基準を患者に押しつけるという点について，非侵入的であるべきだという考え方である。それは，分析家は生気がなくて冷たく，反応しないことを意味するのではない。禁欲規則とは，患者の幼児的で神経症的な願望に充足を与えないことの重要性を指す。患者のあらゆる願望が不満足にされるべきだということではない。ときには，神経症的願望を一時的に満足させなければならないかもしれない。神経症的願望を満たさない場合であっても，患者を貶めたり外傷を与えたりしないような仕方で，継続されなければならない。

　フロイトが著作の中で分析状況の剥奪的な側面を強調したのは事実だが，当時（1912-1919）は，分析家が過剰に反応して患者とともに行動化するのを自身に許してしまうことが大きな危険であったために，彼はそうしたのだと私は思っている。ちなみに，フロイトの事例集を読むなら，彼の分析の雰囲気が冷たさや厳しさのそれであったという印象を，私たちは抱かない。例えば，発表された論文に追加された，ねずみ男のケースの元の記録には，フロイト（1909）は12月28日付で患者について「彼は空腹だったので食事を与えられた」と記している（p.303）。それから1月2日には，「これに加えて，彼はどうやら些細なものしか報告することがなく，私は今日，彼にたくさんのことを話すことができた」とある（p.308）。

　思うに，明らかなことだが，私たちが患者に比較的現実的で理性的な作業同盟を発展させてほしければ，精神分析の手続きや過程が奇妙でユニークで，人工的でさえあるという事実を念頭に置いて，現実的で理性的な方法で作業をしなくてはならない。独りよがり，儀式主義，臆病さ，権威主義，よそよそしさ，甘やかしのどれも，分析状況に居場所はない。

患者は，私たちの作業の内容によってだけでなく，私たちの作業の仕方，私たちが作業する態度，作法，気分，雰囲気に影響されるだろう。彼は，私たちには必ずしも意識されていない側面に特に反応し，同一化するだろう。フロイト（1913b）は，ラポールを確立するためには，時間および共感的に理解する態度が必要だと述べた。ステルバ（1929）は，同一化の過程を強調した。分析家が患者に対して絶えず現実を観察し解釈するという事実は，患者が分析家のこの側面に部分的に同一化することにつながる。この同一化への誘いは，分析家からのものである。治療の初期から分析家は，ともに達成しなくてはならない作業について解説する。「これについて見てみましょう」や「私たちに分かるでしょう」などのようなフレーズを用いることで，この傾向は促される。

　グラヴァー（1955）は分析家が自然で率直である必要性を強調し，例えば，時間や料金に関する全ての取り決めが患者の利益のためだけに行われているというような偽りを非難している。フェニケル（1941）は，分析家は何よりもまず人間的であるべきだと強調し，非常に多くの患者が彼の自然さと自由さに驚いていることに愕然とした。彼は，以前に拒否したことを試しに受け入れるように患者を諭す最も重要な要因は，分析の雰囲気であると確信していた。レーワルド（1960）は，患者の可能性に対する分析家の関心が，成長や新たな展開をいかに刺激するかを指摘した。ストーン（1961）はさらに進んで，精神分析家の正当な満足感，そして彼の治療的な態度や意図もまた，患者にとって必要であると強調している。

　全ての分析家は，精神分析の手続きにおける剥奪の必要性を認識しているし，また分析家が人間的であることの必要性については，彼らは原則として同意するだろう。しかし問題は，分析状況で人間性という言葉が何を意味するのか，そしてこれを剥奪の原則とどのように調和させるかを決めるときに生じる。この問題については，第III部第9章，第10章，第IV部第2章のII，IIIでさらに論じる。ここでは，主要点だと私に思えることのみを述べることにする。

　本質的に，分析家の人間性は，患者に対する思いやりや関心，治療の意志に表れる。彼にとっては患者がどうなっていくかが重要なのであり，彼は単なる観察者でも研究者でもない。彼は医師であり，治療者であり，病人や苦しんでいる人を治療する人であり，彼の目的は患者が元気になるのを助けることである。しかし，彼が処方する「薬」は洞察であり，用量を慎重に調整し，長期的な目標を見据え，後に続く永続的な変化のために一時的で迅速な結果を犠牲に

する。また，患者は権利を持ち一人の人間として尊重されるべきであるという姿勢にも人間性が表れている。患者は通常の礼儀をもって対応されなくてはならない。無礼な態度は精神分析的療法にはふさわしくない。患者が生み出す退行的な素材について，共同作業者として患者が私たちとともに作業することを私たちが望むのであれば，分析作業の過程において患者の成熟した側面が一貫して育まれるよう，私たちは配慮しなくてはならない。

患者にとって精神分析の手続きや過程は，奇妙で，不合理で，人工的なものであることを，私たちは忘れてはならない。どれほど知的には分かっていようとも，実際の体験は奇妙で不慣れで，不安を生み出すだろう。しかし，彼は自身の神経症的な悩みという動機があり，私たちを専門家だと思っている。そのため彼は服従し，少なくとも意識的には，分析家の指示や要求に応じようとする。

治療に訪れる患者は，少なくとも一時的，部分的には神経症的な病理に圧倒されており，この相対的に無力な状態で，自分のためになると約束するものは何でも無批判に受け入れる傾向がある。その無力さから，患者はかなり無差別に助けを求めざるを得なくなっている。これはグリーネーカー（1954）やストーン（1961）が述べている「偏向した」または「不均衡な」関係である。患者が持つ，不安やマゾキズムから服従する傾向を弱めるためには，精神分析を受ける過程で，患者の自己評価や自尊心，尊厳への欲求について，分析家が心を配る必要がある。迎合的な患者は，愛を失うことや敵意を抱かれることを恐れるために，屈辱感や怒りの感情を隠すことが多い。分析家はこのような事態を常に防ぐことはできないだろうが，その可能性に注意を払うべきである。

私たちは，説明なく規則や規制を押しつけることによって患者を繰り返し貶めておきながら，その上で一人の大人として彼が私たちとともに作業することを期待することはできない。威圧的で恣意的な態度や期待を持って振る舞うことによって，私たちが彼を子どものように扱うなら，彼は，幼児神経症的な転移反応の一形態に固着したままになるだろう。分析の全過程を通して分析家が患者の権利に一貫した関心を示すことが，作業同盟には必要不可欠である。これは，患者が分析へと持ち込む神経症的なみじめさや分析の外での苦しみに対してだけでなく，分析状況が患者に課す苦痛に対しても，私たちが関心を示すということを意味する。よそよそしい態度，権威主義，冷淡さ，無節制，うぬぼれ，頑なさは，分析状況には属さない。典型的な例をいくつか挙げてみよう。

まったく新しいあるいは奇妙な手続きが，患者に説明される。私はいつも患者に，なぜ自由に連想するよう彼に求めるか，なぜカウチを使うのがいいのかを説明する。私はカウチを使ってみてはどうかと提案する前に，患者の質問や反応を待つ。私が患者に対して口にすること全ては，患者の苦境に私が気づいておりそれを尊重していることを示す声のトーンで話される。私は患者を論破するのではなく，私の考えや意図を彼が理解しているかを確認する。専門用語や知的な話し方を避け，日常的な言葉を使う。私は彼を，その協力を私が必要とする一人の大人として，また，まもなく精神分析的な素材に取り組む上で深刻な困難を体験するであろう大人として扱う。

　私は患者に，キャンセルされたセッション——私はその時間を他の患者に使うことはできない——の料金を請求すると説明する。彼が生み出すものを邪魔しないように，私は比較的黙っているだろう，と伝える。彼が最初に質問するときには，私はなぜ答えないかを説明し，そして，次のときには黙っている。私がある時間の意味を理解できない場合には，その旨を正確に伝える。何も言わずに患者を帰らせることはしない。彼が特定の主題について初めて話すことに大変な恥ずかしさを感じるのであれば，それは彼にとって苦痛であるが，できるだけオープンであるよう心掛けることが治療には必要であるのだ，と私は認める。彼の感情に私が反応しないと言って彼が私を罵るときには，私の感情を示すよりも私が理解していることを示すことによって，私はより自分の仕事をしているのだ，と私は彼に言うだろう。

　彼が保証を求めるときには，彼がみじめな想いをしていることは分かっているが，保証は一時的で欺瞞的な助けでしかない，と伝えることで私は応じる。次に彼が求めるときには，私はおそらく黙っている。私は，自分の解釈が間違っている可能性を認める用意があるし，修正すべきであると臨床素材によって示されるなら，修正するだろう。私の言葉が苛立ちや鋭さを帯びていると彼が考えるなら，彼は正しいかもしれないという可能性を私は認めるが，しかし，そのこととそれに対する彼の反応について私たちが分析的に取り組むことを，私は主張する。

　私は，彼が何かのエピソードを話している最中だったり激しい情緒的反応の只中にいるときには，その時間を打ち切ることはしない。つまりその時間，私は通常の50分を超えることを許す。私が遅れる場合には，その時間またはその後の時間で，その遅れた時間を埋め合わせようとする。私の休暇の予定を十分

に前もって彼に伝え，それに合わせて彼の休暇を調整するよう頼む（同様の問題は，第Ⅱ巻で詳しく論じる）。彼が冗談を言うなら，私は自分自身が喜びや笑いを示すことを許すが，それでも彼がなぜその話をしたのかを分析しようとするし，私の笑いを彼がどう感じたのかを遠慮なく分析するだろう。何か彼が話すことに私が悲しみや苛立ちで反応する場合にも，私は同じようにするだろう。セッションの間は電話には出ない。例外がある場合は，謝罪して彼の反応を尋ねる。時折，私と一緒に作業をしていることをどう思うか，作業が進んでいることをどのように感じるのかを尋ねる。私は通常，彼が話し終えた後に大まかな印象を伝え，それからそれに対する彼の反応を分析する。

　これは，患者の権利を私がどのように守るか——この因子は，作業同盟の基本要素である——に関する，かなり典型的な例だと私は思っている。私が強調したいのは，患者の権利を守ることは，必要な剥奪を排除することでも無効にすることでもない，ということである。作業同盟は精神分析の過程に不可欠な要素だが，その患者が幼児期の転移神経症に退行できると私たちが予期するなら，剥奪が優先されなければならない。

　分析家は，剥奪を課すことと関心を示すこととの間を行き来することができなくてはならない。ときに彼は，ある解釈で苦痛を与えつつも声のトーンで思いやりを示し，そうしてその苦痛を耐えられるものにすることによって，この二つの立場の間で妥協しなくてはならない。剥奪的な匿名者 deprivational incognito と患者の権利への配慮との間で揺れ動くことは，精神分析家についてなされるいくつかの弁証法的要件の一つである。

　私は自分が患者に関わり関心を持っていることを彼に見せるものの，私の反応は侵入的であってはならない。彼の抵抗や有害な神経症的振る舞い，そして自己破壊性に対して取り組んでいる場合を除き，私は彼のどんな葛藤にも味方しないよう努める。しかし基本的には私は，真剣な取り組みと率直さ，思いやり，そして抑制の雰囲気の中で伝えられる，理解と洞察を担っているのである（Greenson, 1958b）。

　この概略は，分析作業に必要な，距離を保つことと親密さとの間の葛藤をどのように私が解決しようとしているかについての，私の個人的な見解である。これは非常に個人的な事柄であると私は認識しているので，全ての分析家に対する正確な処方箋としてこれを提供するわけではない。けれども，良い分析結果を得ることを期待するならば，分析家のパーソナリティに大きな違いがあろう

とも，この二つの相反する要素は適切に考慮され対処されなくてはならない，と私は主張する。転移神経症と作業同盟は，転移現象における平行した，正反対の力である。これらの要素はそれぞれ最適な分析状況にとって，同等に重要である。この問題は第Ⅳ部で追究する。

[原注]
◆4　第Ⅱ部第5章のⅡ，Ⅳ，第7章のⅠ。

第6章

患者と分析家の現実の関係

　転移反応と作業同盟は，分析状況において生じる臨床的に最も重要な2種類の対象関係である。さらに蒼古的なタイプの人間的な相互作用も生じるが，それは転移現象への移行と同様，転移に先立つものである。このような原始的な反応は，激しく退行した状態に生じやすく，洞察セラピーよりも「マネージメント」をより必要とする（Winnicott, 1955, 1956b; James, 1964）。そのため，それらはここで論じられない。他方，「現実／本物の関係 real relationship」も分析の経過中に生じる。転移現象に関する主題に戻る前に，患者と分析家の間の「現実／本物の関係」という概念を議論し明確にする必要がある。これは，一見そう思われるほど単純ではない。なぜなら，「現実／本物の real」という用語には，根本的に二つの異なる意味と使い方があり，そのそれぞれが，患者と精神分析家のそれぞれにおいて，異なる意味合いを持つだろうからである。この話題には多くの著者が触れてきたが，彼らの明敏な臨床上の諸発見は，明確な定義の欠如に苦しんでいる（Stone, 1954b, 1961; A. Freud, 1954a, 1965）。

　非現実的で歪曲されている，不適切な「転移」という用語と対照的に，「現実の関係」における「現実」という用語は，現実的な realistic，現実的に方向づけられ reality oriented，あるいは歪曲されていない，を意味するだろう。現実／本物 reality という言葉はまた，人工的，つくりもの，あるいは見せかけとは対照的である，正真正銘で genuine，真正で authentic，本当である true ことを示す言葉でもある。ここで私は，患者と分析家の間の現実的**かつ**正真正銘の関係に言及するために，現実という用語を用いるつもりである。こうした識別は重要である。なぜならこのおかげで，分析家の関係において現実であるものと，患

者の関係において現実であるものを，私たちは比較できるからである。患者と分析家の両者において，転移反応は非現実的で不適切だが，それは本物であり，本当に感じられている。両者の中で作業同盟は現実的で適切だが，それは治療状況の人工物である。両者の中で現実の関係は正真正銘であり，**かつ**現実のものなのである。患者は，分析家の見解を理解するために作業同盟を活用するが，彼の転移反応が割り入るなら，転移反応が勝ることになる。分析家においては作業同盟は，患者に対する自身の他のあらゆる明白な反応に優先されなくてはならない。患者と分析家それぞれからの臨床例によって，上記の点を明確化してみよう。

　ある若い男性は，5年間の分析の最終段階で，私が解釈をした後にためらい，そしてその後，言うことがあるのだが自分にはそれを言うのがとても難しい，と私に言う。彼はそれを無視しようとしたときに，何年もの間，まさにずっとそうしてきたことを実感した。彼は深呼吸をして次のように言う。「あなたはいつも少ししゃべりすぎる。それに大げさに言う傾向がある。私があなたに腹を立てて，あなたは馬鹿だとか間違っているとかずれているとか答えてくれないとか言うほうが，もっとずっと容易いのに。私が言いたいことを言うのは，恐ろしく難しいんです。だって，それがあなたの気持ちを傷つけてしまうと，私は分かっているから」

　患者が私のいくつかの特性を正しく知覚していると私は思い，そしてそれらを指摘されたことは私にとって幾分苦痛だった。あなたは正しいが，腹を立てることより，ちょうど今言ったように端的に直接それを私に言うことのほうが，あなたにとってなぜ難しかったのか，その理由を私は知りたい，と私は彼に言った。彼はこう答えた。癇癪を起こしても私は気を悪くしたりしないこと，癇癪は明らかに自分の神経症で，それによって私が気持ちを動かされないだろうことが，自分には経験上分かっているのだ，と。私が話しすぎて大げさであると私に言うことは個人への非難であり，傷つけることだろう。私が治療者としての腕前に誇りを持っていることが，彼には分かっていた。かつて彼は，私が報復するのではないかと恐れていたのだが，しかし今では，それはありそうにないと分かっていた。それに，そうしたところで彼は殺されるわけでもないのだった。

　私は，分析家に対する現実的な反応として，この臨床例を提示している。そ

の患者はある程度正確に知覚しており，そして歪曲せずに私の反応を予想することができていた。以前は，彼の知覚は正しかったが，私の反応についての彼の空想は現実離れしており，それはつまり，転移の歪みであった。彼は，私が報復し彼を殺すかもしれないと感じていた。以前は，私に向かって噴出する癇癪に関して彼は良い作業同盟を発展させていたが，その同盟は私に対する現実的な批判に関する限り，維持されなかった。それが獲得されたのは，ようやく終結段階になってからだった。このように，知覚に関する現実性と反応に関する現実性を区別することが有効だということが，私たちには理解できる。どちらか，あるいは両方が現実的であるかもしれないし，不適切かもしれない。

　私が前節で述べたように，作業同盟を形成する患者の能力は，その領域の専門家である分析家と協力することによって助けを得たいという，現実的な動機から生じる。加えて患者は，過去の生活の中で，現実的で脱本能化されている対象関係を形成する能力をある程度持っていたに違いない。精神分析家の献身と技術が，作業同盟を形成することに現実的に寄与する。分析家の一貫した受容と忍耐の姿勢，洞察への絶えざる探求，率直さ，治療への意志，そして抑制的であることは，患者が現実的対象関係を築く際の核として役立つ。分析家における，こうした信頼に値する特性は，作業同盟の核となるさまざまな同一化の形成を，患者に誘発する。分析家の好ましくない特性は，通常，転移はもちろんのこと現実的な反応をももたらす。いずれの場合であれ，作業同盟形成は妨げられる。上記の臨床例は，私の饒舌や大げさな話し方が，私が解釈技術に対して自己愛的なプライドを持っているという彼の現実的な査定へと，どのように至ったかを示している。それはまた，転移現象をももたらした。数年間の分析の後，このような私の特性はもはやその患者に転移を引き起こすことはなく，患者が現実的に受け入れることのできる欠点として知覚された。彼は，私の弱点にもかかわらず，作業同盟を築くことができたのである。

　成人において，人々に対するあらゆる関係は，転移と現実のさまざまな混合から構成されている。どれほど空想的であろうと，真実が一つもない転移反応はないし，転移的空想の痕跡が何もない現実的な関係はない。精神分析治療中の患者の誰もが，転移反応と作業同盟とともに，分析家に対して現実的で客観的な知覚と反応を持つ。分析家に対するこれら三つの関係様式は，相互に関わっている。それらは互いに影響し合い，それぞれに混ざり合い，そして，それぞれを覆い隠しうる。重なり合っているにもかかわらず，これら三つの反応を

区別することは，臨床的そして実践的に価値がある。患者は治療のはじめから現実的な知覚と反応を持っているが，通常，否定的なものを表現することを難しく感じる。これらはすぐに転移反応の引き金になるが，患者の疑念に打ち勝ってある程度の作業同盟が確立されるまでは，分析不可能である。分析家の好ましくない特性が患者にとって現実的に非常に重要なある領域に関わっているなら，これは可能ではないだろう。

　私がスーパーヴィジョンをしていた若い分析家が私に次のように話した。彼の患者の一人である若い母親が，その分析の前夜に彼女の幼い息子が突然の病気になったことがとても不安だと述べることに，彼女のセッションのほとんどを費やした，と。赤ん坊はけいれんを伴う高熱を出し，小児科医に診てもらえるようになるまで，その母親は気も狂わんばかりだった。彼女は私のスーパーヴァイジーに出来事を詳しく話しながら，数回にわたり涙を流した。彼女が話し終えたあと，分析家は黙ったままだった。彼女が沈黙し，二人ともが数分間以上沈黙した後で，彼は，あなたは抵抗しているに違いない，と言った。患者は何も言わなかった。ほどなくして，そのセッションは終わった。上記を述べて，その若い分析家は，その問題の面接時間に関する説明を締めくくった。

　そこで私は彼に，振り返ってみて，その時間の作業に満足しているかどうかを訊ねた。すなわち，彼ができたかもしれないことがさらにあるだろうか，と訊ねた。彼はこう答えた。彼女の長い沈黙は，息子に対する抑圧された死の願望に対して彼女が罪悪感を抱いていることを意味していたかもしれないと思ったが，そのことを持ち出す前に待とうと思った，と。患者の中にその男の子に対する深く埋もれた死の願望がいくらかあったかもしれない。しかし彼女の不安と悲しみはもっとずっと明白であり，そのセッションの過程で彼からの何らかの反応を伝える価値はあるように思う，と私は彼に伝えた。そのスーパーヴァイジーは取りすまして，私たちは患者の本能的で自己愛的な願望を充足してはいけないことになっているとフロイトが述べていたということを，私に思い出させた。

　私はこの時点でさらに批評することを控え，その次のセッションで何が生じたかを，彼に訊ねた。患者はその時間にやって来たが，まったく何も話さず，黙って顔に流れる涙を拭っていた，とそのスーパーヴァイジーは応えた。時々彼は彼女に，何を思っているのかを訊ねた。なんのやり取りもなく，その時間は終わった。再度私はその若い分析家に，他に何かできたかもしれないことについて，再

考することがあるかどうかを彼に訊ねた。彼は肩をすぼめた。私は，その赤ん坊に何が起こっていたのかが分かったのかと彼に訊ねた。彼は，患者は何も言わなかったし，彼も訊ねなかった，と言った。彼が報告した最後のセッションは患者のその週の最後のセッションだったので，彼は自身のスーパーヴィジョン・セッションが終わるまで，再び彼女に会うことはなかった。

　私は，信じられない気持ちで頭を振った。私はスーパーヴァイジーに，その赤ん坊の健康に対して何の関心も好奇心もないのかと訊ねた。私はさらに，おそらくその若い女性の沈黙の涙は，赤ん坊の状態が悪化していたことを示しているのだろう，と加えた。あるいはもしかしたら，それが示していたのは，彼女がその分析家の振る舞いを，冷たく敵対的な，彼女に対する情緒的な無関心として感じている，ということかもしれない。そのスーパーヴァイジーは，私は正しいかもしれないが過度に情緒的であるように感じる，と言い返した。私はその若い男性に，彼の情緒的無反応は作業同盟の形成を妨げるだろうと感じると告げて，そのセッションを終えた。彼が患者に，一定の範囲内で何らかの思いやりを感じてそれを患者に示すことができなければ，彼は彼女を分析することはできないだろう。たとえその患者が戻ってくると考えてみても，その治療はうまくいかないだろうと私は恐れた。患者がこれほどみじめな状態のとき，何らかの思いやりを示すのは自然であるばかりでなく，必要不可欠なのである。

　翌週，その若い分析家は，その患者が月曜の朝に来て，やめるつもりだと告げたことを報告した。彼が理由を尋ねると，彼女は，自分よりも彼のほうがより病んでいるからだと応えた。彼女は料金を払い，去っていった。しばらくして私は彼に，彼女の赤ん坊はどうなったのかと訊いた。その若い男性は顔を赤らめて，恥ずかしそうに，彼女に訊ねるのを「忘れていた」ことを認めた。私は彼の失念や紅潮を利用して，彼がこの領域で何か問題を抱えているに違いないことを彼に示す機会とした。それから，さらなる分析から彼が得るものがあるだろう，と私は示唆した。その若い男性は同意した。

　こうした臨床データが示しているのは，その分析家の好ましくない特性が，精神分析治療の成功を不可能にしてしまう現実的な反応を，患者の中に生じうるという事実である（このことのより十分な議論と関連する問題については，第II巻を参照）。私の意見では，その若い女性患者の振る舞いは，現実的で適切だった。これは，その分析家の振る舞いもまた転移反応をかき立てたことは否定できないが，こ

の状況においては、そうした転移反応は二次的にしか重要ではない。その分析家の振る舞いは作業同盟の形成にとって有害だったと私は考える。というのも、その振る舞いは敵対的な引きこもり、あるいは逆転移に巻き込まれることへの恐れを示していることに、その患者は感づいたのだから。過度に心地の良い転移充足となることなく、分析家が患者のみじめさに対して同情を示すことは可能であるはずだと、私は強く主張する。例えば彼は、患者に単に尋ねることもできた。赤ちゃんはどうですか、医者は何と言いましたか、など。その後になって初めて、患者の反応を分析すること、しかも、さらなる苦痛に耐える患者の能力に見合う程度に分析することが可能だろう。過剰な、あるいは不必要な欲求不満と剥奪の危険を、多くの分析家が強調してきた（Glover, 1955; G. Bibling, 1935; Menninger, 1958）。

　この問題に関するもう一つの例証は、分析家のちょっとした技法上の誤り——それらは患者によって見つけられるのだが——を、分析家がどのように対処するかということの中に、目にすることになる。間違いをしたと患者に対して認めることは正しくない、と確信する分析家たちを私は知っている。彼らは、「分析的な沈黙」という、分厚いマントの背後に隠れる。私が知っている他の分析家たちは、誤りを認めるだけでなく、彼らの誤りの無意識的な動機を告白することで、患者に重荷を課す。誤りに気づいている患者から誤りを犯したことを隠すというのは、権威主義的であり、不公正で、品位を落とすことだ、と私には思われる。分析家によるこうした振る舞いは、分析不可能となり得るほどの、そして難治性の従順さや治療の中断へと繋がりうるほどの、もっともな不信感を誘発する。誤りに対する分析家の無意識的動機を告白することは、正直さの下手なまねごとである。その分析家は、自身の個人的な本能充足のため、あるいは罰への欲求のために、患者の苦境を利用している。こうした反応は、率直で隠し立てなく誤りを認め、続いて、あなたの過ちはもちろんのこと、あなたが誤りを認めたことに対する感情や連想を述べるよう患者に頼むこととは、なんと異なっていることだろう。分析状況は、一方が病気で無力であり、他方が治療者で専門家であるという意味で、同等ではない。しかし、患者と分析家の両者が安全に守られるべき人間的権利を持つという意味で、同等であるべきなのである。

　もし患者が私になぜ私が誤ったのかと訊ねるなら、私は最初に患者の空想を求め、その後で、その誤りについての私の理由は、彼の分析にではなく私の分

析に属すると彼に伝える。私の私的な生活についてのあらゆる質問に対して，私は同じように答えるだろう。私は連想を求め，それから答えない理由を述べる。

　精神分析家が精神分析の分野で効果的に幸福に仕事をするためには，分析的で医師らしい態度が，根本的に患者との現実の関係に由来するということが重要である。私がすでに第Ⅰ部第3章のⅢおよび第3章のⅤに述べ，さらに第Ⅳ部で述べるように，相対的に客観的な分析的立場と，より関わっていく医師としての立場との間を行き来できないなら，私たちは分析的に作業することはできない。分析家は，共感し心から思いやりを感じることができ，それでもなお抑制を用いることのできる人にならなければならない。苦しみを負わせ，患者を苦痛に耐えさせることが，ときには必要である。けれども厳格なままで，冷たく超然としていたり，あるいは常に楽しそうな雰囲気の中では，精神分析治療は成し遂げられ得ない。分析家は，データの分析者としての機能と病や苦悩の治療者としての機能の両極を，混合し揺れ動くことができなくてはならない。

　患者に対する分析家の正真正銘の感情は，作業同盟に対して役立たなくてはならない。治療過程に有害となるであろう反応を抑制することは，彼の任務である。このことが意味するのは，彼にとって異質である役割を，意識的に引き受けなくてはならないということではない。それが意味するのは，苦悩する神経症者としては勿論，分析素材を生み出す人としての患者像に分析家が焦点を当て続けるなら，分析家は，分析する者として，あるいは治療者として，あるいはその両方を混ぜ合わせた者として，患者へと到達することによって，報いることができるであろう。逆転移反応は，見つけられ，抑制されなくてはならない。現実的で強い反応も控えなくてはならないが，そうした特徴が示すのは，共同作業することのできない患者を私たちが選び出した可能性があるということである。人工的な反応は，私たちが純粋に分析的で医師らしい態度を動員できるまで，一時的な方法としてのみ必要とされるべきである。これが成し遂げられるなら，多様な愛と憎しみが――単に快楽と苦痛の機会ではなく――構造的な手段となるような，ある種独特な対象関係を体験し，そこから洞察を得るための機会を，患者は持つだろう（Winnicott, 1949; Stone, 1961; Greenson, 1966）。

　患者と分析家は，互いに転移反応，作業同盟，そして現実の関係を発展させるが，その割合と順序は異なっている。患者では，分析の長い中間期において，転移反応が優勢となる。現実の関係は初期には前面にあり，終結段階で再び目立つようになる（A. Freud, 1954a, 1965）。作業同盟は導入期の終わりに向かって

発達するが，患者が終結段階に近づくまで周期的に減退する。

　精神分析家においては，作業同盟は，最初から最後まで優勢であるべきである。逆転移は常に背後にあるべきである。現実の関係は，終結期にだけ，より多くの余地を許容されるべきである。しかしながら，分析家が自身の現実の感情を早めに表明することを可能にするような，特別な配慮が求められる場合がある。先に述べた若い分析家の状況がその一つで，私なら，患者の赤ん坊に対する私の関心をはっきりと示しただろう。このような状況で，冷たく超然とし続ける分析家に深く分析されてもよいと一体誰が思うのか，私は分からない。精神分析家におけるこうした人間的な反応は，患者の中に作業同盟を形成するためには必須である。コンピューターのような分析家を望む患者もいるかもしれないが，彼らは，正真正銘の精神分析的体験を実際には避けようとしているのである。

　精神分析家を現実の生活から孤立させようとし，そして分析家がただ面接室の中だけに存在し，彼の情緒的反応は常に沈着で統制されていると思おうとするような患者がいる。こうした場合には，そうではない点を患者に示すことをよしとすることが有効だと，私は思う。それを言葉で言うだけでは十分でないことが多い。時々私は，進展が見られないことへの私の失望を患者が感じたり，あるいは世界の出来事に私が関心を持つのを患者が目にしたりするようにした。私の反応の強さを制限しようとはするが，毎日同じ表情でドアを開けるわけではないし，同じようにセッションを終わらせるわけでもない。私は，バリエーションを企てているわけではない。こうしたことに柔軟であってよいと思うだけである。私の意見では，分析家は真に人間なのだということを，ある行動や振る舞いで示すことは重要である。これは，分析家の人間的な弱点のいくつかが，ときには見えてもよいということを含んでいる。ストーンの著書（1961）は，このこととそれに関連する問題への，多くの興味深い解説を含んでいる。

　分析家の側に，通常にはないほどの率直な物言いが求められる，さらに一つの別の領域がある。私が述べているその状況が生じるのは，分析家と患者それぞれにとって重要な政治的あるいは社会的問題に関して，彼らが基本的に不一致だということに分析家が気づいたときである。例えば，経験上分かっているのだが，政治的あるいは社会的観点において非常に反動的である患者たちとは，私は効果的に作業することはできない。そのような場合には，私はそうした患者に，かなり率直にそしてできる限り治療の早い時期に，私の感情につい

て告げることが賢明であると分かってきた。患者が私の見解にあまりに心をかき乱されると感じるなら，他の分析家を遠慮無く探すべきだと私は提案する。その問題に対する私の感情が非常に強く，患者のそれ以外の性質によっても彼に行為を抱くには十分でないなら，私は一緒に作業をすることができないと患者に告げ，別の分析家を見つけるよう主張する。私はまた，患者を傷つけないように，それは私の欠点だとも認める。

　患者と分析家の間で続く現実の関係については，言うべきことがさらにある。第Ⅳ部では追加の問題に触れ，また，本書の至るところにさらなる例証がある。

第7章

転移反応の臨床的分類

　転移現象を，その全ての異なる様態に対して妥当であるように分類する方法は存在しない。どれほど私たちが多くの臨床的な転移の形態を類別しようとしても，結局は非常に多くの重要な臨床タイプが省略されたまま，体系的ではない分類をするか，あるいは，臨床的に重要な様態を網羅してはいるが多くの重複が存在するかのどちらかになる。弊害がより少ないのは，完全性を選んで，体系的であることを犠牲にすることである。私は，転移反応の最も重要な形態を記述し，臨床的に最も有益なアプローチであると思われるものに従ってそれらを分類あるいは類型化しようと思う。

　ある分類方法が他の分類方法を除外するものではないと心に留めておくべきである。例えば，私たちはある状況が陽性転移を表すと見なすかもしれないし，そしてその同じ現象を，同様の妥当性をもって，母親転移などと類型化するかもしれない。もう一点，このような転移反応は，散発的で一時的な転移反応であるかどうかという観点，あるいは転移神経症の顕在化であるかどうかという観点からは区別されない。こうした区別は既に理論に関するセクションで述べてきたし，転移反応のあらゆる分類は，両方の形態において存在するのだと理解されるべきである。最後に，私たちは，転移感情の非常に多くが同時に生じる——一般的な対象関係においてそうであるのと同様に——と認識するべきである。理論的には，人々の間のどのような関係においても共存する，情緒と防衛のさまざまな層やヒエラルキーを記述することは可能である。転移反応のタイプを確実に記述するにあたり，私は，分析のどの期間に何が優勢であり何が臨床的に重要であるかということに限定して論じるつもりである。

I 陽性転移と陰性転移

　フロイト（1912a）は非常に早期に，あらゆる転移反応は本質的にアンビヴァレントだと認識したが，陽性転移と陰性転移という類型化は，彼の好んだ命名方法であり続けた。この分類方法が伴うあらゆる不明瞭さや欠点にもかかわらず，精神分析を実践する者たちの間では，それは最も頻繁に用いられる名称であり続けている。

I-1　陽性転移

　陽性転移という用語は，転移の形態のどれにせよ，あるいは，転移の先駆体や派生物のどれにせよ，主に愛情によって構成されている転移反応を記述するための簡略的表現である。患者が以下に述べるようなもののいずれかを分析家に感じるとき，私たちは陽性転移が存在すると考える。すなわち，愛情，好意，信頼，情愛，好感，関心，献身，称賛，心酔，情熱，渇望，あこがれ，やさしさ，あるいは尊敬である。非性的で恋愛感情のない穏やかな愛情形態は，作業同盟に役立つ。私はここでは特に，好感，信頼，尊敬に似た感情を指している。
　陽性転移のもう一つの重要な形態は，患者が分析家に恋をするときに生じる。こうしたことは異性の患者を治療する際には常に起きるが，明白に同性愛である患者を除けば，同性の患者とそれが起きるのを私は見たことがない。この，分析中に分析家に恋をすることは，現実生活で恋をすることに驚くほど類似している。こうしたことが分析においてこれほど規則正しく生じるのは，私たちの患者が，過去の生活においてこの点で苦痛な経験をしてきたからである。それは抑圧されており，分析期間中に転移性恋愛として現れる。ことによると現実の恋愛よりも転移性恋愛のほうが，その程度において，不合理で子どもじみた現れ方をする。この主題に関するフロイト（1915a）の洞察力のある繊細な研究は，真剣に学ぼうとする者には必読書である。
　分析家に恋をしている患者は，さまざまに難しい技法上の問題を示す。何よりもまず，その患者の主な目標が，彼女の欲望に対する満足を得たいという願望になり，こうした情緒に分析的に取り組むことに抵抗するようになる。恋愛感情が激しい間は，彼女の理性的自我に近づくことや作業同盟を確立することは，不可能ではないにしても困難である。私たちは，荒々しい感情が鎮まるの

を辛抱強く待たなければならない。第二に，女性患者の熱烈な愛情は分析家の中に逆転移感情をかき立てるかもしれない。このことは特に，若く経験のない分析家や，不幸な個人的生活を送っている分析家に起こりやすい。すると無意識的な誘惑として，その婦人の愛情に何らかの方法で応答することになる。すなわち，彼女を何らかの形で満足させるか，彼女の愛情が引き起こす誘惑のために彼女に厳しくなったり腹を立てたりするようになるかのいずれかとなる。フロイトは，このような状況に対する助言において，紛れもなく明確であった（1915a, pp.163-171）。そこには何の妥協もありえない。最も無邪気で部分的な性愛的満足でさえも，許してはいけない。いかなるそうした満足も，患者の愛情を相対的に分析不能にする。これは，私たちが無感情で冷淡に振る舞うべきだということを意味するわけではない。私たちは，苦境にある患者を思いやり，配慮し，それでもなお分析という作業を推し進めることができる。ことによると，情け深く控えめな人間性を備えた確固とした分析的な態度が，これほどまでに必要なときは他にない。これを例示しよう。

　恥ずかしがり屋で内気な若い女性が，分析の３カ月目に私に恋をしたと信じうる間違いようのない徴候を明らかに示し始める。彼女はその感情に幾日か苦悩した後，とうとう涙ながらに自身の恋を告白する。その際彼女は，私が彼女の他の情緒を扱ったときと同様に冷たく分析的なやり方で，この恋愛の状態を扱わないでほしい，と私に嘆願する。私が沈黙し冷淡なままであってほしくないと，彼女は私に懇願する。私は何であれ何かを言って喜ばせるべきで，彼女がこのような立場にいるのはそれほどに屈辱的なのである。彼女は，涙を流し，しゃくり上げ，そして沈黙する。しばらくして私は「あなたにとって，こうしたことがとてもつらいのだということが，私には分かっています。けれども私たちにとって大切なことは，あなたがどんな風に感じているのかを，その通りに話そうとすることなのです」と言う。患者は，一瞬沈黙し，それから訴えるように怒りを込めて次のように言う。「公平じゃないですよね。あなたは分析のカウチに隠れることができるのに，私は全てをさらさなければならないなんて。あなたが私を愛していないということが私には分かっているけれど，少なくとも私に好意があるなら言ってください。つまり，少しは気遣いを許して，私があなたにとって単なる数字——11時の患者——ではないと言ってください」。彼女は，涙を流し，しゃくり上げ，そしてまた沈黙する。私もまた，しばらくの間，沈黙した後，こう言う。「本当に，

公平ではないですね。分析状況は平等なものではありません。あなたの感情を表現することがあなたの仕事であり，そして，あなたを理解し，現れてくるものを分析することが私の仕事なのです。そうです，公平ではないのです」

　この私の指摘が，患者を助けたようだった。そのあと彼女は，自身の腹立ちや憤りの感覚をより多く表現することができた。それからあとの数回は，憎しみと愛情の混じり合うものだったが，彼女は，そうした反応に取り組むことができるようになった。彼女の痛みに満ちた苦境に私が気づいているということを，私の声の調子や言葉から，彼女は聞き取ることができたのだと思う。そして私は彼女に思いやりを持っていたものの，分析作業を続けようと決意していた。しかしながら最初は，私が満足させずに作業する態度を維持したことに対する彼女の失望と拒否感が臨床の光景に入り込んだので，それらが取り扱われなければならなかった。重要な点は，不誠実に患者を励ますこと，あるいは患者が自身の感情を抑え，何らかの形で逃避することを強いるような，不必要な苦痛を与えることという，対をなす二つの危険を避けることだった。

　患者の転移性恋愛は，常に抵抗の源になる。すぐに満足したいという患者の緊迫した要求や渇望のために，転移性恋愛は分析作業と対立する。すると分析時間は分析家と近づき親密になりたいという患者の欲望を満足させる機会となり，患者は，洞察し理解することに興味を失ってしまう。さらに複雑なことに，傷つけられ拒絶されたと感じることによって，通常，患者は分析家の介入あるいは介入の欠如に反応し，こうした理由のために作業することを意識的に拒否するようになる。上記の患者は，こうした展開の一例である。技法上の課題は，患者の転移性の恋愛のあらゆる展開について，最大限に表現することを奨励し，そして分析作業に対する患者の抵抗について，適切なときに，作業を始めることである。

　先に取り上げた患者に戻ろう。彼女は自身をさらけ出さなければならず私は彼女を分析するとの仕事があったという点で，分析状況は公平ではないと私が彼女に認めた後で，彼女は私に対する恋愛感情を表現することを再開しようとした。しかしいまや怒りの兆しが，悲しみに満ち懇願するような，緊迫した彼女の口調に加わった。私は，根底に流れる苦々しさを聞き取ることができた。「あなたが正しいということは分かっています。私は自分の好きにすべきなんです。あなたがそ

れをどう感じようとも。でも，とてもつらいんです。愛のために泣いて懇願したにもかかわらず，沈黙の反応しか得ることができないなんて。でも結局，あなたはこんなことには慣れっこになっているに違いないんです。こういうことは，あなたの患者みんなに起こることなんでしょうね。一体どうやってあなたはこんなことに耐えられるのかしら……でも結局，あなたは聞くことで料金をもらっているのですよね」

　患者は沈黙し，私もしばらく黙ったままだった。いまや彼女の目は乾き開かれ，口は堅く閉じられ，両手は体にきつく巻かれていた。しばらくして，私はこう言った。「今あなたは，私があんな風にあなたに応えたことに，腹を立てているのですね。どうかそのことを言葉にしてもらえないでしょうか」。彼女はそうした。まず，怒りの感情の爆発，次にもう一度，愛情の激流。こうしたことが数回繰り返された。数時間ののちに，こうした感情の激しさはゆっくりと静まっていき，彼女は作業する準備ができてきた。いまや私は彼女にこう言うことができた。「何が起こっていたのかを一緒に理解してみましょう。なぜあなたは愛し，どのように愛するのかを，理解してみましょう。あなたは，私の何をいとおしいと思ったのでしょうか？」。この最後の質問を尋ねることによって，自身の恋愛感情を彼女がどのように見ているかの一つのモデルとして，私は患者に私自身を差し出す。この時点ではこれが役に立つように思われ，患者の理性的自我は，より一貫して利用可能となった。それから私たちは作業同盟を再度確立し，それまでの時間に何が起こっていたのかをともに探索することができた。次の段階の手続きに関する詳細は，第Ⅲ部第9章で述べる。

　もう一つの特別な技法上の問題は，通常，分析の初期に「先生，私はあなたに恋をすることになるのでしょうか」と尋ねてくる，いくぶん洗練された患者によって示される。このような質問は，分析でのあらゆる質問と同様に，まず，その出所を突き止めなければならず，すぐに答えられるべきではない。しかし最終的には，その質問に答えることが賢明である。というのも，私の見解では，彼らが感じる「ことになる」ものについて，患者には知る権利があるのだから。こうした質問に対して最も良い答えだと私が思うのは，患者がする「ことになる」全ては，ただ自由連想の規則に従い，自身の考えや感情を検閲することなく自由に漂わせ，その考えや感情をできるだけ正確に報告することだ，という答えである。あらゆる個人は異なっているので，患者が何を感じることになる

かに関して，ただ一つのパターンはない。ある特定の患者が，分析家に対する彼女の反応において，ある所与の時間にどのような感情を体験することになるのかを知る方法はない。

　私の経験では，ロマンティックな恋愛性転移は患者と分析家が異性のときにのみ（明らかな同性愛者は除いて）起こるものだと，少し前に述べた。しかし，この発言は修正されるべきである。私の男性患者たちは分析中に，私と繋がっていると彼らが空想する女性たち——私の妻や娘，同僚や患者など——に，恋をすることがよくある。彼らの恋がしばしば示しているのは，最も重要な側面であるのは私との結びつきなのだ，ということである。私の男性患者も私に対して性的な感情を体験するが，それは大抵愛情のないものである。あるいは，彼らは愛情のある側面を体験するが，性と同時にではない。これの唯一の例外は夢においてであり，特に私がいくらか偽装されるなら，男性患者は私に対して官能と愛情の両方の感情を体験することができる。

　理想化は，男女両性の患者に生じる陽性転移の別の様態である（Greenacre, 1966b）。ときにそれは，潜伏期の英雄崇拝が回帰したものだということが判明する。理想化は，離婚や死別によって親を失った患者には特に頻繁に生じる。私の経験では，理想化は，原始的な破壊衝動から分析家を保護する試みである。固定して変化のない転移反応は全てそうしたものであり，その硬直性は，対立する性質を持つ情緒や衝動が食い止められていることを示している。崇拝する態度に隠されているのは，原始的な憎しみを覆う抑圧された嫌悪である。表面的な羨望は軽蔑を遮蔽しており，その軽蔑はさらに退行した羨望を隠すのである。

　あらゆる転移現象はアンビヴァレントである。なぜなら転移される対象関係の性質は，多かれ少なかれ幼児期のものであり，あらゆる幼児期の対象関係はアンビヴァレントなのだから。しかしながら，アンビヴァレンスはそれぞれの個人によってさまざまに取り扱われ，同じ患者であってもさまざまな種類のアンビヴァレンスがある。例えばある患者が分析家に対して主に彼女の愛情と称賛の感情を示すのを私たちは目にするが，それでもなお皮肉や怒りの閃光が，肯定的な発言の中に散在するのが見出される。あるいはその同じ患者が数週間にわたってほぼ温かく愛情深い感情だけを示し，それにひき続いて著しい敵意と怒りの期間を経験するのである。

　さらに認識が困難なのは，患者がアンビヴァレンスの一側面を別の対象，しばしば他の分析家や医師にスプリットする状況である（Greenacre, 1966a）。その

とき，通常患者は陽性感情を自身の分析家に対して保持し，陰性感情を他の分析家たちに置き換える。その逆も生じる。この種の転移の分裂は，神経症的抑うつ患者や分析家訓練生にも非常に多く見られる。分析の仕事は，まず，アンビヴァレンスがスプリットによって扱われていることを認識し，それを患者に示すことである。ときにはこうした洞察だけで十分に変化をもたらすのだが，多くの場合，それを認識しているにもかかわらず，転移状況は影響されない。これが意味するのはスプリットが重要な防衛的ニードに役立っているということなので，スプリットの抵抗機能は，私たちの分析作業の対象にならなくてはならない。

　この状況の良い例が描かれているのは，長年私が分析した訓練生の事例である。彼の私に対する明らかな転移は，長期にわたって一貫して陽性の性質を持っていた。彼は私を尊敬し称賛し，ときに私が言い間違いをしたとしても，常に尋常でないほど物わかりよく私を賛美した。その一方で，私以外のどの訓練分析家に対しても，彼が目の当たりにしたり，あるいは目の当たりにしたと思ったあらゆる欠点に対して，過度に批判的だった。私は彼のこの極端に偏った振る舞いを指摘したが，患者は頑固に自分の反応を正当化した。しかしこうした彼の振る舞いのパターンを，私に対する敵意に直面することへの抵抗として私は解釈し続け，長い間，彼に対して他の解釈をしなかった。とうとうその訓練生は，敵意の感情を回避することができなくなった。彼は私に怒りを爆発させ，他の訓練分析家と同様に，私を，独断的で威圧的で不合理だと非難した。彼は自身の爆発と，現れ出た強烈な感情にハッとした。そのとき初めて彼は，1年以上にわたって自身が無意識的に，自らの攻撃的感情から私を守り，それを他の訓練分析家たちに置き換えてきたのだと認めることができた。そのときようやく，父親に対して同じように感情をスプリットしていたことに彼は気づくことができた。すなわち彼は，父親に対する意識的な理想化を維持していた一方で，彼の周囲の他の権威者に対しては絶えず好戦的で喧嘩腰であったのだった。

　陽性転移は，リビドーの発達段階のあらゆるレベルにおいて経験されうる。これについては，第III部第7章のIIIでより詳細に説明する。ここでは単に，陽性転移反応と陰性転移反応についての全体像を記述したい。分析家は，やさしく愛情深い，ミルクを与える母親にも，あるいは無慈悲で拒否的な，腐ったミ

ルクを与えたりまったくミルクを与えない母親にもなりうる。このような反応は，男女両方の患者に生じる。こうしたことが起きているとき，解釈は，良いものであれ悪いものであれ授乳として反応され，そして沈黙は，見捨てられることや至福の交わりとして感じられる。患者は受動的で依存的になったり，あるいは価値あるものを何も得られないことにイライラと不満を言うかもしれない。抑うつ的，心気症的，あるいは妄想様の反応が，こうした期間に生じるかもしれない。

　分析家は肛門期の温厚で寛大な親になるかもしれず，患者の大量の自由連想は贈り物として気前よく提供される，糞便の供え物となる。この光景の陰性の側面は，分析家が患者の内容物について厳格で残酷に要求する人——患者の価値ある所有物を取り上げたがる人——になることである。このような状況下では，患者は頑固で反抗的で，出し控える可能性がある。あるいは，これが分析家に投影され，分析家が頑固で憎しみに満ち，出し惜しみしていると感じられるかもしれない。分析家は，罪悪感や不安を伴いながら嫉妬深く近親姦的に愛されるような，エディパルな人物になるかもしれない。私たちはまた，潜伏期の英雄崇拝的な愛情や，思春期ののぼせ上った恋愛感情をも観察するであろう。それぞれの事例において，こうした愛情は潜在する陰性の側面——それらは共存しているに違いなく，最終的には明らかにされなくてはならない——を持っているという事実に，分析家は注意を払わなくてはならない。

　陽性転移の性的な構成要素は，しばしば最も強烈で強固な抵抗の源となるため，特に言及しておく必要がある。患者は，分析家に対する情緒的な反応を認めやすいが，その感情に含まれる官能的な側面を認めることには気が進まない。それでも，昇華されて脱性愛化された感情を除けば，あらゆる陽性転移は淫らな奮闘libidinous strivingを伴っており，これは，身体部位，本能目標，身体感覚が含まれていることを意味する。これらのさまざまに異なる要素を明確にし，こうした感覚や活動に伴う空想を引き出すことが，分析の仕事である。非常に頻繁に，夢が，隠された性的奮闘に対する最も明確な鍵を提供する。

　男性患者Z氏◆5は分析の2年目に，同性愛願望とそれに対する恐れに苦しんでおり，次のような夢を見る。「私は，トラックに乗って巨大な山腹を下っている。私は後ろに座っていて，乗員のリーダーだと思われる男がそのトラックを運転している。私たちは一休みするが，彼は私が降りるのを手伝うとき，私の耳に舌を

入れる」。抵抗をいくらか克服した後に彼はこの素材に対して連想したが，それが私に示したのは，トラックの後部にいることと巨大な山腹は，大男の盛り上がった尻や肛門を意味しているということだった。私は，彼にこのことを指摘し，それによって，幼い頃に浴室で彼の裸の父親を見たことに関する連想がもたらされた。耳の中の舌は，最初，弟とのくすぐりゲームを彼に思い出させた。しかしその後，二，三日前に私の解釈で彼の耳をつき刺したと言って，怒って私を非難したことに彼は気づいた。患者が「後部（r-ear）」を私から突っ込まれるだろうと恐れてもいるし願ってもいるということを，私は徐々に示すことができた。これは，彼の父親に浣腸されたことで経験した，受身的でマゾキスティックな肛門的快の派生物なのだった。

　忘れてはならないのは，転移で再び体験されるものは現実の出来事ばかりでなく，過去の空想でもあるということである。非常にしばしば，性的な転移反応は，患者が親に対して体験した空想の反復である（Freud, 1914b, pp.17-18）。上記の臨床例は，現実の体験の反復を説明している。ここで，同じ患者Z氏によって再体験された空想の例を挙げよう。

　第Ⅱ部第5章のⅡで，私は，この患者が首を吊るされることに関する強迫的な空想を持つと述べた。彼は，このことを生々しく詳細にわたって想像することができた――首がポキッと折れる感覚や，電気が走るような感覚の広がり，しびれが自身の体中に走る感覚さえも。分析のある時点では私が絞首刑執行者になり，私が彼の首に絞首刑用の縄を巻きつけることを彼は想像した。そして私が落とし戸を跳ね上げ彼を間隙へと送るのが彼には見えたのだが，がたがたと衝撃がきて，自身の首の周りにある圧砕ロープによって，ようやく制止するのだった。圧砕する，吊り下がる，がたがた揺れる，電気が走る，そしてしびれというような感じや感覚に対して，責任を負っているのは私であった。死刑執行者はフードをかぶっていて，最初は私に似ていたが，覆いが外されると彼の父親であることが分かった。その強迫的な空想は子ども時代の空想の回帰であり，彼が父親に対して持っていた受身的で侵入的な願望のマゾキスティックな精緻化であり歪曲であった。それはまた，彼が父親に対して抱いていたサディスティックな空想の投影でもあった。私，すなわち父親に首を吊るされることは，部分的には彼が父親に対してなした同一化であり，その中で，少年である彼が父親に対して行いたかったこと，そし

てまた彼が自分に対して父親にしてほしかったことを，父親は彼にしたのだった（Freud, 1919b）。しかしながら，私がここで強調したいことは，その患者は転移の中で自身の過去の人生の空想を再び体験している，ということである。

　さまざまな患者において，陽性転移感情の一つあるいは別の側面が，危険だと感じられるために避けられるかもしれない。男性において，同性愛衝動は通常そのように見なされ，強く防衛される。フロイト（1937a, p.250）は，それらが分析中に出会う最も頑固な抵抗に属すると述べた。しかし，他の感情もまた危険と見なされるかもしれない。ある患者たちは恋愛感情や性愛感情を恐れ，それらに対する防衛を発展させる。彼らの分析の特徴は「理性的な」転移の頑固な持続であろうし，あるいは彼らは，防衛と抵抗としての，表面的だが慢性的な敵意または皮肉へと逃避するかもしれない。長期的な陽性転移の欠落は通常防衛の結果であり，防衛転移の項目でより詳細に述べる（第Ⅲ部第8章のⅡ）。私たちが忘れてはならないのは，分析の雰囲気は，単なる転移反応ではない遷延した陰性反応をも引き起こし得るということである。そのようなとき，私たちは二つの問題に直面しなければならない。すなわち，分析家の逆転移と，それを我慢するマゾキスティックな患者の問題である。
　陽性転移反応は，それが自我親和的であるとき，分析の中で強い抵抗を生み出す。転移反応が患者に認識された後，これを分析する最初の段階は，その転移反応を自我異和的にすることである。その仕事は，彼の転移感情が非現実的で空想に基づいており，何らかの隠された動機を持っているということを，患者の理性的自我に理解させることである。そうすると患者は，自らの感情により進んで取り組むようになり，彼の過去の生活を遡るという目的をもって，それらを探索しようとするであろう。
　けれども自我異和的な陽性転移反応もまた，抵抗の原因になり得る。患者は恋愛感情や性的感情に当惑したりそれらを恥ずかしく感じるかもしれない。あるいは彼らは拒否や屈辱を恐れ，そのために彼らのそうした情緒を隠そうとするかもしれない。こうしたあらゆる事例において抵抗が前面に出てくるのであり，それらは，私たちがリビドー的な転移反応を分析できるようになる前に，まず明らかにされ分析されなければならない。転移の他の側面を成功裏に分析できるようになる前に，私たちはまず，患者の当惑や，拒否されることへの恐れを分析しなければならない。このことは，第Ⅲ部第8章のⅡで詳しく述べる。

I-2　陰性転移

　「陰性転移」という用語は，あらゆるさまざまな形の憎しみやその前駆体およびその派生物に基づく転移感情を示すために使用される。陰性転移は，憎しみ，怒り，敵意，不信，憎悪，反感，嫌悪，恨み，辛辣さ，羨望，嫌気，軽蔑，苛立ちなどで表されるだろう。それは分析において常に存在するが，多くの場合，陽性転移の徴候よりも，明らかにすることがはるかに難しい。患者が転移的憎しみに気づくことから自身を防衛するだけでなく，精神分析家自身もまた，無意識的にこの抵抗に加担しがちである。私の経験や他の分析家の経験において，陰性転移が十分に分析されないことは，分析の行き詰まりの原因として最も多い（Freud, 1937a, pp.241-247; Glover, 1955; Nacht, 1954; Haak, 1957）。

　陽性転移の議論の中で記述されてきたことの多くは，陰性転移においても同様である。これらの類似点は，ここでは繰り返さないでおこう。最も重要な相違点は，陰性転移によって引き起こされるさまざまな種類の抵抗に集中している。

　作業同盟，非性的な好意，信頼，分析家への尊敬と類似点があり，それが，思い切って新しい洞察へ向かう患者の意欲を促すのである。陰性転移の観点から私たちが見出すのは慢性的に根底にある不信感であり，これが分析手続き全体を，苦痛であり本質的に回避されるものにするのであろう。患者が分析を中断したい衝動に屈服することなくこの種の陰性転移に耐えることができるなら，私たちは慢性的に服従的な，マゾキスティックな転移反応が生じるのに気づくかもしれない。患者は分析作業をやり終えるために，それをどうにかするために，その作業の厳しさに耐える。相互に感じられる作業同盟において，達成あるいは満足の快感はない。患者は治療を中断することができないために分析に従属するのであり，面接時間にやってくるのは中断の危機を避けるためである。それは回避であり，分析に来ることによって，分析に対する抵抗を行動化している。分析は全体的に耐えられるものになるだろう。というのも，神経症的な悲惨さを本当にあきらめてそれと闘うことに比べれば，そのほうがまだましなのだから。

　こうした患者は長期間にわたってうまく――効果的にさえ――作業するかもしれないが，遅かれ早かれ，この種の転移関係は，そうであると――つまり抵抗であると――認められなければならない。そこにあるのは，微妙で潜在的な

妄想様の防衛，あるいは隠されたマゾキスティックな喜び，あるいは陽性転移に対する防衛，あるいはそれら三つ全てを組み合わせたもの，のどれかなのである。それはまた，分析家の中の認識されていない否定的な感情——現実的なものであれ逆転移であれ——に対する反応であるかもしれない。分析可能な神経症患者においては，マゾキズム，および恋愛感情に対する防衛がより優勢であるが，妄想的な要素もわずかに存在するかもしれない。

　私はかつてそのような患者——35歳の熱心な共産党員の女性——を治療した。彼女は分析において，従属的で疑念に満ちた作業同盟の影響の下，熱心だが苦々しそうに作業した。表面的には，私は共産党の同志ではなく中産階級に属していたため信頼されていなかった。それでも私は，さらに耐えがたい恐怖症的強迫神経症から逃れるための，彼女にとっての最高の機会だった。より深いレベルでは，私が彼女に経験させると彼女が空想したマゾキスティックなみじめさを，彼女は楽しんだ。その下には，私への愛情を感じることに対するさらに大きな恐怖があった。その愛情のために彼女は本当に私のなすがままとなり，まったく脆弱になってしまうであろう。そしてその全ての根底にあるのは，彼女の原始的な怒りと破壊性に対する彼女の恐怖であり，もし彼女が愛しかつ拒絶されるなら，そうした怒りや破壊性が私たち二人を破壊するだろうと彼女は感じていた。それでもこの本質的に従属的な陰性転移は，本物の作業同盟ならそうであったであろうほどには実り多くはなかったものの，比較的長期間生産的だった。マゾキスティックな転移のいくらかを徹底操作するのに約2年半かかったが，それはひとたび達成されると，分析をより迅速に進ませたのだった。

　それから厄介な問題が起こった。患者は再び非常に抵抗するようになり，昔の疑い深い態度が戻ってきた。これは，彼女と彼女の共産党グループがある破壊工作を考えていたのだが，そのとき私たちは第二次世界大戦に巻き込まれていたので，彼女はこのことを私に話すことができなかった，という事実に起因することが分かった。もし詳細を私に話すなら私はどうするだろうと彼女は思った。患者である彼女に対する義務感と我が国に対する忠誠心などによって引き裂かれるので，そのような状況下で彼女を分析することはできないと感じる，と私は率直に言った。彼女は私の答えに安心したように見えた。というのも彼女はこう言ったのだった。その答えはまったく正直に思えるし，他のどんな答えであったとしても疑っていただろう，と。しかし彼女の古い不信感は決して消え去ってはいない

という印象を私はもち，私たちの作業は再び減速した。ほどなく私は兵役につき，彼女を他の分析家へ送ることが必要になった。それがおそらく私たち二人にとって最善の解決策であった。

　分析初期に一時的に陰性転移反応が現れることは，初期の一時的な転移性恋愛よりも問題が多い。信頼できる作業同盟が確立される前，分析初期における敵意と怒りは，患者が行動化を起こし分析を中断するようそそのかす。したがって，そのような展開を未然に防ぐために，初期の陰性転移は意欲的に追究されなくてはならない。陽性転移に取り組むときには，私たちはより受動的でいることができる。

　ただし，ひとたび作業同盟が確立されてしまえば，陰性転移が現れることは進展を表す重要な徴候となりうる。転移の中で幼少期の人物への敵意と憎しみを再び体験することは，よい作業同盟が存在する限り，分析作業の非常に生産的な段階となる。そのような展開は分析が成功するのに必要な段階だと私は思っている。陰性転移がないとき，あるいは一時的で散発的な反応でしか現れないとき，それは不十分な分析の徴候である。幼少期の発達に関する私たちのより深い知識が示しているのは，分析の終結を考える前に，分析家に対する激しく長期にわたる憎しみに満ちた反応が現れ，分析されるべきだ，ということである。

　フロイト（1937a）は「終わりある分析と終わりなき分析」の中で，分析家は患者の潜在的で目に見えない葛藤を引き出すべきかどうか，という問題を提起した。精神分析家はそのような侵入的な役割を引き受ける権利はなく，転移を操作する権利はない，と彼は感じた。私はフロイトの一般的態度には同感だが，彼の臨床素材の評価については同意しない。当時，彼は陰性転移の重要性について十分に認識していなかったように私は感じている。転移性憎悪の分析は，転移性恋愛の分析と同じくらい重要である。侵入したり操作したりすることは，分析家の仕事の範囲外であることに私は同意する。しかしフロイトが攻撃本能の重要性を発見して以降，ほとんどの分析家は，分析が中断になる前に転移のこの側面を分析することが必須であるとの結論に至っている。メラニー・クラインやその学派について，条件つきではあるが，この点を強調したことは彼らの業績だと言わなければならない。終わりのない分析，陰性治療反応は，私の経験では，決まって転移性憎悪の分析が不十分な例である。

陰性転移は他の点でも同様に重要である。それは，陽性転移に対する抵抗として，防衛の目的で使われることが多い。多くの患者，特に分析家と同性の患者は，愛情，すなわちとりわけ同性愛的な感情に対する防衛として敵意の感情を使用するため，そうした敵意の感情を保持し続ける。私の男性患者の多くは，私を愛することより憤ることに心地よさを感じるので，私に対してむしろ怒り憤慨する。私に対する反応における嫌悪や嫌気は防衛であり，口唇的な取り入れ衝動に対する反動形成なのである。

　明白な陰性転移の欠如は，防衛であり抵抗として最終的に認められなくてはならない。穏やかに進んでいる分析において，陰性転移は，最終的には重要な役割を果たさなくてはならない。複雑な要因の一つは，分析家の逆転移が何らかの形の憎しみの発展や認識を妨げることに関わる可能性がある，ということである。分析家が，患者が敵意を表現することを非常に難しくするような仕方で振る舞っているか，あるいはそうでなければ分析家と患者が共謀して敵意を見落としているかのどちらかである。ときには患者はユーモア，からかい，皮肉で自身の敵意を隠し，そうして敵意は目につかなくなる。しかしさらに重要なのは，転移の分裂である。患者は分析家の代わりに，彼らの強い敵意を差し向ける別の分析家，医師，あるいは親的人物を見つける。この憎しみは，防衛的な目的のために，分析家その人から置き換えられていることが，認識されなくてはならない。

　陰性転移を扱おうとする際に補助的な転移対象を使用することは，かなり頻繁に起こることであり，陽性転移よりもはるかにそうである。この戦術の防衛－抵抗機能について私たちが認識しているにもかかわらず，転移感情を分析家その人に向けさせることは不可能かもしれない。まるでこのメカニズムの放棄が大きな危険をもたらすかのように，転移の分裂を頑なに維持する患者もいるだろう。私自身の臨床経験からすると，患者が人生のごく初期に親的人物の一人を失ったときには，こういう事態が生じやすいようである。転移神経症では，そうした患者は，自らの憎しみから分析家を守るために補助的な転移対象へと彼らの憎しみをスプリットする傾向が，より強いようである。この抵抗に打ち勝つために私は精力的に作業してきたけれども，ときには部分的にしか成功していないと感じている。私の患者の一人は，2歳のときに父親が家族を捨てたのだが，彼女は男性に対する憎しみを，分析外の数人の親的人物へと置き換え，私に対してはほんのたまにしか，直に憎しみを感じなかった。母親への敵意に

ついても同じことが当てはまった。私は，この種の背景をもつ他の患者と同様の体験をしている。

　執拗な陽性転移が常に示しているのは，陰性転移は隠されているのであって存在していないわけではない，ということである。分析家はそれを明らかにしなくてはならないし，患者が分析家に対して直接にそれを感じることができるように努めなくてはならない。これが意味するのは，理想的にはあらゆる分析において，分析家に対する，全てのリビドー水準からのさまざまに異なる様態の憎しみを，患者は体験してきている，ということである。何よりもまず，母親に対する初期の原始的な怒りは，深い分析の中で体験されなくてはならない。

　陰性転移のまた別の側面も，強調に値する。分析家に対する恐れ——その形態が批判されることへの恐れであろうと，根深い不信感であろうと——は，攻撃性と敵意の派生物として認識されなければならない。ここで再び，クライン学派は，不安反応は本質的に攻撃衝動から派生していることを指摘している。そして，私は彼らの風変わりで入り組んだ説明には同意しないが，私の臨床経験からすると，本質的な定式化において，彼らは正しいのだと認められる——すなわち分析家に対する恐れは，突き詰めると，投影された敵意に由来するのである。

II　対象関係の観点からの転移反応

　特定のタイプの転移現象を選定するその他の実践的な方法は，幼少期の対象関係——対象関係の起源は幼少期である——に基づいて分類することである。こうして私たちは，父親転移，母親転移，兄弟転移などのことを話すであろう。この呼び方が意味するのは，患者の転移反応は，父親や母親などに対する無意識的な感情や衝動によって主に決定されている，ということである。分析の経過の中で，転移反応を決定する対象表象は，分析作業が進むにつれて変化するだろう。例えば患者は，主に父親転移でもって分析を始め，そして徐々に母親転移へと変化するかもしれない。

　転移反応を引き起こしている，根本にある対象の性質は，主に患者の人生経験によって決定される（Freud, 1912a, p.100）。早期の家族対象との関係における抑圧された欲求に基づいて，患者は転移するだろう。しかしながら，抑圧されたものが意識に近づくにつれて，欲求は変化し，そして転移反応の性質は変化

するだろう。例えば，転移における父親への感情を分析することに成功するにつれ，今度は母親転移反応が現れるであろう。しかし，分析家その人もまた，転移反応を彩る人物の性質に影響を与える。このことは，分析初期の転移反応に特にあてはまる (A. Freud, 1954a, p.618)。気づいたのだが，大抵の私の患者は，初期の転移反応や転移神経症の最初の段階では，父親的人物としての私に反応する。のちには，私の性別やパーソナリティはあまり決定的でなくなる。しかしながら，分析家の個人的資質は，転移状況において十分に退行することが困難な患者には，確かにある役割を果たす。彼らは，抑圧された遠い過去の諸体験を再演するために，分析の外で補助的な転移対象を探す必要があると気づく。最終的には，成功した分析では，分析家は父親と母親の両方の人物像になっていたはずである。

　私たちは，父親転移，母親転移という呼び名を，それが主として陽性であるか陰性であるかを加えることによって，修正できる。異なる転移反応は隣り合わせに存在し，あるものはより意識され，あるものはそれほど意識されず，あるものはより強く，あるものはより弱い，ということを覚えておくことは重要である。大切なことは，何が優勢か，何が差し迫っているか，何が放出を求めているかであり，その反対の転移反応もまた，その時点では隠れているけれども，ある程度存在しているに違いないと分かっていることである。

　例えば，ある分析セッションの間中，ある患者は，みじめな週末を過ごしていたのでそのセッションに来ることができたことに感謝の気持ちを表す。感謝の気持ちの下に，憤りのトーンが私には聞こえる。その患者は，仕事の上司への敵意と恐れを詳しく話し続ける。彼らは非常に素晴らしく見え，自身はとてもちっぽけだと感じる。沈黙。それから彼は，下の息子に失望していること，他の子どもたちと遊んでいてもその子は臆病で引っ込み思案に見えると言う。その子は別の学校でなら，もっとうまくやれるだろうか，と思う。沈黙。前回のセッションで，夢に関して私たちが行った作業は楽しかった。それは興味深いものだったが，それでも自分の助けにはまったくならないようだった。分析されることをある種の拷問であると感じる人もいると聞いていたが，自分はそんなことを言わないだろう。自分には素晴らしい分析家がいて幸運だ。分析時間を楽しみにしている……間……。「大半の時間は……そうですね」

あるセッションのこの断片的な分析素材を見渡すなら，私たちは，患者が陰性の父親転移と苦闘しているのを聞くことができると思う。表面的には，私たちは彼の陽性感情——来ることができることについての彼の感謝，その前の時間に夢の解釈を楽しんだこと，分析が全て拷問であるわけではなかったという安堵，彼はいかに幸運であるかなど——を見ることができる。しかしまた，陰性の父親転移とそれに対する恐怖に関する，紛れもない徴候がある。すなわち，みじめな週末と暗黙の非難，上司への恐れと畏敬，沈黙，息子への失望，学校を変える可能性，改善がないこと，そして回避的な話し方である。陽性の父親転移の徴候が確かにあるにもかかわらず，この分析の断片は陰性の父親転移，特にそれへの患者の恐怖の出現を示していると言えるだろう。

　私の臨床経験では，私の男性患者たちは，母親に対する初期の口唇-サディズム的憎しみを私に対して体験することに，特に強い抵抗を持っていた。他方，私の女性患者たちは，愛情深い授乳する母親的人物として私を体験することへの抵抗を解決するのに，非常な困難を伴うように思われる。フロイトが「終わりある分析と終わりなき分析」の中で述べたのは，男性において分析することが最も困難な側面は，男性に対する受動的で同性愛的な態度への恐怖であり，女性においてはペニス羨望だ，ということだった。私の臨床経験は，私を異なる結論へと向かわせた。すなわち，男性において最も困難なことは母親への原始的な憎しみであり，女性においては母親への原始的な愛情である。

　ここで私は次の事実に言及すべきだろう。すなわち，作業同盟は，無意識の母親的構成要素と父親的構成要素の混合物でできている。医師なる人物としての分析家は，一方では相対的に寄る辺ない患者の原始的で親密なニードに仕える看護師であり，他方では，患者や彼をとりまく環境を脅かす危険に直面することを恐れない父親なのである（Stone, 1961, pp.118-120）。

III　リビドーの発達段階の観点からの転移反応

　ときに，転移反応を，それが由来する特定のリビドーの発達段階との関連で記述することは役に立つ（A. Freud, 1936, pp.18-19）。これが意味するのは，分析家に対する患者の反応を，彼の本能の目標，本能の部位，不安，態度，価値という観点から，これらの本能の構成要素に基づいて分類できる，ということである。

例えば，分析家のあらゆる発言に対してあたかも授乳されているかのように反応したり，沈黙に対して遺棄されるかのように反応したりする患者，分析家のあらゆる言葉を貪欲に飲み込む患者，飽くことを知らない患者，分離を恐れる患者，こうした患者たちは明らかに口唇的取り入れの水準で反応している。患者の愛情あるいは憎しみの感情，信頼や不信の感情が，これが主に陽性の口唇的な母親転移として感じられるか，それとも陰性のそれとして感じられるかを決めることになる。

　私の患者の一人は，目を閉じ，恍惚の表情をして私が話すのを聞くことがよくあった。彼女は私の言葉ではなく私の声の響きにだけ耳を傾けているということが，私に明らかになってきた。この点を追究して最終的に彼女が語ったのは，私の声の響きは，幼い頃ベッドでまどろんでいたとき，台所で朝食の準備をしているときのコーヒーの香りを思い出させるということだった。

　同様に，分析はトイレの状況として反応されるかもしれず，患者は自身が生み出すか立ち去るかのどちらかをしなければならないと感じるだろう。すなわち彼の連想は，共有されたり貯蔵されたりする貴重な素材であるか，あるいは怒りで跳ね飛ばされたり保存のために隠されたりするひどい臭いの産物か，である。そのような段階では，患者は分析家の介入に対して，浣腸――痛みを伴う侵入物あるいは楽しい刺激――として，反応するであろう。患者が自身の肛門期の諸体験を，分析家と分析状況に転移しているのは明らかである。上に述べた要素に加えて，コントロールと自律についての不安，恥の問題，悪意ある態度，頑固さ，従順さ，秩序，清潔，吝嗇(りんしょく)などを目にすることが予測される。この時期には，隔離が優勢な防衛機制となる傾向がある。

　男根期が分析家と分析状況に関連して再体験されるとき，最も劇的な転移体験に至る。留意すべきは，これがさまざまな方法で強く防衛されるだろうということである。ひとたび防衛が克服されると，次には近親姦的な愛や去勢不安，嫉妬深い競争心や死の願望，赤ん坊やペニスに対する願望，エディプス的自慰空想の復活，それに関連する罪悪感が，非常に生々しい転移反応を引き起こす。

　転移反応を分類するこの方法は，リビドー発達のあらゆる段階に対して行うことができる。読者はこの主題について，さまざまな可能性をより包括的に描いている基本的な文献を参照されたい (Freud, 1905d; Abraham, 1924; Fenichel, 1945a;

Erikson, 1950; A. Freud, 1965)。

IV 構造論的観点からの転移反応

　ときに，分析家に対する患者の反応のいくらかを，構造論的観点から描写するのが最もよいことがある——分析家は患者にとって超自我，イド，あるいは自我表象になる。第III部第4章のI-1で，私たちの定義に沿うならこれは本当に転移反応なのかどうかが問われた。いずれにせよ，臨床的には，患者の反応をそのように考えることが有益である。分析の初期に通常私たちが目にする状況では，分析家は患者にとっての超自我的人物を表している。これは一時的である場合も長期にわたる場合もあるし，穏やかな場合も激しい場合もある。分析家が超自我機能を帯びるとき，彼はまず，批判的，敵対的，拒否的，否定的だと感じられる。このことは，超自我に攻撃欲動のエネルギーを備給することに関する私たちの理論的な考えと一致している（Hartmann, Kris, and Loewenstein, 1946, pp.30–35）。クライン派は，分析家を患者の超自我へと取り入れたり投影したりすることが，あらゆる分析において基本的に生じると確信している。彼らの考えでは，超自我の核は母親の乳房であり，良いものでも悪いものでもある（Klein, 1952, p.434）。

　しかしながら臨床素材は，患者の個人史に応じて，そして分析状況で再体験される発達水準に応じて，さまざまな解釈に役立つように思われる。分析家が超自我表象になるとき，彼は常に敵対的な衝動，態度，空想に染められる。患者の個人史に存在したような批判的な人物に加えて，その人物に対する患者自身の敵意が加えられ，投影される。さらに，分析家に対する患者の敵意がこの超自我像に投影されもするだろう。しかしこれは分析経過の中で変化するので，私たちは型にはまった解釈を避けるよう注意しなければならない。

　臨床例をあげよう。中年の男性患者が，強迫行為と強迫観念を伴う堅い性格特性および根底にある神経症的抑うつのために，分析にやって来た。分析の初期に，彼の作業のやり方を私が是認していないと自身が感じていることを，彼は絶えず自覚していた。彼は決まって，そのことを子ども時代の厳しい父親とつなげた。徐々に明らかになったのは，彼の父親は，患者が私に感じていたほど是認しないわけではなかった，ということだった。そこで私は，父親に対する自身の敵意が

どのように私へと転移されているかを，彼に解釈した。私は二つの源から敵意を受け取った。一つは，私に置き換えられている，是認しない父親という患者の記憶から。そしてもう一つは，私に投影されている，自分自身に対する患者の怒りから。さらにのちには，私たちは3番目の敵意の源を見つけたのだった。

　彼は私を軽蔑していた。私は純粋な科学者ではなく唯物論者であり，官能主義者だった。私の話し方，着こなし，私について自身が聞いた話から，私は贅沢に暮らす「策略家」で，精神分析の「トム・ジョーンズ」◇1であると彼は思っていた。こうした感情の分析によって，まず，軽蔑の背後に羨望があることが明らかになった。彼は私を羨み，そして今や彼は，その軽蔑を私へと投影した。私が中産階級の道徳を軽蔑しているのだと，彼は確信した。患者が変わり始めると，この布置も変化した。患者は性生活の欲求不満を体験することができるようになり，情事，つまり行動化に乗り出した。最初，彼はこの振る舞いを私が是認していないと感じたが，気にしなかった。彼は「善人ぶった人」でいることにうんざりしていた。彼は喜びのしかるべき分け前を望み，私が気に入らないなら，そのときは「先生，くたばっちまえ」「僕はこの自分の完全主義にうんざりなんだ。実際，贅沢に暮らしてきたあんたたちを憎んだのと同じくらい，完全主義が憎いんだ！昔の道徳家としてよりも今の遊び人としてのほうが，僕はイケてるんだ。妻や子どもたちにはもっとずっと優しいんだ。今，先生が僕からこれを奪いやしないか心配だけど，それについては闘うつもりだ。言っておくけど，僕は本当に怒っているし，それにどんなに忌々しい精神分析家だって僕の楽しみを邪魔しないだろう」

　思うのだが，この臨床描写は，どの種類の超自我像を分析家が表象するのか，そして何が分析家に置き換えられ投影されているかという観点から，患者の中に生じうる多くの揺れや変化を説明している。私は最初は，反-本能的な父親の置き換えである。次に私は，患者の自分自身に対する敵意の投影になる。それから軽蔑すべき本能的な父親——精神分析の「トム・ジョーンズ」——になり，そして実際には彼が「トム・ジョーンズ」を羨んでいることが判明する。この時点で患者の中に変化が起こり，彼の超自我は彼に，より本能的になることを許すのである。彼の新しい超自我は古い自己を憎み，しかし古い反-本能的な要素は私に転嫁される。すなわち彼は，私が邪魔するのだろうと恐れる。しかしながら，彼は今や，自身がこの問題について私と闘う意志があると感じることができる。

思うに，この臨床の断片が示しているのは，患者の自己，超自我，分析家の三者間の関係の観点から，分析過程の間に起こる可能性のあるあらゆる変化に対して注意を怠らない必要がある，ということである。こうした問題について型にはまった解釈や硬直した狭い見方をすると，絡み合っている複雑な細部に関する分析家の評価が制限されることになる。

分析中に時折，患者がどのようにして分析家という人物に自身の超自我を再投影し，それでいてまるで自分は何もしなかったかのように振る舞うのかを，私たちは観察しうる。これが見られるのは，分析作業のある平日にはじっと見張られ苦しめられていると感じていて，その後週末や分析家が不在の間に，さまざまな本能活動に過度に耽るときである。彼らは内的に罪悪感を抱く代わりに，外的人物に関して恐れを感じる水準にまで退行する。

この状況の別の側面が生じるのは，患者が初期の前超自我 presuperego の時期へと退行するとき，超自我機能の大部分が強力で外的な親的人物によって実行されたとき，である。これが起こるときには，転移における超自我的人物は万能，全能であり，ひどく攻撃的で破壊的である。早期の親的人物に対し，そうした人物が自己からはっきりと分離される前に経験していた敵意，怒り，恐れを，患者は分析家へと置き換え，投影するのである (Jacobson, 1964)。

分析家はまた，超自我的人物よりもイド的人物として感知されるかもしれない。これが生じるのは，患者自身のイドの奮闘を分析家に置き換え，投影するときである。そのようなときに患者が感じるのは，分析家は，自分にマスターベーションしてほしい，攻撃的でふしだらになってほしい，倒錯的な性行為をしてほしいなどと思っている，ということである。分析家は誘惑者，挑発者，悪事へ誘う人であると感じられる。これによって患者は，あたかも分析家の意志にただ従っているだけであるかのようにして，行動化するようになるであろう。そうでなければ，これによって偽性的で偽攻撃的な振る舞い——実際は分析家を安心させ楽しませるという隠れた試みである——がもたらされる。このパターンは，その振る舞いが意識的には偽本能的なものであり，しかも本当の本能衝動を隠すため，複雑になるだろう。

例えば，ある比較的抑制された患者が，さまざまな性的活動をしている見知らぬ女性——通常なら彼が避けるような女性——と乱暴な性行為を行って一夜を過ごす。最初は，彼は少し酔っていたのでこういう状況になったと主張する。い

くらか後で，彼は私を喜ばせるためにあんなことをしたと気づく。実際，こうしたことを自分が全てするなら，先生は深く探求するのをやめるだろうと彼は考えていた。かなり後になってようやく，こうした活動全てを実行する能力は，彼自身の内にある潜在的な欲望を示している，と彼は気づくのだった。

　分析家は患者の自我の拡張として使用されることもある。彼は，次のような公式に従い，現実検討のために使用される。すなわち，私の分析家なら，今何をするだろうか？　彼ならこの状況でどう反応するだろうか？である。補助自我として分析家を使用する過程は，現実検討に困難を抱えている患者，特にボーダーラインの場合，非常に重要である。それは危機的な状況においては，全ての患者に役立つ。ここには，分析家への同一化の前身もまた存在する——模倣という形態である。これは，問題に対する分析的アプローチに患者が親しむようになるという点で，作業同盟の発展にとって価値ある移行である。それはまた，病的な目的のために誤用される可能性もあり，もしそれが気づかれなければ，患者は分析家のレプリカになる。このことについては，次のセクションでより詳細に議論する。

V 転移反応としての同一化

　同一化は，対象形成において重要で複雑な役割を果たす。早期の同一化は対象関係に先行し，そしてまた，諸関係を対象へと置き換える同一化がある（Jacobson, 1964）。さまざまな種類の同一化があるように思われる。部分的なものもあれば全体的なものもある。一時的なものもあれば永続的なものもある。意識が接近可能なものもあれば接近できないものもある。自我親和的なものもあれば自我異和的なものもある。対象関係のありとあらゆる側面は転移において繰り返されるので，あらゆるタイプの同一化もまた，生じる。ここでの議論は，転移性同一化という，最も重要な臨床形態に限定される。この主題について古典的な文献をさらに包括的に概観するには，読者はフロイト（1921），フェニケル（1945a），ハルトマン，クリスとレーヴェンシュタイン（1946），ジェイコブソン（1964），ヘンドリック（1951）の著作を参照されたい。

　分析が少しでも効果的であるために絶対に必要な，同一化の一形態は，作業同盟の形成について話したときに説明された。ここで繰り返す。分析家が患者

に対して解釈やその他の直面化をするとき，彼は，体験し自由連想している自我を一時的に断念するよう患者に求め，今，まさに体験し続けていたことを治療者と共に観察するよう求めるのである。換言すれば，患者は一時的かつ部分的に，分析家に同一化することを求められる（Sterba, 1929）。最初，彼は分析家が求めるときだけしか同一化せず，そしてこれを意識的に始めなくてはならない。後になるとそれは自動的で前意識的になる。それは抵抗に取り組む際に，最も鮮明に見られる。最初は，分析家が抵抗を指摘し，なぜ，何を患者は抵抗しているのかと尋ねる必要がある。

　後になると，自分が抵抗していることを患者自身が認識し，なぜ，何を避けているかを自問する。これは，作業同盟に役立つ，分析家との一時的部分的な同一化の指標である。この段階が達成されると，「患者は分析にいる／分析中である the patient is in analysis」と私たちは言う。こうした種類の同一化は，分析のあとにさえ持続する。分析を受けたことのある人々は，情緒的な問題に直面すると，自己分析をするのである。

　分析経過の間，患者は，不安を生み出す人物としての分析家に対処する手段として，分析家に同一化する。そうした患者たちが，自宅での振る舞いや分析状況において突然に著しい変化を体験するのを，私は見てきた。

　ある気まぐれで衝動に支配されている私の患者が突然，満ち足りて理性的な，思慮深い態度をとった。彼の家族や友人はこの著しい変容に気づいた。また，分析時間での作業するやり方にも目立つものがあった。彼の軽率さや気分変動は消えたように見えた。しかし，彼の連想は大げさで非生産的に思えた。それから，彼が自身の子どもたちの一人の怒りの爆発について述べたとき，患者の無関心で感情の動かない反応に私は印象づけられた。彼は子どもに，何でそんなに怒っていたのかと尋ねただけだった。これは，まったく患者らしくなかった。聞き覚えのある単語や言い回しを患者が使い始めたとき，何が起きているのかに私はようやく気づいた。私には使い慣れた，彼にとっては馴染みのない語彙を，彼は引き継いでいた。彼は，攻撃者との同一化――恐ろしい対象に対処しようとする手段としてアンナ・フロイト（1936）が述べた機制である――に基づいて，私に同一化していた。

　患者は私を先取りして，彼自身の素材の解釈をしようと試みた。それは抵抗であり，防衛の方法だった。彼は以前にも同様の同一化を使って，権威ある人物に

ついての不安を克服しようとした。分析家とのこのタイプの同一化は，分析の中で頻繁に見られる。患者は家族，友人，分析家自身にさえ，分析家の役割を持つようになる。

　しかし，患者は他の理由でも分析家と同一化する。例えば，親密さへの衝迫を表現する手段としてである。これは，フェレンツィ（1909）が記述した転移への渇望という類のものと似ている。陽性転移の影響下にある患者は，愛情の表れとして，そしてさらに重要なことには，対象と関わる原始的な手段として，分析家の癖，性格，特性や習慣を呈するようになる。留意すべきは，同一化は最早期の対象関係の型であり，自己表象と自己構造を築くうえで決定的に重要な役割を果たすということである。同一化のさまざまな機能を互いに分離することは，常に可能なわけではない（Fenichel, 1945a, pp.36-39）。いつも服装をこぎれいにきちんとしていた男性患者たちが，私が無頓着で整えていないように見えるにつれ，そのようになっていくのを見たことがある。患者は，タバコのブランドを私のものに変え，あるいは私が葉巻にすると，彼も葉巻を吸い始める。ある患者は突然音楽を勉強し始め，それについて調べていくと，私の自宅で催された室内楽についての精神分析的なゴシップを彼が聞いていたことが分かった。こうした同一化は，基本的に口唇-取り入れ対象への渇望，理想化された分析家のようになりたい，分析家に愛されたいとの衝迫，あるいは最も深い水準では，分析家と一つになりたいという衝迫に由来する。この種の同一化には，さらに別の動機がありうる。患者は新しいアイデンティティを作るために——本物のアイデンティティを隠すために——非常に熱心に早急に分析家に同一化／アイデンティファイするだろう。これは，いわゆる「遮蔽-アイデンティティ screen-identity」の患者——「アズイフ」性格の一形態である——においてみることができる（Greenson, 1958a）。

　これと反対の像を示す患者がいる。彼らは，分析家と非常に貧弱な同一化しか発展させることができない。彼らは，部分的で一時的な作業同盟に基づく同一化を形成するかもしれないが，それ以外ほとんど何もない。私には何年間も分析をしている患者がおり，彼らは非常に熱心に分析作業に取り組むが，かなりの助けとなるであろう領域においてさえ，私との同一化をまったく発展させない。言語表現に不安のある患者は，私の言葉の巧みさを引き継がない。一般的に臆病な患者は，私の率直な物言いには同一化しない。彼らは，些細な点で

私に同一化するだろう。すなわち彼らは私のペンと似たペンを買ったり，ボタンダウンのシャツを着始めたりするかもしれないが，より重要な特徴のどれについても私に同一化しないのである。こうした患者は同一化することに対する恐れに苦しみ，同一化に対して絶えず苦闘している。彼らにとって同一化することは，圧倒されること，乗っ取られ飲み込まれること，自分のアイデンティティを失うことを意味している。こうした患者は，青年期に親に同一化することに苦闘したように，分析家に同一化することにも苦闘する（Greenson, 1954）。

非常に重いボーダーラインあるいは精神病の患者においては，奇妙で一時的で突然の同一化が見られる。彼らにとって同一化は，現実や対象との何らかの形の関係にしがみついたり，それを確立するための，必死の手段なのである。

数年前，分析する目的で二人の幼い子どもをもつ既婚女性と面接した。彼女の振る舞いと個人史からは，精神分析の使用が禁忌であるような病的なものは何ら示されていないと思われた。私は最初の面接で彼女にタバコを差し出し，彼女は喫煙者でないと言って断った。まさに次の分析時間に，私は彼女が私と同じブランドのタバコの箱を取り出し，数本タバコを吸い続けるのを見てびっくりした。それは，現れ始めていた初期の精神病エピソードの，私が出会った最初の徴候だった。

―――――――
［原注］
◆5　第II部第5章のII，IV，第7章のI，第III部第5章のIII-1参照。
［訳注］
◇1　18世紀の英国小説家ヘンリー・フィールディングの小説『トム・ジョウンズ』の主人公。1963年に英国で映画化された。日本語版タイトルは「トム・ジョーンズの華麗な冒険」。

第8章

転移抵抗

　実のところ，転移抵抗は臨床的な転移反応の分類の一つとして論じられてもおかしくない。しかしながら，転移現象のこのグループは，特別な臨床的重要性を持ち，より強調され注意深く解明されるに値する。先に述べたように，転移抵抗は最も重要で，しかもしばしば分析作業の障害の原因となる (Freud, 1912a)。転移抵抗の分析には，分析作業の他のいかなる側面よりも多くの時間が費やされる。不十分にしか分析されない転移抵抗は，中断あるいは停滞する分析の最も重要な原因である。他方，抵抗の効果的な分析は，最も生産的な分析作業をもたらす。

　転移抵抗という用語は凝縮された言葉であり，多くの異なる臨床的布置を指している。いずれの場合においても抵抗を引き起こしているのは転移である——ただし，さまざまな仕方で。例えば患者は，自身が抱く転移感情を，分析するよりも満たそうとするかもしれない。あるいは患者は，ある転移反応を展開させることを恐れるために，分析の手続きに抗うかもしれない。あるいは患者は他の形式の転移反応を恐れるために，ある特定の転移感情を選んでそれにしがみつくかもしれず，そして自分自身を守るために，自由連想に抗うのである。

　臨床的，技法的見地から見ると，さまざまなタイプの転移抵抗を識別することは価値がある。なぜならそれらは，力動や構造において，そして技法的になすべきことの難しさにおいて，大きく異なっているからである。転移抵抗の形態や構造は，精神分析の経過中，患者の中で変化するし，そして一連のさまざまなタイプの抵抗は，それぞれの患者に独自のものである。また，転移抵抗のどの形態がある特定の患者に優勢であるかということには，かなりの多様性も

ある。さらに心に留めおくべきことだが，多様な転移抵抗が同時に作用しているかもしれず，そして技法的問題の一つは，ある所与の瞬間における治療作業のために，どの布置の転移抵抗を私たちが選ぶのかを解明することである。最も頻繁に生じ，最も明確に分離することができるタイプの転移抵抗を，私は特に入念に選んだ。

I 転移充足を追い求めること

　最も単純で頻繁に起こる転移抵抗の起源の一つは，患者が分析家に対して強力な情緒的本能的衝迫を発展させ，分析作業に専念するよりもそれらを充足しようと努力するときに発生する。これはリビドー的本能欲動や，攻撃的本能欲動に由来するかもしれないし，あるいは愛や憎しみの情緒に由来するかもしれない。さらに，あらゆる発達段階の本能や情緒が含まれているかもしれない。例えば，分析家に対して患者は男根的エディプス水準，性的願望を抱き，近親姦願望や去勢不安を抱くかもしれない。あるいは患者は，分析家に対して受動的-肛門衝動を持つかもしれないし，授乳され，世話される口唇的願望などを持つかもしれない。これらのリビドー的要素のどれもが，何らかの形の満足を得るよう，そして分析作業を放棄するよう，患者を駆り立てるだろう。

　例として，今述べられたリビドー構成要素のそれぞれによってさまざまなときに駆り立てられた患者のケースを取り上げてみよう。分析の初期に（彼女は過食の問題を伴う抑うつ的な患者だった），彼女はしばしば悲しげに押し黙ったが，それは私に話しかけられたいからだった。その時期，私が彼女に話しかけることは，私が彼女に進んで食べ物を与えることを意味していた。もし私が話しかけるなら，それが意味するのは，私が本当に彼女に関心をもっていて，彼女の世話をし，食べ物を与え，彼女を見捨てない，ということだった。そうしてもしこうした願望が満足されるなら，彼女は作業して生み出すことができるだろうし，そうでなければ彼女は空虚で見捨てられたと感じ，話すことができなくなるのだった。分析の後の段階では，彼女は私に強い性的衝動を感じ，それは間違いなく近親姦的性質を持つものだった。彼女は，浮ついた軽薄な気分で分析に来て，たとえ言葉上のことに過ぎないとしても，何らかの性的戯れへと私を挑発しようと決心していた。一時期，彼女はこの素材に取り組むことを拒否した。すなわち彼女は，私が最初に

感情面での相互性を示すべきだと要求した。さらに後の分析では，私が促さない限り，分析素材を生み出すことを拒否した時期があった。彼女の沈黙に，少しの言葉でも差し挟むようにと彼女は主張した。そうすれば彼女は，溜め込んだコミュニケーションの全てを吐き出すことができるのだった。こうしたさまざまに異なる衝迫の全てが抵抗の源となった——彼女が満足への願望を諦めることができるようになるまで。そのときになってようやく，彼女はいとわず作業同盟を確立し，私に対するさまざまな本能衝動について分析的に作業しようとしたのだった。

　上記に述べた事例と同類で非常によく起こる抵抗の起源は，患者の愛されたいという願望もしくはニードである。あらゆる患者は，多かれ少なかれ多様なあり方で，分析家に愛されたいとの願望が分析的手続きに応じようとの願望に取って代わり，それを妨げる期間を通過する。治療者の愛や尊重を失う恐れは，常に存在する潜在的な抵抗の起源である。それは単独で働いているかもしれないし，表面にあったり，さまざまな形態の転移抵抗に潜在していたりすることが判明するかもしれない。転移において，家族ロマンスもまた，繰り返されるかもしれない（Freud, 1905d; Frosch, 1959）。

　この問題については，K夫人◆6の分析から説明しよう。無責任な母親に育てられ，父親には彼女が2歳の頃に捨てられたという個人史から，この患者が持つ計り知れないほどの愛されたいというニードを私は警戒した。彼女の最初の夢がそのニードを露わにした。予備面接で私はK夫人に会っており，私たちはおよそ2カ月後——私に空きができるので——に分析を始めることに同意した。彼女は最初の分析時間にやってきて，私たちはその間の出来事やカウチの使用について手短に話し合った。彼女は待ちきれない様子だった。横になるとすぐに，彼女は次のような夢を報告した。「最初のセッションに来るのですが，私にはあなたが違って見えます。M先生のように見えるのです。あなたは私を狭い部屋に通し，私に服を脱ぐように言うのです。私は驚いて，あなたが古典的なフロイト派としてそれをすることになっているかどうかをあなたに尋ねます。まったくその通りだと言ってあなたは私を安心させます。私が服を脱ぐと，あなたは私の全身にキスし始めるのです。それから最終的にあなたは私に「オーラルセックスをしたwent down」のです。私は嬉しかったけれど，これは正しいのだろうかと考え続けました」

患者はその夢に困惑していることを認め，そして話し始めた。M先生とは私に彼女を紹介した医師であり，彼女はしばらく彼に夢中になっていた。彼は非常に有能に見えたが，その後彼女は彼の欠点に気がついた。彼は彼女の色目づかいを楽しんでいるように思われ，そのことから，彼の家庭生活には何かうまくいっていないことがあるということが彼女に分かった。彼女は私が結婚していることを知っており，それで彼女は安心する。彼女はカウチに横になって精神分析を行っていることに，とても興奮する。私が彼女を患者として受け入れないのではないかと彼女はとても恐れていて，私は個人的な患者をほとんど持たないのだと聞いていた。彼女がいかに「何もないnothing」かを私が知ると，おそらく私は彼女を放り出すだろう。前回私が彼女と会ったときに私が少し無愛想で，最初の数回ほどには温かくないと彼女には思われた。けれども彼女は私と分析することに決めた。彼女は必要なだけいくらでも待ったことだろう。拒否され見捨てられることに彼女はうんざりだった。「私は最高が欲しい……［間］……最高を求めています。けれど，私はそれを手放さないでいることができるでしょうか？　なぜ自分がそれに値すると思うのでしょうか？……［間］……私がこれまで手に入れてきたあらゆる価値あるものを私が手に入れたのは，私が魅力的だったからです。おそらくだからこそ，あなたは私を患者として受け入れたのでしょう。でも，なぜあなたが私に「オーラルセックスをした」夢を見なければならないのでしょう。そういうことをどう丁寧に言ったらいいかさえ分かりません。もしかするとあなたが正しい英語の言い方を教えてくれるのでしょうね。それともあなたは，私の無駄口にもうすっかり閉口しているのかしら……［間］……私は性について問題を抱えています。性のことを考えるのは好きなのですけれど，性交でオーガズムを感じられないのです。ときとしてオーガズムを感じる唯一の方法は，夫が口を使うときです。私はそれが何か——何か悪いことを意味するのだろうと思うのです」

　この夢はいくつかの困難な問題を提示した。なぜならその夢は抵抗であると同時にそこには明白な性的活動があったのであり，しかもそれは患者の初めての分析セッションだったのだから。夢中になった誰かを私が彼女に思い出させ，そして彼女ではなく私が，私の口を用いて彼女に性的なことをしたがっていると，その顕在夢は言っているように思われた。さらに彼女は正しいことをすることに関心があり，私は彼女に性的な快感を与えることに主に興味を持っていた。私たちの役割がどのように入れ代わっていたのかがお分かりだろう。私が彼女を受け入れて患者としてキープするのかどうかという疑問へと，彼女の連想は戻り続けた。

自分は無価値で空っぽで無教養であるという彼女の感情を連想が示してもいた一方で，私は価値があって「最高」であると見なされている。彼女はクンニリングスによってだけオーガズムにいたることができるということも述べられた。

　特別な技法的問題は，夢における明白な性的要素を，この，脅えている患者の最初の時間に，どのように扱うかということだった。私は，愛されたいとの彼女のニード，私に拒絶されるのではないかとの彼女の恐れを指摘し，そしてこのことをどうにか性的要素と結びつけようと決めた。性的要素を無視することはそれが「悪い」ことだと思わせることになり，しかしそれについて話すことは抵抗の要素を曖昧にするし，おそらく分析においてあまりに深すぎ，あまりに早すぎる。しかしながら，この患者がそれを夢見て想起することができたので，私はその性的活動に意見を述べなければならないと心を決めた。私は，彼女に対して大体次のように言った。「私がぶっきらぼうに見えた前回の時間の後，あなたは非常に心配しておられたにちがいありませんし，私があなたを一体本当に患者にするだろうかと訝っていたのですね。それで私があなたを本当に受け入れている証拠として，私があなたに対して性的に口を使う夢を見るのでしょう」。私は，ベルタ・ボーンスタイン（1949）やレーヴェンシュタイン（1951, p.10）が記述している上向きの再構成 reconstruction upward をしたのだった。

　患者はじっと耳を傾け，こう応じた。「おかしいわね。もし男性が人を愛するなら彼は性的に口を使うことができるはずだ，と私がいつも感じていることにあなたは気づいたんですね。多くの男性は愛について話すのは上手だけれど，「そのこと」となると後退りしてしまう。私はいつも，男性が最初にそうするときに戸惑ってしまう。なぜって，どうやって彼らがそれに耐えられるのかしらと思ってしまうから。でもそれが，少なくとも性的なやり方で，人が人を愛している証拠なのでしょうね」

　愛されたいというニードと，拒否されるという恐れが，K夫人の転移抵抗の主な因子だった。拒否されることと見捨てられることを彼女は同等視した。見捨てられることは強烈な怒りをかき立て，彼女はその怒りを内へと向け，結果として彼女は「何もない」かのように感じた。部分的にはこれは，理想化されている分析家を守り，彼にしがみつくためになされた。なぜなら彼女が恐れていたのは，彼女の敵意が彼を破壊し，そうして彼女が本当に一人ぼっちに──「何もない」に──なることだったのだから。

転移充足の台帳ledgerにおける攻撃性の側面からも同様に例を示すことができる。敵意や破壊衝動でいっぱいになり，その衝動を分析する代わりに無意識的に分析家や分析を破壊しようと懸命になる患者がいる。

　潰瘍性大腸炎を伴う神経症的抑うつの男性患者が妻と口論になった。彼の主張では，彼女は適切な食事を彼に用意することを怠っているのだった。そして彼は分析セッションのために家を飛び出した。彼が敵意を母親から妻に置き換えていたことは，私には明らかに思われた。彼が比較的理性的だと思われたときに，私は彼にこのことを指摘した。この解釈を聞く中で彼が見出したのはただ，私が彼の妻の味方をしているということだった。その夜，数年間にわたって厳しい食事制限をしてきたにもかかわらず，彼は一人でレストランに行き，禁じられている食べ物で彼が口にできるあらゆるものを，食べたのだった。彼は，かなりの量のブランデーとブラックコーヒーで，その食事を締めくくった。その夜彼は，激しい嘔吐と下痢を伴う急性の痛みに襲われた。妻，母，私に対して感じた憤怒を，復讐の手段として彼は自分自身に発散したのだが，それは次のような定式に従っていた。「私は自殺する。そうしたらあなたたちはみんな，申し訳なく感じるだろう」。あらゆる他の意味に加え，彼の振る舞いは，分析を破壊し分析家を傷つける試みであった。

　「性愛化された」転移と呼ばれるものに苦しむ患者は，非常に破壊的な行動化を起こしがちである（Rappaport, 1956）。このことは，衝動性に支配される性格の者，倒錯者，ボーダーラインケースなどにも見られる。こうした患者は皆，潜行する憎しみの衝動に由来する転移抵抗を持っている。彼らは，これらの感情を放出することだけを求め，分析作業を妨害する。技法上なすべきことは，私たちが理性的自我を働かせる瞬間を見つけることである。通常，ひとたび感情の激烈さが減少すると，ひとたび本能的欲求の性急さが弱まると，理性的自我に近づくことが可能となる。

　それほど強くない，ささやかで慢性的な充足要求は，それらを見つけて患者に明示することがさらに難しい。ひとたびそれらの要求が患者に認識できるようになると，次には分析作業がそれらを利用することが可能となる。

II 防衛的転移反応

　転移抵抗のもう一つの典型的な形は，分析家に関して，本能的情緒的に巻き込まれることに対する防衛を患者が反復し再体験するときに生じる（A. Freud, 1936, pp.19–25）。これが，転移反応の顕著な特質となり，機能となるだろう。この形の転移は防衛的転移反応と記述されるだろう。こうした反応は常に転移抵抗であり，転移現象の別の側面や形態を避けるという目的に役立っている。いくつかの典型的で臨床的なものは非常に頻繁に生じており，選び出して議論する価値がある（Fenichel, 1941, pp.68–69参照）。

　最もよく見られる防衛的転移反応の一つは，分析家に対して理性的で合理的な振る舞いを取り続けることである。そうした長期にわたる不合理な反応の欠落は，表面的には転移が起こっていないかのように見えるが，実はそれが転移反応なのである——防衛的転移反応ではあるが。持続する理性的で合理的な振る舞いは，ある一連の反応の防衛的側面であり，その下には本能的なものや情緒的なもの，不合理なものが隠されている。この種の防衛的転移反応は，「良き」患者でありたいと願う患者において，分析の初期にしばしば見られる（Gitelson, 1948, 1954）。

　この状況を説明するために，私の患者について手短に述べよう。患者は30代後半の男性で，8年間ほどにわたる性的不能のために分析にやって来た。彼の不能は妻との性行為に限定されており，妻以外の女性との性交渉は可能だった。しかし彼は不貞と不能の両方に罪悪感を抱いていた。しかしながら，妻を愛しているにもかかわらず，彼は婚外交渉をやめられなかった。

　彼は自身の専門的な仕事では非常に有能で成功していた。それは苛酷な競争を要求される分野で，そこで成功するには相当の攻撃性および好戦的であることさえ求められた。

　分析においては，彼は非常に良心的で協力的だった。彼は懸命に自由連想しようとし，夢を持ち込み，私の解釈に従おうとした。適度に感情を込めて話し，冷たくもなく，過度に知性化されてもいなかった。時々彼は沈黙して私が何か話すことを望んだのだが，しかし分析家は黙っていることになっている，と彼には分かっていた。しばしば彼はほとんど前進していないと感じたが，私が有能な分析家であることに彼は満足していたので，自分自身を責めていた。話すべき素材に

戸惑いを感じると，それほどに幼稚であることに関して自分自身を非難した。というのも彼は，私が彼を批判しない——分析家はそんな素材には慣れっこだ——と知っていたのだから。彼が同意できない，あるいは従うことができない解釈を私がしたときには，私が正しいに違いなく，彼自身が少々鈍感であるか飲み込みが遅いのだ，と彼は思った。

　そこで私は，私に対する彼の反応が執拗に理性的であることを指摘し始め，私について何か別の感情や空想をこれまで持ったのだろうか，と思いめぐらせた。私は最善を尽くす有能な分析家であるという気持ち以外何にも，彼は気づかなかった。彼の夢のいくつかの中で私が死者や不具者として描かれていた場面があり，そのような像は彼の内から来ているに違いない，と私は指摘した。もっともらしく思えると彼は同意したが，彼はそのような感情を自身の中に見つけることができなかった。彼が同様の反応をした過去の人物を私が見つけようと試みると，それは彼の父親であることがわかった。患者にとって，父親は上品で良心的でよく働く人であり，その人物に対しての彼は，執拗に理性的で合理的で温かな感情を持っていたのだった。父親の欠点に対して，彼は常に寛容で温厚だった。これは，他の権力者や競争相手に対する彼の敵意に満ちた喧嘩早い振る舞いとは，著しく対照的だった。彼は，私と父親を彼の無意識的本能衝動から守っているように見えた——しかし，なぜだろうか？

　ある夢が鍵となる素材を提供してくれた。彼は帆船に乗っている。二人の男と一人の赤ん坊の三つの像を持ったトーテムポールから，帆が張られている。一番上が私のようで，次が赤ん坊で，一番下が父親である。彼の連想は次のものをもたらした。患者が7歳のとき，彼の父親が心臓発作を起こしたのだが，父親をもう少しで殺すところだったのは彼の（患者の）情緒的爆発であったと患者は信じるようになった。この素材は新しくはなかったが，患者に新たな重要性をもたらしたようだった。彼はしばらくためらい，それから，私が一度心臓発作を起こしたことがあると耳にしたのだ，と私に静かに話す。それから彼は続けて熱心にこう言う。「もちろんあなたは自分のことを十分大事にしているに違いないんです，なんと言っても医者なのですから」と。私を安心させるように話そうとする彼の様子に，私は弱々しさを見出す。私は彼をさえぎり，「何かを気にしていますね。他に何かを思っているのではないでしょうか」と尋ねる。患者は溜め息をつき，無理に笑おうとし，そしてそれから，私が50歳を超えていると聞いたのだが，それが自分にはショックなのだ，と言う。彼は私が40代だと思っていた。私は若く見

え，若く振る舞っているようなのである。

　私は「私が50歳を超えているということが，あなたにはショックだったのですね。その考え――50歳を超えていること――について，あなたにはどんなことが浮かぶのでしょうか？」と介入する。患者は素早くこう答える。「私の父は53歳で亡くなりました。私は，あなたが死ぬかもしれないということに耐えられないのです。非常に気がかりです。これは話さなかったと思うのですが，トーテムポールの赤ん坊は，私たちの最初の子どもの死を思い出させたんです。妻が胎盤剥離を起こしたことはあなたにお話しましたが，妻が出血する直前の性交が原因でそうなったんだ，と自分が罪悪感を抱いていることに，たった今気がついたんです」

　私はこう解釈をする。「それであなたは，今後決して他の赤ん坊を傷つけまいとして，奥さんに対して不能になったのですね」。彼は答えて，「そうです。私には，善良な女性と性交する価値はなかった。自分を解き放つと，私からは破壊的なものしか出てこないようなんです。ここで私がこうしてうまく抑制しているのを，あなたは感謝すべきですよ」と言う。間。沈黙。

　この患者が慢性的に理性的である背後に，防衛的転移の背後に，嵐のような感情や衝動が存在していることが，今や明らかになってきた。私に対して理性的であることは，自身の破壊的な敵意から私を守り保存する彼なりのやり方だった。彼が防衛的に理性的であることについての個人史を分析することによって，その防護障壁の背後にあった嵐のような衝動を，患者が体験することが可能となったのだった。

　一見したところの転移反応の欠如は，防衛的転移であることが判明した。父親との関係や，次には妻との関係において用いる必要があると患者が気づいていた一連の防衛的反応を，彼は分析家に対しても繰り返した。こうした防衛的反応は抵抗であり，その下に隠されていた本能的，情動的要素を明らかにすることを妨害した。

　上記の事例では，患者は一連の防衛全体を分析家に転移したが，ただ一つの防衛的態度が転移されるような事例も，私たちは目にする。解釈をいつも受け入れるように見せることで解釈に反応する患者がいる。彼らは攻撃的な感情を避けるために，過去の従順な態度を反復しているのだろう。私の患者の一人は，たとえ素材が明白であったとしても，決して自発的には解釈しなかった。彼は

常に私が解釈を与えるのを待っていた。この防衛的な振る舞いは，彼の兄が彼に対してひどく競争的で，もし患者が少しでも兄の優位性を脅かそうものなら彼を激しく攻撃したという事実に由来した。こうして患者は，私に対して非常に愚直で何も知らない人のように振る舞った——兄に対して彼が取ってきたものと同様の防衛的な役割だった。

これまで述べてきた防衛的転移反応の例では，ある特定の防衛が転移現象の前景にある。しかし，特定の本能的な情動的反応が他の本能的な情動的現象に対する防衛として用いられる，また別の防衛的転移反応もある。例えば，ある女性患者は，より深く根ざしている敵対的で攻撃的な転移を避けるために，強力な性的，性愛的な転移を長期間維持する。患者が分析家と同性の場合，執拗な敵対的転移が，同性愛的感情を防衛するために用いられるかもしれない。同様の状況は，態度にも現れる。執拗な従順さは反抗に対する防衛でありうるし，あるいは反抗は，患者にとって受動的な同性愛を意味するかもしれない従順さに対する防衛かもしれない，など。こうした説明は，転移の中で起こる反動形成の例である。

防衛的転移反応が常に示しているのは，根底にある本能的情動的な構成要素に対する恐れが存在するということである。防衛的転移は通常，自我親和的であり，それゆえさらなる技法的困難を示す。まず防衛的転移を自我異和的にする必要があり，その後にはじめてその転移を効果的に分析することができる。防衛的転移反応が頻繁に見られるのは，偽正常性格者 pseudonormal characters，訓練分析を受けている候補生，クリニックで無償で治療を受けている者，正常な見せかけを維持する必要がある神経症的性格障害者においてである。そうした患者たちが示すさらなる技法上の問題は，防衛的転移を抵抗として明らかにし，それを自我異和的にし，そしてそれを患者に症状として見えるようにする必要がある，ということである（Reider, 1950; Gitelson, 1954）。そうしてはじめて，根底にある衝動や情動の分析を進めていくことが可能となる。

III 全般性転移反応

これまで，さまざまなタイプの転移現象や転移抵抗を論じる中で，私たちは，患者の過去における特定の重要な人物との体験に由来する，分析家に対する反応を記述してきた。患者は，かつて父親や母親や兄弟を恐れたり愛したりなど

したように，分析家を愛したり憎んだり恐れたりする。分析家に対する患者の転移的振る舞いは，通常明瞭であり，彼の外的生活におけるほとんどの人々に対する振る舞いとは，同様の転移的人物である少数の人々を除いて，まったく異なっている。転移反応は，大抵は特定のものであり限局されている。

　しかしながら，全般性転移反応 Generalized Transference Reactions という表題の下に私がここで述べようとしているのは，不特定であり限局されていないというまさにその点で，先述した他のあらゆる形態とは異なる，転移現象の一形態のことである。ここでは患者は，自身の生活における多くの，あるいはほとんどの人々に対して彼が反応するように，分析家に対して反応する。この転移の振る舞いは不明瞭であり，典型的で習慣的である。この振る舞いはウィルヘルム・ライヒ（1928, 1929）によって「性格転移」と名づけられているが，他の人たちは，この用語は誤解を招きやすく曖昧であると考えている（A. Freud, 1936; Sterba, 1951）。

　この形態の転移が他から区別されるのは，分析家に対する患者の反応が，一般の人に対する患者の習慣的な，その人を表す典型的な反応であるという点においてである。つまりこの転移は，その患者の一般的な対象関係の特徴なのである。「性格転移」という用語の使用をもたらしたのは，非特異的であり特有であるというこの性質である。しかし，「性格」という用語には他の意味があり，私は「全般性転移反応」という用語のほうがより正確であると思う。

　全般性転移でもって分析家に反応する患者は，彼らの性格に組み込まれてきた，そして一般の世界に対して彼らが示す外見となった，感情，態度，衝動，期待，願望，恐れ，そして防衛を持つ。このような特性は，本能と防衛との間のさまざまな葛藤が比較的固定した結果であり，残遺物であり，妥協物である。パーソナリティのこの側面は，防衛的および本能的要素の両方を含み，しばしば凝縮されている。精神分析療法の経過の中で，このような転移反応は常に重要な抵抗機能を果たす。その力動についてのさらに徹底した解説のために，研修生は，性格形成の主題に関する定評のある著作を参照されたい（W. Reich, 1928, 1929; Fenichel, 1945a）。

　全般性転移反応の典型例を挙げよう。50代半ばのある男性が，睡眠障害と眠剤中毒の恐れのために，分析を求めてきた。彼は，職業上で並外れて成功し，家庭や社会生活においても，どうやらそうであるようだった。彼のさまざまな成功に

おける極めて重要な要因は，彼の熱中癖であった。彼は親しみやすく，ウィットがあり，親切で楽しげで，情緒的に寛大で，率直で，社交的で，パーティを渡り歩いて……という人物だった。要するに，彼は熱狂しやすい人なのであった。

　彼は他のプロジェクトを引き受けるときと同じように，熱心に元気良く，楽天的に分析を始めた。毎回のセッションを威勢の良い挨拶で始めて，連想にはジョークが散りばめられた。彼の人生経験は魅力的な物語へと織り込まれた。彼は，私の解釈を素晴らしく，注目に値する喜ばしいものだと思った。私の見解が彼にとって苦痛であるなら，彼は畏敬の念を持ち，私の見つけたことを確認することに熱心だった。彼は私を称賛し，誉めそやし，誰にも彼にも私の美点をたたえ，私のために新しい患者を集めた。精神分析の基本的な手続きを知っていたにもかかわらず，彼は私を繰り返しパーティに招き，私の興味を引くと彼が考えた特別な著名人とのパーティを手配さえした。そして，私は常に断ったが，彼は私が遅かれ早かれ応じるだろうと確信していた。彼は自分が私のお気に入りの患者だと確信していた——そのような情報を差し控えるという精神分析の規範に，私が従っているのを知ってはいたのだが。私に応じるこうしたやり方は，彼が大抵の人に応じる典型的で特徴的な方法であり，彼らに対して，その方法は非常に成功していた。社会のあらゆる方面の人々に，家族に，従業員に，彼の多くの愛人に，重役や著名な芸術家に，彼は愛され，魅力があると見なされていた。

　この全般性転移反応は，取り扱いが難しかった。何よりもまず，私の現実的な逆転移反応を抑制することが私には必要だった。それから私は，彼の振る舞いが持つ見境のなさ，乱交的な愛，隠された不満足を示す絶え間ない落ち着きのなさを，一貫して彼に指摘しなければならなかった。徐々に，この慢性的な熱狂，お気に入りであるという感覚は神話であり，彼が永続させようとした遮蔽物 screen なのだ，と私は示すことができた。睡眠中や夢の中——彼が意識的なコントロールを放棄しなければならなくなるとき——においてのみ，彼は失敗した。何カ月にもわたる作業の後，彼の熱狂は自我異和的になり，彼はもはやそれをよいとは認めなくなり，偽りだと気づき，自らの心の底にある抑うつをあえて感じるままにした。それから彼の転移反応は変化し，そして私はさまざまな時点で，彼を誘惑し拒絶した憎むべき批判的な母親や，怒りっぽい父親などになった。分析外でも，彼の振る舞いは変化した。彼は，依然として熱中し魅力的になることもあったが，コントロールできるものだった。彼はやがて，幾人かの価値ある敵を持つようになり，そしてときには退屈な人にさえなることができた。そうして彼は，眠

り，夢を見ることもできたのだった（Greenson, 1962）。

　全般性転移反応における技法上の問題は，防衛的転移におけるものと同様である。というのも，全般性転移は常に重要な防衛的目的に役立ち，自我親和的であるからである。第一の仕事は，患者が転移を永続させようとする代わりに積極的にそれに取り組むように，その転移を自我異和的で苦痛なものに変えることである。性格抵抗は，転移抵抗へと変えられなくてはならない（Fenichel, 1941, p.68）。そうして転移神経症が進展し，実り多い分析作業が達成できるのである。さらなる技法上の問題は，第III部第10章で論じられる。

　全般性転移反応は，主に性格障害を患う患者に生じる。どの特殊型も，それぞれ典型的な全般性転移を作り出すだろう。例えば強迫性格は，一般に，隔離された強迫的な対象関係の複製である分析家に対する全般性転移を発展させるだろう。

IV　転移反応の行動化

　1900年に治療したドラのケース以降，フロイトは，転移，転移抵抗，とりわけ転移反応の行動化を認識し分析することが大変重要だと気づいた。ドラがフロイトとの治療を中断したのは，彼女の特定の転移反応は彼女の愛人に由来するのであって彼女の父親に由来するのではない，とフロイトが認識できなかったからである。さらに患者は，自身の転移のこの側面を実行に移した。彼女は，愛人K氏に対してしたかったようにフロイトに対して行動した。すなわち彼女は彼を捨てたのだった。このケースの経過と結果を再検討する中で，フロイト（1905a）は，転移の特別な重要性と転移現象の行動化を認識するに至った。彼は，のちのいくつかの機会に，特に反復強迫に関する自身の仕事との関連で，行動化の問題に戻った（1914c, 1920, 1937a）。近年，その他数名の著者たちが，転移反応の行動化を私たちが理解するうえで重要な貢献をしている（Fenichel, 1945a, 1945b; Greenacre, 1950; Spiegel, 1954; Bird, 1957, 追加の文献リスト）。

　行動化は多種多様な状況下で起こるのであって，転移反応としてだけでない。行動化に関する一般的な問題は，第II巻でさらに考察をすすめる予定である。このセクションでは，行動化は分析経過の間に生じる転移現象として，そしてある特別な様態の転移反応として論じられる。

行動化という言葉が指しているのは，よく体系化されたまとまりのある一連の行為であり，そうした行為は目的を持ち意識的に意図され，自我親和的であるようで，そして過去の記憶の再演であると判明する。その行為は，少し偽装された過去の反復であるが，患者は，その過去の記憶や思い出を想起することはできない。患者は思い出す代わりに，行動することに専心しているように見える。すなわち，それは記憶に対する防衛なのである。分析経過の中で，患者は自身の転移反応を言葉や感情で報告する代わりに行動化する。分析家自身に対して行動化される場合もあれば，分析外で他者に対して行動化される場合もある。

　いかなる分析においても，ある程度の行動化は避けられない。これは部分的には，分析家が神経症的防衛に着手し，そしてより歪曲の少ないやり方で情動や衝動を放出するよう奨励するという事実のためである。これが，行動への突破を促す。第二に，転移それ自体が過去の再体験，反復であり，そのため振る舞いや行為の中に表現されるであろう過去からの衝動を動員する。しかし，行動化は転移の扱い方を誤ることによっても——とりわけ陰性転移の分析が不十分であることによって——引き起こされるだろう。解釈の分量やタイミング，機転の誤りが行動化につながることが多い。患者に対する分析家の転移反応が行動化を引き起こすこともあり得る。しかしながら，非言語的あるいは前言語的素材が分析の中で表現を得ようとしているときや，外傷的な素材に近づくときに，想起する代わりに再演する傾向が生じるだろう。

　行動化は，たとえ一時的にある有益な機能を果たすとしても，常に抵抗である。それは想起することに対する防衛であり，考えることに対する防衛である。そして，思考と記憶と振る舞いの統合を妨げ，したがって自我における構造の変化を妨害する。けれどもいくつかの形の行動化は，建設的な目的に役立つかもしれない。私がここで指しているのは，硬直した抑制的な防衛を弱める際に生じるであろう，一時的で散発的な行動化のことである。このタイプは，慢性的に再演を繰り返す人々の習慣的な行動化とは区別されるべきである。それからまた，行動化は想起への試みの一形態であり，勇気をもって思い出してみる最初の試みであるかもしれない（Ekstein and Friedman, 1957）。この意味で，行動化は記憶にいたる迂回路である。私の臨床経験が示しているのは，再演される記憶は隠蔽記憶だということであろう（Greenson, 1958a）。行動化に内在する歪曲は，常に願望充足の方向にある。あからさまな行為は夢の顕在内容のようであ

り，願望充足の試みなのである（Lewin, 1955）。最後に，行動化は非言語的コミュニケーションの一形態である。その抵抗機能にもかかわらず，行動化は対象に手を伸ばしていくことでもある（Bird, 1957; Greenson, 1959a）。それは，救いを求める叫びなのかもしれない（Winnicott, 1956b）。

　行動化は，分析の内外で起こる神経症的再演の，ある特定の一形態に過ぎない。それは再体験や症状行為とは区別されるべきだが，それが臨床的に常に可能であるとは限らない。再体験では，過去の出来事の単純な反復と複写がある。歪曲はなく，それは容易に記憶へと繋がっていく。これが起こるのは通常，強い情緒や薬剤，遁走状態などの影響の下に，変容した自我状態においてである。症状行為は十分に組織化されておらず，首尾一貫していない。すなわちそれらは奇妙で自我異和的であると感じられ，自我機能の失敗を表す。過去の出来事は大きく歪曲されており，その出来事の断片だけしか症状行為の中で報告されないであろう。行動化と再体験，症状行為について，簡単な例をあげよう。

　K夫人◆7は毎時間終わるときに，立ち上がり，頭を置いていた枕の上のクリネックスを拾いあげた。戸口に向かって歩きながら，彼女は，私に見えないよう注意しながら，手の中でそのクリネックスを丸めた。それから，通り過ぎざまに私の机の下の紙くず箱へと投げ入れるか，自身のハンドバッグの中に入れるのだった。これはでき得る限り巧妙になされており，患者がこうした行為を私に気づかれないことを望んでいるという印象を，私はもった。私がK夫人にその振る舞いについて指摘したとき，彼女はこれについてすぐに認めたが，私がそのことを問題にすることに驚いたようだった。彼女の態度は，みなさんそうしないのですか？というものだった。彼女は，自分の反応は自明なことだと感じており，普通のマナーだと述べた。根底にある意味を理解しようとする私の試みにもかかわらず，彼女はこのように行動し続けた。

　あるセッションで，彼女が私から隠そうとした「汚れたナプキン」について連想するよう求めたときに，いくらか前進することができた。これは，月経に関する彼女の羞恥についての苦痛な記憶をもたらした。クリネックスに関する振る舞いは続いた。最終的に，彼女の肛門――どんな犠牲を払ってでも隠さねばならなかった部分――に関する彼女の激しい羞恥を，私たちは分析し始めた。彼女は，家に訪問客がいるときには，ふと聞かれるのではないかと恐れて，あるいは臭いがうっかり漏れるのではないかと恐れて，排便することができなかった。用を足し

た後，彼女は何も起きていなかったかのようにみせるために，バスルームでかなりの時間を費やした。まるで隠さねばならなかった排泄活動を示しているかのように彼女がクリネックスを扱っていることを，私は指摘した。すると，バスルームでのトイレにおける問題や清潔さに関して，母親が過度に熱心であったことについて，彼女は多くの記憶を思い出した。そのとき初めて，彼女はセッションの終わりに，枕の上にクリネックスを置いておくことができたのだった。

　K夫人は，毎回の分析時間の終わりに行動化していた。「私は，必ず排泄動作が誰からも見られないようにしておく清潔な女の子である。私がそんなことをするとは，誰も知ってはいけない。私がそんな汚いことをするなんて，本当ではない。その証拠など，あとに何も残されていない」。それは，まとまりがありよく組織化された，目的を持つ一連の行為であり，意識的に意図され自我親和的なものであり，彼女が想起できなかった，過去の快感を伴う排泄動作を否定するのに役立っていた。要するに，それは行動化の一形態だった。

　第二次世界大戦中，私は，戦闘から帰還したばかりのB-17爆撃機の尾部銃手に対し，ナトリウムペントタールの静脈注射を実施した。彼は，不眠，悪夢，震え，ひどい発汗，顕著な驚愕反応に苦しんでいた。彼は50に及ぶ戦闘ミッションを果たしてきたが，どんな厄介な不安も自覚してはおらず，戦闘について語ることに気が進まなかった。彼はペントタールを打つことに同意した。というのも，ペントタールはお酒に酔ったように感じると言われていたし，その上，そうすれば彼は他の将校に話さなくてもよかったのだから。その注射を静脈に5cc打つやいなや，彼はベッドの上に飛び上がり，腕から注射針を引き抜いて，声をかぎりに叫び始めた。「やつらが4時の方向からやってくる，やつらが4時の方向からやってくる，やつらをやれ，やれ，やれ，さもないと我々がつかまるぞ，畜生，やれ，ああ神様，やれ，やれ，やつらはほらまた，1時の方向からやって来る，1時だ，やれ，やれ，くそ野郎，やっつけろ。ああ神様，やられた。動けない，やつらをやれ，やつらをやれ，誰か私を助けてくれ，撃たれた，撃たれた，動けない，助けてくれ，やつらめ，助けてくれ，やつらをやれ，やつらをやれ」

　患者は叫び，恐怖に満ちた目で汗が顔を流れ落ちるままに，20分間，こうして金切り声をあげていた。彼の左手が，だらりとぶらさがった右腕をつかんだ。彼は震え，緊張していた。ついに私はこう言った。「大丈夫だよ，ジョー。私が

やつらをやったよ，やったから」。それを聞くと彼はベッドに崩れ落ち，深い眠りに落ちた。

　翌朝私は彼に会い，ペントタールを使用した面接のことを覚えているかと尋ねた。彼はきまり悪そうにほほ笑み，叫んだことは覚えているが，全体に靄がかかっているようだと述べた。右手を負傷したときのミッションについて彼が語ったこと，そして「やつらをやれ，やつらをやれ」と叫び続けていたことを，私は彼に伝えた。彼は私を遮った。「ええ，そうです。覚えているのは，私たちがシュバインフルトSchweinfurtから戻ってきていたところで，彼らが私たちに襲いかかって，4時の方向から，その後1時の方向から彼らは来始めて，私たちは対空砲で撃たれて……」

　その患者は，ナトリウムペントタールの下で再体験した過去の出来事を容易に想起することができた。それは歪曲のない，近づくことの可能なものであった。これが，典型的な再体験である。

　ここで症状行為として次の例をあげたい。私の患者のひとりである中年の男性は，待合室で座ることができない。彼は，私が治療室のドアを開けるまで，部屋のすみっこで困ったように立っており，ドアが開くと即座に私のほうへ歩いてくる。この振る舞いは彼を悩ませており，それが奇妙だと彼には分かっているのだが，それでもなお，腰を掛けようとすると強い恐怖に圧倒される。彼は他の待合室でも同様の反応を示していたが，遅れて到着したり何らかの口実をつけて出たり入ったりすることによって，彼はそれを隠していたのだった。彼が分析セッションに定期的に来始めたとき，その事実はさらに明白となり，私は彼の遅刻する傾向を分析し始めた。

　約1年にわたって，待合室で座ることに対する彼の恐怖について，次のような決定因を私たちは明らかにした。座っているのを見られることは，座っているのを「見つかる」ことを意味しており，それはマスターベーションをしているのを見つけられることを意味していた。彼は少年の頃，トイレに座ってマスターベーションをしていたし，誰かが近づいて来る足音が聞こえるやいなや，入って来るのではないかという恐れから，跳び上がったものだった。彼の家ではバスルームのドアに鍵がなかった。私が立っているときに座っていることは，彼が小さくて私が大きいことを意味しており，彼は，私が彼に身体的暴力をふるうかもしれないと感じた。さらに彼の父親は，大人たちが部屋に入ったときには直ちに立ち上

がることを彼に要求していたのだが,今,彼は遅ればせながら,従っているのだった。思春期になると彼は父親に反抗していて,父親が脳卒中で死んだときに,彼は罪悪感を抱いた。彼は父親が椅子に座っていることに気づいていたのだが,父親はまるで居眠りをしているかのようで,恐ろしいことに,実は彼が昏睡状態だったのだということが判明したのだった。こうして,立っていることは患者が生きていることを示し,座っているのを発見されることは,父親のようであること――死んでいること――を意味した。最終的には,座っていることは,排尿している女性の姿勢をとることを意味したのであり,彼は私の前で立ち,こう示さなくてはならなかった。ほらね,私は男ですよ,と。

ここにあるのは,どのようにして自我異和的で奇妙な活動が,患者の意志に反してなされるかについての事例である。すなわち彼はそれを実演せざるをえないのであり,それが症状行為である。分析は,このような活動の中に凝縮され,歪曲され,象徴されている多くの歴史的な出来事を明らかにする。明快な事例においては,行動化と再体験と症状行為はそれぞれ容易に識別できる。臨床実践において私たちが純粋な形態を見ることは滅多になく,私たちはこれら三つの種類の神経症的再演が混在したものを扱っていることが多い。では,転移反応の行動化の検討に戻ることにしよう。

Ⅳ-1　分析設定内での行動化

転移反応の行動化の最も単純な形態が生じるのは,患者が分析設定の中で何かを行動化するときである。フロイトは,分析家に対して挑戦的で批判的に振る舞い,しかも過去におけるその種の振る舞いを想起することのできない患者の例を挙げた。彼は分析家に対してこうした情緒を感じるだけでなく,それらに基づいて行動し,語ることを拒否し,夢を忘れるなどするのである。感情を語る代わりに感情に基づいて,彼は行動している。すなわち,彼は過去のある断片を想起する代わりに再演しているのである(Freud, 1914c, p.150)。さらに彼は,自身の反応の不一致に気づかないばかりか,大抵は自分の振る舞いを正当なものと感じている。先に述べたように,行動化は自我親和的である。

次の事例によって説明してみよう。40代のある音楽家が,慢性的な不眠症,下

痴，仕事上の制止に苦しんで分析にやってきた。午前中の最も早い時間，8時を彼のために私が使うことができるようになると，彼は，その時間を始める際のある特徴的なパターンを発展させた。まず第一に，私は彼がホールを降りてくるのを聞くことができた。というのも彼は，トランペットのように鼻を騒々しく——それぞれの鼻孔を別々に，繰り返して——鳴らして，自身の到着を知らせるのだった。治療室に入ると，彼は陽気に，音楽的に，大声でおはようと言うのだった。それから静かにハミングし，ジャケットを脱いでオフィスチェアの一つに掛けた。彼はカウチまで歩き，座り，まだ静かにハミングしながら，ポケットを空にし始めるのだった。最初に，後ろポケットから財布とハンカチがサイドテーブルに置かれ，次に別のポケットから鍵と小銭が，そして指から指輪が，サイドテーブルに置かれるのだった。それから，うなり声をあげながら彼は屈んで靴を脱ぎ，きれいにそろえて置くのだった。それからシャツの第一ボタンを外し，ネクタイをゆるめ，聞き取れるほどの安堵のため息をついて，彼はカウチに横たわり，横に寝返りを打ち，枕と頬の間に握りしめた両手を置き，目を閉じ，じっと黙った。それからしばらくして，とても穏やかに話し始めるのだった。

　最初，私はこうした行為を静かに見守った。私の患者がこれをまじめに行っているのが，信じがたく思えた。それから，自身の振る舞いを不適切なものだと彼が気づいていないことが私に分かったので，私は彼に直面化する前に，できるだけ正確に，その意味を探ろうと決めた。明らかに，彼の行動化は，何らかの意味で眠りにつくことと繋がっていた。徐々に私に分かり始めたのだが，彼は父親と母親が眠りにつくことを再演しており，そこでは私が一方の親であり，彼がもう一方の親，あるいは子どもとしての彼自身であった。彼の個人史は彼の母親と父親が寝室で凄まじい喧嘩をしている記憶に満ちており，そうした喧嘩のために彼は目を覚まし，怯えたのだった。この喧嘩は，彼が子どもの頃，就眠してからおよそ4時間たった頃に起きたのだが，彼の現在の不眠症は，就眠してから4時間ほどして目覚めるという特徴を持っていた。彼は私と次のことを行動化していた。（a）彼は，両親が一緒に仲良く眠ったらいいのにとどれほど望んだか。（b）彼は，子どもの頃，どちらかの親と一緒に寝ることができたら，とどれほど空想したか。

　セッションを始める彼の一風変わった方法に私が彼の注意を引こうとしたとき，彼は憤慨した。何も風変わりなことはない，奇妙でもない，注意を払う価値もない，ということだった。彼はただ，リラックスして自由に連想しようとしている

だけだった。結局のところ，彼がしなければならないことはただリラックスして，心に浮かんだことは何でも話すよう努めることだけだ，と分析の開始時に私が彼に伝えていたのだから。だからこそ彼は今，リラックスしているのだった。彼が幾分眠かったのは事実だが，それはセッションの時間が早いためであった。その後，そのセッションの終わり頃に私が彼に話しかけたとき，それが確かに耳障りな声の響きであり侵入だと感じていることを，彼はしぶしぶ認めた。また，彼は気づいたのだが，ある奇妙な理由で自分はこの早朝の時間が好きなのだけれども，彼が話したことも私が話したことも，彼はほとんど思い出すことができないのだった。そこで私は彼に，こうしたことは全て，彼が私との睡眠を継続するためにその時間のセッションに来ているという事実のためである，と伝えた。彼はまるで床に就くかのように服を脱ぎ，目を閉じてこの上なく幸せな様子でカウチに横たわったのだが，それは私たちが一緒に寝ていると彼が感じたからであり，そしてこれこそが，父親と母親との間に，あるいは彼自身と両親のどちらかとの間に，彼が望んでいたに違いない平和な眠りだったのである。分析のこの時点に至るまで，患者が思い出すことができていたのは，夜に絶えず喧嘩していた両親に対する憎しみか，あるいは両親のダブルベッドで父親あるいは母親に取って代わりたいという嫉妬深い競争意識や性的願望だけだった。平和に眠りたいという願望についての私の解釈は，父親と母親に対する患者のプレエディパルな願望を再構成する最初の一歩であった（Lewin, 1955）。

今挙げた事例において，患者は，分析家に対して抱いている感情を述べたり報告したりするのではなく，それに基づいて行動している。ある者はそっとティッシュを捨て，ある者は挑戦的に行動し，そしてある者は眠りにつく。これら3人の全てにおいて，過去の断片は再演されているが患者はそれを思い出すことができず，その活動を分析することを嫌がる。

最終的に，その活動はある過去の出来事の歪曲であり，その行為は願望充足の試みであると判明する。患者は，過去にやりたかったのにと思っていることを，分析家を相手に実行に移す／行動化する。私の臨床経験では，行動化は常に，本来，行動に移すことができなかった過去の願望の再演である。そのとき行動化は，遅ればせながらの願望充足の試みなのである。

分析時間という枠組み内での行動化は，特定のエピソードや単一の出来事に限定されるわけではなく，分析の長い期間を通して起こるかもしれない。ある

患者たち，特に訓練生たちが，「よい」患者の役割を実行／行動化し，「完全な」分析家の役割を私に割り当てようとするのを私は見てきた。これは，分析に不毛さや窮屈さが存在していることを私たちが実感するまで，何カ月，何年と続くかもしれない。その際にすべきことは，こうした振る舞いが抵抗や防衛であることを露わにし，その根底にある敵意を明らかにすることである。私のお気に入りであるという態度や気持ちを維持する患者においても同様の状況を見てきた。私の8時の眠りたい患者が，これだった。彼は意識的には自身が私のお気に入りの患者だと確信しており，私がこれを彼の願望でありニードであると解釈すると，私が本当の感情を隠しておくというフロイトの誓いに縛られていることは分かっている，と彼は答えた。他の患者なら苦しみとして体験したであろう解釈を私が行うと，彼は私の鋭さを賛嘆し，私のものであるはずの勝利を自分のこととして捉え，享受することで反応するのだった。彼は分析を——何よりも，私に分析されることを——愛した。彼は私たちが素晴らしい組み合わせだと感じた。つまり彼と私，私の頭脳と彼の想像力の組み合わせである。たとえ彼の症状が改善されず彼がほとんど洞察を得ないとしても，彼は分析を喜んでいた。彼が分析のために来ているようには見えないこと，お気に入りになるという喜びの気持ちを再演するために来ていることを，私は何度も精力的に彼に指摘しなくてはならなかった。徐々に彼は，母親のお気に入りであり父親のお気に入りでもあったことを思い出し，詳しく話し始めた。そして次には，こうした記憶が両親へのひどい失望を隠蔽していることが明らかになったのだった。

IV-2　分析外での行動化

　ある若い既婚の女性患者は，分析期間中に思いがけなく情事にふけり始めた。私は次のような臨床所見によって，その情事が彼女の転移感情の行動化であると確信した。すなわち，患者はその男性のことをほとんど知らず，彼はいつも彼女が魅かれる男性とはまったく違っていたのだった。彼は芸術家タイプであり，大学教授のように振る舞い，そして古代ローマ人のように見えた——こうした特徴が彼女を魅きつけたのだった。情事は，私がある会合に出席するために二，三回休まねばならなかったときに起きた。彼女は陽性転移とともに分析を始めていたが，その転移は性愛的で性的なものへと開花していった。このこ

とは解釈されてきており，一時的には解決されたように見えた。彼女が私に対して強い愛情を感じていた段階で，彼女が私のことを大学教授や芸術家だと述べていたことを私は思い出した。また彼女はかつてローマ人のトガ◇2を身に着けた私を夢に見たことがあり，その夢への連想では私が古代ローマ人のように髪を梳いていたと力説し，そして私のニックネームが「ロミRomi」であると聞いたことがあったのだった。その若い女性患者が，彼女の性的でロマンチックな感情をその若い男性とともに行動化していることは明らかだった。彼女は，私とともに再演したかったけれどもできなかったことを，彼とともに再演していた。こうした願望は，彼女が継父に対して持っていた，深く抑圧された感情の反復であった。

分析中のある男性患者は，それまでまったく付き合いのなかった自身の内科医である男性と，突然親しい関係を持つようになる。今では患者はその医師を頻繁に夕食に招き，親密な会話を交わす。明らかに，私と親密になりたいという彼の願望が，分析外で行動に移されている。これが起きているとき，私と親密になりたいという願望が分析セッションで表現されることはない。こうした無意識の願望（私に関連する限りは無意識である）を分析へと引き戻したのは，行動化に関する私の解釈だった。

特徴的なのは，転移感情が分析外で行動化されているときには，行動化されている衝動や情動は，本来の分析状況の中では現れないということである。私の分析を受けているある学生は，教師たちのまぬけさ，怠惰や愚かさについて絶えず批判している。同時に，私に対する彼の転移感情は，一貫して肯定的である。彼が陰性転移を行動化していることを私が実感したのは，私に対するいかなる敵対的な転移も欠落していることと，教師に対する一貫した敵意によってであった。

アンビヴァレントあるいは前アンビヴァレントな転移をスプリットすることは，ある側面が分析外で行動化されることとともに，頻繁に生じる形の行動化である。それは，訓練生において頻繁に観察される。大抵の場合，自我異和的な転移はある外部の分析家に向けられ，自我親和的な感情だけが，その個人の分析家に対して表現される。このように，敵対的で同性愛的な感情は別の分析家へと放出され，より不穏でない情緒と衝動が，その人自身の分析家のために

とっておかれるだろう。あるいはそのスプリットは，「良い」分析家／「悪い」分析家という基準で起こり，外部の分析家が補助的な役割を果たしている。

　分析中に起こる行動化が転移状況に関係しているだけではないことは，忘れてはならない。そうした行動化が分析以前からずっと続いてきているというのは，非常によくあることである。そうした状況での共演者たちは，彼ら自身が転移的人物であることが判明する（Bird, 1957）。このことは第Ⅱ巻において論じる。

　私はここで，転移を含む行動化と症状行為の結合について，事例で示したいと思う。数セッションにわたり，ある男性患者は，私が分析の中ですることについて何であれ，あら探しをする。私の沈黙は威圧的であり，私の介入はイライラさせ敵対的だ，と彼は感じる。実のところ，私が話し始めるまでは，あるいは私が話すだろうと彼が予期するまでは，分析の時間を好きなのだと彼は認める。私の椅子がきしんだり私の呼吸が変わったりするのが彼には聞こえるので，私がいつ介入せんとしているかが彼には分かる。短い夢とその連想が，彼の反応を理解するいくつかの重要な手掛かりを提供した。その夢では，誰かがラジオのコメンテイターの話を聴いていた。ガブリエル・ヒーター，彼は滅びの声 the voice of doom○3 を持っていた。患者はこれに対して次の事実を連想する。このアナウンサーは父親のお気に入りで，父親が夕食に帰宅したときはいつでも，家族全員がこの男性の話を聴くように強いられたのだ，と。このことから，父親の帰宅が雰囲気をどれほどに変えたかという記憶がもたらされる。父親は，雰囲気に水を差す人だった。父親は家族の楽しみを，少なくとも患者の楽しみを，台無しにした。父親がいつ家に帰って来るのかを，彼は常に言うことができた。なぜなら，父親はいつも7時より20分ほど前に帰宅し，家に向かってきながらいつも口笛を吹いたからだった。患者は7時が近づいたり口笛を聞いたりするといつも，イライラして敵意を抱くのだった。

　セッション中に患者が私に対してどのように振る舞うかということと，彼の父親が帰宅する際に彼がどう反応するかということの間に多くの類似性があることに，私は印象づけられた。私は患者に次のように定式化を行った。セッション中に私が黙っていて患者に話をさせる限り，そしてそれがそのセッションの早い時間帯である限り，患者は，大好きな母や妹たちと一緒に家で楽しんだのと同じように，分析状況を楽しんだ。それは平和で楽しいものだった。セッション時間が

あと20分になると,患者は,家での彼の秘密の楽しみを,私が邪魔すると予想し始めた。私の椅子がきしり,私の呼吸が変化することは,父親の口笛を彼に思い出させた。私の解釈は「滅びの声」,父親の帰宅,母親と妹たちとの患者の楽しみの終わりのようなのであった。父親が家に帰ってくることは患者にとってだけ苦痛であることを「まったく正直に」認めなければならないと言い添えることで,患者はこうした定式化を確証した。母親と妹たちはそれを楽しみにしていた。この例は,患者が家族との過去の個人史の一断片を,どのようにして分析時間中に私と再演したかを表している。時間のはじめには彼はよく話をし,私は物静かで称賛を向けてくる母親や妹たちを表した。セッション時間の終わりに近づき私が話をする番になると,私は威圧的で邪魔をする父親になった。その状況は患者にとって自我異和的で非常に苦痛だったので,彼はこの神経症的再演の背後にあった過去の出来事を再構築し思い出そうとする試みにおいて,非常に熱心に作業した。

　先述したように,あらゆる形態の神経症的再演は,純粋な形で生じるかもしれないが,通常,私たちが見出すのは,再体験と症状行動と行動化の混合物である。問題の核心は,神経症的再演が自我親和的であるか,自我異和的であるかによって決まる。再演が自我親和的である場合,それは常にさらなる抵抗となる。そうすると,患者の理性的自我の協力を得ること,作業同盟を確立すること,そして潜在する記憶を明らかにしたり再構築したりすることは,常にさらに困難となるのである。

───────

［原注］
◆6　第Ⅰ部第2章のⅣ,第Ⅱ部第6章のV-1,第7章のⅠ,第Ⅲ部第2章のV,第4章のⅡを参照のこと。
◆7　第Ⅰ部第2章のⅣ,第Ⅱ部第6章のV-1,第7章のⅠ,第Ⅲ部第2章のV,第4章のⅡ,第8章のⅠを参照のこと。
［訳注］
◇2　古代ローマ人が着用した一枚布の上着。
◇3　第二次世界大戦時のアメリカで有名であったラジオアナウンサー,ガブリエル・ヒーターのニックネーム。

第9章

転移分析の技法

I 一般的考察

　注目されるべきは，本章の表題が「転移分析の技法」であり，「転移の解釈あるいは取り扱い」ではないということである。その理由は，精神分析手続きにおいて転移現象を扱うためには解釈は決定的な道具であるが，他の技法的手段も必要だからである。転移反応の解釈は，転移現象を扱う際，技法上の最終段階である。しかし転移を効果的に解釈するためには，さまざまな準備段階が必要である。自我心理学の知識が増えるにつれて，ある特定の心的現象を解釈しようとする前にそれを注意深く明確化する必要性に，精神分析家はより気づくようになったという事実を，エドワード・ビブリング（1954）は強調した。フェニケル（1941）とクリス（1951）もまた，考察中の主題を，その無意識的な意味を解釈しようとする前に，はっきりと例証し明らかにする重要性を強調した。以前述べたように，明示，明確化，解釈，そしてある所与の心的事象をワーキングスルーすることが，ある現象を「分析する」ことだとみなされるのだろう。

　転移の「取り扱いmanagement」という概念を議論に持ち込むのは，精神分析家は転移を適切に扱うために「分析する」以上のことをするよう求められるという理由からである。この記述によって，精神分析の本質でありこれを特徴づけるのは転移の**分析**であるという事実が決して曖昧にされるべきではない。しかし，心的事象を分析できるようにするために，ときには他の手続きをとる必要があるだろう（E. Bibring, 1954; Eissler, 1953; Menninger, 1958, Chapt. VI；本書第I部第3章のIV）。

例えば，古典的な精神分析技法は，あらゆる様態とあらゆる強度の転移反応が最大に発展するよう促進することを目的とし，そして転移現象は患者の中で自発的に生じるのだから，私たちの技法には，侵入的にならず忍耐強く待つことが含まれなくてはならない。沈黙の中で思慮深く待つことは，転移の発展を促す最も重要な手段の一つである。しかし厳密に言えば，それは操作である。分析家の沈黙は，患者が自身の転移反応を発展させ，より強く感じるのを助けうる。やがて生じる情緒的な除反応は，自身の感情の現実を，患者に最大限に確信させるだろう。しかしながら，分析家の沈黙と患者における情緒の除反応は，厳密に言えば，非分析的な手法である。それらはまた，治療者が適切なときに「分析」しなければ，外傷的状況や大きな抵抗に至るかもしれない。分析することによってのみ，私たちは転移反応を解決でき，そうして，また別の種類や強度の転移反応が前面に現れる道をひらくことができるのである。

　暗示もまた，転移の取り扱いの際，役割をもっている。私たちは，彼に自由連想して感情を自発的に発展させるように求める。こうすることで私たちが示唆しているのは，彼の感情が許されるものであり，取り扱えるものである，ということである。私たちの沈黙はまた，ある感情が苦痛であっても，彼がそうした感情を抱えることを私たちが期待しているということ，そしてそうすることが非常に有益な結果をもたらすだろうということをも示唆している。患者が夢を思い出すかどうかと私たちが尋ねるときに私たちが示唆しているのは，彼は夢を見て思い出すことができる，ということである。特に分析のはじめ，患者が私たちのことや精神分析の手続きについてほとんど知らないときに，彼が私たちと思い切って進むことを可能にするのは，示唆／暗示である。最終的には，患者を暗示にかかりやすくさせたり操作可能な状態にさせたりする転移感情は，分析され解決されなければならない。このこととそれに関連する問題についての詳細な研究は，チャールズ・フィッシャー（1953）を参照されたい。

　同じことは，他のあらゆる非分析的な介入にあてはまる。患者に対する自律性を損なうあらゆる治療上の影響は，最終的には意識化され徹底的に分析されなくてはならない。しかし，非分析的な方法は全ての分析にある程度必要であるということを認識しておくのは重要である。暗示と操作は誤用されてきたため，精神分析サークルでは評判を落とした。それらは分析にとって代わるのではなく，分析に備えるもの，あるいは補助的な手続きである。解釈だけの「純粋な」分析は，非治療的な手続きであり，研究上のツールである。この章は転

移現象の**分析**に焦点をあてるが，臨床例において，分析技法と非分析的技法の相互関係が例示され，明らかにされる。心理療法という術(すべ)に役立つのは，こうした技法を適切に混ぜ合わせたものなのである。

　転移の分析を大変複雑にし，かつ大変重要にする，いくつかの他の要因がある。まず第一に，転移現象には二つの相反する特性がある。一方で転移反応は分析家に，最も近づきがたい無意識の過去を探索するための，非常に貴重な機会を提供する◦4。他方，転移はそれ自体が分析作業の最大の抵抗の源になるかもしれない。それからまた，病的な防衛そのものも転移されるので，私たちは転移が生み出したものと転移抵抗との混合物を同時に持つことになる。

　常に存在する技法上の問題の一つは，現行の転移が分析経過を促進しているときと，その反対にあるときを見定めることである。すなわち，それぞれの状況は異なる介入を必要とする。私の臨床経験上，そして他の分析家もそうだと思うが，患者が時期尚早に精神分析療法を中断する際の最もよくある原因は，転移状況の不適切な取り扱いである（Freud, 1905a）。さらなる問題がある。素材を生み出すためには，患者は転移神経症を発展させる必要がある。この素材に分析的に取り組み，同化するためには，患者は作業同盟をも発展させなくてはならない。これらの二つの発展は，互いに対立するものである。どうやって，私たちはその両方を達成するのか？（第III部第5章参照）

　この議論から，転移現象を分析する技法は，次の問いに関連しなければならないことになる。（1）私たちはどのようにして患者の転移が自然に進展するのを保護するのか？（2）私たちはいつ，転移がおのずから発展することを許容し，そしてどのような状況下では，介入する必要があるのか？（3）介入が必要になるとき，転移反応の分析にはどの技法的段階が必要とされるか？（4）私たちは，作業同盟の発達をどのように促進するのか？である。

　私は，最初の三つの問題を順番に取り上げたい。各セクションで，望ましいときにはその都度，考察を加えるつもりである。作業同盟は絶えず留意されなくてはならない。

II｜転移を保護すること

　転移を保護するという概念は，患者が自身の独自の個人史と自身のニードに基づいて，最も多様に最も強力に転移反応を発展させることができるように，分

析家に対する患者の関係を守るという原則を指している。フロイトの技法に関する論文を通して，これがどのように成し遂げられうるのかに関するさまざまな言及や勧告を，私たちは見出すことができる（Freud, 1912b, 1915a, 1919a）。グリーネーカーは，1954年に発表された重要な論文の中で，こうした点の多くを明確化し詳述した。彼女の論文が当時とりわけ重要だったのは，精神分析技法における古典的な手続きを遵守する必要性について，著名なアメリカの精神分析家たちの中でかなり意見の相違があったからである。

II-1　鏡としての精神分析家

フロイト（1912b）は，精神分析家は患者にとって鏡のようにあるべきだと勧告した。これは誤って理解され，精神分析家は患者に対して冷たく無反応であるべきだ，と誤解されてきた。実際には，フロイトはまったく異なることを意味したと私は確信している。鏡に関する彼の言及の含意は，患者の神経症的葛藤の中での分析家の振る舞いや態度は，患者が表していたものだけを患者に映し返すよう，「不透明opaque」であるべきだ，ということだった。分析家の個人的な価値観や好みは，こうした葛藤の分析に差しはさまれるべきではない。患者の歪曲された非現実的な反応がそのようなものとして実証可能となることを実現するのは，この状況における分析家の一貫した中立性である。さらに分析家は，患者に対して比較的匿名であるよう，自らの反応を口にしないように努めなくてはならない（Freud, 1912b, pp.117-118）。こうした方法でのみ，患者の転移反応は明確に焦点化され，そうしてより現実的な反応から選別され区別されることが可能となる。何よりも，転移現象を分析するために，患者と分析家の相互作用の場を，汚染やアーチファクトから比較的免れるように保つことが重要である。分析家の側における，一貫した人間味ある非侵入的な方法以外のいかなる方法での態度や振る舞いも，転移現象の発展や認識を曖昧なものにし，歪める。汚染のいくつかの例をあげよう。

数年前，胃潰瘍と抑うつ症状で苦しんだ私の患者は，彼の症状が勃発したのと同じ時期に，長期にわたる非生産的な作業を分析において経験した。私たち二人とも，抵抗が働いていることは認識していたが，症状の悪化や強い抵抗の持続に対して，本物の意味ある前進をすることがまったくできなかった。数カ月を経て，

私に対する態度のいくつかについて患者が変化してきたことを，私はゆっくりと認識し始めた。以前，彼はほとんど害のない方法で，私に冗談を言ったり，私をからかったり困らせたりする傾向があった。今は，彼はより従順になり，しかし楽しそうではなく陰気だった。以前には，彼の意地の悪さは明白だが散発的だった。今，彼は，表面上は協力的だが，密かに頑固だった。ある日彼は，雄ロバ／間抜けjackassの夢を見たと私に言い，それから，不機嫌に沈黙した。私はしばらく黙った後，何が起きているのかと彼に尋ねた。彼はため息をついて，私たち二人とも間抜けなのかもしれないと考えていた，と答えた。間を置いて，彼は言い足した。「私は意見を変えませんし，あなたもでしょう。あなたは変わらないし，私は変わらないでしょう［沈黙］。私は変わろうと努めたけれど，それで病気になったんです」。私は当惑した，彼が何に言及しているのか分からなかった。そこで私は彼に，どのように変わろうと彼が**努めた**のか質問した。患者は，私の政治的信念に一致するように自身の信念を変えようと努めていたのだと答えた。彼は，これまでずっと，共和党員だった（そのことを私は前から知っていた）。そしてここ数カ月，彼はよりリベラルな観点を持とうと努めてきた。というのも彼は，私にその傾向があることを知っていたからである。私は彼に，私がリベラルであり反共和党であるのをどのように知ったのかと尋ねた。すると彼は，共和党の政治家について好意的なことを何か自分が言うたびに，私はいつも連想を求める，と言った。他方，彼が共和党の政治家について敵対的なことを言うときには常に，私はあたかも賛成しているかのように黙っていのだった。彼がルーズベルトについて好意的な言葉を言ったときにはいつも，私は何も言わなかった。彼がルーズベルトを攻撃したときにはいつも，ルーズベルトが誰を思い出させるか，と私は尋ねるのだった。まるで，ルーズベルトを憎むなんて子どもっぽい，と私が示そうと躍起になっているかのように。

　私は面食らった。というのも，私はこのパターンにまったく気づいていなかったのだった。けれども患者がそれを指摘したとたん，私は自分がまさにそうしていた——たとえ知らず知らずだったとしても——ことに同意しなくてはならなかった。その後私たちは，なぜ彼が私の政治的信念を飲み込む必要を感じたのかということに，取り組み続けた。これが私に取り入る彼のやり方であると分かった。これが消化できないのだと判明し，そしてまた，これが彼の自己評価を下げ，胃潰瘍の症状や抑うつをもたらしたのだった（雄ロバの夢は，シンボルとしてロバdonkeyを使う民主党に対する彼の敵意と，そして彼の苦境について私がずっと明晰さを欠いていたこと

に対する彼の恨みを，非常に凝縮した形で表していた――雄ロバjackassは愚かさと頑固さを意味する。それはまた，彼の自己イメージをも表している)。

　数年前に私が治療した別の患者は，他の分析家と長い膠着状態の後に治療を中断していた。未解決な抵抗の直接の原因は，前の分析家が定期的にシナゴーグに通う敬虔で信心深い人だということを彼女が発見したことだった。友人の一人が患者にこのことを知らせていて，後に患者は自らそれを確かめた。彼女は分析家に直接聞いたが，彼はその事実を認めることも否定することも拒んだ。彼が言ったのは，自分たちはともに作業を続けるべきだと思うということだった。残念なことに患者は，分析家が以前に行った介入や解釈にますます憤慨するようになり，いまやそれらは，神への信仰を受け入れるよう彼女を説得する向きがあった，と彼女には思えた。前の分析家はこれを否定したが，患者は懐疑的なままだった。彼女は，とうとう彼とこれ以上効果的に作業をすることができないという結論に至ったのだった。
　この同じ患者は私に信仰があるかどうかと尋ねたが，私は彼女に，いかなる答えも私たちの関係を汚染するだろうと感じるので彼女の質問には答えない，と伝えた。彼女はこの考えを受け入れた。私との分析のもっと後に明らかになったのは，彼女は誰も尊敬できないし，まして敬虔で信心深い誰かに分析されるなんてとんでもない，と感じているということだった。さらに，前の分析家の回避的な態度によって――彼女はその事実を見出してからは――彼は信頼できない人物となったのだった。

　両方のケースにおいて，転移の汚染は転移神経症が十分に発展することを妨害し，長期にわたる抵抗の源になった。両方のケースにおいて，患者に暴露された特徴は非常に苦痛で不安を生むものだった。私は強く思うのだが，そうした状況がどのように扱われるかは決定的に重要である。最も深刻な結果が生じるのは，そのような汚染に分析家が気づいていないときである。明らかになった現実を分析家が認めることを拒否するときも，同様に破壊的である。分析家の側の率直さと，患者の反応を徹底的に分析することによってのみ，そうした損なわれた分析家の匿名性は修復可能なのである。
　患者が精神分析家について実際に知っていることが少なければ少ないほど，より容易に空白の空間を患者自身の空想で埋めることができるということには，疑

いがない。さらに，分析家について実際に知っていることが少なければ少ないほど，自身の反応は置き換えや投影であるのだと分析家が患者に納得させることが，より容易になる。しかしながら留意すべきは，分析のオフィスやルーティーンのあらゆることが分析家について何らかのことを表すので，分析家の匿名性はせいぜい相対的な問題に過ぎない，ということである。匿名でいようとする分析家の決心でさえ，人柄を表している。さらに，冷やかで表情のない，あるいは極端に受動的な振る舞いは，作業同盟の発展を妨げる。硬直した情緒的な無関心さ，あるいは規則や規制に対する儀式的な忠実さしか示さない分析家に対して，患者はいったいどうして自身の最も親密な空想が現れるようにすることなどできるだろうか。分析家に関する知識が転移空想の発展をより難しくするであろうことは本当かもしれないが，厳格で超然とした態度や過度な受動性は，作業同盟の発展をほとんど不可能にする。それらは，激しいものの狭量で対処しにくい転移神経症を生み出す。

分析家は公衆の目から遠ざかり，いかなる社会的，政治的，科学的目的とも関わらないようにすべきだ，とまでグリーネーカーは提案する（1954, pp.681-683; 1966b）。しかしながら，私たちがあるコミュニティに長く住んでいると，無名で正体不明のままでいることが常に可能とは限らない。同様の問題は訓練分析家が自分自身のインスティテュートで訓練生を分析しようとするときにも常に存在し，そしてそれは常に複雑な状況である。しかしながら，それは必ずしも分析不可能な障害物を生み出すわけではない。コミュニティの中で知られている精神分析家もまた，対処すべき汚染された転移を受けている。患者はしばしば，分析家の評判や患者の空想に基づいてすでに作られた転移反応をもって，最初の面接にやってくる。公の議論の話題となる分析家は，鏡としての分析家のイメージを妨げるだけでなく，さまざまな転移的満足を患者に与えもする。それでも，分析家がその問題に注意を怠らないなら，そのような環境下でも分析は不可能ではない。汚染されている転移素材は，一貫して早い段階で分析へと持ち込まれなくてはならず，そのような情報に対する患者の反応は，徹底して分析されなくてはならない（訓練分析の問題はより深刻である。分析家は，訓練生の職業上の経歴に現実的な力を持っている）。

しかしながら，多くの患者は非常に直観的であり，分析家に関する多くの知識を日々の分析作業から集めるのだということも，指摘しておくべきだろう。これをすぐに行う患者もいれば後になって行う患者もいるが，やがては全ての患

者が，現実における自身の分析家について多くのことを知るようになる。しかしながら，その情報源が何であれ，分析家に関するあらゆる知識は，無意識的空想への媒体となるやいなや，分析の主題にならなくてはならない（第III部第6章参照）。

けれども「鏡の規則」は，過度になされる場合には，作業同盟の確立にとって危険をはらむ。フロイト自身は，治療の最初の目的は°5患者とラポールを確立することであり，そして「共感的に理解する」態度をとることによってのみこれは可能となる，と述べた（1913b, pp.139-140）。この点のさらなる議論は第III部第5章のIV-3を参照されたい。

II-2 禁欲規則

フロイト（1915a）は，治療は可能な限り，禁欲の状態の中で患者と行われるべきだという重要な勧告を行った。彼は非常に明瞭にこう述べた。「**分析治療は可能な限り欠乏の下に――禁欲の状態で――行われるべきである**」（Freud, 1919a, p162）。彼はこう加えた。「無慈悲に聞こえるかもしれないが」「分析治療が何らかの形で効果を発揮する程度までは，患者の苦痛が時期尚早に終わらないように私たちは気をつけなければならない」（p.163）。患者の症状――それは彼を治療に駆り立てたのだが――は，満足を求める，締め出された本能の一部から成り立っている。こうした本能衝動は，分析家が患者に代理満足を与えることを一貫して回避する限り，分析家と分析状況に向くだろう。長期にわたる欲求不満は患者を退行させ，その結果，患者の神経症全体が，転移の中で再体験される――転移神経症である。しかしながら，分析状況の内外で，いかなる規模であれ症状による代理満足を許すなら，患者から神経症的苦痛や，治療を継続する動機を奪うことになるだろう（Glover, 1955, p.167; Fenichel, 1941, pp.29-30）。

禁欲規則は分析の間，患者がいかなる本能充足を享受することも禁じられるということを意味する，と誤解され誤って解釈されてきた。実際にはフロイトは，患者が時期尚早の「健康への逃避」を行ったり，いわゆる「転移性治癒」を引き起こしたりすることを防ごうとしていたのだった。

十分な動機の維持を確保するためには，（a）患者が手に入れようとしている本能満足について，その幼児的で非現実的な性質を精神分析家が一貫して患者に指摘する必要がある。そして（b）分析家は，意識的にであれ無意識的にで

あれ，患者の幼児的で神経症的な本能欲求を決して満足させない。転移を保護することに関するこの議論において私たちが特に関心があるのは，項目（b）である。

　気づかれず分析されることのない，ありとあらゆる種類の転移充足が，患者の転移神経症の最適な進展を阻害しうる。最も頻繁に生じる結果の一つは，患者の転移反応の固定化である。例えば，患者に対して絶えずオープンで温かく，情緒的に応じて振る舞う分析家は，患者が長期にわたって陽性の従順な転移で反応する傾向があることに気づくだろう。このような分析家の患者は，陰性の敵対的な転移を発展させることが困難だろう。そのような患者は素早いが浅薄な作業同盟を作り，そしてその後，初期の陽性で従順な段階を超えて自身の転移反応を深め広げさせていくことに不安を抱えるかもしれない。心温かい分析家から彼らが受ける転移充足は，満足がそのように与えられることに対する依存を長引かせ，彼らに陰性転移を回避させてしまう。

　他方，態度が超然として厳しい傾向にある分析家は，患者がすぐに持続的に，陰性で敵対的な転移反応を形成することに頻繁に気づくだろう。そうした状況では，患者が他の転移反応に深く，広く関わるようになることは難しいかもしれない。分析家に対する彼らの不信は，転移神経症が潜在的にもつ十分な彩りと広がりを発展させることを妨げる。分析が十分に長く生き延びるなら，そのときにはこうした患者は，サドマゾキスティックな転移関係を発展させるかもしれず，それは強力であるかもしれないが，分析や変化に対する抵抗にもなることが判明する。

　私は最近，別の都市の分析家に6年以上分析を受けた患者の治療を始めた。その若い女性の訴えは，患者と分析家の熱心な作業にもかかわらず，ほとんど変化しなかった。前の分析家が与えていた長い解釈を，そのまま言葉通りに患者がたびたび引用しようとしたときに，分析家−患者関係に何かよくないことが起きたに違いない，と私は理解した。例えば，何が彼女をそれほどまで当たり障りなくさせているのかが分かっているかどうか，とあるセッションで一度尋ねた。彼女は即座に答えた——おそらくそれは，前回のセッションで自分の依存的なニードを拒否したことに対し，先生を去勢する試みだ，と。それは実のところどういう意味か，と私が彼女に説明を求めると，彼女は動揺し，よく分からないのだが，これは前の分析家が頻繁に自分に言っていたことなのだ，と最終的に彼女は認めた。

先ほどのような場合に彼は彼女をからかい辛辣になることがあったため，彼女は明確化を求めることに気が進まなかった。彼は次のように言うのだった。「ここにやってきても聞いていないなら，あなたのお金を捨てるようなもの，残念なことです」。あるいは「私がこの依存欲求をも満足させないときには，おそらくあなたは覚えているのでしょうね」と。

　患者の案内人，指導者，あるいは親になりたいという分析家の無意識的な願望から生じる可能性のある，他の形の転移充足や挑発がある。これにより通常分析家は，助言をする，雑談する，過度に安心させる，あるいは過度に気遣うようになる。

　もっと深刻で複雑なことが起こるのは，分析家が意識的であれ無意識的であれ，誘惑的になるときである。これは患者の近親姦的な願望を刺激するだけでなく，計り知れないほどの罪の意識や，分析家に対する，長期化する過度な理想化をもたらす。最終的にこれが破綻するとき，大変な憤怒と不安が生じる（Greenacre, 1966b）。

　議論のこの部分を次のように要約できるだろう。患者の幼児的な本能的願望を満たさないように，分析家は絶えず用心していなくてはならない。なぜならそれを満たすことは，転移神経症が十分に発展することを妨げるからである，と。結果として患者は，治療を中断するか，終わりのない膠着した分析体験をすることになるだろう。

　しかしながら「禁欲規則」は，過度になされるなら，作業同盟を確立することと相容れない。臨床的証拠が示すように，退行的な転移反応にとっての必要条件は患者の幼児的願望の一貫した欲求不満であるが，患者が過度に欲求不満になることもまた，終わりのない分析，あるいは分析の中断を引き起こす（Stone, 1961, p.53; Glover, 1955, pp.88-107; Fenichel, 1941, p.74; Menninger, 1958, pp.53-58参照）。したがって，私たちの基本的な技法的仕事の一つは，これら2組の相容れない必要条件を調和させることである（Greenson, 1966）。これらの対立する必要条件は精神分析家と患者に法外な要求をするため，このことは詳細に説明される必要がある。

　重要なのは，古典的精神分析家が患者と自分自身の関係を取り扱う方法は独特で人工的なものであり，人間が通常互いに関わるやり方に反するのだと認識することである。分析家は比較的匿名の人物像を保持する一方，患者は自身の

最も深い情緒や衝動，空想の全てを感じ表現することを期待されるという点で，それは傾斜した不均衡な関係なのである（Greenacre, 1954, p.674; Stone, 1961, p.80）。分析の初期に，そしてそれ以降時々，患者はこの状況の不平等を抗議するだろう（彼らが抗議しないなら，そのことが探索されるべきである）。患者の不満は最初に分析されなければならないが，私たちは，この関係の不自然さや不均衡を否定する必要はない。私の考えでは，患者は，分析家がこのような関係を維持する理由について説明を受ける権利がある。私はこれをオプションにすべきとは思わない。というのも，患者には彼の権利が守られる**必要**があるからである。分析手続きは，患者にとって必然的に痛みを伴い，一方的で屈辱的な体験である。彼が独立した人間として現れ，協力者としてともに作業することを私たちが望むなら，私たちが使う手段を説明しないことによって絶えず彼を貶めることはできない。彼を子どものように扱っておきながら，その後，彼が成熟した個人になるのを私たちが期待することはできない。転移状況を守ることが重要であるように，患者の自己評価，権利を守ることも同じく重要である。私はこれらの点を第III部第5章においてさまざまな臨床例で例証してきた。

　最も鮮明でおそらく最も啓発的なケースは，Z氏◆8のケースである。彼は若い男性で，別の都市で，比較的非生産的な分析を数年間受けていた。その難しさの一部は，彼の最初の分析家が自身の作業方法において作り出した雰囲気に由来していた。カウチの上で私との最初の数時間のどこかでその若い男性がタバコを取り出し火をつけたときに，彼がタバコに火をつけると決めたときに彼自身がどう感じたかを私は尋ねた。以前の分析ではタバコを吸わないことになっているのは知っていたし，今，あなたもまたそれを禁じるだろうと思う，と彼は答えた。即座に私は彼にこう言った。目下，私はただ，タバコに火をつけると決めた瞬間に，どのような感情，考え，感覚があなたの中にあったのかを知りたいのです，と。
　のちの時間で，患者は私が結婚しているかどうかを尋ねた。私は応じて，そのことに関して彼の空想はどんなものであるかを尋ねた。私は後から，私が彼に答えないことの価値を説明し，実証した。すると患者は私にこう言った，前分析家は，以前の分析のはじめに彼が訊ねた多くの質問に一度も答えたことはなく，なぜ黙っているかわざわざ説明しなかった，と。
　彼は分析家の沈黙を不名誉や屈辱として体験していたのであり，そして続く彼自身の沈黙はこの想像上の不公平に対する仕返しであることに，彼は今や気づい

た。少し後になって，最初の分析家がしていたと思われる軽蔑に自身が同一化していたのだと彼には分かった。Ｚ氏は分析家のとりすました態度を見下していたが，同時に彼は，自分自身の性的習慣に対する厳しい自責に満ちており，そこで彼はそれを分析家へと投影したのだった。患者がいつ説明を受ける権利があるかの解明については，第Ⅱ巻でさらに十分に論じられる。

患者の情緒的な生活の最も私的な部分に共感できるようになるためには，分析家は患者を十分に身近に感じる必要がある。しかしなお，冷静に理解できるようになるためには，彼は十分に距離をとることができなくてはならない。これは精神分析作業の中で，最も難しい必要条件の一つである――共感による一時的，部分的な同一化と，観察者や査定者など距離を取る立場に戻ることとを行き来するのである。分析家にとって，患者の人生のある領域から彼が排除されるようなことは決してないのだが，この親密さは，馴れ馴れしさになってはいけない。別の人間の私的なニードや苦痛に情緒的，本能的に反応するのは自然な傾向であるが，分析家のこうした反応は，主として患者を理解することに役立たなくてはならない。そうした反応が患者という人物に踏み込むことは許されないだろう。分析家の同情あるいは過度の思いやりは，それらが患者に示されるなら，転移性の報酬か罰のいずれかとして知覚されるだろう。そうなると，患者の反応は確かに転移反応であると実証するために分析家が必要とする，匿名的な鏡のような表面が損なわれるだろう。にもかかわらず，私たちが患者に同情をまったく示さないなら，自身の精神的，情緒的な生活の最も奥深く最も傷つきやすい側面を患者が表すことを，私たちは一体どのようにして期待できるだろうか？

答えは複雑である。一方では，患者に対する分析家の治療的献身が，彼のあらゆる仕事の背景に存在するべきである。これは言語化される必要はない。それは，患者の理性的自我によって感じられるべきなのである。

分析家は，神経症的に病んでいる人々の治療者である。彼は第一に研究者でもないし，客観的データを集めているわけでもない。分析は治療状況であり，アナリザンドは患者である。共感するために，私たちは，患者が感じている情緒や衝動とある程度同じ性質のものを感じなくてはならない。しかしこれは，あからさまに患者に示されるべきではない。私たちは共感することによってデータを集めるが，私たちの反応は抑制されなくてはならない。私たちの仕事は，対

極の位置を行き来し，混ぜ合わせることである。すなわち，共感的に関わる人，データを冷静に選り分け理解する人，そして洞察や解釈を抑制的だが思いやりをもって伝える人である。これは，単純化しすぎではあるが，精神分析療法の術と科学との凝縮である。

　匿名性を維持し，転移の充足を控えるという規則を守ることによって，分析家は患者の転移反応の進展を保護することができる。けれども有能な精神分析家もまた，もろさや限界を持つ人間である。いかなる分析家も，たまに過ちを犯すことすらなく，長年にわたって自制心を伴う一貫した思いやりと関心を維持できるのか，私には疑問である。しかしながら，精神分析技法にとって不可欠なのは，分析家が自身の欠点に気づいていることである。分析家にとって潜在的に困難だと自身に分かっている状況には，特に慎重でなくてはならない。誤りが生じるなら，分析家はそれらを認め，適切なときに，患者に伝えなくてはならない。分析家の逸脱に対する患者の反応は，そのあとに，徹底的に分析されなくてはならない。

　一つの危険は，誤りが与える患者への影響を取り繕い，そして誤りが生じたという事実だけを告白する傾向である。もう一つの危険は，誤りの大きさを過度に強調し，罪悪感から患者の反応をただ徹底して分析する代わりに，患者に償いをしようとすることである。誤りがたびたび起こるとき，それは（a）その誤りの多さについて分析家は何らかの分析を必要とする，（b）ことによると患者は別の分析家へ送られるべきである，ということを指し示している（第Ⅲ部第10章のⅣ参照）。

　患者の転移を保護することは，同時に作業同盟の発展を促進する一方で，古典的な精神分析を行うにあたり最も厳格な要求を内に伴っている。グリーネーカーは正しくも，精神分析は厳しい親方taskmasterである，と述べている（1954, p.684）。精神分析家は，患者の中で起こることに絶えず注意を向けることに加えて，自らの個人的な反応を吟味する正直さと謙虚さを持たなくてはならない。

　要約すると以下のようになる。分析家は本質的に互いに対立する二つの仕事を同時に行う。彼は，転移神経症と作業同盟の両方の発展を保護しなくてはならない。転移を保護するためには，彼は患者の神経症的願望充足に対して，匿名性と剝奪的態度を維持しなくてはならない。作業同盟を保護するためには，彼は患者の権利を守り，一貫して治療的な態度を示し，人間らしいあり方で振る舞わなくてはならない。これら必要条件は大変な努力を要するものである。間

違いは生じるものだが，認識されなくてはならず，したがって分析の主要な問題の一部にされなくてはならない。

III　いつ転移分析をするのか

III-1　抵抗が存在するとき

　転移と抵抗についての先の議論から，これら二つの現象がどれほど密接に織り合わされうるか，ということが明らかとなった。転移反応が抵抗を引き起こすこともあれば，転移反応が抵抗として現れることもあり，他の形の転移に対する抵抗として役立つ転移反応もあれば，転移反応を締め出すのに役立つ抵抗もある。重要な技法的論点は，いかなる種類の転移反応であれ分析作業を妨害するときはいつでも，転移反応の主たる機能が抵抗であるとき，あるいはたとえ主に妨害の目的でなくても転移反応が重要な役割を果たすとき，そうしたときには，転移は分析されなくてはならない，ということである。

　しかしこの規則は，作業同盟に関する私たちの知識に基づいて，修正されなくてはならない。私たちは，理性的自我，作業同盟が存在しているときにだけ，転移抵抗を分析する。もしその転移抵抗が重要であるものの実証できないなら，私たちの最初の仕事はそれを確実に実証可能にすることである。つまり私たちは，分析する前に，理性的自我，作業同盟が確かに存在するようにしなくてはならない。そうするための技法は，他の抵抗に対処するために述べられたこととまったく同じである。

　通常，分析家の側の**沈黙**は，転移抵抗に著しい解放をもたらすのに十分である。これが成功しないなら，しばしば**直面化**が，患者に転移抵抗を気づかせるだろう。例えば，「あなたは，何々について私に率直に言葉にすることが怖いようですね」あるいは「あなたは，私についてのあなたの感情を避けているようですね」などの介入をする。

　これら二つの方法が十分でないなら，私たちは，患者が避けようとしている領域について質問することによって，転移抵抗を**強め**ようとすることができる。

　簡単な例をあげよう。分析の開始から2，3カ月経ったころ，ある若い女性患者は，今朝は特に私が違って見えると話してそのセッションを始める。「私，あなた

がいくらか魅力的に見えるとさえ言うかもしれません」。間を置いて，彼女は私に対して「好意」を持ったと「思う」と言う。それから彼女は些細なことを話し続ける。私はこの点を取り上げ，彼女が何かから逃げていると示唆する。彼女は，これが何なのか分からないまま，半信半疑でこの問題を追究する。しばらくして，彼女が逃げ始めたところまで私は彼女を戻し，そして私に「好意」があると「思う」と言ったときに回避が始まったという印象を持っている，と私は言う。私は彼女に，これを私に明確にしてくれるよう頼む。すなわち，私に対する「好意」という言葉で彼女は実際に何を意味しているのか？と。今，患者はまったく黙ってしまう。彼女はカウチの上で身もだえし，足を交差させ，両手をしっかりと握りしめる。私は，彼女の頰が赤らんでいるのを看破する。それから彼女は口ごもり始める。「私が言っていることの意味，分かるでしょう，好意，ね。私，あなたを憎んでいない，と思うの，あなたのことをちょっと好き，まあ……ね……」。ここで転移抵抗が実証できるようになる。私は，次の問いを追究できる。すなわち，なぜ，これを私に話すことがあなたにとってそんなに難しいのだろうか？との問いである。すると，笑われることに対する彼女の恐怖が判明する。次に，私が笑わないことに安心して，彼女はより具体的な言葉で，私に対して魅力を感じるという自身の気持ちを述べることができるのである。

　実証可能性demonstrabilityについての問題は，ここでの議論で網羅されることはない。さらに，強烈さintensityという要素があり，これはそれ自体の利点を考慮される必要があり，「いつ解釈するか」に関するあらゆる問題において，特別な役割を果たす。非常に強烈な心的出来事を実証するほうが，弱いものよりも，通常容易である。さらに，ある現象の強烈さが激しければ激しいほど，患者はそれに直面化されると，より強く確信するだろう。そのため通常，その転移抵抗が否定できず，確信をもたらすほどの強烈さに達するのを，私たちは待つのである。強烈さの最適なレベルに関する問題は，第III部第9章のIII-2でさらに追究される。

　どのような種類の転移反応が，抵抗を作り出す可能性が最も高いのだろうか？それへの回答は簡単ではない。というのも，転移のあらゆる質と量が，重要な抵抗を生みだすかもしれないからである。しかしながら，有効で役立つと思われる，二，三の一般論がある。自我親和的な転移反応は抵抗を生じるだろう。なぜなら，分析家が患者に転移に取り組んでもらおうとするとき，自我親和性は

患者が観察自我を切り離すことを妨げる傾向があるからである。すなわち患者は私に対する感情のいくらかについて，作業同盟を発展させることができない。このことは，患者が分析にとって適切な素材としての転移反応を防衛し，正当化し，否認することにつながる可能性がある。特にそれは，慢性的で微妙な転移反応において生じやすい。一つの事例はK夫人であり，彼女について私は本書の第Ⅰ部第2章のⅣ，第Ⅱ部第6章のⅤ-1，第7章のⅠ，第Ⅲ部第2章のⅤ，第4章のⅡ，第8章のⅠ，Ⅳで取り上げた。

　K夫人は数年間にわたって，素晴らしい，慈悲深い人物として私を理想化し続けた。精神分析治療の苦痛や剥奪の全てを，彼女は科学としての精神分析のせいにした。私は，この厳しく要求がましい治療形態に，やる気なく片棒を担いでいるにすぎないと彼女は感じた。転移のこの分裂を抵抗として同定する私の試みを，彼女は辛抱強く聞いたが，信じなかった。実際彼女は，私の試みを私の思慮深さのさらなる証拠だと感じた。私がたまに誤っても，彼女はそれを，私がどれほど正直で率直であるかの一層の証拠として重視した。夢や言い間違いは潜在的な怒りや憎しみを明らかに示しているにもかかわらず，一連の長引く変化しない感情を抵抗であると認めることを，患者は拒んだ。せいぜい彼女はこの考えにリップサービスで応じ，そして，おそらく知的には私の考えを追うことはできるが，私に対する敵対的な感情の徴候を自身の中に感じることはできないのだ，と認めた。分析のかなり後になってようやく，彼女の同性愛への恐れが弱まり夫との性生活をいくらか楽しむことができるようになったとき，私に対する根深い憎しみのいくらかを，彼女はあえて感じるままにするようになった。そのときになって初めて，彼女は，私への敵意に関する作業同盟を発展させたのだった。

　情緒的に強烈な転移反応は，抵抗を生み出しもするだろう。強烈な愛あるいは憎しみの最中にいる患者は，分析家にこうした情緒をただ放出したいだけであり，分析し洞察を得ることを望んでいないだろう。このような感情が圧倒的あるいは自我親和的である限り，患者は，放出による充足，除反応を求める。理解への探求が前面に来るのは，転移の強度が弱まるか，あるいは自我にとって異質で，自我違和的だと感じられるときだけである。強烈な愛と憎しみは，その強い感情にもかかわらず作業同盟が動員され維持されうるなら，転移反応として生産的であるだろう。

しかしながら，その他は全て，おおむね同等である。すなわち，敵対的で攻撃的な陰性転移は，愛情あふれる陽性感情よりも，抵抗を生み出しやすく作業同盟の妨害を生じやすい。性的でロマンチックな感情は，親しみやすさや性的ではない他の愛の様態よりも，抵抗をかき立てやすい。前性器的衝動は，より成熟した衝動よりも大きな抵抗を引き起こす。マゾキズムは抵抗の大きな源である。というのもそれは，男性においては受動的同性愛の切望の恐れや母親に対する原始的な憎しみへの恐れであり，女性においてはペニス羨望と母親に対する原始的な愛なのだから。

　技法上の問題に戻ろう。すなわち，私たちはいつ転移状況に介入するのか？　最初の答えは，転移が抵抗を生み出しているとき，である。私たちは，理性的自我と作業同盟が存在していることをまず確認することに努め，それから抵抗を分析する。どのような質あるいは量の転移が関わっているかは重要ではない。私たちが介入するのは，重要な抵抗の徴候を目にするとき，分析作業が非生産的で滞っている，あるいは情緒が乏しいときである。しかし，その他の転移状況でも介入を要する場合がある。

III-2　最適な強度／強烈さに至ったとき

　転移状況において私たちがいつ介入するかという問題に関して，もう一つの有用な規則は，次のことである。転移反応が最適な強度に至るまで発展するのを，分析家は許容する。ここで私たちのなすべきことは，「最適な強度」という用語で私たちが意味するものを定義することである。これは決まった量を指すのではなく，患者の自我の状態と，分析家がそのときに何を達成しようとしているかによる。本質的に，私たちは転移体験が患者にとって情緒的に意味あるものになることを望むのであって，彼がそれによって圧倒されることを望んではいない。私たちが望むのは衝撃／インパクトであって，外傷ではない。

　通常，何らかの抵抗が分析作業や転移感情のさらなる発展に支障を来さない限り，分析家は患者の転移感情が自発的に発展し，強くなるままにまかせることを好む。抵抗がまったく存在しないなら，転移反応が患者にとって本物で生きたものとなるような地点へと転移感情の強度が到達するまで，分析家は介入するのを待つだろう。このような体験は，分析を受ける過程において他に匹敵するものがないほどの確信の感覚をもたらすことを，私たちは知っている。そ

れほど強烈さを伴わない転移反応は，否認，隔離，知性化，その他の防衛的抵抗につながる可能性がある。より強烈な転移反応は，外傷的状態，パニック反応，そしてそれに続く退行や回避につながる可能性がある。最適な強度は，自身の転移反応が本物で意味があるものだと患者が認識することへとつながる。これが生じると，患者は，転移反応を一つの体験として分析的に作業する準備ができるのである。

　この状況の一例を挙げる。分析のごく初期に，ある女性患者が「いつ，私はあなたと恋に落ちることになっているのかしら？」とふざけて尋ねてくる。彼女がその質問をしたという事実が示すのは，軽度の陽性転移はすでにあるが，その時点ではそれは，患者にとってあまり生々しい現実ではない，ということである。もしも，まさにこの質問がそうした感情の存在を示していると私が彼女に指摘したなら，この患者はおそらくその指摘を否定するか，あるいは半分は真面目にその指摘を認識し，それからふざけて連想を続けるか，であろう。これは通常，訓練生が時期尚早に陽性転移を解釈するときに生じることである。この事例では，私はこのような解釈をしなかった。私が彼女に尋ねたのは，どこでそのような考えを得たのかということだけだった。以前，分析を受けたことがある友人からそのようなことが生じるのだと聞いた，と彼女が私に伝えたあとに，私は患者にこう言った，特定の感情が分析家に対して発展するという決まった原則はないのです，と。すなわち，彼女がすべきことは自分の感情が湧き上がるままにすることだけであり，それから私たちは，彼女独自の個人的な感情を理解するように努めるのである。このセッションの後まもなく，私に対する陽性感情が強くなるのを患者は体験しているようだと，私は判断できた。彼女は，見た目により気を遣っているようだった。面接室に入るときや部屋を去るときに，彼女はややなまめかしく私を見つめ，そして彼女の言葉のいくつかには，やや馴れ馴れしさがあった。けれども患者はいくらかの分析作業を成し遂げていて，私はこのような感情が強くなるだろうとかなり確信したので，その時点ではこの転移を分析することを試みはしなかった。

　二，三日後，仕事や家庭や夫に対する関心が薄れているようだと患者は言った。彼女はほとんど一日中，「分析」について考えているようだった。性交中でさえ，彼女は「分析」について考えるのだった。ここに至って私は，患者の転移感情は強烈であり，彼女には本物で生々しく，そして，これらに今取り組むことは意味

深い体験であり分析を進めるだろうと感じた。それゆえ私はこの時点で介入し，**私**に対する感情が彼女の生活に侵入してきたようにみえる，と彼女に伝えた。すなわち私は彼女の生活の他の部分を，性生活さえも，支配しているようであり，大切なことなのでこれについて話すよう私は彼女を促した。ここにおいて患者は，私への愛の感情がどれほど強くなっていたかについて，真剣に驚きをもって，作業を始めた。軽率で面白がるような性質はなくなった。いまや彼女は，熱心に作業をする準備ができたのである。

　重要なのは，強烈な転移性情緒に耐える患者の能力は，問題となっている転移性情緒の性質によって，そして作業同盟の強さに応じて，分析経過の中でさまざまに変化するだろうと認識することである。分析のごく初期に患者が耐えうる情緒の強さは，分析の後半に比べてより弱いだろう。一般的に，ある特定の情緒が転移の中で初めて現れるとき，抵抗が発展するか患者が退行する前には，比較的弱い程度の情緒にしか患者は耐えることができないだろう。分析の初期において，どれくらいの情緒を患者が自身にとって意味ある体験だと感じることができるかを，慎重に測る必要がある。時期尚早の介入は，患者からいかなる情緒的衝撃をも奪うかもしれず，その場合，転移は，患者がその介入を知的なゲームに変えることにしか役立たなかったであろう。他方，遅すぎる介入は，患者が圧倒されてしまい退行するほどに強烈な情緒を患者に感じさせることになるだろう。そのときの患者の自我強度を査定していつ介入すべきかを知るためには，分析家は患者に共感することが必要である。ある転移反応が分析中に初めて生じたときには，私たちはより早く介入する。ある特定の情緒の布置が転移においてより頻繁に生じれば生じるほど，私たちは，より大きな強度が発展するのを促す可能性が高まるだろう。もちろん抵抗の出現は，介入の必要性を示している。しかしながら，これらの一般的な考慮は，抵抗が現れなくても心に留めておかなくてはならない。

　転移反応の性質もまた，どのような感情の強さに患者が耐えうるかに関する一つの指標であろう。一般的に言うと，もし転移反応が幼児的であるなら，早めに解釈されるべきである。憎しみに満ちた同性愛的な転移反応は，他のものよりも早期の介入を要するだろう。

　患者の自我機能の状態，とりわけ防衛の状態もまた，どのような強度の転移反応に患者が耐えうるかを決める際に，一定の役割を果たすだろう。患者を狼

狭させて不安や恥をかき立てる新たな転移感情の突然の出現は，それより前に体験されていた転移感情よりも早い介入を要するだろう。外的な出来事のために患者の自我が比較的弱っているときには，強い転移感情に患者はより圧倒されやすくなっている。罪悪感や無意識的な敵意を動員する子どもの病気が，この例である。

　転移反応の最適な強度に関するもう一つの考察は，次の問いについてである。すなわち，患者は次の面接まで，どれくらい長い時間，こうした転移感情に取り組まなくてはならないのか？　言い換えれば，最適な強度は，面接に訪れる頻度や，どのくらいすぐにその患者が次の面接にやってくるかにも依拠している。休暇や週末の前には，もしその次の日に患者のセッションがあるなら私たちがするであろうことに比べると，私たちはより早めに介入し，強烈すぎる転移反応を未然に防ぐだろう。これは，週5回の精神分析のセッションを支持する重要な点である。毎日の頻度で患者に会うなら，より重要な幼児神経症の出来事にまで遡るような強烈な転移反応が生じるのを，私たちは許容できる。しかしながら，どの時間も次の時間までに間があるような頻度で患者に会う——例えば週に3回——なら，結局はそのような患者は，強烈な転移反応は外傷的になり得ることをつらい体験から学び，そしてこのような強い感情が発展するままになるのを避けるだろう。結果として彼らの転移神経症は決して望ましい強さに到らず，幼児神経症の特定の側面は，決して到達されることも解決されることもないだろう。

III-3　いくつかの修正と精緻化

　ときには，転移感情のほんの少しの痕跡であっても指摘することは，患者にとって意味のある体験になるだろう。これが当てはまるのは，中等度に強い転移反応と並んで，それとは反対の色合いをもつ他の転移反応の微かな徴候を私たちが見出すことができる場合である。例えば，ある患者はかなり強烈な陽性転移の徴候を示すが，それでもなお私たちには，敵意の声色が微かに聞こえるかもしれない。愛情の転移が根底にある敵意を認識することに対する抵抗として用いられるなら，私たちは陽性転移の抵抗機能を解釈することができる。けれどもそれは抵抗状況ではなく，それまで知られていない何らかのアンビヴァレンスが早期に出現しているのかもしれない。そうした状況では，敵意の徴候

を患者に指摘することが，正しい手続きであろう。これは作業同盟の状態や，わずかな転移感情を認識する患者の意欲，そしてそれを探索する準備が彼にできているかどうかによる。もし作業同盟の状態が，直面化しても否認や拒否しかもたらさないようなものであるなら，転移反応がより強烈になるか，あるいは抵抗が実証可能となるまで，待つほうがよいだろう。

特定の転移反応が長い間現れていないことを，私たちが患者に指摘する場合がある。その感情がみられないことが患者にとって明らかで印象的であるなら，これもまた情緒的に意味ある体験でありうる。そのとき，転移抵抗が働いていることは明らかであり，これは先に述べたように分析を要する。直面化が衝撃を与え，患者に説得力のあるものとして感じられるように，十分長い間介入を控えることが重要である。時期尚早の解釈は常に抵抗の増大をもたらし，分析作業を知的ゲームに変える傾向につながる。

ときには，最適な強度とは中等度の強さの転移感情ではなく，非常に激しい強さになることがある。これは分析の終結に向かうときに生じやすく，そのとき患者は，中等度の強度の転移反応をすでに繰り返し体験しているが，幼児神経症の頂点に由来する極端な強度を体験していない。患者に子どもの頃の感情の激しい強さを感じさせるために，中等度の強さの転移反応が，圧倒するほどの大きさと思われるところまでその強度において増大することを許すことが必要となるときを，分析家は認識しなければならない。患者はこれを生じさせて，こうした早期幼児期の情緒が分析場面に登場することができるよう，励まされるべきである。これが生じるためには退行する能力が必要であり，そして退行は圧倒するほどの情緒の結果として生じるだろう。しかし，良い作業同盟を持っている患者においては，それは単に一時的な退行にすぎず，価値ある治療的な体験となる。

例証しよう。分析5年目の女性が，ペニス羨望を隠そうと彼女が苦しんでいること，そしてこの問題が彼女を動転させていることを私に認めるのを彼女が恐れている，と私が解釈して終わった前回の分析セッションを去る途中でどれほど動揺したことか，と述べてその時間の分析を始めた。自宅に帰ったとき，彼女は怒りと興奮の両方を感じた。彼女は落ち着かない夜を過ごし，恐れと熱望の混ざった奇妙な気持ちでそのセッションに来たのだった。その時間に自由連想をすることを，彼女は本当に恐れた。自分自身のコントロールを失うかのように感じたの

だった。叫んだり，もしかするとカウチから降りて私に何かをするかもしれないとまで，彼女は恐れた。

私の沈黙は，いつもは彼女を安心させていたが，彼女を落ち着かせなかった。彼女の動揺が増大するにつれて，私は，彼女が自身を自由にさせてよいのだと言う必要があると思った。私は，恐ろしい何かを彼女に起こさせないだろう。患者は身もだえし，両手を握りしめ，汗をかいていた。彼女は私に向かって叫び出した。「あなたが憎い。あなたが憎い。あなたが全て悪い。あなたのペニスが欲しい，私のために，私のものだもの」。それから彼女は叫ぶのを止めた。彼女は両手を陰部のあたりに置いてこう言った。「私，すごくどうしようもなく濡れたい，すっかり濡れたい。そうできるのをあなたにただ見せたい……あなたをどれだけ憎んでいるか，軽蔑しているかただ見せたい……あなたが全て悪い……私はあなたのが欲しい，それは本当は私のものだもの，私のものなんだから，私はそれを手に入れ，奪うわ……どうか私にください，どうか，どうか，あなたにお願いしているのよ……」。それから患者はヒステリックにすすり泣き始めた。数分間静かになったのち，これまで抑圧されていた幼児神経症の断片，深く埋められた幼児期のペニス羨望の構成要素を，彼女が私とともにどのように再体験したのかを，私は彼女に解釈することができたのだった。

III-4　私たちの介入が新たな洞察を加えるとき

ここまで，**いつ**私たちが転移状況に介入するかを決定する二つの指標を考察してきた。（1）転移抵抗が働いているとき，（2）転移感情の強度が最適な水準に至ったとき，である。ときにこれら二つの指標は重なるが，それでもそれらは個々に現れるだろう。同じことが3番目の指標に関しても当てはまるのだが，それは，転移状況について何らかの新たな洞察を患者に与えるために私たちが介入するときである。新たな洞察は，転移抵抗を分析しようとしている間に，あるいは最適な強度が達成された後にだけ，明るみに出るかもしれない。しかしながら，抵抗や転移反応の強さの問題が決定的な事柄ではないときに，介入を要する転移状況がある。私がここで特に言及するのは，分析家にとってはその意味は明白であるけれども患者にはまだ曖昧であるような転移状況のことであり，そこでは，もし患者が新たな洞察を提示されるなら，その意味は彼にとって理解しやすくなるだろう。

転移現象を明確化し解釈することに関する問題は，患者が他に生み出したものを何であれ明確化し解釈することと，本質的には異ならない。これは，転移の解釈に関する第III部第9章のIV-3で，体系的に論じられる。私たちの目下の目的のために，私は議論を次の問いに限定する。「いつ私たちは，転移状況に新たな意味ある洞察を加えることができると感じるのか？」である。二つの根本的な考慮すべき事柄がある。すなわち，患者の作業同盟の状態と，解釈あるいは明確化が作られる素材の明瞭さである。患者の理性的自我の状態は，抵抗の性質と量によって決定される――この問題を私たちはすでに論じてきた。分析されるべき転移素材の明瞭さは，さまざまな因子によるだろう。最も重要な要素の一つは，分析家に対する情動あるいは衝動の強さと複雑さであろう。この点もまた，すでに論じてきた。

　別の箇所◆9で述べてきた患者，K夫人は，こうした問題を非常によく例示している。彼女は理性的自我を持ち，分析の初期に作業同盟を発展させた。私に対する性的でロマンティックな転移感情について，彼女はうまく効果的に作業した。彼女は確かに強い抵抗を示し，感情のいくらかを行動化したが，決して彼女の生活や分析を危険に曝すほどではなかった。私に対する原始的な敵意については，ずいぶんと到達しがたく，彼女と分析に対してずっと大きな脅威となった。こうした期間のあるとき，彼女は事故を起こしがちになり，あやうく自動車事故を起こすほどだった。私に対する口唇−サディズム的な敵意が分析の5年目に現れ始めるまで，彼女は分析をやめることを決して真剣には考えていなかった。この時期，分析を複雑にして作業同盟を危うくした要因の一つは，私やあらゆる男性に対する彼女の根深い敵意が現れたのと同時に，母親に対する強い口唇−サディズム的同性愛衝動にも彼女はいまなお苦闘していた，という事実だった。
　幸いなことに，私たちの過去の作業のおかげで，比較的一貫した満足のいく異性愛関係を彼女が達成し維持することが可能となっていた。さらに彼女は，赤ん坊である娘と楽しく実りのある関係を持った。これら二つの達成に加えて，私との過去の作業同盟に関する記憶が，不安定に揺れ動く私との作業関係を支え，彼女が陰性転移をワークスルーすることを可能にしたのだった。

　ここで，新たな洞察をもたらす指標となる，患者の転移素材に関するその他の特徴を簡単に述べたい。ここで私が指しているのは，患者の生み出したもの

の中に，他の強い情動，矛盾，反復，類似性，象徴，そして鍵となる連想を見抜くことであり，それら全ては，転移の新たな意味に重要な手がかりをもたらしうる。次に挙げるいくつかの簡単な臨床事例において解説しよう。

（1）強い情動

　転移を解釈のポイントにするタイミングは，その転移反応が，患者の素材の残りの部分に比べて最も強い情動を含んでいるときである。患者の生み出すものに耳を傾けるとき，どの対象あるいは状況が最大の情動を伴っているかを私たちは判断しなくてはならない。それが多大な量の情動を含んでいるようなら，私たちは常にその転移的側面を解釈する。分析時間内における情動は，夢における情動よりも，より信頼できる指標である。私たちがそれらにあると予測する情動が欠如しているなら，それもまた，なされるべき分析作業が存在することを示している。同様のことは，不適切な情動についてもあてはまる。

　例えばある患者は，仕事について，そして仕事を失う恐怖について話すことに，分析時間の大部分を費やした。彼はよく働いているが，上司は彼に対して冷淡なようにみえる。彼にはその理由が分からない。彼は最善を尽くしている。彼は結婚生活さえも心配する。自分は良い夫で良い父親か，妻は他の男性たちのことを考えているのか？　それから彼は続けて，精神分析治療を受けるなんて，どれほど自分が幸運であるか，と言う。彼は，制止と自信のなさから解放されるだろうし，そうすれば絶えず不必要に心配を巡らすこともなくなるだろう。そのセッションが終わるころ，昨日昼食時に，古い友人にばったり会ったことに彼は触れる。彼らは沢山のことを話した。彼は，グリーンソンに分析を受けていると友人に話したのだが，するとその友人は，グリーンソンは，作業をしないなら分析から患者を追い出すことがよくあると聞いたことがあると，言った。しかし彼，つまり患者は，それが本当であるはずはないと分かっていた。結局のところ，人々が分析で熱心に作業できないならそれは抵抗のためであり，そうした抵抗は分析されなくてはならなかった。人は患者を罰して追い出すことなんてしない。沈黙。

　このセッション中，私は患者の声の調子の変化に気づくことができた。最初は幾分抑うつ的ですねているように聞こえた——ただ，ほんの少しだけ。彼が，友人そしてグリーンソンについて話すようになると声の調子はより大きくなり，ほ

とんどおどけた調子だが，不自然だった。彼のおでこのあたりに汗がびっしょりにじんでいるのが私には見えた。彼は沈黙すると，まるで手が濡れたみたいに，自分の両手をズボンで拭った。そのときに彼が最も恐れていたのは仕事や妻を失うことではなくて，私，彼の分析家を失うことなのだということが私には明らかだったので，私は，そのことを彼に伝えた。すると彼は，分析家が患者をやめさせることがあると聞いてショックを受けたことを思い出した。そんなことを彼はこれまで思いもしなかった。そうして彼はそのことを，馬鹿げているとして自身の心から払いのけようとした。彼は話すのを止め，それから不安でいっぱいになってこう尋ねた。「本当ですか，分析家は本当に患者に分析をやめるようにと言うのですか？」

　私は，それについて何を想像したのかを私に話すよう彼に求めた。彼はしばらく黙り，それから彼の連想は，果てしない草原の牧歌的風景，静かで平穏な一場面へと至った。しかし，遠景には雲――暗く渦巻く雲――が見えた。これはイギリスの画家ターナー Turner を思い出させた。彼の絵画は一見すると平穏にみえるが，注意深く見ると大変不吉になる。ここで私は介入し，こう言った。「最初はグリーンソンが患者を「追い出す turn out」ことができるなんて馬鹿げたことに思えた。けれど，そのことをしばらく注意深く考えると，その考えは恐ろしいものなのですね」

（2）矛盾

　ある女性患者は1年以上にわたり，私に対してエディパルで男根的な特徴を伴った，強い陽性の父親転移を起こしていた。この時期には，母親についての多大な敵意や嫉妬，そして強い嫌悪の徴候があった。数時間続けて彼女は，夫をけなしつつ私と比べ始めた。夫は粗野で鈍感であり，この頃は彼女にとって野蛮にさえ思えた。私は穏やかで，感受性が豊かで配慮があるように，彼女には見えた。しかし，それにもかかわらず，私は強く大胆で想像力豊かだ，とも彼女は感じていた。彼女は男らしい，しかも優しい男性を崇拝し，憧れた。性よりも愛に，オーガズムよりも生活に価値があった。彼女は丸ごと，体中愛され，完全に包まれたかった。彼女は，口と口を合わせ，胸と胸を合わせて，ただ抱きしめることが好きな男性を欲していた。彼は彼女を両腕で抱いて，彼女を優しくなでるべきであり，そして彼女はその彼の温かさの中でお酒を飲むだろう。この時点で，男らし

い男性を好んでいるようだけれども，女性的で温かいと彼女が感じる私の性質に対して，彼女の中にはいくらか憧れもあるようだ，と私は患者に解釈した。この介入が，彼女の母親としての私に対する，前性器的な切望を認識する始まりとなった。

（3）反復

　ある分析セッションの中である患者が，彼の家庭医に連絡することがどのように難しくなったか，彼は大変忙しそうで，もはや患者に以前と変わらぬ関心を抱いていない，と話し始める。それから彼は，アメリカ合衆国での教育の悲しむべき状況について話し続ける。ほとんどの人々は教師になりたがらない，彼らはお金を儲けることにより関心を向けている，など。そこから患者は，父親について話し続けるのだが，父親は患者の母親と結婚していたけれども彼女に対しては実に明白に不誠実で，しかし偽善的に社会の中心人物のふりをしていたのだった。それから患者は沈黙する。私は介入し，「それで，あなたが私に関して発見するのを恐れているのは，どんなことでしょうか」と訊ねる。いくらか弱々しく反対した後で，患者は，何か幻滅することを耳にするのが怖くて，セッション外で私の名前が少しでも挙がるのを耳にすることをどれほど自分が恐れていたかを，説明する。

（4）類似性

　従順で素直な患者がある分析時間に，自身の友人にどれほど腹を立てたかを述べる。彼らは1時間ほど一緒にドライブしていて，患者は友人に会話に関わらせようとしたが，友人は黙ったままぶつぶつ言うだけで，話すのを拒んだ。なんとわがままで，なんと冷たく，なんと配慮のないことか！　彼は怒りをぶちまけ続ける。彼が静まってから，私もまたほぼ1時間彼と居て，時たまぶつぶつ言うのを除いて「会話」に滅多に関わらないことを，私は指摘する。患者は少し笑ってそして沈黙する。長い間を置いて，彼は微笑み，仕方なくこう言う。「そうですね。あなたの言う通りですね」と。彼は忍び笑いをして付け加える。「1時間ほど一緒にいて，会話は無くて，ただぶつぶつ言うだけで，話すことを拒む——そう，確かに一理あるようだ」。そこで私はこう答えた。「あなたは友人に対する本物の怒りを表現できたのですが，同じことで私に腹を立てることができないようですね」。

すると患者は，微笑むのを止めて，作業し始めた。

（5）象徴

　患者は，本屋の中で数冊の古い本を見ているという夢を見る。彼は茶色い革で装丁された本を1冊選ぶのだが，どちらが本の前か後ろかが分からない。最終的に彼が本を開くと，緑色の甲虫が跳び出てくる。彼はそれを新聞で殺そうとするが，それはバタバタと飛び続ける。彼は怖くなり，目を覚ます。患者の連想はカフカの『変身』へと進み，そして彼――患者――がその甲虫かもしれず，分析のせいで忌まわしい生き物に変わったのだった。治療前の生活は，もっとシンプルに思えた。今では大変多くの新たな恐れを抱えている。彼が分析に来たときには，女性と恋愛することができないことを自覚しているだけだった。そうしてまず自身が母親に，そして次には父親に，固着していることに気づいた。最近彼にはほとんど性的欲望がないのだが，それは，性についての話題をセッションに持ち込むことに対する恐れなのか？　革で装丁された本は，私の机の上にある革のパッドに似ていた。そして色は，私のスケジュール帳に似ていた。虫を見ることができず，ただ気配を感じることしかできない夜間を除けば，彼は虫が怖くはない。時々夜に，ベッドで本を読んでいるとき，蛾の羽が自分の顔のところでバタバタとはためくのを彼は感じる。それは恐ろしいが愉快でもある。それは，突然彼に向かって何かが振動している感覚――ほとんどスリルのような，驚きの感覚――を彼に与える。それでもなお恐ろしいのは，それがどこから来るのかが分からないからである。蛾の羽音は，射精とオーガズムの瞬間のようだ。その本が始まるのが前からか後ろからか分からないというのは，ユダヤ人は後ろ――裏側――から読むということや，私はユダヤ人の分析家であり，非ユダヤ人だった彼の最初の分析家と対照的であることをも，思い出させる。

　このセッション時間のこの断片は，同性愛転移へ向かっては離れようとする患者の苦闘を，象徴と連想を通して指し示していると私は思っている。以前の多くの夢において，緑色（グリーン）はグリーンソンを表すと判明した。私は彼にこう指摘する。グリーンソンに対する「バタバタした」性的感情を彼は殺そうとしているようだが，それはこれが自身の生活における恐ろしい要素――というのも，それは後ろからやってくる――だからだ，と。彼は応じてこう言う，カウチの後ろで私が話し始めると興奮で胸がはためくのをたびたび感じるのだ，と。

(6) 鍵となる連想

　転移を解釈すべきかどうか，転移のどの側面を追究すべきかに関する最も重要な手がかりが，ただ一つの連想によってもたらされることがある。ある連想は，それらが新しく重要な探究領域に導きそれを切り拓くので，他の連想に——他の連想が量で勝っていても——先立つ。こうした鍵となる連想の特徴は，その他の連想よりも，より自発的で即興的で驚くべきものに見えることである。ときにそれらは，分析家の連想とハッとするほどに結びついており，こうしたことが生じることで示されるのは，このような連想は潜在的に重要だということである。

　ある患者は，自身の乳房に腫瘍があることと関連した夢の断片しか思い出すことができない。連想の中で彼女が話すのは，腫瘍ができたことのある何人かの友人のこと，癌の恐怖，私たち自身の破壊性の種を私たちの内に持ち歩くcarrying around感覚にまつわる恐怖などについてなどである。このあとに，母親と父親の彼女に対する虐待の記憶，憎しみ，良い親への切望，信頼できない人たちへの恐れなどが続く。耳を傾けながら，私の思考は次のような問いへと集約されていく。「誰が彼女の乳房にある腫瘍だろう，憎まれ憎んでいる母親，父親，あるいは私だろうか？」。それから患者は，生理中に彼女の乳房がどのようにして，さらに豊かで柔らかくなるかを話し始める。私の連想は，妊娠に対する彼女のアンビヴァレントな反応へと飛躍する。このとき患者は突然，お腹がすいていて甘いものへの渇望があることを話し始める。彼女はふざけた調子で，私が手元にチョコレートを持っているとは思わないが，と言う。

　突然空腹を感じて私から何か甘いものを貰いたいというこの最後の連想は胸の腫瘍の夢と結びつき，妊娠に関する私の連想から私は彼女にこう尋ねる，「あなたは最近，妊娠することについてずっと考えていたのですか？」。彼女は答えて，自身の3歳の娘から，女の人は乳房のあたりに赤ん坊を身籠るcarryというのは本当なのかと尋ねられ，さらに，なぜもう一人赤ん坊を産まないのかと訊かれ続けた，と言う。このため患者は落ち込んだのだが，というのも最近彼女の結婚生活は荒んでいて，いつか再び妊娠することはなさそうだと思っている。このことから彼女は，結婚初期に堕胎したことを思い出す。なんと残念なことをしたのか，堕胎していなければ娘は一人っ子にならずに済んだのに。それから彼女は冗談半分

に言う。「もしもあなたとなら，もう一人赤ん坊を産めるでしょう。だけど私があなたからもらえるものはただ，言葉と，あなたが休暇に行く際の年に一度の握手だけだと分かっています。あなたが決して私に触れないのだと実感するのは悲しいんです。それで思い出すのは，健康診断のためにこの前医者に行ったとき，彼は癌の検査のために私の乳房を調べたんですけれど，彼がそうしている間，私はあなたのことを考えたんです」

胸のしこりは私に対する未解決の切望と私への恨みだったのだろうと思います，と私は答える。彼女は笑ってこう言う。「治るものだろうと思っています。あなたはおそらく正しいんです。言い忘れていましたけれど，その腫瘍は左側で，心臓のすぐ上でした」。鍵となる連想は，何か甘いものが欲しいという患者の突然の願いだった。

ここまでの臨床素材の解説は，分析家による介入を必要とする状況を例証している。述べられた転移状況の全てにおいて，その素材は分析家にとって比較的明らかで，患者の理性的自我と作業同盟は，洞察に取り組む準備ができているようだった。こうした二つの因子が期待できるものであるなら，次には新たな洞察を加えるために分析家が介入することが必要となるのである。

Ⅳ 転移を分析するうえでの技法的諸段階

転移現象の取り扱いに関するここまでの議論において，私たちは二つの重要な問題を考察してきている。すなわち，**なぜ**，そして**いつ**，私たちは転移を分析するのか，である。いまや私たちは技法上の問題の核心に来ている。**どのようにして**転移を分析するか，である。このセクションは，患者の転移反応を分析するために必要とされる，さまざまな技法的方法と一連の手続きに充てられる。私が述べる全ての段階は必要なものである。しかし，その中のあるものは患者が自発的に行うのであり，それゆえ分析家によって繰り返されなくてもよい。

理想的で単純化された手続きの順序と私が考えるものを，かなり図式的なやり方で概説しよう。しかしながら，それぞれの段階が新たな抵抗——それらは対応を必要とし，そのため出来事の理想的な流れをさえぎるのだが——を引き起こす。あるいは，それぞれの新たな技法的手法によって始められる探索は非

常に多くの新しい領域を開放して非常に多くの時間を占めるかもしれないので，転移的因子はもはや追究されるべき主要な要素ではなくなる。それにもかかわらず，こうした技法上の段階を概観することは，たとえその臨床実践上の出来事が決して順番通りでなくあまり体系化されていないとしても，一つのモデルおよび指針として，当然役立つはずである。

　転移現象を分析するために，私たちは，あらゆる心的現象を分析する際に不可欠である，同一の基本的技法上の手法を実行しなくてはならない。すなわち，その素材は実証され，明確化され，解釈され，ワークスルーされなくてはならない。これらの基本的な手続きに加え，特定の付加的な技法上の段階が，転移現象の特定の独自性のために必要となる。転移を分析するための手続きに関する一般的概要を次に述べる。

Ⅳ-1　転移を実証すること

　転移感情の探索を進める前に，目下検討中の主題とは分析家に対する自身のまさに今の反応であるということに，患者が気づく必要がある。これは患者に明瞭であるかもしれない。実際，患者自身が，分析家から何も支援されずにそのことを認識するかもしれない。他方，患者が転移感情を探知することが極めて困難な状況が生じることも確かにある。その転移を分析する際の最初の段階として，患者が自身の転移反応に直面し気づくことが，不可欠である。私たちが検討したいと思う転移反応がどのような方法でも患者に分からないなら，そのときにはそれが患者に実証されなくてはならない。役立つであろういくつかの技法上の手法がある。

（1）沈黙と忍耐

　転移感情が強くなるのを私たちが待つなら，患者が転移反応に自ずと気づくことはたびたびある。そうした転移感情の強まりは，分析家による介入なしに，患者に話し続けさせるだけで，結果として頻繁に生じる。患者自身が転移反応に気づくことが必要である場合，そして分析家が転移反応を実証することが不適切である場合が，あらゆる分析において生じる。こうしたことは，感情の強烈さが十分に著しいとき，患者がもはや分析初心者でないとき，そして分析作

業のどの部分も自分で行うのを控えることに受動的な満足を患者が楽しんでいる危険があるとき，とりわけ当てはまる．さらに，分析家の沈黙と忍耐は，分析家の側の過度に精力的な介入によって曖昧になるかもしれない重要な抵抗を，照らし出しもするだろう．

　分析家は，分析を行うそのスタイルにおいて，それぞれ大変異なっている．これが特に当てはまるのは，どのように沈黙を使うか，そして他のより積極的な手法をどのように使うかに関してである．古典的精神分析の枠組み内には，かなり多くのヴァリエーションのための余地がある．しかしながら，各分析家は，沈黙を使うことができ，かつ積極的な介入を使うことができなくてはならない．これらの手続きの一つのみが正しい場合もある．これらの手法のそれぞれをいつ使用してよいのか，いつ使用しなくてはならないのかを，知る必要がある．沈黙を使いすぎる分析家，あるいは積極的な方策しか追求できない分析家は，古典的精神分析を効果的に実施することはできない．古典的精神分析は，沈黙の技術と言葉の技術を要するのである．解釈の量，タイミング，機転に関する主題は，第II巻で検討される．

(2) 直面化

　私たちが充分に待ち，転移反応が患者にアクセス可能となるなら，例えば彼にとって充分鮮明になり，それに対するいかなる感知可能な抵抗もないようであれば，分析家は当該の転移反応に患者を直面化させようとすべきである．彼は，何か次のようなことを言うだろう．あなたは私に対して怒っている，あるいは恨んでいるようですね，私に愛情や愛を感じているようですね，私に対して性的な気持ちを感じているようですね，など．言葉は簡単で直接的で率直であるべきである――私はこれまでもこの点を，何度も強調してきた．

　私は，最も生き生きとした日常的な言葉を使うことを好む．回避的であることや曖昧であることは避ける．私は，「怒り」，「憎む」，「愛情」，「愛している」，「セックス」と言う．私は，狭量にならずに的確であろうとする．というのもこれは，この時点での直面化にすぎないのである．直接的であっても，粗雑であったり無遠慮であったりすることは避けようとする．直面化の際に，私は，「あなたは何々のようですねYou seem」と前置きするのだが，なぜなら私は常に確信しているわけではないし，この時点で患者に，逃げたり私に反論したりする

ことが可能であってほしいからである。私は彼を怯えさせたくないし，独断的になりたくない。後から私は「もちろん私は，あなたが……と感じていると思っていますよ」と言うかもしれない——ただし，私が本当に確信する場合にだけ，そして患者が私の明確な意見に，まさにそのときに直面されるべき場合にだけ，である。

ときには，自身の転移感情を表現することに苦闘していることを患者に単に直面化するだけで，一時的に抵抗を克服することに役立つかもしれない。私たちの忍耐強い姿勢と言語化は，患者が自身の苦しみは不適切で不必要だと感じることを助ける。それ以外のときに直面化が役立つのは，抵抗を分析する際の最初の段階としてのみである。次に私たちは，抵抗分析の技法に関する第II部第6章で述べられた，明確化と解釈の段階を経なければならない。決定的な問題は，一連の出来事の所与の時点で，所定の手続きが抵抗を克服したり分析したりできるかどうかである。

私が患者に実証したく思っている特定の転移反応が転移抵抗であるなら，私は患者にその事実を直面化する。患者が私に対する何らかの感情や態度を避けているように見えたと指摘するか，あるいは，どのような特定の感情を患者は避けようとしているかについて，もし私のほうがより正確に分かっているなら，私はそれらを指摘するだろう。言い換えれば，私は抵抗と抵抗を引き起こしている感情の両方に対して患者に直面化するが，常に抵抗の側面から始める。こうして私は患者にこう言うだろう。「あなたは私に対する愛（あるいは憎しみ，あるいはセックス）を感じることに悩まされているようですね」，あるいはことによると，「あなたは私に対する愛（あるいは憎しみ，あるいはセックス）を表現するのが難しいようですね」と。言葉と声の調子もまた気をつけてほしい。さらに私は常に，「私に」あるいは「私に対して」という言い回しを加える。私がそうするのは，問題の感情が私という人物に対してであり，「分析」あるいは別の人格さえ持たない概念に対してではないという事実を，患者に回避してほしくはないからである。

もし私が転移感情の性質について不確かであるものの，その時間の主要な問題が転移であるという印象を持つなら，そしてもし沈黙を続ける徴候がないなら，私は患者に，ただ次のように尋ねて直面化するだろう。「私に対して，明らかにしていない何らかの感情や反応が，あなたにあるのだろうか，と思っています」。あるいは「あなたの考えや気持ちに私が関わっているような印象を持っ

ています」。あるいは簡単に「私のことをどんな風に感じていますか」。あるいは「今，私については何が起きていますか」。

(3) 根拠の使用

　患者が抵抗しているということを彼に納得させるためには，彼の知性に働きかけることが望ましいと感じるときにだけ，私は患者に，私の仮説の根拠をあえて示すようにしている。そのあとに，患者の抵抗の分析に取りかからなくてはならない。転移反応を起こしていると患者を説得する根拠は，そうしなければ分析家が神秘的な力を持っていると患者が感じる場合にだけ用いられる。分析家についての魔術的な考えに打ち勝ち，そして作業同盟を発展させるのを助けるために，どのように分析家が作業するかを患者に示す手段として，私は通常分析の初期に，このアプローチを用いることを自覚している。こうして私はある女性患者にこう言うかもしれない。夫に対する性的感情がないことや私についてのロマンティックな夢や空想は，あなたが私と性的にロマンティックに関わっていることを示しているようだ，と。

　根拠を用いることは，患者の知性に訴えることである。これは，患者の内に作業同盟を育む一歩として，貴重な助けとなりうる。けれども根拠を用いることは，患者が知性を過大評価し，転移現象を情緒的に知ることを避けることへと繋がるかもしれない。患者がこの形式の直面化にどのように反応するのかを認識する際には，私たちは用心深くなければならない。

　転移反応に巻き込まれていることを患者に示す試みのどの段階であれ，患者は抵抗を発展させるか，あるいはこれまで知られていない抵抗が見えるようになるかもしれない。仮にそうしたことが起こるなら，抵抗の分析が他の何よりも優先されるべきである。こうしたことは，分析の初期段階で，分析家自身に対する患者の憎しみあるいは怒りを指摘するときに，特に起こりがちである。患者は抵抗し，この転移反応を認識するのを拒否するかもしれず，代わりに非難されていると感じるだろう。そのとき私たちは，陰性転移を実証することに戻ることが可能となる前に，非難されるというこの転移感情を追究しなければならない。例示しよう。

　分析の1年目である若い男性は，彼の大学院の授業の一つを担当する教授に対

する非常に強い怒りの感情を話すことであるセッションを始める。彼の話はこの趣旨に沿って流れる。「彼は，学生がついてこれているかどうかを考えずに，ただ話すんです。空に向かって滔々と喋る，僕たちじゃなく。なんてひどい先生なんだ。次の学期に彼を取るなんて真っ平だ。嫌なんですよ，彼に治療してもらうtreat——いやつまり，彼に教えてもらうteachなんて」。間。「今のをあなたは問題にするのでしょうねえ」

　それから患者は続けるが，私は彼の言い間違いに戻って，こう尋ねる。「あなたは私に対するご自身の怒りから逃げようとしていませんか？　あなたの言い間違いが示しているのは怒りです——そしてあなたはそれから逃げようとしている」。患者は少し考えてこう応じる。「あなたは正しいでしょう。正しいと思いますよ。ただ，あなたがベストを尽くそうとしていることを僕は知っています。でもあの教授は，彼はまったく愚かなろくでなしです。講義をさせるべきではないですよ。僕は講義中に教室を出たくなりました。けれども，気の毒にも思いました。彼の奥さんは自殺したのだと耳にしました。彼には，多分，教えること以外に何も残されていないんです。でもどうして僕が彼を気の毒に思うべきなんだろう。彼は大物で常勤教授で，僕のことも自分の学生の誰のことも，気にしていないんです」。患者はこの線に沿って話し続ける。

　私は再度介入して，次のように提起する。「私が来週休暇に入ることについて，あなたは怒っているのではありませんか？」。患者は怒って口走る。「いいえ，怒ってないですよ。あなたはいつも僕が怒っていると言って責めますよね。あなたは休暇を取る権利があります。あなたは熱心に働いていますし，だから行ってはいけない理由なんてないですよ。だからなんで僕が怒らなくちゃならないんですか？　あなたの言うことは，本で調べたようなことみたいですね。分析家が休暇を取るときは決まって，あなたは怒っている，と患者に言うんですよね」。この最後の部分は，皮肉な調子で発せられる。「それで僕は腹が立つんだ」。間。沈黙。私はこう応じる。「怒っていると私に指摘されるとあなたはさらに怒りますが，けれども私は，あなたの本当の怒りは私があなたを置き去りにすることに関わっている気がするのですが」

　患者はこう答える。「そうかもしれない。自分でも分かっているんですけど，あなたが休暇に出たら僕は素敵なレストランに行って女の子をナンパするんだ，と考え続けているんです。みんなクソ喰らえだ」。私はこう応じる。「ええ，あなたを見捨てる人はみんな，クソ喰らえですよね。あなたには私たちなんか必要ない。

親密になる他の人をあなたは見つけるのですから」。患者はしばらく黙り，そして言う。「そうですよ。あなたなんか必要じゃない。あなたは，クソ休暇に行けばいいでしょ。平気ですよ」

　これは，転移反応の実証と明確化をどのように私たちが追究するかについての，比較的単純な例である。ただし私たちはその継続を中断し，思いがけず生じる抵抗を追究しなくてはならない。患者の言い間違いは彼の怒りの明確な指標であったが，彼は意識的にはこれを受け入れることを拒否する。それから彼は，教授を気の毒に感じる。続いて，拒否されたことへの怒りに戻る。私はこれを私の休暇と結びつけようとするが，彼は怒りながらこれを否定する。私はこの抵抗とその裏づけの形式を指摘し，ついに彼は，私の休暇にまつわる空想と捨てられることへの怒りを認める。私たちが患者の中の理性的自我を動員するまで，抵抗を追究する必要があると私は思っている。

　介入に反応するための時間を患者に与えることも重要である。私は，可能なときにはいつでも，転移への私の介入に患者が反応するための十分な時間がそのセッションで確実に残っているようにしている。これはあらゆる種類の介入に対して当てはまるが，何よりもまず転移に関わる解釈や介入について当てはまる。私は患者の最初の反応にはすぐに応じない。というのも，非常によくあるのだが，患者は衝動的な「はい」か「いいえ」で素早く反応し，それから徐々に，私たちが彼らに耳を傾けるにつれ，彼らの最初の反応が十分に考えられたものでも正確でもなかったことが，私たちに分かるのである。それは通常，従順さか反抗のいずれかを反映している。

　患者は何度も，転移の直面化に対する反応において，自らに矛盾することを言う。こうした反応もまた全て，分析の主題にならなくてはならない。しかしながら，私たちが言ったことについてじっくり考えてからそれに反応する時間を患者に与えることは重要である。ここで強調したいのは，患者が私たちの直面化に対する反応において，沈黙するための時間さえ持つべきだということである。私たちは，彼が何を言うかだけでなく，どのように言うかにも注意を払わなくてはならない。私の解釈が正しいなら，患者は私に同意し，それを言語的にだけでなく情緒的にも受け入れるであろうし，私の直面化に一定の細部や記憶，その他の装飾を加えるだろう。私の直面化が正しく，患者にとって理解可能であるなら，私は続いて，転移を分析する次の技法的手続きへと進むこと

ができる。

　しかしながら多くの場合，患者は私の直面化に対して連想することはもちろん，その正しさをよく考え探索する時間を必要とする。私の介入が不正確なら，患者は単に言葉で否定するだけではなく，ある種の抵抗や回避的な振る舞いによってその不正確さを明らかにするだろう。ただし，直面化の内容は正しいがタイミングを間違うことがあるかもしれない。そのときには私たちは，抵抗を追究しなくてはならない。加えて，分析家が患者の反応を適切に評価する時間を持つことも必要である。患者の反応が示しているのが同意なのか拒絶なのか，思慮深いのか逃避的なのか，あるいはこうした要素の全ての組み合わせなのか，判断するのは必ずしも容易ではない。

IV-2　転移の明確化

　ひとたび患者が転移反応に関わっているのを認識するなら，いまや私たちは，次の技法的手続き，すなわち転移の明確化の用意ができている。ここで私たちは患者が，転移像を際立たせ，明確にし，深め，そして膨らませることを望む。そのアプローチには，主に二つの道がある。

(1) 私的な細部を追究すること

　患者の転移反応を分析する際の私たちの最終目標は，この現象の個人史上の起源を解釈できることである。私たちを無意識的起源にまで戻すことができる鍵をつかむための最も実りある領域の一つは，転移反応の私的な細部 the intimate details である。各細部は，患者の中の情動，衝動，そして空想につながる。私たちは患者に，彼の力の及ぶ限り，私たちに対する自身の感情を洗練させ，装飾し，精緻化するよう求める。私たちはまた，彼がこれを試みている間に生じるかもしれない連想も含めるよう彼に求める。実例で示そう。

　私の患者K夫人◆10が，分析の3カ月目に，かなりためらったあとに私にこう話す。私について自分が性的な考えを持っていると分かっている，と。これに彼女は当惑している。結局のところ彼女は既婚者なのだから。彼女は私もまた結婚していることを知っているし，その上，私は彼女について知ったところで，彼女に

関心を持たないだろう。沈黙。こうしたことは全て合理化なのだろうと彼女は思う。つまり彼女はまったく恥ずかしすぎて自身の性的感情について話ができないのであり，そうしたことは屈辱的で品位を落とすことである。間，沈黙，ため息。車を運転していると，私が彼女を腕に抱いている像が突然彼女に閃く。彼女が本を読んだり映画を観たりしていると彼女には私が英雄や恋人だと見えるし，自身が私の恋人だと感じたりそう見えたりする。夜にベッドの中で彼女は私のことを考え，呼びかけたくなる。患者はこんな風に，私に対する性的な切望を感じたさまざまな場所や場面を語りながら，話し続ける。けれども，その像は拡大していても，さらに深くなったりさらに鮮明になることはないことが，私には分かる。羞恥心や気が進まないことがあるにもかかわらず良い作業同盟が存在しているということもまた，私は感じる。それゆえこの時点で私は彼女に次のように言う。「私に対する性的な切望に満ちているようですね。何度も心に浮かぶのですね。けれども，私と性的に何をしたいのかを明確に述べることは，あなたには難しいようです。話してみてはどうでしょう」

　患者は応えて，「私は，あなたの腕の中で，あなたに私をくしゃくしゃにしてほしい，きつく抱いて，すごくきつくて息ができないくらい，私を抱き上げてベッドに運んでほしい。それから私たちは愛し合うの」と言う。長い間。「「愛し合う」とは何を意味するのですか」と私は訊ねる。「私が言いたいのは」と患者は応じる。「それは，私のナイトガウンを引き裂いて激しく口づけをして，とても激しいので痛くて私は息ができない。無理やり私の脚を開いて，あなたのペニスを挿入する。とても大きくて，痛くて，そして私はそれを愛するの。［間］。こうしたことを話していると，おかしなつまらないことが心に浮かびました。あなたは髭をそっていなくて，髭が私の顔をひっかいたの。奇妙だわ，あなたはいつも清潔に髭をそっているようなのに」

　患者が描写した性的な空想を振り返りつつ，私は観察する。ほとんど息ができなくなることへの二度の言及，次にマゾキスティックな願望，それから抱き上げられ，運ばれること，そして私がものすごく大きいこと。私は，彼女が6歳の頃に何度か喘息を経験していたこと，その頃彼女の母親がややサディスティックな義父と結婚していたことを思い出す。転移空想の解釈は明白だと思われる。私はサディスティックな義父であり，彼女のマゾキスティックな，罪悪感を抱かせるエディパルな奮闘を満たしている。私は自分で解釈することもできたが，それよりも彼女が自らそれを見出すことを望んでいるので，彼女にこう訊ねる。「あなた

が幼い女の子だった頃，あなたを髭でよくひっかいたのは誰だったのでしょう？」。患者はかなり大きな声でこう叫ぶ。「私の義父，私の義父です。彼は私の顔に髭面をこすりつけて，私を困らせるのが好きでした——そして彼は私を抱き上げてきつく抱きしめ，空中に投げ上げた——私は，ほとんど息を継ぐことができなかった。でも私，それを嫌だと思っていました」

　明確化の技法に戻ろう。私には患者が転移像を強めていっていないと感じられるが，しかしなお彼女はそうできると感じる。そこで私は，この点を彼女に直面化する。彼女にはそれが難しいことだと分かっていること，どうかその性的な空想がどのようであるかをもっと正確に話してほしい，と私は伝える。私は直接的で開かれており，多くを要求しないが，揺るぎない。彼女が「私たちは愛し合った」と言うときにも同様にこう求める。「愛し合う」という言葉であなたが何を意味しているのかを説明してください，と。私の言葉とその調子は，粗野でもなく臆病でもない。

　ある患者が私に，私の「性器」に「キスする」という考えを持ったと言う。適切なときに私は，私のペニスにキスをすることによって何を意味したのかを説明してほしいと彼女に頼んだのだが，それは彼女の言い方が曖昧で幾分回避的だと思ったからである。私が質問することで示しているのは，その私的な詳細を私が知りたく思っていることと，ありのままの言い方でそれらについて話すことが許されている，ということである。これを，私の話し方によって私は明示する。私は卑猥でも回避的でもない。「性器」を「ペニス」に翻訳することで，私は彼女が進むのを助ける。「キスすること」については，彼女が自ら翻訳しなければならない。

　ある男性患者が私に対して「フェラチオ」する空想を持ったと話す。それが示唆されていると私が気づくと，彼に「フェラチオ」によって何を意味しているのか分からないのでどうかそのことについて私に説明してほしいと言う。彼が咳払いをして口ごもると，彼の口で私のペニスに性的なことをすることについて話しにくいようだと，私は言う。そう言うことによって，彼の転移抵抗を指摘するだけでなく，そうした問題を，具体的で日常的な生きた言葉でどのように彼に話すことができてほしいのかを，私は示してもいる。

同様のアプローチが，攻撃的な欲動や感情を扱う際にも等しく有効である。ある患者は私に敵意を感じていると言う。私は応えて，敵意という用語が分からないし，その言葉は不毛で多義的でありはっきりしない，と言う。彼が本当に意味しているのは何なのか？　私が衝動や情動を感じ取るなら，私はそれに対して最も正確な用語を使う。私は患者に，今日は私が憎かったり私にムカついたりしているようだ，と言い，どうかそのことについて私に話すように，描写とともに感情が出るままにするように，と言う。患者が，怒り，憤怒，憎しみ，恨み，イライラを区別するのを私は助ける。というのもそれぞれの感情は異なった個人史を持ち，患者の過去の異なる部分に由来するからである。患者が自身の攻撃的な空想や，敵対的で破壊的な衝動の目的を描写するよう私が促すのは，これらが患者の個人史のさまざまな段階への手掛かりでもあるからである。事例で示そう。

　若い男性Z氏◆11は，キャンセルした時間の料金を彼に請求したことで私に苛立っているのだと報告する。私は，彼が本当に苛立ちのことを話しているかどうかと彼に問いつつ，この「苛立ち」を追究する。彼は苛立ち以上だったと「推測する」。私が沈黙していると，それに駆り立てられて彼は，私が科学者のふりをした偽善者だとどれほど思っていたかと，かなり興奮して話す。私は彼の「ケツの穴の小さいtight-assed」年寄りと同じ，ただのビジネスマンである。いつかこのあらゆる「精神分析のクソ」の中に私の鼻をこすりつける勇気を持てたら，と彼は望んでいる。これをすればすばらしい復讐になるだろうし，私が彼にしていることを彼が私にするのである。「それで，私はあなたに何をしているのでしょうか？」という私の質問に対して，彼はこう答える。「あなたは私に，こうしたあらゆるクソの中を這わせているんだ。決して手加減しないで，もっと，もっと，もっとってね。あなたは決して満足しない。産みだせ，さもなければ出ていけ，というのがあなたの言っていることみたいだし，そしてそれで決して十分じゃないんだ」。私たちは，彼が抱いていたと彼が「推測する」無垢な苛立ちの背後に，幼少期の肛門-サディスティックな憤怒や屈辱を理解できる。

　この同じ患者は，のちの分析で，こう述べてセッションを開始する。来るのが嫌だったし，加えて分析も私も嫌いだ，と。「それで今日はあなたはどんな風に私を嫌いなんでしょうか？」と私が尋ねると，彼はこう応える。今日は情熱と冷たい怒りでもって私を嫌っているのだ，と。彼は私を殺したくはない，いやそれは

あまりに文明的すぎる。私を滅多打ちにしたい，文字通り粉々にして私を潰してゼリーにしたい——血のにじむねばねばの「汚らしいものgoo」のような。それから私を食べて，子どもの頃に彼の母親が彼に食べさせたひどいオートミールのように，「ごっくん」と大きな音を立てて私を食べる。それから不潔な——臭いのする毒々しいクソとして，私をクソ追い出すshit me out。そして私が彼に「そうすると，この不潔な——臭いのする毒々しいクソを，あなたはどうするのでしょう？」と尋ねると彼はこう答える。「その汚物の中にあなたをすり潰すんですよ，あなたが私の愛しい，死んだ母親と一緒になれるようにね！」

　攻撃的で破壊的な衝動に関する私的な部分の詳細を追究することによって，解釈を可能にする手掛かりがどのようにしてもたらされるのかが，今や明らかであると私は思う。分析の中で転移衝動が現れるときにはいつでも，私たちのすべきことは，本能衝動の正確な性質，目的，身体領域，そして対象に関して，そうした転移衝動を患者が明らかにするのを助けることである。

　私たちは，不安，抑うつ，不快，羨望などの他の情動にも同様に作業する。情緒についてどのような特定の性質と量が関わっているのかをはっきりさせ，深め，解明を試みながら，私たちはそれらの感情の正確な性質を追究する。明確さのための同じく厳格な探求は常に存在する。すなわち，患者は正確には何を感じているか，彼は何を空想しているか，である。その際の態度は，オープンで直接的で，恐れなく大胆であり，粗野でも臆病でもない。私たちは探索者であり，私たちが探索しているものを破壊するのではなく保持しなくてはならない。私たちは患者にとってモデルとして役立たなくてはならず，そうすれば彼はいつか，同様の問いを自らに問う能力を手に入れるだろう。

　繰り返し述べる必要があるのは，抵抗が，明確化を得ようとする私たちの試みのあらゆる段階に生じるだろうということである。その抵抗が重要であり，そして障害になると判明するなら，明確化の作業を止め，その抵抗が分析されなくてはならない。素材の内容がどれほど魅力的であっても，重要な抵抗が最初に分析されなくてはならない。さもなければその洞察は患者にとって無意味になるであろうし，彼こそが私たちの第一の関心事なのである。私たちの主要な仕事は効果的なセラピーを行うことであって，興味深いデータを集めることではない。

(2) 転移のトリガーの追究

　ある転移反応を明確にするためのもう一つの有効な方法は，分析家におけるどのような特徴や振る舞いがトリガー刺激として働いたのかを明らかにすることである。非常によくあることだが，分析家のある特性や活動が特定の反応をかき立てたことを，患者は自発的に認識する。その他の場合には，この転移のトリガーは患者に知られないばかりか，患者はそれを認識することに強く抵抗するだろう。ときには分析家の振る舞いは，患者の中に転移現象では**ない**反応を呼び起こすだろう。というのも，それが適切な反応であるかもしれないからである。つまるところ，ときには私たち分析家があまりに抑制的すぎるために，私たちの個人的な特異性の内のどれが転移を起こす刺激として働いたのかを患者とともに探索できないかもしれないということを，私たちは認識するべきである。

　あらゆる転移反応を分析家の振る舞いの何らかの特徴へと辿ることを主張する分析家のことを，私は聞いたことがある。これにはその分析家の自己愛的ニードか，あるいは技法的手続きに対する過大評価が感じられる。私たちの目的は患者の過去における無意識的な個人史の起源を解釈するために明確化することである。転移のトリガーは価値ある助力となるかもしれないが，最終目的のための手段にすぎず，それ自体が最終目的ではない。多くの臨床状況では転移のトリガーの探求が不必要だったり無関係であるか，もしくは最も生産的なアプローチではない。

　二，三の臨床例が，上に述べた点のいくつかを示すだろう。ある女性患者は，沈黙したまま静かにカウチに横たわり，目を閉じ，一見安らかで満足した様子でセッションを始める。数分間の沈黙の後，私は「それでyes？」と言う。彼女は優しく微笑み，ため息をついて，そして静かなままでいる。いまや何分も過ぎ，彼女が示しているように思われる穏やかでこの上なく幸せな様子に私は印象づけられる。いつもは彼女はよく話し生産的で，沈黙するときは緊張し動揺している。私は，このいつもと違う反応を説明するものを明らかにすることができるだろうかと思いつつ，最近の数セッションについて考えを巡らし始める。彼女の予約時間は，特にこの日は午後の遅い時間なのだが，それは私のスケジュールが変化したからである。通常は彼女は午前中に来る。外は暗く，面接室には明かりがともっ

ている。

　患者は黙ったままであり、静かに反芻しているように見える喜びの高まりに、私はますます印象づけられる。20分ほど経って私は彼女にこう言う。「この時間はいつもと違うようですね。あなたは大変静かに、あなただけで、何を楽しんでいるのでしょう？」。彼女は柔らかく夢見るような声でこう答える。「私はこのオフィスの平安な感じの中でお酒を飲みながら、ここに横たわっています。天国だわ。あなたのタバコの香りを吸い込んでいるの。あなたが大きな椅子に座って、心地よく、考え込みながらタバコの煙を吹かしているのを想像しています。あなたの声は、コーヒーや豊かなタバコの煙のように、温かくて陽気に聞こえる。私は守られていて、安全で、世話をされている感じがします。夜中を過ぎているようで、お父さんと私以外の家族は眠っているの。彼は書斎で仕事をしていて、私は彼のタバコの匂いを嗅ぐことができて、彼がコーヒーを入れているのが聞こえるの。私はそっとその部屋に入り込んで、彼の横で丸くなっていることができたら、と思ったものだった。私はそうしようとして、ねずみみたいに黙っていると約束するけれど、彼はいつも私をベッドに運んでいったのよ」

　患者自身が認識したのだが、その遅い時間、オフィスには明かりがともり、私のタバコの香り、私の沈黙、私の声が、子ども時代の記憶――彼女の保護的でいとおしい彼女の父親と二人きりでいたいという切望――をかき立てたのだった。子ども時代の、叶わなかったものの空想していた快楽を、彼女はカウチに横たわりながら感じるままにする。

　私の患者Ｚ氏◆12は、分析において、自身の性的空想を私に話すことが非常に難しいことに気づく段階を迎える。彼はすでに何年も分析を続けており、私たちは、彼の転移抵抗の多くの異なる側面をワークスルーしてきた。この特定の抵抗は幾分異なっていると感じられる。何時間にもわたる表面的な話、夢の欠如、多くの沈黙。彼が述べているように思われる唯一顕著なことは、最近彼にとって私が違って見えたということである。私は、どう違っているか明らかにするよう彼に強く求める。彼には分からない。そのことを話すことができない。しかし最終的に、私は彼に嫌悪感を抱かせるようだと、口ごもりながらようやく言う。そこで私は直接的に率直に、彼にこう言う。「そうですか。私があなたを嫌な感じにさせるのですね。では、私の姿を思い描いて私の何が嫌な感じなのか、話してみてください」。患者はゆっくりと話し始める。「あなたの口や唇を見ると、厚くて湿ってい

ます。口の端には唾液があります。こんなことをあなたに言いたくないんです，グリーンソン先生。本当にそうかどうかわからないです」。私は，「続けてください」と簡単に言う。「あなたの口が開いていて臭う，と私は想像します。あなたの舌が唇を濡らしているのが見えます。最近になってセックスについてあなたに話そうとするとき，それが見えて，そのために私は話すのをやめ，凍りつくのです。今，あなたの反応が怖いんです……［間］……私はあなたのことを，淫らでふしだらな老人だと見ているようです……［間］……」

　私は次のように言う。「では，厚くて湿った唇を持った淫らでふしだらな老人の像とともに，ご自身を漂わせてください」。患者はしばらく話し，それから突然，自身が売春婦を探しながら，しかし怖くて居心地の悪さを感じつつ，興奮して通りを歩き回った思春期早期の記憶を思い出す。暗い道で誰かが彼に近づいてきて，明らかにセックスが念頭にあった。その人が彼のペニスを撫でて吸いつきたがっていることが，彼には分かった。少年はその状況に対処する力がなかった。興奮と恐れに引き裂かれて，彼はなされるまま，自身への性行為を許していた。それが男なのか女なのか，最初ははっきりしなかった。全てはあっという間に起こったし，小道は暗かった。彼にさまざまな感情が押し寄せてきた。けれども彼が確かに覚えているのは，その人物の口や唇が厚くて湿って開いていたということである。彼がその出来事を話せば話すほど，その人物が男で，同性愛の売春夫だということが，一層明らかになっていく（1年前に患者はこのことを報告していたが，詳しくは話さず，ちょっとした記憶としてだった）。

　患者が，思春期の同性愛体験を，私との転移関係で再体験していることは，明らかだった。この出来事の回帰を刺激したトリガーは，私の厚い湿った唇に彼が気づいたことだった。私が私自身のことを，厚くて湿った唇を持つ淫らでふしだらな嫌な老人として話すことができるのだということを私のやり方で彼に示すことで，彼がこの素材について作業を進めるのを私は助けたのだった。もし私が臆病であったなら，彼の不安は増しただろう。もし私が憤慨し沈黙すらしていたなら，非難したと理解されていたことだろう。

　分析家は，他のことを扱う際とまったく変わらずに，この素材を扱う。患者が私を性的に魅力的だと感じると私に話すとき，私の何が性的に魅力的だと感じるか，私は彼女に訊ねる。彼女が私を愛していると感じると私に話すなら，私について何を愛していると思うか，訊ねる。患者が私を嫌悪すると言うなら，私

の何が嫌なのかを訊ねる。私は沈黙しすぎることも積極的すぎることもないよう注意する。なぜなら，私の技法のいかなる変化も，何らかの形で私が動揺していることを患者に示すからである。私に対する患者の反応について私的な細部を掘り出していくことに，誰か他の人についてのときと同じように，私は忍耐強く粘り強い。私は，患者の愛情や性的な転移反応を，憎しみや嫌悪を扱うのと変わらないやり方で扱おうとする。これは常に簡単な仕事であるとは限らないし，常に成功していると主張しているわけでもない。

　上述した臨床素材が示しているのは，分析家の個人的な性質や特性，そしてまた面接室の特定の特徴が，転移反応のトリガー刺激として働くかもしれないということである。分析家の発言の中に彼らが感じ取る情緒の性質や声の調子に対しても，患者は同じように反応するかもしれないということも，付け加えておくべきだろう。私の話し方の中に私が患者を見くびっていると彼らが感じたときに，大変な怒りと抑うつの反応を伴って患者が反応してきたことがある。非難を込め，皮肉げで，誘惑的に，サディスティックで，粗野に，軽薄になどと聞こえるような様子で，患者は私に反応した。それぞれのケースにおいて，私にどの特定の特性や活動がその反応を突然引き起こしたのかを，選り分けて明らかにする必要がある。患者の非難に何らかの真実があるなら，それは認められなくてはならない。しかしいずれにせよ，患者の反応は分析されなくてはならない。すなわち，明らかにされ，解釈されなくてはならない。

　ある意味，あらゆる転移反応は分析状況のある側面によって引き起こされる。分析状況は，退行的に誤った認識を促進し，過去の対象に対する患者の忘れられた反応を喚起するように設定されている。何が転移反応をかき立てたのかを選り分けて明らかにすることが，必要でもなければ良い結果を生じもしない場合がある。問題の転移現象を分析するだけで十分なのである。他の場合には，分析家や分析状況のトリガーとなる特徴を明らかにし分析することに，かなりの価値があることが分かるだろう。私がこのアプローチの筋道の重要性を強調してきたのは，多くの分析家がこうした技法上の手続きを無視する傾向があることに，スーパーヴィジョンの仕事の中で気づいたからである。

IV-3　転移の解釈

　さて私たちは，精神分析的方法と他のあらゆる形式の心理療法とを区別する

技法的手続きへとたどり着いた。解釈は精神分析技法の究極的で決定的な道具である。精神分析で使われるあらゆるその他の技法的手続きは，解釈を可能にする土台作りである。なにより，他の全ての技法上の工夫は最終的に分析の題材になるべきであり，そして患者に対するその効果は解釈されなくてはならない。

　精神分析の枠組みでは，解釈することは無意識の心的現象を意識化することを意味する。あらゆる解釈の究極の目的は，所与の心的現象の意味を患者が理解できるようにすることである。私たちは所与の転移反応の無意識的な歴史，来歴，起源，目的，そして相互のつながりを明らかにすることによって，転移を解釈する。これは一つの段階で達成されることはなく，長期にわたるプロセスになる。実証や明確化によって，患者の自我に前意識的で容易に接近できる心理状況を観察させようとする。患者は自我を分裂させることを求められるが，それは患者の自我のある部分が，もう一方の部分が経験していることを観察できるようになるためである。解釈の中で，容易に観察可能であるものを超えて心理現象に意味や因果関係を与えるように，私たちは患者に求める（E. Bibling, 1954）。

　実証と明確化は，患者に私たちの解釈に対する準備をさせる。解釈は，それが効果的であるためには，患者の理解の限界や情緒的に理解する範囲を超えて進んではならない。一つの解釈は，検証するためには患者の応答を必要とする，一つの仮説である（Waelder, 1960, pp.3-27）。明確化は解釈につながり，そして解釈もまた，さらなる明確化へと戻る。分析家がある現象を患者に明確化しようとしているときによくあるのだが，患者はその現象の解釈，その無意識的意味に偶然出会うだろう。同様に，解釈の正しさは，患者がいくつかの新しく装飾する素材を加えることで実証されることが多い。簡単な例をあげよう。

　分析3年目の女性患者は，彼女を脅かす不気味な何かを私に感じるために，分析時間に来ることに抵抗を示し始める。彼女が私に感じる不気味なものの性質を明確にするように私は彼女を説得する。ためらいつつ彼女は私のことを，表面上は優しいと思われるが，密かに女性に対して敵対的な男性だ，と描写し始める。続けて，男性的で活発に見えるけれども実際は女性的で受動的な男性について，彼女は描写する。彼は大変受動的なので，彼なら指一本上げずに彼の女性患者たちをゆっくりと出血させて死なせるだろう。「出血して死ぬ」と言った瞬間，彼女は息をのむ。「なんてこと！　それが何か分かったわ——私の父よ。私はあなたと父

を混同している」。患者は子ども時代の出来事に言及した。4歳のとき,彼女は膣から出血していることに気づき,パニックになって父親のところへと走ったのだった。父親はこう言って彼女を慰めようとした。「なんでもないよ,治るよ,忘れなさい」。多くの複雑な理由で,これは患者にとって最も心をかき乱すことだった。

この出来事は分析の間に何回も浮かんできていたが,父親側に悪意のある意図の性質を伴うことは決してなかった。彼女が私に対する感情を明確にしはじめてようやく,不気味な感覚が彼女に浮かび,それが出血へと繋がり,そうしてそのことから彼女は自発的に,これが自身の父親に由来するのだと自発的に解釈した。それから患者は先へと進み,親切で受動的だと思われていた父親の中に隠されたサディスティックな性質に対する自身の気づきを深めていった。

転移反応の実証や明確化が直接に解釈をもたらさないのであれば,分析家は,ある技法上の諸段階に取り掛かる必要がある。おおむねこうした諸段階は,その特定の転移反応の歴史を明らかにすることへと向けられる。

転移反応の歴史の探索は,この特別な対象関係の形成へと向かう構成部分のどれであれ追跡することによって,最もよく促進されうる。通常,私たちが探索するのに選ぶのは,患者の合理的で意識的な自我に最も接近しやすいと思われる転移の側面である。したがって,抵抗がかなりの程度現れているなら,私たちは通常その抵抗から始める（内容の前に抵抗を分析することについては第II部第7章のIを参照）。重要な抵抗が働いていないなら,患者にとって最も緊急で切迫していると思われる転移のどの側面であれ,私たちは探索を続けることができる。

いくつものアプローチが可能であるが,転移反応の歴史を明らかにしようとする際に最も重要な三つの方法がある。すなわち（1）関連する情動や衝動を追究すること,（2）転移的人物の来歴をたどること,（3）転移空想を探索すること,である。これらの三つの技法はしばしば互いに融合し,一つのアプローチは他と混ざり合う。明確にするために,それぞれ別々に説明する。

(1) 情動, 衝動, 態度の追究

概して,転移反応の無意識的起源を明らかしようとする際に従うべき最も報われる方法は,関連する情動や衝動を探索することである。私たちが患者に行う質問は,次のように定式化することができる。「あなたは以前,この感情ある

いは衝動をどこで感じましたか」。同様の質問はこうである。「あなたがこの感情あるいは衝動とともに考えを漂わせるなら，あなたに何が起こりますか」。ときには，そういう質問を明確に患者に問う必要はない。つまり私たちはただ，無言でその問いを行い，そして患者の自発的な連想が私たちにその答えを与える。分析の初期には，私たちは通常そうした質問を行わなくてはならない。しかしのちには，患者は沈黙の中においてではあるが，それらを自ら問うように思われる。

　二，三の簡単な例でこうした点を説明したい。X教授◆13は分析初期に，私が彼に批判的になるだろうと恐れるあまり特定の連想を省いていることを認める。実のところ彼は，私が彼をあざ笑っているところを想像することすらできる。彼はこの考えに耐えることができない。辱められることが嫌なのである。彼がしばらく黙った後で，私は彼に尋ねる。「このようなことは以前どこであなたに起こったでしょうか」。患者はそれに答える。「私が若かったとき，母はこういうことをよくしたものでした。彼女はひどくからかう人で，私の欠点を笑って苦しめて面白がりました」。彼は話し続ける。そのセッション時間が終わる前に，私は次のように解釈する。「それであなたはここで私とともにいて，あなたに浮かぶ特定の考えを省くのですね。なぜならあなたは，お母さんがしたように私があなたを苦しめるのではないかと恐れているのですから」。間を置いて，患者は答える。「はい，そうだったと思います。でも今は馬鹿げていると思えますけれどね」

　この同じ患者の1年後のセッションは，次のようにまとめることができる。彼は二，三分時間に遅れて来て，それが何かを意味するのだろうかと思いめぐらす。彼はカウチに横になりながらため息をつき，最近自分には分析が重荷になっているようだと言う。今日，彼は義務感から来たが，楽しみの感覚や期待は一切なかった。私が休暇を取っていたとき，彼は楽しく過ごした。すなわち彼は，妻といつもよりずっと自由な性生活を持っているようだった。私が休暇から戻って以降，彼の肛門のむずむずが再発し，そしてマスターベーションへの衝迫も戻っていた。彼は父親の健康を気にかけており，父親は痔の悩みがあると手紙に書いていた。彼の父親は直腸について常に心配した。彼はいつも，子どもたちの体温を直腸で計るのを好んだ。最近患者は，前戯の間に，妻の直腸に指を突っ込む誘惑にかられた。そのことを私に話さなければならないようにはしたくなかったので，彼はそれをしなかったのだが，私がそうした類のくだらない話を聞きたいかもしれない

と彼は思った。もしかしたら私はそういう素材に非常に喜びを感じるかもしれない，あるいは彼が投影しているのかもしれない。私は患者に，父親がしたように私が彼の肛門活動を楽しむかもしれないと彼が感じているようだ，と解釈する。患者は自身に肛門の快感を与える何かをしたときはいつでも，私のことをしばしば思ったのだと答える。セッションに来ることに気が進まないのは，私が戻って以降，自身の肛門に行うことへの考えや衝動をずっと多く持っているように思われ，自身をかき乱す何か同性愛的なものがあるという印象を持つからだろう，とさえ彼は感づく。

注目すべきことは，最初の例では，直接患者に質問を求めることで，私は情動を追究しなくてはならなかったことだ。2番目の例では，患者は肛門のむずむずの再発と分析家が戻ってきたことを，肛門に対する父親の関心へと自発的に結びつけた。それは，従来，私が彼に尋ねていた類の問いを，まるで彼が黙ったまま自ら問うていたかのようだった。

転移の態度を明らかにすることは，私が情動や衝動について説明してきたものと同様の方法で追究できる。受動性，服従，軽蔑などの態度が患者の生活の中でいつ，どのように生じたのかに関する隠された歴史を，私たちはこうして解明しようとするだろう。概して，態度に関する素材を見つけることはさらに難しい。というのもそれらはあまりにしばしば自我親和的だからである。通常は，連想の中で患者が意味のある情報を生み出すことができるのを期待できるようになる前に，まずその態度を自我異和的にすることが必要である。

(2) 転移的人物の来歴をたどること

所与の転移反応の形成について同じく重要な情報源は，ある特定の転移反応を生じさせた異なる人々を限定することによって，見出されるかもしれない。言い換えれば，私たちは次のような問いに答えようとする。あなたは過去に，誰に対してこのように感じたか？である。この問いは，あなたは過去において，いつそう感じたか？という，私たちの先の問いの強調点を変えたに過ぎない。これら二つの問いはしばしば互いに互いを導いており，分けられないものである。しかしながら，それぞれの問いが異なる方向に向かうこともあり，そしてそれぞれが，異なる場合に異なる重要性を持つこともある。私たちが転移反応を解

釈することに成功するなら，過去のどのような対象に，どのような状況の下で，この現在の反応が適切であったのかということを，私たちは最終的に打ち立てることができると考える。

　患者の転移反応は分析家に対しては不適切であるが，過去の誰かにはふさわしい。私たちはオリジナルの対象に直ちに至ると常に期待するのではなく，ある中間の対象を見つけることを期待するのであって，その対象がやがて，その起源へと導くのである。現在の転移的人物の前身たちが，固定された年代順で現れるわけではない。この点で，私の所見は，地質学でいう「断層のずれFaulting◇6」と表現したフェニケル（1941, p.48）に同意するものである。過去へと年代順に遡ることを強調したW. ライヒ（1928, 1929）とは異なっている。1セッションの中で何度も，最近のことから遠い過去へと患者は移ろうかもしれない。あるいは患者の情緒は，別の対象へと移る前に，ある中間の対象に長い間固着したままかもしれない。所与の転移反応には通常多くの来歴があり，そして転移反応の強さと複雑さの全貌を明らかにするためにはその全てが分析されなくてはならない。転移反応を分析する際の技法的問題の一つは，転移反応がいつその源を変えたのかを解明することである。ときには，転移反応のある細部における非常に微妙な変化だけが，転移を生み出す対象が変化したことを仄めかすのである。

　こうして，X教授◆14の事例——私が彼を辱めるのではないかと恐れたために，彼は特定の連想を省略していた——では，私の解釈がまずもたらしたのは，自分をからかう母親にしていたように私に反応しているということだった。これは主に，彼女側の言葉遊びや笑いから成っていた。それから，からかわれることに対する恐れは，誰かが軽蔑して彼を指さすことに対する恐れと関連しており，それを彼は姉たちと結びつけることができた。別のセッションでは，辱められることに対する彼の恐怖は，それに伴う身体的な恐怖の要素を含んでいた。この変化は，恥をかかせる父親に対する恐れへとシフトしたことを示していた。さらに別の場合には，学校教師，叔父，叔母，学校の友人に由来する恥の反応を，彼は私に示した。

　要約すると，私に辱められることに対する彼の恐怖を分析することで，ずらりと居並ぶ恥をかかせる人々がもたらされたのであり，彼らは，恥をかかせる人としての彼の分析家の先人であり創造者であった。その先人たちそれぞれが，辱め

られるという彼の空想のある側面を加えたり，強めたり，変更したりした。私たちは，彼に屈辱を感じさせた対象を明らかにしただけでなく，それぞれの対象の派生物や先人たちをたどった。3歳のときに夜尿で彼をからかった母親はそのうちの一人であり，5歳のときに彼の小さなペニスを小ばかにするのは別の人であり，14歳のときに彼の陰毛が少ないと笑うのはさらに別の人だった。彼の母親がやめたのに姉の一人は続け，17歳になるまで彼の不十分な性的発達のことで彼を馬鹿にした。その一方で父親は，5歳のとき，そして思春期後期において，彼が性的な事柄について好奇心が強すぎるということで彼に恥ずかしい思いをさせた。

「あなたは過去に，誰に対してこのように感じましたか？」との問いは，転移反応の分析の中で最も頻繁になされる問いの一つである。それは，はっきりと尋ねられることもあれば静かに尋ねられることもあるが，重要な転移反応が起きている限り，私たちはこの問いをすることを決して止めないだろう。これは驚くにあたらない。なぜならあらゆる転移現象は人生初期の主要人物との体験に由来するのであり，のちに彼らと同等の立場になる人々や派生物についても同様だからである。

(3) 転移空想を探索する

私たちがどのように転移現象の解釈にアプローチすることができるのかを例証するために引用したさまざまな例を振り返るなら，分析家に関する患者の空想を私たちが探索していることが見て取れるだろう。この探索は必ずしも明確であるとは限らない。しばしばそれは不明瞭である。例えば，なぜ特定の連想を省くのかを患者に問うと，私つまり分析家が彼に恥をかかせるだろうと恐れていると彼は答える。実際に彼が言っているのは，私に恥をかかされるという空想から生じる恥の感情を持つ，ということである。患者はこの空想を，母親がおねしょのことで彼をからかうことに自発的に結びつけ，そしてこのように，彼は私がはっきりと質問しなくてもその内容を明らかにするのである。

しかしながらときには，特に転移の情動，衝動，対象が漠然として，接近できないか非生産的であるときには，患者に自身の空想に直接に焦点を当てさせることが必要である。

例えば，若い男性Z氏[15]は3年間分析を受けてきたが，社交場面での不安について得てきた洞察を利用することができないか気が進まないでいる。彼が意識的にも無意識的にも私に同一化することを恐れていることが明らかになる。彼はこの解釈に同意するが，それは変化をもたらさない。そこで私は彼に「私のようになること」を想像してみて，この考えによって自身の中に刺激される空想を述べるよう求める。患者は答える。「私はあなたのようになりたくない。あなたが言うような，サイコロジカルマインドってやつに，内省的になんてなりたくない。私は自分の内側に，あなたのどんな部分であれ取り入れたくない。そんなことをするなんて，あなたの一部を飲みこむこと，あなたの一部を吸い込むこと，あなたの言葉を吸い込むこと，あなたの心や身体の一部を私の内側に持つようなものです。それには性的な感じがあるし，私の口の中にあなたのペニスを入れたりあなたの精液を飲みこんだりするようなものなんです。私はそんなことをするつもりはないし，あなたに負けるつもりなんてない」。こうしたこと全てを話しているとき，彼は足首をきつく交差させ，両腕を脇に押しつけ，こぶしを握り締めており，そして言葉は彼の歯の間から吐き捨てられる。

この空想を述べることで患者が私に明らかにしたのは，私との同一化に対する自身の拒絶の背後にあった，同性愛不安だった。同性愛がなぜ，どのように同一化と織り交ざるようになったのかについて，今や私は彼とともに作業を始めることができた。この洞察への道を拓いたのは，私に関する自身の空想についての患者の叙述からであった。

ある一定期間，私たちが特定の抵抗の分析に取り組んでいるときには非常にしばしば，次のように訊ねることで私たちはその抵抗にアプローチできる。「今日，私はあなたをどのように怖がらせていますか？」。それが実際に意味するのは，今日は私に関するどのような空想をあなたは持っているのか？ということである。

患者の転移反応の歴史を探索する三つの重要な方法を私は記述してきた。すなわち，情動，衝動，態度の追究，転移的人物の来歴をたどること，そして転移空想の探索である。転移反応の歴史を明らかにする，多くの他の道筋がありえるが，私の経験では，これら三つのアプローチが最も生産的であることが分かっている。

転移現象を分析するにあたり私が用いてきた臨床例は，全ての介入が，患者

あるいは分析家に特定の情動，衝動，態度，対象，空想を明らかにさせることに成功するという，誤った印象を与えるかもしれない。多くの場合に私たちが患者に言えるのは，彼が分析家に対する一定の感情に苦しんでいるという印象を私たちが抱いているということだけである。彼は賛成するかもしれないししないかもしれない。そしてその連想の産物は，明確な無意識的素材を直ちにはもたらさないかもしれない。転移の特定の側面が解釈可能となるには，何セッションもかかるかもしれないのである。

Ⅳ-4　転移解釈のワークスルー

たった一度の転移解釈では，たとえそれが完全に正しくても，長期間にわたり有効であり続けることはないということを，私たちは臨床経験から学んでいる。効果を発揮するには何度も繰り返される必要がある。さらに，たった一度の転移解釈では患者の転移反応を十分に説明することはできない。1回の転移解釈は，せいぜい部分的な説明にすぎないのである。患者の振る舞いを十分に理解して持続する変化を成し遂げるために，個々の解釈のワークスルーが必要となる。ワークスルーについての一般的な主題は第Ⅱ巻でより詳しく論じられるが，転移解釈のワークスルーについて，私はここで簡単に記述したいと思う。この問題については，精神分析の基本的な著作を参照するよう，研修生には勧める（Freud, 1914c, 1916-17, 1917b, 1926a, 1937a; Fenichel, 1941; Lewin, 1950; Greenacre, 1956；および追加の文献リスト）。

(1) 理論的考察

ワークスルーの過程は，基本的に，解釈を通して得られた洞察を反復し精緻化することを指している。とりわけ転移抵抗を分析し克服しようとする際に，反復が必要となる。これは古い防衛を放棄して新しいアプローチを思い切って使うことに自我が乗り気でないためである。すなわち，自我が古い不安を征服して新しい適応的な能力を信頼するためには時間を要するのである。特定の転移抵抗の意味を私たちが初めて解釈するときには，ほとんどあるいはまったく変化がみられないことは，臨床経験上よくあることである。後になって，同一の解釈が患者の中に鮮やかな変化をもたらすかもしれないが，結局それは，日々

の生活の「予測できないこと」がイドや超自我に対する自我の力のバランスを変えるときに，古い抵抗的振る舞いを回帰させることになる。抵抗は執拗であり，自我は，変化するために，新しい体験を吸収する時間を必要とする。

　転移反応の意味について深い理解を手にするためには，多くの変形や分岐を明らかにし，辿る必要がある。転移現象の重複決定や多彩な機能が，これを担っている。したがって，例えば私たちは，現在の転移状況における患者の振る舞いの意味を解釈し，そしてそれから，そのオリジナルやあらゆる中間の転移的人物に関する同様の反応を追究しなくてはならない。さらに，ある所与の転移的振る舞いが，ある状況では本能のはけ口として，別の状況では抵抗や防衛としてどのように働くのかということも，私たちは明らかにしなくてはならない。あるいは私たちは，さまざまなリビドー期を通して転移現象を辿らなくてはならないし，そしてまたその転移現象が，自我，イド，超自我の観点からどのように理解されるべきかを確定しなくてはならない。新たな洞察に続くあらゆる作業，そして態度や振る舞いの変化につながるあらゆる作業が，ワークスルーの過程であると考えられるだろう（Greenson, 1965b）。

（2）臨床素材

　私はここで，転移反応の解釈や部分的なワークスルーを例証するであろう，いくつかの臨床資料を表したいと思う。この素材は3週間の精神分析的セラピーから抜粋された。

　若い男性，Z氏◆16は分析3年目である。この時点までの彼の転移反応は，次のような定式化に要約されるだろう。すなわち，私は主として禁欲的で親切な父親であり，患者を好んでいるが彼の性的で攻撃的な衝動には批判的である。患者は道徳的にも性的にも劣等だと感じる。彼は小さく無力で，彼のセクシュアリティは不潔である。私は偉大で性的能力があり，清潔な父親——かつて彼が羨み称賛し真似したいと望んだ父親——なのである。最近の数時間に，一連の強固な抵抗が現れた。Z氏は夢を忘れてしまったか，連想がほとんど浮かばないかのどちらかだった。彼が話した素材は陳腐で，ほとんど空想はなく，新たな記憶や洞察をまったく伴っていない。その後，彼が次のような夢を報告する時間がやってくる。彼は大きな家にいて，部屋から部屋へと向かう。彼の後に，彼が食べるものを絶

えず差し出す給仕が続く。最終的に彼は女主人に会い，彼女はこう言う。彼が来ることができて嬉しい，というのも彼は良い，清潔なビジネスをしていて，そして予後良好／危険が少ない／頼りになる人a good riskだと分かっているから，と。彼女の家の家具をどれほど好きかと，彼女は彼に尋ねる。患者は否定的な意見を言いたくないので，口ごもる。

　夢に対する連想は基本的に次のようである。彼は大きなパーティが嫌いで，とても落ち着かないと感じる。彼の両親は，大きなパーティをよく開いており，彼はそれらを避けようとしたものだった。彼の父親は親切なホストで，人々に食べ物や飲み物を提供するのだった。実際，彼はそれをやりすぎた。つまり彼は人々に食べ物を強要し，それで患者は恥ずかしい思いをしたものだった。夢の中の給仕は非常にしつこかった。給仕は患者についてきて，患者は彼を追い払うことができなかった。奇妙なことに，彼は夢の中で食べ続けた。一方現実には，彼はパーティでほとんど食べない。最近，彼はあまり食欲がなく，それを分析に伴う困難のせいにする。彼は最近どこにも行き着かないように思える。私はこの時点で解釈する。「私が最近あなたに提供してきた解釈を，あなたは飲み込もうと思わない。私はどこまでもあなたについて行くが，あなたは私が提供するものを受けいれるつもりはない」

　患者は同意し，足を踏み入れることを恐れている何かがあると感じている，と言う。彼は型にはまっているように思われる。私と分析を始めたときには，冷たくてよそよそしかった最初の分析家よりも私とのほうがうまくいくだろうと感じていたので，彼は自分に失望している。私は彼に，夢の中の家具について尋ねる。家具には大変詳しく敏感なのだ，と彼は答える。彼は室内装飾にかなりの注意を払う。長い間。私がこのことを女性的だと思うのではないか，と彼は恐れる。室内装飾家は大抵，同性愛だと聞いたことがある。間。雑談。私は彼に解釈する。「あなたはご自身の同性愛的な感情について，私に話すことを恐れているようです。むしろはぐらかそうとしているようですね。なぜ，私と一緒に覚悟してそれをやってみることができないのでしょう？」

　私は温かいのであってよそよそしくはないので，患者の反応は今や，私に対する恐怖を引き起こす。もし私が冷たくよそよそしいなら，彼はもっと安全に感じるだろう。ある意味で，私は彼の父親のようであり，とても多くを与えすぎる。彼は父親に対して温かい愛情ある感情を表したことを思い出すことができない。彼は父親を好きだったが，常に距離をおいていた。その後，青年期になり，患者は

父親を粗野で下品な人と見るようになった。「あなたは温かいのであって，粗野や下品ではありません」。私は解釈する。「けれどもおそらく，もしご自身の考えや感情が同性愛の方向へと向かうなら，私は違っていることが判明するかもしれない，とあなたは恐れるのですね。結局のところ，夢においては，私もまた女主人なのですね」
　たとえどれほど男友達のことが好きであっても彼らと親密にはならない，と患者は答える。つまり彼は決して近づきすぎず，親密になりすぎない。ただ，自身が何を恐れているのか，彼には正確には分からない。
　次のセッションで，患者は4時に目を覚まして眠れなかったと報告する。彼は大柄の婦人が彼のペニスを愛撫しているといういつもの空想でマスターベーションをしようとしたが，それによっても彼は興奮しなかった。そうすると，一組の男女とともにベッドにいるという考えが割り込んできた。それは極めて不快だった。大柄で太った，白髪交じりで太鼓腹の男性の隣で寝ているという考えは，実に嫌なものだった。彼は，私がそのような考えを押しつけていると感じた。沈黙。私はこう言う。「そしてあなたはそうした考えを飲み込まないのでしょうね」。患者は残りの時間，抵抗している。
　次の数時間，患者は非常に抵抗し続ける。とうとう，長い沈黙の後のある時間に，彼は次のように言う。前回のセッションの後，急に尿意を催して，私のオフィスがあるビルのトイレに行ったのだ，と。彼は排尿を始めるのにとても苦労した。彼が間を置いたのち，私はこう言う。「おそらく，私が入ってくるのではないかとあなたは不安だったのですね」。最初，患者は私の言葉に激怒し，それから静かになり，その通りだと認める。彼はそのような考えを抱いたのだった。沈黙。そこで私は彼にこう尋ねる。「あなたが小さかった頃，お父さんとバスルームにいるときにはどうでしたか？」。すると患者は，父親がためらうことなく全ての排泄機能を行いながら，バスルームの中でどのようにして彼の前で裸のままウロウロしたかということの描写へと移っていく。ただ，このことを自身がどう感じていたかを彼は思い出せなかった。
　続く数時間は，昔の女友達との性的関係を再開したが満足のいくものではないという話で占められる。分析の中で現れ始めていた同性愛的感情を避けるために，異性との情事へと彼がつき進んだように思う，と私は彼に指摘する。患者は言葉ではその通りだと認める。しかし次の数時間，彼は違うやり方で，かなり抵抗する。最終的に，今や私は，彼にとって粗野でひどく不快な年老いた男のようであ

ることを彼は認め，私が先に記述したセッション（第III部第9章のIV-2の（2））——分析家がトリガーとしてどのように役立ち得るかに関する一例としてのセッション——を私たちは持つに至ったのだった。

青年期の同性愛的な記憶を明るみに出すことで彼は抑うつ的になったが，いくつかの転移抵抗を克服し，より生産的になった。

その後のある分析時間に，彼は二つの夢を報告する。（1）彼はオートバイに乗っていた。（2）彼は古い建物の中にいた。彼の部屋の鍵穴に若い男性がキーを差し込もうとしているのを彼は目にする。患者はイライラするが手伝ってあげようと言う。彼の連想はジャマイカの古いホテルへと進み，そこは彼が5歳のときに，母親が独りで長い休暇に出かけたホテルだった。のちに彼が海軍にいたときに，そこを訪れた。彼は私のオフィスの建物が好きではない。近代的すぎるのである。最近，私はただ彼の後ろに座っているだけで何もしていないように思われる。彼が全ての作業をすることを私は期待しているのか？　彼はオートバイに乗ったことはないが，私の息子が乗るということは聞いていた。精神分析家を父親に持つということは，どんなだろう？　分析家は子どもたちの前を裸で歩きまわるのだろうか？　彼が5歳のときに母親が彼と父親を残して休暇に出かけたことを，私は彼に再構成する。おそらく当時，バスルームで裸の父親の姿を見ることは，彼の中に何らかの性的な感情をかき立てたのだろう。

患者は，思い出すことができないと言って応じる。しかし彼は，夏のキャンプで少年たちのペニスを見て心奪われたことを確かに思い出す。彼は9歳か10歳の頃の出来事を思い出したのだが，そのとき彼は，年下の男の子のペニスを愛撫したのだった。それは，突然の衝動的な行為だった。彼とその少年は体調が悪く，他の少年たちは遊びに出かけていたため，キャンプ場の診療所に二人きりだった。少年は寂しそうに涙ぐんでいて，患者は彼を慰めようとして彼のベッドによじ上ったのだが，そのとき突然に，彼のペニスを愛撫しようとの衝迫を感じた。彼は自分自身に衝撃を受け，少年が話すかもしれないと恐ろしくなった。少し後になって，彼は学校の水泳の授業で少年たちが服を脱いでいるときに感じた同様の衝動を思い出したが，それは常に自分より若い少年たちに対してだった。彼が父親にして**ほしかった**ことを年下の少年にしていたように思われる，と私は解釈する。

患者はびっくりしてこう言って反応する。背が高く太っていて，大きなお腹をしたうんざりさせる男としての父親像は隠蔽だったと，あなたは言うのですか？と。私はこう言う。「ええ，そうだと思われます。あなたはより早期のより魅力的

なものを隠すために，彼の像を使ったのです。彼はあなたにとって粗野で下品な人になり，そして，あなたは防御のために，彼によそよそしくなったのでしょう」。患者はしばらく考えて次のように言う。「おそらくそれが，たとえ好意をもっても，私が温かみのある情熱的な男性と決して親しくなりすぎることがない理由なんです。私は，親密になりすぎることを恐れているに違いありません……［間］……おそらくこれが，この分析で私とあなたに生じていることなのですね」

(3) 技法的手続き——追究と再構成

　上記の素材は，どのようにして患者の転移反応を解釈し（部分的に）ワークスルーするかを示す典型例であると思う。繰り返すと，効果的で十分な解釈は一度限りの介入で成し遂げられはせず，繰り返しと精緻化，すなわちワークスルーを必要とする。私が提示した素材は，3週間にわたっている。技法的手続きに注目して出来事の流れを振り返ろう。

　私の最初の解釈は，彼が同性愛的な感情に踏み込むことを恐れているために，私の解釈を飲み込むことを拒否しているというものである。患者は，男友達と決して親密になりすぎないことを認めることで，部分的に私に賛成するが，何を怖がっているか正確には分からないと主張する。次のセッションで彼はあるマスターベーション空想を報告するが，そこでは太った白髪交じりの，太鼓腹の男性像が割り込んできた。彼はこの空想にうんざりし，私が「その考えを押し込んでいる」と感じる。彼はその後の数時間にわたって抵抗し，私はそのことを彼に指摘するが，何ら変わらず，進展しない。

　それから患者は，私のオフィスのビルで用を足さなければならなかったときに，ある新しい素材を持ち込む。彼が小便をすることの困難さを，私が一緒にトイレにいるという空想とつながっていると私は解釈し，そしてこれを子ども時代の父親との体験にまで遡る。またしても患者はこの考えを知的にしか認めないが，しかしトイレでの父親との多くの体験を思い出すことで，この考えを裏づける。しかしながら，彼はいかなる感情および衝動をも呼び起こすことに抵抗する。彼は抵抗を続け，同性愛的な切望を避けるために異性との情事を使おうとする。新しい形の転移抵抗が現れるまで，何時間もかけて私はこの形の抵抗を彼に解釈する。

　いまや患者は，彼に同性愛的な衝動を向けた粗野で下品な年老いた男と一緒

にいるという体験を，私とともに再体験する。患者はこれをあえて感じるままにし，分析セッションでそれを描写するのだが，そのことが，青年期の頃の男娼との同性愛体験を明かすことになる。次の時間，彼は夢を想起することができ，その夢は転移を通して，父親や息子の裸に関する記憶と連想へと繋がっていく。

　ここで私は再構成をして，彼の振る舞い，夢，連想，記憶から，以下のように構成することが妥当なようだと彼に伝える。彼が5歳でエディパルな性的感情でいっぱいだったとき，母親は父親と彼だけを残して長い休暇を取った。そのとき，バスルームで患者の前で裸のまま歩き回る父親は，彼にとって性的な刺激に満ち魅力的だったに違いない。患者は父親に対するいかなる感情も思い起こすことはできないが，この出来事の派生物，すなわちサマーキャンプで少年たちのペニスに魅了されたことを思い出すことで，私の再構成を裏づける。それから彼は，若い少年たちと性的な行いをしたり想像したりしたことを思い出す。そのことを私は，彼が父親にしてほしかったことを若い少年たちと行動化したのだ，と解釈する。自身の同性愛感情から自らを守るために不快な男としての父親像を利用したことを自発的に認めることによって，患者はこの解釈を裏づけるようである。それから彼は，分析において私とも同じことをしていたのだと実感する。

　3週間の間に，私についての転移像は急速に変化した。長い間，私は禁欲的な父親として描かれ反応されていた。この見せかけはよく反応する遮蔽物であることが判明し，その裏で私は粗野で下品な男であることが露わになっていく。この粗野で下品な男としての私の像は頑なに分析に抵抗するが，ついに，それもまた，同性愛的な魅力のある対象としての私についての非常に恐ろしい像を隠す，さらなる防衛的な遮蔽物であると判明するのだった。

　ワークスルーの過程においてはあらゆる種類の技法的手段が活用されるであろうが，特に重要な二つの主要な技法的手続きがある。それらは，転移解釈の「追究」と再構成である。転移の追究という言葉で私が指しているのは，新たな転移解釈に続くあらゆるセッションにおいて，その新しい解釈の結果として転移に生じたことを分析家は探さなければならない，という臨床上の事実である。新たな転移解釈は波紋を広げ，それゆえ続くセッションにおいて表されるに違いない。解釈は正しいかもしれないし間違っているかもしれず，不十分かもしれないし過剰かもしれない。いずれにせよ，次のセッションでは何らかの解釈

の派生物がみられるだろう。この唯一の例外が生じるのは，分析外で，日常生活における重要な不測の事態が起こり，分析状況の圧倒的な優位性を一時的に奪うときである。そうでなければ，新しい，あるいは異なる転移解釈は，患者の記憶，夢，連想，空想，抵抗の中に何らかの変化を引き起こすだろう。上述の臨床素材はこの点を例示している。

　分析家は新しい，あるいは異なる転移解釈をした後，転移状況において何が起きているのかに注意を怠らないようにしなくてはならない。これは，彼が患者に解釈を続けるということを，必ずしも意味しない。患者がその解釈とともに生産的に作業していることを示すなら，分析家はそうするかもしれない。彼は別のバリエーションの転移を――患者の素材がその方向を示すようなら――追究するかもしれない。患者の素材の中に具体的なつながりや派生物が見えなければ，直近の解釈について感じたことを彼は患者に尋ねるかもしれない。あるいは，患者が彼なりのやり方と速さで新しい解釈に取り掛かるのを忍耐強く静かに待つかもしれない。いずれにせよ，分析家は新しい，なされたばかりの転移解釈に続くあらゆる変化や展開に――変化がないときも同じく――特に気を配るだろう。

　転移素材のワークスルーにおいて，再構成は特に重要なもう一つの技法である（Freud, 1937b; Kris, 1956a, 1956b）。解釈と再構成の間には非常に緊密な関係があり，それらはしばしば互いに分けることができない。解釈とワークスルーに関する特別なセクション（第II巻）で，この問題はより詳細に探究される。ここで私は，転移反応と再構成の特別な関係だけを強調したい。転移現象は，常に過去の反復である。すなわち，思い出すことができないし思い出そうとしないことを，患者は分析家とともに反復するのである。それゆえ彼の転移的振る舞いは，過去を再構成するのに特に適しており，実際転移のこの特徴が，それに際立った重要性を与えるのである（Freud, 1914c, 1937b）。

　ワークスルーの過程で，患者の振る舞いのある側面をより理解できるようにするために，一つひとつ解釈は入念に練られ，深められ，相互につなげられる。患者の振る舞いの断片に意味を与えようとする中で，患者の転移反応，夢，連想などから，患者の過去の忘れられた生活のある部分を再構成することがたびたび必要となる。再構成は予備的な仕事であり，それが正しければ，新たな記憶や新たな振る舞いがもたらされ，そして自己像の変化に至るだろう。それはしばしば記憶の「循環プロセス」の出発点であり，洞察や変化をもたらし，今

度はそれらが新しい記憶へとつながり……となるのである（Kris, 1956a, 1956b）。

　ワークスルーについて示した臨床例に戻るなら，私が二つの再構成をしたことが分かる。再構成の一つ目。患者が5歳のとき，彼は母親に対して性的な感情でいっぱいだった。そのとき彼女は父親と彼だけを残し，休暇に出かけた。この拒絶の結果，彼の性的な衝動は父親に向けられ，そしてその父親はバスルームで彼の前で裸のまま歩き回った。その再構成は正しいようだった，なぜなら患者は刺激されて少年たちに対する同性愛の衝動を想起したのだから。やがて彼は実際に幼い少年のペニスを愛撫したことや，のちには同じような多くの衝動や空想を想起した。そこで私は二つ目の再構成を行った。患者は，そのとき父親にしてほしかったことを年下の少年にした。後になって，彼は，父親は粗野で下品だと思うことで父親から遠ざかり，さらに後には，父親を禁欲的でよそよそしい人だと考えた。

　患者は自身が男友達と親密になることを避けていること，そしてまた私との関係でも同じことから逃げていることを実感することによって，この再構成を承認した。このことが患者に，私に対するニードと同様に，私に対する好意と愛情という自身の感情にも，より納得のいく気づきをもたらした。この時点で，母親に対する彼の非常に大きく原始的な敵意が分析の中で現れ始め，それが，二つの再構成の正しさを承認するように思われた。

　解釈の目的は，ある所与の振る舞いの意味を私たちがより理解できるように，ある無意識的な心的出来事を意識化することである。しかしながら，解釈は通常ただ一つの要素，ただ一つの側面，ただ一つの布置に限定される。私たちがただ一つの要素に関するある解釈をワークスルーする際，私たちがこの要素の歴史や変遷を再構築しようとする際には，解釈以上のことをしなくてはならない。患者自身やその周囲で生じていた人生のその断片——それこそがその特定の要素の運命を説明する——を，私たちは再構成しなくてはならないのである（Freud, 1937b）。私たちは，母親と父親の振る舞いを再構成しようとさえしなくてはならない——例えば，もしも再構成することが，当時の患者におけるその特定の要素に生じたことを説明する助けとなるのであれば。

　正しい再構成はワークスルーの前進を加速するうえで，有効な助けとなる。一つの正しい再構成は，新たな記憶，あるいは夢，連想，遮蔽物の形成における新たな素材，あるいは新たな形の抵抗や自己像における変化をもたらす（Reider, 1953b）。再構成は巧みに行われなくてはならない。再構成はあまりに硬直しす

ぎても，脆すぎてもいけないのであって，さもないと患者の忘れられた個人史の中の未知の間隙に収まることが不可能となる。他方，再構成は漠然としすぎるのもいけないのであって，それは，未知の空白部分に患者を案内するのに，十分に強い橋渡しとして役立たないからである。最後に，分析家は常に，臨床場面での患者の反応に合わせて，再構成のどの部分であれ，いとわず改めたり修正したり放棄したりしなくてはならない。

IV-5　補足

　転移反応を分析することに関する所定の技法の項を終える前に，臨床的にも技法的にも価値があると考えられる二，三のわずかな点を付け加えたいと思う。患者が分析家に会うその瞬間から，分析家は患者にとって重要な人物となる。実際にはこれは次のように修正されるべきである。すなわち，患者が分析家に会うことを真剣に考えるその瞬間，実際に会う前でさえ，分析家は患者の人生における重要な人物になるのである。それゆえ，毎回の分析時間も，そして分析時間全体も，この点に関係する。あらゆるセッションのあらゆる時間に，分析家に関する明白な素材が見つかると示唆しているのではない。私が意味しているのは，たとえ顕在内容は文字通りであれ象徴的にであれ分析家に言及しているように思われなくても，全ての臨床素材を分析することによって，患者が分析家について感じていることを分析家が推測することは可能だ，ということである。このようにして集められた解釈が常に患者にとって利用可能となる，と言っているのではない。そうした解釈はただ，将来の利用のために蓄えられている手掛かりであろう。ときにはこのアプローチが，そうでなければ不明瞭なセッションを明確にすることだろう。

　例えば，あるセッションで患者はさまざまな話題を漫然と楽しそうに話しており，話は過去から現在へ，また過去へと戻り，一つの話題に長くとどまることもない。どの素材にも，ただ一つの共通項や目立った情緒すら見出すこともできない。そこで私は，内容全体を私への仄めかしと捉え，彼女の話が素早く幸せそうに私に対して行きつ戻りつし，そして私から離れていくことに気づく。患者が私に近づけないわけではないと感じるので，私は彼女にそのことを話す。彼女は笑ってこう答える。「セッションの間中，私は，あるのどかな田舎の風景に降り注ぐ

日差しの中にいるという感覚がありました。ただ，これはみんな背景にあって，前景にあるものをあなたにただ話したの。今朝私が部屋に入ったとき，あなたの様子が夏らしく見えたから，そんな感じが始まったんだと思います。小さい頃，私の母は私たち二人だけのために，突然公園でのピクニックを準備して，私を驚かせたことが時々あったんです。とても幸せな時間だった，暖かい日光の中で，私たち二人だけで」

以上が，セッションの全般的内容が，「この全ては私について何を言っているのか？」という視点からどのようにして探索されうるかについての良い例だと，私は思っている。

もう一つの技法上のポイントは，フェニケル（1941）の逆方向の転移解釈 reverse transference interpretation という概念である。通常，私たちは，患者が分析家について話すとき，実際には患者が過去の誰について話しているのかを推測しようとする。ときには，分析家について話すことに対する抵抗として，分析家から距離を確立する手段として，患者は過去の人物について話す。後者の抵抗は最初に解釈されなければならず，そのあとにのみ，私たちはこの抵抗を過去へと辿り始めることができるのである。

最後に，「上向きの再構成 reconstruction upward」に関するボーンスタイン（Bornstein, 1919）とレーヴェンスタイン（Loewenstein, 1951）の考えは，役に立つ技法上のポイントである。患者の話や夢が非常に早期の原始的な衝動に明らかに関連していると思われるとき，そして患者はこの素材を扱うことができるかどうかに関して合理的な疑いがあるとき，分析家はその素材を上向きに再構成する。この意味は，分析家が患者の素材を使うということである。すなわち，不安を引き起こすかもしれないからといって素材を完全に無視するのではなく，より原始的でない方向で解釈するのである。K夫人は，分析家が彼女にクンニリングスを行う夢で初回セッションを始めたのが，彼女がその一例である。私が彼女を本当に受け入れたのだということを私に証明してもらうための彼女のやり方として，私がそれを解釈したことを，読者は思い出すであろう（第Ⅲ部第8章のI）。

［原注］
◆8 第Ⅱ部第5章のⅡ，第5章のⅣ，第7章のⅠ，第Ⅲ部第5章のⅢ-1そして第7章のⅠ-1参照。
◆9 第Ⅰ部第2章のⅣ，第Ⅱ部第6章のⅤ-1，第7章のⅠ，第Ⅲ部第2章のⅤ，第4章のⅡ，第8章のⅠ，Ⅳ，第9章のⅢ-1参照。
◆10 第Ⅰ部第2章のⅣ，第Ⅱ部第6章のⅤ-1，第Ⅱ部第7章のⅠ，第Ⅲ部第2章のⅤ，第4章のⅡ，第8章のⅠ，Ⅳ，第9章のⅢ-1そしてⅢ-4参照。
◆11 第Ⅱ部第5章のⅡ，Ⅳ，第7章のⅠ，第Ⅲ部第5章のⅢ-1，第7章のⅠ-1そして第9章のⅡ-2参照。
◆12 第Ⅱ部第5章のⅡ，Ⅳ，第7章のⅠ，第Ⅲ部第5章のⅢ-1，第7章のⅠ-1，第9章のⅡ-2そしてⅣ-2の（1）参照。
◆13 第Ⅱ部第6章のⅣ，Ⅴ-2，第Ⅲ部第4章のⅠ-2参照。
◆14 第Ⅱ部第6章のⅣ，Ⅴ-2，第Ⅲ部第4章のⅠ-2そして第9章のⅣ-3の（1）参照。
◆15 第Ⅱ部第5章のⅡ，Ⅳ，第7章のⅠ，第Ⅲ部第5章のⅢ-1，第7章のⅠ-1，第9章のⅡ-2，Ⅳ-2の（1），そしてⅣ-2の（2）参照。
◆16 第Ⅱ部第5章のⅡ，Ⅳ，第7章のⅠ，第Ⅲ部第7章のⅠ-1，第5章のⅢ-1，第9章のⅡ-2，Ⅳ-2の（1），Ⅳ-2の（2），Ⅳ-3の（3）参照。

［訳注］
◇4 1973年第2版にはこの一文が掲載されているが，後の版からは削除されている。以下原文を転載する。On the one hand, transference reactions offer the analyst an invaluable opportunity for exploring the most inaccessible unconscious past.
◇5 the first aim of the treatment it のit はisの誤植だと思われる。
◇6 安岡誉訳（1988）『精神分析技法の基本問題』金剛出版，p.63より。

第10章

転移反応を分析する際の特別な問題

　これまで私は，日常的なさまざまな転移反応を分析する際に従うべき技法的手続きを解説してきた。しかしながら，あらゆる診断カテゴリーの患者を分析していると，時折，特別な対処が必要になる転移状況が生じることがある。例えば，急激な情緒の嵐により，患者は自身の転移感情から何らかの危険な行動化に走ることがある。こうした状況では，患者における理性的自我の一時的な欠落が，分析以外の何らかの技法を必要とする。ただ一般的には，ここ二十数年にわたり，さまざまな起源から生じる特殊な問題が増えているように思われる。

　何よりもまず，第二次世界大戦後，精神分析療法を求める患者のタイプに変化があるように思われる。部分的に，これは精神分析が普及したせいかもしれない。その一方で，私たちは以前であればそのような治療に適していないと考えられていた患者を，いまや精神分析的に治療しようとしている（Stone, 1954b; A. Freud, 1954a）。このように精神分析療法の範囲を拡大することは，自我心理学や幼児期の発達に関して増加してきた知識や経験を，治療的に応用しようとする実験的な試みであると考えられるかもしれない。しかしながら，私たちが遭遇する特別な問題の中には，技法上認められてない逸脱のためや，患者の評価が誤りであったためかもしれないものもある。

　転移を分析する上での特別な問題に関するここでの議論は，開始の時点で古典的な精神分析による治療に適していると思われる患者たちに限定する。分析可能性の問題についての詳細な議論を始める前に，ここで，この主題に関するフロイトの初期の基本的な考え方のいくつかに立ち返って参照したいと思う。第

II巻でこれらの考えをより詳しく説明できるまで，私は一般的な指針としてそれらを使用する。

フロイト（1916-17）が転移神経症を自己愛神経症と区別したときに彼が強調していたのは，転移神経症を発展させる患者は，まとまりがありながらも多様で影響力のある一連の転移反応を形成し維持することができる，という臨床的事実だった。こうした患者は精神分析療法に適していると彼は確信した。他方，自己愛神経症に苦しむ患者は断片的で移ろいやすい転移反応しか示さず，したがって精神分析療法にとってどちらかというとアクセスしづらく，不向きだった。ボーダーラインの患者や精神病患者における転移形成に関するこうした見解には多少の修正がなされてきているものの，このような患者における転移現象は，主に分析的な手段では適切に対処できないということが，今なお一般的に認められた臨床的知見であると私は思っている（Fenichel, 1945a, Chapt. XVIII; Glover, 1955, Chapt. XIII, XIV; Zetzel, 1956; Greenacre, 1959）。

明らかなボーダーラインや精神病の患者たちに生じる諸問題の治療や，古典的な精神分析的方法から明確かつ意図的に逸脱した方法で治療されるケースは，ここでの説明からは除外する。そうした諸問題は，本書の範囲を超えるものである（A. Stern, 1948; Knight, 1953b; Bychowski, 1953; Jacobson, 1954; Orr, 1954）。

I 急激な情緒の嵐と危険な再演

患者の転移感情は，ある期間，患者が自身の経験的自我から理性的自我を分離させておく能力を使用することを妨げるほどの強さに達することがある。これは，幼児神経症の再体験の際によく起こる。そのときの私たちの治療上の任務は，理性的自我の再構築を助けることである。非常によくあることだが，最善の技法は待つこと——自身の感情を可能な限り十全に放出する機会を患者に与えつつ，待つことである。このようにして，自我はその状況に対する指揮権を取り戻す機会を与えられる。ときには，患者がセッションの時間を超過することを許すことが必要であったり助けとなったりすることさえあるかもしれない。あるいは，患者がセッションを終える準備に自身を立て直すことができるよう，時間の終わりが迫っていることを指摘することが賢明な場合もあるだろう。患者に余分な時間を与えることは，転移の充足という点から危険であるかもしれないが，強烈な情緒の真っ只中で自己制御を失ったまま患者にそのセッ

ションを離れさせることのほうが，さらに大きな危険であるかもしれない。私たちは追究すべき最良の方法を決定するときに臨床的な判断を用いなければならない。

　通常これらの工夫は，そうした情緒の嵐を適切に処理する。分析家の態度や声のトーンは，忍耐強く，思いやりがあり，確固として，批判的でも甘くもないことが重要である。私は通常セッションを終えるにあたり患者に，遮って申し訳ないが時間が来た，と伝える。私は通常，次のセッションでこの問題をさらに作業することができるだろうと思う，という旨のことを何か付け加える。

　理性的自我が存在しないもしくは利用できないと思われる限りは，私は解釈を試みない。理性的自我を呼び起こして作動させることができると感じる場合にのみ，そして自分の根拠に確信が持てるなら，私は解釈しようとあらゆる試みを行う。これは，情緒の強度が弱まるにつれて生じるかもしれないが，理性的自我が激しい情緒に深く没入しすぎず，かつ解釈が正確である場合にも，成功しうる。このような状況下では，正しい解釈は理性を呼び起こすものとして，理性的自我を取り戻すための結集点として，役立ちうる。正しい解釈への鍵は，急激な情緒的な嵐が，過去の状況の再演であること——正確な複製か願望充足的な歪曲のどちらか——を認識することである。次に例を示そう。

　ある女性患者は，分析セッションの経過中に，最近の性体験についてもう少し詳しく話すようにという私の要求に反応して恐怖を感じる。最初は，彼女は恐怖の感情を，すなわち私が彼女に服を脱ぐように求めていると感じることを，報告することができる。次にはその状況に圧倒されて怯える。彼女はもはやパニックを報告するのではなく体験する——まるでそれが，そのセッション内で起きているかのように。彼女は気も狂わんばかりに私に向かって叫び始める。「嫌よ，私はしない，しない，しないわよ。ほっといて，さもないと叫ぶわよ。あっちへ行って，あっちへ行ってよ。助けて，神様，私を助けて。やめて，やめて，やめて，やめてください，誰か助けてください……」。これが何分も続く。その強度が弱まっているようには思えず，セッション時間が終わろうとしているので，私はシンプルにこう言う。「スミスさん，……［間］……，スミスさん，あなたを怖がらせたのは庭師でした。スミスさん，庭師です。そして今，あなたは私，ドクター・グリーンソンと一緒にここにいますね」。私が患者をスミスさんと呼んでも，彼女は実際には私の言うことを聞いていないようであり，それゆえ私はそれを何度も繰

り返す。私が「庭師」という言葉を言うと，彼女は焦点が戻ってくるようである。すなわち彼女に私の声が聞こえて，彼女は理解し，状況を確認しようとしているようである。私が「そして今，あなたは私，ドクター・グリーンソンと一緒にここにいますね」と言う頃には，何が起こったかを今や理解しているかのように，彼女は少し微笑むことができる。彼女が自分を取り戻し，落ち着きを取り戻すために数分かかる。彼女はようやく，自身の情緒を制御してそのセッションを離れることができ，子ども時代の外傷的な体験の再来を思い巡らすことができるのである。

　私が転移的体験の意味を指摘することに成功したのは，彼女の作業する自我 working ego が利用可能だと私が感知でき，かつ，この体験が幼少期に庭師に誘惑されたことに由来するのだとこれまでの素材から私が知っていたからである。「庭師」という言葉が彼女に届くこと，そして，自分がどこに誰といるのかを彼女に思い出させることで彼女を現実に引き戻すことができることを，私は知っていた。

　ある男性患者は，怒りや憤りを私に直接表現することに対する恐れと，長年にわたり苦闘した。あるセッションが終わる頃に，彼は，もし自分が酔っていたら私に何を言うだろうか，と述べ始める。彼は徐々に言葉で罵倒するようになり，拳で壁を叩き始め，両足でカウチを連打し，ついにはカウチから飛び降りる。彼は私の椅子のところに来て，私を見下ろして立ち，私に指を振り，そしてこう言う。「とにかくお前は何様だと思っているんだ？」。私は何も言わないが，彼がまさにオフィスを出て行こうとしたときに，私は彼を呼び止める。「遂にパパに，結局のところお前はそれほど偉大ではないのだと伝えて，どう感じますか？」。パパという言葉で，患者は急に足を止める。彼は振り返って，私を見る。ゆっくりと怒りの表情を緩め，頭を振り，カウチへとゆっくり歩いて戻り，腰を下ろす。それから，ゆっくりとこう言う。「そうですね，遂にやったぞ，遂に，遂に，遂に，これまでの年月の末に。あなたたちみんなを叱りつけてやったよ，あなたに，僕の年寄りに，僕の兄さんに，みんなに。僕は遂に，自分が大人の男であって，大人の男を装った小僧なんかじゃない，と感じるんだ」。そうして，涙が彼の頬を流れたのだった。

　情緒の嵐と平行して，しばしばその嵐の要素あるいは結果として，患者は言

葉や感情においてだけでなく行為においても，一定の過去の状況を再体験する。今私が言及しているのは，制止されなければ危険となりうる行為である。この振る舞いは，単純な追体験であったり，少しだけ歪曲されてはいるが自我に受け入れられる行動化であったり，あるいはひどく歪曲された自我違和的な症状行為であったりするだろう。最初に挙げた女性と庭師の例は，転移における単純な再体験の例である。怒る男性のケースは，症状行為と行動化の両方が組み合わさっている一例である。技法的な問題はどのケースでも同じである。つまり私たちは，可能ならば，患者がそのセッションを離れる前に，理性的自我あるいは作業同盟を築くのを助けなくてはならない。

　その手続きは，情緒の嵐について説明したものと同様である。すなわち，その活動が弱まり落ち着くのを待つ。すなわち，私たちがその振る舞いの意味を理解し，かつ理性的自我が動員可能であるなら，私たちはできるだけ正確かつ簡潔に解釈する。どちらの方法も失敗するか適用できないなら，私たちは患者に，現実，そして自身の振る舞いの危険性を直面化することによって，その振る舞いを遮らなくてはならない。

　例えば，先に挙げた怒る男性の場合，私が「遂にパパに，結局のところお前はそれほど偉大ではないのだと伝えて，どう感じますか？」と言ったときに彼が立ち止まらなかったなら，どうだろうか。それなら私は次のようなことを言って彼を呼び止めたことだろう。「ジョーンズさん，ちょっと待ってください。あなたは帰りたいときにいつでも帰れますが，今はそれが良いとは思えません。あなたは私に対してあまりにも怒って動転していますね。ですので私たちは少しこのことに取り組むべきです。この状態であなたを帰すのは安全ではありません」

　同じような状況で，私は次のように言ったことがある。「あなたがとても嫌な思いをしていることを気の毒に思いますし，助けることができればと思うのですが，私は何が起きているのかを理解していないと思われます。あなたが帰る前に，このことに少し取り組みましょう」

　あるとき，境界精神病の女性患者がカウチから立ち上がり，私に抱きつき「時間を無駄にするのはやめて，セックスしましょうよ」と言った。私は彼女の腕をしっかりとつかみ，彼女を正視してこう言った。「ジョーンズさん，私はあなたを助けたいのですが，私がそうできるのは，作業をすることによってです。だから，一緒に作業をして，時間を無駄にするのはやめましょう」

こうした状況は全て，患者にとって潜在的に危険であり，時間内に何とかして対処すべきである。最も満足できない方法は，患者が特定の方法で行動することを止めようとして，あらゆる種類の力を使うことである。しかしながら，ときにはそれがより悪い事態を防ぐための，唯一可能な方法である。そこで，確固たる，しかし思いやりのある口調で患者の腕をつかみながら「一緒に作業しましょう」と嘆願することが，最後の手段となる。手短に言うと，私たちはコントロールを失った子どもを持つ，強くて心配している親のように振る舞うのである。行動化に関わる問題は第II巻で取り上げる。

II 月曜日のセッション

　実のところ，このセクションの見出しは，「金曜日と月曜日のセッション」，あるいはむしろ，「分析家からの週末の分離への分析患者の反応」，とすべきである。簡潔にするために，またフロイトがすでに1913年という早い時期に「月曜のかさぶた」について語ったことから，見出しを「月曜日のセッション」に縮めた。私たちは，分析家とのあらゆる分離に，患者が情緒的に反応することを知っている。ある人は週末が休日かカーニヴァルであるかのように反応し，またある人は，見捨てられるか遺棄されたかのように反応する。フェレンツィ（1919c）は，自身の患者が日常の仕事の気晴らしや娯楽を失ったときに起こる「日曜日の神経症」について述べている。フロイトは，『トーテムとタブー』（1913a）やのちの『悲哀とメランコリー』（1917b）の中で，祭りの中で生じる力動的，構造的変化のいくつかを述べた。彼はこうした考えをさまざまな著作の中で，さらに追究した。それらをよくまとめたものが，1955年にグリンスタインGrinsteinによって出版された。しかし，週末に対する患者の反応を決定するものとしての転移状況の中心的な重要性を強調した著者はいなかった。分析作業における週末の中断に対して分析中の患者が反応する典型的なやり方のいくつかを探索することを，私は提案する。

II-1　週末は休日である

　ある患者にとっては，週末の分離はお祝いの機会であり，休憩，小休止，休息である。すなわちそれは，精神分析的治療の厳しさや要求からの回復の可能

性を提供する。こうしたことが起こるときは明らかに，日常の精神分析作業が絶え間ない抵抗のもとで行われているという徴候である。金曜のセッションあるいは休暇前のセッションが始まるまで，患者がこの抵抗の存在を表立って示さないことがいかにしばしば起こりうるかは，非常に印象的である。それから，驚いたことに，患者は間近に迫ったお祝いやお祭りに対するように反応する。この場合，私たちは，作業の合間に静かに生じてきている，精神分析的治療に対する潜在的な憤りの存在を推測しなければならない。これが示すのは，分析家は患者にとって，ある種の批判的な超自我審級であるに違いない，ということである。患者は，義務感そして強要されているとの圧迫の下，分析で作業してきたのであり，この服従を明確に言葉にすることなく状況に服従してきたのである。患者がこれに意識的に気づいているにせよいないにせよ，間近に迫った休日への彼の反応を見れば，明らかにそのことを示している。週末前の金曜日のセッションでこのように感じる患者や，毎回の精神分析の時間の終わりに安堵や喜びを感じる患者は，このカテゴリーに属している。

　分析家が患者にとって批判的な超自我像を表すとき，週末の患者の振る舞いは，あらゆる種類の本能の解放から成る。通常は退行的で幼児的な特色を伴って，多くのリビドー的そして攻撃的な活動があるだろう。性生活に関して，患者がどのようにして平日は一定の自制心を持って行動し，そうして週末になるとさまざまな前性器的な活動に耽るのかに気づくことは，印象深い。週末には，前駆快感的活動やマスターベーション，乱交が大いに増すことがよくある。それと並行して，攻撃的な行動も増えてくる。患者の中には，平日の間に自由連想していたことを週末に行動で示す者もいる。こうした患者は，分析家が彼らの超自我の担い手であるかのように振る舞う。すると，月曜のセッションは，告白と償いの時間になる。彼らにとって，月曜のセッションは日曜の懺悔になる。月曜には，多大な罪悪感や恥ずかしさ，罰への恐れ，多くの自己卑下を伴って，自身のあらゆる罪を長々と説明することから彼らがセッションを始めることが，非常によくある。印象的なのは，そうした患者が週末に偶然分析家に会うと，分析家は外の世界には存在しないという空想を彼らが持っていたために，ショックを受けることである。あるいは彼らは，分析家はオフィスに閉じこもっていてオフィス外の生活を送っていないと空想する。コンサートや劇場で分析家に会うと，よろめく患者がいる。分析家を認識できず，ヒステリー的に盲目になり，分析家に関して盲点を発達させる人もいる。平日のセッションの間は静か

に作用しているに違いない微妙な抵抗と同様に，イドと超自我のこの投影を認識することが，重要なのである。

II-2　週末は遺棄される

　多くの患者にとって，週末や分析時間の小休止は愛する対象の喪失を意味する。彼らにとって，分析の休みは分離，剥奪，撤退，断絶，あるいは終了を意味するのである。何らかの形で，患者は自身が愛の対象を失いつつあると感じているかのように振る舞う。彼はしばしば週末に対して，まるでそれが分析家による拒絶を意味するかのように反応することが多い。金曜のセッションは，しばしば非生産的な怒りに費やされる。というのも，週末は分析家が休暇を取っていて，患者を放棄し見捨てていることを意味するからである。このような患者にとって月曜のセッションは，彼，つまり排除された者，不当な扱いを受けた者と，拒絶者であり攻撃者である分析家との対立を意味する。神経症的抑うつの患者にとって，月曜のセッションは失われた愛の対象との再会をも表しており，ある種の至福として感じられることもある。分析家が彼らの死の願望を生き延びたことを発見して安堵する患者もいる。これが体験されている水準を認識すること，あるいは少なくとも主な反応が生じている水準を認識することが重要である。さらには，私たちが前景に見るのは，欲動あるいは防衛だろうか？　攻撃的な振る舞い，それとも償いや修復の試みを見るのだろうか？

　多くの患者にとって，週末はエディプス的状況を蘇らせる。そうした患者にとって，週末は彼が排除されてきた原光景なのである。彼は近親姦的な感情と闘ったり，罪悪感や不安もしくは抑うつを発展させたり，あるいはことによると，エディプス状況のある側面を何らかの形で行動化する。ある患者は無意識的な死の願望と格闘し，分析家に会う月曜ごとに不安と罪悪感を抱えている。排除されたことを悲しみ，抑うつ的になる人もいる。嫉妬に満ちた羨望を伴う敵意を覚える人もいる。ある患者はそのように感じて，抑うつ的な感情や敵意を抱えて分析時間にやってくる。そうした気持ちを振る舞いで，あるいは次のように述べることで否定する者もいる。「私はまったく気にしていません」，あるいは「誰があなたなんかを必要とするでしょう」と。ある患者は罪深い願望あるいは罪深い振る舞いをあがなうために，月曜のセッションで非常に熱心に作業し，そしてこうすることで分析家に償いをしようとする。拒絶されたことへ

の敵意や憤りから，月曜日に沈黙する者もいる。ある患者は週末になると，他の方法では近づきがたい情緒や欲動を放出しようとして，身体的な反応を発展させる。典型的なのは，患者たちが常々月曜に早く来たり遅刻したりすることである。私が担当したある患者は，毎週月曜のセッション時間に待合室で歌い，楽しそうに口笛を吹いたのだが，それは分析状況に戻って来るときに彼が感じた敵意や罪悪感を否認する試みだった。

週末ごとの愛する対象の喪失は，口唇あるいは肛門水準でも同様に体験されうる。月曜に何も生み出すものがないと感じた患者や，私の前で巨大な塊を表出して私の承認を得るために，蓄え保持しておいた大量の素材の山を持ってきた患者たちを，私は見てきた。ある患者にとって週末は口唇的剥奪であり，彼らは月曜日にお腹をすかせて戻ってきて，私に食べさせてもらい，私が言うべきことを聞くよりもむしろ私の声を飲み込んでいた。そのような患者の一人であるK夫人は，温かく愛すべき太陽-父さんsun-fatherに取って代える試み——フェレンツィ（Ferenczi, 1914d）が述べたように——として，しばしば週末の間ずっと日光浴をして過ごしたのだった。

技法的観点からすると，なすべきことは，週末の反応がどのように転移状況と関係しているかを認識すること，そして患者にこれを気づかせることである。患者が自身の週末の振る舞いの転移的意味を受け入れることに，どのようにして抵抗するかは印象的である。金曜のセッションと月曜のセッションは，重要な転移反応を明らかにし実証する上で，特に重要である。ある私のうつ病患者は，毎週金曜になると便秘になり，私の代わりとして自身の便の塊にしがみつき，月曜に分析を再開してようやく，彼女の腸を動かすことができた。これは，私に対する彼女の口唇－肛門的関係を私たちが理解する上で，最初の突破口であった。

II-3　週末と自我機能

比較的重篤な退行状態にある患者にとって，分析家の不在は自我機能の喪失として捉えられることがある。これは強烈な幼児期の転移神経症に陥っている神経症患者に生じる傾向があり，あるいはまた，ボーダーライン患者にはいつでも起こるかもしれない。そうしたときに分析家は補助自我として機能し続けており，彼からの分離によって，現実検討の喪失，失見当識，脱人格化，同一

性の喪失などがもたらされうる。そのような患者には，週末に面接したり電話で連絡を取ったりする必要があるかもしれない。ときには分析家の所在が分かるだけで，彼の代わりを手配する必要がなくなる。

　患者が転移の中で分析家を自我機能として利用しており，それが分離の間に明らかになるような場合もある。自身の超自我からの批判的な要求を和らげるために，分析家は患者に利用されるかもしれない。すると週末には，そうした患者は非常に批判的で反本能的な状態に戻るかもしれない。そうした患者は週末や休暇の間に時間を無駄にすることに耐えられず，文化的な追求や健康対策のいずれかの，何か有益な仕事を追い求めなくてはならなくなる。このような患者にとって，週末のイドの誘惑は深刻な罪悪感や恥の反応を引き起こしうる。彼らにとって金曜のセッションは危険な旅に乗り出しつつあるのであり，月曜のセッションは安全への帰還である。

II-4　その他の臨床上の発見

　「あなたが私を置き去りにする前に，私があなたを置き去りにします」という定型句に従って，毎週金曜に作業を止めようと思う患者がいる。誰が誰を置き去りにするのかというこの問題は，重篤な患者にとっては重要な技法上のポイントとなりうる。そうした患者に急激な見捨てられ感覚を与えないために，私が休暇を取るよりも一日程度早く，彼が短い休暇を取ることを許可することが望ましいことに，私はしばしば気づいてきた。こうした患者が分析家の休暇の前日のセッションをキャンセルすることは，稀ではない。「あなたなんかを誰が必要とするものか」といった態度を示すために，金曜には沈黙するか非生産的に過ごす患者も，私は見てきた。彼らは，分析作業に対する不満を示すために，その最後のセッション時間を無駄にするのである。

　分析家が主として憎むべき人物として感じられるとき，金曜のセッションはみじめさから自由への入り口を意味するかもしれないので，私たちは患者の中にある多幸感を感知するだろう。しかしそうした環境下では，患者はそのような敵意を内側へと向けるため，週末の間に抑うつ的になるかもしれないし，もしくは分析家に降りかかる何らかの大惨事を無意識的に予期して，不安が生じるかもしれない。

　月曜のセッションへの反応は，その週末に起こることに拠るだろうし，何よ

りも，そのときに分析家が持っている転移的意味に拠るだろう。私たちが立ち戻っているのは，批判的な超自我，失った愛の対象，拒絶する愛の対象，必要な自我，あるいは誘惑するイドなのだろうか？　分析家という人物は，愛すべきか憎むべきか，情け深いのか残酷なのか，支持的なのか批判的なのか？

　分析において他にどのようなことが起きていようとも，金曜のセッションは週末を告知し，差し迫った分析家からの分離が考慮されなければならない。同様に，たとえ週末に他に何が起ころうとも，分析家からの分離中にある事態が生じたという事実は，その他の所見に影響する。「私は悪くなっていて，それはあなたのせいです。あなたが週末の間中，私を見捨てたから」との気持ちで患者が月曜に反応するのを目にすることは，稀ではない。

　患者の金曜および月曜のセッションへの反応は，分析過程の間に変化する。

　男性患者Z氏は，私がいなくて寂しいのだと認めることができない――それが同性愛を含意するので――ために，月曜のセッションを憎んでおり，月曜には意地悪く非生産的になるのだった。最終的には彼は，金曜のセッションが近づくと残念さを表現することができ，月曜には熱心に作業するようになった。

　抑うつ的な女性患者K夫人は，金曜になると生きることをやめようと思い，自分がもはや私と「接続されて」いないと感じるために，週末には「ゾンビ」になった。彼女が分析外で恋愛することができるようになると，彼女は金曜のセッションや彼女自身の週末休暇を，今や遅しと楽しみに待つようになった。

　忘れてはならないのは，私たちが終結時に予測しうることに関する，価値あるミニチュアの複製を，週末が提供しているのだということである。

II-5　技法上の問題

　技法的な問題の一つは，分離に対する患者の反応を私たちが分析できるよう，作業同盟を再構築することである。フロイトの述べた「月曜のかさぶた」とは，分離という日中残渣，体験的出来事に加え，治療同盟の再開を妨害する，分離によって引き起こされた抵抗をも指していた，と私は思っている。ひとたびこうした残渣と抵抗が表現されて明確化されると，私たちは分析作業を進めるこ

とができる。

　もう一つの技法上の問題は，解釈のタイミングと適用量dosageについてである。金曜のセッションに与えられる解釈あるいは休暇に先立ちなされる解釈は，しばらくは患者自身によって対処されなくてはならないだろうことを，私たちは考慮しなくてはならない。それゆえ新たな苦痛をもたらす洞察の用量は，同じ解釈が通常の作業日になされる場合よりも少なめであるべきである。分析家は「患者がこの洞察をこれくらいの期間に一人で持ちこたえられるだろうか？」との問いを検討しなければならない。私が思い出すのは，まだ若い分析家だったときにこの点について犯した過ちである。

　若い女性患者がある金曜に夢を持ち込んだが，そこには初めて，明確な同性愛的イメージがあった。彼女の連想もまた，このテーマに触れた。教員をしている友人に対する彼女の同性愛感情について，慎重な解釈だと私には思えたものを，私は与えた。そのセッションでの彼女の反応は適切だと思われた。彼女が月曜に戻ってきたとき，彼女はまったく沈黙し，2週間以上そのままだった。のちに私は，彼女が私の解釈について思い巡らした週末の間，脱人格化していたと知った。この用量の問題は，第Ⅱ巻でより詳細に考察する。

　技法に関するその他の問題は，週末が分析家にとって意味することに関する複雑な状況である。これは主に逆転移の問題であり第Ⅱ巻で論じられるが，現時点で少しは述べるに値する。重苦しい気分や気がかりあるいは心配を抱きつつ，子どもを置き去りにするかのように金曜の分析セッションに反応する分析家もいれば，それが安堵や喜びの体験であるような分析家もいる。ある分析家にとっては月曜のセッション時間は，心配していた人たちに対する安堵感とともに戻ってくる。うんざりしつつ諦めて，日常の雑事として月曜を迎える分析家もいる。金曜のセッションを待てない分析家や月曜のセッションを待てない分析家もいる。やむを得ず日曜に働こうとさえする分析家がいる。火曜までに疲れ果て枯渇してしまう分析家もいる。分析は仕事だが，楽しむことのできる仕事であるべきで，ひどい苦痛や疲労困憊をもたらすべきではない，と私は言わなくてはならない。分析家たちがどれほど頻繁に自身の疲労について不平を述べるかは印象的である。ただし，ときにこの不満は正確でなく，ある種の話しぶりになっているのではないかと思う。つまりそれは，私たちの疲労につい

て話すための,受け入れ可能な様式になっている。それはあたかも,ある分析家たちは,自分が作業を楽しんでいると認めることが恥ずかしいかのようであり,あたかも楽しむことが真面目さの欠落を暗に意味するかのようである(Szasz, 1957)。

ここで私が付け加えたいのは,多くの分析家は実に過労に悩まされているということである。これは,職業上の危険であるように思われる。効果的に対処できるよりはるかに多い時間働く者もいる。多くの分析家が,患者たちと一日中作業をした後,夜には,委員会,研究会,講義,セミナーなどのような職務外の活動に精力的に携わっていることに,私は強い印象を受ける。彼らには,家族のための時間もエネルギーもほとんど残されておらず,そして,患者と日々の作業を始めるときには疲れ果てている。精神分析療法は多くを要求する職業であり,働き過ぎはそれを不可能なものにする(Greenson, 1966)。

要約――月曜のセッションには特別な臨床的および技法的問題がある。分析家との週末の分離に患者が反応するやり方は,数えきれないほど多くある。それは,分析家がどのような子ども時代の人物像を表象しているかに拠る。しかし患者は必ず反応するし,この反応は見つけられ解釈されなくてはならない。分離や外的体験の蓄積によって妨害されるようになる作業同盟は,再構築される必要がある。上記の全ては,週末の分離に関わる逆転移の意味によって複雑にされる。

III 対処困難な転移反応

膠着した精神分析の原因として最もよくあるのは対処困難な転移反応 intractable transference reaction だということを,私はすでに述べてきた。この用語によって私が指しているのは,正しく取り扱っているように見えるにもかかわらず,固定化され,頑固で,影響されにくいという特徴を持つ,転移抵抗のある特殊なタイプのことである。まったく奇妙なことに,この問題を伴う患者は,何年間にもわたって実りない分析を継続することをいとわず,熱心ですらあるように見える。彼らはその分析状況――そこでは,彼らは自身の問題に対する何か他の解決を探し求めるよりもむしろ治療にしがみつくほうを好むようになる――に,満足と安心の微妙な組み合わせを見出すようである。対処困難な転移反応は,患者たちの幅広く多様な診断グループにおいて生じるけれども,主に

技法上の問題に焦点を合わせる目的のために，私はそれらを二つのカテゴリーに分けることにする。表面的な臨床的外観や行動からは古典的精神分析に適しているように思われ，ある一定期間の分析ののちにようやく適していないことが認識できるようになる患者の一団を，選び出すことができる。対処困難な事例のもう一つのグループは，微妙だが重要な技法上の誤りのためにそうなっているケースである。大抵の膠着した事例は，両方の誤りが混在していることが判明する。

III-1　転移能力の評価に関する誤り

　通常，分析状況で効果的に作業できると私たちが期待する患者とは，精神神経症状に悩まされているようである人々，精神病の徴候も対人関係の著しい貧困さの徴候も示さない人々，そして適度に良い自我機能を持つ人々である。けれども経験が示しているのは，予備面接ではこうした要求を満たしていると思われるのに，後になって——こうした面接が適切な回数で注意深く面接が行われるときでさえ——精神分析には不適切であることが分かるというような患者が数多くいる，ということである。精神分析的探査において発覚を免れる特別な病理は，分析の過程においてのみ，そしてとりわけ転移の発展において，鮮明に表れる。そのときにのみ，対象関係を確立する能力の点で患者の病理には欠陥があり，古典的精神分析を不可能にすることを，私たちは認識するのである。その欠陥の性質は，転移神経症はもちろん作業同盟を形成することが患者にはできないということの中に，見出されることになる。この欠陥は，診断分類を含め，あらゆるその他の判断に取って代わる。私は時折，分析可能である統合失調症患者に出会い，そして，分析が不可能な精神神経症者に出会ってきた。ある患者を分析可能だと決定づけるように思われるのは，分析家とのこの2種類の関係を同時に形成する能力なのである（第III部第5章を参照）。

　このように，ある患者が精神分析療法に適しているか否かを真に示しうるのは，分析を試行してみることのみである（Freud, 1913b; Ekstein, 1950）。ひとたびこれに取り掛かると，患者に治療の中断を説得することは，不可能ではないにしても難しくなる。ある患者は，精神分析状況だと思われるものに——自身の脆弱な均衡を維持するためにはそれが必要であるので——留まらなくてはならなくなるだろう。彼らにとって治療的であるのは精神分析の見せかけだけであ

り，精神分析の手続きの本質ではない。こうした患者はしばしば，このような治療によって，固定した人工的な非精神病的水準に留まることになる（Fenichel, 1945a, p.551）。正式な精神分析を行う準備ができる前に，長い期間の予備的セラピーを要する患者もいる。患者の分析可能性を査定する際の誤りのために分析へとミスリードされた対処困難事例を二，三述べることで，例証してみよう。

(1) 性愛化転移

　この表題の下で私が述べたいと思うのは，表面的には典型的な精神神経症に見えるが，分析の初期に対処困難な性愛性転移を発達させるような類の患者である。こうした患者を区別するのは，そこに含まれる強烈な激しさだけではなく，ある質的な要素である。フロイト（1915a）は，分析技法に従わない強い性愛性転移を発達させるようなタイプの神経症的女性患者について述べた。彼はこれを，患者の自然のままの情熱，代理では満足できず愛に対する対処困難な要求のせいにした。その後，ブリッツェン Blitzsten（私信）とラパポート（1956）は同様の転移の問題について，患者の難治性の性愛的欲求の顕著な特徴を述べている。

　私自身の経験では，私はこのような患者を二人持ったことがあり，両者とも女性だった（私が耳にした性愛化転移の事例は全て，男性に分析を受けている女性患者たちだった）。両者の事例において，予備面接から，基本的にヒステリーと神経症的抑うつの要素の混在したものを自分が扱っている，との臨床的な印象を私は抱いた。二人とも，最初の面接では私に対して適切に関わっているように見えた。彼女らの自我機能について，私は何ら重要な欠陥を見つけることができなかった。すなわち彼女たちは，サイコロジカルマインドを持ち，想像力に富み，優れた功績があり，十分な社会的生活を送っているなどと思われた。両方の事例において示された主訴は，彼女たちの結婚生活における性的困難と不満足な愛情生活，強迫的な嫉妬空想，婚外性交，そして睡眠障害の傾向であった。

　二人の患者は，カウチに横になった最初の数セッションの内に，私に対する強い性的な転移を発展させた。彼女たちの感情は，激烈さと原始性において，際立っていた。両方の事例において，この素材について患者に作業してもらうことに，私は多大な困難を抱えた。彼女たちは自身の感情を認識しており，口唇期に非常に偏った衝動や切望を述べることはできた。彼女たちは肉体的親密さ

や身体接触を望み，要求さえしたのだが，それはつまり，体内化，所有，そして彼女らとの融合を意味した。彼女たちは行動の準備は万端だったが，自身の衝動に基づいて行動するのを自制することはほとんどできなかった。すなわち，言語化や思考によって彼女たちは欲求不満に陥り怒りを覚えるのだった。私の介入や解釈を聴いているように見えたが，彼女たちは通常の分析的方法では触れられず，影響もされなかった。彼女たちが解釈に同意したとしても，それは単なるリップサービスで，私が話すのをやめさせる手段だった。彼女たちは熱心にセッションにやって来たが，洞察のためではなく，ただ身体的な距離の近さを楽しむためであった。私の介入は，彼女らには無意味なようだった。

　最初私は，こうした患者らが急性の，強烈で非常に退行的な性愛性の転移神経症を発展させたのだという印象を持った。しかし私は彼女たちの中に，作業同盟を呼び起こすことができなかった。彼女たちの転移反応は完全に自我親和的だったのであり，自己観察の対象ではなかった。彼女たちの私に対する愛の宣言の中にある絶望感に，私は気づくようになった。ある種の官能的情熱だと思われたものは，むしろ切迫した痛烈な飢餓に似ていた。私に対する彼女たちの感情は，単に神経症的に歪曲されていたのではなく，妄想に近かった。このような反応は，転移精神病と称されてきた（Little, 1958; Reider, 1957）（第III部第4章で，私は神経症的転移現象と精神病的転移現象の違いを論じた）。

　非常な強烈さと対処不可能性は，極度の不安に由来していた。両方の例において，患者は今にも母親に対する同性愛の底なしの深みへと落ちる寸前であることに，私は気づいた。彼女たちの私に対する性愛的反応は，その性的同一性を必死につかむための死力を尽くした試みを表していた。彼女たちの一人にはさらなる要素があり，それは最終的には明るみに出た。彼女の常軌を逸した反応は，自身が人々全般との接触を失いつつあるという，次第に強くなる気づきに対する強力な否認でもあった。そこには，内的対象表象の喪失があった。

　こうした患者たちに対する私の最初の臨床査定は誤りだったことを，私はまもなく実感した。カウチに横たわることで引き起こされる視覚的接触の喪失，感覚遮断が，強烈なリビドー転移性の飢餓と防衛を動員した。こうした患者たちは，**古典的**精神分析が要求する剥奪に耐えられないので，精神分析には適さない（M. Wexler, 1960）。彼女たちの対象関係の能力はあまりにも不十分なので，分析中に生じる転移現象のあらゆる変遷に耐えることができなかったのである。通常の精神神経症では，転移神経症と並んで分析家に対するより現実的な対象関

係があり，それが作業同盟の形成へと向かうのである（A. Freud, 1954a）。患者が強烈な転移神経症を発展させるという危険を冒すことを可能にするのは，この比較的現実的な対象関係である。私が述べている患者たちは，分析状況における親密さ，強烈さ，隔たりの複雑な組み合わせの中で，こうした関係性を形成し維持する能力を欠いていた。診断上，私が遅まきながら認識したのは，彼女たちは，精神病傾向を伴う，衝動に支配される嗜癖的な性格にむしろ近いということだった。

ひとたび彼女たちの，対象関係を形成する能力の深刻な制約，突発的な行動化の生じやすさ，精神病への近接性に私が気づくと，こうした患者が古典的な精神分析の厳格さにさらされるべきではない，と私は実感した。彼女たちには防衛と本能のバランスを危険にさらすことのない心理療法を必要とした（Knight, 1953b）。私は，相対的に健康だと思われる防衛を強化し，私自身を明確な補助自我および超自我として提供することによって，彼女たちのその他の自我機能を強化しようとした。セッションは対面で，自由連想を強調することなく行われた。私の態度は，確固として直接的で友好的だが，なによりもまず，明確に治療的であった。私は彼女たちに，思考と判断における彼女たちの誤りを示し，よりよい代替物を提供した。私は彼女たちの指導者かつ案内者になった。私は注意深く，決して誘惑的でも懲罰的でもないようにした。次第に，同一化によって彼女たちの自我機能は改善し，それに伴いより成熟した対象関係へと彼女たちの能力は改善した。最終的には患者の一人は，1年半の心理療法の後に別の分析家とのより古典的な精神分析に乗り出すことができた。もう一人の患者は，5年間私との心理療法にとどまったが，後半になるにつれ，その治療はより分析的になった。上記の決定に対する理由は，分析家を変えることの問題点に関する第III部第10章のIVにおいて論じる。

(2) 仮面倒錯-精神病

この表題の下で私が言及するのは，ある点を除いて，性愛化された転移の事例とは非常に異なる，対応困難な転移反応を伴うまた別の患者グループのことである。両者は，転移反応を発展させる能力に関して，非常に制限され貧弱であるという特徴を共有している。性愛化された患者は分析の初期に急性の転移感情を表すのに対して，こうした患者たちの転移の表れは，微妙で慢性的であ

る。患者の抵抗，固さ，変化しない転移的振る舞いは子ども時代の葛藤の繰り返しの単なる回避によるものではなく，私たちは潜在する精神病あるいは倒錯，あるいはその両方の組み合わせを持つ見せかけの神経症を扱っているのだと認識するのに，しばしば，何カ月，あるいは何年もの分析を私たちは必要とするのである（Pious, 1950）。

　先般，私はある同僚から，10年以上にわたって精神分析的に治療をしてきたある患者についての助言を求められた。その患者が治療を求めたのは，女性との性的かかわりの制止，そしてまた効率的に働くことの困難さからだった。その分析は症状が大きく変化することのないまま長引いていたのだが，治療を中断しようとするいかなる徴候も，患者から（あるいは分析家から）認められなかった。転移状況は，患者による持続し一貫した不満と非難に落ち着いており，それらはぼそぼそと呻くような調子で報告され，たまには怒りや涙の噴出が差しはさまれた。分析家は辛抱強く耳を傾け，最終的にはこの振る舞いを，ある子ども時代の出来事を繰り返しているとの観点から解釈した。大抵はこれにより患者は静まったが，その次のセッションでは同じパターンに戻り，それを繰り返すのだった。サディスティックな非難と，続く苦境のみじめさへのマゾキスティックな服従という患者の振る舞いの入れ替わりは，彼の外的生活における他の人たちともエナクトされた。多くの時間を費やしたコンサルテーションを経て私に明らかになったのは，その患者の情緒生活全般が，こうしたサドマゾキスティックな性質を持つ表面的な対象関係に限られているということだった。これは単なる症状ではなかった。それは生き方であって，その生き方が，強く潜在する同性愛的倒錯とパラノイア傾向を隠していたのだった。

　患者の子ども時代の生活史を注意深く再構成することで，それまで気づかれていなかったのだが，青年期早期に彼が急性精神病を発症していた可能性が高いことが分かった。対象と関わる際のサドマゾキスティックな方法は，復元の試みだった。つまりその方法が，彼が現実の人たちとどうにか接する唯一の方法だった。分析状況は彼にとって避難所であった。というのもそれは，安全に感じられるほど十分な距離があり，そして言語化を通して本能のいくらかの放出を許してくれるほど十分に寛容だったからである。けれども，治療が分析的だったのは，その表面的構造においてのみだった。患者は洞察療法には取り組んでおらず，実のところ，彼はある種の遊戯療法に耽っていたのだった (Glover, 1955, Chapt. XIV; Fenichel, 1945a)。

上記に述べたタイプの患者は明らかに精神分析療法には適していない。彼らは安定を維持し，悪化しないでいるために，持続的な心理療法を必要とするだろう。ある種の関係療法relationship therapyによって，そしてまた薬物の助けを借りて，ゆっくりと改善する患者もいるかもしれない。稀には，いくらかの分析療法が実行できる程度にまで進展する患者もいるかもしれない。

　誤って精神分析で治療される仮面倒錯-精神病のその他二，三の臨床タイプを，追加しておきたい。主として窃視症的衝動や露出的衝動を行動化する機会として治療を役立たせる患者たち，あるいは治療者や治療との関係がある種の嗜癖になった事例を，私は見てきた。こうした患者はみな本質的に自己愛的な性格であり，彼らは対象との意味ある関係をほとんどあるいはまったく他に持っていないために，治療者との関係に強固にしがみついた。このような患者は，予備面接では誤った印象を与える，社交的振る舞いの薄っぺらなうわべを発達させていた。彼らの対象関係にはこうした貧しさがあるため，自らを退行させることができなかった。退行することは，何もない状態，対象のない状態，緊張病状態へと陥ることを意味する。治療者との彼らの関係は満足させるものであり，自我親和的だった。彼らには，その関係を変える動機は何一つなかった。それどころか，そのままでいることにあらゆる理由があった，なぜならそれが，彼らの生活の中で最も意味のある関係だったからである。

　誤りは，以下のような事実にあった。すなわち，彼らが導かれた治療は，まさにその性質のために，彼らが最も必要としたもの——他者との，固定化した具象的な関係——を不安定にするぞと脅かす，という事実である。ある意味で，こうした患者が精神分析に抵抗することは正しかった。すなわち，彼らは分析家にしがみついていた——こうすることが彼らには必要不可欠だったのだから。分析家は，自身の査定が間違っていたことを認識する必要がある。すなわちこのような患者は，もっと触れることや見ることができて，応答してくれる支持的な治療者との関係を必要としていたのだった。こうした患者は，分析状況の厳格さに従わなければならなくなるなら，しばしば代償が不可能となり急性の精神病状態に陥る。

　私が提示した観点は矛盾していることに，私は気づいている。このような患者を古典的な精神分析の方法で分析することをためらわない分析家もいる(Rosenfeld, 1952, 1958)。こうした患者には別の治療的アプローチが必要であると同意するものの，私たちは彼らが退行するのを許容すべきで，その退行の間彼

らに同行し世話をするべきだ，と考える分析家もいる。ひとたび彼らが自身を取り戻したなら，そのとき彼らは分析可能となる。私はウィニコット（1955）とかなり多くの点で一致する。さらに別の観点とアプローチについては，ウェクスラー（1960），フリーマン（1959）およびサールズ（1965）を参照されたい。

(3) その他のタイプの対処困難な転移反応

これまでのところ，対処困難な転移反応の傾向が理由で精神分析に適さないと説明されている患者は，ボーダーラインケース，倒錯，あるいは潜在的な精神病として分類される。彼らが精神分析療法に訪れたのは，彼らが分析状況に関わるようになるまで真の診断が識別されなかったからである。ただし私たちが出会う患者の中には，本質的には精神神経症であっても，対処困難な転移反応を発展させる者もいる。このような事例は，これまで述べてきたタイプほどに固定的で影響を受けないわけではないが，大部分が，先に述べた転移抵抗タイプの極端な例である（第III部第8章を参照）。

私はここで，持続的な理性的転移反応と呼ばれる防衛的な転移抵抗について述べることにする。このタイプのバリエーションの一つに，理想化された転移反応がある。分析家に対して，何年も続く頑固な陽性の理想化転移を維持する患者がいる。この転移反応は自我親和的であり，分析に困難をもたらすばかりである。一つには，こうした患者は自身の憎しみを向けかえる補助的な転移的人物を見出すことに長けているために，潜在する敵意を実証することが難しい。そのうえ，この理想化はある種の昇華であるように思われ，彼らの自己愛に訴える。さらに，転移的人物をスプリットすることによって，患者は分析家の存在を——この理想化された状態に彼を葬ることで——保持することが可能となる。私たちが理想化転移を抵抗として分析し続け，神経症的転移を充足させないなら，最終的にはその理想化は破綻する。すると私たちは患者の中に，妄想的な疑い深さはもちろん，猛烈な怒りと憎しみを見ることができる（Klein, 1952）。理想化が隠しているのは，そして発見を難しくさせるのは，これなのである。

分析的解釈を受け入れがたい傾向をもつ転移抵抗のタイプの中には，高度に全般化された自我親和的な転移反応がある。分析家に対して反応するやり方であらゆる人に習慣的に反応することが，こうした患者たちの特徴である。それは，性格特性になっている。典型例は強迫性格であり，彼は日常生活からあら

ゆる情緒を隔離し，思考と観念のみで生きている。このような患者は，あらゆる情緒反応に対して非常に根深く抵抗するので，知的な計画にのみ従って人々と交流する傾向を持つ。あらゆる自発的な情緒は危険であって，闘わねばならないと感じられる。コントロールと思考だけが，信頼できて価値があるのである。

いくつかの症例ではこうした生き方が，私たちは人間ではなく思考機械に対処しているとの印象を持つほどに，優勢になっている。フェニケル（1945a, Chapt. XIV）が描写するある強迫性格の人物は，あまりに「凍結している frozen」ので，彼が精神分析を受け入れられるようになる前に「解凍する」のに数年かかる。固く無感動な強迫性格者もいて，彼らの神経症は質的にも量的にもぞっとするような不安を覆い隠しているので，彼らは精神分析によって影響されないように思われる。私の経験では，その固い強迫性がコントロールする，潜行する妄想的核がしばしば存在する。また，私の印象では，そうした患者は精神分析で治療されるべきでなく，何か別の心理療法を受けるべきである。カウチの後ろに座ってたまにしか介入しない分析家は，情緒を隔離し知性を誤用する患者の傾向に付き合うばかりとなる。こうした患者は，もっと限定的で対面の治療のほうがうまくいくと思われる。

慢性的に行動化を起こす患者もまた，対処困難な転移反応を発展させうる。ここで私たちは再び，衝動に支配され，嗜癖的で，先に述べた倒錯-精神病の領域に近いグループの患者たちに突き当たる。性愛化された転移のケースもまた，慢性的な行動化のある特殊例として述べられてきた。第II巻では，行動化の問題に一つの章を充て，このカテゴリーをより深く探究するつもりである。

分析が始まるまで発見を逃れるような，対処困難な転移反応を持つさまざまな患者全てを，以上で網羅しているわけではない。私はある患者のことを思い出している。彼は，同性愛への恐れが非常に強いために私に同一化できなかった——というのも，同一化することは自身が同性愛に侵略されるのを許すことに等しい，と彼は感じたからである。私が彼の潜在する不安を理解し，そして彼にそれを理解してもらうことができるまで，何年もの間，彼の転移抵抗は影響を受けなかった。

すでに引用されたいくつもの事例が示しているのは，私が強調しようとした臨床的で技法的な問題，つまり，主として患者の転移能力に関する分析家の誤った査定のために対処困難な転移が発展する場合であった。こうした患者は，作

業同盟**および**転移神経症を発展させることができない。作業同盟は発展するものの，それが転移神経症によって侵襲され，効果的にならない例もある。作業同盟に見えるものが，うまく偽装された防衛的な転移神経症だという例もある。こうしたケースの全てにおいて，対象関係を形成する能力と自我機能において，重大な欠陥があるのである（第Ⅲ部第4章，第Ⅲ部第5章を参照）。

Ⅲ-2　技法における誤り

　技法上の誤りを語ることは，常にデリケートな問題である。他人の誤りを論じることによって傲慢に響く危険が，あるいは自分自身の過ちを述べることによって能力がなかったり不誠実だと思われる落とし穴が，常にある。とは言え，技法上の誤りを語ることは，それが稀ではないがゆえに必要である。さらに私の経験上，私たちはそうした誤り，とりわけ自分自身の誤りから，他のどの起源からよりも多くを学ぶことができるのである。

(1) 時折の誤り

　対処困難な転移反応の責任を負っている技法上の誤りは，微妙で長期にわたり繰り返され，認識されないままである技法上の不具合である。時折生じる技法上の愚かな誤りは転移の発展を複雑にするかもしれないが，それらは分析家と患者の双方に容易に認識されるので，そのダメージは大抵一時的で，修復可能である。そうでないなら，そうした過ちは分析家や治療法を変えるという決定に至るであろう。

　後者のタイプの誤りについて私が思い出すのは，私が初心者の頃，ある女性患者の敵対的な転移感情を認識することに私が失敗したことである。彼女は，私に対する性的願望に満ちていた一方で自身の無能な内科医についての不満をぶちまけていた。私は，彼女が無能な母親に対して憤慨した一方で魅力的な父親に欲望を抱いていたという意味で，その状況を解釈した。患者は少なくとも知的にはこの解釈を受け入れたように見えたが，その次の週のほとんどの時間，私に対する性的感情と並んで，無能でへまなお手伝いや教師，医師などについて，連想の中で言及した。その時点では，何時間にもわたって繰り返し出現するその素材が解

釈の不十分さや不正確さを示しているのだということを，私は分かっていなかった。最終的に患者はあまり話さなくなり，夢も語らず，ほとんど言葉を発することがなくなった。私が彼女に抵抗に取り組ませようとしたとき，彼女は気が進まないようだった。そして私が主張し続けると，彼女は突然私に向かって，憤激とあざけりを爆発させた。「あなたは，作業しないことで私に口うるさく言い続けるのね。じゃあ，あなただって高みの見物はやめて，少しは自分で仕事したらどうなの。それともそんなことしたら，あなたの白百合のような手を汚すかもしれないとでも思っているの！」

　そのとき私は，私に対する患者の敵意にまったく気づいていなかったのだと実感した。その敵意は，彼女の愛の感情に並行してずっと存在していたのだった。この時点で私がさらに実感したのは，患者自身はこれに気づいていること，そのこと全てが彼女の怒りを増大させてあざけりの要素を加えているということだった。しばしの沈黙のあと，私は彼女にこう伝えた。「あなたが腹を立てているのは，その不器用な医者，毎時間遅れてやってくる臆病でへまなお手伝いに対してだと私は思っていました。私は今の今まで，それが誰なのか，まったく分かっていませんでした。でも今，それは私なのだと分かりました」と。患者はこの介入に，半分笑って半分鼻を鳴らした。彼女は最初は，自身の怒りと軽蔑は私に対するものではないと感じて抗議したが，その後，私が彼女を避けていると感じたことで，大変悩まされてきたことを認めた。彼女の印象では，私は彼女を恐れているか彼女を嫌悪しており，彼女の問題を把握することを軽視しているのだった。

　そのセッションの後半で，私は彼女にこう伝えた。彼女が私に対して怒っていたことに私が気づかなかったとしても，私に対して感じるこの怒りを，彼女が進んで探索することを私は望んでいる，と。「白百合の手」を持つ人物のことを思うと自身に何が生じるかを尋ねることで，私は彼女に自由連想を始めてもらった。私の指摘と態度は効果があったようで，患者は自ら自由に連想することができた。その時間と続くセッションで，父親のそれまで隠されていた側面についての素材が，まさに浮かび上がってきた——その貴族的で高慢な父親を，彼女は称賛し，羨望し，軽蔑したのだった。この素材に関する私のかなり雑な見落としや誤解のために少し遅れが生じたが，しかしその他の点では，私の誤りから他の悪影響には出会わなかった。

　ここで私は，技法の誤りに対処しようとする際に含まれる根本原則について，

二，三の見解を挟みたい。何よりもまず，患者は間違いに反応する機会を与えられなくてはならない。あまりに早急な謝罪によって患者の反応を押しつぶすことや，患者が外傷を負ったり脅かされていると感じてしまうほどに沈黙したり無反応だったりすることは，誤りをさらに広げてしまう。誤りは率直に認められるべきであるが，そう認めることは，患者からさらに素材を得るために使われるべきなのであって，患者の反応をなだめたり中和したりするためではない。私は，先に述べた私の間違いについて公式な謝罪は一切しなかった。というのも，それは礼儀作法の類でもなければ善行の侵害に関わるものでもなかったからである。私は技法的にあることについて間違っていたのであって，罪を犯したわけではなかった。私は，不当な苦痛を引き起こしたことについては申し訳なく思ったが，こうしたことは，治療上のリスクであり，勘定に入れられなくてはならない。

私は誤りの理由を説明しようとはしない。それは私の問題であり，患者の問題ではない。私の告白で患者を苦しめる根拠は見つからない。すなわち，患者は私の治療者になるべきではない。私は，言葉や声のトーンそして態度によって，患者の人生において生じる何であれ他のものに私が取り組むのと同じように，私の誤りに対する患者の反応に私は取り組みたいのだということを，彼に示そうとする。私はこれを探索する際に，私が他のことを探索するときと同じくらい徹底的なのであって，過剰にそうなのではない。私が患者といる際に使用した発言や振る舞いについてのこの短い記述は，私がちょうど概観してきた一般的な原則を説明すると私は思っている。

（2）長期にわたる逆転移の干渉による誤り

転移反応を扱う際の最も深刻な欠点は，微妙で慢性的で，認識されないものであり，見抜かれることなく何年間も続きうる。これらは主に二つの原因から生じる。（ａ）逆転移反応，（ｂ）患者に対する不正確な理解（逆転移以外の理由に基づく）である。

逆転移による誤りは，あたかも患者が分析家の早期個人史の重要な人物であるかのように，分析家が患者に反応するときに生じる。逆転移は患者に対する分析家の転移反応であり，転移に並行するもの，転移のカウンターパートである。逆転移countertransferenceという言葉における「逆counter」とは，カウン

ターパートにおける「カウンター」のように，類似や複写を意味する。それは，反作用や反撃における「反」——反対されることや正反対ということを意味する——と同様なのではない。逆転移反応によってもたらされるのは，分析家による，絶えず続く誤解あるいは何らかの無意識的報酬，誘惑的あるいは従属的な振る舞いといった形態の，患者に対する持続的で不適切な振る舞いである。私は再び言わなくてはならないのだが，この主題に関するより詳細な議論は第II巻を待たれたい。しかし，要約された臨床事例でその点を示したいと思う。

　私は長年にわたって，訓練中の上級候補生の仕事をスーパーヴァイズしてきた。彼は，かなりの能力と才能を持つ男性で，彼のケースの精神分析治療は，好ましい形で進展していた。私の印象では，私たち二人ともがスーパーヴィジョンのセッションを楽しんでいた。しかしながらその候補生は私に，何年も治療してきたが，スーパーヴィジョンを受けていない女性患者とかなりの問題を抱えているのだと語った。彼女は，執拗で変化しない敵対的転移を発展させていた。そこで私たちは，数時間かけてその患者の治療について検討して過ごした。その患者は若く魅力的な女性で，強迫性障害であり，著しい知性化傾向，多くの反動的な肛門性格傾向，そして強迫衝動的な偽りの性的乱脈を伴っていた。私の全般的な最初の印象は，その候補生は患者を理解しており，その事例が呈した主要な技法的問題に適切に対処しているようだ，ということだった。

　その後徐々に私が気づいてきたのは，私がスーパーヴァイズしているほうの事例と比較すると，彼がこの患者について話す際にもっとずっと頻繁に記録を参照しなければならないということだった。彼は，自身の他のどの事例よりも，この患者の素材を記憶することに困難を抱えていることを，自ら打ち明けた。そのとき私は彼が彼女に用いた戦術に気づいたのだが，私は彼がそれを使うのをこれまで見たことがなかった。その患者が沈黙に続いて話し始めた**後に**，彼は彼女を遮ってこう言ったのだった。「あなたが本当に思っていることを，あなたは確かに私に話しているのでしょうか？」。その発言に非難がこめられていることを，私は指摘した。つまり彼は，彼女が意識的に素材を歪めているかもしれない，と示唆しているようだった。第二に，彼は絶えず彼女を遮っていて，彼女にとりとめなく喋る自由を許さなかった。おそらくは，もう少し長く彼が待つなら，彼女が意識的に引きこもっているのか否かがさらに分かるかもしれない。その候補生はこれに顔を赤らめて反応し，それから自身を防衛して，実際これを患者に言ったかど

うか分からず，ひょっとすると報告には歪曲があるかもしれないと言った。そのときの私の実感では，この事例についての私のスーパーヴィジョンは，以前のケースのときほどに楽しい状況ではなかった——私たちの内のどちらかにとっては。

　その候補生が患者との作業の詳細を私に述べるにつれて，彼女の沈黙に対する逆沈黙countersilenceで彼が反応する傾向や，彼の言語的介入がそっけなく，あまりにわずかになる傾向，彼女の支払いのわずかな遅れを指摘するときや彼が決して質問に答えないときに，不必要に厳しくなる傾向に，私は気づいた。つまり，この分析の雰囲気は禁欲的で過酷なものであり，ことによると，とげとげしく険しいものですらあると私は感じたのだった。分析家に対する患者の敵対的で疑い深く意地の悪い反応は，その候補生の態度に似ており，それに反応しているようだと実感したときに，この判断は正しいと私は感じた。候補生がその患者を扱っているようなやり方で私を治療する分析家に，私は甘んじて譲歩し，軟化し，その人物に触れられてもいいだろうか，と私は自問した。これは治療的状況ではなく，医師が病んでいる患者を助けようとする状況ではなかった。むしろこれは，互いを負かそうとしている，不機嫌で怒れる二人の間の，ほんの少しだけ偽装された消耗戦だった。

　私はその候補生にできる限り卒なくこう伝えた。あなたはその患者を嫌っており，彼女を治療しているというより闘っているように感じる，と。自身の反応や振る舞いを彼が説明することを私が期待したり欲したりしたわけではなかった。むしろ私が望んでいたのは，この問題を彼が彼自身の分析家に持ち出すことだった。しかしその候補生はこらえきれず，青ざめ，少しの間をおいてから，最近になって彼自身そのことを疑い始めていたと，涙ながらに口走った。彼女がキャンセルすると気持ちが晴れ，彼女には50分より少し短い時間しか与えない傾向があることを，彼は自覚した。さらに，彼はしばしば彼女の夢を見ていたが，その中で彼女は，子どもの頃に彼の生活をみじめなものにした姉と重なっていた，等々。

　この議論の重要な点は，この繊細で才能ある男性が，子ども時代に耐えてきた悪事に対して無意識的に患者に復讐することによって，気づかないままに彼女を不当に扱ってきたということである。この患者に対する彼の転移反応は，共感的な治療者から厳しく懲罰的な敵対者へと，彼を変容させていた。結果として彼女が彼に発展させた反応は，一部には転移反応であるものの，一部には潜在的に有害な人物に対する現実的な反応であった。その結果，転移反応は対処

困難なものになった。その候補生は，別のスーパーヴァイザーに定期的にこの事例のスーパーヴィジョンを受け，そしてどうやら自身の分析で自らの問題に取り組んだ後，その症例について称賛に値する仕事を成し遂げた。患者に分析家を変えさせるという選択肢を私たちは検討したのだが，多くの要因のためにそれは除外された。第III部第10章のIVにおいて，この問題をある程度深く追究する。

(3) 技法におけるその他の長期化する誤り

　逆転移は，転移反応に対処する技法における主な誤りの，唯一の起源ではない——通常，逆転移は最も頻繁で最も見つけることが難しいものではあるが。臨床的知識の乏しさ，欠陥のある理論的知識，そしてある種の人物に文化的に不慣れである場合も同じことだろう。何年も前に，同僚がある女性患者との長く続く困難について話すのを聞いたことを，私は思い出す。私に明らかになってきたのは，彼の解釈はエディパルな水準でなされており，明白な臨床素材があるにもかかわらず，母親との前性器的関係についての気づきや認識がまったくないということだった。私が同僚にこの点を指摘すると，彼は私にこう言った。そうした「新しい考え」のいかなるものも読んだことはなく，また自分自身の分析において，そうしたものが浮かび上がることもなかった，と。数年後に彼が幾分面目なさそうに私に言うには，彼は分析をさらに受け，多くの書物を読み，そして今では，その患者を治療するには自身がどれほど準備不足であったかを実感したのだった。

　欠陥のある理論体系の影響を受けた——と私には思われる——人々による事例発表を聞く機会が，私には何度もあった。治療者によって絶えず操作されたある若い女性患者について私は聞いたことがあるが，その治療者は，断固として自身に対する退行的依存を彼女が発展させないようにしている，と主張した。これは必要であるばかりでなく，治療期間を短縮し，「正統的」精神分析以上ではないとしてもそれと同等の良い結果を得る，と彼は確信していた。彼は自身のことを，「進歩的な」分析家で「新フロイト派 neo-Freudian」だと考えた。この特定の患者に対して彼が技法上目指したのは，いかなる長い沈黙が生じることも許容しないことであり，彼は彼女の抵抗に打ち勝とうとして多くの安心や励ましを与え，治療時間の雰囲気を生き生きと楽しいものに保った。これは彼

の意識的意図であり，こうすることで彼は，治療のはじめの数週間は，少なくとも表面的な水準では成功しているように思われた。しかしながら，患者が彼への性的感情を発展させ始めると，この生き生きした安心させる手法は，挑発的で軽薄な空気を帯びるように，私には思われた。

その患者がかなり年上の男性との性的関係に関わるようになり，それを保守的な両親に対して目に余るほど見せつけるようになると，治療者は患者を祝い，その振る舞いの近親姦的で破壊的な側面について，何の解釈もしなかった。その治療者が主張するには，彼女はある修正感情体験に取り組んでおり，それは彼女の以前の性的臆病さを乗り越えての大きな改善だ，と彼には思われるのだった。彼は自らの操作を，精神分析への敵意と見なさないだけでなく，自身の本能欲求の表現であるとも見なさなかった。彼はまた，患者の新たな（？）性的乱交が真の自立ではなく，彼女の性愛性転移の行動化であり彼への従属の一形態でもあることを認識し損なった。私がこうした見解を表明したのち，その患者について聞く機会はもはやなかったが，数年後に私は，新聞紙上で彼女の常軌を逸した行為についての記事を読んだのだった。

私が古典的精神分析としてここで述べようとしているものとはかなりかけ離れた理論的および技法的体系に沿って実践していた，いわゆる「精神分析家」によって何年にもわたって治療された患者たちのその他の例を，私は見てきた。ときにはこうした患者は「転移性の治癒」を経験したようで，その陽性転移が維持されている限りは相対的によい状態を保っているが，起こるべきこととしてそれが変化したとき，結局破綻することになる。グラヴァー（1955, pp.353–366）が不正確な解釈に関する章で述べている，ある種の人為的な強迫神経症を，私は見たことがある。こうした患者はときに，ある銘柄の心理療法の熱狂的な支持者となり，彼らの新たな信仰を他者に伝えようとして人生を送ることがある。不適切に分析された患者たちには，彼らの分析家あるいは治療者が拠って立つ治療の学派に対する陽性転移を行動化する傾向がある。彼らの報われない愛は，精神分析のジャーゴンにしがみつくことや言葉を介して親密さを絶えず交わすこと，および彼らの信ずる銘柄が唯一無二の正しいものだと証明するための証人として行動する新たな転向者を必死に探すことの中に，表される。ある形式の心理療法の「真なる信者」は，「洗脳された信奉者」とまさに同じく，ある未解決の転移反応の犠牲者である。心と魂の自立は，転移現象の徹底した分析からのみ現れうる。

技法上の誤りによる対処困難な転移反応の原因を検討する最後の項目として，患者が属する特定の文化に関する分析家の理解不足が原因となる状況に，簡単に触れたいと思う。思い出すのは，私が初めて南部出身の黒人を分析しようとしたときに遭遇した，多くの転移上の問題である。ご想像のように，転移反応と逆転移反応は，私たちの背景の大きな違いによって，混ざり合っていた。患者の家族の人物たちに由来する転移感情に加えて，白人全体に対する彼の感情に起源を持つ強い情緒も存在した。この状況は，南部の人および黒人に対する私自身の反応によって複雑になった。しかしながら最終的な障害は，私が南部の黒人の文化をよく知らなかったことだった。その患者の反応のいくつかが適切であるか否かを評価することが私には非常に難しかったが，それは所与の状況下で何が現実であるのかについて，私がしばしば無知であったからである。

　例えば，その患者は私に関する多くの不信や疑惑を含む空想を抱いていた。彼が私のオフィスに自身の車を運転して来るときはいつも，彼は文字通り敵地に乗り込んでいたのだという事実に，私は長い間気づいていなかった。他の車のドライバーたち，その地域の警察，そして私のオフィスが入るビルの玄関ホールにいる人々やエレベーターで乗りあった人々でさえ，潜在的に危険だと彼には感じられた。当然ながら，この感覚は空想を引き起こした。これは私に対する単なる転移反応でも，彼の両親に対する早期の感覚の派生物でもなかった。こうした感覚の強烈さは，部分的には彼や彼の身近な人に起きてきた最近の実際の体験に由来した。最初私は，彼の人生のこの特定の側面に気づいていなかったために，この反応に共感することが非常に困難だった。
　彼が抱いている特別な不安と敵意に気づいていなかったために，私はしばしば，彼に適切な分だけ解釈することに失敗した。南部の黒人の歴史における特定の危険のいくつかに私が無知であったために，私の共感能力は阻まれた。夢の中の偽装された性的対象は私の妻であると最初に解釈したとき，私が刺激した強烈な不安に私は気づいていなかった。これは，それが自身の分析家の妻であり母的人物であるためにタブーな人物像だというだけではなく，それは白人女性でもあったのであり，そして私は単に父的人物であるだけでなく，権力ある白人男性なのであった。
　こうしたものや他の多くの誤りの結果として，その患者は，私に対する大人しく従属的な一連の転移反応を維持し，それらは何年も変化しなかった。彼の文化

的背景に私が十分精通し私の共感能力が改善した後になってようやく彼は私を信頼するようになり，本物の強烈な転移感情を発展させることができるようになったのだった。

　上記の解説は，患者の文化に対する理解不足が，どのように転移の取り扱いを妨げうるかについての極端な例である。これほど深刻ではないものの，私が貴族階級の英国人の分析を試みた際に，同様の問題が生じた。自身はアメリカ出身で，欧州出身である自らの分析家とは背景がまったく異なっていたために，何年にも及ぶ分析によってもあまり接触の生じない患者たちにも会ってきた。ほとんどの分析家はこうした可能性に気づいており，紹介するときには患者にとって違和感のない分析家を選ぼうとするのだと私は思っている。それが不可能な場合もある。そのとき私たちはこの複雑な問題に用心しなくてはならず，それに対して特別な注目を払わなくてはならない。最も大きな被害が生じるのは，分析家がこの不均衡に気づいておらず，まったく馴染んでいない患者に正しく共感できていると思い込むときである。

Ⅳ　分析家を変更するという問題

　対処困難な転移反応や技法上の誤りといった問題を論じることで，分析家の変更を検討することがいつ示されるのかという問題がもたらされるようである。この主題は，複雑かつ繊細である。文献においてこの件が言及されることは滅多にないものの，分析家の間ではしばしば私的に論じられる。転移反応の発展やその取り扱いにおける困難さが分析家の変更の原因となることが最も多いので，少なくともこの問題に関し手短に概観しておくことが，この時点で適切である。この問題に関するさらに徹底した研究は，分析可能性，分析家の選択，逆転移の問題などのテーマを私たちが網羅するまで，待たなくてはならないだろう。

　分析家には，分析可能な患者全てを彼らが成功裏に分析できるわけではないという事実を受け入れることに対する気の進まなさがあるように思われる。これは一部には万能空想の名残のようであり，そしてまた，分析家の性別や気質は患者の転移反応に影響しないという見解の結果でもあるのだろう。転移の伝統的な定義が，転移現象は患者に由来するという事実を強調しているのはそ

通りである。しかしながら，自我心理学の知識を私たちがより多く得るにつれ，転移の発展を促進するうえでの分析状況の重要性が明らかとなってきた。分析家のパーソナリティと技術は分析状況の極めて重要な部分であり，転移反応の過程にまさに影響する。換言すると，転移現象は本質的に患者の過去の置き換えであるというのはその通りなのだが，それにもかかわらず分析家は，完全に真っ白のスクリーンでもなければ治療過程におけるまったくの受身的な参与者でもない。分析家のパーソナリティと能力は，患者と作業をする際の容易さや困難さと同様，彼らの転移反応の順序や強度に影響するだろう。

　驚くべきことに，ある事例ではそれ以外の事例よりもうまく作業できるということに大抵の分析家は同意するけれども，彼らはこの違いを，分析家の変更が示唆されるときの問題に関連づけることはない。この主題に関するグラヴァー（1955, Part2）のアンケートは，この問題に関して実にさまざまな意見があることを裏づける。状況は，候補生の訓練に関しては異なっている。アメリカ精神分析学会の候補生の訓練に関する規定によると，あらゆる候補生は，最初の訓練分析が成功しないなら2番目の訓練分析家と作業する機会を持つことを許されている。おそらくより長い経験のある年長の分析家ほど，自身の限界に気づいているだろう。

　分析家の変更を考えるにあたってはいくつかの指標がある。何よりもまず，患者は確かに分析可能でなくてはならない。さもなければ，治療者の変更ではなく治療法の変更が示唆されるだろう。十分な時間をかけても転移反応が解釈に適切に反応しないなら，すなわち私たちが対処困難な転移反応を受け取るなら，あるいは重要な転移反応が発展しないなら，私たちは，分析家を変えることを検討しなくてはならない。グラヴァー（pp.328-330）のアンケートが明らかにしてもいるように，何が「十分に」長い時間であるかを決めるのは簡単ではない。純粋に主観的観点から，私は努めて自らの性急さに負けないよう警戒しているが，それでも私の頑固さや自尊心のために，長引く非生産的な苦闘を不必要に続けたくはない。

　最後に，分析家の側に繰り返される誤りがあるとき，あるいはただ一つの誤りでもそれが取り返しのつかない状況を作ってしまったときには，分析家の変更が必要になると私は思っている。こうしたさまざまな指標は，しばしば互いを分けることができない。すなわち技法上の誤りが，対処困難な転移反応を生じたり，あるいはある患者がその特定の分析家によって分析されることを不可

能にしたりするのである。

　私自身の臨床経験が私に教えてくれたのは，分析家の変更という問題に関する以下のような原則である。4年間の治療のあと，分析家の変更を推奨するか否かという観点から私は自らの症例の一つひとつを見直す。終結への準備ができているという明確な徴候がその時点で見えないなら，分析家の変更について検討することを私は習慣としている。二度目の分析のために戻ってくる患者は，別の分析家——可能なら一人目の分析家とは異なる性別あるいはパーソナリティの分析家——を選ぶほうが良い。

　幼少期に親を失った患者にとって，分析家の性別は決定的な因子となりうる。そのような患者は，失った親と同じ性別の分析家と作業する必要がある。さもなければ患者は，補助的な転移的人物として，予備的な人物を分析外で過度に利用するだろう。この現象を首尾一貫して解釈することで，この転移反応は分析家とともに体験される方向へと向け直されるかもしれない。しかしながらこれは常にそうなるとは限らず，とりわけ転移感情の源である元の対象と分析家のパーソナリティの間にあまりにも大きな隔たりがあるなら，そうはならない。例えば私の患者の多くは，憎むべき母親的人物としての私に反応することが困難であるとしても，ほとんどの患者は最終的にはそうする。しかしある患者——彼には父親がいなかった——は，憎むべき母親としての私に決して反応できず，これを周りにいる他の人物たちと再演しなくてはならなかった。コインのもう一方の側面は，分析家のパーソナリティと転移の起源とがあまりにも類似しているときに生じる状況に関連する。これは対処困難で分析不能な転移反応となり，分析家の変更が必要にもなる。グレテ・ビブリング（1935）とグリーネーカー（1959）は，この所見について述べたことがある。

V ｜ 訓練中の候補生

　精神分析訓練中の候補生の分析における転移の発展は，いくつかの因子によって複雑なものとなっているがゆえに，特別な言及に値する。何よりもまず，訓練分析家は候補生の精神分析教育の進展にとって，現実的に重要で権威ある人物である。その候補生の訓練に関わる事柄に関して，暗黙にせよそうでないにせよ，彼の決定は重要な充足もしくは罰として捉えられ，それは転移状況を汚染する。さらに訓練分析家は通常，指導者，スーパーヴァイザー，あるいは他

の候補生たちの訓練分析家として務めており，それゆえ現実の同胞状況に実際に巻き込まれることになる。加えて，教えたり論文を読んだりすることによって訓練分析家は自身のパーソナリティをその候補生に露わにするのであり，そうして転移現象を促進する比較的匿名の地位を失う。最後に，インスティテュート自体がさらなる転移的意味を持つようになる（Kairys, 1964）。

　全体的状況は，治療に対する主たる意識的動機が訓練を受けたいという候補生の願望であるとの事実によって，さらに複雑になる。ほとんどの候補生は，自身が重要な治療へのニードを抱えていることやそれに気づいていないことを，認めないだろう。いずれの場合にも，彼らは健常な姿を見せ，防衛としてのこの見せかけにしがみつきがちである。分析においては，切迫した苦痛の欠如は長期におよぶ本物の転移神経症の発展を妨げうる（Reider, 1950; Gitelson, 1948, 1954）。さらなる抵抗として，候補生には，無意識的な迎合の手段として訓練分析家に同一化する傾向がある。とりわけ陰性転移反応が不在のままになりやすいか，あるいは従順もしくは従属的にしか——そして次には予備的な転移的人物を通してしか——表出されない。こうした反応全ては分析家自身における転移反応をかき立てやすい。このため，訓練分析における転移現象は最大限までは発展せず，訓練外で行われる分析と同様には扱われえないという，重大な危険がある。こうしたことのために，多くの訓練分析家は訓練後に二度目の分析を別の分析家と行うことを提案するのである（Freud, 1937a; A. Freud, 1950a; Windholz, 1955; Greenacre, 1966a; および追加の文献リスト）。

追加の文献リスト

転移概念の歴史的発展
Hoffer（1956）, Krapf（1956）, Orr（1954）, Servadio（1956）, Waelder（1956）.

転移反応の性質と起源
Fairbairn（1958）, Greenacre（1966b）, Guntrip（1961, Chapt. 18）, Hartmann, Kris, and Loewenstein（1946）, Klein（1952）, Nunberg（1932, 1951）, Segal（1964, Chapt. 1）.

早期対象関係
A. Freud（1965）, Greenacre（1958, 1960）, Hoffer（1949, 1952）, Mahler（1963）, Spitz（1965）, Winnicott（1957）.

患者と分析家の現実の関係
Alexander, French et al.（1946）, de Forest（1954）, Ferenczi（1930）, Weigert（1952, 1954a, 1954b）.

転移反応の行動化
Altman（1957）, Ekstein and Friedman（1957）, Kanzer（1957）, Rexford（1966）, Zeligs（1957）.

転移解釈のワークスルー
Greenson（1965b）, Kris（1956a, 1956b）, Novey（1962）, Stewart（1963）.

訓練分析の諸問題
Balint（1948, 1954）, Bernfeld（1962）, G. Bibring（1954）, Ekstein（1955, 1960a, 1960b）, A. Freud（1950a）, Gitelson（1954）, Glover（1955）, Greenacre（1966a）, Grotjahn（1954）, Heimann（1954）, Kairys（1964）, Lampl de Groot（1954）,

Nacht (1954), Nacht, Lebovici, and Diatkine (1961), Nielsen (1954), Weigert (1955).

第IV部

精神分析状況

　抵抗や転移の分析を論じてきた後に，私たちの焦点として精神分析状況を取り上げることは適切であろう。精神分析状況を分析することは，すでに記述してきた手続きや過程の多くを異なる観点から再検討する機会を私たちに与えてくれる。患者，分析家，設定の間の相互関係へと収束することで，私たちは，治療手段としての精神分析状況がもつ独特な力についてさらなる洞察を得るだろう。さらにそれは，三つの基本的要素——患者，分析家，設定——の間の複雑な相互作用を明確にする機会をいま一度私たちに与えてくれる。それらの関係は互いに関連し相互依存的なものであるけれども，精神分析状況を構成するこれら三つの要素のそれぞれを別々に探索することが賢明であろう。続いて私たちは次のことを自問する。すなわち，それぞれはどのような貢献をし，どのように分析状況に影響するか？と（この主題に関するストーン（1961）の著作は，最も包括的な参照元として推奨される）。

第1章

精神分析が
患者に要求するもの

I 動機

　強く動機づけられている患者だけが，分析状況において心から忍耐をもって作業することができるだろう。神経症症状や調和しない性格特性は，精神分析治療の厳しさを患者に耐える気にさせる，十分な苦痛を生じさせるに違いない。患者が表面的な分析体験以上のことを手にするつもりなら，好奇心や理解したいとの願望に，神経症的なみじめさが加わらなくてはならない。彼は，不安および罪悪感を帯びた自身の個人的体験を明かすという苦痛にいとわず耐えなくてはならない。すなわち彼は進んで，かなりの金額と時間を費やし，病気からの二次利得をあきらめ，そしてまた，すぐに手に入る一時的な成果なしで済まさなくてはならないのである。

　近年，より早い成果を求めるために，多くの患者が精神分析の簡易版を含む，短期精神療法を求めるようになっている。この傾向は，精神分析と心理療法の混合物を利用する精神分析家の増加によって助長されてきた。この発展は，第二次世界大戦以降，精神分析および精神医学サークルに多くの混乱と葛藤を生み出した。当時，精神分析の訓練を求める精神科医の数は非常に増加し，訓練分析家はあまりにもわずかだった。『精神分析療法』に関するフランツ・アレキサンダーと彼の弟子たちによる著書（1946）やフリーダ・フロム＝ライヒマンの著書（1950）などは，簡潔で操作的な治療上のさまざまな工夫を提唱し，それでもなお精神分析であると主張した（こうした試みに対する批判については，Eissler, 1950b, 1956を参照）。

私の意見では，あらゆる形式の心理療法は，それらの利点，限界，治療効果を私たちが慎重に研究するならば，価値があるのかもしれない。多くの場合，精神分析を修正しそこから逸脱することが，患者の欲求に合わせるために当然必要となるだろう（Gill, 1954）。フロイト自身（1919a）が，より多くの患者を治療するためにいつか私たちは精神分析という「純金」を合金にしなくてはならないだろうと予測した（p.168）。しかしながら，患者の分析可能な抵抗を和らげるために，あるいは治療者の無意識的な実利的目的を満足させるために精神分析が修正されるとき，患者と治療者はともに苦しむことになるだろう。

　患者には精神分析療法が必要であるけれども心理的にその準備ができていない場合は，まったく別の問題である。例えば，病理の結果として自身の生活がどのように制限されてきたかについて意識的に気づいていない患者もいる。その場合，患者により抜本的な治療が必要であることに気づいてもらうため，予備的な心理療法を行う必要があるかもしれない。アンナ・フロイト（1928）は，子どもに関するこの問題を詳細に記述しているが，それは多くの成人にも妥当であると私は思っている（Rappaport, 1956）。

　患者の動機は彼が何をするのを可能にするべきかという問題に戻る。彼の苦しみは，彼を**患者**として精神分析状況に入る気にさせるのに十分であるべきである。研究目的のため，専門的な向上のため，訓練のため，好奇心のために精神分析を求める人々には抵抗があると考えられ，予備的な心理療法を要する。私の論点は，自分は患者であると思う人だけが表面的な深度を超えて分析を受けることができる，ということである。そのような人だけが，いとわず分析状況に入り作業**しよう**とするだろう。

　これは依然として次の問題を棚上げしている。すなわち，彼の動機は，分析治療の過程で生じる剥奪や退行状態に彼が耐えられるようにするほど十分に強いかどうかという問題である。患者は，分析状況が求める患者－分析家間の不平等，不公平な関係に耐えるのに十分な動機を持っているか？　留意すべきは，私たちが精神分析の過程に内在する苦痛や欲求不満に耐える患者の能力に言及するとき，先に述べた苦痛な状況に対して彼が平静に，あるいは抑制して，あるいは元気に，反応することを私たちが彼に期待しているわけではないということである。反対に，私たちが期待している——実のところ，私たちが望んでいる——のは，彼が憤怒，怒り，悪意などで強烈に反応し，その結果これらの感情やそれらに対する防衛が分析の一部となる，ということなのである。

私たちが望んでいるのは，彼が自身をあるいは分析状況を破壊することなくそうした反応を体験できるということである。衝動コントロールが悪く早急な満足を必要とする，衝動に支配されている口唇的性格の人々は，分析状況を維持するのが極めて難しいと感じる。彼らは何らかの破壊的な行動化によって治療を中断しやすい。同様に困難であるもののそれほどあからさまでないのは，マゾキスティックな性格障害を伴う患者たちの病的な従順さであろう。彼らは分析状況の苦痛を，黙って楽しむ。こうした患者は，変化も不平もないまま，分析のように見えるものを何年も経験するかもしれない。自己愛性格者は，治療者との比較的厳格な関係に耐えることができず，また，ひどく内向的な患者は，患者と分析家の間の距離感に耐えることができないだろう。この主題については第Ⅱ巻でさらに徹底的に探究する。

Ⅱ 能力

　現在実践されている全ての心理療法のうち，精神分析は他のどの治療法よりも，患者に対してより多くよりさまざまな要求をする。それは，分析状況において患者が剥奪，欲求不満，不安，抑うつに耐えなくてはならないという点で，精神分析が多大な困難を課すというだけではない。精神分析療法が患者に対して殊のほか要求がましいのは，精神分析の手続きや過程が彼に，程度の差はあれ一貫して繰り返し，いくつもの相容れない自我機能を実行する能力，それらの間で行き来する能力，そしてそれらを混ぜ合わせる能力をも，求めるからである。

　患者は次のことを求められる。（a）退行することと退行から戻ること，（b）受動的であることと積極的であること，（c）コントロールを放棄することとコントロールを維持すること，（d）現実検討を放棄することと現実検討を保持すること，である。これを達成するために，分析の患者は回復力のある柔軟な自我機能を持たなくてはならない。これは，自我機能が不十分である結果としての神経症という私たちの先の記述に矛盾するように見える。しかし分析可能な神経症患者に特徴的なのは，彼の自我機能の欠陥が，彼の症状や病的な性格特性に——程度の差はあれ——直接に関連する領域に限定されている，ということである。自身の神経症にもかかわらず，治療可能な患者は，比較的葛藤から自由な領域においては効果的に機能する能力をまさに保持しているのである

(Hartmann, 1951)。

　こうして，分析可能な患者は，上述した相容れない自我の諸機能を実行することが——それらが神経症的葛藤にあまりに接近して影響を及ぼさない限りは——できるだろう。神経症的葛藤の派生物は常に放出を求めているので，相反する自我機能の中のあれこれが，やがては神経症的葛藤に巻き込まれるようになり，損なわれ，そしてそれ自身が分析過程への抵抗として現れるだろう。そのときに際立つ臨床所見はいくらかの自我機能における回復力や弾力性の喪失であり，ある種の硬直性が明らかになったり，ある自我機能が一時的に失われたりするだろう。

　例えば，患者は自由連想において一次過程思考の方向へと退行することができないかもしれず，彼が生み出すもの全てに関して論理的で整然としたままである。あるいは私が何らかの具体的な個人史の情報を尋ねても患者は自由連想をやめることができず，この誤解に気づきさえしない。

　精神分析療法が求めるのは，自らの神経症的葛藤が強いる限界を神経症者が考慮に入れつつ，相反する自我機能の間を行き来してそれらを混ぜ合わせるために，十分に回復力のある自我を彼らが持つことである。治療が進むにつれ，柔軟な自我機能の領域が並行して増加することを私たちは期待する。分析状況がどのような特定の能力を患者に要求するかを知るために，彼が実践するさまざまな手続きや彼が経験する過程を詳細に吟味しよう。

　自由連想に近づくため，患者は現実との接触を部分的かつ一時的に手放すことができなくてはならない。それにもかかわらず，彼は正確な情報を与え，想起し，理解できていなくてはならない。彼は，二次過程思考および一次過程思考の間を行き来できなくてはならない。自身を空想に漂わせること，できうる限りで分析家に理解可能な言葉や感情を用いてそうした空想を伝えることを，私たちは彼に期待する。患者についていく分析家の能力にある程度共感できるよう，彼は十分にサイコロジカルマインドを持っていなくてはならない。私たちの介入に耳を傾けて理解できること，かつ私たちが言ったことに対して自由連想もすることができることを，私たちは患者に求める。退行するための可動性やそこから戻る能力を持つために，彼には十分な自我の回復力がなくてはならない。(A. Freud, 1936; Zilboorg, 1952b; Loewenstein, 1956, 1963; Bellak, 1961; Kanzer, 1961; Altman, 1964)。分析家とともに作業する能力，自身を退行させて分析家に対するさまざまな種類や強度の愛や敵意を発展させる能力を，彼は持っていな

くてはならない．手短に言うと，作業同盟と転移神経症の間を移動する能力を，彼は発達させなくてはならない．これが意味するのは，対象関係の領域において，患者は，退行と前進との間を揺れ動くことのできる，そしてその二つのさまざまな組み合わせを作ることのできる柔軟性を，保有していなくてはならないということである．

　患者は，精神分析の経過で生じる不確かさ，不安，抑うつ，欲求不満，そして屈辱を，破壊的な行為に訴えることなく耐えるいくらかの能力を持っていなくてはならない．私たちは，患者が体験を本物と感じることができるように，分析の時間内に，自身が情緒に我を忘れることを許すよう患者に求める．しかし私たちは，彼が理解できなくなったり見当識を失ったりすることを望んではいない．分析セッションの終わりには，たとえ彼がその時間中にどれほど退行したとしても，誰かを殺すことなく運転して彼が自宅に戻ることを，私たちは期待する．さらに，分析セッションで得た洞察を，セッション外でも患者が考え検討すること，そして彼が新たな意味ある洞察，連結，記憶，夢をもたらすことを，私たちは期待する．にもかかわらず，私たちは彼の生活全体が，あたかもまるごと一つの大きな分析セッションであるかのように，彼に生きてほしくはない．

　徹底的に分析されるまで現実状況において急激な変化を行わないよう，私たちは患者に要請する．このため，彼は忍耐強く，行動を延期することができなくてはならず，しかもあきらめや絶望に負けてはならない（これは，訓練中の候補生の分析において特に重要な問題である）．精神分析は，できるだけ誠心誠意かつ自発的に彼が自身について周囲の重要な人々に話すことを要請し，しかも，彼が自身の体験を分析セッションへと持ち込むことを私たちは望むのである．私たちは繰り返し，患者に要求される二つの矛盾する自我機能を目にする．すなわち彼は自らを観察する人でありながら体験者であり，受動的でありながら積極的な人物であり，比較的コントロールされていないと同時にコントロールされている人物であることが，できなくてはならないのである．

　分析の素材を生み出すために，患者は退行し，かつ退行から戻ることができなくてはならない．彼は退行した状態で，素材に出会いそれを集める．一方，彼は退行から戻った状態で，それを伝える．分析家から与えられる洞察を彼が吸収することができる前に，患者はまずその妥当性を検証し，内省し，熟考し，検討し，そうして消化しなくてはならない．彼の総合し統合する自我機能は，作

業同盟と連動して，ワーキングスルーを可能にする。その間中，新たな洞察は再方向づけと再適応をもたらすのである（E. Bibring, 1954）。

III パーソナリティと性格の特性

　患者が分析において作業することを可能にする彼の動機と能力は，彼のパーソナリティと性格特性に密接に関連し，それらに左右される。精神分析状況の要求に患者が応じることができるか否かを決定するうえで，肯定的な所見よりも否定的な基準を明確にするほうがより容易である。精神分析の適用よりも禁忌のほうが，はるかに詳細である（Freud, 1904; Fenichel, 1945a; Knight, 1952; 及び追加の文献リスト）。

　引用された論文を見渡して分かるのは，長期にわたる明らかな精神病を除き，診断カテゴリーは信頼できる指針ではないと多くの著者が思っていることである。患者が分析に適しているか否かの査定は，パーソナリティや性格の特性の健康な部分——病的な部分はもちろん——の評価を含まなくてはならない。これは分析可能性というテーマに突き当たるが，このテーマは第II巻で広範に論じられる。さらに，私の見解では，ふさわしい患者に必要とされる特性は，精神分析家に必要とされる特性と質的に似ているので，私は分析家の観点からそれらを論じたいと思う。

第2章

精神分析が
精神分析家に要求するもの

　治療的精神分析を行うためには，精神分析家は患者や自分に対して技法的手続きを実行できなくてはならない。これらの手続きを適切に行うためには，精神分析家は彼自身の中で生じる，ある心理的過程を活用しなくてはならない。なぜなら，他者の心の洞察を得るために精神分析家が保持している最も価値ある手段は，彼自身の心の中で進行中のもの the goings-on だからである。結果として精神分析家の技術は，彼自身の無意識の心に，そしてそれが彼の意識的自我にどの程度利用可能であるかということに，密接に結びついている。

　知性と教養が高水準であることは確かに分析家に求められるが，利用でき理解できる無意識的心を持っていることのほうがさらに重要である。あらゆる分析家は患者を精神分析的に治療することを許される前に精神分析療法を経験しておかなくてはならないとの必須条件は，分析家に無意識的因子の妥当性をパーソナルに確信させること，そして彼自身の問題が自らの判断を歪めるかもしれない領域において彼を脱感作することをだけを，目的としているのではない。分析家の個人分析は，自身の幼児期の生活における重要な無意識的欲動，防衛，空想，葛藤と，のちのそれらの派生物を，彼の意識的自我に利用可能にすることを究極的な目的としている。こうした葛藤の中には，解決されるものも，より適応的な形に修正されるものも，変化しないままだが接近可能となるものもある。実践している精神分析家にとって重要なのは，彼の無意識的葛藤が，患者との作業で使用する際に制御可能かつ接近可能であるということである。

　解決の程度は，精神分析家が使用することができる技術に紛れもなく影響を及ぼす。葛藤なく本能的満足を達成する彼の能力は，いくつかの機能を中性化

する自我の能力を強め，自律的な自我機能や適応性を高めるだろう。同じことが心的システム内葛藤intrasystemic conflictsにも当てはまる（Hartmann, 1951, p.145）。

　精神分析家の技術は，彼のパーソナリティや性格をも形作る心理的過程に由来する。彼の知識や知性でさえ，神経症的葛藤の解決の程度に影響を受ける。私ならさらに踏み込んで，次のように言うだろう。精神分析の分野へと彼を導いた動機もまた，彼が患者とどのように作業するかにおいて，ある役割を果たすのだ，と。技術，知識，性格そして動機が，基本的な必須条件である。それらは全て，精神分析家の意識的および無意識的な情緒，欲動，空想，態度，価値観と相互に関係し不可分である。それにもかかわらず，明確にするために，私はこれらの因子を人為的に三つのグループ——技術，特性，動機——に分け，次の問いを追究する。精神分析は精神分析家に何を求めるのか？　この主題に関するエラ・シャープ（1930, 1947）の二つの美しい小論，およびストーン（1961）とグリーンソン（1966）をも，読者に推奨する。

I　精神分析家に求められる技術

I-1　無意識を理解すること

　精神分析家が保持していなくてはならない最も重要な技術は，患者の意識的思考，感情，空想，衝動，振る舞いを，それらの無意識的な前駆体へと変換する能力である。彼は分析セッションの中で，患者が話しているさまざまな主題の背後にあるものを感知することができなくてはならない。彼は明白な旋律に耳を傾けなくてはならないが，「左手」の隠れた（無意識の）主題，つまり対位旋律をも聞かなくてはならない。彼は，患者が描く断片的な絵を見て，それらを元の無意識的な形態へと訳し直すことができなくてはならない。典型的で簡単な例を挙げよう。

　ある青年は，姉のトイレの習慣に対する怒りと嫌悪感をセッションにおいて語る。彼女はドアを少し開けたままにしているので，偶然彼が彼女の醜い裸の胸を見ることがある。彼はさまざまなトイレの音を耳にすることさえあり，不愉快である。その後バスルームに入るとき，彼は息をしないようにするが，それでも彼

女の体臭やパウダーの臭いを嗅ぐことがある。浴槽の中の彼女の髪の毛を見ると，彼は吐き気を覚える。意識的な怒りや嫌悪感を声高に表現しているにもかかわらず，その背景に姉の身体活動に対するその青年の性的関心を聞くのはまったくたやすいことである。彼女のさまざまな部分を自身の口に取り込むという彼の無意識的空想が，彼に嫌悪と吐き気を感じさせる。彼は彼女が醜いことに怒っているのではない。反対に，彼女が刺激的であることに怒っているのである。

　どのようにしてそうした解釈に至るのだろうか？　子ども時代の記憶喪失を克服した人は，トイレが子どもの頃の官能的な楽しみの場であり，覗き見が少年時代の楽しみの一つであったことを思い出したり容易に想像したりすることができる。姉妹あるいは母親はかつて，嫌悪のバリアが防衛として張られる前は，性的に魅力的だった。そのような偶然が起こることを望まない限り，少し開いたドアの後ろを私たちが「偶然に」見ることはない。禁じられた，あるいは手に入れることもできないものは，非常に魅力的であるか醜いものとして，知覚されうる。すなわち正反対のものは，互いに非常に近いのである。トイレの音を楽しんでいないなら，子どもは通常意識的に，そして大人は無意識的にそうするように，そこに留まってトイレの音を聞いたりはしない。髪の毛を見ることはおそらく，毛のある体の他の部分への空想をかき立て，何か嫌なものが口の中にあると感じられるときにのみ，私たちは吐き気を催すのである。
　一般的に嫌悪感とは，何か嫌なものが自分の体に触れていると感じる，あるいはそのように想像することに対する反応である。大人も子どもも，楽しいもの，あるいは愛おしいもの，あるいはワクワクするものを口に入れたいという強い衝動がある。子どもたちはみな，これを公然と意識的に行い，大人はより目立たないように，あるいは無意識に行う。不適切な嫌悪感は，何か意識的に「汚い」と考えられるものを触りたい，あるいは口に入れたいという，抑圧された願望を示している。
　私たちがこうした問題を自分の中で解決してきたなら，その青年の話を聞き，彼の素材を連想し，関連する潜在的な記憶や空想へと舞い戻ることは，難しいことではない。この場合，私たちはそれほど知的な作業をしなくてもよい。姉妹たち，トイレの場面や音にまつわる私たち自身の連想や，過去の同じような状況に対する私たち自身の嫌悪に満ちた反応によって，隠された衝動や空想がいまや非常に素早くもたらされる。私たちの連想が患者たちの状況に合ってい

そうか否かを判断するために，参与者から観察者へ，共感から内省へ，問題解決型思考から直観へ，より巻き込まれた立場からより囚われない立場へと，私たちは移行しなくてはならないのである。

　このような移行や行き来を容易にするために，分析家は平等に漂う注意をもって患者に耳を傾けるべきである（Freud, 1912b）。私たちはこの位置から，囚われていない観点と巻き込まれている観点の両方に参加しているのであり，そして私たちは，状況に応じて行ったり来たり移動する準備ができている。観察者と参与者の間を揺れ動くこの能力は，フェレンツィ（1928b），ステルバ（1929），シャープ（1930），ライク（1948），フリース（1953）によって記述されてきた。

　上に引用した症例では，患者にとってのこの素材の無意識的な意味をつかんだと私が感じるまで，私は患者の話に耳を傾け，私自身の連想を辿った。より複雑な一連の心理的プロセスが活用されなくてはならない状況について，ここで述べたいと思う。

　ある女性患者が，夫との前夜の満足のいかない性体験について，セッションの中で語る。彼女は性的欲求を感じていたが，一連の行為の中の何かがオーガズムを感じる彼女の能力を阻害したのだった。邪魔をしたものは何だったのかが彼女には分からなかった。前戯には何ら変わったことはなかったが，やはりそこが問題の発生したところだった。夫は彼女に愛情を込めてキスをし，手や口で彼女の肌を愛撫し，乳房を愛撫したりしたが，彼女の興奮は消えてなくなった。自身の苦境を語る際，患者はどこか腹立たしく，また悲しげに聞こえる。彼女の連想は最近のディナーパーティへと移るが，悲しみは増していくようで，連想は途切れ，患者は沈黙する。

　私には彼女の沈黙や悲しみが分からないので，性体験に戻って考えを巡らせるよう，患者に頼む。彼女が悲しそうにこう言った。新しいことは何もなかった，これは夫のせいではない，彼は思いやりがあって，情熱的で優しくて，そうした性質を全て，通常は自分は楽しんだのだ，と。「彼は滑らかに剃ってさえいるの」と彼女は笑顔で付け加え，ため息をつき，そして今や彼女は涙で顔を濡らす。私は困惑する。私は彼女が私に話したことを素早く振り返るものの，私の連想は確かな手掛かりを何一つもたらさない。前の時間のことを振り返ってみるが，それもまた役に立たない。この時間私はうまく彼女と接触できたと思ったが，今や私は彼女を見失ってしまったと感じる。

この時点で，私は彼女への耳の傾け方を変える。外側から聞くことから，内側から聞くことへと変えるのである。私は，自分の一部を患者にならせなくてはならず，そしてあたかも私が患者であるかのように彼女の諸体験を経験し，それらが生じるにつれ私の中で何が起こっているかを内省しなくてはならない。私が述べようとしているのは，私たちが患者に共感するときに生じるプロセスである（Fliess, 1953; Schafer, 1959; Greenson, 1960参照）。私は，患者が説明したさまざまな出来事を自分自身に体験させ，私はまた，分析セッション，彼女の連想，そして彼女がそのセッションで体験したと思われる情動を，自分自身に体験させる。私は，患者の話に立ち返り，彼女のパーソナリティに合わせて彼女の言葉を像や感情に変形する。私は自らに，**彼女の**人生経験や**彼女の**思い出，**彼女の**空想とこれらの像とを関連づけさせる。私はこの患者と何年も作業してきたので，患者の身体的外見，振る舞い，動き方，願望，感情，防衛，価値観，態度などからなる彼女の作業モデルを，私は構築してきた。彼女が何を体験していたのかを捉えようとして私が前景へと移すのは，患者のこの作業モデルなのである。私の残りの部分は，当面強調されず，隔離される。

　患者が述べてきた出来事を（しかし今度はその患者としての私とともに）振り返るにつれ，いくつもの新たな考えが浮かび上がる。夫は彼女にキスを「浴びせた showered」と患者は言った。これは観察者としての私には，いかなる特別なイメージももたらしていなかった。しかしながら私が患者になってみると，子どもの頃のある場面が心に浮かぶ——父親と一緒にシャワーを浴びている場面だ。これは，いつもは粗野な父親について彼女が持っていた数少ない楽しい思い出の一つだった。その記憶のある要素が，患者の心の中で際立っていた。彼女の父親はとても毛深かったのだった。このため彼は官能的に見えたが，恐ろしくも見えた。彼が彼女にキスしたときに彼女が最も鮮明に思い出したのは，彼のごわごわした髭だった。今や患者の最後の言葉が分析家としての私に思い出される。「彼は滑らかに剃ってさえいるの」。最初私は，それは彼女の母親への言及だと思っていた。今や私は，滑らかに剃った，愛情深い，思いやりのある夫が，官能的でサディスティックな父親に対する抑圧された性的渇望という対照的な像をかき立てたのだと実感する。こうした考えが私の心に浮かぶにつれ，患者は再びディナーパーティについて，そして彼女のディナーの同伴者がどのようにして唇を開け食べ物を噛んだか——彼女が忌み嫌っていた父親の特徴である——について，話し始めた。私は今や，自ら共感することによって，患者の性的体験における無意識の妨害を明らかにする

ことができたと確信する。無意識的に愛していた父親の記憶を夫が呼び覚まし、それゆえ彼女はオーガズムに達することができず、ゆえに彼の滑らかな顔を見て悲しげに泣いたのだった。

　この臨床ヴィネットが例証しているのは、他人の中にある微妙で複雑な隠れた情緒を把握するための価値ある方法である。共感とは、他人の感情を共有し、体験することである。私たちが分かち合うのは感情の質であって、量ではない。精神分析において、共感の動機は理解を得ることである。それは代償的快のために利用されるのではない。共感は本質的に前意識的な現象である。それは意識的に引き起こされたり中断されたりする可能性がある。そしてそれは人と関わることに関するその他の形態とともに揺れ動きながら、静かにそして自動的に起こりうる。基本的なメカニズムは、分析家の中にある患者の作業モデルに基づく、部分的かつ一時的な患者への同一化であり、そのモデルを彼は、これまで蓄積してきた患者との経験から構築してきたのである。

　患者の作業モデルを前景へと移すことによって、そして固有で独自の私というもの全てを背景に押しやることによって、私は患者の言葉や気持ちを、私のこの部分へと入らせた。そのモデルは、考え、感情、記憶、空想などと反応する。上の例では、「浴びせた」という言葉が、モデルにおけるカギとなる連想——父親と一緒にシャワーを浴びた記憶——を呼び起こし、それが彼の毛深さや髭の連想——「なるほどaha」体験——をもたらした。この「なるほど」が示すのは、私の参与する自我の作業モデルが、私の分析する自我——観察者——に警報を発した、ということである。そして今や私の分析する自我は、その無意識的素材の意味が何であるかを判断しなくてはならない。

　これによって私たちは、共感と密接な関係にある直観を使うことになる。共感も直観も、素早くかつ深く理解するための手段である。共感とは、情緒や衝動の観点から緊密な接触を確立する方法である。直観は観念の領域で同じことを行う。共感は感情や像に至る。直観は的中したことを示す「なるほど」反応に至るか、失敗したことを示す「あぁoi」反応に至る。

　先の臨床例では、共感は私に接触を失ったと感じさせ、そしてキスを浴びせられるshoweredことから父親とのシャワーを導いた。直観は私が正しい道にいるのだと私に伝え、そして毛深さを、ごわごわした髭や滑らかに剃られていること、それに続いて彼女が泣いたことへと直ちに結びつけた。患者に対する私

の共感によって，これは正しいと私に感じられた。

　共感は経験自我の機能であり，一方，直観は観察自我の機能であると思われる。これら二つの現象は，互いに導き合い，さまざまな形で互いに融合する。しかし共感は情緒的により多くを要求する。それは情緒的な関与から成り，自我機能という点のみならず，対象関係という点でも，制御された可逆的な退行の能力を必要とする。それは，クリス（1950）が描いた芸術家の創造的体験に似ている。直観は情緒的な要求はより少なく，退行的であるとはいえ，本質的には思考過程である。

　共感と直観は，意識的な素材の背後にある無意識的な意味を把握する**才能**の基本である。すなわち最高の治療者は，その両方を十分に備えている。共感能力は基本的な条件である。というのはそれがなければ，いかなる効果的な表出療法も行うことはできない。直観する能力は機敏さを生むが，共感がなければ誤解を招きやすく，信頼できないものになりうる。

　これまで，私が説明してきた精神分析家の技術は全て，前意識的および無意識的な過程を活用することに関連している。ここで生じる問題は，精神分析の理論と実践に関する知的な知識が，精神分析状況においてどのような役割を果たすのか，ということである。自身の無意識的な心に親しみ，アクセスできることは精神分析を行うための最も重要な設備であるけれども，精神分析を知的に知ることも確かに必要である。誰もが完全あるいは完璧に分析されていないというのは言い古された表現であるが，その意味は，誰もが自身の意識的自我には入り込めない領域を持っている，ということである。さらに，私たちの本能と防衛のバランスにおいて，私たちの自我機能において，そして私たちの逆転移と作業同盟の均衡において，変動や変化が存在し，これら全てが私たちの無意識的な心への接近可能性や信頼性を，一時的に低下させうるのである。

　そうしたときには，精神分析に関する私たちの理論的な知識を手近に持っていることが特に重要になる。理想的な状況下にあるときでさえ，共感によって知覚されていた所与の発見の意味を自身に説明するために，臨床的および理論的知識が使用されなくてはならないだろう。例えば，性的欲求不満を抱き涙を流す女性の直近の臨床例に戻ろう。共感と直観は，彼女が性的興奮を妨げられたのは父親への思いが意識化される恐れがあるからだという発見を拾い上げた。さらに，近親姦的衝動は通常強い罪悪感をかき立て，それが性的興奮を妨げるのだと認識することは，臨床的知識を必要とする。症状形成の理論的理解は，私

たちが以下のことを理解するのを助ける。すなわち，セッションの中で，夫は滑らかに剃っていたと話した後に患者が泣いたことは，古い愛の対象——剛毛の顔つきの男，自身の父親——を失ったことに対する悲しみを示していたということである。

最初の例——姉のトイレの習慣に嫌悪感を抱いた青年に関するもの——において，反動形成に関する理論的および臨床的理解が私たちに教えるのは，不適切な強度の情動が示唆するのは，対立する情動が意識的なものによって抑圧されているということである。この知識に留意することで，私たちは確証となる証拠に注意を払うことができる。正常な，および神経症的な幼少期の本能生活を知ることで，幼少期に強く望まれていたものが，外界や超自我の要求に応えるために，発達の過程で嫌悪感へと変えられるかもしれないことが，私たちに分かるのである。

これらの実例では，共感と知識はお互いに補い合う。ときには，お互いに代用することもできる。最も好ましい状況は，これらがともに利用可能であり，お互いを確証するために利用できる場合である。共感と直観は，この青年が姉に対する性的願望を抑圧していたことを私に教える。臨床的および理論的知識は，彼の発言を反動形成理論と比較することによって，この正しさを検証する。この点に関する患者からの以前の情報を私が思い出すことができるなら，あるいはのちに関連するデータが出て来るときにこの素材を私が思い出すことができるなら，私の記憶はこの検証を助けることができる。

病理学の研究が内科学の実践に対して有する関係と同じ関係を，神経症理論に関する実用的な知識は精神分析技法に対して有している（Fenichel, 1945a）。それは，さまざまな病理学的症候の規則的な特徴を決定することによって，実践的な仕事の基礎を提供する。典型例を徹底的に知ることは，固有のものを理解するために私たちが準備できる最良の方法である。患者とともに作業すること，臨床ケースセミナー，症例の個人史を読むことは生の素材を提供し，そうした素材から，理論的枠組みが集積されるのである。

この理論的知識は，実際には何千もの臨床的事実の沈殿物および蒸留物であり，乱暴な分析を行う危険性を回避したいのであれば，臨床作業に使用されなくてはならない。共感や直観は教わることができないが，科学的に作業をする者は，教わることができるものを学ばなくてはならない。理論的な知識は直観的な心理療法の障害にはならず，それどころか，不可欠な必須条件なのである

(Sharpe, 1930; Fenichel, 1945a)。ほとんどの精神分析インスティテュートにおける一連の訓練は，次の見解を支持していると私は思っている。候補生は，患者を精神分析治療で診ることを許される前に効果のある個人分析を受けていなくてはならず，また精神発達，夢の構造と意味，神経症についての精神分析理論，基本的なメタ心理学，精神分析技法の基礎を扱うセミナーを修了していなくてはならない。候補生は，数年に及ぶ個人分析を経験し精神分析理論の実践的な知識を得た後にのみ，精神分析技法を使い始める準備が整ったと私たちには思えるのである（Lewin and Ross, 1960）。

I-2　患者に伝えるということ

　分析家が，共感，直観，理論的知識を用いて患者の素材の意味を理解したと仮定しよう。彼の次の仕事は，これを患者に伝えることである。実際には，患者に**何を**伝えるか，**いつ**伝えるか，**どのように**伝えるかを，彼は決めなくてはならない。

　患者の素材の無意識的意味を理解したと分析家が感じる，分析セッションにおける瞬間に戻ろう。彼はただ印象的に漠然としか，これを理解しなかったかもしれない。さらなる段階に進むことができるようになる前に，それは言葉と観念で定式化される必要がある。漠然とした考えや予感を私たちが患者に伝えるような状況が分析では起こるのだが，これは通常，その素材が比較的無害なものである場合にのみなされる。

　通常は，可能な限り明確かつ正確であるためには，言葉でその素材を定式化する必要がある。分析家は，患者に接触して影響を与えることを望む。そのため彼は，誤解されることを避けたく思うのだが，それはとりわけ，患者の抵抗はそのような機会を捉えようと常に準備しているからである。単語，言葉遣い，声のトーンは，患者と分析家の間の空間を繋ぐ橋を提供するという，特別で基礎的な役割を果たしている——かつて身体的な分離がなされたあとに母と子の間でそうであったように（Sharpe, 1940; Greenson, 1950; Loewenstein, 1956; Rycroft, 1956; Stone, 1961）。言葉遣いや発話は比較的自律的な自我機能だが，それらは神経症的葛藤による退行，再本能化，再侵入の影響を受けやすい。これは，分離したアイデンティティを維持することに困難を抱えた患者や，深く退行した転移神経症という苦闘の只中にいる患者に起こりやすい（Loewald, 1960）。

分析家は，患者に伝えることを言葉で定式化しなくてはならない。彼は自分自身の一次過程的な思考を二次過程へと翻訳しなくてはならない。次に，それを現時点で患者に伝えることができるかどうかを判断しなくてはならない。ここで，彼の臨床的判断と共感が用いられなくてはならない。なぜなら，第一にその情報が価値あるものか否か，第二に外傷にならずに患者はこの洞察を耐えることができる否かを彼が判断できるのは，これらの能力を通してのみだからである。知的な知識は，類似した過去の解釈を思い出すことによって，あるいは休日の分離が近づいていることに気づくことなどによって，彼を助けるだろう。さらなるデータを待たないほうがいいのか，それとももしかすると患者自身が解釈にたどり着くのを待つほうがいいのかを，彼は判断しなくてはならない。

　ひとたび分析家が解釈を伝えることを決めたら，その情報を**どのように**定式化するかを彼は検討しなくてはならない。付け加えておくが，このように詳細に説明したからといって，こうした手続のそれぞれが，通常別々に，徐々に，順番に生じるわけではない。たまにはそうなることもあるが，通常は素早く自動的に，そして大部分は同時的に生じる。患者に対する洞察をどのように伝えるのかを決める手法については，すでに第II部第6章，第III部第5章のIV-3，第9章のIVで論じてきた。ここでは，共感能力がそうした問題を評価するための最も価値ある道具であるということをもう一度言っておくだけで十分であろう。おそらく言葉の選択と声のトーンが，最適な接触と影響がなされるかどうか，私たちが抵抗に加担したかどうか，私たちが外傷を与えたかどうかを決定するだろう。

　分析家の言葉は，患者の理性的自我に向けられなくてはならない。分析家は自分自身にこう問いかけなくてはならない。私が伝えたいこの洞察は，患者の理性的自我にどれだけ近いのだろうか？と。素材が接近不可能になればなるほど，自らの定式化や言葉の選択に，私はますます気を配らなくてはならない。さらに，分析家の語彙が患者の語彙と離れすぎていてはいけない。なぜなら，そのことが介入に非現実的な性質を与えてしまうからである。それはインパクトを与えなくてはならないが，とはいうものの衝撃的shockingであってはならない——その真価は，特定の状況においてそれぞれの患者に分析家が共感的に同一化することによってのみ判断される。言葉の選択よりも，力の入れ方やイントネーションのほうがしばしばより重要である。声のトーンとイントネーショ

ンは，前言語的および非言語的な感情——しばしば，分析家の無意識的態度——を伝える。さらに，トーンやイントネーションの感度は，分離不安が主要な因子である最早期の対象関係に由来する。声のトーンによって，接触できたり遠ざかったりする。そのためトーンは，患者と分析家の関係における信頼－不信のバランスにとって，非常に重要である（Loewald, 1960; Greenson, 1961）。

分析状況において，患者に伝える術の重要な側面は，沈黙を使う分析家の技術である。分析家の沈黙は，分析家の逆転移と同様に，患者の転移状況に応じて患者にとって多くの意味を持つ。さらに，沈黙は，分析状況において患者が耐えなくてはならない最大のストレスの一つであり，それゆえ質，量ともに慎重に管理されるべきである（Stone, 1961, pp.45-55）。沈黙は，分析家側の，受動的でもあり能動的でもある介入である。患者は私たちの沈黙を必要とするが，それは，自らの考えや感情，空想が自分の内から出てくるには，彼に時間が必要だからである。私たちの沈黙はまた，注意を逸らすことなく自身の発言や情緒とコミュニケートし向き合うよう，彼にプレッシャーをかける。彼は私たちの沈黙を支持的で温かく感じるかもしれないし，批判的で冷たく感じるかもしれない（Nacht, 1964）。これは彼の転移性の投影によることもあれば，私たちの逆転移反応を彼が潜在的に認識していることに由来する場合もある（Greenson, 1961）。

分析家は，解釈することや沈黙によってのみならず，他の手段によって，かつさまざまな目的のために，患者とコミュニケートする。解釈ができるようになる前に，私たちは精査中の素材を明示し明確化しなくてはならない。例えば，抵抗の無意識的な意味を明らかにできるようになる前に，まずその抵抗の現実が患者に明示され，明確化されなくてはならない。

例を挙げてみよう。社会科学を専攻する大学院生の青年が，失望していると言ってセッションを始める。早期幼少期の体験へと開かれるような非常に「深い」夢を見ることを期待していたのだが，代わりに彼の見た夢は表面的に思われた。夢について覚えているのはただ，彼は本でいっぱいの部屋にいて，全ての本が自分のものであることに喜びを感じていたということだった。1冊の本が特に目立っていて，それは死刑執行に関するものだった。それから患者は，死を宣告されることがどのような感じに違いないのかを想像する際に自身が感じる恐怖について話す。次に彼は，自身のお金の問題，増え続ける出費，減っていく銀行口座について話し続ける。ここから彼は，自分の分析がいつまで続くのかとの疑問や，ゆ

っくりとしか前進しないことに対する欲求不満の感覚の表明へと進む。昨日のセッションではどこかへたどり着きつつあると彼は感じたが，今日，それはまったく難しいと思われる。小説を読む時間を十分に持っている世の人々をどれほど羨ましく思うか，一方自分は自由な時間を全て勉強に費やさなくてはならない。ああ，もうおしまいになって自由になりたい！

　後者は悲しげに語られており，カウチ上での患者の硬い姿勢や，枕元に乗っている拳にどのように頭を預けているかに，私は気づいた。この時点で私は介入し，現時点で彼が身体的にどう感じているのかを訊ねる。彼は，緊張と疲れを感じると答える。直腸の周りに彼は緊張を感じているのだが，腸が充満して炸裂しそうだというのではなく，締めつけた感じである。中に何かを抱え込んでいるかのような感じなのだろうかと私が言うと，彼ははいと答える。まるで自身が何かを恐れているかのように，解き放たれていないような印象を彼は持っている。続けて彼は，自分が何を，そしてなぜ，自制しているのだろうかと自問するが，どこにもたどり着けないようである。

　夢の中の本でいっぱいの部屋とは私の部屋であり，まさに私たちが作業している部屋なのだろう，と私は指摘する。自分自身でこのような書斎を持つなら彼はどう感じるのだろうか。最初彼は，そのような空想に喜びをもって応じるが，すぐに，これほどお金を稼ぐことがそもそもいかに不可能であろうかということへと話を進める。今や，ある考えが彼に浮かぶ。昨日セッションから帰宅する途中に彼は，感謝祭休みの翌日を，お金を払う必要なしに休むことができるかどうか，私に尋ねようと思った。私にそう尋ねると，私が，いいえ，支払わなければなりませんと答えるのを，彼は想像した。それから彼は，払うものかと頑固に反抗的に自身が言うところを空想した。

　昨日は彼はこうした考えを，グリーンソンはそんなに譲らない人ではないだろうし，結局のところ自分は払うべきで，それが唯一合理的なことであるなどと考えることによって却下した。そのセッションのこの時点で彼はふと止まり，切なげにこう言う。「もし，不可抗力が不動の体 immovable body にぶつかるならどうなるのだろう？」。少年の頃，彼の父親は物理学の話をよくしていた。「あなたがその不可抗力で，私が不動の体ですね」と彼は言う。沈黙。そこで私はこう言う。「そしてあなたは，私たちの対決を恐れているので，自制するのですね。あなたが解き放たれるなら，二人とも破滅するのでしょう」。患者はため息をつく。「私は妻とは喧嘩できますし，教授とも喧嘩できます。でも，あなたは殺人者です」。「そ

うですね」。私は付け加える。「私は死刑執行人ですね」

　話をその時間の冒頭に戻そう。私は患者が抵抗していることを感知するが，それを患者に説得力を持って示すことができるかどうか確信が持てず，何か生き生きとした素材が見つかるまで待つ――この例では彼の姿勢である。私は，現時点で身体的にどのように感じるのか，と単純かつ直接的に質問することによって，彼に直面化する。このことが，私が自制していると指摘する，彼の直腸の締めつけへの気づきをもたらす。彼はその後，連想において締めつけていてどこにもたどり着けないことによって，これを確証する。それから私は夢の中の細部を取り上げるのだが，その細部が示しているのは，その夢は私の有するものを彼が有するということに関連するということであり，そして私は，この考えに対して何が浮かぶかを彼に尋ねる。彼の連想は，前回の時間の後の空想をもたらしたのだが，それはそのときまではアクセスできないものだった。不可抗力と不動の物体の戦いは，私たちの間の戦いである。それが，彼が自制する理由である――彼は自身の攻撃衝動を恐れており，それは私たち二人を破壊するかもしれないからである。それが解釈なのだが，リアルな情緒的インパクトを伴い，そのセッションにおけるボディランゲージを最初に認識していなければ，その解釈を説得力あるものにすることは，可能とはなっていなかっただろう（F. Deutsch, 1947, 1952）。

　明確化や精緻化をもたらす促進的介入は，精神分析技法の必要かつ重要な手続きである。このようにして，私たちが解釈するのに必要な臨床素材を患者が生み出すことを，私たちは助けるのである。こうした介入は，意味のある素材の流れを妨げないように，正しいタイミングで行われなくてはならない。そうした介入がより明晰で精巧になるために，それらはシンプルで直接的に，明確になされなくてはならない。私たちが全ての作業を行ってはならないし，患者がそれを全て行うことを期待してもならない。私たちは患者を完全に受動的，依存的にすることなく，私たちがいつ，どの程度彼をリードすべきなのかを知らなくてはならない。患者が作業の大部分をするほうがよい状況がある。いつどのように患者に伝えるかを私たちが検討しているときには，これら全ての可能性が留意されていなくてはならない。

I-3　転移神経症と作業同盟の発展を促進すること

　精神分析状況が分析家に求めているのは，患者が転移神経症そして作業同盟をも発展させるような仕方で彼に関わる能力を保持することである。これは，分析家が正反対の二つの立場を維持する技量を持つよう求められる，もう一つの例である。というのも，転移神経症の発展を推し進める態度と技法は，作業同盟を促進するそれらとは正反対だからである (Stone, 1961; Greenson, 1965a)。この問題は，第III部第5章で非常に詳細に論じており，ここでは主要な検討事項のいくつかを繰り返すに留める。

　患者の転移神経症の成長を促進するために，分析家が満たさなくてはならない二つの基本的な必要条件がある。患者の神経症的充足と安心感の探求を，分析家は一貫して妨げなくてはならず，そして彼は相対的に匿名性を維持しなくてはならない（第III部第9章のII-1，II-2を参照）。しかしながら，分析家が匿名性を維持し，また一貫して患者から剥奪するなら，どのようにして彼は，患者が作業同盟に協力するよう導くのだろうか？　実のところその答えの一部は，剥奪と匿名性には適量が存在するという事実にある。過剰な欲求不満と匿名性は，終わりない分析あるいは分析の中断をもたらすだろう。これは他の分析家の知見によって裏づけられているようで，その内の最も遠慮がないのは，レオ・ストーン（1961, p.53）である。フェレンツィ（1930），グラヴァー（1955），フェニケル（1941），グレテ・ビブリング（1935），メニンガー（1958）もまた，過剰な欲求不満と剥奪の危険性を指摘している。分析家は，分析状況における剥奪と欲求不満が，こうしたストレスに持ちこたえうる患者の能力を超えるほどにしてはいけない。患者が分析的剥奪や匿名性によって外傷を受けるなら，彼は治療を中断するか，破壊的に行動化するか，対処困難な退行的な転移抵抗に固着したままとなるだろう。この精神分析技法上の原則の背後に隠れている，露わになることや巻き込まれることに対する無意識的恐怖を分析家が抱いているなら，彼は分析的匿名性の概念を誤用していることになる。同様に，分析家の無意識的でサディスティックな衝動は，気づかぬうちに不必要で残酷な剥奪を使用させるかもしれず，そのことを彼は「禁欲規則」に従っていると，誤って信じているかもしれない。

　認識されない逆転移から生じるそのような技法上の誤りは，分析不可能な状況を作り出す。そのとき分析家は，密かにそして剥奪的な方法で，本当に親的

人物のように振る舞い，そうして彼は，患者が自身の過去と区別をつけることを不可能にしてしまう（G. Bibring, 1935）。患者における転移神経症の発展を促進するために，分析家は，その匿名性と剥奪的な態度が与える特異なストレスに耐える患者の能力を査定しなくてはならない。患者に課されるであろう欲求不満と不安という点から，分析家は自身の分析的態度を認識しコントロールする能力を持たなくてはならない。耐えうる緊張と耐えられない緊張の間の違いは，分析家の振る舞いにおける微妙な差異のみを反映するだろう（Stone, 1961）。

さて，分析家の患者との関係に関するそれ以外の要素に戻ることにしよう。分析家は転移神経症の発展を促進しなくてはならないだけでなく，作業同盟が確実に存在するような方法で，自ら振る舞わなくてはならない。作業同盟に対する分析家の寄与については，すでに幾分詳しく第III部第5章のIV-3で述べている。ここでは，基本的な考えを概説するのみとしよう。

1. 分析家が毎日の患者との作業において実際に示さなくてはならないのは，患者の一つひとつの発言や，振る舞いの一つひとつの表出は，洞察と理解を得るという目的のために，真剣に作業される価値があるのだと自身が考えている，ということである。何ものも，あまりに取るに足らなかったり，ありそうもなかったり，不快であったりすることはない。高頻度に訪れ，治療が長期にわたり，長期的目標のための努力を厭わず，予約のキャンセルを控えること，こうした全ては，患者の深い理解を成し遂げるという重大事に対する分析家の献身を証明する。
2. 洞察の探究およびそれに伴うその途上のあらゆる段階の背後には，患者に対する分析家の治療的関わりがある。患者がどの程度の苦痛に耐えられるかに関する注意深い査定，痛みをもたらす洞察を伝える必要がある際に自身が用いる機転，不必要に私的な関係で汚染しないようにする慎重さにおいて，患者に対する分析家の医師らしい献身は明白であるべきである。
3. 分析家はまた，精神分析治療という見知らぬ新たな世界へと患者を導く際の案内者として，役立たなくてはならない。適切なときに，精神分析を行うための，多くの奇妙で人工的な手段や規則を彼は説明しなくてはならない。ある意味で彼は，精神分析の患者になる方法を，患

者に教示しなくてはならない。これは一気に起こるのではなく、長い時間をかけて起こる。これがどの程度必要であるかは患者によってさまざまであるが、通常は退行した患者ほど必要である。分析家が特定の手段の目的を説明する前に、その驚くべき奇妙さを患者が体験することが許されるべきである。患者の反応はまず精査されるべきであり、患者の自発的な反応およびそれらの分析の後に、こうした教示がなされるべきである。

4. 分析家は、患者の自尊心と尊厳の感覚を守らなくてはならない。ある領域において関係性が対等でないことを彼は認識しなくてはならず、彼はこれを変えることはできないけれども、このことを患者に対して認めるべきである。分析家は、優越した態度や権威的あるいは神秘的な態度を取ってはならない。精神分析の方法は複雑で独特なインターパーソナルな関係に基づいており、その関係は気まぐれではなく、論理的で目的のある一連の規則に従っている。治療は特別な苦難を患者に課しており、そのことを分析家は考慮に入れなくてはならない。患者は厳格な科学的方針に沿って——しかし尊重と通常の礼儀を伴って——治療されなくてはならない。

5. 分析関係は、両者にとって複雑で壊れやすい人間的な苦境である。その状況における専門家は、自身の反応が患者に割り込み、そうして患者の個人的で独自の反応を曖昧にするのを許してはいけない。分析家の反応は、控えめで、抑制的で、治療的関わりのためでなくてはならない。そのことから、洞察と理解がその最も有力かつ唯一の手段であることが分かる。この設定において触媒となる媒体、あらゆる他の要素に成功や失敗をもたらす媒体は、分析的雰囲気である。これは、受容的で寛容で、人間的であるべきである。

転移の発展のために必要な剥奪的で匿名の態度と、作業同盟に必要とされる、病人に対する人道的な治療者の間の葛藤を、分析家がどのように解決するかをこの概説が示していると私は思っている。ここで、この分野における他の専門家がこの主題をどのように考えているかに目を向けよう。

レオ・ストーン（1961）は、患者の適正な満足と彼が呼ぶものに関する記述の中で最も率直であり、私は基本的に彼と同意見だと思っている。しかしなが

ら私は，大抵の場合に私たちが行うことを，患者の権利を守ることと捉えるのを好む。なぜなら，安全に守られ**なくてはならない**根本的ニードを私たちは扱っているのであって，選択肢のある願望を扱っているのではない，と私は感じるからである。患者に対する分析家の治療的関与は，私の意見では絶対的に必要な要請であって，オプションではない。同じことは，患者の苦境に対する全般的な関心についてもあてはまる。共感，関心，温かさは，適切な範囲内で，作業同盟にとって不可欠である。

　精神分析技法に関する多くの著者は，分析家と患者の間の対立する二つの関係性については認識してきたが，作業同盟を，転移神経症の必要なカウンターパートとして概念化することができていなかった，と私は思っている。例えばフロイトは，「精神分析を成功させる担い手……」である転移の友好的な側面について述べている（1912a, p.105）。論文「分析治療の開始について」で，彼はこう述べている。「最初から共感的理解以外の立場をとるなら，この最初の成功を失う可能性が確かにある」（1913b, p.140）。機転 tact に関するフェレンツィ（1928b）の議論は，分析家が患者に「善意」を示すことを扱っている（p.90）。彼の論文「リラクゼーションと新カタルシスの原理」（1930）においてフェレンツィは，「**大目に見るという原則** *the principle of indulgence*，これはしばしば欲求不満の原則と並んで作用することが許されなければならない」と述べる（p.115）。グラヴァー（1955, p.308）が行った英国の分析家たちへのアンケートから明らかになったのは，三分の一の分析家が，自身の患者に何らかのポジティブで友好的な態度を示すことを，「専門的な関心」とは異なるものだと信じていたということである。同様の考えは，他の多くの著者たちの技法に関する著作の中に見出すことができる（Sharpe, 1930; Fenichel, 1941; Lorand, 1946; A. Freud, 1954a，および追加の文献リスト）。

II｜精神分析家のパーソナリティと性格の特性

　精神分析状況が分析家に求める技術は，訓練や経験だけではなく，パーソナリティや性格——例えば気質，感受性，態度，習慣，価値観，知性——にも由来する。いかに幸運に恵まれていたとしても，誰しも精神分析家に生まれるのではなく，突然分析家になることはできない。治療的精神分析を受けたという個人的体験は（たとえそれが教育的目的と結びついているとしても）絶対的な必須条件

である。生まれつきの才能と人生経験における豊かさが重なって，精神分析という専門職への特別な才能を与えるかもしれない。けれどもそれがどれほど価値があろうとも，才能だけでは十分ではない。分析状況は非常に多大な情緒的努力を分析家に要求するので，分析を受けた性格構造によって才能が支えられない限り，長続きするとは証明されないだろう。聡明な煌めきや妙技は，精神分析療法という長い道のりを十分に照らすことはできない。

分析技術とパーソナリティ特性の関係は複雑であり，技術と特性の起源は，人によってさまざまに異なる。次のセクションで私は，技術と特性に密接に関わる，精神分析家の動機に注目する。ここでは，主要な能力だと私が考えるものを列挙し，最も典型的な出自を概説することを試みることしかできない。一つの起源が多くの特性や技術の源泉であるかもしれないが，そうした特性や技術はたとえ同じ起源を分け合っていても，強度は同等ではないだろう。他方ただ一つの特性あるいは技術が，多様な由来を持っている場合もある。こうした探索のモデルとして，アーネスト・ジョーンズの著したフロイトの「性格と個性」の章（1955, pp.403–434）°[1]を読むことを，読者には勧める。

II-1　無意識を理解することに関連する特性

精神分析療法のまさに中核である，洞察と理解を粘り強く持続的に求める試みは，分析家のパーソナリティのいくつもの異なる側面から生じる。何よりもまず，分析家は人々に対して，彼らの生き方，情緒，空想，思考に，強い関心を持っていなくてはならない。彼は知識，原因，起源を求めつつ，探究心を持つべきである（Jones, 1955, pp.426, 433）。この方向へと人を駆り立てるエネルギーは彼の好奇心に由来しており，その好奇心は量的に豊かで質的に情け深くなくてはならない。分析家の好奇心が少なすぎると彼は退屈さの犠牲になり，好奇心が強すぎると患者を不必要な苦痛で悩ませる。分析家は患者に理解をもたらすために洞察を追究するのであって，自分自身の窃視症的あるいはサディスティックな快楽のためではない（Sharpe, 1930, 1947）。この態度は，好奇心がもはや本能の支配のもとにないときにのみ，可能となる。

退屈せずに耳を傾けながら日々を過ごすことができるためには，分析家の好奇心には耳を傾けることへの楽しみが含まれているべきである（Sharpe, 1947, p.120）。特別な感受性のおかげで，分析家は，患者の話のトーンやリズムの変

調の中に微妙に混ざり合っている情動を区別することが可能となるが，その感受性は，音楽を味わう彼の能力に関わっている。私の経験では，音痴の人々は最高の治療者にはならない。分析家は開かれた心の状態で，不安あるいは嫌悪を持たずに，患者の中にある未知のもの，見知らぬもの，そして奇妙なものに，出会うべきなのである。

慣習的な社会の制限から自由であること，および日常生活の表面的なことに相対的に無関心であることが，役に立つ。フロイトの私生活は，こうした性質を高度に実証した（Jones, 1955, 1957）。分析家は，おそらく自身もまた患者と同じ馴染みのなさ strangeness を有しているとの見解を謙虚に受け入れるために，自身の無意識的過程に十分に精通しているべきである。すなわちその馴染みのなさとは，かつては親しみ，のちに抑圧された何かなのだということが，あまりにたびたび判明するのである。

患者の生み出すものに対する分析家の最初の反応は，受容的なものであるべきである――たとえ，そうすることにはいくらか信じやすさが必要だとしても。そうすることによってのみ，私たちは患者の素材を十分に検討することができる。偽りであるとして時期尚早に拒絶するよりも，患者の話に付き合って騙されるほうが良い。騙されるぎりぎりまで判断を保留にする能力によって患者に共感することが可能となるのであり，それは最終的に，根底にある動機を理解することへと繋がる。この流れで興味深いのは，フロイトは**人を見る眼が**ない poor *Menschenkenner* ことで有名だったことである（Jones, 1955, pp.412, 420）。刑事のような疑い深い態度は患者との隔たりを生み，共感と作業同盟を妨げる（しかしながら，この定式化にはいくつかの例外がある。例えば，非行少年に対しては，彼らのごまかしに気づいていることをすぐに示すことが役立つだろう。Aichhorn, 1925; Eissler, 1950a; Redl and Wineman, 1951; Geleerd, 1957 を参照）。分析家には幾分の懐疑主義が必要であるが，それは好意的なものでなくてはならない。十分にあり得るもっともらしい現実，ありそうだが空想上の現実，妄想，意識的な欺瞞を，彼はその歪曲の無意識的意味を見失うことなく，区別することができなくてはならない。

たとえ苦痛であっても洞察を追究する能力と意志，真実への愛は，男根的目的と同様，早期の口唇的取り入れと侵入的目的に起源を持つ。この性質を有する人々は，新しいもの，型にはまらないもの，未知なるものに直面すると，精神の独立性と知的な勇気を示す。このような人々においては，理解したいという願望は，中性化された自律的な機能になる（Hartmann, 1951, 1955）。精神分析

家がこの能力を獲得していないなら，彼は限定的な洞察へと向かうか，あるいは洞察の誤用へと向かうかのいずれかに陥りがちであり，結果として解釈のタイミング，機転，適用量を誤り，不必要な苦痛や屈辱を患者に引き起こす。

　他者の無意識的な心を理解する能力は，さまざまに異なる技術から生じる。すでに私が示してきたように，間違いなく最も重要なのは共感の能力であり，それは本質的に前意識的な現象である。臨床的，力動的，構造的な特徴のいくつかは，分析家の技術の一部として第IV部第2章のI-1で説明された。ここでは共感を生じさせるパーソナリティ特性について考えてみたいと思う。

　共感は，一時的，部分的な同一化を手段として，他者を理解する様式である。それを成し遂げるために，分析家は一時的に自身の同一性の一部を放棄しなくてはならず，そしてそのために彼は緩く柔軟な自己イメージを持たねばならない。これはロールプレイと混同されてはならない。ロールプレイはもっと意識的な現象である。それは，芸術作品や演劇あるいは小説によって私たちが感動したときに経験する，「本気で見せかけるserious make-believe」過程により近いものである（Beres, 1960; Rosen, 1960）。それは，接触を確立するための，親密で非言語的な形式である（Greenson, 1960）。共感は退行現象であり，創造的な人々に見られる，多少なりともコントロールされた退行に関係するようである（Kris, 1952）。共感するためには，分析家は容易にこうした退行的機制を——自身の患者に対する情緒的な親しみの感覚を取り戻すという目的で——用いることができなくてはならない。

　共感が報われるためには，分析家は生きていく中で自分自身の個人的な経験の豊かな蓄えを持つべきであり，彼はそれを，患者についての自身の理解を促進するために利用することができる。これには，文学，詩，演劇，おとぎ話，民話，そしてゲームに親しむことが含まれるべきである（Sharpe, 1947）。こうした因子の全てが，分析作業にとって非常に貴重な価値を持つ，生き生きした想像力や空想生活を生み出すのである。人間の空想世界は，演劇であれ音楽であれ芸術であれおとぎ話であれ白昼夢であれ，万人に共通の経験であり，人間をともにつなぐものである。意識的な活動や社会制度においてよりも，こうした媒体においてのほうが，私たちは互いに近づくのである。

　この種の情緒的な親密さ——共感がそれを必要とすることもあれば，それをもたらすこともあるのだが——は，子どもにおいて，生後数カ月の間に発達する。それは母親による，非言語的で声の抑揚を伴う，皮膚の触れ合いの，愛し

慈しむ活動によって動員される（Olden, 1953, 1958; Schafer, 1959）。共感は，最早期の母－子関係に起源をもつので，女性的な気質を持っているように思われる（A. Katan, Greenson, 1960に引用された; Loewald, 1960）。分析家が葛藤なく共感的であるために，彼は自身の母性的要素と和解していなくてはならない。ジョーンズ（1955）は，これを分析家の心的両性性 mental bisexuality と呼んでいる。

ある意味で共感は，失われた愛の対象，理解されなかった患者との接触を確立する方法である。それは部分的には接触の喪失を回復する試みかもしれない。それは，最も共感能力のある人とは抑うつ傾向を克服した分析家たちのようである，という私の経験によって実証されると思われる（異なる見解については, Sharpe, 1930, pp.17-18を参照）。共感は分析家に情緒的に多くを求め，さらに絶えず精密な自己を吟味するよう要求する。私たちは共感するために退行することができなくてはならず，そして次に，そうして得られた情報を分類してその妥当性を検証するためにその退行から回復することができなくてはならない。共感という親密さと妥当性という隔たりの間を交互に行き交うことは，精神分析家の作業の大部分に特徴的である。強固に強迫的な性格の持ち主は自身が共感することを許せず，そして衝動的な人々は共感から同一化へと脱線しやすく，そのため患者との行動化へと至る。一般に，こうした人々は精神分析訓練の候補生にふさわしくない（Eisendorfer, 1959; Greenacre, 1961; Langer, 1962; van der Leeuw, 1962）。

II-2　患者とコミュニケートすることに関わる特性

分析家が患者を理解することに成功したとき，次に彼はその洞察を効果的に伝えるという問題に直面する。解釈の適用量とタイミング，機転を判断する能力は，いくつかの多様な技術に依拠し，そのいくつかはすでに論じられてきた。所与の場面での患者に対する共感，類似した状況で生きる中での経験および臨床的判断，そして精神分析理論に関する知的な知識──これらは全て，患者に理解を伝える能力に寄与する。しかしながらここでは，コミュニケーションにとって重要でありながらこれまで触れてこなかった特別な性質に，議論を限定したい。

患者に話す術は，社交的な会話や反対尋問，あるいは講義することとは非常に異なる。雄弁，学識，そして論理が一義的に重要なのではない。根本的要素は，治療的意図の根底にある態度である。患者を助けることに対するこの深い

関与は，最初の面接から最終回まで，患者とのあらゆる相互作用において明白であるか，潜在しているべきである。これが論争を引き起こす問題であることは認識しているが，誤解のないように明白に，私の立場を述べておきたい。病気の人々，神経症的みじめさに苦しむ患者だけが，精神分析によって成功裏に治療されうるのだ，と私は思っている。患者になることができず，患者になる気がないなら，候補生や研究員，研究者は，深い分析を体験することはできない。

　患者に関するこの発言と並行して私が思うことは，深い精神分析は何よりもまず治療の方法であり，それゆえそれは治療者——神経症的に病んでいる人々を助けたり治したりするために訓練を受けた献身的な人々——によってのみ行われうる，ということである。医学の学位が自動的にその人を治療者にする，あるいは医学博士号を持たないことが非治療的態度を示しているとは，私は思っていない。強く思うのだが，患者を助けたいという分析家の願望——それはコントロールされた状態で常に存在する——は，精神分析作業に必要な，コミュニケートするうえでの微妙で複雑な技術を，分析家が発達させることを可能にする基本的な構成要素なのである。同様の文脈で私が読者に紹介するのは，この問題に関するレオ・ストーン（1951）の注意深い考察であり，ギル，ニューマンおよびレドリヒ Redlich（1954）も同様である。異なる観点については，ジョーンズ（1955）によって引用されている，フロイトの作業方法に関するジョアン・リヴィエールの記述，さらにはエラ・シャープ（1930）を参照されたい。この問題は，分析家の動機に関する第Ⅳ部第2章のⅢの中で，さらに探究される。

　患者に洞察を伝える技術は，患者が十分には気がついていない考えや空想や感情を言葉にし，そしてそれらを患者が自身のものとして受け入れることができる方法で提示する，私たちの能力にかかっている。そのとき私たちは，私たち自身の語彙から患者の生きた言葉へと翻訳しなくてはならない。あるいはより正確には，患者の言葉の中で，解釈の瞬間に私たちが患者に体験してほしく思う部分を，私たちは使わなくてはならない。

　例えば，私が先に取り上げた X 教授[◆1]だが，彼は人前で緊張することに苦しんでいた。通常この男性の日常の語彙は，高度に教育的で文化的な水準のものだった。あるセッションで，彼の夢の連想が私に示唆したのは，4歳から7歳の間の少

年だった頃に彼を悩ませていた屈辱感と彼は闘っている，ということだった。その分析時間中の彼の思考は，最近あったパーティで紹介されたとき，短いスピーチをしなければならなかったとき，バスルームで裸で立っていた彼を妻が見たときの，恥ずかしさと困惑に主に集中した。私は，こうした状況全てにおいて彼に生じた恥の特別な質を，彼に気づかせたかった。私は次のように彼に言った。「あなたがパーティで紹介されたとき，あなたがスピーチをしたとき，バスルームで奥さんの前に裸で立ったとき，あなたはもはやＸ教授でも，あるいはジョンＸでさえもなくなって，代わりに**ピッシェー** pischerになったのです」。私はイディッシュ語を使ったのだが，これは彼の母親が，彼が小さな男の子だった頃に，パンツを濡らすことに対して彼に軽蔑を示す際に習慣的に使っていた言葉だった（ピッシェーは，英語で言うと「お漏らし屋さんpiddler」である）。

この洞察は的中し，はじめ彼は少し驚いたが，それから彼が**ピッシェー**だと感じさせられたときの出来事を，いくつか鮮明に思い出した。これは，知的な働きや表面的な追従ではなかった。**ピッシェー**であるというひどい恥と，そして自身にこの屈辱を味わわせた母親への激しい怒りをも，患者は再体験した。一部にはその解釈をする際の私の声のトーンがとりわけ穏やかだったという事実のために，そのセッション時間には彼は私に対して何の敵意も感じなかった。私の声のトーンが穏やかだったのは，**ピッシェー**という言葉が彼にとって極めて苦痛であることに私が感づいたからであった。のちのセッションで彼が私の解釈を思い出したとき，彼は私の慎重なトーンを忘れて私に激高したのだった。

そのセッションの出来事を再検討するなら，私がいくつもの方法で解釈をしていたことが分かるだろう。私が**ピッシェー**という言葉を選んだのはその瞬間の彼にとって最も熱のこもった空想をもたらす言葉だと思われたからであり，それが最も光明をもたらし，そして彼はそれに向き合う準備ができているように見えた。それは彼の言葉であり，母親から引き継いだものではあるが，今や彼自身の私的な言葉であった。それは，生き生きとしてリアルだった（Ferenczi, 1911; Stone, 1954aを参照）。私の穏やかな声の調子は，今まさに自分が与えようとしているのだと分かっている苦痛を，和らげようとする試みであった。その言葉は実にインパクトがあるともちろん思っていたが，それが圧倒的に傷つけるものになることを私は望んではいなかった。

正しい言葉や言い回しを選ぶ能力は，物語の語り手やユーモアのある人，皮

肉を言う人の中に私たちが見出すものと同様である。私がここで強調しているのは，文学的能力よりもむしろ，言葉の巧みさである。しかしこのような熟達技術は助けようとする意図のためでなければならず，露出症的な企て，あるいは偽装されたサディズムのために分析状況で用いられてはならない。私自身の個人的な観察によると，精神分析家の中で最も良い治療者は，ユーモアのセンスが十分にあり，機知に富み，物語を語るという術を本当に楽しんでいるようである。生き生きと無駄なく話し言葉を使う能力は，分析家にとって貴重な強みであり，それは外科医にとって手先の器用さが重要であることと同じである。器用さは臨床的判断や解剖学および病理学的知識の代わりにはならないが，それは，堅実な臨床医が不器用にではなくうまく手術を行うことを可能にする。深い精神分析は常に苦痛であるが，未熟さが，不必要で長引く苦痛を助長する。いくつかの事例ではそれが成功と失敗の違いを意味することになる。

　精神分析家の言語的コミュニケーションの技術は，沈黙を使う彼の能力にも依拠する。それゆえ，分析家が忍耐強くいられることが必須である。患者の素材を理解するには時間がかかり，そしてしばしばその重要な意味は，セッションのかなりの時間，私たちが患者に言葉による絵を描かせた後にようやく明らかになるのである。最初の15分間には本当に重要だと思われているものが，30分後には，注意を逸らせるための策略かあるいは二次的要素であると判明するかもしれない。

　実例を示そう。これまで述べたあがり症のX教授は[◆2]，時々，同性愛行為に参加するという観念を強迫的に抱いた。一部には，これは露出的で窃視症的な渇望の表現であることが判明した。加えて，彼の同性愛への渇望は，女性に対する強い恐怖と敵意の結果だった。あるセッション中に，彼は何か同性愛的なことを——なるべくなら思春期より前の少年と——行う空想について再び話し始めた。その時間の最初の30分間で私に明らかだと思われたのは，彼が思春期前だった頃に父親から自身にしてほしかったことを，思春期前の少年にやりたいという彼の願望を示しているということだった。それは，受動的および能動的な肛門衝動に関わっているようだった。このことは以前に何度か浮かんできていたが，十分にワークスルーされてはいなかった。

　この素材にどのようにアプローチするかについて心の中で熟考していたとき，私は，その素材がわずかに変化したことに気づいた。今や患者が話していたのは，彼

の男友達はみな思春期に入り，陰毛が生えてペニスが大きくなり声が低くなっているのに，彼だけが未だ陰毛も生えず，小さなペニスで高い声だったときに抱いた，ひどい恥の感覚についてだった。それから彼は，彼らと同じ部屋で服を脱ぐことを恥じた。彼らは彼を変なやつだと笑ったものだった。ここで私が理解したのは，彼の同性愛空想の重要な機能の一つは，小さなやつであるという苦痛を打ち消すこと，以前の屈辱に対して報復すること，そしてまた，自分は変なやつなんかではないと証明することなのだ，ということだった。翌週の生産的な数セッションの間に患者が取り上げて作業したのは，この最後の点であった。それにもかかわらずこの点は，セッションの終わりになってようやく現れたのだった。

分析家の中にある，一見すると美徳のように思われるものが，実際には何かまったく異なるものだと判明するかもしれないことを，再度強調しなくてはならない。忍耐は，患者に対する隠された受動的サディズムの態度であることが，あるいは強迫的で決められないことに対する遮蔽物であることが明らかになるかもしれない。それはまた，分析家における退屈や心的活力のなさを覆い隠すのかもしれない。待つことが素材を明確にするであろうとき，あるいは何らかの長期的目標を私たちが考えているときには，忍耐強くあることは必要である。しかし忘れてはならないのは，私たちの沈黙は，患者には通常ある種のストレスと体験されるということである。沈黙は分析家による活動であり，分析状況や転移－逆転移状況によって，患者には多くの異なる意味を持っている（Lewin, 1954, 1955; Loewenstein, 1956; Stone, 1961, pp.45-55, 95-105）。

患者は，自身の思考や空想，感情を詳細に辿るために，沈黙を必要とする。彼は部分的には私たちの存在を忘れるための時間が必要で，あるいはより正確には，転移的空想や感情に自身を深く入り込ませることができるよう，現実の私たちの存在を背後に退かせるための時間が必要なのである。患者は私たちの沈黙を，彼の転移反応に応じて，敵対的だと感じることもあれば慰めを与えてくれると感じることもあり，また，要求がましいと感じる場合もあれば安心させてくれると感じる場合もある。さらに患者はまた，私たちが気づいていない私たちの内にある感情や態度の痕跡を見つけるかもしれない。分析家は，敵意も退屈もなく患者の沈黙に耐えることができるべきである。彼の後ろで沈黙し，見えないにもかかわらず，私が苛立っていることを患者が正しくも「推測」したときに，何度もハッとしたことがある。息遣いの速さや強さの微細な変化から，

そしてわずかな身体の動きから，直観的に私たちの態度を検知する患者がいるのだと私は思っている。

　患者に対して言葉で伝える術は，解釈の適切なタイミングに対するセンスをも必要とする。これについては第II巻で詳しく論じる。ここで私が述べたいのは，タイミングはいくつかの異なる問題に関連しているということである。まず，所与の時間におけるどの時点で，私たちが介入するのかという問いがある。その決定は，いくつもの変数に依拠する。ある心的出来事が患者の理性的自我に実証可能となるまで，私たちは待つ。あるいは，ある情動や衝動が，最適であるとそのときに私たちが感じる強度に到達するまで，私たちは待つ。最後に，そのセッションにおいて起きていることが明確になるまで，私たちは待つ——たとえそれが，私たちが迷子になっていることが明確になるまで待つことを意味するとしても。

　タイミングは，分析のさまざまに異なる段階で，いつ，どのように，私たちが介入するかにも関連する。分析の初期，あるいは初めて新たな種類の苦痛な素材が現れるときには，私たちはより早くに——情動の強さが大きくないうちに——介入するかもしれない。のちには，情緒や衝動の実際の原始的な強さを患者が体験できるように，患者の感情が強さを増すのを黙って許すほうが良いだろう。またタイミングが暗に示してもいるのは，週末や休暇，記念日などの前に私たちが投与する量の違いを，分析家は留意するものだということである。

II-3　転移神経症と作業同盟の発展を促進することに関連する特性

　転移神経症の発展を促進する態度や性格特性は，先に指摘したように，作業同盟を促進する特性とは基本的に正反対である（Stone, 1961, pp.33, 106; Greenson, 1965a）。転移神経症の成長を促進するために，分析家は神経症的な充足や保証を求める患者の欲望を一貫して妨げなくてはならず，また彼は相対的に匿名でなくてはならない。その理論的根拠は第IV部第2章のI-3で述べている。この目的をある程度の一貫性を持って遂行するために，分析家は痛みを与えることや苦しんでいる患者との距離を保つことについて，自身の主な葛藤を解決していなくてはならない。これが意味するのは，分析家は治療的な意図を抑制する能力を持ち，親密であろうとする衝迫を制御し，自身の通常のパーソナリティ

を「覆い隠さ blanket」なくてはならない（Stone, 1961, p.20）ということである。

　フロイトはある時期，分析家が外科医をモデルにし，自身の人間的な同情心を脇に置き，情緒的に冷静な態度を取ることまでも提案した（1912b, p.115）。同じ論文の中でフロイトが提唱したのは，分析家は自分のパーソナリティを治療に持ち込むことを慎むべきだということであり，「鏡」のたとえを導入した（p.118）。その数年後，彼は，治療は禁欲の中で行われるべきだと勧め，「これによって私が意味するのは，肉体的な禁欲だけではない……」と述べた（1915a, p.165）。

　転移神経症を発展させるためには禁欲的で厳格な分析的雰囲気が必要だとフロイトは信じていたとの印象を，どのようにしたら残せるだろうかということに注力しながら，私は引用文を意図的に選んできた。しかしながら，これは，フロイトが心に抱いていたものの正確な像ではないと私は思っている。私の考えでは，彼が精神分析技法の「不自然な」側面のいくつかを強調したのは，それらが通常の医師－患者関係や彼の時代の通例の心理療法とは非常に異なり，人工的だったからである。

　例えば，情緒的な冷静さと鏡のような態度を推奨することについて彼が言及している論文と同じ年に書かれた論文で，フロイトはこう述べた。「したがって，パズルの答えはこうなる。医師への転移は，それが陰性転移あるいは抑圧された性愛衝動の陽性転移である限りにおいてのみ，治療に対する抵抗と呼ぶにふさわしい。意識化によって転移を「取り除く」なら，私たちは，情緒的な行為の中のこれら二つの構成要素のみを医師という人物から切り離しているのである。**もう一つの構成要素——それは意識に受け入れられ，対立を引き起こさないものである——は，存続し，他の治療法における場合とまったく同じように，精神分析においても成功の担い手となる**」（Freud, 1912a, p.105，著者による強調）。

　「情緒的な冷静さ」と「鏡」を推奨した翌年，フロイトは技法論文の中で次のように書いた。「治療および医師という人物に対して彼（患者）に愛着を覚えさせることは，治療の第一目標であり続ける。これを確実にするためには，彼に時間を与える以外に何もする必要はない。私たちが彼に真剣な関心を示し，最初に生じる抵抗を注意深く取り除き，いくつかの過ちを回避するならば，彼は自らそのような愛着を形成し，医師を，愛情をもって扱われることに自身が慣れていた人々のイマーゴの一つと結びつけるだろう。**この最初の成功を失う可能性が確かにあるのは，最初から私たちが同情的な理解以外の立場をとる場合**，例えば道徳的な立場をとる場合や，私たちが何らかの争っている当事者——例

えば，結婚しているカップルの片方——の代表者もしくは代弁者のように振る舞う場合である」(1913b, pp.139-140, 著者による強調)。

　フロイトの全ての技法論文の中で，最も個人的なことを明らかにしているのは，おそらく小論「転移性恋愛についての観察」(1915a) である。ここでは，フロイトの患者への関心と関与を示す部分のみを選択して引用する。「分析技法がしみ込んでいる人は誰しも，通常医師が避けがたいと考える嘘や偽りをもはや利用できなくなるだろう。そして仮に良かれと思って彼がそうしようと試みるとしても，彼は自分自身をうっかり見せてしまう可能性が非常に高い……その上，患者に対する優しい感情に少しだけ身を任せる試みに，まったく危険がないわけではない。私たち自身をコントロールすることはそれほど完璧ではないので，私たちはいきなりというわけではないが，ある日意図していたところよりも遠くまで行ってしまうかもしれない」(p.164)。「分析家が追究しなくてはらない道は，これらのいずれでもない。それは現実生活の中にモデルがない道なのである。彼が注意しなくてはならないのは，転移性恋愛から遠ざかったり，それを拒絶したり，それを患者にとって不快なものにすることではない。そうではなく，それに対するいかなる反応も，彼は断固として控えなくてはならない。彼は転移性恋愛をしっかりと掴まえておかなくてはならないが，何か非現実的なものとして，治療の中で体験されなくてはならず，その無意識的起源に遡られなくてはならない一つの状況として，それを取り扱わなくてはならないのである」(p.166)。

　「繰り返すが，女性が愛を求めているのに，それを拒絶し断ることは，男性には担いづらい苦痛な役目である。そしてまた，神経症や抵抗にもかかわらず，情熱を告白する高潔な女性には比類ない魅力がある……とはいえ，分析家がそれに屈するなどということはまったく論外である。彼がどれほど愛を重んじていようとも，自身の患者が人生における決定的な段階を乗りこえるのを助ける機会のほうを，さらに重んじなくてはならない。彼女は快原則を克服し，手近にあるとしても社会的に受け入れられない満足を断念し，もっと距離のある満足，おそらくまったく不確かだが心理的にも社会的にも非難されない満足を選ぶことを，彼から学ばなくてはならないのである」(p.170)。

　思うのだが，フロイトの著作からのこうした引用が明確に示しているのは，剥奪と匿名性は転移神経症の成長と発展に必要であると彼は信じていたけれども，いみじくも精神分析療法に効果があるなら，まったく別の性質を伴う態度を分

析家は維持できなくてはならないことを彼は感じ取っていた，ということである。技法の問題に専心した分析家たちの著作を読むと，印象的なことに，ほぼ全員がまさにこの問題に熱心に関与している。剥奪と匿名性は必要であるが，十分ではない。私の見解では，ある著者たち，例えば，フェレンツィ（1928b），ドゥ・フォレスト de Forest（1954），ロランド（1946），ナハト（1962）らは，剥奪の価値を軽視する一方，充足の重要性を誇張して，反対の方向へ進み過ぎている。フロイト（1913b）は，あらゆる規則には柔軟性が必要であると語った。フェニケル（1941）は，分析家の揺れ動きについて，そして分析家が自由で自然である必要性について述べた。他の多くの著者，中でもステルバ（1934），レーワルド（1960），メニンガー（1958）も同様である。私の見解では，技法の剥奪的な側面を充足的な側面から適切に区別し強調したのは，エリザベス・ゼッツェル（1956）とストーン（1961）の仕事であった。

　患者を真に理解するためには，知的あるいは理論的な考察以上のものが関与している。精神分析に必要とされるその種の洞察のために，分析家は情緒的に自身の患者に関与し専心することができなくてはならない。彼は，患者に好意をもたなくてはならない。長引く嫌悪や無関心，また強すぎる愛情は，治療の妨げになる（Greenacre, 1959; Stone, 1961, pp.29, 44, 61）。彼は患者を助け，治したいという願望を持っていなくてはならず，長期的目標を見失うことなく患者の幸福に関心を持っていなくてはならない。

　ある程度の思いやり，親しみやすさ，温かさ，そして患者の権利の尊重は不可欠である。分析家のオフィスは治療のための部屋であって，研究室ではない。私たちが患者に対して信頼のおける愛情を感じることができるのは，彼らがみな，ある意味で病気の，無力な子ども——他のいかなる外見を彼らが用いていようとも——だからである。私たちが彼らの可能性を育て，自尊心と尊厳を守らない限り，そして不必要な剥奪や屈辱を与えることを避けない限り，彼らは決して成熟しないだろう。

　このことから私たちは，問題の核心へ向かう。いかにして分析家は，剥奪と匿名の態度を一貫して維持し，それでもなお等しく思いやりと関心を一貫して示すことができるのだろうか？　患者とのコミュニケーションに関する先のセクションにおいて，どのようにしてこれが達成されるかについてもいくつかの例を，私はすでに提示した。さらなる説明は第II巻でなされる。ここでもう一度強調しておきたいのは，あらゆる精神分析の手続き——これらは患者にとっ

ては見知らぬ，あるいは人工的なものである——を，私は適切な時期に患者に慎重に説明するということである。例えば，彼が分析の中で初めて質問すると，私はその質問の理由を彼に探索させようとし，それから質問に答えないことには目的があるのだと説明する。それは，彼の好奇心に光明を投ずるであろうし，さらに私は，今後は通常，質問には答えないことを付け加える。しかしときには，質問が現実的であって，答えることで関係のない多くの説明を省けると思うときには，私は質問に答える。

　ある患者が，以前の分析家との間で特に欲求不満を感じたセッションについて，かつて私に話した。その患者は，アメリカンフットボールチームのクォーターバックをプレーする夢を見た。そのチームはTフォーメーションを採用していて，驚いたことに，センターがアドルフ・ヒトラーであることがわかった（Tフォーメーションでは，クォーターバックはセンターの真後ろに立ち，センターは両足の間の地面にボールを保持して，かがんでいる。両足の間のボールを後ろ向きにクォーターバックに渡すことがセンターの仕事で，次にクォーターバックは他の選手にボールを渡したりパスしたりなどすることができる）。これは標準的なフットボールのフォーメーションであり，アメリカンフットボールを少しでも知っている人なら誰でも，このことは十分よく分かっている。
　当の分析家は40歳のアメリカ人であり，もし彼が若い頃に平均的なフットボールファンだったなら，このことを知っていただろう。けれども，もしまったく興味がなかったら知らないかもしれない。そのため，患者が確信を持てないのはもっともだった。患者は，アドルフ・ヒトラーや，夢の中でのヒトラーと関連して取った自身の特異な姿勢に対する連想へと進みたかった。しかし，夢を理解する上で重要と思えたので，Tフォーメーションが何であるかを知っているか，分析家にまず尋ねた。分析家は沈黙していた。そこで患者は，Tフォーメーションとは何か，クォーターバックとは何か，センターとは何かなどを，不本意ながら説明し描写した。セッションの大半がこうして無駄にされた。その時間の最初にこうしたこと全てを知っている（実際そうであると判明した）と分析家は伝えることができていたであろうに，このように瑣末なことに時間を費やすとはなんと残念なことか。しかしさらに重要なことに，分析家の振る舞いが示していたのは，彼は「規則」に従っているのだがその真の目的は理解しておらず，そして患者と彼自身に，不必要な欲求不満や無駄な機会に耐えることを進んで許しているということだった。

患者の性生活あるいはトイレの習慣の詳細を厳密に調べることはしばしば必要であり，そして多くの患者はこのことをとても恥ずかしいと感じる。こうした問題について患者に広範囲にわたり質問する必要があると私が気づき，しかもこの屈辱を感じ取るときには，彼の不名誉な感覚を私は認知し，その恥ずかしさを彼と一緒に探索するか，あるいは少なくとも，この主題を明らかにすることは苦痛だが必要であると私が認識していることを示す。私に対する患者の性的あるいは敵対的な感情を，私は率直に指摘する。しかしながら，彼が私の介入に過度に動揺するようであれば，のちのどこかの時点で，患者の苦境に私は気づいており同情していることを，声のトーンや言葉で示そうとする。私は患者を赤ん坊のように扱いはしないが，どれほどの痛みに彼は耐えることができ，そしてなお生産的な仕事ができるのかを確かめようとする。
　私は患者の自尊心を守ることを心がけている。しかし，彼が屈辱的に感じると私に分かっていてもそれを言う必要があると感じるなら，承知の上でそれを伝える——何らかの形で遺憾の意を表明するかもしれないが。例えば，私は最近，ある男性患者にセッションの終わりにこう伝えた。「あなたにとって気まずい状況だったことはわかっています。あなたにとって恐ろしかったことをようやく私に話すことができましたね——私を愛していて，私に愛してもらいたいということを。そして私はただ，さあ，私たちはこのことをもう少し探索しなくてはならないでしょう，と言うだけでしたね」
　患者がかつての神経症的な振る舞いのパターンに再び陥る場合，私は自分の悲しみや失望の感情をコントロールしようとする——彼が大きく前進する際に，私の喜びや誇りを抑えるのと同じように。しかし感情のなさは冷たく非人間的に映るであろうから，ある程度の感情を表に出すことは許している。長期的な目標を彼（そして私自身）に思い出させることによって，私は患者の失敗の感情や勝利感を和らげようとする。
　欲求不満をもたらす人物と充足をもたらす人物，そして患者との距離の遠さと近さという，相反する二つの立場の間で揺れ動く能力，およびこれらの極のさまざまな混合物を用いる能力を維持するためには，分析家が情緒の流動性と柔軟性を有することが，絶対に必要である。私は気まぐれや不安定さのことを言っているのではない。分析状況では，非人間的な硬直さではなく，人間的な観点から頼りになり信頼できることが分析家には要求される。分析家は患者に情緒的に深く関わる能力を持っていなければならないが，それと同じ程度に自

らを切り離す能力を持っていなければならない。深く関わることは共感的理解を可能にし，切り離すことは思考し，評価し，想起し，予測するなどの機会をもたらす。思いやり，配慮，温かさは分析家においてすぐに利用できるべきだが，彼は，必要ならば，冷静で超然とした観察者の立場に移行することもできなくてはならない。また，この二つを混合することが必要な状況もある。痛みを伴う洞察は外科的解剖の正確さを伴って与えられるが，しかしなお声のトーンには配慮が示されるであろう。

　分析家の思いやりと関心について私が述べるとき，患者に不快の徴候が最初に見られた段階でこうした感情が公然と包み隠さず示されるべきだと示唆しているわけではない。私の意味するところは，これらの感情の存在は，分析家の仕事の仕方や分析状況の雰囲気の中で感じられるべきだということである。分析は，元気旺盛なやり方では成功裏に遂行されえない。陽気さや快活さでもって行うこともできない。しかし，根底にある調子が険しく陰気で，苦しみをもたらすものであるときもまた，実りあるものとはなりえない。分析家が患者の素材全てを心から受け入れて持ちこたえる態度，どれほど醜く原始的なものであっても，あらゆる細部に慎重に注意を払うこと，最もデリケートな主題に対してさえ，残酷になることも偽りの騎士道精神を発揮することもなく率直にアプローチすること——こうした要素の全てが，分析的な雰囲気に寄与するのである。

　治癒に対する願望は，病的な治療への熱意と混同されてはならない。その願望は，目的に対する分析家の真剣さ，洞察への厳格な追究，崇拝や儀礼を伴うことなく職業上のさまざまな手段に対し敬意を払うこと，そして長期的目標に向かって何年にもわたり進んで努力することの中に，明白に現れているべきである。痛みを伴う洞察を与える分析家の能力は，患者の尊厳に対する配慮であるのと同じく，彼の治療的意図の表れでもある。患者の敵対的で屈辱的な爆発を報復せずに耐えることは，彼らの性的な挑発に動じないでいることと同じくらい重要である。これは，分析家が患者に反応して感情や空想を抱くべきではないという意味ではなく，そうしたものの量は，彼が自らの反応をコントロールできる範囲内であるべきで，その結果，表に出てくるものは患者が必要とする程度だけになるのである。

　分析家は，自身が介入することなく，患者の転移感情が最適な強度に達するのを許容しなくてはならない。これは，ストレスや不安，抑うつに静かに忍耐

強く耐える能力を分析家が持つことを要請する。この全ては，私たちが深い精神分析体験を経て自己分析を続けてきた場合にのみ可能である。それにもかかわらず，職業訓練を脅かす危険は極めて大きく，分析家の最良の治療結果には，望むべきことがまだ山ほど残されている（Freud, 1937a, pp.248-250; Wheelis, 1956b; Greenson, 1966）。ここで，この問題に関するフロイトの言葉を直接引用したいと思う。

　「分析家が自身の活動を遂行する上で果たさなければならない非常に厳しい要求に私たちが心から同情していることを請け負うために，しばらくここで立ち止まろう。まるで分析は，第三の「**不可能な**」職業――そこではきっと満足のいかない結果になるのだ，と私たちは事前に思ってしまう――であるかのようである。他の二つは，かなり古くから知られており，教育と政治である。明らかに，将来分析家になろうとする人は分析を始める前に完璧な存在であるべき――言い換えれば，そのような高尚で稀な完璧さを持つ人だけがその職業に就くべき――である，と要求することはできない。しかし，貧弱で哀れな人は，どこで，どのようにして，職業上必要となる**理想的な資格**を身につけることができるのか？　その答えは，自身の分析においてであり，それによって将来の活動のための準備が始まる。実際的な理由から，この分析は短くて不完全にしかできない……」

　「人間の心の中で自由を求めて闘うあらゆる抑圧された素材に絶えず没頭している影響が，さもなければ抑圧下に保つことができるあらゆる本能欲求を，分析家の中においてもたとえかき乱すとしても，それは驚くべきことではないだろう。こうした要求もまた「分析の危険」である――ただそれらは脅かしはするけれども，分析状況においては，受動的ではなく能動的なパートナーである。そして，私たちはそれらに立ち向かうことを怠ってはならない。これがどのように行われるかに，疑問の余地はない。全ての分析家は，定期的に――5年程度の間隔で――この段階を踏むことに恥じることなく，自分自身をもう一度分析に委ねるべきである……」

　「私たちの目的は，図式的な「正常」のために，人間の性格のあらゆる独自性を取り除くことでもなければ，「徹底的に分析された」人物が，情熱を感じず内面的な葛藤を持たないよう要求することでもない。分析という仕事は，自我機能のために可能な限り最高の心理的状況を確保することである。そしてそうすることで，分析はその任務を果たしてきたのである」（Freud, 1937a, pp.248-250,

著者による強調)。

　以上のことから，謙虚さが，分析状況が精神分析家に要求するもう一つの基本条件であることがわかる (Sharpe, 1947, pp.110-112)。

　分析家は，通常苦痛な洞察を担う人物であるが，それは率直さ，思いやり，抑制の雰囲気の中で伝えられる。ここまで述べてきたことは，患者に対する親密さと同時に距離を保つこと，剥奪と配慮の雰囲気を同時に作ることの葛藤を，どのように解決しようとするかについての私の個人的な見解である。

　これが非常に個人的な事柄であることは理解しており，全ての分析家に対する的確な処方箋としてこれを提示しているわけではない。しかしながら，精神分析家の間で個人差があるにもかかわらず，これら2組のアンチテーゼは十分に考慮されなくてはならないと私は断言する。分析家は，作業同盟ならびに転移神経症の成長を彼が促進することが可能となるような特性を有していなくてはならない。なぜなら両者いずれもが，最適な分析状況を発展させるために，平等に重要だからである (Greenson, 1965a)。

III 分析状況に必要な分析家の動機

　この議論が進むにつれて，分析家の技術を彼の特性から切り離すことは現実的にはできないこと，両者ともが彼の動機に関係していることがますます明らかになるに違いない。実際，人間の振る舞いと思考は本能欲動，気質，経験の相互作用の結果であるということは，フロイトの偉大な発見の一つだった。分析状況のいくつかの前提条件を明確にし強調するために，技術，特性，動機を互いに区別しようと私は試みてきた。

　私が技術と特性から始めたのは，それらは日々の臨床的精査からアクセスしやすいものだからである。動機を詳細に検討することはより困難である。なぜなら動機は，原始的で無意識的な本能欲動や早期の対象関係に起源を持つからである。これらはいかなる正確さをもってしても言語化するのは難しく，実証するのもほとんど不可能である。さらに，経験的因子はもちろんのこと，自我とイドにおけるその後の成熟過程は何にもまして重要であるように思われる。最後に，本能や防衛には表面上類似した像を示す非常に多くの複雑な階層があるので，個人を注意深く研究することによってしか，所与の動機に深く関与している本能や防衛の特定の性質を明らかにすることはできない。それにもかかわ

らず，たとえ主張されている点は印象に基づいており単純化されているとしても，強調する価値のある全般的考察がいくつかある。

　本能欲動は人間に放出や充足を求めさせる。自我が発達するにつれて，安心の追求がもう一つの基本的目的となる。続いて生じる動機は全て，充足か安心，あるいはその両方を組み合わせたものへの探求に帰属する。私は動機についてのこの議論を，精神分析家の仕事に関する三つの主要な構成要素と私が考えるものに限定している。すなわち，(1) 洞察や理解を集め伝える人物としての分析家，(2) 転移神経症の対象としての分析家，そして (3) 病み苦しむ人々を治療する人物としての分析家（Fleming, 1961）である。

　精神分析治療がもつ独特な特徴の一つは，治療過程における解釈，洞察，そして理解という重要な役割である（E. Bibring, 1954; Gill, 1954; Eissler, 1958）。分析家は患者の振る舞い，空想，思考に対する洞察を得るために彼を理解しなくてはならない。次に彼の仕事は，隠された意味を患者に伝え，これを解釈することである。非常に親密なやり方で他の人間を理解しようとする願望，洞察を得たいという欲望が示唆するのは，他者の内側へと入り込む傾向である（Sharpe, 1930, p.17）。それはリビドー衝動および攻撃的衝動の両方から派生する。それは，母親との共生的融合への切望，あるいは母親の内部に対する敵対的で破壊的な衝動へと遡るのだろう。

　洞察を得ることは，万能への切望の残遺物なのかもしれないし，見知らぬ人についての不安に打ち勝つ手段なのかもしれない。のちには，リビディナルな要素および攻撃的要素もまた，洞察を得ようとする衝迫に寄与する。洞察を得る，獲得する，まとめる，集めるなどの言葉に含まれる肛門的意味合いは，極めて明白なように思われる。エディプス期の性的好奇心は，この活動に勢いを加えるだろう。それは，洞察を得ることが，子ども時代の挫折した覗き見の代替物，ならびに両親の性生活から取り残されたことへの遅ればせの補償になるためである（Sharpe, 1947, p.121）。

　他者の機微や複雑さにアクセスする手段として共感が享受する特別な重要性を，私はすでに強調した（第Ⅳ部第2章のI-1および第Ⅳ部第2章のII-1を参照）。共感によって洞察を得ることは，同一化し，取り入れ，皮膚が触れ合うほどの親密さの中にいて，患者と前言語的な接触ができる分析家の能力に依拠しており，それら全ては，育児motheringという早期の愛し世話をする活動から徐々に進展する。

洞察を伝えたい，理解を担い伝える人物になりたいという願望は，解釈行為が無意識的に，役立つか傷つけるかのいずれと感じられるか，快か苦痛のいずれと感じられるかによって，リビドー衝動と敵対衝動のいずれかと結びつく。無意識的には，理解を患者に伝えることは育児活動，すなわち患者－子どもに食事を与えること，彼を養育すること，保護すること，教えることの一形態であるのだろう。それはまた，受精あるいは受胎という行為を象徴する。小さな洞察の種から大きな変化が発達するかもしれない。洞察をもたらすことはまた，それまで理解していなかったもの——すなわち，失われた愛の対象——との接触やコミュニケーションを再び確立する方法として，無意識的に利用されるかもしれない。このように，理解を伝えることは抑うつ的態度を克服する試みとして役に立ちうるのである（Greenson, 1960）。

　他者に洞察をもたらしたいという衝迫は，幼い人々や吐き気を催す人々——すなわち，きょうだいやライバルたちなど——を傷つけたという空想に関連する罪悪感への償いの手段となるだろう。同様に，洞察を追究し伝えることは，抗うつ的ならびに対抗恐怖的な機能を果たすかもしれない。分析家は，自分の不安に打ち勝つために，ある意味で自分自身の分析を継続するために，患者の未知の部分を探索するかもしれない（Freud, 1937a, p.249）。

　この探索は決して完璧ではないけれども，私の思うところでは，この探索はより重要な無意識的力のいくつかに触れている。その力は，ある人物がある職業——その最も重要な機能の一つが，理解したことを集め伝えることである職業——を選択する動機に影響を与えている。私の見解では，所与の動機の起源は，その価値や弊害を決めるうえで決定的な因子ではない，ということである。重要なのは，脱本能化と中性化がどの程度なされたか，である（Hartmann, 1955, pp.239–240）。

　中性化の段階的変化は，理解の担い手として奉仕する機能が，どの程度，比較的葛藤外の自立的で信頼に足る自我機能となり得るかを決めるだろう。例えば，患者に洞察を与えることが，食事を与えること，養育すること，保護すること，教育することを意味するか否かは，分析家にとって重要でないと私は思っている。重要なのは，食事を与えること，養育すること，保護すること，教育することが，その性的あるいは攻撃的な底意から自由であるべきで，それゆえ過度に刺激的になったり罪悪感を生み出したりしないということである。

　同様に，洞察を得るために患者の内部へと入ることには，明らかにリビディ

ナルな,および攻撃的な先行物を有するが,本当の問題は,この活動が不安あるいは罪悪感を生み出す空想と,依然として密接に結びついているかどうかである。しかしながら留意されるべきは,イド,超自我,外界からの圧力は退行や前進を促すので,このような昇華は,決して完全には成立しないということである。したがって,検討すべきもう一つの重要なことは,分析家の意識的,理性的自我がこうした攻撃的,およびリビディナルな動機にどのようにアクセスできるのかということである。逆転移に気づくことによって,中性化が取り扱いに失敗した保護機能を補完する,他の適応的な方法が精神分析家の中で発動するかもしれない(この主題に関する異なる見解について,Winnicott, 1956a; Spitz, 1956a; Balint, 1950a; およびKhan, 1963b, 1964を参照)。

　洞察を得て伝えることは葛藤,罪悪感,不安を免れているだろうと期待することは,分析という仕事の困難な要求を正当に評価することにはならない。こうした活動は,分析家にとって快をもたらすものであるべきである。治療的な精神分析を行う日々の作業は,分析家にとって困難で,しばしば苦痛である。彼が患者の振る舞いに強い興味や関心を維持できるために,仕事の遂行においてある程度の陽性の快を,彼は必要とする。聴くこと,見ること,探索すること,想像すること,理解することにおける快は,分析家が最適に効率的になるために,許されるだけでなく必要でもある(Sharpe, 1947, pp.120-121; Szasz, 1957, pp.204-210)。

　他のあらゆる心理療法から精神分析を区別する,精神分析のもう一つの特徴は,転移神経症の発展を促進するために,患者と治療者の関係を構造化することを特別に強調することである。神経症的転移反応の発展を促進するために,分析家は,他のあらゆる患者-治療者関係とは異なるやり方で振る舞う必要がある。私がここで言及しているのは,精神分析家の剥奪的-匿名的な振る舞いとして簡略に表現されるであろうもののことである。これにより私たちには次の問いがもたらされる。どのような動機によって人は,ある分野の仕事――そこでの主要な仕事の一つは,患者に対してあまり反応しない白紙のスクリーンとして振る舞うことであり,そうして未解決で切り離された過去のイマーゴを,患者がそのスクリーンに投影し置き換えることができるようにすることである――を探し求めるよう駆り立てられるのだろうか?

　精神分析技法のこの側面は,孤立し,引きこもり,巻き込まれない傾向を示す分析家たちには簡単なことのようである。こうした分析家では,自身の態度や技法を――分析状況がそれを必要とするときに――変えることができない場

合に，困難が生じる。私が強く印象づけられてきたのは，初期面接では患者と対面して座らなくてはならないために，おどおどして居心地が悪いと感じる分析家が非常に多いということである。彼らはできるだけ早くカウチの後ろの安全で快適な場所にいられるように，予備面接の回数を減らしがちである。同様の問題をもつ訓練中の候補生の分析によって，抑圧された露出衝動や，見る・見られるという般化された攻撃化や性愛化を覆い隠す，あがり症という形に彼らが苦しむことが明らかになる。カウチの後ろの位置は，見られることなく見る機会を彼らに提供するのである。

　顕著なあがり症で苦しむ精神分析家の割合が高いことに，私は強い印象を受ける。それは非常に目立つので，精神分析を職業として魅力的なものにしている動機の一つは，カウチの背後の，分析家の隠された位置にあるのではないかと私は推測せざるを得ない。情緒的反応を抑制し，自身を相対的に匿名に保つことで転移神経症を促進するという重要な手段は，この病的な源泉に触れてもいるのだろう。謙虚さとプライバシーの感覚は類似した健康な性格特性であり，それらは精神分析技法のこの側面を私たちに魅力的だと感じさせるのかもしれない (Jones, 1955, p.408)。

　決定的因子は，分析家の内気さがどれほど固定し，硬直して強烈かということである。彼がいくらか柔軟性を持ち，必要なときには内気さを克服できる限り，それは深刻な障害物にはならないだろう。他方，分析家における，強力で表出されないままの露出衝動は，他方面での問題となりうる。そうした衝動にとって，カウチの後ろの位置や情緒的反応を覆い隠すことは慢性的な欲求不満となり，それは，一貫性のない振る舞いの暴発，あるいは患者の行動化を無意識的に誘発することに繋がるかもしれない。

　情緒的な引きこもりや患者への不関与が般化されている場合ははるかに悪い徴候であり，真の手続きをカリカチュアしたものとして以外には，精神分析を行うことを不可能にする。そのような問題に苦しむ候補生との私の経験が示すのは，彼らは多大な敵意，憤怒，そして不安に苦しんでいる人々だということである。彼らは怒りやパニックで感情を爆発させないために，距離を取りよそよそしさを保つ必要がある。こうした人々は精神分析の作業には適さないが，それにもかかわらず表面上は，その仕事は人々にじかに接触することの恐怖から逃れる安息所を提供してくれるように見えたため，彼らはそれを求めたのである。よそよそしさは，この病理的な振る舞いの正常型である。一時的かつ部分

的に超然とよそよそしくなる能力は，精神分析的作業の——とりわけ転移神経症の成長を促進させることに関して——必要条件である。重要な点は，一時的，部分的という言葉にある。よそよそしさは，制御可能なものであるときには価値がある。一方，強迫的で固定化されているときには，それは分析作業を行ううえで禁忌である。

　一貫して剥奪と欲求不満をもたらす能力は，私たちの，苦しみを与える能力に依拠する。サディズム，マゾキズム，そして憎しみをめぐる未解決の葛藤は極端さや矛盾を生み出す。例えば，過度に沈黙の多い分析家は，慢性的な受動攻撃的態度を隠しているかもしれない（Stone, 1961）。非常に厳粛で深刻な雰囲気の中で実践する分析家は，彼らの敵意を静かに発散し，無意識的に攻撃を誘発してもいる——隠された形でのマゾキスティックな満足である。症状による充足を患者が求めることを一貫して阻止する能力は，転移神経症の発展には極めて重要である。無意識的なサディスティック，あるいはマゾキスティックな衝動によって惑わされることなくこれを行うために，分析家は自身の攻撃性と憎しみを調節できなくてはならない。分析家が患者を一定の範囲内で愛することができなくてはならないように，彼は一定の範囲内で患者を憎むこともできなくてはならない。よそよそしさという形であれ苦痛を与えること，沈黙，解釈すること，あるいは料金を請求することは，究極的には全て憎しみに由来する。分析家が無意識的な不安や罪悪感なく，そして患者の治療的利益のために，これを行うことができるということが，重要なのである（Winnicott, 1949）。

　患者はしばしば，分析家の空想の担い手になる。彼は，過去の分析家自身や兄弟，親などを表すかもしれない。こうして，分析状況は分析家に，患者を介して代理的に自身の無意識的空想を多かれ少なかれ生き抜く機会を与えるのである。結果として，分析家は自らの抑圧された願望を再演する共犯者として，意図的ではないにせよ患者を利用する。行動化する傾向がある分析家は行動化する患者を持つものだと判明しても，驚くことではない。もっと驚く——しかし稀ではない——ことには，かなり窮屈で抑制された生活を送る分析家はしばしば，頻繁にはなはだしく行動化する患者を持つ。無意識的に，件の分析家はこうした振る舞いを称賛し参与しているのである（Greenacre, 1950, p.236）。

　分析状況の設定は患者においてと同様に，分析家においても空想の形成を促進する。見られることなくカウチの後ろに座ること，沈黙の多さ，課せられる身体的な制限，情緒的抑制，これら全てが分析家の想像力を動員させる傾向に

ある。しかしながら，最も重要なことは，患者の神経症的な転移反応が，分析家にさまざまな役を振り当てるという事実である。彼は患者の心の中で，心から愛される人物にもなれば憎むべき敵にもなり，恐ろしい父親にもなれば誘惑的な母親にもなる。こうした発展が起こることを許容し，患者の助けとなるときにのみ介入することが，分析家の仕事である。それ以上に，患者にとって重要なことをよりよく理解するために，患者が彼に置き換えたキャラクターのタイプを，装飾し洗練することが彼の仕事なのである。

奇妙な仕方で，分析家は患者が創造している劇の中で沈黙する演者になる。分析家はこの劇の中で，演じはしない。彼は，患者が空想のために必要とする影の人物にとどまろうとする。それでもなお，分析家はこのキャラクターの創造を助けるのである——自身の洞察，共感，直観によって細部を理解しながら。ある意味で，彼はその状況においてある種の舞台監督になる——劇の重要な役割であるが，演者ではない。あるいは，彼は交響楽団の指揮者のようである。彼は作曲するのではなく，それを明確にし解釈する。創造的な想像力を用いて，分析家は共犯者や扇動者としてではなく，明確にし解釈する人として，患者の空想に参与するのである（Kris, 1950; Beres, 1960; Rosen, 1960; Stone, 1961）。

病み苦しむ人々の治療者としての精神分析家の動機に私たちが向かう前に，いくらか予備的な議論が——というのもこれは，議論の余地のある問題なので——必要になる。大抵の分析家はおそらく，分析家の仕事としてまず二つの基本的要素を選ぶことに同意するだろう。すなわち，（1）洞察を集め伝える人物として役立つこと，（2）患者の転移神経症のための，比較的白紙のスクリーンになるよう自ら振る舞うこと，である。3点目である，患者の神経症的みじめさを軽減することに専心する人物としての分析家の妥当性と重要性については，かなりの意見の相違があるだろう（Stone, 1961, pp.12-17, 117-120）。分析家の治療意図は精神分析を実践するうえで極めて重要な因子であるという観点を適切に示すために，この論争の歴史的および科学的背景のいくらかを手短に概説したいと思う。より包括的な描写については，フロイト（1926b）とジョーンズ（1953; 1955, Chapt. 4; 1957, Chapt. 9）の著作を推薦する。

フロイトの最も初期の分析的著作から始めると，医療職全体，そしてとりわけ神経科医と精神科医は，精神分析に対して敵対的で好戦的であった。精神分析運動に参加した医師たちは，従来型の保守的な多数派の医師たちから出てきたのではなかった。このことは今日でもそうだと私は思っている。第二次世界

大戦以降，精神分析は，精神科医たちにもっと受け入れられるようになってきたと思われるが，医学の他の分野に対しては，目立ってそうというわけではない。

　1902年にウィーンにて精神分析協会を，そして1910年に国際精神分析学会を結成するために，単独でフロイトに加わった少数の医師たちは，多かれ少なかれ医学界の主流からは外れていた。同時に，精神分析に対する最も輝かしい初期の貢献者たちの幾人かは，医学分野の人々ではなかった。ハンス・ザックス，ハーマイン・フーグ＝ヘルムート，オスカー・プフィスター Rev. Oskar Pfister, オットー・ランク，メラニー・クライン，ジークフリート・ベルンフェルト Siegfried Bernfeld, テオドール・ライク，そしてアンナ・フロイトである。フロイトの「秘密結社」の5人のメンバーのうち二人は，非医師の分析家ハンス・ザックスとオットー・ランクであった（Jones, 1955, Chapt. 6）。フロイト自身の学問的背景は，通常の医師よりはるかに広かった。1926年の春にテオドール・ライクは，偽医者としてオーストリアの法律の下に訴えられた。そしてその年の後半に，フロイトは非医師の分析を守るために小著を記した。この本の中で，フロイトは次のように述べた。「41年におよぶ医療活動ののちに，私の自己認識が私に教えてくれるのは，私は適切な意味で本当に医師であったことなど一度もない，ということである……苦しむ人を助けたいとの熱心な望みを幼い頃に抱いていたかどうかはまったく分からない……けれども，正真正銘の医学的気質が自分に欠けていることで私の患者たちに多くのダメージを与えてしまったとは，私はほとんど思っていない。なぜなら，医師の治療的関心があまりにも著しく情緒を強調するなら，それはあまり患者たちに都合良くはない。医師が仕事を冷静に行い，できる限り厳密に規則に従う場合に，彼らは最もよく助けられるのである」(1926b, pp.253-254)。

　私の見解では，フロイトの自己評価はあまり正確ではなく，当時の医学専門職に対する敵意に影響を受けていたかもしれない。第IV部第2章のII-3の引用の中で，フロイトの患者との作業の仕方に見られる非常に明確な治療的態度を実証することを私は試みた。医学学校のカリキュラムは精神分析のための理想的な準備をしておらず，部分的な医学的訓練を，社会科学，人文学，文学の研究と特別に組み合わせるほうが優れたものになるだろうというフロイトやその他の人々に，私は同意する (Freud, 1926b, pp.230-232, 246; Lewin, 1946; Fliss, 1954)。けれどもフロイトは以下のことも渋々認めており，これにも私は全面的に同意

する。「分析家の訓練のために私たちが望むような学校がいまだ存在しない限り，医学において予備的教育を受けてきた人々が未来の分析家には最も良い人材である，と私は認めなくてはならない」(1926b, p.257)。

　フロイトの態度にもかかわらず，治療方法としての精神分析を実践するつもりであるなら，分析家の治療的意図は，彼を形作るうえで極めて重要な要素である，と私は強く主張する。病める人々を癒やす人物でありたいというこの衝迫は，医学学校での訓練からのみ得られるとは私は考えておらず，それがどのような起源から生じようとも，それは，治療としての精神分析を実践する際の本質的な要素なのである。私の個人的経験からすると，患者の苦痛を取り除きたいという願望を強く感じることのない分析的治療者で効果を上げた人を，私は知らない。本質的には場違いの研究者かデータ収集者であるような医師の精神分析家に出会ったことはあり，彼らの治療結果は期待以下であった。非医師だが作業の仕方は医師のようだった分析家たちも知っており，彼らの患者は，自身の分析家が医学学位を持っていないことに苦しんではいないようだった。明確にしておきたいのだが，病み苦しむ人々を助けたいとの衝迫という言葉で私が言及しているのは，率直で明白な，治療的で医師らしい専心とストーンが呼んでいる，助けたい，もしくは治療したいという深遠で思慮深い願望のことである (1961, pp.119-120)。半狂乱の治療的熱意のことを私は言っているのではない。

　精神分析は緊急的状況で選択される治療法ではなく，精神医学的な応急手当に適してもいない。そのような事態が分析の経過中に生じるときには，通常いくらか非分析的な心理療法を行う必要がある。よく訓練された精神分析家は，どのように分析状況を維持することが可能だろうかとの問いに留意しつつ，この事態に対する準備ができているはずである。精神分析は長期にわたる治療である。私たちの治療的意図は，強さにおいては控えめでなくてはならないが，何年にもわたる治療の間中，持ちこたえなくてはならない。

　精神分析の文献において私たちが時折抱く印象は，患者の悲惨さを和らげたいとの願望は，患者の問題を分析し理解することと根本的に相容れない，ということである (Sharpe, 1947, p.216)。また他の場合には，分析家は，治療結果を改善することよりも精神分析の純粋性を維持することに，より関心を持っているように見える (Waelder, 1960, P. Ramzy, 1961; Eissler, 1958)。さらに他の場合には，精神分析家の受動的な役割を触媒として強調し，技法的能力の重要性を過小評

価する傾向がある（Menninger, 1958, pp.11, 128）。「第一当事者」と「第二当事者」の間の「二人の当事者の交流」として患者－分析家関係を描くことは，精神分析家の医師らしい態度の特別な重要性を，減少させ曖昧にする（Menninger, 1958）。

　分析家の治療的側面は，患者にとっても分析家にとっても，分析状況において特に重要である，というのが私の信念である。患者にとって，医師らしい分析家は，転移神経症および作業同盟を強力に活性化させる人である（Stone, 1961, pp.84-87）。医師の像は，患者の中に，権威的で身勝手で，理解のできない魔術的な人物――全知全能である両親の力を備えた人物――に対する子ども時代からの記憶，空想，感情をかき立てる。両親が病み恐れを抱いているときにやってきてその役割を引き継ぐのは，医師である。裸の身体を診察する権利をもち，血液，粘液，嘔吐物，尿や便に対して恐怖も嫌悪も抱かないのは，医師である（Freud, 1926b, p.206）。彼は苦痛やパニックの救済者であり，混沌から秩序を作る――生まれてから数年の間に母親によってなされる救場の機能である――人物である。加えて，医師は苦痛を与え，肉を切ったり貫通したりし，身体のあらゆる開口部に侵入する。彼は身体的に親密な母親を思い出させると同時に，両親に関わるサドマゾキスティックな空想の代表でもあるのである。

　精神分析家というものに関する私の主張なのだが，精神分析が必要とするさまざまな「不自然な」手段を――儀礼的でも権威的でもなく，よそよそしくも退屈にもならずに――一貫して彼が利用することを可能にするのは，患者に対する主に治療的な深い関与である。私がここで言及しているのはこの職業の危険要素についてである。それは例えば，毎回毎回自由な連想にも不自由な連想にも耳を傾けること，あらゆる細部に注意を払うこと，主に沈黙を守りながら聞くこと，十分に調節された情緒的反応のみを明らかにすること，自身が患者の強烈な情緒の嵐の的になることを許容すること，患者の幸福のためだけに介入すること，誘惑的になることなく言葉で愛されることを自らに許すこと，あるいは自分を弁護したり反撃したりすることなく，中傷されること，である。

　こうした状況下で，母親のように過度に保護的になることもなく，あるいは研究者のように関わらないのでもなく，患者に対して情緒的な関心や思いやりを分析家が維持することを可能にするのは，主として，病んでいる人々を助け，治すという仕事に対する根本的献身である。医師らしい態度という言葉の含意は，患者の基本的に苦痛で無力な状態，ならびに治療の好結果を得るのに必要な手段，手続き，過程に対する敬意を，絶えず自覚しているということである。

患者が耐えることができる苦痛の量を評価することに関して，医師は，母親，父親，研究者よりもはるかに信頼できるのである。

　それでもなお，治療者の姿勢は，母親と研究者の双方の性質を部分的に有する（本題からあまりにかけ離れるので，私はこの議論から父親を除外している）。理想的な分析家というのは母親的な父親像，あるいは父親的な母親像であり，機能に関して——性的な特徴としてではなく——存在する二元性dualityであると私は思っている。分析的治療者は，共感的な（母親のような）密接な接触を患者ともたなくてはならず，そうすることで彼は，患者の潜在能力を育て，彼らの権利と尊厳を守り，害ある充足と無害な充足の相違や患者が剥奪に耐えられる範囲を知り，自身の仕事の成果を何年間もいとわず待つことができるのである。彼はまた，治療者として自身と患者の間に距離を維持することもできなくてはならず，そうすることで彼は，患者のデータを「研究する」，すなわちそれらを想起し，分類し，考え，判断し，理論化し，推測することができるのである。何よりもまず，治療者は母親と研究者の両方の位置に容易にアクセスできなくてはならず，そして彼は，その両方の能力で介入できなくてはらない。それでもなお彼は，そのいずれでもなくそれらの複合物として，すなわち治療者として，公然と行動しなくてはならないのである。

　ここで，私たちはようやく最初の質問に向かうことができる。どのような動機によって人は，病み苦しむ神経症の人々の治療に人生を捧げるような職業を探し求めるのだろうか？　現在流行っているジョークには，この問いをめぐる真実の萌芽以上のものが含まれている。なぞなぞ——精神分析家とは何か？　答え——血を見ることに耐えられないユダヤ人医師！　このジョークはある重要な考察をまさに際立たせる。フロイトは，精神分析という職業に専念するよう人を動機づけるものは何かという問いに本気で取り組んだ。そして，彼は個人的にはそうした考察を否定したが，治療的態度の二つの重要な早期の起源を選び出した。「私の生来のサディスティックな気質はそれほど強くなかった。そのため私には，その派生物のその部分を発達させる必要がなかった。また，これまでに「お医者さんごっこ」をしたこともなかった。すなわち幼い頃の私の好奇心は，明らかに別の道を選んでいた」（1926b, p.253）。

　医師として治療することへの私たちの関心に寄与する前性器的でサディスティックな欲動の重要な役割は，お医者さんごっこ（1926）に関するジンメルの先駆的な論文以降，十分に説明されてきたと私は思っている。そうした衝動は，

不必要な苦痛や損傷を負わせるサディスティックな医師の明白な振る舞いの中に，臨床的に見出される――優柔不断で抑制的な医師の反動形成として，そして強迫的な救済者である，罪悪感に苦しむ人々における償いと修復の現象として。比較的よく中性化された攻撃欲動は，葛藤なく手術を決定することができ，巧みに敏速に手術を行い，その後に過度な勝利感も罪悪感も抱かない外科医の中に，例証される。

　治療的専心に対するリビドーの貢献は，前性器的およびエディパルな起源に由来する。他者の身体や心の中に入りたい衝迫は，破壊的な目的ならびに融合や親密さに対する渇望によって，動機づけられうる。肛門-性愛的な快は，過度な清潔さという反動形成においてはもちろん，治療することの「汚い」側面への過度な関心においても，まったく明白であるだろう。

　ジンメルの主要な貢献の一つは，子どもの頃の原光景を性的でサドマゾキスティックに誤って理解したことを再演する機会としての医師という役割に対する，彼の洞察であった（pp.292-293）。医師は，犠牲を強いられている母-患者を性的に拷問するサディスティックな父親であるかもしれないが，救済者になるかもせず，あるいは犠牲者に同一化するかもしれない。ときには私たちは，医師が空想――その中で，彼は子ども時代に親にしてほしかったことを，自身の患者に対して行うのである――を行動化しようとしていることに気づく。これは，さまざまな同性愛や近親姦であるかもしれない。病んでいる人々を治療することは，子どもに授乳することで苦痛を緩和する，「養育する」母親に由来してもいるのだろう（p.303）。

　のちの重要な因子は，さまざまな防衛戦術から生じるかもしれない。病んでいる人々を治療することは，病気に対する私たちの恐怖を克服する手段として役立つかもしれない――対抗恐怖的な活動である。受動的であるときに私たちが恐れるものを，私たちは積極的に探す（Fenichel, 1939）。防衛的な活動は，昇華や中性化の領域へと次第に変化する。知識や真実の探求は，未知で危険な身体や心へのアクセスを得ようとする衝迫の，脱本能化されて不安から自由になった派生物になるかもしれない。苦しむ人間への親近感は，不必要な病気や苦痛の猛威と闘おうとする願望においても役割を担う。

　精神分析家は，言語的な親密さは高度であるにもかかわらず，患者と身体的な接触をしないという点で，他のあらゆる医療の治療者とは異なる。この点では彼は，身体的に親密な母親よりもむしろ身体的に分離した母親に似ている（Stone,

1961, p.105)。さらに，分析家は他の医師よりもはるかに多く，知識と気づきを患者と共有する。この点で彼は，教師という職業により近くなる。

　動機に関する議論を終えるにあたり，二つの極めて重要な問題を繰り返すのは価値があるように思われる。第一に，治療者になりたいという切望の起源が決定的な因子なのではない。重要なのは，派生的活動が，いかに十分に脱本能化され中性化されてきたかということである。第二に，中性化が成功しない，もしくは部分的にしか成功しない場合には，続く問いはこうである。こうした原始的な起源は，治療者の理性的自我にとって容易にアクセス可能であり，それゆえ影響や抑制を受け入れるのか？　もしそうならば，こうした衝動は害を及ぼさないのみならず，患者の中で起きていることの価値ある指標にもなるだろう。

―――――

[原注]
◆1　第II部第6章のIV，V-2，第III部第4章のI-2，第9章のIV-3の（1），IV-3の（2）を参照。
◆2　第II部第6章のIV，V-2，第III部第4章のI-2，第9章のIV-3の（1），IV-3の（2），そして第IV部第2章のII-2を参照。

[訳注]
◇1　『フロイトの生涯』（竹友・藤井訳，1964）において邦訳されたタイトルより。

ジョーンズ, E.　竹友安彦・藤井治彦（訳）（1964）フロイトの生涯．紀伊國屋書店．

第3章

精神分析が分析設定に要求するもの

　「分析設定」という用語が指しているのは物理的な枠組みと精神分析的実践の決められた手続きのことであり，それらは精神分析を受ける過程の不可欠な部分を成している。これらの諸要素の中のあれやこれやが精神分析を不可能にすることなく変更されるかもしれないのは事実であるが，分析設定が精神分析治療の中で生じるさまざまな過程に影響することもまた，事実である。例えば，転移反応が，精神分析療法を受けていない神経症の人の中で自然に生じることを私たちは知っている。しかしなお，分析設定があらゆる異なる転移反応の出現を促進し最大限にすることもまた，私たちは知っているのである。

　フロイトは，新たな患者たちとさまざまな決まりごとや手続きを確立することに，自身がどのように取り組んだかを慎重に記述したが，それらが何に寄与することを彼が期待したのかを概念化することはなかった（Freud, 1912b, 1913b）。彼がその点について何らかの期待を抱いていたことは，転移性恋愛に関する彼の論文に見ることができる。そこで彼が述べたのは，患者が恋に陥るのは，分析状況によって「誘発され」「引き起こされる」ということだった（Freud, 1915a, pp.160-161, p.168）。

　比較的最近まで，精神分析の文献が強調していたのは，患者の過去の個人史の圧倒的な重要性と，転移反応の経過を決定する因子としての相対的な中立性，匿名性，受動性という分析家の態度であった。これは依然として基本的に妥当であるが，今日では，分析設定と手続きにおけるいくつかの要素が，こうした転移反応の発展を促進したり妨害したりするということを，私たちは認めている。マカルパイン（1950），グリーネーカー（1954），レヴィン（1955），スピッツ

(1956b)，そしてストーン（1961）の論文は，多様な転移反応の進展にとっての分析設定の重要性を明らかにする上で，特に価値がある。

　患者の分析家との関係に関する以前の定式化を踏まえつつ，私たちは転移神経症を促進する要素と作業同盟を促進する要素の観点から，分析設定を研究する。すなわち，何が患者を退行させやすく，そして何が，彼がより大人の機能水準を維持するのを助けるのだろうか？　分析設定が両方の機会を一貫して提供することが，不可欠なのである（Greenson, 1965a）。

　二人の人間が長期にわたって繰り返し二人だけで会うという状況は，情緒的な関わりの強烈さを促進する。一人は悩んでいて相対的に無力な人であり，もう一人は専門家で援助を提供するという事実は，同等でない「傾いた」関係を促進し，悩んでいる人はある種の幼児的な依存へと退行する傾向を持つ（Greenacre, 1954）。患者をカウチに横たわらせるという決まりごともまた，さまざまに退行に寄与する。横たわる姿勢は催眠の時代からの名残で，患者を眠らせようとする試みの修正である（Lewin, 1955; Khan, 1962）。外的刺激の減少，そして患者は分析家を見ず，比較的沈黙しており，彼らの間に身体的接触がないという事実もまた，睡眠様の状態を促進する（Macalpine, 1950; Spitz, 1956b）。

　スピッツ（1956b）は次の事実をも強調した。すなわち患者は横になり，そのため彼の後ろに座っている分析家よりも低くなるという事実，そして患者の移動や身体の動きは制限され，彼は誰かに向かって話すけれども見ることはできないという事実である。これら全ては，患者を無目的で対象のないobjectlessness方向へと押しやる。グリーネーカー（1954）の主張では，こうした要素の組み合わせは生後数カ月の母子関係の土台を反復している。自由連想自体は，一次過程や夢への退行を誘う（Macalpine, 1950; Lewin, 1955）。それは，選別することも責任を負うこともなく，あらゆることを話すよう私たちが彼に求めるという点で，子どものおしゃべりにも似ている（Spitz, 1956b）。

　分析家の定まった手順routineは，分析設定がもつ退行的な引力にも寄与する。彼の相対的な匿名性，情緒反応を控えること，患者の神経症的願望に関して全体的に剥奪的態度を取ること，これら全ては転移神経症を促進する（Macalpine, 1950; Spitz, 1956b）。分析家は病む人々を治療する人物，治療者であるという状況もまた，患者の空想生活の中で医師についての多くの幼児的な起源を活性化する（第Ⅳ部第2章のⅢを参照）。

　幼児神経症への退行を促進するものとして説明されている，定まった手順の

多くは，それらが高頻度で長期間にわたり一貫して実行されるなら，作業同盟の形成と維持にも寄与する。あらゆる手続きは，それらが予測できるようになるなら，相対的に安心や安全の感覚を促進する。そしてそれらが治療的意図を持つと感じ取られるなら，信頼感を促進し，それは作業同盟の核となるだろう。安心と信頼は，患者が自らを退行させることを可能にし，同時に，あえて神経症的防衛を放棄し新しい形の適応を試みる勇気を彼に与えるのである。分析家の，患者との日々の作業，洞察と理解のたゆまぬ追究，患者の権利や潜在能力，尊厳に対する敬意と保護，そして彼の関心と思いやり，患者の神経症的悲惨さを軽減するための率直で思慮深い専心は，分析の雰囲気の一部であるべきなのである。

　非常に多くの精神分析過程に特徴的であるように，ここで直面されるべき対立軸もまた存在する。神経症患者の飽くことのない本能の飢餓は，分析家の満足を与えようとする態度でさえ欲求不満へと変えるかもしれない。すなわち患者のアンビヴァレンスは，分析家の治療的関心を拒絶の一形態であると曲解し，分析家の忍耐を無関心だと曲解するかもしれない。肝心なのは，そのときどきのイド，超自我，外界に対する患者の理性的自我の相対的な強さである。分析家との関係は，これらの因子に左右される。

　この両極性の例として，いかなる介入も，眠らせようと宥めるもの，あるいは厳しく目覚めさせるもののいずれかとして感じられるかもしれない。日常生活の中の評価しがたいもの imponderables が，重要な役割を担いうる。分析設定は治療の均等化には重要であるという事実にもかかわらず，それは精神分析技法——すなわち解釈の術や人間と関わるうえでの技術——に取って代わることはできない。最良の技法をもってしても，神経症患者の過去の恐るべき暴虐や彼の反復強迫を克服するには相当多くの時間を要するのだということもまた，まったく謙虚に心に留めておかなくてはならないことである（Greenson, 1966）。

追加の文献リスト

一般的考察
Altman (1964), Greenacre (1954), Greenson (1966), Haak (1957), Khan (1960,1962), Lewin (1955, 1959), Macalpine (1950), Spitz (1956a, 1956b), Stone (1961).

患者に必要とされるパーソナリティおよび性格の特性
Aarons (1962), Guttman (1960), Knapp, Levin, McCarter, Wermer, andZetzel (1960), Rosenberg [Zetzel] (1949), Waldhorn (1960).

分析場面における充足と欲求不満
Glover (1955), Greenacre (1959), Hoffer (1956), Kubie (1950), Menninger (1958), Nacht (1957).

文 献

Aarons, Z. A. (1962), Indications for Analysis and Probiems of Analyzability. *Psychoanal. Quart.*, 31: 514–531.

Abraham, K. (1913), Shall We Have the Patients Write Down Their Dreams? In: *The Psychoanalytic Reader*, ed. R. Fliess. New York. International Universities Press, 1948, 1: 328–328.

—— (1919), A Particular Form of Neurotic Resistance against the Psycho-Analytic Method. *Selected Papers on Psycho-Analysis*. London: Hogarth Press, 1948, pp.303–311.

—— (1924), A Short Study of the Development of the Libido. *Selected Papers on Psycho-Analysis*. London: Hogarth Press, 1948, pp.418–501.

Aichhorn, A. (1925), *Wayward Youth*. New York: Viking Press, 1945.

Alexander, F. (1925), A Metapsychological Description of the Process of Cure. *Int. J. Psycho-Anal.*, 6: 13–34.

—— (1927), *Psychoanalysis of the Total Personality*. New York & Washington: Nervous & Mental Disease Publishing Co., 1930.

—— (1935), The Problem of Psychoanalytic Technique. *Psychoanal. Quart.*, 4: 588–611.

—— (1950), Anaiysis of the Therapeutic Factors in Psychoanalytic Treatment. *Psychoanal. Quart.*, 19: 482–500.

—— (1954a), Some Quantitative Aspects of Psychoanalytic Technique. *J. Amer. Psychoanal. Assn.*, 2: 685–701.

—— (1954b), Psychoanalysis and Psychotherapy. *J. Amer. Psychoanal. Assn.*, 2: 722–733.

—— French, T. M., et al. (1948), *Psychoanalytic Therapy*. New York: Ronald Press.

Altman, L. L. (1957), On the Oral Nature of Acting Out. *J. Amer. Psychoanal. Assn.*, 5: 648–662.

—— (1964), Panel Report: Theory of Psychoanalytic Therapy. *J. Amer. Psychoanal. Assn.*, 12: 620–631.

Arlow, J. A. (1961), Silence and the Theory of Technique. *J. Amer. Psychoanal. Assn.*, 9: 44–55.

—— (1983), Conflict, Regression, and Symptom Formation. *Int. J. Psycho-Anal.*, 44: 12–22.

—— & Brenker, C. (1984), *Psychoanalytic Concepts and the Structural Theory*. New York: International Universities Press.

Balint, M. (1948), On the Psycho-Analytic Training System. *Int. J. Psycho-Anal.*, 29: 163–173.

—— (1950a), Changing Therapeutical Aims and Techniques in Psycho-Analysis. *Int. J. Psycho-Anal.*, 31: 117–124.

—— (1950b), On the Termination of Analysis. *Int. J. Psycho-Anal.*, 31: 196–199.

—— (1954), Analytic Training and Training Analysis. *Int. J. Psycho-Anal.*, 35: 157–162.

Bellak, L. (1961), Free Association: Conceptual and Clinical Aspects. *Int. J. Psycho-Anal.*, 42: 9–20.

Benedek, T. (1953), Dynamics of the Countertransference. *Bull. Menninger Clin.*, 17: 201–208.

—— (1955), A Contribution to the Problem of Termination of Training Analysis. *J. Amer. Psychoanal. Assn.*, 3: 615–629.

Benjamin, J. D. (1947), Psychoanalysis and Nonanalytic Psychotherapy. *Psychoanal. Quart.*, 2: 169–176.

Beres, D. (1960), Psychoanalytic Psychology of Imagination. *J. Amer. Psychoanal. Assn.*, 8: 252–269.

Berezin, M. (1957), Note-taking during the Psychoanalytic Session. *Bull. Phila. Assn. Psychoanal.*, 7: 96–101.

Bergler, E. (1949), *The Basic Neurosis*. New York: Grune & Stratton.

Bernfeld, S. (1962 [1952]), On Psychoanalytic Training. *Psychoanal. Quart.*, 31: 453–482.

Bibring, E. (1937), On the Theory of the Results of Psycho-Analysis. *Int. J. Psycho-Anal.*, 18: 170–189.

—— (1943), The Conception of the Repetition Compulsion. *Psychoanal. Quart.*, 12: 486–519.

—— (1954), Psychoanalysis and the Dynamic Psychotherapies. *J. Amer. Psychoanal. Assn.*, 2: 745–770.

Bibring, G. L. (1935), A Contribution to the Subject of Transference Resistance. *Int. J. Psycho-Anal.*, 17: 181, 1936.

—— (1954), The Training Analysis and Its Place in Psycho-Analytic Training. *Int. J. Psycho-Anal.*, 35: 169–173.

Bird, B. (1957), A Specific Peculiarity of Acting Out. *J. Amer. Psychoanal. Assn.*, 5: 630–647.

Bornstein, B. (1949), The Analysis of a Phobic Child: Some Problems of Theory and Technique in Child Analysis. *The Psychoanalytic Study of the Child*, 3/4: 181–226.◆[1]

Bouvet, M. (1958), Technical Varidation and the Concept of Distance. *Int. J. Psycho-Anal.*, 39: 211–221.

Braatøy, T. (1954), *Fundamental of Psychoanalytic Technique*. New York: Wiley.

Brenner, C. (1955), *An Elementary Textbook of Psychoanalysis*. New York: International Universities Press.

Breuer, J. & Freud, S. (1893–95), Studies on Hysteria. *Standard Edition*, 2. London: Hogarth Press, 1955.

Bridger, H. (1950), Criteria for the Termination of Analysis. *Int. J. Psycho-Anal.*, 31: 202–203.

Brierley, M. (1951), *Trends in Psycho-Analysis*. London: Hogarth Press.

Bychowski, G. (1953), The Problem of Latent Psychosis. *J. Amer. Psychoanal. Assn.*, 1: 484–503.

—— (1954), The Structure of Homosexual Acting Out. *Psychoanal. Quart.*, 23: 48–61.

—— (1958), Struggle Against the Introjects. *Int. J. Psycho-Anal.*, 39: 182–187.

Colby, K. M. (1951), *A Primer for Psychotherapists*. New York: Ronald Press.

De Forest, I. (1951), Significance of Countertransference in Psychoanalytic Therapy. *Psychoanal. Rev.*, 38: 158–171.

—— (1954), *The Leaven of Love: A Development of the Psychoanalytic Theory and Technique of Sandor Ferenczi*. New York: Harper.

Deutsch, F. (1939), Associative Anamnesis. *Psychoanal. Quart.*, 8: 354–381.

—— (1947), Analysis of Postural Behavior. *Psychoanal. Quart.*, 16: 195–213.

—— (1952), Analytic Posturology. *Psychoanal. Quart.*, 21: 198–214.
Deutsch, H. (1942 [1934]), Some Forms of Emotional Disturbances and Their Relationship to Schizophrenia. In: *Neuroses and Character Types*. New York: International Universities Press, 1965, pp.262–281.
—— (1944–45), *The Psychology of Women*, 2 Vols. New York: Grune & Stratton.
Devereux, G. (1951), Some Criteria for the Timing of Confrontations and Interpretations. *Int. J. Psycho-Anal.*, 32: 19–24.
Eisendorfer, A. (1959), The Selection of Candidates Applying for Psycho-analytic Training. *Psychoanal. Quart.*, 28: 374–378.
Eissler, K. R. (1950a), Ego-Psychological Implications of the Psychoanalytic Treatment of Delinquents. *The Psychoanalytic Study of the Child*, 5: 97–121.
—— (1950b), The Chicago Institute of Psychoanalysis and the Sixth Period of the Development of Psychoanalytic Technique. *J. Genet. Psychol.*, 42: 103–157.
—— (1953), The Effct of the Structure of the Ego on Psychoanalytic Technique. *J. Amer. Psychoanal. Assn.*, 1: 104–143.
—— (1956), Some Comments on Psychoanalysis and Dynamic Psychiatry. *J. Amer. Psychoanal. Assn.*, 4: 314–317.
—— (1958), Remarks on Some Variations in Psycho-Analytical Technique. *Int. J. Psycho-Anal.*, 39: 222–229.
Ekstein, R. (1950), Trial Analysis in the Therapeutic Process. *Psychoanal. Quart.*, 19: 52–63.
—— (1955), Termination of the Training Analysis. within the Framework of Present-day Institutes. *J. Amer. Psychoanal. Assn.*, 3: 600–614,
—— (1956), A Clinical Note on the Therapeutic Use of a Quasi-religious Experience. *J. Amer. Psychoanal. Assn.*, 4: 304–313.
—— (1960a), A Historical Survey on the Teaching of Psychoanalytic Technique. *J. Amer. Psychoanal. Assn.*, 8: 500–516.
—— (1960b), Panel report: The Teaching of Psychoanalytic Technique. *J. Amer. Psychoanal. Assn.*, 8: 167–174.
—— & Friedman, S. W. (1957), The Function of Acting Out, Play Action and Play Acting in the Psychotherapeutic Process. *J. Amer. Psychoanal. Assn.*, 5: 581–629.
—— & Wallerstein, R. S. (1958), *The Teaching and Learning of Psychotherapy*. New York: Basic Books.
Erikson, E. H. (1950), *Childhood and Society*. New York: Norton.
Evans, W. N. (1953), Evasive Speech as a Form of Resistance. *Psychoanal. Quart.*, 22: 548–560.
Fairbairn, W. R. D. (1958), On the Nature and Aims of Psycho-Analytical Treatment. *Int. J. Psyco-Anal.*, 39: 374–385.
Feldman, S. S. (1948), Mannerisms of Speech: A Contribution to the Working Through Process. *Psychoanal. Quart.*, 17: 356–367.
—— (1958), Blanket Interpretations. *Psychoanal. Quart.*, 27: 205–216.
—— (1959), *Mannerisms of Speech and Gestures in Everyday Life*. New York: International Universities Press.

Fenichel, O. (1934), On the Psychology of Boredom. *Collected Papers of Otto Fenichel*, 1: 292–302. New York: Norton, 1953.

—— (1939), The Counter-Phobic Attitude. *The Collcted Papers of Otto Fenichel*, 2: 163–173. New York: Norton, 1954.

—— (1941), *Problems of Psychoanalytic Technique*. Albany, N. Y.: The Psychoanalytic Quarterly, Inc.

—— (1945a), *The Psychoanalytic Theory of Neurosis*. New York: Norton.

—— (1945b), Neurotic Acting Out. *Collected Papers of Otto Fenichel*, 2: 296–304. New York: Norton, 1954.

Ferenczi, S. (1909), Introjection and Transference. *Sex in Psychoanalysis*. New York: Basic Books, 1950, pp.35–93.

—— (1911), On Obscene Words. *Sex in Psychoanalysis*. New York: Basic Books, 1950, pp.132–153.

—— (1912), Transitory Symptom-Construction during the Analysis. *Sex in Psychoanalysis*. New York: Basic Books, 1950, pp.1193–212.

—— (1914a), Discontinuous Analyses. *Further Contributions to the Theory and Technique of Psycho-Analysis*. London: Hogarth Press, 1950, pp.233–235.

—— (1914b), Sensations of Giddiness at the End of the Psycho-Analytic Session. *Further Contributions to the Theory and Technique of Psycho-Analysis*. London: Hogarth Press, 1950, pp.239–241.

—— (1914c), On Falling Asleep during Analysis. *Further Contributions to the Theory and Technique of Psycho-Analysis*. London: Hogarth Press, 1950, pp.249–250.

—— (1914d), The Psychic Effect of the Sunbath. *The Theory and Technique of Psycho-Analysis*. London: Hogarth Press, 1950, p.365.

—— (1915), Restlessness towards the End of the Hour of Analysis. *Further Contributions to the Theory and Technique of Psycho-Analysis*. London: Hogarth Press, 1950, pp.238–239.

—— (1916), *Sex in Psychoanalysis*. New York: Basic Books, 1950.

—— (1916–17a), Interchange of Affect in Dreams. *Further Contributions to the Theory and Technique of Psycho-Analysis*. London: Hogarth Press, 1950, p.345.

—— (1916–17b), Dreams of the Unsuspecting. *Further Contributions to the Theory and Technique of Psycho-Analysis*. London: Hogarth Press, 1950, pp.348–348.

—— (1916–17c), Silence Is Golden. *Further Contributions to the Theory and Technique of Psycho-Analysis*. London: Hogarth Press, 1950, pp.250–251.

—— (1919a), On the Technique of Psycho-Analysis. *Further Contributions to the Theory and Technique of Psycho-Analysis*. London: Hogarth Press, 1950, pp.177–189.

—— (1919b), Technical Difficulties in the Analysis of a Case of Hysteria. *Further Contributions to the Theory and Technique of Psycho-Analysis*. London: Hogarth Press, 1950, pp.189–197.

—— (1919c), Sunday Neuroses. *Further Contributions to the Theory and Technique of Psycho-Analysis*. London: Hogarth Press, 1950, pp.174–177.

—— (1921 [1920]), The Further Development of an Active Therapy in Psycho-Analysis. *Further Contributions to the Theory and Technique of Psycho-Analysis*. London: Hogarth Press, 1950, pp.198–217.

—— (1923), Attention during the Narration of Dreams. *Further Contributions to the Theory and Technique of Psycho-Analysis*. London: Hogarth Press, 1950, p.238.

—— (1924), On Forced Phantasies. *Further Contributions to the Theory and Technique of Psycho-Analysis*. London: Hogarth Press, 1950, pp.68–77.

—— (1925), Contra-Indications to the 'Active' Psycho-Analytical Teachnique. *Further Contributions to the Theory and Technique of Psycho-Analysis*. London: Hogarth Press, 1950, pp.217–230.

—— (1928a [1927]), The Problem of the Termination of the Analysis. *Final Contributions to the Problems and Methods of Psycho-Analysis*. New York: Basic Books, 1955, pp.77–88.

—— (1928b [1927]), The Elasticity of Psycho-Analytic Technique. *Final Contributions to the Problems and Methods of Psycho-Analysis*. New York: Basic Books, 1955, pp.87–101.

—— (1930 [1929]), The Principles of Relaxation and Neocatharsis. *Final Contributions to the Problems and Methods of Psycho-Analysis*. New York: Basic Books, 1955, pp.108–125.

—— (1939 [c. 1913]), Laughter. *Final Contributions to the Problem and Methods of Psycho-Analysis*. New York: Basic Books, 1955, pp.177–182.

—— & Rank, O. (1924), *The Development of Psychoanalysis*. New York & Washington: Nervous and Mental Disease Publishing Co., 1925.

Fisher, C. (1953), Studies on the Nature of Suggestion: Part II. The Transference Meaning of Giving Suggestions. *J. Amer. Psychoanal. Assn.*, 1: 406–437.

Fleming, J. (1946), Observations of the Defenses against a Transference Neurosis. *Psychiatry*, 9: 365–374.

—— (1981), What Analytic Work Requires of an Analyst: A Job Analysis. *J. Amer. Psychoanal. Assn.*, 9: 719–729.

—— & Benedek, T. (1964), Supervision: A Method of Teaching Psycho-analysis. *Psychoanal. Quart.*, 33: 71–96.

Fliess, R. (1949), Silence and Verbalization: A Supplement to the Theory of the 'Analytic Rule.' *Int. J. Psycho-Anal.*, 30: 21–30.

—— (1953), Countertransference and Counteridentification. *J. Amer. Psychoanal. Assn.*, 1: 268–284.

—— (1954), The Autopsic Encumbrance: Some Remarks on an Unconscious Interference with the Management of the Analytic Situation. *Int. J. Psycho-Anal.*, 35: 8–12.

Frairberg, S. (1951), Clinical Notes on the Nature of Transference in Child Analysis. *The Psychoanalytic Study of the Child*, 6: 286–308.

—— (1966), Further Considerations of the Role of Transference in Latency. *The Psychoanalytic Study of the Child*, 21: 213–236.

Frank, J. (1956), Indications and Contraindications for the Application of the "Standard Technique." *J. Amer. Psychoanal. Assn.*, 4: 266–284.

Freeman, T. (1959), Aspects of Defence in Neurosis and Psychosis. *Int. J. Psycho-Anal.*, 40: 199–212.

French, T. M. (1946), The Transference Phenomena. In: F. Alexander, T. M. French, et al., *Psychoanalytic Therapy*. New York: Ronald Press.

Freud, A. (1928 [1946]), *The Psycho-Analytical Treatment of Children*. New York: Intenational

Universities Press, 1955.

—— (1936), *The Ego and the Mechanisms of Defense*, New York: Intenational Universities Press, 1946.

—— (1950a), Probleme der Lehranalyse. In: *Max Eitingon in Memoriam*. Jerusalem: Israeli Psychoanalytic Society.

—— (1950b), The Significance of the Evolution of Psychoanalytic Child Psychology. *Congrès International de Psychiatrie, Paris 1950*, 5: 29–36. Abstr. in: *The Annual Survey of Psychoanalysis*, 1: 200–203. New York: International Universities Press, 1952.

—— (1954a), The Widening Scope of Indications for Psychoanalysis. Discussion. *J. Amer. Psychoanal. Assn.*, 2: 607–620.

—— (1954b), Problems of Technique in Adult Analysis. *Bull. Phila. Assn. Psychoanal.*, 4: 44–69.

—— (1959), The Nature of the Psychotherapeutic Process (unpubhshed manuscript) quoted by Ekstein (1960a).

—— (1965), *Normality and Pathology in Childhood: Assessments of Development*. New York: International Universities Press.

—— Nagera, H., & Freud, W. E. (1965), Metapsychological Assessment of the Adult Personality: The Adult Profile. *The Psychoanalytic Study of the Child*, 20: 9–41.

Freud, S. (1894), The Neuro-Psychoses of Defence. *Standard Edition*, 3: 43–68.♦2

—— (1896), Further Remarks on the Neuro-Psychoses of Defence. *Standard Edition*, 3: 159–185.

—— (1898), Sexuality and the Aetiology of the Neuroses. *Standard Edition*, 3: 281–285.

—— (1900), The Interpretation of Dreams. *Standard Edition*, 4 & 5.

—— (1904 [1903]), Freud's Psycho-Analytic Procedure. *Standard Edition*, 7: 249–254.

—— (1905a [1901]), Fragment of an Analysis of a Case of Hysteria. *Standard Edition*, 7: 3–122.

—— (1905b [1904]), On Psychotherapy. *Standard Edition*, 7: 257–288.

—— (1905c), Psychical (or Mental) Treatment. *Standard Edition*, 7: 283–302.

—— (1905d), Three Essays on the Theory of Sexuality. *Standard Edition*, 7: 125–245.

—— (1908), Character and Anal Erotism. *Standard Edition*, 9: 169–175.

—— (1909), Notes upon a Case of Obsessional Neurosis. *Standard Edition*, 10: 153–318.

—— (1910a), The Future Prospects of Psycho-Analytic Therapy. *Standard Edition*, 11: 139–151.

—— (1910b), 'Wild' Psycho-Analysis. *Standard Edition*, 11: 219–227.

—— (1911a), Psycho-Analytic Notes on an Autobiographical Account of a Case of Paranoia (Dementia Paranoides). *Standard Edition*, 12: 3–82.

—— (1911b), The Handling of Dream-Interpretation in Psycho-Analysis. *Standard Edition*, 12: 89–96.

—— (1919a), The Dynamics of Transference. *Standard Edition*, 12: 97–108.

—— (1912b), Recommendations to Physicians Practising Psycho-Analysis. *Standard Edition*, 12: 109–120.

—— (1913a), [1912–13]), Totem and Taboo. *Standard Edition*, 13: 1–161.

—— (1913b), On Beginning the Treatment. *Standard Edition*, 12: 121–144.

—— (1914a), Fausse Reconnaissance (Déjà Raconté) in Psycho-Anaiytic Treatment. *Standard Edition*, 13: 201–207.

—— (1914b), On the History of the Psycho-Analytic Movement. *Standard Edition*, 14: 3–66.
—— (1914c), Remembering, Repeating, and Working-Through. *Standard Edition*, 12: 145–156.
—— (1915a [1914]), Observations on Transference-Love. *Standard Edition*, 12: 157–171.
—— (1915b), The Unconscious. *Standard Edition*, 14: 159–215.
—— (1915c), Repression. *Standard Edition*, 14: 141–158.
—— (1915d), Instincts and Their Vicissitudes. *Standard Edition*, 14: 109–140.
—— (1916–17 [1915–17]), Introductory Lectures on Psycho-Anaiysis. *Standard Edition*, 15 & 16.
—— (1917a [1915]), A Metapsychological Supplement to the Theory of Dreams. *Standard Edition*, 14: 217–235.
—— (1917b [1915]), Mourning and Melancholia. *Standard Edition*, 14: 237–260.
—— (1919a [1918]), Lines of Advance in Psycho-Analytic Therapy. *Standard Edition*, 17: 157–168.
—— (1919b) 'A Child Is Being Beaten'. *Standard Edition*, 17: 175–204.
—— (1920), Beyond the Pleasure Principle. *Standard Edition*, 18: 3–64.
—— (1921), Group Psychology and the Analysis of the Ego. *Standard Edition*, 18: 67–143.
—— (1923a [1922]), Two Encyclopedic Articles: Psycho-Analysis. *Standard Edition*, 18: 235–254.
—— (1923b), The Ego and the Id. *Standard Edition*, 19: 3–66.
—— (1923c [1922]), Remarks on the Theory and Practice of Dream-Interpretation. *Standard Edition*, 19: 109–121.
—— (1925a [1924]), An Autobiographical Study. *Standard Edition*, 20: 3–74.
—— (1925b), Negation. *Standard Edition*, 19: 235–239.
—— (1925c), Some Additional Notes on Dream-Interpretation as a Whole. *Standard Edition*, 19: 125–138.
—— (1926a [1925]), Inhibitions, Symptoms and Anxiety. *Standard Edition*, 20: 77–175.
—— (1926b), The Question of Lay Analysis. *Standard Edition*, 20: 179–258.
—— (1933 [1932]), New Introductory Lectures in Psycho-Analysis. *Standard Edition*, 22: 3–182.
—— (1937a), Analysis Terminable and Interminable. *Standard Edition*, 23: 209–253.
—— (1937b), Constructions in Anaiysis. *Standard Edition*, 23: 255–269.
—— (1940a [1938]), Splitting of the Ego in the Defensive Process. *Standard Edition*, 23: 271–278.
—— (1940b [1938]), An Outline of Psycho-Analysis. *Standard Edition*, 23: 141–207.
Friedman, L. J. (1953), Defensive Aspects of Orality. *Int. J. Psycho-Anal.*, 34: 304–312.
—— (1954), Regressive Reaction to the Interpretation of a Dream. *J. Amer. Psychoanal. Assn.*, 2: 514–518.
Fromm-Reichman, F. (1950), *Principles of Intensive Psychotherapy*. Chicago: University of Chicago Press.
—— (1954), Psychoanalytic and General Dynamic Conceptions of Theory and of Therapy: Differences and Similarities. *J. Amer. Psychoanal. Assn.*, 2: 711–721.
—— (1955), Clinical Significances of Intuitive Processes of the Psycho-analyst. *J. Amer. Psychoanal. Assn.*, 3: 82–88.
Frosch, J. (1959), Transference Derivatives of the Family Romance. *J. Amer. Psychoanal., Assn.*, 7: 503–522.
Geleerd, E. R. (1957), Some Aspects of Psychoanalytic Technique in Adolescence. *The Psychoan-

alytic Study of the Child, 12: 263–283.

Gero, G. (1951), The Concept of Defense. *Psychoanal. Quart.*, 20: 565–578.

—— (1953), Defenses and Symptom Formation. *J. Amer. Psychoanal. Assn.*, 1: 87–103.

Gifford, S. (1964), Panel report: Repetition Compulsion. *J. Amer. Psycho-anal. Assn.*, 12: 632–649.

Gill, M. M. (1951), Ego Psychology and Psychotherapy. *Psychoanal. Quart.*, 20: 62–71.

—— (1954), Psychoanalysis and Exploratory Psychotherapy. *J. Amer. Psychoanal. Assn.*, 2: 771–797.

—— (1963), *Topography and Systems in Psychoanalytic Theory* [*Psychological Issues*, Monogr. 10]. New York: International Universities Press.

—— Newman, R., & Redlich, F. C. (1954), *The Initial Interview in Psychiatric Practice*. New York: International Universities Press.

Gillespie, W. H. (1958), Neurotic Ego Distortion. *Int. J. Psycho-Anal.*, 39: 258–259.

Gitelson, M. (1948), Problems of Psychoanalytic Training. *Psychoanal. Quart.*, 17: 198–211.

—— (1951), Psychoanalysis and Dynamic Psychiatry. *Arch. Neurol. & Psychiat.*, 66: 280–288.

—— (1952), The Emotional Position of the Analyst in the Psycho-Analytic Situation. *Int. J. Psycho-Anal.*, 33: 1–10.

—— (1954), Therapeutic Problems in the Analysis of the 'Normal' Candidate. *Int. J. Psycho-Anal.*, 35: 174–183.

—— (1958), On Ego Distortion. *Int. J. Psycho-Anal.*, 39: 245–257.

—— (1964), On the Identity Crisis in American Psychoanalysis. *J. Amer. Psychoanal. Assn.*, 12: 451–476.

—— et al. (1962), The Curative Factors in Psycho-Analysis. *Int. J. Psycho-Anal.*, 43: 194–234.

Glover, E. (1939), *Psycho-Analysis: A Handbook for Medical Practitioners and Students of Comparative Psychology*. New York & London: Staples Press.

—— (1955 [1928, 1940]), *The Technique of Psycho-Analysis*. New York: International Universities Press.

—— (1958), Ego Distortion. *Int. J. Psycho-Anal.*, 39: 260–264.

Gostynski, E. (1951), A Clinical Contribution to the Analysis of Gestures. *Int. J. Psycho-Anal.*, 32: 310–318.

Greenacre, P. (1948), Symposium on the Evaluation of Therapeutic Results (C. P. Oberndorf, P. Greenacre, L. Kubie). *Int. J. Psycho-Anal.*, 29: 11–14, 32.

—— (1950), General Problems of Acting Out. *Trauma, Growth, and Personality*. New York: Norton, 1952, pp.224–236.

—— (1954), The Role of Transference: Practical Considerations in Relation to Psychoanalytic Therapy. *J. Amer. Psychoanal. Assn.*, 2: 671–684.

—— (1956), Re-evaluation of the Process of Working Through. *Int. J. Psycho-Anal.*, 37: 439–444.

—— (1958), Toward an Understanding of the Physical Nucleus of Some Defence Reactions. *Int. J. Psycho-Anal.*, 39: 69–76.

—— (1959), Certain Technical Problems in the Transference Relationship. *J. Amer. Psychoanal. Assn.*, 7: 484–502.

—— (1960), Considerations Regarding the Parent-Infant Relationship. *Int. J. Psycho-Anal.*, 41: 571–584.

—— (1961), A Critical Digest of the Literature on Selection of Candidates for Psychoanalytic Training. *Psychoanal. Ouart.*, 30: 28–55.

—— (1966a), Problems of Training Analysis. *Psychoanal. Quart.*, 35: 540–567.

—— (1966b), Problems of Overidealization of the Analyst and of Analysis: Their Manifestations in the Transference and Countertransference Relationship. *The Psychoanalytic Study of the Child*, 21: 193–212.

Greenson, R. R. (1950), The Mother Tongue and the Mother. *Int. J. Psyoho-Anal.*, 31: 18–23.

—— (1953), On Boredom. *J. Amer. Psychoanal. Assn.*, 1: 7–21.

—— (1954), The Struggle against Identification. *J. Amer. Psychoanal. Assn.*, 2: 200–217.

—— (1958a), On Screen Defenses, Screen Hunger and Screen Identity. *J. Amer. Psychoanal. Assn.*, 6: 242–262.

—— (1958b), Variations in Classical Psycho-Analytic Technique: An Introduction. *Int. J. Psycho-Anal.*, 39: 200–201.

—— (1959a), Phobia, Anxiety and Depression. *J. Amer. Psychoanal. Assn.*, 7: 663–674.

—— (1959b), The Classic Psychoanalytic Approach. *American Handbook of Psychiatry*, ed. S. Arieti. New York: Basic Books, pp.1399–1416.

—— (1960), Empathy and Its Vicissitudes. *Int. J. Psycho-Anal.*, 41: 418–424.

—— (1961), On the Silence and Sounds of the Analytic Hour. *J. Amer. Psychoanal. Assn.*, 9: 79–84.

—— (1962), On Enthusiasm. *J. Amer. Psychoanal. Assn.*, 10: 3–21.

—— (1965a), The Working Alliance and the Transference Neurosis. *Psychoanal. Quart.*, 34: 155–181.

—— (1965b), The Problem of Working Through. In: *Drives, Affects, Behavior*, ed. M. Schur. New York: International Universities Press, 2: 277–314.

—— (1966), That "Impossible" Profession. *J. Amer. Psychoanal. Assn.*, 14: 9–27.

—— et al. (1958), Variations in Classical Psycho-Analytic Technique. *Int. J. Psycho-Anal.*, 39: 200–242.

Grinstein, A. (1955), Vacations: A Psycho-Analytic Study. *Int. J. Psycho-Anal.*, 36: 177–186.

Gross, A. (1951), The Secret. Bull. *Menninger Clin.*, 15: 37–44.

Grotjahn, M. (1950), About the "Third Ear" in Psychoanalysis. *Psychoanal. Rev.*, 37: 56–65.

—— (1954), About the Relation between Psycho-Analytic Training and Psycho-Analytic Therapy. *Int. J. Psycho-Anal.*, 35: 254–262.

Guntrip, H. (1961), *Personality Structure and Human Interaction*. New York: International Universities Press.

Guttman, S. A. (1960), Panel report: Criteria for Analyzability. *J. Amer. Psychoanal. Assn.*, 8: 141–151.

Haak, N. (1957), Comments on the Analytical Situation. *Int. J. Psycho-Anal.*, 38: 183–195.

Hartmann, H. (1939), *Ego Psychology and the Problem of Adaptation*. New York: International Universities Press, 1958.

—— (1947), On Rational and Irrational Action. *Essays on Ego Psychology.* New York: International Universities Press, 1984, pp.37–88.

—— (1950), Comments on the Psychoanalytic Theory of the Ego. *Essays on Ego Psychology.* New York: International Universities Press, 1964, pp.113–141.

—— (1951), Technical Implications of Ego Psychology. *Essays on Ego Psychology.* New York: International Universities Press, 1964, pp.142–154.

—— (1955), Notes on the Theory of Sublimation. *Essays on Ego Psychology.* New York: International Universities Press, 1964, pp.215–240.

—— (1956), The Development of the Ego Concept in Freud's Work. *Essays on Ego Psychology.* New York: International Universities Press, 1964, pp.268–296.

—— (1964), *Essays on Ego Psychology: Selected Problems in Psychoanalytic Theory.* New York: International Universities Press.

—— & Kris, E. (1945), The Genetic Approach in Psychoanalysis. *The Psychoanalyitic Study of the Child,* 1: 11–30.

—— —— & Loewenstein, R. M. (1946), Comments on the Formation of Psychic Structure. *The Psychoanalytic Study of the Child,* 2: 11–38.

Heimann, P. (1950), On Counter-Transference. *Int. J. Psycho-Anal.,* 31: 81–84.

—— (1954), Problems of the Training Analysis. *Int J. Psycho-Anal.,* 35: 163–168.

—— (1956), Dynamics of Transference Interpretations. *Int. J. Psycho-Anal.,* 37: 303–310.

Hendrick, I. (1934), *Facts and Theories of Psychoanalysis.* New York: Knopf.

—— (1942), Instinct and the Ego during Infancy. *Psychoanal. Quart.,* 11: 33–58.

—— (1951), Early Development of the Ego: Identification in Infancy. *Psychoanal. Quart.,* 20: 44–61.

Hill, L. B. (1951), Anticipation of Arousing Specific Neurotic Feelings in the Psychoanalyst. *Psychiatry,* 14: 1–8.

Hoffer, W. (1949), Mouth, Hand, and Ego-Integration. *The Psychoanalytic Study of the Child,* 3/4: 49–56.

—— (1950), Three Psychological Criteria for the Termination of Treatment. *Int. J. Psycho-Anal.,* 31: 194–195.

—— (1952), The Mutual Influences in the Development of Ego and Id: Earliest Stages. *The Psychoanalytic Study of the Child,* 7: 31–41.

—— (1954), Defensive Process and Defensive Organization. *Int. J. Psycho-Anal.,* 35: 194–198.

—— (1958), Transference and Transference Neuroses. *Int. J. Psycho-Anal.,* 37: 377–379.

Isaacs, S. (1948), The Nature and Function of Phantasy. In: *Developments in Psycho-Analysis,* by M. Klein et al. London: Hogarth Press, 1952, pp.67–121.

Jacobson, E. (1950), Contribution to the Metapsychology of Cyclothymic Depression. In: *Affective Disorders,* ed. P. Greenacre. New York: International Universities Press, pp.49–83.

—— (1954), Transference Problems in the Psychoanalytic Treatment of Severely Depressive Patients. *J. Amer. Psychoanal. Assn.,* 2: 595–606.

—— (1964), *The Self and the Object World.* New York: International Universities Press.

James, M. (1964), Interpretation and Management in the Treatment of Preadolescents. *Int. J.*

Psycho-Anal., 45: 499–511.

Jokl, R. H. (1950), Psychic Determinism and Preservation of Sublimation in Classical Psychoanalytic Procedure. *Bull. Menninger Clin.*, 14: 207–219.

Jones, E. (1953), *The Life and Work of Sigmund Freud, Volume I*. New York: Basic Books.

—— (1955), *The Life and Work of Sigmund Freud, Volume II*. New York: Basic Books.

—— (1957), *The Life and Work of Sigmund Freud, Volume III*. New York: Basic Books.

Kairys, D. (1964), The Training Analysis: A Critical Review of the Literature and a Controversial Proposal Psychoanal. *Quart.*, 33: 485–512.

Kanzer, M. (1953), Past and Present in the Transference. *J. Amer. Psychoanal. Assn.*, 1: 144–154.

—— (1957), Panel report: Acting Out and Its Relation to Impulse Disorders. *J. Amer. Psychoanal. Assn.*, 5: 136–145.

—— (1961), Verbal and Nonverbal Aspects of Free Association. *Psychoanal. Quart.*, 30: 327–350.

Katan, M. (1954), The Importance of the Non-psychotic Part of the Personality in Schizophrenia. *Int. J. Psycho-Anal.*, 35: 119–128.

—— (1958), Contribution to the Panel on Ego-Distortion ('As If' and 'Pseudo As-IF'). *Int. J. Psycho-Anal.*, 39: 265–270.

Keiser, S. (1958), Disturbances in Abstract Thinking and Body-Image Formation. *J. Amer. Psychoanal. Assn.*, 6: 628–652.

Khan, M. M. R. (1960), Regression and Integration in the Analytic Setting. *Int. J. Psycho-Anal.*, 41: 130–146.

—— (1962), Dream Psychology and the Evolution of the Psycho-Analytic Situation. *Int. J. Psyco-Anal.*, 43: 21–31.

—— (1963a), The Concept of Cumulative Trauma. *The Psychoanalytic Study of the Child*, 18: 286–306.

—— (1963b), Silence as Communication. *Bull. Menninger Clin.*, 27: 300–317.

—— (1964), Ego Distortion, Cumulative Trauma, and the Role of Reconstruction in the Analytic Situation. *Int. J. Psycho-Anal.*, 45: 272–278.

Klein, M, (1932), *The Psycho-Analysis of Children*. London: Hogarth Press, 1949.

—— (1950), On the Criteria for the Termination of a Psycho-Analysis. *Int. J. Psycho-Anal.*, 31: 78–80.

—— (1952), The Origins of Transference. *Int. J. Psycho-Anal.*, 33: 433–438.

—— (1961), *Narrative of a Child Analysis*. London: Hogarth Press.

—— Heimann, P., Isaacs, S., & Riviere, J. (1952), *Developments in Psycho-Analysis*. London: Hogarth Press.

—— —— Money-Kyrle, R., eds. (1955), *New Directions in Psycho-Analysis*. New York: Basic Books.

Knapp, P. H., Levin, S., McCarter, R. H., Wermer, H., & Zetzel, E. R. (1960), Suitability for Psychoanalysis: A Review of 100 Supervised Analytic Cases. *Psychoanal. Quart.*, 29: 459–477.

Knight, R. P. (1949), A Critique of the Present Status of the Psychotherapies. *Psychoanalytic Psychiatry and Psychology*, ed. R. P. Knight & C. R. Friedman. New York. International Universities Press, 1954, pp.52–64.

—— (1952), An Evaluation of Psychotherapeutic Techniques. *Psychoanalytic Psychiatry and Psychology*, ed. R. P. Knight & C. R. Friedman. New York: International Universities Press, 1954, pp.65–76.

—— (1953a), The Present Status of Organized Psychoanalysis in the United States. *J. Amer. Psychoanal. Assn.*, 1: 197–221.

—— (1953b), Borderline States. *Psychoanalytic Psychiatry and Psychobgy*, ed. R. P. Knight C. R. Friedman. New York: International Universities Press, 1954, pp.97–109.

Kohut, H. (1957), Panel report: Clinical and Theoretical Aspects of Resistance. *J. Amer. Psychoanal. Assn.*, 5: 548–555.

—— (1959), Introspection, Empathy and Psychoanalysis. *J. Amer. Psychoanal. Assn.*, 7: 459–483.

Krapf, E. E. (1955), The Choice of Language in Polyglot Psychoanalysis. *Psychoanal. Quart.*, 24: 343–357.

—— (1956), Cold and Warmth in the Transference Experience. *Int. J. Psycho-Anal.*, 37: 389–391.

Kris, E. (1934), The Psychology of Caricature. *Psychoanalytic Explorations in Art*. New York: International Universities Press, 1952, pp.173–188.

—— (1950), On Preconscious Mental Processes. *Psychoanalytic Explorations in Art*. New York: International Universities Press, 1952, pp.303–318.

—— (1951), Ego Psychology and Interpretation in Psychoanalytic Therapy. *Psychoanal. Quart.*, 20: 15–30.

—— (1952), *Explorations in Art*. New York: International Universities Press.

—— (1956a), On Some Vicissitudes of Insight in Psycho-Analysis. *Int. J. Psycho-Anal.*, 37., 445–455.

—— (1956b), The Recovery of Childhood Memories in Psychoanalysis. *The Psychoanalytic Study of the Child*, 11: 54–88.

Kubie, L. S. (1939), A Critical Analysis of the Concept of a Repetition Compulsion. *Int. J. Psycho-Anal.*, 20: 390–402.

—— (1941), The Repetitive Core of Neurosis. *Psychoanal. Quart.*, 10: 23–43.

—— (1950), *Practical and Theoretical Aspects of Psychoanalysis*. New York: International Universities Press.

—— (1958), Research into the Process of Supervision in Psychoanalysis. *Psychoanal. Quart.*, 27: 226–236.

Kut, S. (1953), The Changing Pattern of Transference in the Analysis of an Eleven-years-old Girl. *The Psychoanalytic Study of the Child*, 8: 355–378.

Lagache, D. (1953), Some Aspects of Transference. *Int. J. Psycho-Anal.*, 34: 1–10.

Lampl-de Groot, J. (1954), Problems of Psycho-Analytic Training. *Int. J. Psycho-Anal.*, 35: 184–187.

—— (1956), The Role of Identification in Psycho-Analytic Procedure. *Int. J. Psycho-Anal.*, 37: 456–459.

—— (1957), On Defense and Development: Normal and Pathological. *The Psychoanalytic Study of the Child*, 12: 114–126.

—— (1963), Symptom Formation and Character Formation. *Int. J. Psycho-Anal.*, 44: 1–11.

Langer, M. (1962), Selection Criteria for the Training of Psycho-Analytic Students. *Int. J. Psycho-Anal.*, 43: 272–276.

Levy, K. (1958), Silence in the Analytic Session. *Int. J. Psycho-Anal.*, 39: 50–58.

Lewin, B. D. (1946), Training in Psychoanalysis. *Amer. J. Orthopsychiat.*, 16: 427–429.

—— (1948), The Nature of Reality, the Meaning of Nothing: With an Addendum on Concentration. *Psychoanal. Quart.*, 17: 524–526.

—— (1950), *The Psychoanalysis of Elation*. New York: Norton.

—— (1953), The Forgetting of Dreams. In: *Drives, Affects, Behavior*, ed. R. M. Loewenstein. New York: International Universities Press, 1: 191–202.

—— (1954), Sleep, Narcissistic Neurosis, and the Analytic Situation. *Psychoanal. Quart.*, 23: 487–510.

—— (1955), Dream Psychology and the Analytic Situation. *Psychoanal. Quart.*, 24: 169–199.

—— (1959), The Analytic Situation: Topographic Considerations. *Psychoanal. Quart.*, 28: 455–469.

—— & Ross, H. (1960), *Psychoanalytic Education in the United States*. New York: Norton.

Lichtenstein, H. (1961), Identity and Sexuality. *J. Amer. Psychoanal. Assn.*, 9: 179–260.

Little, M. (1951), Counter-Transference and the Patient's Response to It. *Int. J. Psycho-Anal.*, 32: 32–40.

—— (1958), On Delusional Transference (Transference Psychosis). *Int. J. Psycho-Anal.*, 39: 134–138.

Loewald, H. W. (1952), The Problem of Defence and the Neurotic Interpretation of Reality. *Int. J. Psycho-Anal.*, 33: 444–449.

—— (1955), Hypnoid State, Repression, Abreaction and Recollection. *J. Amer. Psychoanal. Assn.*, 3: 201–210.

—— (1960), On the Therapeutic Action of Psycho-Analysis. *Int. J. Psycho-Anal.*, 41: 16–33.

Loewenstein, R. M. (1951), The Problem of Interpretation. *Psychoanal. Quart.*, 20: 1–14.

—— (1954), Some Remarks on Defences, Autonomous Ego and Psycho-Analytic Technique. *Int. J. Psycho-Anal.*, 35: 188–193.

—— (1956), Some Remarks on the Role of Speech in Psycho-Analytic Technique. *Int. J. Psycho-Anal.*, 37: 460–468.

—— (1958a), Remarks on Some Variations in Psycho-Analytic Technique. *Int. J. Psycho-Anal.*, 39: 202–210.

—— (1958b), Variations in Classical Technique: Concluding Remarks. *Int. J. Psycho-Anal.*, 39: 240–242.

—— (1961), The Silent Patient: Introduction. *J. Amer. Psychoanal. Assn.*, 9:2–6.

—— (1963), Some Considerations on Free Association. *J. Amer. Psycho-anal. Assn.*, 11: 451–473.

Loomie, L. S. (1961), Some Ego Considerations in the Silent Patient. *J. Amer. Psychoanal. Assn.*, 9: 56–78.

Lorand, S. (1946), *Technique of Psychoanalytic Therapy*. New York: International Universities Press.

—— & Console, W. A. (1958), Therapeutic Results in Psycho-Analytic Treatment without Fee.

Int. J. Psycho-Anal., 39: 59–64.

Macalpine, I. (1950), The Development of the Transference. *Psychoanal. Quart.*, 19: 501–539.

Mahler, M. S. (1963), Thoughts about Development and Individuation. *The Psychoanalytic Study of the Child*, 18: 307–324.

—— (1965), On the Significance of the Normal Separation-Individuation Phase. In: *Drives, Affects, Behavior*, ed. M. Schur. New York: International Universities Press, 2: 161–169

—— & La Perriere, K. (1965), Mother-Child Interaction during Separation-Individuation. *Psychoanal. Quart.*, 34: 483–498.

Marmor, J. (1958), The Psychodynamics of Realistic Worry. *Psychoanalysis and the Social Sciences*, 5: 155–163. New York: International Universities Press.

Martin, P. A. (1964), Psychoanalytic Aspects of That Type of Communication Termed "Small Talk." *J. Amer. Psychoanal, Assn.*, 12: 392–400.

Meerloo, J. A. M. & Coleman, M. L. (1951), The Transference Function: A Study of Normal and Pathological Transference. *Psychoanal. Rev.*, 38: 205–221.

Menninger, K. A. (1958), *Theory of Psychoanalytic Technique*. New York: Basic Books.

Milner, M. (1950), A Note on the Ending of an Analysis. *Int. J. Psycho-Anal.*, 31: 191–193.

Mittelmann, B. (1948), The Concurrent Analysis of Married Couples. *Psychoanal. Quart.*, 17: 182–197.

Money-Kyrle, R. (1956), Normal Counter-Transference and Some of Its Deviations. *Int. J. Psycho-Anal.*, 37: 360–366.

Nacht, S. (1954), The Difficulties of Didactic Psycho-Analysis in Relation to Therapeutic Psycho-Analysis. *Int. J. Psycho-Anal.*, 35: 250–253.

—— (1957), Technical Remarks on the Handling of the Transference Neurosis. *Int. J. Psycho-Anal.*, 38: 196–202.

—— (1958a), Variations in Technique. *Int. J. Psycho-Anal.*, 39: 235–237.

—— (1958b), Causes and Mechanisms of Ego Distortion. *Int. J. Psycho-Anal.*, 39: 271–273.

—— (1962), The Curative Factors in Psycho-Analysis. *Int. J. Psycho-Anal.*, 43: 206–211.

—— (1964), Silence as an Integrative Factor. *Int. J. Psycho-Anal.*, 45: 299–303.

—— Lebovici, S., & Diatkine, R. (1961), Training for Psycho-Analysis. *Int. J. Psycho-Anal.*, 42: 110–115.

Nagera, H. (1966), *Early Childhood Disturbances, the Infantile Neurosis, and the Adulthood Disturbances: Problems of a Developmental Psychoanalytic Psychology* [The Psychoanalytic Study of the Child, Monogr. 2]. New York: International Universities Press.

Nielsen, N. (1954), The Dynamics of Training Analysis. *Int. J. Psycho-Anal.*, 35: 247–249.

Novey, S. (1962), The Principle of "Working Through" in Psychoanalysis. *J. Amer. Psychoanal. Assn.*, 10: 658–676.

Nunberg, H. (1932), *Principles of Psychoanalysis*. New York: International Universities Press, 1955.

—— (1951), Transference and Reality. *Int. J. Psycho-Anal.*, 32: 1–9.

Olden, C. (1953), On Adult Empathy with Children. *The Psychoanalytic Study of the Child*, 8: 111–126.

—— (1958), Notes on the Development of Empathy. *The Psychoanalytic Study of the Child*, 13:

505–518.

Olinick, S. L. (1954), Some Considerations of the Use of Questioning as a Psychoanalytic Technique. *J. Amer. Psychoanal. Assn.*, 2: 57–66.

Orens, M. H. (1950), Setting a Termination Date: An Impetus to Analysis. *J. Amer. Psychoanal. Assn.*, 3: 651–665.

Orr, D. W. (1954), Transference and Countertransference: A Historical Survey. *J. Amer. Psychoanal. Assn.*, 2: 621–670.

Payne, S. (1950), Short Communication on Criteria for Terminating of Analysis. *Int. J. Psycho-Anal.*, 31: 205.

Pious, W. L. (1950), Obsessive-compulsive Symptoms in an Incipient Schizophrenic. *Psychoanal. Quart.*, 19: 327–351.

Racker, H. (1953), A Contribution to the Problem of Counter-Transference. *Int. J. Psycho-Anal.*, 34: 313–324.

—— (1954), Notes on the Theory of Transference. *Psychoanal. Quart.*, 23: 78–86.

—— (1957), The Meanings and Uses of Countertransference. *Psychoanal. Quart.*, 26: 303–357.

Ramzy, I. (1961), The Range and Spirit of Psycho-Analytic Technique. *Int. J. Psycho-Anal.*, 42. 497–501.

Rangell, L. (1954), Similarities and Differences between Psychoanalysis and Dynamic Psychotherapy. *J. Amer. Psychoanal. Assn.*, 2: 734–744.

—— (1959), The Nature of Conversion. *J. Amer. Psychoanal. Assn.*, 7: 632–662.

Rapaport, D. & Gill, M. M. (1959), The Points of View and Assumptions of Metapsychology. *Int. J. Psycho-Anal.*, 40: 153–162.

Rappaport, E. A. (1956), The Management of an Eroticized Transference. *Psychoanal. Quart.*, 25: 515–529.

Redl, F. & Wineman, D. (1951), *Children Who Hate*. Glencoe, Ill.: Free Press.

Reich, A. (1951), On Counter-Transference. *Int. J. Psycho-Anal.*, 32: 25–31.

—— (1958), A Special Variation of Technique. *Int. J. Psycho-Anal.*, 39: 230–234.

Reich, W, (1928), On Character Analysis. In: *The Psychoanalytic Reader*, ed. R. Fliess, New York: International Universities Press, 1948, 1: 129–147.

—— (1929), The Genital Character and the Neurotic Character. In: *The Psychoanalytic Reader*, ed. R. Fliess. New York: International Universities Press, 1948, 1: 148–169.

Reider, N. (1950), The Concept of Nomality. *Psychoanal. Quart.*, 19: 43–51.

—— (1953a), A Type of Transference to Institutions. *Bull. Menninger Clin.*, 17: 58–63.

—— (1953b), Reconstruction and Screen Function. *J. Amer. Psychoanal. Assn.*, 1: 389–405.

—— (1957), Transference Psychosis. *J. Hillside Hosp.*, 6: 131–149.

Reik, T. (1937), *Surprise and the Psychoanalyst*. New York: Dutton.

—— (1948), *Listening with the Third Ear*. New York: Farrar, Straus.

Rexford, E. N., ed. (1966), *A Developmental Approach to Probrems of Acting Out: A Symposium*. New York: International Universities Press.

Rickman, J. (1950), On the Criteria for the Termination of an Analysis. *Int. J. Psycho-Anal.*, 31: 200–201.

Robbins, L. L. (1956), Panel report: The Borderline Case. *J. Amer. Psychoanal. Assn.*, 4: 550–562.

Rosen, V. H. (1958), The Initial Psychiatric Interview and the Principles of Psychotherapy. *J. Amer. Psychoanal. Assn.*, 6: 154–167.

—— (1960), Some Aspects of the Role of Imagination in the Analytic Process. *J. Amer. Psychoanal. Assn.*, 8: 229–251.

Rosenberg [Zetzel], E. (1949), Anxiety and the Capacity to Bear It. *Int. J. Psycho-Anal.*, 30: 1–12.

Rosenfeld, H. (1952), Transference-Phenomena and Transference-Analysis in an Acute Catatonic Schizophrenic Patient. *Int. J. Psycho-Anal.*, 33: 457–464.

—— (1954), Considerations Regarding the Psycho-Analytic Approach to Acute and Chronic Schizophrenia. *Int. J. Psycho-Anal.*, 35: 135–140.

—— (1958), Contribution to the Discussion on Variations in Classical Technique. *Int. J. Psycho-Anal.*, 39: 238–239.

Ross, N. (1960), Panel Report: An Examination of Nosology according to Psychoanalytic Concepts. *J. Amer. Psychoanal. Assn.*, 8: 535–551.

Rowley, J. L. (1951), Rumpelstilzkin in the Analytical Situation. *Int. J. Psycho-Anal.*, 32: 190–195.

Rubinfine, D. L. (1958), Panel report: Problems of Identity. *J. Amer. Psychoanal. Assn.*, 6: 131–142.

Rycroft, C. (1956), The Nature and Function of the Analyst's communication to the Patient. *Int. J. Psycho-Anal.*, 37: 469–472.

—— (1958), An Enquiry into the Function of Words in the Psycho-Analytical Situation. *Int. J. Psycho-Anal.*, 39: 408–415.

Sachs, H. (1947), Observations of a Training Analyst. *Psychoanal. Quart.*, 16: 157–168.

Saul, L. (1958), *Technic and Practice of Psychoanalysis.* New York: J. B. Lippincott.

Schafer, R. (1959), Generative Empathy in the Treatment Situation. *Psycho-anal. Quart.*, 28: 342–373.

—— (1964), The Clinical Analysis of Affects. *J. Amer. Psychoanal. Assn.*, 12: 275–299.

Schmideberg, M. (1950), Infant Memories and Constructions. *Psychoanal. Quart.*, 19: 468–481.

—— (1953), A Note on Transference. *Int. J. Psycho-anal.*, 34: 199–201.

Schur, M. (1953), The Ego in Anxiety. In: *Drives, Affects, Behavior*, ed. R. M. Loewenstein. New York: International Universities Press, 1: 67–103.

—— (1955), Comments on the Metapsychology of Somatization. *The Psychoanalytic Study of the Child*, 10: 119–164.

—— (1960), Phylogenesis and Ontogenesis of Affect-and Structure-Formation and the Phenomenon of Repetition Compulsion. *Int. J. Psycho-Anal.*, 41: 275–287.

—— (1966), *The Id and the Regulatory Principles of Mental Functioning.* New York: International Universities Press.

Scott, W. C. M. (1952), Patients Who Sleep or Look at the Psycho-Analyst during Treatment: Technical Considerations. *Int. J. Psycho-Anal.*, 33: 465–469.

—— (1958), Noise, Speech and Technique. *Int. J. Psycho-Anal.*, 39: 108–111.

Searles, H. F. (1960), *The Nonhuman Environment in Normal Development and in Schizophrenia.* New York: International Universities Press.

—— (1965), *Collected Papers on Schizophrenia and Related Subjects.* New York: International

Universities Press.

Sechehaye, M. A. (1956), The Transference in Symbolic Realization. *Int. J. Psycho-Anal.*, 37: 270–277.

Segal, H. (1964), *Introduction to the Work of Melanie Klein*. New York: Basic Books.

Servadio, E. (1956), Transference and Thought-Transference. *Int. J. Psycho-Anal.*, 37: 392–395.

Sharpe, E. F. (1930), The Technique of Psycho-Analysis. *Collected Papers on Psycho-Analysis*. London: Hogarth Press, 1950, pp.9–106.

—— (1940), *Psycho-Physical Problems Revealed in Language: An Examination of Metaphor*. Collected Papers on Psycho-Analysis. London: Hogarth Press, 1950, pp.155–169.

—— (1947), *The Psycho-Analyst. Collected Papers on Psycho-Analysis*. London: Hogarth Press, 1950, pp.109–122.

Silverberg, W. V. (1948), The Concept of Transference. *Psychoanal. Quart.*, 17: 303–321.

—— (1955), Acting Out versus Insight: A Problem in Psychoanalytic Technique. *Psychoanal. Quart.*, 24: 527–544.

Simmel, E. (1926), The "Doctor Game," Illness, and the Profession of Medicine. In: *The Psychoanalytic Reader*, ed. R. Fliess. New York: International Universities Press, 1949, 1: 291–305.

Sperling, S. J. (1958), On Denial and the Essential Nature of Defence. *Int. J. Psycho-Anal.*, 39: 25–38.

Spiegel, L. A. (1954), Acting Out and Defensive Instinctual Gratification. *J. Amer. Psychoanal. Assn.*, 2: 107–119.

Spitz, R. A. (1956a), Countertransference: Comments on Its Varying Role in the Analytic Situation. *J. Amer. Psychoanal. Assn.*, 4: 256–265.

—— (1956b), Transference: The Analytical Setting and Its Prototype. *Int. J. Psycho-Anal.*, 37: 380–385.

—— (1957), *No and Yes: On the Genesis of Human Communication*. New York: International Universities Press.

—— (1965), *The First Year of Life*. New York: International Universities Press.

Stein, M. H. (1958), The Cliché. *J. Amer. Psychoanal. Assn.*, 6: 263–277.

Sterba, R. F. (1929), The Dynamics of the Dissolution of the Transference Resistance. *Psychoanal. Quart.*, 9: 363–379, 1940.

—— (1934), The Fate of the Ego in Analytic Therapy. *Int. J. Psycho-Anal.*, 15: 117–126.

—— (1951), Character and Resistance. *Psychoanal. Quart.*, 20: 72–76.

—— (1953), Clinical and Therapeutic Aspects of Character Resistance. *Psychoanal. Quart.*, 22: 1–20.

Stern, A. (1948), Transference in Borderline Neuroses. *Psychoanal. Quart.*, 17: 527–528.

Stern, M. M. (1957), The Ego Aspect of Transference. *Int. J. Psycho-Anal.*, 38: 146–157.

Stewart, W. A. (1963), An Inquiry into the Concept of Working Through. *J. Amer. Psychoanal. Assn.*, 11: 474–499.

Stone, L. (1951), Psychoanalysis and Brief Psychotherapy. *Psychoanal. Quart.*, 20: 215–236.

—— (1954a), On the Principal Obscene Word of the English Language. *Int. J. Psycho-Anal.*, 35: 30–56.

―― (1954b), The Widening Scope of Indications for Psychoanalysis. *J. Amer. Psychoanal. Assn.*, 2: 567–594.

―― (1961), *The Psychoanalytic Situation*. New York: International Universities Press.

Strachy, J. (1934), The Nature of the Therapeutic Action of Psycho-Analysis. *Int. J. Psycho-Anal.*, 15: 127–159.

―― (1958), Editor's Introduction to Freud's Papers on Technique. *Standard Edition*, 12: 85–88.

Szasz, T. S. (1957), On the Experiences of the Analyst in the Psychoanalytic Situation: A Contribution to the Theory of Psychoanalytic Treatment. *J. Amer. Psychoanal. Assn.*, 4: 197–223.

Tarachow, S. (1963), *An Introduction to Psychotherapy*. New York: International Universities Press.

Tartakoff, H. H. (1956), Recent Books on Psychoanalytic Technique: A Comparative Study [Glover: The Technique of Psychoanalysis; Wolstein: Transference; de Forest: The Leaven of Love; Braatøy: Fundamentals of Psychoanalytic Technique]. *J. Amer. Psychoanal. Assn.*, 4: 318–343.

Thorner, H. A. (1957), Three Defences against Inner Persecution. In: *New Directions in Psychoanalysis*, ed. M. Klein, P. Heimann, & R. Money-Kyrle. New York: Basic Books, pp.282–306.

Tower, L. E. (1956), Countertransference. *J. Amer. Psychoanal. Assn.*, 4: 224–255.

van der Heide, C. (1961), Blank Silence and the Dream Screen. *J. Amer. Psychoanal. Assn.*, 9: 85–90.

van der Leeuw, P. J. (1962), Selection Criteria for the Training of Psycho-Anaiytic Students. *Int. J. Psycho-Anal.*, 43: 277–282.

Waelder, R. (1936), The Problem of the Genesis of Psychical Conflicts in Earliest Infancy. *Int. J. Psycho-Anal.*, 18: 406–473, 1937.

―― (1956), Introduction to the Discussion on Problems of Transference. *Int. J. Psycho-Anal.*, 37: 367–368.

―― (1958), Neurotic Ego Distortion: Opening Remarks to the Panel Discussion. *Int. J. Psycho-Anal.*, 39: 243–244.

―― (1960), *Basic Theory of Psychoanalysis*. New York: International Universities Press.

―― et al. (1956), Discussion of Problems of Transference. *Int. J. Psycho-Anal.*, 37: 367–395.

Waldhorn, H. F. (1960), Assessment of Analyzability: Technical and Theoretical Observations. *Psychoanal. Quart.*, 29: 478–506.

Weigert, E. (1952), Contribution to the Problem of Terminating Psychoanalyses. *Psychoanal. Quart.*, 21: 465–480.

―― (1954a), Counter-Transference and Self-Analysis of the Psycho-Analyst. *Int. J. Psycho-Anal.*, 35: 242–246.

―― (1954b), The Importance of Flexibility in Psychoanalytic Technique. *J. Amer. Psychoanal. Assn.*, 2: 702–710.

―― (1955), Special Problems in Connection with Termination of Training Analyses. *J. Amer. Psychoanal. Assn.*, 3: 630–640.

Weiss, J. (1966), Panel report: Clinical and Theoretical Aspects of "As If" Characters. *J. Amer. Psychoanal. Assn.*, 14: 569–590.

Wexler, M. (1951), The Structural Problem in Schizophrenia. *Int. J. Psycho-Anal.*, 32: 157–166.

—— (1960), Hypotheses Concerning Ego Deficiency in Schizophrenia. *The Out-Patient Treatment of Schizophrenia*. New York: Grune & Stratton, pp.33–43.

Wheelis, A. (1956a), Will and Psychoanalysis. *J. Amer. Psychoanal. Assn.*, 4: 285–303.

—— (1956b), The Vocational Hazards of Psycho-Analysis. *Int. J. Psycho-Anal.*, 37: 171–184.

Windholz, E. (1955), Problems of Termination of the Training Analysis. *J. Amer. Psychoanal. Assn.*, 3: 641–650.

Winnicott, D. W. (1949), Hate in the Counter-Transference. *Int. J. Psycho-Anal.*, 30: 69–74.

—— (1953), Transitional objects and Transitional Phenomena. *Int. J. Psycho-Anal.*, 34: 89–97.

—— (1955), Metapsychological and Clinical Aspects of Regression within the Psycho-Analytical Set-up. *Collected Papers*. New York: Basic Books, 1958, pp.278–294.

—— (1956a), On Transference. *Int. J. Psycho-Anal.*, 37: 386–388.

—— (1956b), The Antisocial Tendency. *Collected Papers*. New York: Basic Books, 1958, pp.306–315.

—— (1957), *Mother and Child*. New York: Basic Books.

Wolfenstein, M. & Kliman, G. (1965), *Children and the Death of the President*. Garden City, N. Y.: Doubleday.

Worden, F. G. (1955), A Problem in Psychoanalytic Technique. *J. Amer. Psychoanal. Assn.*, 3: 255–279.

Zeligs, M. A. (1957), Acting In. *J. Amer. Psychoanal. Assn.*, 5: 685–706.

—— (1961), The Psychology of Silence: Its Role in Transference, Counter-transference and the Psychoanalytic Process. *J. Amer. Psychoanal. Assn.*, 9: 7–43.

Zetzel, E. R. (1953), Panel report: The Traditional Psychoanalytic Technique and Its Variations. *J. Amer. Psychoanal.*, 1: 526–537.

—— (1956), Current Concepts of Transference. *Int. J. Psycho-Anal.*, 37: 369–376.

—— (1963), The Significance of the Adaptive Hypothesis for Psychoanalytic Theory and Practice. *J. Amer. Psychoanal. Assn.*, 11: 652–660.

—— see also Rosenberg, E.

Zilboorg, G. (1952a), The Emotional Problem and the Therapeutic Role of Insight. *Psychoanal. Quart.*, 21: 1–24.

—— (1952b), Some Sidelights on Free Associations. *Int. J. Psycho-Anal.*, 33: 489–495.

［原注］

◆1　*The Psychoanalytic Study of the Child*, currently 21 Volumes, edited by R. S. Eissler, A. Freud, H. Hartmann, M. Kris. New York: International Universities Press, 1945–1988.

◆2　*The Standard Edition of the Complete Psychological Works of Sigmund Freud*, 24 Volumes, translated and edited by James Strachey. London: Hogarth Press and the Institute of Psycho-Analysis, 1953–

訳者あとがき

　1979年11月，シグムンド・フロイトの娘，アンナ・フロイトは彼女にとって重要な二人の人物を失いました。一人は公私にわたるパートナー，ドロシー・バーリンガム。そしてもう一人は本書の著者であり，アンナ・フロイト財団の名誉評議員として精神分析の発展に努めたラルフ・R・グリーンソンです。アンナ・フロイトは翌年の追悼集会で，グリーンソンが，生きるために精神分析をいかに限界まで活用したかに触れ，どうすればそのような真の（精神分析の）フォロワーになれるのか，その秘密を私たちは知らない，と述べています。1980年のIJPAの記事も同様に，最も輝かしく，明晰で，創造的な臨床家の一人であったグリーンソンの死を，その経歴と業績と共に伝えています。ラルフ・ロミオ・グリーンソンは，生涯にわたり精神分析の実践と教育に尽力した医師であり，精神科教室の教授であり，そして精神分析家でした。

　彼の両親はロシアからアメリカに移住したユダヤ人で，グリーンソンは1911年，男女二卵性双子として誕生し，シェイクスピアのファンだった父親が彼らをロミオとジュリエットと名付けたのです。ロミオ・グリーンソンの近親者や同僚たちは，ロミと親しみを込めて呼んでいましたが，ラルフ・R・グリーンソンと名乗るまでには興味深い逸話があります。グリーンソンが子どもの頃夢中になった「ラウンドハウスのラルフ」は，主人公のラルフが鉄道に興味を持ち，さまざまに学びながら見習いから始め，鉄道マンとして成長していく物語で，そこに描かれているのは，努力と友情の重要性です。グリーンソンはこの物語にちなんで自身にラルフと名づけ，ラルフ・R・グリーンソンが誕生したのです。グリーンソンが残した仕事を知れば知るほど，努力と友情は確かに，彼を形容するのに最も適した言葉のように思います。

　グリーンソンは，コロンビア大学のプレメディカルの後，スイスのベルン大学で医学を学び，ロサンジェルスで医者としての臨床訓練を終えました。ベルン大学の医学部教授Jakob Klaesiは，Eugen Bleulerのもとでキャリアをスタートさせ，1933年にはベルンの精神科大学病院の院長に就任しています。患者の精神力動に関心があり，共感能力が高いと評されるKlaesiですが，彼は患者を

円形教室に伴い，患者に初めて出会う学生たちがどのように面接するのか，という参加型の実践的講義を行いました。最初の学生が患者に「あなたの名前は何でしょう」と質問すると，すぐに教授は面接を止めました。別の学生が，「どこから来たのか」と面接を始め，また教授はすぐに止めました。次にグリーンソンが「あなたはとても悲しいのですね」と面接を始めると，Klaesiは「この人は精神科医になる人だ」と言ったそうです。この若き日のエピソードにあるように，患者に対する人としての関心を示すことで，グリーンソンは分析のための十分な作業同盟を形成することを精神分析過程の中で重視したのです。

精神分析家資格取得後，グリーンソンはアメリカ陸軍の軍医として勤務し，PTSDによる戦争神経症の治療と研究をしつつ，精神科医，心理学者，社会福祉士，牧師など帰還兵をサポートするさまざまな専門家へ向けセミナーを実施し，精神分析的理解を背景に精神科医の立場から治療の実際を検討し伝えています。精神分析がその隆盛を極めた1950年代から1970年代にかけ，グリーンソンは開業し，ラジオ放送で，身近なテーマ（笑い，そして涙など）を通し，精神分析の理論や実践を一般にわかりやすく拡める役割を担いました。また彼がマリリン・モンロー，フランク・シナトラなどの精神分析家であったことは有名です。しかし一方で，グリーンソンが一般の人たちとの臨床実践から離れず，後進の育成に力を注いでいたことも忘れてはなりません。彼の仕事を概観すると，戦争による心的外傷の精神分析的理解と実践のように，その時代を反映しながら，しかし古びることのない，現代へつながるエッセンスが凝縮されています。本書の主題として彼が拡充した，転移，抵抗そして治療同盟の考えもまた，精神分析的実践の根幹であり続けています。

1967年に出版された本書，『精神分析の技法と実践』（1巻）はこれまで，ドイツ語，イタリア語，フランス語，オランダ語など，多くの言語で紹介されており，ここに日本語の翻訳が加わることとなりました。当初，グリーンソンが描いた計画では，精神分析の実践と技法を学ぶ学生の教科書（全2巻）として出版する予定でしたが，刊行されたのは本書1巻のみ，2巻を出版することは叶いませんでした。しかし幸いにも，1992年，グリーンソンの弟子たちが残された目次を頼りに意志を継ぎ，2巻を完成させています。この2冊には，初学者にとって精神分析を学び実践する際に何が大切であるのか，グリーンソンによって考え抜かれたエッセンスが詰まっているのです。

本書1巻の特徴は，グリーンソンの事例が多く記されていることです。臨床

現場に同席しているような臨場感の中でこれらを読めるのは，グリーンソンによる事例の詳述と，分析家としての思考の推移を彼が惜しげもなく詳述しているからです。細部にわたる多くの事例の中で，転移や抵抗に対する彼の技法に感じるのは，知的な理解のみで対応するのではないという点です。全ての神経症状，転移や抵抗は，幼児期の精神がなんとかその苦痛な場面を乗り切ろうとし，ある種，適応せざるを得なかったため生じ，その解決への支援が得られず，成人してもなお苦痛を繰り返し継続しているわけです。私たちは抵抗や転移の中に，治療上の障害であるだけでなく，その未解決な痕跡を見出し，その苦痛を感じ取り，なんとか解決しようとする試みである，二重の意味を，知的にだけでなく，共感的に分かる必要があるのです。このような分析的態度が，作業同盟を形成し，さらに分析を進めるとグリーンソンは述べています。私たちは，日々の臨床場面で遭遇する難しい現象に対応する際，上記の示唆に勇気づけられます。

　グリーンソンは1970年に心臓病を煩い，最終的に脳梗塞を発症し，言語能力は完全には回復しませんでした。それでも，グリーンソンは死の前年1978年まで講演を継続しました。まさに，人生を賭けて精神分析の考えを広く紹介し，自身が最も重視した転移，抵抗そして作業同盟のアイディアを後進に伝えることに力を注いだのです。この度，グリーンソンが精神分析的実践の基礎的考えをまとめた本書をお届けすることができ，訳者として大変光栄で，また嬉しく思っています。

*

　訳出するにあたり，監訳者である清野百合先生のご支援を全面にいただきながら，その適切なご指摘に支えられて作業を進めてきました。私たちは，その時々のご支援を思い出しつつ深く感謝申し上げます。

　さらに，古典的で基本的な重要性を持つ本書の出版を後押ししてくださり，ご監修をお引き受けくださった松木邦裕先生は，私たちの翻訳への意欲を引き締めてくださいました。深く感謝申し上げます。

　また，金剛出版の立石哲郎さんは，2021年から始まったこのプロジェクトの3年余にわたる年月を，見守ってくださいました。深く感謝申し上げます。

　最後に，この3年余，家族や近親にはかなりの不便を強いてきたと思いま

す。この場を借りて感謝の意を捧げます。

2024年7月

石野　泉

鈴木洋子

仁木一栄

門野　香

[文献]

Greenson, R. (1949), The Psychology of Apathy. *The Psychoanalytic Quarterly*, 18: 290–302.

Haenel, T. (2003), Jakob Klaesi on His 120th Birthday. *Nervenarzt*, 74 (5): 471–475.

Nemiroff, A.R., Sugarman, A., & Robbins, A. (1992), Introduction: The Man and His Life. In: *On Loving Hating and Living Well: The Public Psychoanalytic Lecture of Ralph R. Greenson*, eds A.R. Nemiroff, A. Sugarman, & A. Robbins. International Universities Press, pp. vi–xviii.

Solnit, A. (1980), Ralph R. Greenson (1911–1979), *The Psychoanalytic Quarterly*, 49: 512–516.

Stoller, R. (1980), Ralph R. Greenson. *The International Journal of Psychoanalysis*, 61: 559–560.

索引

人名

アレキサンダー（Alexander, F.） 148, 150, 189, 190, 209, 397
アーロー（Arlow, J. A.） 24
アイスラー（Eissler, K. R.） 1, 54
ウィニコット（Winnicott, D. W.） 91, 92, 188, 194, 379
ウェクスラー（Wexler, M.） 92, 379
ウェルダー（Waelder, R.） 20, 199
ガーマ（Garma, A.） 215
ギテルソン（Gitelson, M.） 109, 215
ギフォード（Gifford, S.） 199
キュビー（Kubie, L.） 199
ギル（Gill, M. M.） 24, 88, 91, 424
キング（King, P.） 215
クライン（Klein, M.） 148-150, 187-190, 195, 201, 208, 209, 260, 262, 266, 443
グラヴァー（Glover, E.） 1, 2, 53, 59, 94, 95, 102, 180, 186, 187, 203, 208, 234, 387, 390, 416, 419
グリーネーカー（Greenacre, P.） 188, 194, 229, 233, 235, 300, 303, 309, 391, 449, 450
グリーンソン（Greenson, R. R.） 45, 196, 320, 321, 323, 339, 362, 363, 404, 414
クリス（Kris, E.） 83, 269, 297, 409
グリンスタイン（Grinstein, A.） 365
グロス（Gross, A.） 143
サールズ（Searles, H. F.） 193, 379
ザックス（Sachs, H.） 443
ジェイコブソン（Jacobson, E.） 194, 201, 269

シャープ（Sharpe, E. F.） 1, 187, 404, 406, 424
シャルコー（Charcot, J. M.） 10
シュール（Schur, M.） 88, 96, 199
ジョーンズ（Jones, E.） 3, 11, 420, 423, 424, 442
ジンメル（Simmel, E.） 446, 447
スィーガル（Segal, H.） 215
ステルバ（Sterba, R. F.） 106, 158, 187, 214, 234, 406, 431
ストーン（Stone, L.） 49, 189, 211-213, 215, 234, 235, 246, 395, 404, 416, 418, 424, 431, 444, 450
ストレイチー（Strachey, J.） 3, 17
スピッツ（Spitz, R. A.） 188, 194, 229, 449, 450
ゼッツェル（Zetzel, E. R.） 49, 149, 188, 189, 211-213, 215, 431
ドゥ・フォレスト（de Forest, I.） 431
トーナー（Thoener, H. A.） 149
ナイト（Knight, R. P.） 57
ニューマン（Newman, R.） 424
ハーク（Haak, N.） 208
ハイマン（Heimann, P.） 215
ハルトマン（Hartmann, H.） 28, 83, 87, 199, 269
ビブリング（Bibring, E.） 199, 297
ビブリング（Bibring, G. L.） 391, 416
フィッシャー（Fisher, C.） 298
フーグ＝ヘルムート（Hug-Hellmuth, H.） 443
フェニケル（Fenichel, O.） 1, 20, 24, 49, 59, 87, 90, 91, 94, 102, 106, 114, 187, 194,

199, 213, 215, 234, 269, 297, 345, 358, 380, 416, 431

フェレンツィ（Ferentzi, S.）　184, 185, 271, 365, 368, 406, 416, 419, 431

プフィスター（Pfister, O.）　443

フライバーグ（Fraiberg, S.）　208

フリース（Fliess, R.）　406

フリーマン（Freeman, T.）　187, 379

ブリッツェン（Blizsten, L.）　374

ブレナー（Brenner, C.）　24

フレンチ（French, T. M.）　150, 190, 209

ブロイアー（Breuer, J.）　10, 12, 13, 51, 78

フロイト（Freud, A.）　57, 82, 84, 91, 95, 100, 102, 106, 199, 200, 207, 208, 270, 398, 443

フロイト（Freud, S.）　1-3, 9-16, 19, 20, 23, 24, 26, 28, 36, 37, 49, 51, 55, 56, 59, 63, 65, 78-82, 84, 89, 94-96, 137, 143, 144, 152, 153, 162, 169, 171, 178, 183-187, 193, 197, 199, 201, 203, 207, 214, 215, 228, 232-234, 242, 249, 250, 257, 260, 264, 269, 275, 285, 290, 293, 300, 304, 360, 361, 365, 370, 374, 386, 398, 419-421, 424, 429-431, 435, 436, 442-444, 446, 448, 449

フロム＝ライヒマン（Fromm-Reichmann, F.）　1, 397

ベルネーム（Bernheim, H.）　11

ベルンフェルト（Bernfeld, S.）　443

ヘンドリック（Hendrick, I.）　269

マーラー（Mahler, M. S.）　194

マイヤーソン（Myerson, P. G.）　215

マカルパイン（Macalpine, I.）　188, 449

メニンガー（Menninger, K. A.）　109, 416, 431

ライク（Reik, T.）　406, 443

ライヒ（Reich, W.）　83, 87, 102, 106, 283, 345

ラガーシュ（Lagache, D.）　198

ラパポート（Rapaport, D.）　24

ラパポート（Rappaport, E. A.）　374

ランク（Rank, O.）　443

リヴィエール（Riviere, J.）　424

リトル（Little, M.）　193

レヴィン（Lewin, B. D.）　449

レーヴェンシュタイン（Lowenstein, R. M.）　269, 277

レーワルド（Loewald, H. W.）　188, 215, 234, 431

ローゼンフェルド（Rosenfeld, H.）　193

事項

あ

愛情
　　分析期間中の恋　249
　　［→「対象」も参照］

アイデンティティ　34, 271, 272, 411
　　［→「遮蔽-アイデンティティ」も参照］

あがり症　195, 196, 426, 440

悪夢　22, 288

「アズイフ」性格　271

圧縮　24, 25, 33

アパシー　197

暗示　9-11, 14, 16, 32, 36, 39, 52, 53, 63, 80, 185, 298
　　――の使用についての危険　52

アンビヴァレンス　15, 26, 37, 72, 100, 179, 200, 202, 253, 254, 316, 451

言い間違い　29, 163, 254, 312, 330, 331

怒り　30, 37, 44, 45, 47, 48, 59, 72, 88, 89, 98,

索引　477

99, 103, 112, 113, 125, 126, 128, 130, 132, 140-142, 155, 157, 158, 161, 172-177, 179, 206, 207, 214, 223, 227, 235, 250-254, 258-262, 265, 267, 268, 270, 277, 284, 312, 317, 322, 327, 329-331, 335, 340, 363, 367, 375, 377, 379, 382, 398, 404, 405, 425, 440

［→「攻撃性」「敵意」「憤怒」も参照］

意識化すること　15, 42, 153, 341, 356

依存　3, 13, 91, 100, 101, 150, 183, 190, 200, 202, 204, 227, 255, 305, 306, 386, 395, 415, 450

　退行的——　386

一次過程　24, 25, 29, 86, 91, 218, 228, 400, 412, 450

遺伝　90

苛立ち　175, 176, 236, 237, 258, 335

陰性治療反応　82, 187, 260

隠蔽記憶　27, 28, 44, 46, 102, 286

隠蔽情動　102

隠蔽防衛　102, 103, 105

打ち消し　103

エディプス・コンプレックス　208

嘔吐　10, 278, 445

オーガズム　32, 160, 182, 205, 207, 276, 277, 321, 323, 406, 408

置き換え　16, 24, 25, 30, 32, 36, 75, 79, 94, 100, 103, 128, 153, 171, 173, 174, 177, 179, 184, 187, 191, 193, 195, 200-203, 207, 208, 254, 261, 267-269, 278, 303, 390, 439, 442

穏やかさ　69, 106, 122, 173, 177, 214, 249, 261, 266, 291, 321, 337, 425

おねしょ　112, 346

お医者さんごっこ　446

お金　59, 73, 306, 322, 413, 414

か

快-苦痛原則　199

解釈　9, 11, 12, 15, 16, 19, 23, 24, 40, 42-50, 53, 62, 63, 76, 80, 89, 90, 108, 109, 113, 120, 122-124, 128, 130, 132, 135-137, 140, 141, 147-150, 153-155, 157-159, 162, 163, 174, 176, 177, 181, 182, 186, 188-190, 192, 195, 199, 204, 209, 211, 214, 217, 221, 225, 227, 228, 234, 236, 237, 240, 241, 254-256, 264, 266-268, 270, 278-282, 284, 286, 292-294, 296-298, 302, 304, 305, 309, 311, 314-320, 322, 324, 326-328, 331-333, 336, 337, 340-358, 362, 364, 371, 372, 375, 377, 379, 381, 386-388, 390, 391, 393, 405, 412, 413, 415, 422-425, 428, 437, 438, 441, 442, 451

イドの前に自我　152, 162

——と暗示　53

——と再構成　174, 355

——とワークスルー　355

——の正しさ　341

——の分量やタイミング，機転　286

時期尚早の——　317

抵抗の——　123, 128, 136

転移の——　297, 319, 340

不正確な——　53, 387

［→「言語」「精神分析家」も参照］

外傷（トラウマ）　13, 14, 21, 23, 39, 51, 52, 82, 88-91, 96, 100, 103, 118, 136, 144, 166, 198, 222, 233, 286, 298, 313, 314, 316, 363, 383, 412, 416

——神経症　21, 144

——体験　51, 222

青年期の——　222

回避　14, 16, 20, 39, 69-72, 74, 75, 78, 88, 95, 107, 125, 135, 136, 140, 143, 155, 163, 182, 196, 197, 201, 209, 214, 219, 223, 225, 232, 254, 258, 264, 302, 304, 305, 311, 314, 327, 328, 332, 334, 377, 410, 429

　　痛ましい情動の――　118

　　[→「抵抗」「転移」も参照]

回避性　232

潰瘍性大腸炎　278

隔離　33, 72, 80, 85, 100, 103, 157, 177, 265, 285, 314, 380, 407

カウチ　36, 50, 67, 69, 97, 107, 138, 142, 166, 194, 218, 220, 221, 226, 230, 236, 250, 275, 276, 291, 292, 307, 311, 318, 323, 337, 338, 343, 363, 364, 374, 375, 380, 414, 440, 441, 450

顔を赤くする　41

過食　100, 274

家族ロマンス　275

カタルシス　10, 12-15, 51, 419

葛藤

　　――の解決　29, 404

　　神経症的――　20, 21, 29, 32, 34, 37, 107, 153, 197, 198, 204, 300, 400, 404, 411

　　組織内的――　83

　　[→「症状形成」も参照]

仮面倒錯-精神病　376, 378

頑固さ　100, 265, 302, 390

患者

　　――の動機　3, 398 [→「苦しみ」も参照]

　　時間を勘違い　73

　　精神分析家に偶然会うこと　366

　　セラピーの中断への反応 [→「休暇」「月曜日のセッション」「週末」を参照]

　　度重なる楽しい時間　75

　　変化しない――　69, 76, 312, 377, 384, 403

浣腸　133, 256, 265

癌への恐れ　227

願望

　　――充足　44, 173, 286, 287, 292, 309, 362

　　抑圧された――　133, 405, 441

　　欲求不満と充足　197

　　[→「死の願望」も参照]

記憶

　　――と洞察　201

　　――に対する抵抗　203

　　抑圧された――　11, 15, 66, 152

　　[→「隠蔽記憶」「行動化」も参照]

聴くこと　439

危険な状況　89, 153

　　[→「恐怖」「去勢不安」も参照]

「汚い」言葉　146

機知　426

気分変動　270

技法（患者の質問に精神分析的に答えること）

　　アンケート　390, 419

　　――とキャンセルされたセッション　236

　　――と欠陥のある理論　18, 386

　　――の誤り　382

　　――の理論　20, 61, 187

　　基本概念　5

　　古典的な構成要素　35-54

　　セッション時間の超過　361

　　率直な議論の必要性　327

　　転移を分析するうえでの技法的諸段階　325

　　分派　169

　　最も重要な手段　74, 298

気まぐれ　179-181, 202, 204, 220, 270, 418,

索引　479

決まり文句　72, 73, 119, 136
逆転移　3, 74, 76, 167, 185, 209, 232, 244-246, 250, 257, 259, 261, 284, 371, 372, 383, 384, 386, 388, 389, 409, 413, 416, 427, 439
ギャンブル　27, 28
休暇　129, 148, 236, 237, 316, 325, 330, 331, 343, 352, 354, 356, 366, 367, 369-371, 428
救済される空想　100
共感　3, 18, 19, 42, 50, 58, 79, 108, 111, 112, 115, 186, 214, 226, 234, 245, 304, 308, 309, 315, 385, 388, 389, 400, 406-412, 419, 421-423, 434, 437, 442, 446
強迫観念　32, 33, 53, 266
強迫神経症　56, 95, 103, 259, 387
恐怖
　　愛を失う――　141, 235
　　――と敵意　221, 426
　　拒絶されるのではないかという――　277
　　自尊感情の喪失への――　89
　　死ぬのではないかという――　142
　　見捨てられる――　89
　　[→「対象」「不安」も参照]
恐怖症　22, 23, 26, 27, 57, 106, 203, 259
局所論的観点　23, 24
拒食　100
去勢不安　25, 89, 100, 265, 274
緊張病　378
禁欲規則　38, 186, 197, 230, 233, 304, 306, 416
空想
　　お気に入りになる――　293
　　強迫的な――　256
　　近親姦的――　33

屈辱を与えられる――　196
首を吊るされる――　256
攻撃的な――　196, 335
肛門-サディスティックな――　146
サドマゾキスティックな――　445
自殺の――　100
性的――　34, 69, 124, 205, 206, 338
同性愛――　427
屈辱　120, 196, 235, 250, 257, 307, 333, 335, 346, 401, 422, 425, 427, 431, 433, 434
苦しみ　90
クンニリングス　277, 358
訓練分析　1-3, 254, 282, 303, 390-393, 397
　　[→「転移」も参照]
経済論的観点　23, 26
軽率　142, 270, 315
ゲーム　124, 136, 159, 198, 256, 315, 317, 422
月曜日のセッション　112, 365
下痢　227, 278, 290
検閲　80, 114, 252
嫌悪感　134, 147, 157, 161, 181, 338, 404, 405, 410
言語　69, 72, 271, 447
　　[→「言語化」「精神分析家」も参照]
健康
　　――への逃避　76, 304
　　精神的――　92
原光景　67, 367, 447
言語化　15, 70, 308, 328, 375, 377, 436
　　鍵となる連想　320, 324, 325
　　[→「患者」「言語」「自由連想」「精神分析家」も参照]
現実検討　58, 195, 200, 228, 269, 368, 399
好奇心　58, 98, 109, 230, 243, 346, 397, 398, 420, 432, 437, 446
攻撃化　26, 440

攻撃性
  自己に向けられた—— 90
  [→「怒り」「敵意」「転移」「転移反応」も参照]
構造論的観点 10, 23, 28, 153, 266
硬直性 182, 197, 231, 253, 400
行動化 16, 22, 29, 75, 76, 80, 101, 103, 105, 110, 147, 168, 173, 184, 186, 187, 196, 198-200, 202, 218, 224, 230, 233, 258, 260, 267, 268, 278, 285-288, 290-296, 319, 354, 360, 364, 365, 367, 376, 378, 380, 387, 393, 399, 416, 423, 440, 441, 447
  ——と抵抗 168
  ——と転移 76
  ——と幼児神経症の再体験 204
  慢性的な—— 380
肛門のむずむず 343, 344
高揚感 76
合理化 39, 73, 79, 85, 117, 136, 202, 214, 333
合理性 223, 224
固着と退行 90, 91
孤独感 194
子ども
  ——時代の神経症 23, 204
  ——の分析 208
  無力な—— 431
  [→「母-子関係」も参照]

さ

罪悪感 20-22, 31, 33, 34, 39, 51, 82, 88, 94, 95, 100, 103, 110, 118, 141, 142, 158, 180, 201, 204, 226, 242, 255, 265, 268, 279, 281, 290, 309, 316, 333, 366-369, 397, 409, 438, 439, 441, 447
  無意識的—— 82, 94

再構成 18, 37, 45-47, 50, 174, 204, 225, 277, 292, 352-358, 377
  上向きの—— 277, 358
サイコロジカルマインド 58, 92, 347, 374, 400
催眠 9-11, 13, 14, 16, 78-80, 185, 450
作業同盟 31, 32, 34, 39, 49-51, 62, 85, 104-106, 109, 120, 128, 131-134, 137-140, 148, 150, 154, 158, 186, 187, 189, 191, 195, 202, 206, 209, 211-217, 219-233, 235, 237-246, 249, 252, 258-260, 264, 269-271, 275, 296, 299, 303-306, 309, 310, 312, 313, 315, 317, 319, 325, 329, 333, 364, 370, 372, 373, 375, 376, 380, 381, 401, 409, 416-419, 421, 428, 436, 445, 450, 451
  クライン派による無視 150
  合理的要素と不合理な要素 229
  古典的分析患者における—— 224
  ——と現実的な関係 191
  ——と幼児神経症 213
  ——における逸脱 215
  ——の起源 228
  ——の発達 138, 299
サディズム 28, 134, 264, 319, 426, 427, 441
サドマゾキズム 100
死
  ——の願望 22, 130, 242, 265, 367
  ——の本能 48, 82, 89, 90, 186, 187, 199
  [→「恐怖」「空想」も参照]
自我
  意識的な—— 85, 86, 108, 197, 342
  葛藤から自由な領域 399
  ——と作業同盟 148, 195, 202, 226, 313, 325 [→「精神分析家」も参照]
  ——の強さ 229

索引　481

——の分裂　51, 187
——の変容　16, 82
——を強化　16
無意識的——　29, 39, 85, 109, 198
理性的——　29, 30, 33, 39, 49, 51, 84, 96, 104, 106, 109, 115, 117, 118, 131, 136, 139, 140, 148, 149, 153, 154, 157-159, 162, 165, 166, 202, 213, 226, 249, 252, 257, 278, 296, 308, 310, 313, 319, 325, 331, 360-362, 364, 412, 428, 439, 448, 451

時間　200
　セッション時間を延ばすこと　165
刺激への渇望　184
自己
　——の一部が他者へと置き換えられる　173
　——と対象の区別　192
　——と対象の融合　193
　変化する関係　107
自己愛神経症　37, 56, 81, 186, 193, 203, 228, 361
思考過程における退行　409
自己像の変化　355
自己破壊性　90, 237
自己非難　21, 86, 221
自己評価　235, 301, 307, 443
自己表象　194, 195, 271
自己分析　270, 435
自殺　100, 125, 278, 330
姿勢　11, 67, 69, 97, 160, 190, 213, 235, 241, 290, 328, 414, 415, 432, 446, 450
失禁の恐怖　134, 219
嫉妬　88, 89, 110, 133, 172, 255, 265, 292, 321, 367, 374
嗜癖　56, 103, 376, 378, 380

遮蔽-アイデンティティ　271
終結　38, 60, 137, 212, 241, 245, 246, 260, 317, 370, 391
修正感情体験　230, 387
充足　15, 31, 34, 38, 40, 44, 91, 96, 102, 159, 173, 189, 197, 200, 227, 230, 233, 242, 244, 274, 278, 286, 287, 292, 304-306, 309, 312, 361, 362, 379, 391, 416, 428, 431, 433, 437, 441, 446, 452
　[→「精神分析状況」「転移」「欲求不満と充足」も参照]
修復　302, 367, 381, 447
週末　41, 47, 112, 154, 196, 206, 263, 264, 268, 316, 365-372, 428
自由連想　9, 11, 12, 14, 16, 29, 35, 36, 49, 51, 58, 60, 61, 65, 67, 78-80, 89, 92, 107, 110, 111, 114, 131, 153, 162, 216, 219, 220, 223, 225, 226, 229, 252, 255, 270, 273, 279, 298, 317, 366, 376, 382, 400, 450
　鍵となる連想　320, 324, 325
受動性　90, 100, 167, 217, 303, 344, 449
　[→「精神分析家」も参照]
昇華　26, 228, 255, 379, 439, 447
　[→「中性化」も参照]
症状
　——形成　21, 22, 26, 28, 32, 96, 107, 409
　——行為　131, 287, 289, 290, 295, 364
冗談　92, 237, 301, 324
象徴　20, 22, 25, 26, 128, 290, 320, 323, 357, 438
情緒の嵐　136, 165, 360-364, 445
情動
　——の欠如　68
　[→「回避」「転移」「転移反応」も参照]
衝動性　103, 110, 278
女性器　25, 26, 28

除反応　9, 12-14, 16, 40, 51-53, 80, 82, 298, 312

自律性　83, 298

事例（繰り返し述べられた患者）
　A夫人　21-23, 26, 27
　K夫人　32-34, 125, 160, 167, 182, 204-208, 275, 277, 287, 288, 312, 319, 332, 358, 368, 370
　N氏　27, 41-48
　S氏　116, 124, 125
　X教授　121, 133, 195, 343, 345, 424-426
　Z氏　97, 103, 154, 155, 167, 220-222, 226, 231, 255, 256, 307, 308, 335, 338, 347, 349, 370

神経症的みじめさ　57, 109, 229, 235, 397, 424, 442

信号不安　96

審査分析　59

心身症　56, 57

身体化　96, 103, 200

診断　56, 57, 102, 103, 212, 325, 360, 372, 373, 376, 379, 402
　［→「適応と禁忌」も参照］

心的慣性　89

心理テスト　56

心理療法
　支持的療法　36
　短期精神療法　397
　抵抗を扱うこと　63, 150
　反-分析的療法　36
　分析的に方向づけられた――　36
　予備的な――　398

睡眠　22, 67, 92, 125, 126, 131, 231, 283, 284, 292, 374, 450
　――障害　283, 374
　眠りにつくことの再演　291

スーパーヴィジョン　112, 163, 242, 243, 340, 384-386

性（性欲）
　――のトイレット化　33, 34
　幼児――　220
　［→「同性愛」「リビドー」も参照］

性愛化　26, 222, 228, 255, 278, 374, 376, 380, 440

性格
　強迫――　32, 33, 53, 266, 285, 379, 380
　口唇-抑うつ――　97, 103
　肛門――　384
　衝動性に支配される――　278
　――形成　83, 283
　――障害者　282
　――神経症　56, 103, 224
　――抵抗　73, 76, 102, 105, 147, 285
　――転移　202, 283
　――特性　57, 100, 102, 103, 105, 174, 202, 266, 379, 397, 399, 402, 428, 440
　――の歪み　89

清潔　103, 134, 193, 265, 288, 333, 349, 350, 447

制止　22, 23, 57, 81, 94, 96, 132, 172, 215, 222, 228, 256, 291, 320, 364, 377
　性生活の――　22

精神医学　1, 212, 397, 444

精神病　19, 36, 39, 56, 58, 83, 85, 92, 95, 104, 107, 164, 171, 184, 186, 189, 192, 193, 203, 228, 272, 361, 364, 373-380, 402
　初期の――　36, 272
　神経症的で健康な要素　192
　躁うつ病　56
　対象表象を失うこと　193
　見せかけの神経症　377
　［→「転移反応」「統合失調症」「ボーダーラインの

患者」も参照]

精神分析
  職業上の危険　372
  ——の基本原則［→「自由連想」を参照］
  ——のメタ心理学　23
  ——の技法　30, 196
  理論と技法　5, 18, 19, 55, 188, 189

精神分析家
  鏡としての——　300
  患者とのコミュニケーション　431
  患者の権利を守ること　237, 419
  距離を保つことと親密さとの間　237
  作業同盟への貢献　50
  順序立った作業のルーティーン　231
  ——が眠ってしまうこと　177
  ——に対する反応の欠落　177
  ——の医師らしい態度　445
  ——の聴き方　110
  ——の技術　217, 403
  ——の個人分析　403
  ——の好ましくない特性　241
  ——の選択　389
  ——の沈黙　298
  ——の動機　420, 442
  ——の匿名性　303
  ——の分析する自我　213
  ——を変えること　376
  善と悪の対象への分裂　179
  「存在」　49
  超自我的人物　266, 268
  強い情緒的反応　176 ［→「転移」も参照］
  転移神経症の対象としての——　437
  転移反応のトリガー　340
  洞察を伝える人　111
  補助自我として機能する——　368
  誘惑者　268

［→「患者」「逆転移」「対抗抵抗」「転移」「転移反応」「理想化」も参照］

精神分析家との現実／本物の関係　239-247

精神分析状況　31, 395-452
  空想の形成の促進　441
  転移反応の経過の決定　449
  「偏向した」または「不均衡な」関係　235

精神分析設定　449-452

精神分析療法　9, 12, 19, 28, 33, 35, 39, 48, 49, 52, 54-58, 61-63, 184, 185, 187, 189, 201, 212, 217, 283, 299, 309, 360, 361, 372, 373, 378, 379, 397-400, 403, 420, 430, 449
  患者に要求する事々［→「患者」を参照］
  期間中，生活状況に変更を行わないこと　178
  協定　109
  緊急的状況　444
  契約　109
  膠着した精神分析　372
  最終段階　240, 297
  終結できない　212
  初期段階　329
  ——の歴史的発展　9-17
  中間期　245
  中断　15, 24, 38, 68, 80, 147, 150, 158, 175, 176, 184, 217, 218, 225, 229, 244, 258, 260, 273, 285, 299, 302, 306, 331, 365, 373, 377, 399, 408, 416 ［→「月曜日のセッション」「週末」も参照］
  適応と禁忌　55, 62
  剝奪と満足［→「精神分析状況」を参照］
  分析期間中　178, 206, 249, 293
  求め，継続する動機［→「患者」「苦しみ」を参照］

性的欲求不満　97, 409
青年期　2, 31, 222, 272, 350, 352, 354, 377
窃視症　147, 378, 420, 426
前意識　4, 65, 86, 108, 137, 143, 219, 270, 341, 408, 409, 422
前駆快感的　366
前性器性　95, 133, 313, 322, 366, 386, 446, 447
潜伏期　253, 255
羨望　47, 48, 82, 160, 162, 207, 253, 258, 264, 267, 313, 317, 318, 336, 367, 382
操作　14, 38, 39, 53, 84, 85, 92, 96, 150, 187, 190, 209, 230, 259, 260, 298, 386, 387, 397
早漏　26, 28

た

退屈さ　177, 204, 205, 420
退行
　構造的な——　91
　自我機能の——　35, 36, 51, 92, 162, 164, 165, 194-196, 199, 200, 218, 228, 229, 268, 287, 315, 368, 399, 400, 435
　——する能力　219, 317
対抗恐怖　103, 105, 141, 198, 438, 447
対抗抵抗　136
対象
　——喪失　367, 368
　——喪失の恐れ　200
　——への渇望　271
　補助的な転移　261, 263, 379, 391
　［→「両親」も参照］
対象関係
　［→「精神分析家との現実／本物の関係」「母親」を参照］
対象表象　91, 192-195, 262, 375

——の喪失　375
体内化　128, 195, 375
多重（重複）決定　14, 26, 181, 349
叩かれる空想　34
脱人格化　368, 371
脱本能化
　［→「昇華」「中性化」も参照］
タバコ　77, 220, 221, 271, 272, 307, 338
だらしなさ　102
短気な癇癪　88
男根期（欲動）　28, 99, 265
知覚と反応　241, 242
遅刻　73, 289, 368
知性化　85, 90, 103, 136, 279, 314, 384
父親
　固着　23
　——転移　262-264, 321
　——に対する恐れ　345
秩序　24, 29, 103, 217, 229, 265, 445
中性化　26, 50, 83, 86, 403, 421, 438, 439, 447, 448
　［→「昇華」も参照］
超自我　33, 196
直面化　40, 41, 48, 49, 73, 108, 115, 116, 119, 128, 129, 155, 157, 158, 218, 219, 232, 270, 291, 310, 311, 317, 327-329, 331, 332, 334, 364, 415
直観　19, 42, 108, 111, 303, 406, 408-411, 428, 442
　［→「共感」も参照］
治療過程　9, 10, 12-16, 18, 29, 35, 49, 51, 82, 92, 187, 189, 192, 211, 245, 390, 437
　——に関する理論の変遷　12
治療的手続き
　反-分析的——　36, 38, 40, 150, 166
　非分析的な——　51

索引　485

治療同盟　49, 148, 187-189, 211, 213, 215, 231, 370
　　［→「作業同盟」も参照］
沈黙　41, 42, 44, 50, 66-68, 71, 77, 97, 98, 103, 116, 117, 119-121, 125-127, 129, 136, 140-142, 146, 155, 156, 160, 161, 163-168, 176, 180-182, 193, 206, 214, 216, 217, 220, 221, 223-225, 230, 242-244, 250, 252, 255, 263-265, 275, 279, 281, 295, 298, 301, 307, 310, 318, 320-322, 326-328, 330, 331, 333, 335, 337-340, 343, 351, 368, 369, 371, 382-386, 406, 413, 414, 426, 427, 432, 441, 442, 445, 450
　　支持的な——　165
　　自罰としての——　141
　　——に耐えることができない　427
　　——を使う分析家　413
　　1時間の——　125, 322
償いへの欲求　367
抵抗
　　アレキサンダーによって避けられた——　150
　　クライン派によって無視された——　150
　　口唇的——　100
　　肛門的——　97, 103
　　自我異和的——　39, 87, 104, 106, 131, 133, 134, 224, 232, 257, 269, 282, 284, 285, 287, 290, 294, 296, 344
　　自我親和的——　39, 101-106, 111, 131, 132, 168, 232, 257, 269, 282, 285, 286, 288, 290, 294, 296, 311, 312, 344, 375, 378, 379
　　自我の——　94, 159
　　時期尚早の抵抗の明示　115
　　「週末は休日である」　365

前意識的——　143
治療における障害物であるばかりでない——　82
——と現実的な要因　132
——と自我機能の喪失　165
——と防衛［→「防衛」を参照］
——の階層　86
——の多様な機能　18
——の典型的な表現　131［→「抵抗の様式」も参照］
——の動機　88, 96, 118, 123, 125, 128, 130, 135, 137, 145, 148
——の内容　129
——の認識　111
——の分析　29, 30, 34, 39, 42, 85, 107, 124, 134, 136-138, 159, 203, 221, 273, 329, 347
——の分類　94
——の源　30, 31, 80, 82, 94, 95, 130, 201, 202, 213, 251, 255, 275, 299, 302
——の明確化　118
——の明示　115
——の様式　96, 99, 118, 121, 123, 130, 131, 135
——の理論　89
——分析における特別な問題　137
——への抵抗　79
——を隠すこと　141
——を過去へと辿ること　358
——を高めること　117
本能衝動の観点から即座に解釈された——　148
未解決な——　302
目立たない——　164
面接初期の——　137
最も頑固な——　257

[→「超自我」「転移抵抗」も参照]

敵意　3, 22, 27, 30, 31, 72, 99, 103, 120, 128, 133, 141, 150, 160, 179, 182, 196, 201, 202, 206, 214, 218, 219, 221, 223, 227, 228, 235, 253, 254, 257, 258, 260-263, 266-268, 277, 278, 280, 281, 293-295, 301, 312, 316, 319, 321, 335, 356, 367-369, 379, 382, 387, 388, 400, 425-427, 440, 441, 443

　原始的な——　319, 356

　肛門的——　99, 103

　男性に対する——　128

　[→「怒り」「攻撃性」「転移」「憤怒」も参照]

適応　23, 28, 55, 56, 59, 62, 83, 84, 86, 88, 92, 96, 131, 199, 231, 348, 402-404, 439, 451

適応的観点　23, 28

転移

　誤ること　286

　陰性——　15, 37, 38, 185, 187, 249, 254, 258-262, 286, 294, 305, 313, 319, 329, 392, 429

　原初的な——　215

　効果的な——　49

　再体験　51, 52, 67, 103, 201, 204, 209, 256, 265, 266, 279, 286, 287, 289, 290, 296, 304, 318, 339, 354, 361, 364, 425

　性愛化された——　376, 380

　成熟した——　213, 215

　性的——　227

　組織に対する——　173, 185

　定義　171-174

　敵対的——　131, 184, 282, 384

　——空想　145, 146, 303, 333, 342, 346, 347 [→「空想」を参照]

　——充足を追い求めること　274

　——と自我機能　194

　——と週末の分離　365, 372

　——と退行　199 [→「退行」を参照]

　——のスプリット　294

　——のマネージメント　239 [→「操作」を参照]

　——の理論　210

　——分析の技法　297

　——への渇望　271

　——を回避　305

剥奪 [→「精神分析状況」「欲求不満と充足」を参照]

分析するとき　1, 146

満足 [→「欲求不満と充足」を参照]

未解決な——　2, 3, 38, 185, 197, 217, 302, 325, 387, 439, 441

向かいやすさ　188

陽性——　15, 32, 37, 109, 182, 185, 215, 226, 248, 249, 253-255, 257-262, 271, 293, 314, 316, 387, 429

理性的な——　215

恋愛感情　227, 249, 251, 252, 255, 257, 259

転移神経症　2, 16, 37, 38, 50, 51, 56, 95, 103, 150, 186-188, 190, 193, 203, 204, 207-209, 211-213, 219, 222-224, 226, 228, 229, 231, 237, 238, 248, 261, 263, 285, 299, 302-306, 309, 316, 361, 368, 373, 375, 376, 381, 392, 401, 411, 416, 417, 419, 428-430, 436, 437, 439-442, 445, 450

　——と作業同盟　212, 226, 238, 309, 416, 428

　発展を促進すること　416

転移精神病　375

転移性の治癒　387

転移抵抗　31, 51, 76, 80, 81, 101, 124, 133,

索引　487

147, 156, 159, 162, 167, 177, 178, 187, 201-203, 221, 222, 273-275, 277-279, 282, 285, 299, 310, 311, 317, 318, 328, 334, 338, 348, 352, 353, 372, 379, 380, 416

　［→「抵抗」も参照］

転移反応　3, 14, 30, 31, 34, 36-51, 58, 62, 74, 75, 83, 101, 111, 124, 130, 141, 158, 169, 171-175, 177, 179-182, 184-205, 207-213, 215-217, 225, 226, 228, 229, 232, 235, 239-245, 248, 249, 253, 254, 256-258, 260, 262-266, 269, 273, 279, 281-286, 290, 297-300, 303, 305, 306, 308-318, 320, 325-329, 331, 332, 337, 340-342, 344-349, 353, 355, 357, 360, 361, 368, 372, 375, 376, 379-381, 383-393, 413, 427, 439, 442, 449, 450

　アンビヴァレント　179, 182, 185, 200, 249, 253, 294, 324

　一般的特性　175

　移り気　180-182

　置き換え　16, 24, 25, 30, 32, 36, 75, 79, 94, 100, 103, 128, 153, 171, 173, 174, 177, 179, 184, 187, 191, 193, 195, 200-203, 207, 208, 254, 261, 267-269, 278, 303, 390, 439, 442

　従順　47, 120, 161, 187, 216, 244, 265, 281, 282, 301, 305, 322, 331, 392, 399

　精神病的――対神経的――　192

　全般性――　282-285

　対処しにくい――　303

　「漂える」――　180

　――と作業同盟　213, 239, 241

　――としての投影　195

　――の起源と性質　191

　――の執拗さ　182

　――を分析する際の特別な問題　360-394

　不適切な――　158

　分析外での行動化　293

　分類　248-272

　防衛的――　279, 282

　来歴をたどる　342

　リビドーの発達段階の観点からの――　264

転換症状　57

転換ヒステリー　56

トイレ

　――空想　99

　――ットトレーニング　134, 146, 205

　――不安　208［→「不安」も参照］

同一化

　攻撃者との――　270

　転移反応としての――　269

投影　46, 85, 95, 99, 103, 122, 156, 160, 162, 173, 184, 187, 189, 193, 195, 196, 200, 201, 221, 230, 255, 256, 262, 266-268, 303, 308, 344, 367, 413, 439

統合機能　28, 85

統合失調症　56, 193, 373

　分析可能である――　373

　［→「精神病」も参照］

倒錯　56, 57, 268, 278, 376-380

洞察　9, 18, 19, 23, 29, 32-34, 37, 40, 45, 46, 48-53, 65, 70, 76, 95, 100, 108, 110, 111, 123, 140, 141, 150, 157, 164, 181, 185, 188, 197, 198, 201, 209, 211-213, 217, 220, 222, 227, 231, 234, 237, 239, 241, 245, 249, 251, 254, 258, 293, 309, 312, 318, 319, 325, 336, 347-349, 355, 371, 375, 377, 395, 401-403, 412, 417, 418, 420-425, 431, 434, 436-439, 442, 447,

451
[→「解釈」も参照]

同性愛　20, 25, 34, 48, 95, 112, 114, 122, 128, 160, 161, 182, 207, 222-224, 228, 249, 253, 255, 257, 261, 264, 282, 294, 312, 313, 315, 319, 323, 339, 344, 347, 350-354, 356, 370, 371, 375, 377, 380, 426, 427, 447

当惑　68, 157-159, 163, 257, 301, 332

取り入れ　85, 95, 100, 103, 149, 162, 184, 189, 193, 195, 200, 222, 261, 265, 266, 271, 347, 421, 437

トリウムペントタール　288, 289

な

内省　59, 70, 111, 229, 230, 347, 401, 406, 407

ナルシシズム　91

二次過程　24, 25, 29, 36, 86, 91, 218, 228, 400, 412

二次利得　58, 94, 110, 397

日曜日の神経症　365

妊娠空想　25

忍耐　12, 111, 136, 144, 165, 166, 241, 298, 326-328, 340, 355, 362, 397, 401, 426, 427, 434, 451

寝言　218, 219

熱狂　9, 284, 387

は

排出口　31

剥奪 [→「欲求不満と充足」を参照]

恥ずかしさ　89, 124, 125, 146, 147, 205, 236, 366, 425, 433

罰　20-22, 33, 38, 94, 95, 99, 141, 173, 180, 195, 198, 244, 308, 320, 366, 376, 385,

391
──への欲求　244

発言　413, 417, 424
[→「患者」「言語」「言語化」「精神分析家」「話し方」も参照]

発生論的観点　27

話し方
　支離滅裂な──　219
　話したがらないこと　70 [→「回避」も参照]
[→「患者」「言語」「言語化」「精神分析家」も参照]

パニック　88, 165, 166, 198, 314, 342, 362, 440, 445

母親
　からかう──　345
　──への原始的な敵意　356

母親転移　248, 262, 263, 265

母親に対する原始的な愛　313

母−子関係　202, 423

パラノイア　134, 184, 377

反抗　2, 13, 31, 91, 97, 99, 100, 133, 200, 231, 255, 282, 290, 331, 414

反動形成　33, 95, 102, 103, 105, 261, 282, 410, 447

万能　103, 150, 229, 268, 389, 437

反復
　行為の──　198
　──強迫　48, 81, 89, 94, 95, 186, 187, 199, 285, 451

悲哀　52, 165, 365

非医師の分析　443

非言語的コミュニケーション　287
[→「言語」「言語化」「精神分析家」も参照]

非行　56, 421

ヒステリー　12-14, 56, 57, 78-80, 103, 180, 181, 183, 203, 366, 374

皮肉　253, 257, 261, 330, 340, 425

否認　47, 157, 162, 200, 312, 314, 317, 368, 375
秘密　2, 75, 143-147, 155, 206, 220, 296, 443
　　意識的な——　75, 144, 146, 220
不安　22, 23, 25, 31, 39, 40, 51, 52, 56, 57, 71, 81, 88, 89, 91, 94, 96, 97, 100, 118, 119, 122, 125, 128, 132, 134, 140, 141, 144, 149, 165, 167, 179, 196, 198, 204, 208, 218-220, 226, 232, 235, 242, 255, 262, 264, 265, 270, 271, 274, 288, 302, 305, 306, 316, 319, 321, 336, 339, 347, 348, 351, 358, 367, 369, 375, 378, 380, 388, 397, 399, 401, 413, 417, 421, 433, 434, 437-441, 447
　　肛門——　208
　　個人史上の決定要因　218
　　［→「恐怖」「去勢不安」も参照］
不安状態　40, 52, 144
不安ヒステリー　56, 57
不安夢　128
　　［→「悪夢」も参照］
フェラチオ　334
不能　45, 47, 48, 250, 279, 281, 391
不眠症　［→「睡眠障害」を参照］
分析可能性　55-57, 360, 374, 389, 402
「分析すること」　45
憤怒　34, 47, 214, 217, 278, 306, 335, 398, 440
分離不安　413
　　［→「恐怖」も参照］
ペニス羨望　82, 160, 162, 206, 207, 264, 313, 317, 318
防衛
　　神経症と精神病における——　83
　　「相対的な——」　86
　　——と抵抗　18, 86, 92, 94, 96, 257

——に対する防衛　87
——の階層　86
——の概念　86
——の動機　78, 88, 128
——の前段階　85
——を強化する　32
［→「隠蔽防衛」も参照］
ボーダーラインの患者　92, 179, 361
保護すること　299, 305, 309, 438
保証　52, 89, 206, 223, 231, 236, 428
補償　205, 437
ボディランゲージ　415
本能活動
　　放出を求める——　84
　　［→「攻撃性」「性」「リビドー」も参照］

ま

魔術的な考え　329
マスターベーション　43, 46, 91, 100, 124, 158, 205, 220, 268, 289, 343, 351, 353, 366
　　——空想　353
　　——について話すことの困難さ　220
マゾキズム　259, 313, 441
祭り　366
矛盾　14, 15, 19, 24, 58, 89, 153, 181, 190, 195, 212, 230, 320, 321, 331, 378, 399, 401, 441
　　［→「言語化」も参照］
明確化　2, 40-43, 48, 49, 108, 118, 121, 123, 133, 135, 162, 217, 240, 297, 300, 306, 319, 326, 328, 331, 332, 334, 336, 337, 341, 342, 370, 413, 415
メモを取る　111
面接
　　予備——　35, 55, 56, 104, 220, 225, 275,

373, 374, 378, 440

盲点　366

や

ユーモア　261, 425, 426

夢　10, 11, 13, 16, 22-25, 29, 35, 43, 47, 52, 71, 73, 74, 80, 84, 89, 100, 116, 117, 121, 122, 126, 128, 133, 149, 154-158, 160, 163, 180, 198, 200, 206, 214, 219, 223, 227, 253, 255, 263, 264, 275-277, 279, 280, 284-286, 288, 290, 294, 295, 298, 301, 312, 320, 323, 324, 329, 338, 349-352, 354-356, 358, 371, 382, 385, 388, 401, 411, 413-415, 422, 424, 432, 450

一次過程，二次過程機能を表す　25

――で溢れさせる　74

――における情動　320

――の欠如　73, 338

――の話で毎時間始める　71

――の忘却　80

――分析　16

幼児神経症

抑圧　11, 14, 15, 22, 31, 33, 34, 36, 66, 74, 80, 81, 85, 86, 91, 94, 95, 100, 103, 109, 123, 125, 128, 133, 152, 153, 155, 162, 177, 197, 209, 227, 231, 242, 249, 253, 262, 263, 294, 318, 405, 407, 410, 421, 429, 435, 440, 441

防衛の階層　86

抑うつ　27, 28, 32, 52, 57, 76, 97, 100, 103, 104, 112, 113, 118, 119, 142, 162, 165, 180, 181, 204, 254, 255, 266, 274, 278, 284, 300, 301, 320, 336, 340, 352, 367, 369, 370, 374, 399, 401, 423, 434, 438

周期的な――　27

神経症的――　103, 254, 266, 278, 367, 374

慢性的な――　52

ら・わ

力動的観点　26

ラポール　49, 185, 186, 212, 214, 215, 234, 304

乱交　205, 208, 284, 366, 387

乱暴な分析家　2, 53

理想化　38, 189, 205, 253, 254, 271, 277, 306, 312, 379

リビドー

――の粘着性　81, 82, 89, 94, 95, 147

[→「性」「本能活動」も参照]

料金　109, 223, 226, 227, 234, 236, 243, 252, 335, 441

両親

――の性生活　44, 47, 48, 437

[→「父親」「母親」も参照]

両性性　423

吝嗇　103, 265

露出症　147, 426

ワークスルー　15, 23, 62, 81, 89, 94, 95, 100, 108, 124, 142, 155, 186, 319, 326, 338, 348, 349, 353-356, 393, 426

転移解釈の――　348, 393

わいせつ　218

忘れること　74, 227, 401

払い――　227 [→「料金」も参照]

夢を――　74 [→「夢」も参照]

[→「転移反応」も参照]

翻訳者一覧

石野　泉（いしの　いずみ）
　「訳者代表」を参照。

鈴木洋子（すずき　ようこ）
　臨床心理士。個人開業（ひらりん心の相談室）。

仁木一栄（にき　かずえ）
　臨床心理士。ユニバーシティ・カレッジ・ロンドン，ヨーロッパ言語・文化・社会学部－学際・異文化研究センター所属（University College London, School of European Languages, Culture and Society – Centre for Multidisciplinary and Intercultural Inquiry）。

門野　香（もんの　かおり）
　臨床心理士。個人開業（学園前ファミリー鍼灸院内　心理カウンセリングルーム）。You-Youクラブ（発達支援グループ）主催。

監修者

松木邦裕（まつき　くにひろ）

　1950年佐賀市生まれ。熊本大学医学部卒。1985年〜1987年に英国ロンドンのタビストック・クリニックへ留学。2009年〜2016年京都大学大学院教育学研究科教授。現在は精神分析個人開業。日本精神分析協会正会員。京都大学名誉教授。

　著訳書に，『分析空間での出会い』(1998年)，『精神病というこころ』(2000年)，『分析臨床での発見』(2002年)，『精神分析体験：ビオンの宇宙』(2009年)，『改訂増補　私説対象関係論的心理療法入門』(2016年)，『体系講義　対象関係論　上・下』(2021年)，『パーソナル精神分析事典』(2021年)，『患者から学ぶ』，『あやまちから学ぶ』(P. ケースメント著，監訳，1991/2004年)，『対象関係論の基礎』(編・監訳，2003年)，『メラニー・クライントゥデイ①②③』(E. B. スピリウス編，監訳，1993-2000年)，『新装版　ビオンの臨床セミナー』(W. R. ビオン著，共訳，2016年)，『新装版　信念と想像：精神分析のこころの探求』(R. ブリトン著，監訳，2016年)，『ビオン事典』(R. E. ロペス＝コルヴォ著，監訳，2023年) などがある。

監訳者

清野百合（せいの　ゆり）

　1999年京都大学医学部卒。精神科医。臨床心理士。2018年日本精神分析学会奨励賞（山村賞）受賞。日本精神分析協会候補生。現在，勝田クリニック勤務および個人開業。

　著訳書に，『トラウマとジェンダー──臨床からの声』(共著，2004年)，『ビオン・イン・ブエノスアイレス 1968』(J. アグアヨ他編，訳，2021年)，『リーティング・ビオン』(R. ヴェルモート著，訳，2023年)，『精神力動的精神医学　第5版』(G. O. ギャバード著，共訳，2019年)，『精神分析の再発見』(T. H. オグデン著，共訳，2021年) がある。

訳者代表

石野　泉（いしの　いずみ）

　1975年聖心女子大学卒業。1990年京都女子大学大学院修了。臨床心理士。

　京都女子大学大学院非常勤講師等を経て，2018年まで大阪経済大学心理臨床センター勤務。現在，個人開業。

精神分析の技法と実践

2024年11月1日　印刷
2024年11月10日　発行

著　　者——ラルフ・R・グリーンソン
監 修 者——松木邦裕
監 訳 者——清野百合
訳者代表——石野　泉

発行者———立石正信
発行所———株式会社 金剛出版
　　　　　〒112-0005 東京都文京区水道1-5-16　電話03（3815）6661（代）　FAX03（3818）6848

装幀・本文組版●川本 要　　印刷・製本●三協美術印刷

ISBN978-4-7724-2077-8 C3011　Printed in Japan ©2024

JCOPY 〈（社）出版者著作権管理機構 委託出版物〉
本書の無断複製は著作権法上での例外を除き禁じられています。複製される場合は、そのつど事前に、
出版者著作権管理機構（電話03-5244-5088, FAX03-5244-5089, e-mail: info@jcopy.or.jp）の許諾を得てください。

リーディング・ビオン

［著］＝ルディ・ヴェルモート
［監訳］＝松木邦裕
［訳］＝清野百合

●A5判 ●並製 ●416頁 ●定価 **5,280**円
● ISBN978-4-7724-2000-6 C3011

フロイト，クラインに根差しつつ，
独自の飛翔を遂げる偉大な精神分析家
――ビオンを読むという体験の
最良の同伴者。

リーディング・クライン

［著］＝マーガレット・ラスティン　マイケル・ラスティン
［監訳］＝松木邦裕　武藤 誠　北村婦美

●A5判 ●並製 ●336頁 ●定価 **4,840**円
● ISBN978-4-7724-1725-9 C3011

クライン精神分析の歴史から
今日的発展までを豊饒な業績だけでなく
社会の動向や他学問領域との関連も併せて
紹介していく。

はじめてのメラニー・クライン
グラフィックガイド

［著］＝R・ヒンシェルウッド　S・ロビンソン　［絵］＝O・サーラティ
［監訳］＝松木邦裕　［訳］＝北岡征毅

●A5判 ●並製 ●192頁 ●定価 **2,640**円
● ISBN978-4-7724-1915-4 C3011

メラニー・クラインの人生を追いながら，
彼女の精神分析技法や主要概念，症例などを
豊富なイラストとともに解説する。

価格は 10％税込みです。

パーソナル 精神分析事典

［著］=松木邦裕

●A5判 ●上製 ●364頁 ●定価 **4,180**円
● ISBN978-4-7724-1802-7 C3011

「対象関係理論」を中核に選択された
精神分析概念・用語について，
深く広く知識を得ることができる
「読む事典」！

ビオン事典

［著］=ラファエル・E・ロペス-コルボ
［監訳］=松木邦裕
［訳者代表］=藤森旭人　黒崎優美　小畑千晴　増田将人

●A5判 ●並製 ●354頁 ●定価 **4,620**円
● ISBN978-4-7724-1933-8 C3011

ウィルフレッド・ルプレヒト・ビオンについての
重要な用語やことばをそれらの意味や応用への討議も加えて
明快に記述した一書。

ビオン・イン・ブエノスアイレス 1968

［著］=W・R・ビオン
［編］=J・アグアヨ　L・ピスティナー デ コルティナス　A・レジェツキー
［監訳］=松木邦裕　［訳］=清野百合

●A5判 ●上製 ●264頁 ●定価 **4,950**円
● ISBN978-4-7724-1809-6 C3011

貴重なビオン自身による症例報告や
スーパービジョンを含む，
ビオンの臨床姿勢を存分に味わうことができる
セミナーの記録。

価格は 10%税込みです。

物語と治療としての精神分析

［著］＝アントニーノ・フェロ
［監訳］＝吾妻 壯
［訳者代表］＝小林 陵　吉沢伸一

●A5判　●上製　●226頁　●定価 **4,400**円
● ISBN978-4-7724-1997-0 C3011

物語論とビオン理論を援用して，
患者と分析家によるナラティヴの
マトリックスとしてのフィールドを
精神分析的に探究する魅力的な論考。

関係精神分析の技法論
分析過程と相互交流

［著］＝スティーブン・A・ミッチェル
［監訳］＝横井公一　辻河昌登

●A5判　●上製　●334頁　●定価 **5,280**円
● ISBN978-4-7724-1978-9 C3011

アメリカ精神分析の主流となった
関係精神分析の碩学，
S.ミッチェルの分析理論の全貌を探る。
〈関係精神分析〉の技法と実践応用のための最適な入門書。

投影同一化と心理療法の技法

［著］＝トーマス・H・オグデン
［訳］＝上田勝久

●A5判　●上製　●220頁　●定価 **3,960**円
● ISBN978-4-7724-1920-8 C3011

米国で最も注目される
精神分析家，T・オグデンの
高度な精神分析の世界が展開される著作
待望の邦訳。

価格は 10％税込みです。